ŒUVRES

DE

J. RACINE

TOME VII

IMPRIMERIE GÉNÉRALE DE CH. LAHURE
Rue de Fleurus, 9, à Paris

LES

GRANDS ÉCRIVAINS

DE LA FRANCE

NOUVELLES ÉDITIONS

PUBLIÉES SOUS LA DIRECTION

DE M. AD. REGNIER

Membre de l'Institut

ŒUVRES

DE

J. RACINE

NOUVELLE ÉDITION

REVUE SUR LES PLUS ANCIENNES IMPRESSIONS
ET LES AUTOGRAPHES

ET AUGMENTÉE

de morceaux inédits, des variantes, de notices, de notes, d'un lexique des mots
et locutions remarquables, d'un portrait, de fac-simile, etc.

PAR M. PAUL MESNARD

TOME SEPTIÈME

PARIS

LIBRAIRIE HACHETTE ET Cie

BOULEVARD SAINT-GERMAIN, 79

1870

LETTRES

(SUITE)

LETTRES.

(SUITE.)

81. — DE RACINE A M. RIVIÈRE.

A Paris, ce 28. juin [1688 [1]].

Je reçus hier votre lettre, et aussitôt j'allai chez M. Champion, qui loge dans mon quartier, pour demander où je trouverois M. Varlet. Mlle Champion me dit qu'il étoit presque toujours à S. Clou. Cependant, Monsieur, j'ai songé que je n'avois pas même besoin de son entremise. Je parlerai à M. de Noirmoustier [2] ou à Mme de Bracciane [3], et conclurai aisément avec eux, s'ils veulent

---

Lettre 81 (revue sur l'autographe, conservé à la Ferté-Milon). —
1. Fanchon (Jeanne-Nicole-Françoise Racine), dont il est parlé dans cette lettre, était née le 29 novembre 1686 (voyez au tome VI, p. 538, la note 1 de la lettre 57). Racine exprime le désir qu'on la sèvre vers la fin d'août, en reconnaissant que ce sera un peu plus tard que de coutume. La date de 1688 est donc plus vraisemblable que celle de 1687.
2. Antoine-François de la Trémoille, duc de Noirmoustier, né le 17 juillet 1652, mort en 1733.
3. Anne-Marie de la Trémoille, sœur du duc de Noirmoustier nommé à la note précédente. Elle avait été, en 1675, mariée en secondes noces à Flavio Orsini, duc de Bracciano. En 1698, après la mort du duc de Bracciano, elle prit le titre de princesse des Ursins, sous lequel elle est restée si célèbre. Elle mourut le 5 décembre 1722.

vendre, et que la chose soit comme vous le dites, c'est à-dire que le fermier rende, toutes charges faites, 960 #, et qu'on ait la ferme à moins de vingt mille francs, ce qui sera le denier vingt. Mais il y aura encore les droits de lods et ventes, qu'il faudra payer, je crois, à Messieurs de Sainte-Geneviève. Je vous prie de me mander au plus tôt ce qui en est, et de prendre la peine de voir vous-même la ferme, si elle est en bon état, si c'est un bon fermier, de combien elle est chargée de redevances envers le château. On m'avoit dit qu'elle étoit aussi chargée de plusieurs muids de grain envers Mesdames de Maubuisson [4]. Cela seroit de grande conséquence ; et je n'en voudrois pour chose au monde, si ce[la] étoit. Je crains aussi qu'en considération de M. de Noirmoustier le fermier soit médiocrement chargé de tailles, et que cela ne vînt à augmenter si la ferme étoit à un autre. Ainsi le revenu diminueroit à proportion. J'attends réponse de vous pour parler ou pour faire parler de cette affaire. Je vais dans une heure à Versailles, et je m'informerai chez Monsieur le contrôleur général s'il y a quelque nouveauté sur vos charges, et prendrai les devants, si cela est.

Ma femme est bien obligée à ma sœur des peines qu'elle prend et qu'elle s'offre de prendre pour nos enfants [5]. Elle seroit d'avis qu'on ne sevrât Fanchon que vers la fin du mois d'août, et qu'on la laissât encore à la nourrice jusqu'à ce temps-là, parce que nos enfants ont accoutumé d'être fort délicats quand les dents leur

4. Les religieuses de l'abbaye de Maubuisson, près du village de Saint-Ouen, arrondissement de Pontoise.
5. Ce dernier membre de phrase paraît signifier que Mme Rivière s'offrait à prendre soin, non-seulement de Jeanne Racine, mais aussi de Madeleine, née le 14 mars 1688. C'est une raison de plus pour ne pas dater la lettre de 1687.

viennent; et nous irions la querir vers la mi-septembre en vous allant voir. Néanmoins elle s'en rapporte entièrement à vous, et trouvera bon tout ce que vous ferez. Elle envoyera par le messager tout ce que ma sœur demande. Je suis pressé de partir. Adieu, mon cher Monsieur. Je remercie de tout mon cœur Monsieur le procureur du Roi[6], et je vous prie de lui faire mes compliments.

Suscription : A Monsieur Monsieur Rivière, conseiller du Roi et grènetier à la Ferté-Milon. (Restes d'un cachet au cygne, semblable à celui de la lettre 60 : voyez au tome VI, p. 544.)

---

82. — DE RACINE A MADAME DE MAINTENON[1].

A Paris, le 3ᵉ [.... 1688].

JE vous suis bien reconnoissant de la promptitude et de la bonté avec lesquelles vous m'avez, Madame, fait

---

6. François Regnault, marié à Jeanne Sconin, cousine germaine de Racine. Voyez au tome VI, p. 519, la note 6 de la lettre 48.

LETTRE 82. — 1. Cette lettre a été publiée pour la première fois dans la cinquième édition (1844) de M. Aimé-Martin, tome VI, p. 426. Il avertit qu'il l'a copiée sur la lettre originale, dont il n'indique pas la provenance. Nous avons cité dans notre *Notice sur Esther*, au tome III, p. 408, un passage de cette lettre; mais est-elle bien authentique? nous ne saurions le garantir. Il a été dit dans cette même *Notice* (p. 406) que la seconde répétition d'*Esther* à Versailles eut lieu le 7 janvier 1689. Ce que Racine appelle dans sa lettre « un dernier récit » n'est vraisemblablement qu'une dernière lecture faite par l'auteur, et non pas une dernière *répétition*. Nous pensons donc que la lettre doit plutôt être datée de 1688 que de 1689, et peut-être du mois de décembre. M. Th. Lavallée ne l'a pa insérée dans sa *Correspondance générale de Madame de Maintenon*

l'honneur de me répondre. Mon *Esther* est maintenant terminée, et j'en ai revu l'ensemble d'après vos conseils, et j'ai fait de moi-même plusieurs changements qui donnent plus de vivacité à la marche de la pièce. Le tour que j'ai choisi pour la fin du prologue est conforme aux observations du Roi. M. Boileau Despréaux m'a beaucoup encouragé à laisser maintenant le dernier acte tel qu'il est. Pour moi, Madame, je ne regarderai l'*Esther* comme entièrement achevée que lorsque j'aurai eu votre sentiment définitif et votre critique. Je vous conjure de m'envoyer vos ordres pour un dernier récit. Je suis, Madame, avec un profond respect,

Votre très-humble et très-obéissant serviteur,

RACINE.

83. — DE RACINE A MADEMOISELLE RIVIÈRE.

A Paris, ce 4. décembre [1688[1]].

J'AI reçu, ma chère sœur, le mémoire que vous avez donné à mon cousin Parmentier[2], et je reçus encore hier une lettre de vous, par laquelle je vois ce qui vous reste d'argent entre les mains. Je vous suis bien obligé du soin

---

LETTRE 83 (revue sur l'autographe, conservé à la Ferté-Milon).
— 1. L'état des affaires publiques dont Racine parle dans cette lettre (voyez ci-après la note 4) donne la date de 1688 avec la plus grande vraisemblance; et cette date semble confirmée par un passage sur les cent écus de la cousine Fourrure, dont il est aussi parlé dans la lettre suivante, qui est du commencement de 1689.

2. Louis Parmentier avait épousé Jeanne du Chesne, fille d'Antoine du Chesne, bourgeois de Soissons, et d'Anne Sconin, tante maternelle de Racine. Voyez au tome VI, p. 375, la note 2 de la lettre 3.

que vous voulez bien prendre de notre petite³. Tout le monde nous en dit des merveilles, et plus encore de ma nièce votre fille. Je vous prie de nous renvoyer franchement la nôtre, pour peu qu'elle vous incommode. Ma femme est fort aise que vous soyez contente de ce qu'elle vous a acheté. Vous la désobligeriez si vous vous adressiez à d'autres qu'à elle. Vous nous avez envoyé les meilleurs fromages qui soient encore venus de la Ferté-Milon. Je vous en remercie de tout mon cœur. J'ai bien cru que dans l'état présent des affaires⁴, les officiers devoient s'attendre à faire des avances au Roi. Nous autres trésoriers de France y avons déjà passé. Nous prenons des augmentations de gages⁵. On m'a dit que pour vos cinq cents écus on vous en donnoit aussi. Encore est-ce une consolation. S'il y avoit eu quelque distinction ou quelque diminution à espérer, je vous assure que je me serois employé pour M. Rivière. Mais il n'y a rien à faire ni pour lui, ni pour moi, ni pour personne. Tout le monde prend des augmentations de gages; et on n'est point trop fâché d'en prendre. Au cas que vous n'ayez point votre argent, et que vous ayez le moindre embarras, vous savez que je ne suis pas homme à vous laisser manquer tant que je serai en état de le faire.

3. Racine parle sans doute de Fanchon (voyez ci-dessus, p. 3, la note 1 de la lettre 81). Quoique Madeleine Racine eût déjà, comme le prouve un passage de la lettre suivante (p. 9), été envoyée aussi à la Ferté-Milon, elle était encore trop jeune pour que l'on pensât à la faire revenir.

4. Le débarquement du prince d'Orange en Angleterre avait eu lieu le 15 novembre 1688; le 28 du même mois, la guerre avait été déclarée entre la France et la Hollande, après avoir été engagée déjà entre la France et l'Empire, par le siége de Philisbourg et le bombardement de Coblentz.

5. « Le Roi donne des augmentations de gages quand il fait quelques taxes sur les offices. » (*Dictionnaire* de Furetière, au mot AUGMENTATION.)

C'est pourquoi adressez-vous à moi avec toute confiance.

La cousine Fourrure[6] peut compter sur les cent écus, comme si elle les avoit dans son coffre. Je vous envoyerai ou l'argent, ou un billet, dès que vous me manderez ce que vous aimez le mieux. Je salue M. Rivière, et suis entièrement à vous.

J'aimerois mieux envoyer l'argent.

Suscription : A Mademoiselle Mademoiselle Rivière, à la Ferté-Milon. (Cachet : J. RAC.)

---

84. — DE RACINE A MADEMOISELLE RIVIÈRE.

A Paris, ce 6. janvier [1689[1]].

Nos enfants vous remercient de tout leur cœur des étrennes que vous leur avez envoyées. Ils vouloient aussi envoyer les leurs à leur cousine ; mais comme nous nous attendons de l'avoir ici à Pâques avec notre fille, ma femme a jugé à propos d'attendre à lui faire en ce temps-là les petits présents qu'elle lui destine. Cependant, ma chère sœur, j'ai donné à celui qui m'a rendu votre lettre dix louis d'or pour achever les trois cents livres que je donne à la cousine Fourrure[2]. J'ai jugé à sa mine et à ses manières obligeantes que je lui pouvois

---

6. Marie Racine, grand'tante de Racine, sœur de son aïeul paternel, avait épousé, le 30 juin 1620, Jacques Fourrure. La cousine Fourrure était apparemment mariée à un de leurs petits-fils.

LETTRE 84 (revue sur l'autographe, conservé à la Ferté-Milon). — 1. Madelon (*Madeleine Racine*), à laquelle Racine dit dans cette lettre que « les dents percent, » était née le 14 mars 1688. La lettre doit donc être de 1689. L'enfant avait alors près de dix mois.

2. Voyez ci-dessus, même page, la note 6 de la lettre 83.

confier cet argent, d'autant plus qu'il m'a dit que vous lui aviez confié de la vaisselle d'argent pour la changer. Je vous prie de me vouloir mander s'il vous a remis cette somme entre les mains. J'étois fâché de vous voir avancer de l'argent pour moi. Nous ne sommes point alarmés de la fièvre de Madelon, et nous savons que les enfants sont sujets à ces sortes d'accidents, quand les dents leur percent. On nous dit mille biens d'elle, et je vois bien qu'elle ne manque pas de bons traitements chez vous. On dit que M. Rivière en fait tout son amusement, et qu'il l'aime comme sa propre fille. Je lui ai bien de l'obligation de tant de bontés. Nous tâcherons de rendre la pareille à ma nièce quand nous la tiendrons. Nous nous faisons par avance un grand plaisir de la réjouir avec nos enfants. Mme de Romanet[3] envoyera à sa tante, par la poste, un mémoire de ce qu'elle a dépensé pour elle. Adieu, ma chère sœur : je vous souhaite aussi une bonne année, et à votre famille, et suis tout à vous de tout mon cœur.

Votre *paulette*[4] est payée il y a longtemps.

Suscription : A Mademoiselle Mademoiselle Rivière, à la Ferté-Milon. (Moitié d'un cachet : J. RAC.)

3. Belle-sœur de Mme Racine, dont elle avait épousé le frère, Claude de Romanet, qui dans l'acte de baptême de Louis Racine (2 novembre 1692) est qualifié « trésorier de France en la généralité d'Orléans. » Mme de Romanet était une Vitart (Marie-Charlotte), fille de Nicolas Vitart (voyez son *acte de baptême* à la page 177 de notre tome I). Sa tante, dont parle ici Racine, doit être Catherine Sconin, veuve d'Antoine Vitart, et mariée alors en secondes noces à M. de Malortique (voyez au tome VI, p. 435, la note 6 de la lettre 19).

4. La *paulette* était un droit annuel établi sur les charges vénales et héréditaires.

85. — DE RACINE ET DE BOILEAU AU MARÉCHAL
DUC DE LUXEMBOURG[1].

1690

Au milieu des louanges et des compliments que vous recevez de tous côtés pour le grand service que vous venez de rendre à la France[2], trouvez bon, Monseigneur, qu'on vous remercie aussi du grand bien que vous avez fait à l'histoire et du soin que vous prenez de l'enrichir. Personne jusqu'ici n'y a travaillé avec plus de succès que vous, et la bataille que vous venez de gagner fera sans doute un de ses plus magnifiques ornements. Jamais il n'y en eut de si propre à être racontée, et tout s'y rencontre à la fois, la grandeur de la querelle, l'animosité des deux partis, l'audace et la multitude des combattants, une résistance de plus de six heures, un carnage horrible, et enfin une déroute entière des ennemis. Jugez donc quel agrément c'est pour des historiens d'avoir de telles choses à écrire, surtout quand ces historiens peuvent espérer d'en apprendre de votre bouche même le détail. C'est de quoi nous osons nous flatter; mais laissant là l'histoire à part, sérieusement, Monseigneur, il n'y a point de gens qui soient si véritablement touchés que nous de l'heureuse victoire que vous avez remportée. Car sans compter l'intérêt général que nous y prenons avec tout le royaume, figurez-vous quelle est notre joie d'entendre publier partout que nos affaires sont rétablies, toutes les mesures des ennemis rompues, la France, pour ainsi dire, sauvée; et de

---

Lettre 85. — 1. Cette lettre a été publiée pour la première fois en 1808, dans l'édition de Geoffroy, sur l'autographe communiqué par M. Jacobé de Naurois. Geoffroy en a fait graver le *fac-simile* dans son édition, avec une exactitude qu'il affirme avoir été minutieuse : voyez aux pages 46 et 47 de son tome VII.

2. Par la victoire de Fleurus, remportée le 1er juillet 1690.

songer que le héros qui a fait tous ces miracles est ce même homme, d'un commerce si agréable, qui nous honore de son amitié, et qui nous donna à dîner le jour que le Roi lui donna le commandement de ses armées. Nous sommes avec un profond respect,

  Monseigneur,

 Vos très-humbles et très-obéissants serviteurs,

      Racine, Despréaux.

A Paris, 8e juillet [1690].

Suscription : A Monseigneur Monseigneur le maréchal duc de Luxembourg.

---

86. — DE NICOLE A RACINE.

[Décembre 1690[1].]

J'attends, Monsieur, à me réjouir avec vous un peu

Lettre 86 (copiée sur l'original, appartenant à M. Auguste de Naurois). — 1. M. l'abbé de la Roque, qui a publié cette lettre dans une note, à la page 175 de ses *Lettres inédites de Jean Racine*, pense qu'elle a pu être adressée au poëte à l'occasion de sa nomination à la charge d'historiographe. Mais ce ne fut que plus tard, ce nous semble, que Racine eut assez marqué son attachement à Port-Royal pour qu'on pût dire de lui qu'il *avait été son chemin sans crainte*. On ne doit pas songer à l'office de secrétaire du Roi, qui ne fut acquis par Racine qu'en 1696 : Nicole était mort en 1695. Reste la charge de gentilhomme ordinaire, pour laquelle le Roi donna son agrément à Racine au mois de décembre 1690 : voyez les *Mémoires de Louis Racine*, à la page 319 de notre tome I. Nous avons d'ailleurs un témoignage important. La lettre de Nicole se trouve à la bibliothèque de Troyes, au nombre des copies que M. le Roy de Saint-Charles fit vers 1756 de manuscrits ayant appartenu à Jean-Baptiste Racine. Une note de celui-ci précède la copie de la lettre. Elle est ainsi conçue : « Lettre de M. Nicole à mon père, dans laquelle il lui fait compliment sur la charge de gentilhomme ordinaire dont le Roi lui avoit fait présent. »

plus à fond sur le présent que vous avez reçu de Sa Majesté. La charge, les circonstances, tout m'y plaît. Je me réjouis qu'on me puisse dire : *sunt hic sua præmia laudi*², et que la malice et les préventions ne puissent pas tout; mais je me réjouis encore bien plus qu'on n'ait point été intimidé de ces préventions, et qu'en allant son chemin sans crainte on ne soit tombé en aucun inconvénient. C'est le sujet pour moi d'un grand discours, que je n'entamerai pas dans un billet qui n'a pour but que de satisfaire à un devoir de civilité qu'il est bon d'abréger en un temps où vous êtes accablé de ces sortes de civilités. Je suis, Monsieur,

Votre très-humble et très-obéissant serviteur,

NICOLE.

Suscription : A Monsieur Monsieur Racine, à Paris. (Cachet rouge, ayant pour empreinte une croix dont les bras sont entourés d'une couronne d'épines, avec la devise : *Libertas summa*.)

---

87. — DE BOILEAU A RACINE¹.

A Paris, 25ᵉ mars [1691].

JE ne voyois proprement que vous pendant que vous étiez à Paris, et depuis que vous n'y êtes plus, je ne vois plus pour ainsi dire personne. N'attendez donc pas que je vous rende nouvelles pour nouvelles, puisque

---

2. « Le mérite trouve ici ses récompenses. » (Virgile, *Énéide*, livre I, vers 461.)

LETTRE 87 (revue sur l'autographe, conservé à la Bibliothèque impériale). — 1. Racine était alors au camp devant Mons, où le Roi était arrivé le 21 mars.

je n'en sais aucunes. D'ailleurs, il n'est guère fait mention à Paris présentement que du siége de Mons, dont je ne crois pas vous devoir instruire. Les particularités que vous m'en avez mandées m'ont fait un fort grand plaisir. Je vous avoue pourtant que je ne saurois digérer que le Roi s'expose comme il fait. C'est une mauvaise habitude qu'il a prise, dont il devroit se guérir, et cela ne s'accorde [pas²] avec cette haute prudence qu'il fait paroître dans toutes ses autres actions³. Est-il possible qu'un prince qui prend si bien ses mesures pour assiéger Mons en prenne si peu pour la conservation de sa propre personne? Je sais bien qu'il a pour lui l'exemple des Alexandres et des Césars, qui s'exposoient de la sorte; mais avoient-ils raison de le faire? Je doute qu'il ait lu ce vers d'Horace :

*Decipit exemplar vitiis imitabile*⁴.

Je suis ravi d'apprendre que vous êtes dans un couvent, en même cellule que M. de Cavoys⁵ ; car bien

---

2. *Pas* a été omis dans l'autographe.

3. Mme de Sévigné, dans une lettre du 10 avril 1691, à Coulanges (tome X, p. 13), écrivait : « [Le Roi] prend Mons avec cent mille hommes, d'une manière toute héroïque, allant partout, visitant tout, et s'exposant trop. »

4. « Le modèle nous égare, facile à imiter en ses défauts. » (Horace, livre I, *épître* XIX, vers 17.)

5. Louis Oger, marquis de Cavoie (Boileau écrit *Cavoys*), grand maréchal des logis de la maison du Roi, né en 1640, mort en 1716. Il était lié d'amitié avec Racine et Boileau. « [Le Roi], dit l'abbé de Choisy, avoit remarqué que Cavoie et Racine se promenoient toujours ensemble. Il les voyoit un jour passer sur la terrasse : « Cavoie, dit-il à ceux qui étoient auprès de lui, croit de« venir bel esprit, et Racine se croira bientôt un fin courtisan. » (*Mémoires de l'abbé de Choisy*, Collection Petitot, tome LXIII, p. 162 et 163.) Louis Racine a raconté l'attachement fidèle de son père à Cavoie dans une disgrâce de ce courtisan. Voyez les *Mémoires sur la vie de Jean Racine*, p. 347 de notre tome I.

que le logement soit un peu étroit, je m'imagine qu'on n'y garde pas trop étroitement les règles, et qu'on n'y fait pas la lecture pendant le dîner[6], si ce n'est peut-être de lettres pareilles à la mienne. Je vous dis bien en partant que je ne vous plaignois plus, puisque vous faisiez le voyage avec un homme tel que lui, auprès duquel on trouve toutes sortes de commodités, et dont la compagnie pourroit consoler de toutes sortes d'incommodités. Et puis je vois bien qu'à l'heure qu'il est vous êtes un soldat parfaitement aguerri contre les périls et contre la fatigue. Je vois bien, dis-je, que vous allez recouvrer votre honneur à Mons, et que toutes les mauvaises plaisanteries du voyage de Gand[7] ne tomberont plus que sur moi. M. de Cavoys a déjà assez bien commencé à m'y préparer. Dieu veuille seulement que je les puisse entendre[8], au hasard même d'y mal répondre! Mais, à ne vous rien celer, non-seulement mon mal ne finit point, mais je doute même qu'il guérisse. En récompense, me voilà fort bien guéri d'ambition et de vanité; et en vérité je ne sais si cette guérison-là ne vaut pas bien l'autre, puisqu'à mesure que les honneurs et les biens me fuient, il me semble que la tranquillité me vient. J'ai été une fois à notre assemblée[9] depuis votre départ. M. de la Chappelle[10] ne manqua pas, comme vous vous le figurez bien, de proposer d'abord

---

6. Comme la règle le voulait dans les couvents.

7. Louis Racine a raconté dans ses *Mémoires*, p. 278 et 279, quelques-unes des plaisanteries que Cavoie fit aux deux poëtes historiographes pendant la campagne de 1678.

8. Boileau fait allusion à la surdité dont il avait déjà sujet de se plaindre, et dont il sera parlé plus expressément dans la suite.

9. Boileau veut parler de la *petite Académie*, plus tard *Académie des inscriptions et médailles*.

10. Voyez au tome VI, p. 571, la note 12 de la lettre 69. — Racine écrit ce nom tantôt par deux *p* et tantôt par un.

une médaille sur le siége de Mons, et j'en imaginai une $\overline{1691}$ sur le¹¹....

88. — DE RACINE A BOILEAU¹.

Au camp devant Mons, le 3ᵉ avril [1691].

On vous avoit trop tôt mandé la prise de l'ouvrage à cornes : il ne fut attaqué pour la première fois qu'avant-hier ; encore fut-il abandonné un moment après par les grenadiers du régiment des gardes, qui s'épouvantèrent mal à propos, et que leurs officiers ne purent retenir, même en leur présentant l'épée nue, comme pour les percer². Le lendemain, qui étoit hier, sur les neuf heures du matin, on recommença une autre attaque, avec beaucoup plus de précaution que la précédente. On choisit pour cela huit compagnies de grenadiers, tant du régiment du Roi que d'autres régiments, qui tous méprisent fort les soldats des gardes, qu'ils appellent des *Pierrots*³. On commanda aussi cent cinquante mousquetaires des deux compagnies, pour soutenir les grenadiers. L'at-

___

11. Le reste manque ; la troisième page de la lettre (*recto* du second feuillet) finit au mot *le;* et, ce qui peut sembler étonnant, le verso de ce même feuillet est une page blanche. N'aurions-nous ici qu'une copie inachevée, de la main de Boileau, et non l'original de la lettre?

Lettre 88. — 1. Revue sur l'autographe, conservé à la Bibliothèque impériale.

2. Voyez le *Journal de Dangeau*, du *dimanche* 1ᵉʳ *avril, au camp devant Mons*.

3. Il s'agit des *Gardes françaises*, qu'on appelait encore ainsi en 1789. Ce sobriquet venait probablement de ce que la couleur de leur uniforme fut d'abord grise-blanche, et que le bleu qu'on y substitua était à peu près masqué par des brandebourgs et galons blancs : tout comme on appelait *Bête-raves* les *Gardes suisses*, dont l'uniforme était de couleur rouge. (*Note de Berriat-Saint-Prix.*)

taque se fit avec une vigueur extraordinaire, et dura trois bons quarts d'heure ; car les ennemis se défendirent en fort braves gens, et quelques-uns d'entre eux se colletèrent même avec quelques-uns de nos officiers. Mais comment auroient-ils pu faire? Pendant qu'ils étoient aux mains, tout notre canon tiroit, sans discontinuer, sur les deux demi-lunes qui devoient les couvrir, et d'où, malgré cette tempête de canon, on ne laissoit pourtant pas de faire un feu épouvantable. Nos bombes tomboient aussi à tous moments sur ces demi-lunes, et sembloient les renverser sens dessus dessous[4]. Enfin, nos gens demeurèrent les maîtres, et s'établirent de manière qu'on n'a pas même osé depuis les inquiéter. Nous y avons bien perdu deux cents hommes, entre autres huit ou dix mousquetaires, du nombre desquels étoit le fils de M. le prince de Courtenay[5], qui a été trouvé mort dans la palissade de la demi-lune ; car quelques mousquetaires poussèrent jusque dans cette demi-lune, malgré la défense expresse de Vauban et de M. de Maupertuis[6], croyant faire sans doute la même chose qu'à Valenciennes. Ils furent obligés de revenir fort vite sur leurs pas, et c'est là que la plupart furent tués ou blessés. Les grenadiers, à ce que dit M. de Maupertuis lui-même, ont été aussi braves que les mousquetaires. De

4. Racine a écrit : « s'en dessus dessous. »
5. Louis-Gaston, né le 9 octobre 1669, fils aîné de Louis-Charles prince de Courtenay. Il descendait de Pierre de France, prince de Courtenay, septième et dernier fils du roi Louis le Gros.
6. Louis de Melun, marquis de Maupertuis. Il s'était distingué au siége de Candie en 1669, avait été nommé, en 1678, brigadier des armées, après s'être signalé au siége et à la prise de Valenciennes, et était devenu, en 1684, capitaine-lieutenant et commandant de la première compagnie des mousquetaires. Il fut élevé au grade de maréchal de camp par commission du 4 août 1688, et mourut le 18 avril 1721, dans sa quatre-vingt-septième année.

huit capitaines, il y en a eu sept tués ou blessés. J'ai retenu cinq ou six actions ou paroles de simples grenadiers, dignes d'avoir place dans l'histoire, et je vous les dirai quand nous nous reverrons. M. de Chasteauvillain[7], fils de Monsieur le grand trésorier de Pologne, étoit à tout, et est un des hommes de l'armée le plus estimé[8]. La Chesnaye[9] a aussi fort bien fait. Je vous les nomme tous deux, parce que vous les connoissez particulièrement. Mais je ne vous puis dire assez de bien du premier, qui joint beaucoup d'esprit à une fort grande valeur. Je voyois toute l'attaque fort à mon aise, d'un peu loin à la vérité; mais j'avois de fort bonnes lunettes, que je ne pouvois presque tenir fermes, tant le cœur me battoit à voir tant de braves gens dans le péril. On fit une suspension pour retirer les morts de part et d'autres[10]. On trouva de nos mousquetaires morts dans le chemin couvert de la demi-lune. Deux mousquetaires blessés s'étoient tenus couchés parmi ces morts, de peur d'être achevés; ils se levèrent tout à coup sur leurs pieds, pour s'en revenir avec les morts qu'on remportoit; mais les ennemis prétendirent qu'ayant été trouvés sur leur terrain, ils devoient demeurer prisonniers. Notre officier ne put pas en disconvenir; mais il voulut au moins donner de l'argent aux Espagnols, afin de faire traiter ces deux mousquetaires. Les Espagnols répondirent : « Ils seront mieux traités parmi nous que parmi vous, et nous avons de

---

7. Le marquis de Châteauvillain était, à Mons, un des aides de camp du Dauphin. Son père, grand trésorier de Pologne, était le comte de Morstein.

8. Il y a *le plus estimé*, au singulier, dans l'original.

9. La Chesnaye, ainsi que Châteauvillain, servait, dans cette campagne, comme aide de camp du Dauphin. Le 21 mars, il avait eu un cheval tué sous lui, assez près du Roi et à côté du comte de Toulouse. Voyez le *Journal de Dangeau*, à la date du 21 mars 1691.

10. *D'autres* est ainsi au pluriel.

l'argent plus qu'il n'en faut pour nous et pour eux. »
Le Gouverneur[11] fut un peu plus incivil[12]; car M. de Luxembourg lui ayant envoyé une lettre par un tambour, pour s'informer si le chevalier d'Estrade[13], qui s'est trouvé perdu, n'étoit point du nombre des prisonniers qui ont été faits dans ces deux actions, le Gouverneur ne voulut ni lire la lettre ni voir le tambour.

On a pris aujourd'hui deux manières de paysans, qui étoient sortis de la ville avec des lettres pour M. de Castañaga[14]. Ces lettres portoient que la place ne pouvoit plus tenir que cinq ou six jours. En récompense, comme le Roi regardoit de la tranchée tirer nos batteries cette après-dînée, un homme, qui apparemment étoit quelque officier ennemi déguisé en soldat avec un simple habit gris, est sorti, à la vue du Roi, de notre tranchée, et traversant jusqu'à une demi-lune des ennemis, s'est jeté dedans, et on a vu deux des ennemis venir au-devant de lui pour le recevoir. J'étois aussi dans la tranchée dans ce temps-là, et je l'ai conduit de l'œil jusque dans la demi-lune. Tout le monde a été surpris au dernier point de son impudence; mais vraisemblablement il n'empêchera pas la place d'être prise dans cinq ou six jours. Toute la demi-lune est presque éboulée, et les remparts de ce côté-là ne tiennent plus à rien. On n'a jamais vu un tel feu d'artillerie. Quoique

---

11. Le prince de Berghes, capitaine-général de Hainaut.
12. Racine avait d'abord écrit : « un peu plus brutal. »
13. Gabriel-Joseph, dit le chevalier d'Estrades, fils de Godefroy comte d'Estrades, maréchal de France. On l'avait cru tué à la première attaque de l'ouvrage à cornes; mais il n'avait reçu qu'une blessure légère, et était prisonnier dans la ville. Voyez le *Journal de Dangeau*, à la date du 10 avril 1691. Le chevalier d'Estrades mourut, au mois d'août de l'année suivante, des blessures qu'il reçut au combat de Steinkerque, où il s'était signalé.
14. Gouverneur de Bruxelles.

je vous dise que j'ai été dans la tranchée, n'allez pas croire que j'aie été dans aucun péril : les ennemis ne tiroient plus de ce côté-là, et nous étions tous, ou appuyés sur le parapet, ou debout sur le revers de la tranchée. Mais j'ai couru d'autres périls, que je vous conterai en riant quand nous serons de retour.

Je suis, comme vous, tout consolé de la réception de Fontenelle[15]. M. Rose paroît fâché de voir, dit-il, l'Académie *in pejus ruere*[16]. Il vous fait ses baisemains avec des expressions très-fortes, à son ordinaire. M. de Cavoye et quantité de nos communs amis m'ont chargé aussi de vous en faire. Voilà, ce me semble, une assez longue lettre ; mais j'ai les pieds chauds, et je n'ai guère de plus grand plaisir que de causer avec vous. Je crois que le nez a saigné au prince d'Orange[17], et il n'est tantôt plus fait mention de lui. Vous me ferez un extrême plaisir de m'écrire, quand cela vous fera aussi quelque plaisir. Je vous prie de faire mes baisemains à M. de la Chapelle. Ayez la bonté de mander à ma femme que vous avez reçu de mes nouvelles.

15. Le lundi 2 avril 1691, l'Académie française désigna Fontenelle pour remplir la place devenue vacante par la mort de Villayer, doyen du conseil d'État. Le lundi 23, après que l'on se fut assuré de l'agrément du Roi, un second scrutin, où, suivant le *Mercure galant* (avril 1691, p. 157), il eut tous les suffrages, le nomma définitivement. Racine le regardait comme élu après le premier scrutin du 2 avril. La réception eut lieu le 5 mai suivant.

16. « Tomber en décadence. » — Ce fut toutefois le président Rose, à ce que rapporte le *Mercure* à la page citée dans la note précédente, qui informa le Protecteur « du mérite de M. de Fontenelle. » Mais cela sans doute signifie seulement qu'il fit connaître au Roi le choix de l'Académie.

17. C'est ainsi qu'autour de Louis XIV on parlait du roi Guillaume, qui avait reconnu l'impossibilité de secourir Mons. Vauban était moins sévère et plus juste. Voyez l'*Histoire de Louvois*, par M. C. Rousset, tome IV, p. 465 et 466.

1691

J'ai oublié de vous dire que pendant que j'étois sur le mont Pagnotte[18] à regarder l'attaque, le R. P. de la Chaize étoit dans la tranchée, et même fort près de l'attaque, pour la voir plus distinctement. J'en parlois hier au soir à son frère[19], qui me dit tout naturellement : « Il se fera tuer un de ces jours. » Ne dites rien de cela à personne ; car on croiroit la chose inventée, et elle est très-vraie et très-sérieuse.

---

89. — DE RACINE A JEAN-BAPTISTE RACINE[1].

A Fontainebleau, ce 24. septembre [1691].

MON CHER FILS,

Vous me faites plaisir de me mander des nouvelles ; mais prenez garde de ne les pas prendre dans les gazettes de Hollande ; car outre que nous les avons comme vous, vous y pourriez apprendre certains termes qui ne valent rien, comme celui de *recruter*, dont vous vous servez, au lieu de quoi il faut dire *faire des recrues*.

---

18. C'est probablement une allusion au vers de Pradon :

Le haut du mont Pagnote étoit leur mont Parnasse.

Ce vers se trouve dans la satire que Pradon fit contre les deux historiographes, après la campagne de 1678. Le *mont Pagnote* est le lieu d'où les poltrons regardent le combat en sûreté. *Pagnote* est un ancien mot, pris tantôt substantivement, tantôt adjectivement, et qui signifiait « sans courage, sans énergie. »

19. François comte de la Chaise, capitaine des gardes de la porte du Roi depuis l'année 1687. Il mourut au mois d'août 1697.

LETTRE 89 (revue sur l'autographe, conservé à la Bibliothèque impériale). — 1. Sur Jean-Baptiste, fils aîné de Racine, voyez la *Notice biographique*, p. 120 et p. 164-167. A cette date de septembre 1691, il n'avait pas encore tout à fait treize ans.

Mandez-moi des nouvelles de vos promenades, et de celles de la santé de vos sœurs. Il est bon de diversifier un peu, et de ne vous pas jeter toujours sur l'Irlande et sur l'Allemagne.

Dites à M. Willard[2] que j'ai reçu son paquet, et que j'ai lu avec beaucoup de plaisir l'écrit qu'il m'envoie. Faites-lui-en bien des remerciements pour moi. S'il vous demande des nouvelles de ce pays-ci, vous lui direz que le combat de M. de Luxembourg[3] a été bien plus considérable qu'on ne le croyoit d'abord. Les ennemis ont laissé treize cents morts sur la place, et plus de cinq cents prisonniers, parmi lesquels on compte près de cent officiers. On leur a pris aussi trente-six étendards, et ils avouent eux-mêmes qu'ils ont encore près de deux mille blessés dans leur armée. Cette victoire est fort glorieuse ; mais nous y avons eu environ huit ou neuf cents tant morts que blessés. La maison du Roi a fait des choses incroyables, n'ayant jamais chargé les ennemis qu'à coups d'épée et étant toujours plus de trois contre un[4].

2. Germain Willart ou Vuillart, qui avait été longtemps secrétaire de le Roi, abbé de Haute-Fontaine, fut un des correspondants d'Arnauld et du P. Quesnel. Dans l'acte où est relaté le convoi et transport de Racine à Port-Royal des Champs (voyez au tome I, les *Pièces justificatives*, p. 193), Willart est qualifié « bourgeois de Paris, ami du défunt. » Du même âge que Racine, Willart fut son voisin dans les années où le grand poëte demeura dans la rue des Maçons. M. Sainte-Beuve (voyez son *Port-Royal*, édition de 1867, tome VI, p. 247 et suivantes) a publié des fragments de lettres écrites par Willart à M. de Préfontaine, frère de l'abbé le Roi, et contenant de curieux détails sur Racine ; nous les donnerons plus loin à leur place. Willart fut mis à la Bastille en octobre 1703 ; il y resta douze ans. Sorti de cette prison en septembre 1715, il mourut peu de temps après, le 23 octobre suivant, dans sa soixante-dix-septième année.

3. Le combat de Leuze, livré le 19 septembre 1691.

4. Dangeau dit dans son *Journal*, à la date du 20 septembre : « Trente de nos escadrons, dont étoient la maison du Roi et la

On dit que chaque cavalier est revenu avec son épée sanglante jusqu'à la garde.

On dit que le Pape[5] a la fièvre. M. le cardinal le Camus[6] a eu de lui une audience qui a duré plus de trois heures : on dit même que le Pape lui a ordonné de demeurer encore quelques jours à Rome, et lui a demandé un mémoire des principales choses que ce cardinal lui a dit[7] dans son audience.

On a appris ce matin que M. de Boufflers[8] avoit battu aussi l'arrière-garde d'un corps d'Allemands qui étoient auprès de Dinant; mais on ne leur a tué que quelque[9] soixante ou quatre-vingts hommes, parce qu'ils ont pris la fuite de bonne heure, et qu'ils n'ont osé engager le combat.

Dites à votre mère que je la prie de m'excuser si je ne lui écris point, parce qu'il est fort tard, et qu'il faut que j'écrive encore à M. de la Chappelle[10]. Je suis bien fâché

gendarmerie, ont battu plus de soixante-dix escadrons des ennemis, auprès du ruisseau de Leuze. »

5. Innocent XII (Antonio Pignatelli). Il avait été élu pape le 12 juillet 1691.

6. Etienne le Camus, né le 24 novembre 1632, mort le 12 septembre 1707. Évêque de Grenoble depuis l'année 1671, il avait été nommé cardinal en 1686.

7. Racine a écrit *dit*, sans accord.

8. Louis-François, d'abord chevalier, à cette date de 1691 marquis de Boufflers, né le 10 janvier 1644, mort le 22 août 1711. Il fut fait maréchal de France en 1693, duc et pair en 1709. — « L'armée du landgrave de Hesse et [celle] des généraux Flemming et Tzerclaës, qui étoient entrées depuis quelques jours dans le Condros, et qui menaçoient de mettre tout à feu et à sang dans le pays de Luxembourg, se sont retirées vers Liége fort précipitamment. M. de Boufflers les a fait suivre dans leur retraite par Saint-Frémont et par le comte de Gramont, qui, avec leurs dragons, les ont fort harcelés et leur ont pris beaucoup de traîneurs. » (*Journal de Dangeau*, 25 septembre 1691.)

9. Il y a *quelques*, avec *s*, dans l'original.

10. Voyez ci-dessus, p. 14, la note 10 de la lettre 87.

de l'état où est son cocher. M. du Tartre[11], à qui j'en a parlé, dit que son mal n'étant pas une dysenterie, les remèdes d'Helvétius[12] n'y feront rien ; mais Helvétius est en réputation, même pour les fièvres, et il va partout comme les autres médecins.

Mon genou m'a fait assez de mal ces jours passés, et je crois que le froid en a été cause. Il ne m'a fait aucun mal aujourd'hui, et j'espère que cela ira toujours en diminuant.

J'approuve tout ce que votre mère a fait chez Mme Rondelle[13]. On ne parle plus de deuil, ni que la reine d'Espagne[14] soit en péril : ainsi elle peut faire habiller votre sœur comme il lui plaira. Écrivez-moi toujours ; mais que cela n'empêche pas votre chère mère de m'écrire, car je serois trop fâché de ne point recevoir de ses lettres.

Adieu, mon cher enfant : embrassez-la pour moi, et faites mes baisemains à vos sœurs. Saluez aussi M. Willard de ma part.

11. Il y a *du Tertre* dans l'original ; il nous parait à peu près certain qu'il faut lire *du Tartre*. Voyez au tome VI, p. 586, la note 4 de la lettre 73, et ci-après, p. 31.

12. Adrien Helvétius, médecin hollandais, grand-père de l'auteur du livre de l'*Esprit*, mort à Paris le 20 février 1727, âgé de soixante-cinq ans. — La poudre d'Helvétius, dont l'efficacité contre les dyssenteries avait alors une grande célébrité, et qui fit gagner à ce médecin une grande fortune, était l'ipécacuanha. Les médecins, et principalement Fagon, étaient déchaînés contre Helvétius. Voyez les *Mémoires de Saint-Simon*, tome III, p. 82 et 83.

13. Marchande chez laquelle Mme Racine avait acheté des étoffes pour habiller son fils. (*Note de l'édition de* 1807.)

14. Marie-Anne de Neubourg, fille de Philippe-Guillaume duc de Neubourg, électeur palatin, née le 28 octobre 1667, mariée le 28 août 1689 au roi d'Espagne Charles II. Elle mourut à Guadalaxara, le 16 juillet 1740.

90. — DE RACINE A BOILEAU.

A Versailles, ce mardi [8 avril 1692[1]].

Mme de Maintenon m'a dit ce matin que le Roi avoit réglé notre pension[2] à quatre mille francs pour moi et à deux mille francs pour vous : cela s'entend sans y comprendre notre pension de gens de lettres. Je l'ai fort remerciée pour vous et pour moi. Je viens aussi tout à l'heure de remercier le Roi. Il m'a paru qu'il avoit quelque peine qu'il y eût de la diminution; mais je lui ai dit que nous étions trop contents. J'ai plus appuyé encore sur vous que sur moi, et j'ai dit au Roi que vous prendriez la liberté de lui écrire pour le remercier, n'osant pas lui venir donner la peine d'élever sa voix pour vous parler[3]. J'ai dit en propres paroles : « Sire, il a plus d'esprit que jamais, plus de zèle pour Votre Majesté, et plus d'envie de travailler pour votre gloire. »

Vous voyez enfin que les choses ont été réglées comme

Lettre 90 (revue sur l'autographe, conservé à la Bibliothèque impériale). — 1. Cette date a été ajoutée au crayon et entre parenthèses sur l'autographe même; nous ne savons par quelle main. Il est remarquable qu'ici, non-seulement l'année, mais le mois et le quantième ont été indiqués par l'annotateur. La plupart des lettres de ce recueil manuscrit de la Bibliothèque impériale ont été datées de l'année par le même crayon. La date de l'année est quelquefois aussi écrite à l'encre, nous ignorons également par qui : l'écriture des notes à l'encre, qui est fort soignée et jolie, n'est pas, comme nous l'avions cru d'abord, celle de Jean-Baptiste Racine; car souvent celui qui a écrit la date renvoie en même temps à la page de l'*imprimé*, et fait remarquer que le texte de l'*imprimé* est mutilé. Or cet *imprimé* est le *Recueil* publié par Louis Racine après la mort de son frère. Peut-être ces notes à l'encre ont-elles été écrites sur l'autographe par l'éditeur de 1807.

2. Il s'agit de leur pension d'historiographes.

3. Boileau commençoit à devenir un peu sourd. (*Note de Louis Racine.*) — Voyez ci-dessus, p. 14, la note 8 de la lettre 87.

vous l'aviez souhaité vous-même. Je ne laisse pas d'avoir une vraie peine de ce qu'il semble que je gagne à cela plus que vous; mais outre les dépenses et les fatigues des voyages, dont je suis assez aise que vous soyez délivré, je vous connois si noble et si plein d'amitié, que je suis assuré que vous souhaiteriez de bon cœur que je fusse encore mieux traité. Je serai très-content si vous l'êtes en effet. J'espère vous revoir bientôt. Je demeure ici pour voir de quelle manière la chose doit tourner; car on ne m'a point encore dit si c'est par un brevet, ou si c'est à l'ordinaire sur la cassette. Je suis entièrement à vous. Il n'y a rien de nouveau ici. On ne parle que du voyage, et tout le monde n'est occupé que de ses équipages[4].

Je vous conseille d'écrire quatre lignes au Roi, et autant à Mme de Maintenon, qui assurément s'intéresse toujours avec beaucoup d'amitié à tout ce qui [vous[5]] touche. Envoyez-moi vos lettres par la poste ou par votre jardinier, comme vous le jugerez à propos.

---

91. — DE BOILEAU A RACINE[1].

A Paris, 9ᵉ avril [1692].

ÊTES-VOUS fou, avec vos compliments? Ne savez-vous pas bien que c'est moi qui ai, pour ainsi dire, prescrit

---

4. Le Roi allait se mettre à la tête de ses armées en Flandre; il partit le 10 mai suivant. Le 10 avril, c'est-à-dire le lendemain du jour dont est datée la lettre de Racine, Dangeau écrivait dans son *Journal* : « On fait partir Vauban incessamment, et on ne doute pas que le Roi ne partît bientôt si la saison étoit moins retardée. »

5. Racine a, par inadvertance, omis *vous* ou *nous*.

LETTRE 91. — 1. Revue sur l'autographe, conservé à la Bibliothèque impériale.

la chose de la manière qu'elle s'est faite? Et pouvez-vous douter que je ne sois parfaitement content d'une affaire où l'on m'accorde tout ce que je demandois? Tout va le mieux du monde, et je suis encore plus réjoui pour vous que pour moi-même. Je vous envoie deux lettres, que j'écris, suivant vos conseils, l'une au Roi et l'autre à Mme de Maintenon. Je les ai écrites sans faire de brouillon, et je n'ai point ici de conseil : ainsi je vous prie d'examiner si elles sont en état d'être données, afin que je les réforme si vous ne les trouvez pas bien. Je vous les envoie pour cela toutes décachetées; et supposé que vous jugiez à propos de les présenter, prenez la peine d'y mettre votre cachet. Je verrai aujourd'hui Mme Racine pour la féliciter. Je vous donne le bonjour, et suis tout à vous. Je ne reçus votre lettre qu'hier tout au soir, et je vous envoie mes trois lettres aujourd'hui à huit heures, par la poste. Voilà, ce me semble, une assez grande diligence pour le plus paresseux de tous les hommes.

Suscription : Pour Monsieur Racine.

---

92. — DE RACINE A BOILEAU [1].

A Versailles, ce 11º avril [1692].

Je vous renvoie vos deux lettres avec mes remarques, dont vous ferez tel usage qu'il vous plaira. Tâchez de me les renvoyer avant six heures, ou, pour mieux dire, avant cinq heures et demie du soir, afin que je les puisse donner avant que le Roi entre chez

---

Lettre 92. — 1. Revue sur l'autographe, appartenant à M. le marquis de Biencourt.

Mme de Maintenon. J'ai trouvé que *la trompette et les sourds* étoient trop joués, et qu'il ne falloit point trop appuyer sur votre incommodité, moins encore chercher de l'esprit sur ce sujet. Du reste, les lettres seront fort bien, et il n'en faut pas davantage. Je m'assure que vous donnerez un meilleur tour aux choses que j'ai ajoutées. Je ne veux point faire attendre votre jardinier.

Je n'ai point encore de nouvelles de la manière dont notre affaire sera tournée. M. de Chevreuse veut que je le laisse achever ce qu'il a commencé, et dit que nous nous en trouverons bien. Je vous conseille de lui écrire un mot à votre loisir. On ne peut pas avoir plus d'amitié qu'il en a pour vous.

Suscription : A Monsieur Monsieur Despréaux, cloître Notre-Dame, chez M. l'abbé de Dreux, à Paris.

---

93. — DE RACINE A BOILEAU.

[Versailles, 12 avril 1692[1].]

Vos deux lettres[2] sont à merveilles[3], et je les donnerai tantôt. M. de Pontchartrain[4] oublia de parler hier, et ne peut parler que dimanche. Mais j'en fus bien aise,

---

LETTRE 93 (revue sur l'autographe, conservé à la Bibliothèque impériale). — 1. Cette date est écrite au crayon en tête de la lettre originale, que Racine n'avait pas datée. Voyez ci-dessus, p. 24, la note 1 de la lettre 90.

2. Au Roi et à Mme de Maintenon : voyez les deux lettres précédentes.

3. Racine a bien écrit ainsi : *à merveilles*, au pluriel.

4. Louis Phélippeaux de Pontchartrain, contrôleur général des finances. L'Académie des médailles était sous sa direction.

parce que M. de Chevreuse aura le temps de le voir. M. de Pontchartrain me parla de notre autre pension, et de la petite Académie, mais avec une bonté incroyable, en me disant que, dans un autre temps, il prétend bien faire d'autres choses pour vous et pour moi. Je ne crois pas aller à Auteuil : ainsi ne m'y attendez point. Je ne crois pas même aller à Paris encore demain, et en ce cas je vous prie de tout mon cœur de faire bien mes excuses à M. de Pontchartrain[5], que j'ai une extrême impatience de revoir. Madame sa mère me demanda hier fort obligeamment si nous n'allions pas toujours chez lui. Je lui dis que c'étoit bien notre dessein de recommencer à y aller.

J'envoie à Paris pour un volume de M. de Noailles, que mon laquais prétend avoir reporté chez lui, et qu'on n'y trouve point. Cela me désole. Je vous prie de lui dire si vous ne croyez point l'avoir chez vous. Je vous donne le bonjour.

Suscription : A Monsieur Monsieur Despréaux.

---

94. — DE RACINE A MADAME RACINE.

A Cateau-Cambresis[1], le jour de l'Ascension
[15 mai 1692].

J'avois commencé à vous écrire hier au soir à Saint-

---

5. Ici il ne s'agit plus, comme tout à l'heure, de Louis de Pontchartrain, mais de son fils, Jérôme Phélippeaux, comte de Pontchartrain et de Maurepas, alors conseiller au Parlement. Sa mère, dont Racine parle à la ligne suivante, était Marie de Maupeou, fille d'un président aux enquêtes.

Lettre 94 (revue sur l'autographe, conservé à la Bibliothèque impériale). — 1. Parti de Versailles le 10 mai, le Roi arriva le

Quentin² ; mais je fus averti que la poste étoit partie dès midi : ainsi je n'achevai point. Je viens de recevoir vos lettres, qui m'ont fait un fort grand plaisir. Je me porte bien, Dieu merci. Les garçons de M. Poche³ m'ont piqué mon petit cheval en deux endroits en le ferrant, dont je suis fort en colère contre eux, et avec raison. Heureusement M. de Cavoye mène avec lui un maréchal, qui en a pris soin, et on m'assure que ce ne sera rien. Nous allons demain au Quesnoy, où on laissera les dames⁴, et après-demain au camp près de Mons. L'herbe est bien courte, et je crois que les chevaux ne trouveront pas beaucoup de fourrage. Le blé est fort renchéri à Saint-Quentin ; le septier, qui ne valoit que vingt sous, en vaut soixante-six⁵ : c'est à peu près la même mesure qu'à Montdidier. Votre fermier sera riche, et devroit bien vous donner de l'argent, puisque vous ne l'avez point pressé de vendre son blé lorsqu'il étoit à bon marché. Écrivez-en à votre frère. Le Roi eut hier des nouvelles de sa flotte⁶ ; elle est sortie de Brest du 9 mai. On la croit maintenant à la Hogue en Normandie, et le roi d'Angleterre⁷ embarqué. On mande de

jeudi 15 mai au Cateau-Cambrésis. Voyez le *Journal de Dangeau*, au 10 mai et au 15 mai 1692.

2. Voyez le *Journal de Dangeau* du mercredi 14 mai 1692.

3. Ce nom est écrit à tort *Roche* dans l'édition de Louis Racine.

4. Ces dames étaient Madame de Chartres, les deux princesses de Conti, Mme de Maintenon, et plusieurs dames de la cour dont on trouvera les noms dans le *Journal de Dangeau*, à la date du *lundi* 12 [mai 1692], *à Compiègne*.

5. Il s'agit ici d'une mesure pesant environ vingt livres, poids de marc ; c'est le douzième du setier de Paris. Vingt sous de ce temps-là sont la même somme que trente-six sous d'aujourd'hui. (*Note de l'édition de* 1807.)

6. « De Noyon, le Roi vint dîner à Ham, où il reçut un courrier de M. de Tourville, qui lui mande qu'il sortit de Brest vendredi matin, 9 du mois. » (*Journal de Dangeau, mercredi* 14, *à Saint-Quentin.*)

7. Jacques II.

Hollande que le prince d'Orange voit bien que c'est tout de bon qu'on va faire une descente, et qu'il paroît étonné. Il a envoyé en Angleterre le comte de Portland[8], son favori, a contremandé trois régiments prêts à s'embarquer pour la Hollande, et on dit qu'il pourroit bien repasser lui-même en Angleterre[9]. Monsieur de Bavière[10] est fort inquiet de la maladie du prince Clément[11], son frère, qui est, dit-on, à l'extrémité. Il le sera bien davantage dans quatre jours, lorsqu'il verra entrer dans les Pays-Bas plus de cent trente mille hommes. Le Roi est dans la meilleure santé du monde. Il a eu nouvelle aujourd'hui que M. le comte d'Estrées avoit brûlé ou coulé à fond quatorze vaisseaux marchands anglois sur les côtes d'Espagne, et deux vaisseaux de guerre qui les escortoient. Cela le console avec raison de la perte de deux vaisseaux de l'escadre du même comte d'Estrées, qui ont péri par la tempête[12]. Voilà d'heureux

8. William Bentink, premier comte de Portland, né en Hollande en 1648, mort en 1709. Il contribua beaucoup à placer Guillaume III sur le trône d'Angleterre, et fut employé par lui dans plusieurs négociations importantes.

9. « Le soir, en arrivant au Cateau, le Roi a eu nouvelles que le prince d'Orange, soupçonnant qu'il y avoit des partis en Angleterre contre lui, a envoyé le comte de Portland, avec ordre d'empêcher de passer trois régiments qui devoient s'embarquer pour venir en Flandre. Il fait préparer des vaisseaux plats pour embarquer dix mille hommes, avec lesquels il dit qu'il passera en Angleterre dès qu'il apprendra que le roi d'Angleterre sera embarqué. » (*Journal de Dangeau, jeudi* 15, *au Cateau-Cambresis*.)

10. Maximilien-Emmanuel, électeur de Bavière, frère de la Dauphine, morte en 1690.

11. Joseph-Clément, né le 5 décembre 1671, mort le 12 novembre 1723. Il avait été élu archevêque de Cologne le 10 juillet 1688. Quoiqu'il eût réuni sur sa tête cinq évêchés, il n'était pas dans les ordres sacrés, qu'il ne reçut qu'à la fin de 1706. Fénelon lui donna la consécration épiscopale le 1er mai 1707, et prêcha à cette occasion un sermon qui nous a été conservé dans ses OEuvres.

12. « Le Roi a eu des nouvelles du comte d'Estrées avant de par-

commencements : il faut espérer que Dieu continuera
de se déclarer pour nous. Faites part de ces nouvelles
à M. Despré[aux, à [13]] qui je n'ai pas le temps d'écrire
aujourd'h[ui] et au c[her] M. Willard. J'ai rencontré aujourd'hui M. Dodart[14] pour la première fois. Il dit qu'il
a été et qu'il est encore mal logé ; mais il se porte à
merveilles. M. du Tartre[15] se trémousse à son ordinaire,
et a une grande épée à son côté, avec un nœud magnifique ; il a tout à fait l'air d'un capitaine. Adieu, mon
cher cœur : embrasse tes enfants pour moi. Exhorte ton
fils à bien étudier et à servir Dieu. Je suis parti fort
content de lui ; j'espère que je le serai encore plus à
mon retour. Écris-moi souvent, ou lui. Adieu, encore
un coup[16].

Suscription : A Madame Madame Racine, rue des

tir de Saint-Quentin. Il est vrai qu'il y a eu deux de ses vaisseaux
qui ont péri sur la côte d'Espagne ; mais le reste de la flotte est en
bon état ; et il a trouvé dans sa route, depuis la tempête qu'il a essuyée, deux vaisseaux de guerre anglois qui convoyoient seize vaisseaux marchands ; il les a attaqués ; les deux vaisseaux de guerre
ont échoué sur la côte, ont sauvé leurs équipages et se sont brûlés
ensuite ; neuf vaisseaux marchands ont fait de même. Nous avons
pris les autres, et après avoir pris ce qui étoit dedans, nous les
avons brûlés aussi. » (*Journal de Dangeau, jeudi* 15, *au Cateau-Cambresis.*)

13. Ce qui, à cette ligne et à la suivante, est entre crochets a été
enlevé par le cachet.

14. Voyez au tome VI, p. 549, la note 1 de la lettre 62.

15. Voyez ci-dessus, p. 23, la note 11 de la lettre 89.

16. En tête de l'autographe, on lit cette note manuscrite : « A sa
femme. De toutes les lettres qu'il lui a écrites, c'est la seule qui se
soit conservée. Apparemment il ne vouloit pas qu'elle gardât ses lettres, parce qu'il n'avoit rien de caché pour elle. » Cependant une
autre lettre de Racine à sa femme aurait échappé à la destruction,
si l'on regardait comme authentique celle que M. Aimé-Martin a
publiée dans son édition de 1844, tome VI, p. 415, d'après un
autographe appartenant à M. Feuillet de Conches. Nous nous bor-

Maçons, proche la Sorbonne, à Paris. (Cachet rouge, au cygne.)

nerons à citer ici en note ce billet assez court, que nous regardons comme apocryphe :

« Au Quesnoy, le 16 mars.

« Je vous écrivis hier de Cateau-Cambresis ; nous sommes arrivés à nos quartiers, et comme je vous le mandois, nous partons demain pour le camp devant Mons. Les dames qu'on laisse ici ont témoigné le desir de suivre le Roi au camp, ce qui a beaucoup réjoui Sa Majesté. On vient d'amener au Roi deux manières de paysans, qui étoient sortis de Mons avec des lettres de l'ennemi. Ces lettres portent que la ville peut tenir plusieurs mois contre les forces du Roi ; mais cela est peu vraisemblable, et la campagne ne sera point longue.

« Écrivez à votre frère touchant votre fermier.

« Adieu, mon cher cœur : embrasse tes enfants pour moi, et donne-moi souvent des nouvelles de notre fils. Qu'il travaille, et se mette en état de vivre en honnête homme. Adieu : à demain. »

La date du 16 mars ne peut être exacte. Le Roi ne partit pour le siége de Mons que le 17 mars 1691, et n'arriva au Quesnoy que le mardi 20 mars. Mais une erreur de date peut toujours être admise, qu'elle se trouve sur l'autographe même ou qu'elle soit du fait de celui qui l'a transcrite pour l'impression. Une conjecture qui se présente tout d'abord, à la lecture de la première ligne : « Je vous écrivis hier de Cateau-Cambresis, » c'est que la lettre a été écrite en 1692, un jour après la précédente, et que la date doit être lue : *le 16 mai;* mais cela ne se peut, puisque Racine parle du siége de Mons, et non de celui de Namur. Il faut donc revenir à l'année 1691. Alors, comment ce passage : « Les dames qu'on laisse ici ont témoigné le desir de suivre le Roi au camp, etc., » serait-il justifié ? Les dames ne suivirent pas le Roi dans la campagne de Mons. Celui qui a fabriqué la lettre avait probablement sous les yeux cet endroit de Dangeau : « *Vendredi* 16 [mai 1692], *au Quesnoy*. A sa dînée, il (*le Roi*) dit aux dames qu'il les feroit venir à Mons, et que même il leur feroit voir son armée. » De là, sans doute, la confusion qu'il aura faite entre le siége de Mons et le siége de Namur. La phrase : « Écrivez à votre frère touchant votre fermier ; » les mots : « Adieu, mon cher cœur ; » et les recommandations au sujet du fils, n'ont pas demandé de grands frais d'invention. Tout cela est à peu près copié dans la lettre authentique écrite du Cateau. « Donne-moi souvent des nouvelles de notre fils » est assez étrange. « Écris-

95. — DE RACINE A BOILEAU.

Au camp de Gévries[1], le 21ᵉ mai [1692].

Il faut que j'aime M. Vigan[2] autant que je fais, pour ne lui pas vouloir beaucoup de mal du contre-temps dont il a été cause. Si je n'avois pas eu des embarras tels que vous pouvez vous imaginer, je vous aurois été chercher à Auteuil. Je ne vous ai pas écrit pendant le chemin, parce que j'étois chagrin au dernier point d'un vilain clou qui m'est venu au menton, qui m'a fait de fort grandes douleurs, jusqu'à me donner la fièvre deux jours et deux nuits. Il est percé, Dieu merci, et il ne

---

moi souvent, ou lui, » comme on le lit dans la véritable lettre, est ce qu'il fallait dire. Dans la lettre écrite à Boileau, le 28 septembre 1694, Racine prie son ami d'exhorter son fils « à travailler sérieusement et à se mettre en état de vivre en honnête homme. » Nous retrouvons ici un passage presque textuellement semblable. — Dans le *Catalogue d'une belle collection de lettres autographes, dont la vente aura lieu le jeudi 7 décembre* 1854.... (vente Chassiron), à *Paris, chez Laverdet*, 1854, on annonce, à la page 101, sous le nº 764, une lettre autographe, signée, de Racine à Mme Racine, dont plusieurs phrases sont citées; la plupart sont telles qu'on les trouve dans la lettre publiée par Aimé-Martin. Il y a cependant quelques différences importantes. La date est : *Au Quesnoy, le 16 mai* 1692. La première phrase citée est celle-ci : « Nous partons demain pour le camp de Gévries, près de Mons, où est le rendez-vous des armées de Flandre. » Plus loin, au lieu de : « Ces lettres portent que la ville peut tenir, etc. », il y a : « *Namur* ne peut tenir contre les forces du Roi. » Cette lettre semble donc une nouvelle édition, adroitement corrigée, de celle contre laquelle nous venons de proposer nos objections.

Lettre 95 (revue sur l'autographe, conservé à la Bibliothèque impériale). — 1. « Le Roi a choisi son camp à Givry, sur la Trouille, à deux lieues de Mons. » (*Journal de Dangeau*, 17 mai 1692.)

2. Vigan était un ami de Racine, chez qui Jean-Baptiste Racine fut mis en pension, à Versailles. On trouvera plus loin une lettre de Racine à son fils aîné (3 juin 1695) qui est adressée : *Chez M. Vigan, à la petite écurie, à Versailles.*

me reste plus qu'une³ emplâtre qui me défigure, et dont je me consolerois volontiers sans toutes les questions importunes que cela m'attire à tout moment.

Le Roi fit hier⁴ la revue de son armée et [de] celle de M. de Luxembourg. C'étoit assurément le plus grand spectacle qu'on ait vu depuis plusieurs siècles. Je ne me souviens point que les Romains en aient vu un tel ; car leurs armées n'ont guère passé, ce me semble, quarante ou tout au plus cinquante mille hommes, et il y avoit hier six vingt mille hommes ensemble sur quatre lignes. Comptez qu'à la rigueur il n'y avoit pas là-dessus trois mille hommes à rabattre. Je commençai à onze heures du matin à marcher. J'allai toujours au grand pas de mon cheval, et je ne finis qu'à huit heures du soir⁵. Enfin, on étoit deux heures à aller du bout d'une ligne à l'autre. Mais si on n'a jamais vu tant de troupes ensemble, assurez-vous qu'on n'en a jamais vu de si belles. Je vous rendrois un fort bon compte des deux lignes de l'armée du Roi, et de la première de l'armée de M. de Luxembourg ; mais quant à sa seconde ligne, je ne vous en puis parler que sur la foi d'autrui. J'étois si las, si ébloui de voir briller des épées et des mousquets, si étourdi d'entendre des tambours, des trompettes et des timbales, qu'en vérité je me laissois conduire à mon cheval sans plus avoir d'attention à rien, et j'eusse voulu de tout mon cœur que tous les gens que je voyois eussent été chacun dans leur chaumière ou dans leur maison, avec leurs femmes et leurs enfants,

3. Tel est bien le texte de l'autographe : voyez le *Lexique*.
4. Voyez le *Journal de Dangeau*, en date du *mardi* 20 *mai* 1692, *au camp de Givry*.
5. Dangeau compte sept heures de durée, au lieu de neuf : « La revue dura sept heures à marcher un bon train sans s'arrêter. (*Journal*, 20 *mai* 1692.)

et moi dans ma rue des Maçons, avec ma famille. Vous avez peut-être trouvé dans les poëmes épiques les revues d'armées fort longues et fort ennuyeuses; mais celle-ci m'a paru tout autrement longue, et même, pardonnez-moi cette espèce de blasphème, plus lassante que celle de *la Pucelle*[6]. J'étois au retour à peu près dans le même état que nous étions vous et moi dans la cour de l'abbaye de Saint-Amand[7]. A cela près, je ne fus jamais si charmé et si étonné que je le fus de voir une puissance si formidable. Vous jugez bien que tout cela nous prépare de belles matières. On m'a donné un ordre de bataille des deux armées. Je vous l'aurois envoyé volontiers; mais il y en a ici mille copies, et je ne doute pas qu'il n'y [en] ait bientôt autant à Paris. Nous sommes ici campés le long de la Trouille, à deux lieues de Mons. M. de Luxembourg est campé près de Binche, partie sur le ruisseau qui passe aux Estines[8], et partie sur la Haisne, où ce ruisseau tombe. Son armée est de soixante-six bataillons et de deux cent neuf escadrons; celle du Roi, de quarante-six bataillons et de quatre-vingt-dix escadrons. Vous voyez par là que celle de M. de Luxembourg occupoit bien plus de terrain que celle du Roi. Son quartier général, j'entends celui de M. de Luxembourg, est à Thieusies[9]. Vous trouverez tous ces villages dans la carte [10].

6. Elle est au chant VI du poëme de Chapelain (édition de 1656, in-12, p. 174 à 183), et a plus de trois cents vers.
7. Dans la campagne de Gand, en 1678. Cette abbaye est près de Tournai. (*Note de l'édition de 1807.*)
8. Louis Racine a écrit à tort *Estives*.
9. Voyez le commencement de la lettre suivante, où Racine corrige l'erreur qu'il commet ici.
10. Voyez dans l'*Album* la *Carte des mouvements faits et des postes occupés par les armées de France et celles des confédérés pendant le siège de Namur.*

L'une et l'autre se mettent en marche après-demain. Je pourrai bien n'être pas en état de vous écrire de cinq ou six jours ; c'est pourquoi je vous écris aujourd'hui une si longue lettre. Ne trouvez point étrange le peu d'ordre que vous y trouverez : je vous écris au bout d'une table environnée de gens qui raisonnent de nouvelles, et qui veulent à tous moments que j'entre dans la conversation. Il vint hier de Bruxelles un rendu, qui dit que M. le prince d'Orange assembloit quelques troupes à Anderlek, qui en est à trois quarts de lieue. On demanda au rendu ce qu'on disoit à Bruxelles. Il répondit qu'on y étoit fort en repos, parce qu'on étoit persuadé qu'il n'y avoit à Mons qu'un camp volant; que le Roi n'étoit point en Flandre, et que M. de Luxembourg étoit en Italie.

Je ne vous dis rien de la marine; vous êtes à la source[11], et nous ne les savons qu'après vous. Vraisemblablement j'aurai bientôt de plus grandes choses à vous mander qu'une revue, quelque grande et quelque magnifique qu'elle ait été. M. de Cavoye vous baise les mains. Je ne sais ce que je ferois sans lui ; il faudroit en vérité que je renonçasse aux voyages et au plaisir de voir tout ce que je vois. M. de Luxembourg, dès le premier jour que nous arrivâmes, envoya dans notre écurie un des plus commodes chevaux de la sienne,

---

11. Il est évident que Racine avait voulu écrire « à la source des nouvelles. » Le pronom *les* qui suit, et que plusieurs éditeurs ont à tort retranché, ne laisse aucun doute. — On s'attendait, en ce temps, à un combat sur mer. Dangeau écrivait dans son *Journal*, à la date du 11 mai 1692 : « Le Roi a eu nouvelles qu'il y avoit vingt et un vaisseaux anglois aux Dunes, et qu'ils avoient été joints par dix-sept hollandois ; il y a grande apparence qu'avant la descente il y aura un grand combat; car le Roi nous a dit qu'il avoit donné un ordre, tout écrit de sa main, à M. de Tourville de chercher la flotte ennemie et de l'attaquer, forte ou foible, partout où il la trouveroit. »

pour m'en servir pendant la campagne. Vous n'avez jamais vu homme de cette bonté et de cette magnificence; il est encore plus à ses amis, et plus aimable à la tête de sa formidable armée, qu'il n'est à Paris et à Versailles. Je vous nommerois au contraire certaines gens qui ne sont pas reconnoissables en ce pays-ci, et qui, tout embarrassés de la figure qu'ils y font, sont à peu près comme vous dépeigniez le pauvre M. Jannart[12] quand il commençoit une courante. Adieu, mon cher Monsieur. Voilà bien du verbiage; mais je vous écris au courant de ma plume, et me laisse entraîner au plaisir que j'ai de causer avec vous comme si j'étois dans vos allées d'Auteuil. Je vous prie de vous souvenir de moi dans la petite Académie, et d'assurer M. de Pontchartrain de mes très-humbles respects. Faites aussi mille compliments pour moi à M. de la Chapelle. Je prévois qu'il aura bientôt matière à des types plus magnifiques qu'il n'en a encore imaginés[13]. Écrivez-moi le plus souvent que vous pourrez, et forcez votre paresse. Pendant que j'essuie de longues marches et des campements fort incommodes, serez-vous fort à plaindre quand vous n'aurez que la fatigue d'écrire des lettres bien à votre aise dans votre cabinet?

12. Racine parle probablement du parent et ami de la Fontaine, Jacques Jannart, substitut du procureur général au parlement de Paris, qui avait épousé une tante de Mme de la Fontaine. (Voyez Walckenaer, *Histoire de la Fontaine*, 4ᵉ édition, tome I, p. 16-19.)

13. Le participe est écrit ainsi, avec accord.

96. — DE RACINE A BOILEAU.

Au camp de Gévries, le 22ᵉ mai [1692].

Comme j'étois fort interrompu hier en vous écrivant, je fis une grosse faute dans ma lettre, dont je ne m'aperçus que lorsqu'on l'eut portée à la poste. Au lieu de vous dire que le quartier principal de M. de Luxembourg étoit aux hautes Estines [1], je vous marquai qu'il étoit à Thieusies, qui est un village à plus de trois ou quatre lieues de là, et où il devoit aller camper en partant des Estines, à ce qu'on m'avoit dit. On parloit même de cela autour de moi pendant que j'écrivois. J'ai donc cru que je vous ferois plaisir de vous détromper, et qu'il valoit mieux qu'il vous en coûtât un petit port de lettre que quelque grosse gageure où vous pourriez vous engager mal à propos, ou contre M. de la Chapelle, ou contre M. Hessin. J'ai surtout pâli quand j'ai songé au terrible inconvénient qui arriveroit si ce dernier avoit quelque avantage sur vous ; car je me souviens du bois qu'il mettoit à la droite opiniâtrément, malgré tous les serments et toute la raison de M. de Guilleragues, qui en pensa devenir fou. Dieu vous garde d'avoir jamais tort contre un tel homme [2] !

Je monte en carrosse pour aller à Mons, où M. de Vauban m'a promis de me faire voir les nouveaux ouvrages qu'il y a faits. J'y allai l'autre jour dans ce même dessein ; mais je souffrois alors tant de mal, que je ne songeai qu'à m'en revenir au plus vite.

Lettre 96 (revue sur l'autographe, conservé à la Bibliothèque impériale). — 1. « L'armée de M. de Luxembourg est campée aux hautes et basses Estines. » (*Journal de Dangeau*, 17 mai 1692.)
2. Voyez au tome VI, p. 562, la note 4 de la lettre 66.

97. — DE RACINE A JEAN-BAPTISTE RACINE. 1692

Au camp devant Namur, le 31ᵉ mai [1692].

Vous aurez pu voir, mon cher enfant, par les lettres que j'écris à votre mère, combien je suis touché de votre maladie[1], et la peine extrême que je ressens de n'être pas auprès de vous pour vous consoler. Je vois que vous prenez avec beaucoup de patience le mal que Dieu vous envoie, et que vous êtes fort exact à faire tout ce qu'on vous dit. Il est extrêmement important pour vous de ne vous point impatienter. J'espère qu'avec la grâce de Dieu il ne vous arrivera aucun accident. C'est une maladie dont peu de personnes sont exemptes; et il vaut mieux en être attaqué à votre âge qu'à un âge plus avancé. J'aurai une sensible joie de recevoir de vos lettres; mais ne m'écrivez que quand vous serez entièrement hors de danger, parce que vous ne pourriez écrire sans mettre vos bras à l'air et vous refroidir. Quand je ne serai plus en inquiétude de votre mal, je vous écrirai des nouvelles du siége de Namur. Il y a lieu d'espérer que la place se rendra bientôt; et je m'en réjouis d'autant plus que cela pourra me mettre en état de vous revoir bientôt après. M. de Cavoye prend grand intérêt à votre mal et voudroit bien vous soulager. Je suis fort obligé à M. Chapelier[2] de tout le soin qu'il prend de vous. Adieu, mon cher fils. Offrez bien au bon Dieu tout le mal que vous souffrez, et remettez-vous entièrement à sa sainte volonté. Assurez-vous qu'on ne peut pas vous aimer plus que je vous

---

Lettre 97 (revue sur l'autographe, conservé à la Bibliothèque impériale). — 1. Mon frère avoit alors la petite vérole. (*Note de Louis Racine.*)

2. C'était un ecclésiastique qui servait de précepteur au jeune Racine. (*Note de l'édition de 1807.*)

1692 aime, et que j'ai une fort grande impatience de vous embrasser.

Suscription : Pour mon cher fils Racine.

---

98. — D'ANTOINE ARNAULD A RACINE[1].

Ce 2. juin [1692[2]].

A un aussi bon ami que vous, si généreux et si effectif, il ne faut point de préambule. J'ai des obligations extrêmes à un échevin de Liége nommé M. de Cartier, parfaitement honnête homme, et ce que je considère plus, fort bon chrétien. Il craint, et avec raison, ce qui pourra arriver après la prise de Namur, que l'on doit regarder comme indubitable. On cherchoit des recommandations pour lui auprès de M. le maréchal de Luxembourg; mais j'ai assuré ceux qui en vouloient écrire à Paris, qu'il n'y en avoit point de meilleure que la vôtre. Employez donc, mon très-cher ami, tout ce que vous avez de crédit dans cette maison, afin qu'il connoisse que la prière que je vous ai faite pour lui n'a pas été inutile. Il voudroit bien aussi avoir des sauvegardes de Sa Majesté pour sa maison de Liége, qui est fort belle, et pour une terre qu'il a dans le pays de Limbourg, auprès de l'abbaye de Rosleduc[3]. Cette terre paye contribution, et ainsi on n'a peut-être pas

---

LETTRE 98 (revue sur l'autographe, conservé à la Bibliothèque impériale). — 1. Une copie de cette lettre se trouve dans les manuscrits de la Bibliothèque de Troyes, liasse n° 2337.

2. L'année est indiquée par la mention du siége de Namur.

3. L'abbaye de Rosleduc ou Rolduc (voyez le *Gallia christiana*, tome III, col. 1003) est située à sept lieues de Maestricht. Les éditeurs précédents ont mis à tort *Bos-le-Duc*.

besoin de sauvegarde⁴. J'en ai écrit à M. de Pomponne, et l'ai prié instamment de me faire ce plaisir, s'il y a moyen. Mais vous êtes si bon que vous ne trouverez pas mauvais que je vous conjure d'en être le solliciteur. Si le petit ami qui est depuis si longtemps auprès de moi⁵ peut passer jusques au camp⁶, ce sera lui qui vous rendra ce billet, et qui vous entretiendra de beaucoup de choses qui se peuvent mieux dire de vive voix. Je suis tout à vous, mon très-cher ami.

Suscription : A Monsieur Monsieur Racine, gentilhomme ordinaire du Roi.

99. — DE RACINE A BOILEAU.

Au camp devant Namur, le 3ᵉ juin [1692].

J'AI été si troublé depuis huit jours de la petite vérole de mon fils¹, que j'appréhendois qui ne fût fort dangereuse, que je n'ai pas eu le courage de vous mander aucunes nouvelles. Le siége a bien avancé durant ce temps-là, et nous sommes à l'heure qu'il est au corps de la place. Il n'a point fallu pour cela détourner la Meuse, comme vous m'écrivez² qu'on le disoit à Paris, et ce qui seroit une étrange entreprise. On n'a pas même eu be-

---

4. Arnauld a ajouté cette phrase après coup, dans l'interligne.
5. M. Guelphe. (*Note de la copie de Troyes.*) — Voyez au tome IV, p. 608, note 1, et au tome VI, p. 531, note 3.
6. Mon père étoit alors avec le Roi devant Namur, où il l'avoit uivi. (*Note de Jean-Baptiste Racine, donnée par la copie de Troyes.*)
LETTRE 99 (revue sur l'autographe, conservé à la Bibliothèque mpériale). — 1. Voyez ci-dessus, p. 39, la lettre de Racine à son fils, datée du 31 mai précédent.
2. Dans une lettre que nous n'avons plus.

soin d'appeler les mousquetaires, ni d'exposer beaucoup de braves gens. M. de Vauban, avec son canon et ses bombes, a fait lui seul toute l'expédition. Il a trouvé des hauteurs au deçà et au delà de la Meuse, où il a placé ses batteries. Il a conduit sa principale tranchée dans un terrain assez resserré, entre des hauteurs et une espèce d'étang d'un côté, et la Meuse de l'autre. En trois jours il a poussé son travail jusqu'à un petit ruisseau qui coule au pied de la contrescarpe, et s'est rendu maître d'une petite contre-garde revêtue qui étoit en deçà de la contrescarpe, et de là, en moins de seize heures, a emporté tout le chemin couvert, qui étoit garni de plusieurs rangs de palissades, a comblé un fossé large de dix toises et profond de huit pieds, et s'est logé dans une demi-lune qui étoit au-devant de la courtine, entre un demi-bastion qui est sur le bord de la Meuse, à la gauche des assiégeants, et un bastion qui est à leur droite : en telle sorte que cette place si terrible, en un mot Namur, a vu tous ses dehors emportés dans le peu de temps que je vous ai dit, sans qu'il en ait coûté au Roi plus de trente hommes. Ne croyez pas pour cela qu'on ait eu affaire à des poltrons : tous ceux de nos gens qui ont été à ces attaques sont étonnés du courage des assiégés. Mais vous jugerez de l'effet terrible du canon et des bombes quand je vous dirai, sur le rapport d'un officier espagnol qui fut pris hier dans les dehors, que notre artillerie leur a tué en deux jours douze cents hommes[3]. Imaginez-vous trois batteries qui se croisent, et qui tirent continuellement sur de pauvres gens qui sont vus d'en haut et de revers, et qui ne peuvent pas trouver

---

3. « Nous avons pris deux officiers dans le chemin couvert, qui disent qu'ils ont déjà eu dans la place plus de douze cents hommes tués : notre canon et nos bombes les désolent. » (*Journal de Dangeau*, 2 *juin* 1692.)

un seul coin où ils soient en sûreté. On dit qu'on a trouvé les dehors tous[4] pleins de corps dont le canon a emporté les têtes comme si on les avoit coupées avec des sabres. Cela n'empêche pas que plusieurs de nos gens n'aient fait des actions de grande valeur. Les grenadiers du régiment des gardes françoises et ceux des gardes suisses se sont, entre autres, extrêmement distingués. On raconte plusieurs actions particulières, que je vous redirai quelque jour, et que vous entendrez avec plaisir. Mais en voici une que je ne puis différer de vous dire, et que j'ai ouï conter au Roi même. Un soldat du régiment des fuseliers, qui travailloit à la tranchée, y avoit posé un gabion; un coup de canon vint qui emporta son gabion; aussitôt il en alla poser à la même place un autre, qui fut sur-le-champ emporté par un autre coup de canon. Le soldat, sans rien dire, en prit un troisième, et l'alla poser; un troisième coup de canon emporta ce troisième gabion. Alors le soldat rebuté se tint en repos; mais son officier lui commanda de ne point laisser cet endroit sans gabion. Le soldat dit : « J'irai, mais j'y serai tué. » Il y alla, et en posant son quatrième gabion, eut le bras fracassé d'un coup de canon. Il revint, soutenant son bras pendant avec l'autre bras, et se contenta de dire à son officier : « Je l'avois bien dit. » Il fallut lui couper le bras, qui ne tenoit presque à rien. Il souffrit cela sans desserrer les dents, et, après l'opération, dit froidement : « Je suis donc hors d'état de travailler; c'est maintenant au Roi à me nourrir. » Je crois que vous me pardonnerez le peu d'ordre de cette narration, mais assurez-vous qu'elle est fort vraie. M. de Cavoye me presse d'achever ma lettre. Je vous dirai donc en deux mots, pour

---

4. Nous conservons l'orthographe de l'original.

l'achever, qu'apparemment la ville sera prise en deux jours. Il y a déjà une grande brèche au bastion, et même un officier vient, dit-on, d'y monter avec deux ou trois soldats, et s'en est revenu parce qu'il n'étoit point suivi, et qu'il n'y avoit encore aucun ordre pour cela. Vous jugez bien que ce bastion ne tiendra guère ; après quoi il n'y a plus que la vieille enceinte de la ville, où les assiégés ne nous attendront pas. Mais vraisemblablement la garnison laissera faire la capitulation aux bourgeois, et se retirera dans le château, qui ne fait pas plus de peur à M. de Vauban que la ville. M. le prince d'Orange n'a point encore marché [5], et pourra bien marcher trop tard. Nous attendons avec impatience des nouvelles de la mer [6]. Je ne suis point surpris de tout ce que vous me mandez du gouverneur qui a fait déserter votre assemblée à son pupille [7]. J'ai ri de bon cœur de l'embarras où vous êtes sur le rang où vous devez placer M. de Richesource [8]. Ce que vous dites des esprits

---

5. A la date de cette lettre (3 juin), Dangeau écrivait dans son *Journal :* « M. le prince d'Orange a marché aujourd'hui ; il est venu camper à l'abbaye du Parc. »

6. Voyez ci-dessus, p. 29, la note 6 de la lettre 94. On n'eut que le lendemain (4 juin) les premières nouvelles du combat malheureux livré par la flotte de Tourville le 29 mai 1692, et de nos vaisseaux brûlés à la Hogue.

7. Le duc de Chartres était fort assidu aux assemblées de l'Académie. Le marquis d'Arcy, son gouverneur, qui voulait lui donner une éducation toute militaire, ne lui permit plus d'assister à ces assemblées. (*Note de l'édition de* 1807.)

8. Jean de Sourdier de Richesource donnait des leçons publiques sur l'éloquence, dans une chambre qu'il occupait place Dauphine. Il a publié ses leçons sous le titre de *Conférences oratoires*, et a fait un ouvrage critique intitulé *le Camouflet des auteurs*. Ce Richesource avait été le maître d'éloquence de Fléchier. (*Note de l'édition de* 1807.) — Boileau, dans la VIIIe de ses *Réflexions critiques*, nomme Richesource, en même temps que la Serre, « pour le galimatias et pour la bassesse. »

médiocres est fort vrai, et m'a frappé, il y a longtemps, dans votre *Poétique*⁹. M. de Cavoye vous fait mille baisemains, et M. Rose¹⁰ aussi, qui m'a confié les grands dégoûts qu'il avoit de l'Académie, jusqu'à méditer même d'y faire retrancher les jetons, s'il n'étoit, dit-il, retenu par la charité. Croyez-vous que les jetons durent beaucoup s'il ne tient qu'à la charité de M. Rose qu'ils ne soient retranchés? Adieu, Monsieur. Je vous conseille d'écrire un mot à Monsieur le contrôleur général lui-même¹¹, pour le prier de vous faire mettre sur l'état de distribution, et cela sera fait aussitôt. Vous êtes pourtant en fort bonnes mains, puisque M. de Bie¹² a promis de vous faire payer. C'est le plus honnête homme qui se soit jamais mêlé de finances. Mes compliments à M. de la Chapelle.

---

100. — DE RACINE A JEAN-BAPTISTE RACINE¹.

Au camp devant Namur, le 10ᵉ juin [1692].

Vous pouvez juger, par toutes les inquiétudes que m'a causées votre maladie, combien j'ai de joie de votre guérison. Vous avez beaucoup de grâces à rendre à Dieu, de ce qu'il a permis qu'il ne vous soit arrivé au-

---

9. Voyez les vers 111-118 du chant IV.
10. Voyez au tome VI, p. 553, la note 21 de la lettre 62.
11. Pontchartrain.
12. C'était un employé principal des finances, chargé de faire les états de distribution. Racine parle encore de lui dans une autre lettre à Boileau, datée du 30 mai 1693 (ci-après, p. 76); et Boileau, comme on le verra dans une lettre à Racine du 2 juin de la même année (ci-après, p. 81), dit que M. de Bie était des amis de son neveu Dongois.
LETTRE 100. — 1. Revue sur l'autographe, conservé à la Bibliothèque impériale.

cun fâcheux accident, et que la fluxion qui vous étoit tombée sur les yeux n'ait point eu de suite. Je loue extrêmement la reconnoissance que vous témoignez pour tous les soins que votre mère a pris de vous. J'espère que vous ne les oublierez jamais, et que vous vous acquitterez de toutes les obligations que vous lui avez, par beaucoup de soumission à tout ce qu'elle desirera de vous. Votre lettre m'a fait beaucoup de plaisir : elle est fort sagement écrite, et c'étoit la meilleure et la plus agréable marque que vous me pussiez donner de votre guérison. Mais ne vous pressez pas encore de retourner à l'étude; je vous conseille de ne lire que des choses qui vous fassent plaisir sans vous donner trop de peine, jusqu'à ce que le médecin qui vous a traité vous donne permission de recommencer votre travail. Faites bien des amitiés pour moi à M. Chapelier[2], et faites en sorte qu'il ne se repente point de toutes les peines qu'il a prises pour vous. J'espère que j'aurai bientôt le plaisir de vous revoir, et que la reddition du château de Namur suivra de près celle de la ville[3]. Adieu, mon cher fils : faites bien mes compliments à vos sœurs : je ne sais pourtant si on leur permet de vous rendre visite; je crois que ce ne sera pas sitôt : réservez donc à leur faire mes compliments quand vous serez en état de les voir.

Suscription : A mon fils Racine. (Un reste de cachet rouge.)

2. Voyez ci-dessus, p. 39, la note 2 de la lettre 97.
3. La ville s'était rendue le 5 juin; le château ne capitula que le 30. Le Roi partit du camp devant le château de Namur le 3 juillet suivant.

101. — DE RACINE A BOILEAU.

Au camp près de Namur, le 15. juin [1692].

Je ne vous ai point écrit sur l'attaque d'avant-hier[1] : je suis accablé de lettres qu'il me faut écrire à des gens beaucoup moins raisonnables que vous, et à qui il faut faire des réponses bien malgré moi. Je crois que vous n'aurez pas manqué de relations. Ainsi, sans entrer dans des détails ennuyeux, je vous manderai succinctement ce qui m'a le plus frappé dans cette action. Comme la garnison est au moins de six mille hommes, le Roi avoit pris de fort grandes précautions pour ne pas manquer son entreprise. Il s'agissoit de leur enlever une redoute et un retranchement de plus de quatre cents toises de long, d'où il sera fort facile de foudroyer le reste de leurs ouvrages, cette redoute étant au plus haut de la montagne, et par conséquent pouvant commander aux ouvrages à corne qui couvrent le château de ce côté-là. Ainsi le Roi, outre les sept bataillons de tranchée, avoit commandé deux cents de ses mousquetaires, cent cinquante grenadiers à cheval, et quatorze compagnies d'autres grenadiers, avec mille ou douze cents travailleurs pour le logement qu'on vouloit faire ; et pour mieux intimider les ennemis, il fit paroître tout à coup sur la hauteur la brigade de son régiment, qui est encore composée de six bataillons[2]. Il étoit là en personne à la tête de son régiment, et donnoit ses ordres à la demi-portée du mousquet. Il avoit seulement devant

---

Lettre 101 (revue sur l'autographe, conservé à la Bibliothèque impériale). — 1. Sur cette attaque, on peut comparer avec la lettre de Racine le *Journal de Dangeau*, à la date du *vendredi* 13 [juin], *devant le château de Namur.*

2. Dangeau dit que la brigade du Roi avait dix bataillons.

lui trois gabions, que le comte de Fiesque³, qui étoit son aide de camp de jour, avoit fait poser pour le couvrir. Mais ces gabions, presque tous pleins de pierres, étoient la plus dangereuse défense du monde; car un coup de canon qui eût donné dedans auroit fait un beau massacre de tous ceux qui étoient derrière. Néanmoins un de ces gabions sauva peut-être la vie au Roi, ou à Monseigneur⁴, ou à Monsieur, qui tous deux étoient à ses côtés; car il rompit le coup d'une balle de mousquet qui venoit droit au Roi, et qui, en se détournant un peu, ne fit qu'une contusion au bras de M. le comte de Toulouse⁵, qui étoit pour ainsi dire dans les jambes du Roi.

Mais pour revenir à l'attaque, elle se fit avec un ordre merveilleux. Il n'y eut pas jusqu'aux mousquetaires qui ne firent pas un pas plus qu'on ne leur avoit commandé. A la vérité, M. de Maupertuis⁶, qui marchoit à leur tête, leur avoit déclaré que si quelqu'un osoit passer devant lui, il le tueroit. Il n'y en eut qu'un seul qui ayant osé désobéir et passer devant lui, il le porta par terre de deux coups de sa pertuisane, qui ne le blessèrent pourtant point. On a fort loué la sagesse de M. de Maupertuis. Mais il faut vous dire aussi deux traits de M. de Vauban, que je suis assuré qui vous plairont. Comme il connoît la chaleur du soldat dans ces

3. Jean-Louis-Marie comte de Fiesque, mort en 1708, à l'âge de soixante et un ans. Nous avons dit au tome III, p. 257, qu'il avait, selon Brossette, pris part au sonnet contre le duc de Nevers. Il se rangeait donc parmi les amis de Racine, dès le temps de *Phèdre* (1677). Voyez le portrait du comte de Fiesque dans les *Mémoires de Saint-Simon*, tome VI, p. 439 et 440.

4. Le Dauphin.

5. Il venait d'avoir quatorze ans, étant né le 6 juin 1678. Il avait fait sa première campagne l'année précédente, au siége de Mons.

6. Voyez ci-dessus, p. 16, la note 6 de la lettre 88.

sortes d'attaques, il leur avoit dit : « Mes enfants, on ne vous défend pas de poursuivre les ennemis quand ils s'enfuiront, mais je ne veux pas que vous alliez vous faire échigner⁷ mal à propos sur la contrescarpe de leurs autres ouvrages. Je retiens donc à mes côtés cinq tambours pour vous rappeler quand il sera temps. Dès que vous les entendrez, ne manquez pas de revenir chacun à vos postes. » Cela fut fait comme il l'avoit concerté. Voilà pour la première précaution. Voici la seconde. Comme le retranchement qu'on attaquoit avoit un fort grand front, il fit mettre sur notre tranchée des espèces de jalons, vis-à-vis desquels chaque corps devoit attaquer et se loger, pour éviter la confusion; et la chose réussit à merveilles. Les ennemis ne soutinrent point et n'attendirent pas même nos gens. Ils s'enfuirent après qu'ils eurent fait une seule décharge, et ne tirèrent plus que de leurs ouvrages à cornes. On en tua bien quatre ou cinq cents, entre autres un capitaine espagnol, fils d'un grand d'Espagne, qu'on nomme le comte de Lemos⁸. Celui qui le tua étoit un des grenadiers à cheval, nommé *Sans-Raison*. Voilà un vrai nom de grenadier. L'Espagnol lui demanda quartier, et lui promit cent pistoles, lui montrant même sa bourse, où il y en avoit trente-cinq. Le grenadier, qui venoit de voir tuer le lieutenant de sa compagnie, qui étoit un fort brave homme⁹, ne voulut point faire de quartier, et tua son Espagnol. Les ennemis envoyèrent redemander le corps, qui leur fut rendu, et le grenadier *Sans-Raison* rendit aussi les trente-cinq pistoles qu'il avoit prises au mort, en disant : « Tenez, voilà son argent, dont je ne

---

7. Ce mot est écrit ainsi dans l'autographe.
8. Don François-Charles de Castro, fils de Pierre-Antoine de Castro, comte de Lemos, grand d'Espagne, vice-roi du Pérou.
9. Racine va le nommer tout à l'heure.

veux point; les grenadiers ne mettent la main sur les gens que pour les tuer. »

Vous ne trouverez point peut-être ces détails dans les relations que vous lirez, et je m'assure que vous les aimerez bien autant qu'une supputation exacte du nom des bataillons et de chaque compagnie, des gens détachés, ce que M. l'abbé Dangeau [10] ne manqueroit pas de rechercher bien curieusement.

Je vous ai parlé du lieutenant de la compagnie des grenadiers qui fut tué, et dont *Sans-Raison* vengea la mort. Vous ne serez peut-être pas fâché de savoir qu'on lui trouva un cilice sur le corps. Il étoit d'une piété singulière, et avoit même fait ses dévotions le jour d'auparavant. Respecté de toute l'armée pour sa valeur, accompagnée d'une douceur et d'une sagesse merveilleuse, le Roi l'estimoit beaucoup, et a dit, après sa mort, que c'étoit un homme qui pouvoit prétendre à tout. Il s'appeloit Roquevert [11]. Croyez-vous que frère Roquevert ne valût pas bien frère Muce [12]? Et si Monsieur de la Trappe l'avoit connu, auroit-il mis dans la *Vie* de frère Muce que les grenadiers font profession d'être les plus grands scélérats du monde? Effectivement, on dit

---

10. L'abbé Dangeau (Louis de Courcillon), mort le 1er janvier 1723, était frère du marquis de Dangeau, auteur du *Journal*, et, comme lui, de l'Académie française. On voit qu'il se complaisait, ainsi que son frère aîné, dans les détails minutieux. « Il n'eut, dit Saint-Simon (*Mémoires*, tome XVIII, p. 64), ni moins de fadeur, ni moins de futilité que lui. »

11. La *Gazette* du 9 juillet le nomme *de Roquevert*. L'éditeur de 1807 dit que son nom était plutôt *Roquevaire*, « Flotte de Roquevaire, qui s'était distingué à la prise de Valenciennes, dans cette même compagnie des grenadiers à cheval, commandée par Villemur-Rieutort. »

12. L'abbé de la Trappe (le Bouthillier de Rancé) avait publié en 1690 les *Instructions sur la mort de dom Muce*. (*Note de l'édition de 1807.*)

que dans cette compagnie il y a des gens fort réglés. Pour moi, je n'entends guère de messe dans le camp qui ne soit servie par quelque mousquetaire, et où il n'y en ait quelqu'un qui communie, et cela de la manière du monde la plus édifiante.

Je ne vous dis rien de la quantité de gens qui reçurent des coups de mousquet ou des contusions tout auprès du Roi. Tout le monde le sait, et je crois que tout le monde en frémit. Monsieur le Duc[13] étoit lieutenant général de jour, et y fit à la Condé, c'est tout dire. Monsieur le Prince, dès qu'il vit que l'action alloit commencer, ne put pas s'empêcher de courir à la tranchée, et de se mettre à la tête de tout. En voilà bien assez pour un jour. Je ne puis pourtant finir sans vous dire un mot de M. de Luxembourg : il est toujours vis-à-vis des ennemis, la Méhaigne entre deux, qu'on ne croit pas qu'ils osent passer. On lui amena avant-hier un officier espagnol qu'un de nos partis avoit pris, et qui s'étoit fort bien battu. M. de Luxembourg, lui trouvant de l'esprit, lui dit : « Vous autres Espagnols, je sais que vous faites la guerre en honnêtes gens, et je la veux faire avec vous de même. » Ensuite il le fit dîner avec lui, puis lui fit voir toute son armée. Après quoi il le congédia, en lui disant : « Je vous rends votre liberté ; allez trouver M. le prince d'Orange, et dites-lui ce que vous avez vu. »

On a su aussi par un rendu, qu'un de nos soldats s'étant allé rendre aux ennemis, le prince d'Orange lui

---

13. Louis III de Bourbon, né en 1668, mort en 1710, fils de Monsieur le Prince et petit-fils du grand Condé. « Monsieur le Duc commandoit la tranchée ; Monsieur le Prince et M. le maréchal d'Humières y allèrent aussi ; mais ils ne se mêlèrent de rien, pour en laisser tout l'honneur à Monsieur le Duc. » (*Journal de Dangeau*, 13 juin 1692.) — On voit que Dangeau n'est pas tout à fait d'acord avec Racine sur la part que prit Monsieur le Prince à cette attaque du 13 juin.

1692

demanda pourquoi il avoit quitté l'armée de M. de Luxembourg : « C'est, dit le soldat, qu'on y meurt de faim; mais avec tout cela ne passez pas la rivière, car assurément ils vous battront. »

Le Roi envoya hier six mille sacs d'avoine et cinq cents bœufs à l'armée de M. de Luxembourg, et quoi qu'ait dit le déserteur, je vous puis assurer qu'on y est fort gai, et qu'il s'en faut bien qu'on y meure de faim. Le général a été trois jours entiers sans monter à cheval, passant le jour à jouer dans sa tente. Le Roi a eu nouvelle aujourd'hui que le baron de Serclas [14], avec cinq ou six mille chevaux de l'armée du prince d'Orange, avoit passé la Meuse à Huy, comme pour venir inquiéter le quartier de M. de Boufflers. Le Roi prend ses mesures pour le bien recevoir.

Adieu, Monsieur : je vous manderai une autre fois des nouvelles de la vie que je mène, puisque vous en voulez savoir. Faites, je vous prie, part de cette lettre à M. de la Chapelle, si vous trouvez qu'elle vaille la peine. Vous me ferez même beaucoup de plaisir de l'envoyer à ma femme quand vous l'aurez lue; car je n'ai pas le temps de lui écrire, et cela pourra réjouir elle et son fils.

On est fort content de M. de Bonrepaux [15].

---

14. Albert Tzerclaës, prince et comte de Tilly, général des armées du roi catholique en Flandre et en Espagne, mort le 3 septembre 1715.

15. François Dusson, seigneur de Bonrepaus (voyez tome V, p. 146, note 4), était alors intendant général des armées navales, charge que le Roi supprima au mois de septembre suivant, en donnant à Bonrepaus une gratification de douze mille francs pour le voyage qu'il venait de faire sur les côtes. Voyez le *Journal de Dangeau*, 22 septembre 1692. En 1693, Bonrepaus eut l'ambassade de Danemark, et pendant les années 1698 et 1699 celle de Hollande. Jean-Baptiste Racine fut envoyé près de lui, à la Haye, au com-

J'ai écrit à M. de Pontchartrain le fils par le conseil de M. de la Chapelle. Une page de compliments[16] m'a plus coûté cinq cents fois que les huit pages que je vous viens d'écrire. Adieu, Monsieur. Je vous envie bien votre beau temps d'Auteuil, car il fait ici le plus horrible temps du monde.

Je vous ai vu rire assez volontiers de ce que le vin fait quelquefois faire aux ivrognes. Hier, un boulet de canon emporta la tête d'un de nos Suisses dans la tranchée. Un autre Suisse, son camarade, qui étoit auprès, se mit à rire de toute sa force, en disant : « Ho! ho! cela est plaisant; il reviendra sans tête dans le camp. »

On a fait aujourd'hui trente prisonniers de l'armée du prince d'Orange, et ils ont été pris par un parti de l'armée de M. de Luxembourg[17]. Voici la disposition de l'armée des ennemis : Monsieur de Bavière a la droite avec des Brandebourgs et autres Allemands; M. de Valdek est au corps de bataille avec les Hollandois; et le prince d'Orange, avec les Anglois, est à la gauche.

J'oubliois de vous dire que quand M. le comte de Toulouse reçut son coup de mousquet, on entendit le bruit de la balle, et le Roi demanda si quelqu'un étoit blessé. « Il me semble, dit en souriant le jeune prince, que quelque chose m'a touché. » Cependant la contusion étoit assez grosse, et j'ai vu la marque de la balle sur le galon de sa manche, qui étoit tout noirci, comme

---

mencement de 1698, comme on le verra dans quelques-unes des lettres suivantes de Racine à son fils.

16. Jérôme de Pontchartrain avait été nommé conseiller au Parlement le 29 mars 1692. Berriat-Saint-Prix pense que les compliments dont Racine parle lui avaient été adressés à l'occasion de sa réception.

17. Au lieu de cette phrase, Racine avait d'abord écrit : « Trente rendus ont quitté aujourd'hui l'armée du prince d'Orange, et sont venus dans l'armée de M. de Luxembourg. »

si le feu y avoit passé. Adieu, Monsieur. Je ne saurois me résoudre à finir quand je suis avec vous.

En fermant ma lettre, j'apprends que la présidente Barantin[18], qui avoit épousé M. de Courmaillon, ingénieur, a été pillée par un parti de Charleroy. Ils lui ont pris ses chevaux de carrosse et sa cassette, et l'ont laissée dans le chemin à pied. Elle venoit pour être auprès de son mari, qui avoit été blessé. Il est mort.

102. — DE RACINE A BOILEAU.

Au camp près de Namur, le 24. juin[1] [1692].

Je laisse à M. de Valincour[2] le soin de vous écrire la prise du château neuf[3]. Voici seulement quelques circonstances qu'il oubliera peut-être dans sa relation.

Ce château neuf est appelé autrement le fort Guillaume, parce que c'est le prince d'Orange qui ordonna, l'année

---

18. Cette présidente Barentin, remariée à M. de Damas de Cormaillon, était la grand'mère de la marquise de Louvois (Anne Souvré). Lors de l'événement rapporté dans la lettre, elle avait soixante-cinq ans. (*Note de l'édition de* 1807.)

Lettre 102 (revue sur l'autographe, conservé à la Bibliothèque impériale). — 1. En tête de la lettre, plus bas que la date, on lit de la main de Racine : « transcrit. »

2. Jean-Baptiste-Henri du Trousset de Valincour, né le 1er mars 1653, mort le 5 janvier 1730. Il était entré en 1681 dans la maison du comte de Toulouse, en qualité de gentilhomme, grâce à Racine, qui l'avait recommandé à Mme de Montespan. Voyez, au tome I, les *Mémoires de Louis Racine*, p. 287. Le 11 octobre 1688, il eut la charge de secrétaire de la marine, et resta attaché au comte de Toulouse comme secrétaire de ses commandements. Ce fut lui qui, en 1699, succéda à Racine à l'Académie française. On peut voir son *Éloge* dans les OEuvres de Fontenelle.

3. La chamade avait été battue le 22 juin. Voyez le *Journal de Dangeau*, à cette date.

passée, de le faire construire, et qui avança, pour cela, dix mille écus de son argent. C'est un grand ouvrage à cornes, avec quelques redans dans le milieu de la courtine, selon que le terrain le demandoit. Il est situé de telle sorte que, plus on en approche, moins on le découvre, et depuis huit ou dix jours que notre canon le battoit, il n'y avoit fait qu'une très-petite brèche, à passer deux hommes, et il n'y avoit pas une palissade du chemin couvert qui fût rompue. M. de Vauban a admiré lui-même la beauté de cet ouvrage. L'ingénieur qui l'a tracé, et qui a conduit tout ce qu'on y a fait, est un Hollandois nommé Cohorne [4]. Il s'étoit enfermé dedans pour le défendre, et y avoit même fait creuser sa fosse, disant qu'il s'y vouloit enterrer. Il en sortit hier avec la garnison, blessé d'un éclat de bombe. M. de Vauban a eu la curiosité de le voir, et après lui avoir donné beaucoup de louanges, lui a demandé s'il jugeoit qu'on eût pu l'attaquer mieux qu'on n'a fait. L'autre fit réponse que si on l'eût attaqué dans les formes ordinaires, et en conduisant une tranchée devant la courtine et les demi-bastions, il se seroit encore défendu plus de quinze jours, et qu'il nous en auroit coûté bien du monde; mais que de la manière dont on l'avoit embrassé de toutes parts, il avoit fallu se rendre. La vérité est que notre tranchée est quelque chose de prodigieux, embrassant à la fois plusieurs montagnes et plusieurs vallées, avec une infinité de tours et de retours, autant presque qu'il y a de rues à Paris. Les gens de la cour commençoient à s'ennuyer de voir si longtemps remuer la terre; mais enfin il s'est trouvé que dès que nous avons attaqué la contrescarpe, les ennemis, qui craignoient d'être coupés, ont abandonné dans l'instant tout

---

4. Menno de Cohorn, né en 1641, mort en 1704.

leur chemin couvert, et voyant dans leur ouvrage vingt de nos grenadiers qui avoient grimpé par un petit endroit où on ne pouvoit monter qu'un à un, ils ont aussitôt battu la chamade. Ils étoient encore quinze cents hommes, gens bien faits s'il y en [a] au monde. Le principal officier qui les commandoit, nommé M. de Vimbergue, est âgé de près de quatre-vingts ans. Comme il étoit d'ailleurs fort incommodé des fatigues qu'il a souffertes depuis quinze jours, et qu'il ne pouvoit plus marcher, il s'étoit fait porter sur la petite brèche que notre canon avoit faite, résolu d'y mourir l'épée à la main. C'est lui qui a fait la capitulation; et il y a fait mettre qu'il lui seroit permis d'entrer dans le vieux château pour s'y défendre encore jusqu'à la fin du siége. Vous voyez par là à quels gens nous avions affaire, et que l'art et les précautions de M. de Vauban ne sont pas inutiles pour épargner bien de braves gens qui s'iroient faire tuer mal à propos. C'étoit encore Monsieur le Duc qui étoit lieutenant général de jour, et voici la troisième affaire qui passe par ses mains. Je voudrois que vous eussiez pu entendre de quelle manière aisée, et même avec quel esprit, il m'a bien voulu raconter une partie de ce que je vous mande; les réponses qu'il fit aux officiers qui le vinrent trouver pour capituler; et comme, en leur faisant mille honnêtetés, il ne laissoit pas de les intimider. On a trouvé le chemin couvert tout plein de corps morts, sans tous ceux qui étoient à demi enterrés dans l'ouvrage. Nos bombes ne les laissoient pas respirer; ils voyoient sauter à tout moment en l'air leurs camarades, leurs valets, leur pain, leur vin, et étoient si las de se jeter par terre, comme on fait quand il tombe une bombe, que les uns se tenoient debout, au hasard de ce qui en pourroit arriver; les autres avoient creusé de petites niches dans des retranchements qu'ils

avoient faits dans le milieu de l'ouvrage, et s'y tenoient
plaqués tout le jour. Ils n'avoient d'eau que celle d'un
petit trou qu'ils avoient creusé en terre, et ont passé
ainsi quinze jours entiers. Le vieux château est composé
de quatre autres forts l'un derrière l'autre, et va toujours en s'étrécissant, en telle sorte que celui de ces
forts qui est à l'extrémité de la montagne ne paroît pas
pouvoir contenir trois cents hommes. Vous jugez bien
quel fracas y feront nos bombes. Heureusement nous
ne craignons pas d'en manquer sitôt. On en trouva
hier, chez les R. P. jésuites de Namur, douze cent
soixante toutes chargées, avec leurs amorces. Ces bons
Pères gardoient précieusement ce beau dépôt sans en
rien dire, espérant vraisemblablement de les rendre aux
Espagnols, au cas qu'on nous fît lever le siége. Ils paroissoient pourtant les plus contents du monde d'être au
Roi, et ils me dirent à moi-même, d'un air riant et ouvert, qu'ils lui étoient trop obligés de les avoir délivrés
de ces maudits protestants qui étoient en garnison à Namur, et qui avoient fait un prêche de leurs écoles. Le
Roi a envoyé le Père recteur à Dôle [5]; mais le P. de la
Chaize dit lui-même que le Roi est trop bon, et que les
supérieurs de leur compagnie seront plus sévères que
lui. Adieu, Monsieur. Ne me citez point. J'écrirai demain à M. de Milon [6], qui m'a mandé, comme vous, le
crachement de sang de M. de la Chapelle. J'espère que
cela n'aura point de suite : je vous assure que j'en serois sensiblement affligé.

5. « On a trouvé chez les Jésuites de Namur douze cent cinquante bombes toutes chargées, dont ces bons Pères avoient tenu le cas fort secret. Le Roi, mécontent de leur conduite là-dessus, a chassé le Recteur et l'a envoyé à Dôle. » (*Journal de Dangeau*, 21 juin 1692.)

6. C'était un frère ainé de M. de la Chapelle. (*Note de l'édition de* 1807.)

J'oubliois de vous dire que je vis passer les deux otages que ceux de dedans l'ouvrage à cornes envoyoient au Roi. L'un avoit le bras en écharpe ; l'autre la mâchoire à demi emportée, avec la tête bandée d'une écharpe noire : ce dernier est un chevalier de Malte. Je vis aussi huit prisonniers qu'on amenoit du chemin couvert : ils faisoient horreur. Un avoit un coup de bayonnette dans le côté; un autre un coup de mousquet dans la bouche; les six autres avoient le visage et les mains toutes brûlées du feu qui avoit pris à la poudre qu'ils avoient dans leurs havresacs [7].

103. — DE RACINE A BOILEAU.

A Fontainebleau[1], le 3e octobre [1692].

Votre ancien laquais, dont j'ai oublié le nom, m'a fait grand plaisir ce matin en m'apprenant de vos nouvelles. A ce que je vois, vous êtes dans une fort grande solitude à Auteuil, et vous n'en partez point. Est-il

---

7. M. Chambry possède de cette même lettre un autographe dont nous ne pouvons ni garantir ni contester l'authenticité; le mot *transcrit* semble la rendre assez probable : voyez ci-dessus, p. 54, note 1. Cet autographe ne s'arrête pas à ces derniers mots, mais se termine ainsi : « Je vous conjure de me donner de vos nouvelles. M. de Cavoye vous fait mille baisemains, et n'est pas moins empressé chaque jour à s'informer si l'ordinaire m'a apporté une lettre de vous. Je suis bien touché de l'intérêt que vous avez pris au rétablissement de mon fils, et je suis bien entièrement à vous. Racine. » A part cette addition, et la date de l'année 1692, le texte est exactement conforme à celui de la Bibliothèque impériale.

Lettre 103 (revue sur l'autographe, conservé à la Bibliothèque impériale). — 1. Le Roi était arrivé à Fontainebleau le 25 septembre; il ne retourna à Versailles que le 25 octobre. Voyez le *Journal de Dangeau*.

possible que vous puissiez être si longtemps seul, et ne point faire du tout de vers? Je m'attends qu'à mon retour je trouverai votre *Satire des femmes* entièrement achevée. Pour moi, il s'en faut bien que je ne sois aussi solitaire que vous. M. de Cavoye a voulu encore à toute force que je logeasse chez lui, et il ne m'a pas été possible d'obtenir de lui que je fisse tendre un lit dans votre maison², où je n'aurois pas été si magnifiquement [que] chez lui; mais j'y aurois été plus tranquillement et avec plus de liberté. Cependant elle n'a été marquée pour personne, au grand déplaisir des gens qui s'en étoient emparés les autres années. Notre ami M. Félix³ y a mis son carrosse et ses chevaux, et les miens n'y ont pas même trouvé place; mais tout cela s'est passé avec mon agrément et sous mon bon plaisir. J'ai mis mes chevaux à l'hôtel de Cavoye, qui en est tout proche. M. de Cavoye a permis aussi à M. de Bonrepaux de faire sa cuisine chez vous. Votre concierge, voyant que les chambres demeuroient vides, en a meublé quelqu'une, et l'a louée. On a mis sur la porte qu'elle étoit à vendre, et j'ai dit qu'on m'adressât ceux qui la viendroient voir; mais on ne m'a encore envoyé personne. Je soupçonne que le concierge, se trouvant fort bien d'y louer des chambres, seroit assez aise que la maison ne se vendît point. J'ai conseillé à M. Félix de l'acheter, et je vois bien que je le ferai aller jusques à quatre mille francs. Je crois que vous ne feriez pas trop mal d'en tirer cet argent; et je crains que si le voyage se passe sans que le marché soit conclu, M. Félix ni personne n'y songe

---

2. Boileau possédait en commun avec ses frères et sœurs une maison à Fontainebleau. (*Note de l'édition de* 1807.) — Il paraît qu'elle venait de la succession de Puymorin. (*Note de Berriat-Saint-Prix.*)

3. Voyez au tome VI, p. 547, la note 5 de la lettre 61.

plus jusqu'à l'autre année. Mandez-moi là-dessus vos sentiments : je ferai le reste.

On reçut hier [4] de bonnes nouvelles d'Allemagne. M. le maréchal de Lorges ayant fait assiéger, par un détachement de son armée, une petite ville nommée Pforzem, entre Philisbourg et Dourlach, les Allemands ont voulu s'avancer pour la secourir. Il a eu avis qu'un corps de quarante escadrons avoit pris les devants, et n'étoit qu'à une lieue et demie de lui, ayant devant eux un ruisseau assez difficile à passer. La ville a été prise dès le premier jour, et cinq cents hommes qui étoient dedans ont été faits prisonniers de guerre. Le lendemain, M. de Lorges a marché avec toute son armée sur ces quarante escadrons que je vous ai dits [5], et a fait d'abord passer le ruisseau à seize de ses escadrons, soutenus du reste de la cavalerie. Les ennemis, voyant qu'on alloit à eux avec cette vigueur, s'en sont fuis à vau-de-route, abandonnant leurs [6] tentes et leur bagage, qui a été pillé. On leur a pris deux pièces de canon, deux paires de timbales et neuf étendards, quantité d'officiers, entre autres leur général, qui est oncle de M. de Virtemberg et administrateur de ce duché [7], un

---

4. D'après le *Journal de Dangeau*, ces nouvelles avaient été reçues à Fontainebleau, non le 2, mais le 1er octobre. Pforzheim (Racine écrit tantôt *Pforzem* et tantôt *Pforzeim*) avait été pris le 26 septembre 1692. Le combat où le maréchal de Lorges mit en déroute cinq mille chevaux de l'armée ennemie fut livré le 27. Dans l'édition de 1807, on a, par une faute d'impression sans doute, substitué aux dates du 26 et du 27 celles du 16 et du 17.

5. Racine n'a point fait accorder le participe : l'original porte *dit*, sans accord.

6. Il y a dans l'autographe *leur*, sans *s*. Voyez le *Lexique*.

7. Frédéric-Charles, grand-oncle et tuteur, depuis 1677, d'Éverard-Louis duc de Wirtemberg. Il fut conduit à Paris, où Louis XIV lui fit une réception fort honorable et pleine de courtoisie. (*Note de Berriat-Saint-Prix.*)

général-major de Bavière⁸ et plus de treize cents cavaliers. Ils en ont eu près de neuf cents tués sur la place. Il ne nous en coûte qu'un maréchal des logis, un cavalier et six dragons. M. de Lorges a abandonné au pillage la ville de Pforzeim, et une autre petite ville, auprès de laquelle étoient campés les ennemis. Ç'a été, comme vous voyez, une déroute; et il n'y a pas eu, à proprement parler, aucun coup de tiré de leur part. Tout ce qu'on a pris et tué, ç'a été en les poursuivant. Le prince d'Orange est parti pour la Hollande. Son armée s'est rapprochée de Gand, et apparemment se séparera bientôt. M. de Luxembourg me mande qu'il est en parfaite santé. Le Roi se porte à merveilles.

104. — DE RACINE A JEAN-BAPTISTE RACINE.

A Fontainebleau, le 4ᵉ octobre¹ [1692].

JE suis fort content de votre lettre, et vous me rendez un très-bon compte de votre étude et de votre conversation avec M. Despréaux. Il seroit bien à souhaiter pour vous que vous pussiez être souvent en si bonne compagnie, et vous en pourriez retirer un grand avantage, pourvu qu'avec un homme tel que M. Despréaux vous eussiez plus de soin d'écouter que de parler. Je suis assez satisfait de votre version; mais je ne puis guère juger si elle est bien fidèle, n'ayant apporté ici que le premier tome des *Lettres à Atticus*², au lieu du second,

---

8. Le baron de Soyer.
LETTRE 104 (revue sur l'autographe, conservé à la Bibliothèque impériale). — 1. Louis Racine a daté cette lettre du 20 octobre; mais il y a bien 4ᵉ dans l'original.
2. C'étoit son livre favori et le compagnon de ses voyages. (*Note de Louis Racine.*)

que je pensois avoir apporté : je ne sais même si je ne l'ai point perdu, car j'étois comme assuré de l'avoir ici parmi mes livres. Pour plus grande sûreté, choisissez dans quelqu'un des six premiers livres la première lettre que vous voudrez traduire ; mais surtout choisissez-en une qui ne soit pas sèche comme celle que vous avez prise, où il n'est presque parlé que d'affaires d'intérêt. Il y en a tant de belles sur l'état où étoit alors la République, et sur les choses de conséquence qui se passoient à Rome. Vous ne lirez guère d'ouvrage qui soit plus utile pour vous former l'esprit et le jugement. Mais surtout je vous conseille de ne jamais traiter injurieusement un homme aussi digne d'être respecté de tous les siècles que Cicéron. Il ne vous convient point à votre âge, ni même à personne, de lui donner ce vilain nom de poltron. Souvenez-vous toute votre vie de ce passage de Quintilien, qui étoit lui-même un grand personnage : *Ille se profecisse sciat, cui Cicero valde placebit*[3]. Ainsi vous auriez mieux fait de dire simplement de lui qu'il n'étoit pas aussi brave ou aussi intrépide que Caton. Je vous dirai même que si vous aviez bien lu la vie de Cicéron dans Plutarque, vous verriez qu'il mourut en fort brave homme, et qu'apparemment il n'auroit pas tant fait de lamentations que vous si M. Carmeline lui eût nettoyé les dents. Adieu, mon cher fils : faites mes baisemains à M. Chapelier.

Faites souvenir votre mère qu'il faut entretenir un peu d'eau dans mon cabinet, de peur que les souris ne ravagent mes livres. Quand vous m'écrirez, vous pouvez vous dispenser de toutes ces cérémonies de *Votre très-humble serviteur*. Je connois même assez votre écriture sans que vous soyez obligé de mettre votre nom.

3. « Que celui-là sache qu'il a profité, à qui Cicéron plaira beaucoup. » (Quintilien, *Institutions oratoires*, livre X, chapitre I, 112.)

Suscription : A mon fils Racine, à Paris. (Cachet rouge, au cygne.) $\overline{1692}$

---

105. — DE RACINE A JEAN-BAPTISTE RACINE.

A Fontainebleau, le 5ᵉ octobre [1692].

La relation¹ que vous m'avez envoyée m'a beaucoup diverti, et je vous sais bon gré d'avoir songé à la copier pour m'en faire part. Elle n'est pourtant pas exacte en beaucoup de choses; mais il ne laisse pas d'y en avoir beaucoup de vraies, et qui sont écrites avec une fort grande ingénuité. Je l'ai montrée à M. de Montmorency² et à M. de Chevreuse. Ce dernier, qui est capitaine des chevau-légers, voudroit bien savoir le nom du chevau-léger qui l'a écrite, et vous me ferez plaisir de le demander à M. Willard, à qui vous ferez aussi mille compliments de ma part. Je suis toujours étonné qu'on vous montre en rhétorique les fables de Phèdre, qui semblent une lecture plus proportionnée à des gens moins avancés. Il faut pourtant s'en fier à M. Rollin³, qui a beaucoup de jugement et de capacité.

Lettre 105 (revue sur l'autographe, conservé à la Bibliothèque impériale). — 1. C'était une relation du combat de Steinkerque. (*Note de l'édition de* 1807.) — Le combat de Steinkerque avait été livré le 3 août précédent (1692).

2. Charles-François-Frédéric duc de Montmorency, fils aîné du maréchal de Luxembourg, né le 22 février 1661, mort le 4 août 1726. Il prit, à la mort de son père, le titre de duc de Luxembourg. Il avait épousé Marie-Anne d'Albert de Luynes, fille du duc de Chevreuse.

3. Rollin, qui depuis l'an 1683 professait au collége de Plessis-Sorbonne, avait été, en 1688, nommé professeur d'éloquence au Collége royal. Il devint recteur de l'Université de Paris en 1694.

On ne trouve les fables de M. de la Fontaine que chez M. Thierry ou chez M. Barbin[4]. Cela m'embarrasse un peu, parce que j'ai peur qu'ils ne veuillent pas prendre de mon argent. Je voudrois que vous en pussiez emprunter à quelqu'un jusqu'à mon retour. Je crois que M. Despréaux les a, et il vous les prêteroit volontiers; ou bien votre mère pourroit aller avec vous sans façon chez M. Thierry, et les lui demander en les payant. Adieu, mon cher fils : dites à vos sœurs que je suis fort aise qu'elles se souviennent de moi, et qu'elles souhaitent de me revoir. Je les exhorte à bien servir Dieu, et vous surtout, afin que, pendant cette année de rhétorique que vous commencez, il vous soutienne et vous fasse la grâce de vous avancer de plus en plus dans sa connoissance et dans son amour. Croyez-moi, c'est là ce qu'il y a de plus solide au monde : tout le reste est bien frivole[5].

4. Les diverses éditions qui avaient paru des *Fables* de la Fontaine, en 1668, 1671, 1678 et 1679, se vendaient chez Claude Barbin ou chez Denis Thierry. La Fontaine avait cédé à ces deux libraires son privilége de 1667 et celui de 1677. Plus tard, en 1693, il leur céda également le nouveau privilége qu'il venait d'obtenir pour l'impression de sa cinquième partie.

5. Outre l'original de la Bibliothèque impériale, nous avons vu de cette même lettre un autre autographe, appartenant à M. le marquis de Biencourt, qui, après les mots : « tout le reste est bien frivole, » se termine ainsi : « Je serai fort aise d'avoir de vos nouvelles après votre première composition. RACINE. » Ce n'est pas la seule différence qu'on remarque entre les deux autographes. Dans celui de M. de Biencourt, la seconde phrase : « Elle n'est pourtant pas exacte, » jusqu'aux mots : « fort grande ingénuité, » manque; et de même la phrase : « Ce dernier, qui est capitaine, » jusqu'à : « mille compliments de ma part. » Au lieu de : « Je voudrois que vous en pussiez emprunter à quelqu'un, » on y lit : « Je voudrois que vous pussiez emprunter ces fables à quelqu'un; » et au lieu de : « et il vous les prêteroit, » il y a : « et en ce cas il vous les prêteroit. » Après « cette année de rhétorique, » le même auto-

106. — DE RACINE A BOILEAU.

A Fontainebleau, le 6. octobre [1692].

J'AI parlé à M. de Pontchartrain, le conseiller[1], du garçon qui vous a servi; et M. le comte de Fiesque[2], à ma prière, lui en a parlé aussi. Il m'a dit qu'il feroit son possible pour le placer; mais qu'il prétendoit que vous lui en écrivissiez vous-même, au lieu de lui faire écrire par un autre. Ainsi je vous conseille de forcer un peu votre paresse, et de m'envoyer une lettre pour lui, ou bien de lui écrire par la poste.

J'ai déjà fait naître à Mme de Maintenon une grande envie de voir de quelle manière vous parlez de Saint-Cyr[3]. Elle a paru fort touchée de ce que vous aviez eu même la pensée d'en parler; et cela lui donna occasion de dire mille biens de vous. Pour moi, j'ai une extrême impatience de voir ce que vous me dites que vous m'envoyerez. Je n'en ferai part qu'à ceux que vous voudrez; à personne même si vous le souhaitez. Je crois pourtant qu'il sera très-bon que Mme de Maintenon voie ce que vous avez imaginé pour sa maison. Ne vous mettez pas en peine; je le lirai du ton qu'il faut, et je ne ferai point tort à vos vers.

Je n'ai point vu M. Félix depuis que j'ai reçu votre lettre. Au cas que vous ne trouviez point les cinq mille francs, ce que je crois très-difficile, je vous conseille de louer votre maison; mais il faudra pour cela que je

---

graphe n'a pas les mots : « que vous commencez, » ni après « la grâce de vous avancer de plus en plus, » les mots : « dans sa connoissance et. »

LETTRE 106 (revue sur l'autographe, conservé à la Bibliothèque impériale). — 1. Conseiller au Parlement, fils du contrôleur général des finances. Voyez ci-dessus, p. 28, la note 5 de la lettre 93.

2. Voyez ci-dessus, p. 48, la note 3 de la lettre 101.

3. Dans la *satire* x, vers 364.

vous trouve des gens qui prennent soin de trouver des locataires ; car je doute que ceux qui y logent soient bien propres à vous trouver des marchands, leur intérêt étant de demeurer seuls dans cette maison et d'empêcher qu'on ne les en vienne déposséder.

Il n'y a ici aucune nouvelle. L'armée de M. de Luxembourg commence à se séparer, et la cavalerie entre dans des quartiers de fourrages[4]. Quelques gens vouloient hier que le duc de Savoie pensât à assiéger Nice à l'aide des galères d'Espagne. Mais le comte d'Estrées ne tardera guère à donner la chasse aux galères et aux vaisseaux espagnols, et doit arriver incessamment vers les côtes d'Italie. Le Roi grossit de quarante bataillons son armée de Piémont pour l'année prochaine, et je ne doute pas qu'il ne tire une rude vengeance des pays de Monsieur de Savoie.

Mon fils m'a écrit une assez jolie lettre sur le plaisir qu'il a eu de vous aller voir, et sur une conversation qu'il a eue[5] avec vous[6]. Je vous suis plus obligé que vous ne le sauriez dire de vouloir bien vous amuser avec lui. Le plaisir qu'il prend d'être avec vous me donne assez bonne opinion de lui ; et s'il est jamais assez heureux que de vous entendre parler de temps en temps, je suis persuadé qu'avec l'admiration dont il est prévenu, cela lui fera le plus grand bien du monde. J'espère que cet hiver vous voudrez bien faire quelquefois chez moi de petits dîners, dont je prétends tirer tant d'avantages. M. de Cavoye vous fait ses compliments.

---

4. « Les nouvelles de l'armée de M. de Luxembourg sont qu'il a séparé toutes ses troupes pour avoir les fourrages plus à commodité ; il les distribue en différents quartiers depuis Tournay jusques à Mons. » (*Journal de Dangeau*, du mardi 7 octobre 1692.)

5. Racine a écrit *cu* sans accord. — 6. Voyez ci-dessus, p. 61.

J'appris hier la mort du pauvre abbé de Saint-Réal [7].

Suscription : A Monsieur Monsieur Despréaux, à Auteuil.

---

107. — DE BOILEAU A RACINE.

A Auteuil, 7ᵉ octobre [1692].

Je vous écrivis avant-hier[1] si à la hâte, que je ne sais si vous aurez bien conçu ce que je vous écrivois : c'est ce qui m'oblige à vous récrire aujourd'hui. Mme Racine vient d'arriver chez moi, qui s'engage à vous faire tenir ma lettre.

L'action de M. de Lorges est très-grande et très-belle[2] ; et j'ai déjà reçu une lettre de M. l'abbé Renaudot[3], qui me mande que M. de Pontchartrain veut qu'on travaille au plus tôt à faire une médaille pour cette action. Je crois que cela occupe déjà fort M. de la Chappelle ; mais pour moi, je crois qu'il sera assez à temps d'y penser vers la Saint-Martin.

Je ne saurois assez vous remercier du soin que vous

---

7. L'auteur de la *Conjuration des Espagnols contre la république de Venise*, César Vichard, abbé de Saint-Réal, né à Chambéry en 1639, mourut dans cette même ville en septembre 1692. Il avait été en dispute avec Arnauld, et n'était pas aimé à Port-Royal. Le regret que Racine semble exprimer ici à l'occasion de sa mort pourrait indiquer qu'il y avait cependant eu entre eux quelques bonnes relations.

Lettre 107 (revue sur l'autographe, conservé à la Bibliothèque impériale). — 1. Nous n'avons pas la lettre dont parle ici Boileau.

2. Voyez ci-dessus, p. 60, et, à cette même page, la note 4 de la lettre 103.

3. Eusèbe Renaudot, petit-fils de Théophraste Renaudot, qui avait introduit en France les gazettes, dont le privilége était resté depuis à sa famille. L'abbé Renaudot venait d'entrer dans la petite Académie. (*Note de l'édition de* 1807.)

prenez de notre maison de Fontainebleau. Je n'ai point encore vu sur cela personne de notre famille, mais, autant que j'en puis juger, tout le monde trouvera assez mauvais que celui qui l'habite prétende en profiter à nos dépens. C'est une étrange chose qu'un bien en commun : chacun en laisse le soin à son compagnon ; ainsi personne n'y soigne, et il demeure au pillage.

Je vous mandois, le dernier jour, que j'ai travaillé à la *Satire des femmes* durant huit jours : cela est véritable ; mais il est vrai aussi que ma fougue poétique est passée presque aussi vite qu'elle est venue, et que je n'y pense plus à l'heure qu'il est. Je crois que lorsque j'aurai tout amassé, il y aura bien cent vers nouveaux d'ajoutés. Mais je ne sais si je n'en ôterai pas bien vingt-cinq ou trente de la description du lieutenant et de la lieutenante criminelle[4]. C'est un ouvrage qui me tue par la multitude des transitions, qui sont, à mon sens, le plus difficile chef-d'œuvre de la poésie. Comme je m'imagine que vous avez quelque impatience d'en voir quelque chose, je veux bien vous en transcrire ici vingt ou trente vers ; mais c'est à la charge que, foi d'honnête homme, vous ne les montrerez à âme vivante, parce que je veux être absolument maître d'en faire ce que je voudrai, et que d'ailleurs je ne sais s'ils sont encore en l'état où ils demeureront[5]. Mais afin que vous en puissiez voir la suite, je vais vous mettre la fin de l'histoire de la lieutenante, de la manière que je l'ai achevée.

Mais peut-être j'invente une fable frivole.
Soutiens donc tout Paris, qui prenant la parole,

---

4. Boileau en ôta, en effet, vingt vers, qu'il rétablit en 1698. Ce sont les vers 309-328 de la *satire* x.

5. On peut voir dans les éditions des *OEuvres de Boileau* les changements qu'il fit à ces vers qu'il va citer.

Sur ce sujet encor de bons témoins pourvu,
Tout prêt à le prouver, te dira : « Je l'ai vu.
Vingt ans j'ai vu ce couple, uni d'un même vice,
A tous mes habitants montrer que l'avarice
Peut faire dans les biens trouver la pauvreté,
Et nous réduire à pis que la mendicité. »
Deux voleurs, qui chez eux, pleins d'espérance, entrèrent,
Enfin un beau matin tous deux les massacrèrent :
Digne et funeste fruit du nœud le plus affreux
Dont l'hymen ait jamais uni deux malheureux.
Ce récit passe un peu l'ordinaire mesure;
Mais un exemple enfin si digne de censure
Peut-il dans la satire occuper moins de mots?
Chacun sait son métier. Suivons notre propos.
Nouveau prédicateur, aujourd'hui, je l'avoue,
Vrai disciple, ou plutôt singe de Bourdaloue,
Je me plais à remplir mes sermons de portraits.
En voilà déjà trois peints d'assez heureux traits[6] :
La louve, la coquette et la parfaite avare :
Il y faut joindre encor la revêche bizarre,
Qui sans cesse d'un ton par la colère aigri,
Gronde, choque, dément, contredit un mari;
Qui dans tous ses discours par quolibets s'exprime,
A toujours dans la bouche un proverbe, une rime,
Et d'un roulement d'yeux aussitôt applaudit
Au mot aigrement fou qu'au hasard elle a dit.
Il n'est point de repos ni de paix avec elle.
Son mariage n'est qu'une longue querelle.
Laisse-t-elle un moment respirer son époux,
Ses valets sont d'abord l'objet de son courroux;
Et sur le ton grondeur lorsqu'elle les harangue,

1692

---

6. Dans l'autographe, ce vers et ceux qui suivent sont écrits après les mots : « il y aura bien cent vers nouveaux d'ajoutés » (voyez p. 68, ligne 13). Il nous paraît, pour plusieurs raisons, inexplicable que Boileau les ait mis à cette place; peut-être s'est-il trompé en recopiant sa lettre (voyez ci-après la note 8). Nous les rétablissons, comme ont fait les éditeurs précédents, à celle qui semble seule leur convenir.

Il faut voir de quels mots elle enrichit la langue :
Ma plume ici, traçant ces mots par alphabet,
Pourroit d'un nouveau tome augmenter Richelet.
Tu crains peu d'essuyer cette étrange furie :
En trop bon lieu, dis-tu, ton épouse nourrie
Jamais de tels discours ne te rendra martyr.
Mais eût-elle sucé la raison dans Saint-Cyr,
Crois-tu que d'une fille humble, honnête, charmante,
L'hymen n'ait jamais fait de femme extravagante ?
Combien n'a-t-on point vu de Philis aux doux yeux,
Avant le mariage anges si gracieux,
Tout à coup se changeant en bourgeoises sauvages,
Vrais démons, apporter l'enfer dans leurs ménages,
Et découvrant l'orgueil de leurs rudes esprits,
Sous leur fontange altière asservir leurs maris !

En voilà plus que je ne vous avois promis. Mandez-moi ce que vous y aurez trouvé de fautes plus grossières. J'ai envoyé des pêches à Mme de Quelus[7], qui les a reçues, m'a-t-on dit, avec de grandes marques de joie. Je vous donne le bonsoir, et suis tout à vous[8].

DESPRÉAUX.

108. — DE RACINE A JEAN-BAPTISTE RACINE[1].

A Fontainebleau, le 9e octobre [1692].

Je voulois presque me donner la peine de corriger les fautes de votre version, et vous la renvoyer en l'état où il faudroit qu'elle fût ; mais j'ai trouvé que cela me pren-

---

7. C'est ainsi que Boileau écrit le nom de Mme de Caylus, nièce de Mme de Maintenon.

8. Sur la dernière page de cet autographe, Boileau a écrit : « Recopié pour M. Brossette. »

Lettre 108. — 1. Revue sur l'autographe, conservé à la Bibliothèque impériale.

droit trop de temps, à cause de la quantité d'endroits où vous n'avez pas attrapé le sens. Je vois bien que ces *Épîtres*² sont encore trop difficiles pour vous, parce que, pour les bien entendre, il faut posséder parfaitement l'histoire de ces temps-là, et que vous ne la savez point. Ainsi je trouverois plus à propos que vous me fissiez à votre loisir une version de cette bataille de Trasymène³, dont vous avez été si charmé, à commencer par la description de l'endroit où elle se donna. Ne vous pressez point, et tournez la chose le plus naturellement que vous pourrez. J'approuve fort vos promenades d'Auteuil; et vous m'en rendez un fort bon compte; mais faites bien concevoir à M. Despréaux combien vous êtes reconnoissant de la bonté qu'il a de se rabaisser à s'entretenir avec vous. Vous pouvez prendre Voiture parmi mes livres si cela vous fait plaisir; mais il faut un grand choix pour lire ses lettres, dont il y en a plusieurs qui ne vous feroient pas grand plaisir. J'aimerois bien autant que, si vous voulez lire quelque livre françois, vous prissiez la traduction d'Hérodote⁴, qui est fort divertissant, et qui vous apprendroit la plus ancienne histoire qui soit parmi les hommes, après l'Écriture sainte. Il me semble qu'à votre âge il ne faut pas voltiger de lecture en lecture : ce qui ne serviroit qu'à vous dissiper l'esprit et à vous embarrasser la mémoire. Nous verrons cela plus à fond quand je serai de retour à Paris. Adieu, mon cher fils : faites mes baisemains à vos sœurs.

2. Les lettres de Cicéron à Atticus.
3. Elle est au livre XXII de Tite-Live, chapitres IV-VI.
4. Germain Garnier dit ici en note, dans l'édition de 1807, qu'il n'existait alors d'autre traduction française d'Hérodote que celle de Pierre du Ryer (Paris, 1645, in-folio, réimprimée plusieurs fois en 2 ou 3 volumes in-12). Cette traduction est vraisemblablement celle que Racine recommandait à son fils. Il en existait cependant une autre, qui est de Pierre Saliat (Paris, 1656, in-folio).

109. — DE RACINE A M. RIVIÈRE.

A Paris, le 8ᵉ novembre [1692].

Nous avons bien pensé ne vous pas envoyer notre enfant[1], le lait de sa nourrice s'étant arrêté presque aussitôt après son arrivée, et ayant été même obligés d'en envoyer querir une autre. Mais enfin, à force de caresses et de bonne nourriture, son lait est assez revenu, et nous n'avons pas voulu désespérer une pauvre femme à qui vous aviez donné votre parole. J'espère que notre générosité ne nous tournera point à mal, et qu'elle en aura de la reconnoissance. Nous avons envoyé en carrosse l'enfant et la nourrice jusqu'au Bourget, pour leur épargner le pavé dans un coche. Je crois, Monsieur, que je n'ai pas besoin de vous le recommander. Voici pourtant quelques prières que ma femme me dit de vous faire. Elle vous supplie de bien examiner la nourrice à son arrivée, et si son lait n'est pas suffisant, de lui retirer sur-le-champ notre enfant, et de le donner à cette autre dont vous aviez parlé. L'enfant est de grande vie et tette beaucoup. D'ailleurs elle n'est pas fort habile à le remuer. Nous vous prions d'envoyer chez elle, surtout durant les premiers quinze jours, une sage-femme, ou quelque autre qui soit instruite, de peur qu'il n'arrive quelque inconvénient. Nous vous prions aussi d'ordonner qu'on ne le laisse point crier, parce qu'étant un garçon, les efforts sont à craindre comme vous savez. Ayez la bonté [de voir] si son berceau est bien tourné. Les soldats font peur aussi à ma femme, et j'ai recommandé à la nourrice, si il y en passoit chez elle qui fussent insolents, de se réfugier aussitôt chez vous.

Lettre 109 (revue sur l'autographe, conservé à Soissons). —
1. Louis Racine, né le 2 novembre 1692.

Enfin, Monsieur, souvenez-vous que c'est en votre seule considération et à celle de ma sœur que nous envoyons cet enfant à la campagne. Sans cela, nous l'aurions retenu à Paris avec bien de la joie, quoi qu'il en eût coûté, et ma femme même a bien versé des larmes ce matin en le voyant partir. J'ai payé six francs au coche pour la nourrice et pour l'enfant. Si le cocher a eu bien soin d'eux et si la nourrice en est contente, je vous prie de lui faire donner quinze sous. J'ai donné à la nourrice trois écus neufs, et je lui ai dit de se bien nourrir sur le chemin et de vous tenir compte du reste. Je vous prie aussi de donner un écu à la nourrice de Nanette, qui lui a envoyé des biscuits.

J'espère que vous voudrez bien prendre la peine d'avancer pour nous les mois qu'il faudra à la nourrice. Voilà, Monsieur, bien des peines que je vous donne. Je vous envoie deux livres, dont il y a un pour vous, et l'autre pour dom prieur de Bourgfontaine, à qui je vous prie de vouloir faire mes compliments. Je doute qu'ayant un second fils nous puissions songer à une terre. Nous ne sommes pas à beaucoup près assez riches pour faire tant d'avantages à notre aîné. Vous savez le droit des aînés sur les fiefs.

Je vis avant-hier M. Lhuillier[2], qui m'assura que vous

---

2. Dans une lettre précédente de Racine à Mlle Rivière, en date du 10 mai 1687 (voyez au tome VI, p. 543), et dans trois autres lettres, adressées par lui soit à son beau-frère, soit à sa sœur, et que l'on trouvera plus loin, il est fait aussi mention de M. Lhuillier. Une lecture attentive des différents passages où il est nommé donnerait à croire qu'il jouissait d'un grand crédit dans la ferme royale du sel, que peut-être même il était un des fermiers des gabelles. Nous ignorons d'ailleurs s'il était de cette ancienne et riche famille parisienne des *Luillier* ou *L'huillier*, qui eut successivement plusieurs de ses membres revêtus d'importantes charges parlementaires et urbaines, et à laquelle appartenait le poëte Chapelle, ami

deviez être entièrement en repos, et que vous ne seriez point révoqué. Je suis pressé de finir cette lettre. Je salue ma sœur et ma nièce, et suis, Monsieur, entièrement à vous.

Ma femme vous conjure de lui mander des nouvelles de son enfant dès qu'il sera arrivé, et de ne la flatter sur rien, mais de lui mander toujours la vérité.

Si cet enfant n'étoit pas bien et que vous ne fussiez pas[3]....

---

110. — DE RACINE A BOILEAU[1].

Au Quesnoy[2], le 30e mai [1693].

Le Roi fait demain ses dévotions[3]. Je parlai hier de Monsieur le Doyen[4] au P. de la Chaize; il me dit qu'il

de Racine et de Boileau. — Racine écrit tantôt *Lhuillier*, tantôt *L'huillier*.
3. La fin de la lettre manque.
Lettre 110 (revue sur l'autographe, conservé à la Bibliothèque impériale). — 1. Outre l'autographe de la Bibliothèque impériale, dont nous avons suivi le texte, nous en avons eu sous les yeux un second, qui appartient à M. Boutron-Charlard. Comme il se pourrait que l'un des deux fût une copie, l'authenticité certaine du premier ne nous oblige pas absolument à révoquer en doute celle du second; nous indiquerons en note les variantes que celui-ci nous offre, en le désignant sous le nom de *second autographe*. En lisant attentivement ces variantes, on se fera peut-être une opinion sur la confiance qu'il mérite.
2. Le Roi était arrivé au Quesnoy le 25 mai; il y resta jusqu'au 2 juin.
3. « Le Roi a fait aujourd'hui ses dévotions. » (*Journal de Dangeau*, dimanche, 31 mai 1693.) Ce dimanche était celui de l'octave de la Fête-Dieu.
4. Jacques Boileau, doyen de Sens, frère aîné de Boileau Despréaux, né le 18 mars 1635, mort le 1er août 1716. On sollicitait alors pour lui un canonicat de la Sainte-Chapelle. Voyez la lettre suivante.

avoit reçu votre lettre, me demanda des nouvelles de votre santé, et m'assura qu'il étoit⁵ fort de vos amis et de toute la famille. J'ai parlé ce matin à Mme de Maintenon, et lui ai même donné une lettre que je lui avois écrite sur ce sujet, la mieux tournée que j'ai pu, afin qu'elle la pût lire au Roi. M. de Chamlay⁶, de son côté, proteste qu'il a déjà fait merveilles, et qu'il a parlé de Monsieur le Doyen comme de l'homme du monde qu'il estimoit le plus, et qui méritoit le mieux les grâces de Sa Majesté. Il promet qu'il reviendra encore ce soir à la charge. Je l'ai échauffé de tout mon possible, et l'ai assuré de votre reconnoissance⁷ et de celle de Monsieur le Doyen et de MM. Dongois⁸. Voilà, mon cher Monsieur, où la chose en est. Le reste est entre les mains du bon Dieu, qui peut-être inspirera le Roi en notre faveur. Nous en saurons demain davantage. Quant à nos ordonnances, M. de Pontchartrain me promit qu'il nous les feroit payer aussitôt après le départ du Roi. C'est à vous de faire⁹ vos sollicitations, soit par M. de Pontchartrain le fils, soit par M. l'abbé Bignon¹⁰. Croyez-vous que vous fissiez mal d'aller vous-même une fois chez lui? Il est bien intentionné; la somme est petite. Enfin on m'assure qu'il faut presser, et qu'il n'y a pas un moment à perdre. Quand

---

5. Dans le second autographe : « qu'il est. »

6. Voyez au tome VI, p. 589, la note 6 de la lettre 74. — Ici Racine a bien écrit *Chamlay*, et non *Chanlay*.

7. Dans le second autographe : « de toute votre reconnoissance. »

8. Nicolas Dongois, greffier de la grand'chambre, et Gille Dongois, chanoine de la Sainte-Chapelle, aumônier du Roi. Ils étaient tous deux fils d'Anne Boileau, sœur de Boileau Despréaux.

9. Dans le second autographe : « C'est à vous à faire. »

10. Jean-Paul Bignon, petit-fils du célèbre Jérôme Bignon et neveu de Pontchartrain, avait l'inspection de l'Académie des inscriptions et médailles. Il avait été nommé prédicateur du Roi le 17 février précédent, et le 15 juin suivant il fut reçu de l'Académie française. (*Note de l'édition de* 1807.)

vous aurez arraché cela de lui, il ne vous en voudra que plus de bien. Il faudroit aussi voir ou faire voir M. de Bie[11], qui est le meilleur homme du monde, et qui le feroit souvenir de nous[12] quand il fera l'état de distribution. Au reste, j'ai été obligé de dire ici, le mieux que j'ai pu, quelques-uns des vers de votre *satire* à Monsieur le Prince. *Nosti hominem*[13]. Il ne parle plus d'autre chose, et il me les a redemandés plus de dix fois. M. le prince de Conti[14] voudroit bien que vous m'envoyassiez l'histoire du lieutenant criminel, dont il est surtout charmé. Monsieur le Prince et lui ne font que redire les deux vers :

> La mule et les chevaux au marché, etc.[15].

Je vous conseille de m'envoyer tout cet endroit et quelques autres morceaux détachés, si vous pouvez. Assurez-vous qu'ils ne sortiront point de mes mains. Monsieur le Prince n'est pas moins touché de ce que j'ai pu retenir de votre ode[16]. Je ne suis point surpris de la prière que M. de Pontch....[17] le fils vous a faite en faveur de Fontenelle[18]. Je savois bien qu'il avoit beaucoup d'incli-

11. Voyez ci-dessus la note 12 de la lettre 99, p. 45.
12. Dans le second autographe : « de vous. »
13. « Vous connaissez l'homme. »
14. François-Louis de Bourbon, prince de Conti. Voyez au tome VI, p. 537, la note 3 de la lettre 56.
15. Dans le second autographe il y a : « s'envolèrent, » au lieu de *etc.* — Boileau a depuis refait ainsi ce vers :

> Les deux chevaux, la mule au marché s'envolèrent.

16. L'*Ode sur la prise de Namur*.
17. Dans le second autographe il y a : « M. de Pontchartrain, » en toutes lettres.
18. M. de Pontchartrain avait prié Boileau de retrancher dans son ode la stance, qui devait être la seconde :

> Un torrent dans les prairies, etc.

On peut la voir dans les *OEuvres de Boileau* (édition de Berriat-

nation pour lui, et c'est pour cela même que M. de la Loubère[19] n'en a guère ; mais enfin vous avez très-bien répondu, et pour peu que Fontenelle se reconnoisse[20], je vous conseillerois aussi de lui faire grâce ; mais, à dire vrai, il est bien tard, et la stance a fait un furieux progrès.

Je n'ai pas le temps d'écrire ce matin à M. de la Chapelle. Ayez la bonté de lui dire que tout ce qu'il a imaginé, et vous aussi, sur l'ordre de Saint-Louis[21], me paroît fort beau, mais que pour moi je voudrois simplement mettre pour type la croix même de Saint-Louis, et à la légende[22] : ORDO MILITARIS, etc. Chercherons-nous toujours de l'esprit dans les choses qui en demandent le moins? Je vous écris tout ceci avec une rapidité épouvantable, de peur que la poste ne soit partie. Il fait le plus beau temps du monde. Le Roi, qui a eu une fluxion sur la gorge, se porte bien[23]. Ainsi nous serons bientôt

Saint-Prix, tome II, p. 410, note 3). Boileau ne la fit pas imprimer. Elle nous a été conservée par Brossette.

19. M. de la Loubère était, aussi bien que Fontenelle, en faveur auprès de MM. de Pontchartrain, qui le firent entrer, cette même année 1693, à l'Académie.

20. Puisque Fontenelle pouvait à la rigueur ne pas se reconnaître dans la strophe, où nous lisons maintenant son nom en toutes lettres, il est clair que Boileau avait l'intention de ne le désigner que par l'initiale F. Le nom de Perrault, à la fin de la strophe, ne devait sans doute aussi être indiqué que par un P.

21. Cet ordre venait d'être institué. Dangeau, dans son *Journal*, à la date du *mardi* 12 [mai 1693], *à Versailles*, donne la liste de tous les chevaliers de Saint-Louis que le Roi venait de nommer, et dit : « A la croix qu'on leur donne il y a un saint Louis, et pour parole : LUD. M. INST. 1693; et au revers de la croix, une épée nue, avec une couronne au milieu de la lame, avec les mots : BELL. VIRTUTIS. PRÆM. »

22. Dans le second autographe : « et la légende. »

23. *Ibidem* : « Le Roi, qui a une fluxion sur la gorge, se porte bien du reste.» — Dangeau dit, à la date du *mardi* 26 [mai 1693], *au*

en campagne. Je vous écrirai plus à loisir avant que de sortir du Quesnoy²⁴.

III. — DE RACINE A BOILEAU.

Au Quesnoy, le 30ᵉ mai¹ [1693].

Vous verrez par la lettre que j'écris à M. l'abbé Dongois les obligations que vous avez à Sa Majesté. Monsieur le Doyen est chanoine de la Sainte-Chapelle, et est mieux encore que je n'avois demandé. Mme de Maintenon m'a chargé de vous bien faire ses baisemains. Elle mérite bien que vous lui fassiez² quelque remerciement,

Quesnoy : « Le Roi, depuis quelques jours, a été un peu incommodé d'une fluxion au col ; » et à la date du *vendredi* 29 : « Sa fluxion est presque entièrement passée. » La leçon du premier autographe est donc plus conforme à la vérité des faits que celle du second.

24. Après ces mots, le second autographe ajoute : « Je suis entièrement à vous. RACINE. »

LETTRE III (revue sur l'autographe, conservé à la Bibliothèque impériale). — 1. Quelques éditeurs ont daté cette lettre du 31, pensant qu'elle n'avait pu être écrite le même jour que la précédente, dont la date est certaine. Leur rectification a beaucoup de vraisemblance ; mais ils auraient dû avertir que la date du 30ᵉ est celle de l'original, et qu'elle y est écrite de la manière la plus lisible. — En tête de l'autographe, l'annotateur dont nous avons déjà parlé (voyez p. 24, note 1 de la lettre 90) a écrit : « 1691. D'après la lettre suivante, on seroit tenté de croire qu'il s'étoit trompé sur la date du mois, et que celle-ci est de mars. » La *lettre suivante* (l'ordre dans les manuscrits de Racine a depuis été changé) était sans doute alors celle que nous venons de donner avant celle-ci. Quoi qu'il en soit, cette note n'a aucune valeur. Le mois de mars est impossible ; et l'annotateur a daté de 1691 cette lettre, qui est de 1693. Il a commis de semblables erreurs pour plusieurs autres lettres.

2. Il y a dans l'autographe : « et que vous lui fassiez. » Racine avait commencé à écrire : « et que vous la remerciiez. » Il voulait

ou du moins que vous fassiez d'elle une mention honorable qui la distingue de tout son sexe, comme en effet elle en est distinguée de toutes manières[3].

Je suis content au dernier point de M. de Chamlay, et il faut absolument que vous lui écriviez, aussi bien qu'au P. de la Chaize, qui a très-bien servi Monsieur le Doyen.

Tout le monde m'a chargé ici de vous faire ses compliments, entre autres M. de Cavoye et M. de Sérignan[4]. M. le prince de Conty même m'a témoigné prendre beaucoup de part à votre joie.

Nous partons mardi matin pour aller camper sous Mons. Le Roi se mettra à la tête de l'armée de M. de Boufflers. M. de Luxembourg, avec la sienne, nous côtoyera de fort près. Le Roi envoie les dames à Maubeuge[5]. Ainsi nous voilà à la veille des grandes nouvelles. Je vous donne le bonsoir, et suis entièrement à vous.

sans doute ajouter : « et que vous fassiez d'elle une mention, etc. » En changeant le tour de la phrase, il a oublié d'effacer *et*.

3. C'est à quoi Boileau ne manqua pas. Voyez les vers 515 et suivants de la *satire* x, à laquelle il travaillait alors. (*Note de l'édition de* 1807.)

4. Il fut très-longtemps aide-major des gardes du corps, puis gouverneur de Ham. Il mourut en 1721, âgé de quatre-vingt-quatorze ans. Voyez les *Mémoires de Saint-Simon*, tome XVIII, p. 159. — Germain Garnier, dans une *note* sur ce même Sérignan, à la fin de la lettre de Racine à son fils, du 3 juin 1695, dit qu'il était petit-fils par sa mère de Henri-Robert de la Marck, baron de Sérignan, capitaine des cent-suisses de la garde du Roi.

5. « Le Roi a déclaré qu'il partiroit mardi et joindroit son armée, qui camperoit ce jour-là par delà Mons. Les princesses et les dames vont à Maubeuge. » (*Journal de Dangeau*, dimanche, 31 [mai 1693].) — A ce voyage, les dames qui partirent avec le Roi furent Madame de Chartres, Madame la Duchesse, les princesses de Conti, Madame du Maine et Mme de Maintenon, avec plusieurs dames de la cour. Voyez le *Journal de Dangeau*, en date du lundi 18 [mai 1693].

Songez à nos ordonnances. Prenez aussi la peine de recommander à M. Dongois le petit Mercier, valet de chambre de Mme de Maintenon. Il voudroit avoir pour commissaire, pour la conclusion de son affaire, ou M. l'abbé Brunet, ou M. l'abbé Petit[6]. Si cela se peut faire dans les règles, et sans blesser la conscience, il faudroit tâcher de lui faire avoir ce qu'il demande.

Suscription : A Monsieur Monsieur Despréaux, à Paris. (Cachet rouge, au cygne.)

---

112. — DE BOILEAU A RACINE[1].

Paris, mardi 2 juin 1693.

Je sors de notre assemblée[2], où j'ai été principale-

---

6. Conseillers clercs. Le dernier était oncle maternel du gendre (Gilbert des Voisins) de Dongois. (*Note de Berriat-Saint-Prix.*)

Lettre 112. — 1. Cette lettre n'a pas été donnée par Louis Racine, et ne se trouve pas parmi les manuscrits de la Bibliothèque impériale. Cizeron-Rival l'a publiée dans ses *Lettres familières*, tome III, p. 71. M. Laverdet, dans la *Correspondance entre Boileau Despréaux et Brossette*, p. 400, a donné la copie qui en avait été faite par Jean-Baptiste Racine. Nous suivons le texte que Berriat-Saint-Prix dit être celui de la lettre originale, dont il avait évidemment le manuscrit sous les yeux. Nous devons avertir que, pour reconstituer, d'après Berriat-Saint-Prix, le texte de la lettre originale, nous avons dû tenir compte des variantes qu'il donne. Le texte qu'il a préféré est celui qu'a publié Cizeron-Rival, d'après une copie corrigée par Boileau ; mais au bas des pages, Berriat indique les leçons de la lettre originale, en les marquant du signe P. C. O. (*première composition omise* : voyez son *Avertissement* à la page viii de son tome I). La même remarque est applicable à la lettre 63, que nous avons donnée aussi d'après lui, au tome VI, p. 554.

2. C'est-à-dire de l'Académie des inscriptions. Dans la copie corrigée, Boileau, après le mot *assemblée*, a ajouté : « des inscriptions. »

ment pour parler à M. de Toureil³; mais il ne s'y est point trouvé. Il s'étoit chargé de parler de nos ordonnances à M. de Pontchartrain le père, et il m'en devoit rendre compte aujourd'hui. J'envoierai demain savoir s'il est malade, et pourquoi il n'est pas venu. Cependant M. l'abbé Renaudot⁴ m'a promis aussi d'agir très-fortement auprès du même ministre, et de mettre le cœur au ventre à M. de Pontchartrain le fils pour nous faire avoir satisfaction. Il doit venir jeudi dîner avec moi, et me raconter tout ce qu'il aura fait; ainsi il ne se perdra point de temps. M. Dongois doit me mener voir M. de Bie⁵, qui est fort de ses amis, et qui me fit plaisir l'année passée. Mme Racine me fit l'honneur de souper dimanche chez moi, avec toute votre petite et agréable famille. Cela se passa fort gaiement, mon rhume étant presque entièrement passé. Je n'ai jamais vu une si belle journée. J'entretins fort Monsieur votre fils, qui, à mon sens, croît toujours en mérite et en esprit. Il me montra une traduction qu'il a faite d'une harangue de Tite-Live. J'en fus fort charmé. Je crois non-seulement qu'il sera habile pour les lettres, mais qu'il aura la conversation agréable, parce qu'en effet il pense beaucoup, et qu'il conçoit fort vivement tout ce qu'on lui dit. Je ne saurois trouver de termes assez forts pour vous remercier des mouvements que vous vous donnez pour Monsieur le doyen de Sens⁶; et quand l'affaire ne réussiroit point, je vous puis as-

3. Jacques de Tourreil, membre de l'Académie française et de celle des inscriptions. Voyez au tome I, la note 4 de la page 300.
4. Il était, comme de Tourreil, de l'Académie des inscriptions. Voyez ci-dessus, p. 67, la note 3 de la lettre 107.
5. Voyez ci-dessus, p. 45, la note 12 de la lettre 99.
6. Jacques Boileau, son frère: voyez ci-dessus, p. 74, la note 4 de la lettre 110.

1693 surer que je n'oublierai jamais la sensible obligation que je vous ai.

Vous m'avez fort surpris en me mandant l'empressement qu'ont deux des plus grands princes de la terre pour voir des ouvrages que je n'ai pas achevés [7]. En vérité, mon cher Monsieur, je tremble qu'ils ne se soient trop aisément laissé prévenir en ma faveur; car, pour vous dire sincèrement ce qui se passe en moi au sujet de ces derniers ouvrages, il y a des moments où je crois n'avoir rien fait de mieux; mais il y en a aussi beaucoup où je n'en suis point du tout content, et où je fais résolution de ne les jamais laisser imprimer. Oh! qu'heureux est M. C*** [8], qui, même souvent bafoué sur les siens, demeure parfaitement persuadé de l'excellence de son esprit! Il a tantôt apporté à l'Académie une médaille de très-mauvais goût, et avant que de la laisser lire, il a commencé par faire son éloge. Il s'est mis en colère sur ce qu'on y trouveroit à redire, déclarant pourtant que, quelques critiques qu'on y pût faire, il sauroit bien ce qu'il devoit penser là-dessus, et qu'il n'en resteroit pas moins convaincu qu'elle étoit parfaitement bonne. Il a en effet tenu parole, et tout le monde l'ayant généralement désapprouvée, il a querellé tout le monde, il a rougi et s'est emporté; mais il s'est en allé satisfait de lui-même. Je n'ai point l'esprit fait de cette sorte, et si des gens un peu sensés s'opiniâtroient de dessein formé à blâmer la meilleure chose que j'aie écrite, je leur résisterois d'abord avec assez de chaleur; mais je sens bien que peu de temps après je conclurois contre moi, et que je me dégoûterois de mon ouvrage. Ne vous étonnez donc point si je ne vous envoie point encore

---

7. La *satire* x et l'*ode sur la prise de Namur*.
8. Charpentier. — Boileau, dans la copie corrigée, a mis son nom en toutes lettres.

par cet ordinaire les vers que vous me demandez, puisque je n'oserois presque me les présenter à moi-même sur le papier. Je vous dirai pourtant que j'ai en quelque sorte achevé l'*ode sur Namur*, à quelques vers près, où je n'ai point encore attrapé l'expression que je cherche. Je vous l'envoierai un de ces jours; mais c'est à la charge que vous la tiendrez secrète, et que vous n'en lirez rien à personne, que je ne l'aie entièrement corrigée sur vos avis.

Il n'est bruit ici que des grandes choses que le Roi va faire; et à vous dire le vrai, jamais commencement de campagne n'eut un meilleur air. J'ai bien vu parler et j'ai bien lu dans les livres de grandes félicités; mais au prix de la fortune du Roi, à mon sens, tout est malheur. Ce qui m'embarrasse, c'est qu'ayant épuisé pour Namur toutes les hyperboles et toutes les hardiesses de ma langue, où trouverai-je des expressions pour le louer, s'il vient à faire quelque chose de plus grand que la prise de cette ville? Je sais bien ce que je ferai : je garderai le silence[9]. C'est le meilleur parti que je puisse prendre, *spectatus satis et donatus jam rude*[10]. Je vous prie de bien témoigner à M. de Chamlay combien je lui suis obligé des bons offices qu'il rend à mon frère[11]; je vois bien que la fortune n'est pas capable de l'aveugler, et qu'il voit toujours ses amis avec les mêmes yeux qu'auparavant. Adieu, mon cher Monsieur : soyez bien persuadé que je vous aime et que je vous estime infiniment.

9. Dans la copie corrigée, Boileau a ajouté : « et vous laisserai parler. » Quoique en général nous ne notions pas ici, comme nous en avons averti, les corrections que Boileau a faites à ses lettres, nous avons cru que celle-ci avait quelque intérêt.

10. « M'étant assez longtemps montré et ayant reçu mon congé. » (Horace, livre I, *épître* I, vers 2.) Il y a dans le texte du poëte latin : *Spectatum satis et donatum jam rude*.

11. Pour lui faire obtenir le canonicat de la Sainte-Chapelle.

Dans le temps que j'allois finir cette lettre, M. l'abbé Dongois est entré dans ma chambre avec le petit mot de lettre que vous écrivez à Mme Racine, et où vous mandez l'incroyable, prodigieux, ravissant, admirable, étonnant, charmant succès de votre négociation. Que vous dirai-je là-dessus? cela demande une lettre toute entière, que je vous écrirai demain. Cependant souvenez-vous de l'état de Pamphile à la fin de l'*Andrienne*: *Nunc est quum me interfici patiar* [12]; voilà à peu près mon état. Adieu encore un coup, mon cher, illustrissime, effectif et effectissime ami.

113. — DE RACINE A JEAN-BAPTISTE RACINE.

Au camp de Thieusies [1], le 3ᵉ juin [1693].

Vous me faites plaisir de me rendre compte des lectures que vous faites; mais je vous exhorte à ne pas donner toute votre attention aux poëtes françois. Songez qu'ils ne doivent servir qu'à votre récréation, et non pas faire votre véritable étude. Ainsi je souhaiterois que vous prissiez quelquefois plaisir à m'entretenir d'Homère, de Quintilien, et des autres auteurs de cette na-

---

12. « C'est maintenant que je souffrirai qu'on me tue. » Boileau s'est trompé en croyant se souvenir que ce passage, qu'il ne cite pas exactement d'ailleurs, est dans l'*Andrienne*; il est dans l'*Eunuque*, acte III, scène VI, vers 551. Ce n'est point Pamphile qui parle, mais Chærea, et le vers est ainsi :

Nunc est profecto interfici quum perpeti me possum.

LETTRE 113 (revue sur l'autographe, conservé à la Bibliothèque impériale). — 1. Le Roi était arrivé le 2 juin 1693 au camp de Thieusies, qu'il quitta le 4 juin pour se rendre au camp de Hairlemont. Voyez le *Journal de Dangeau*.

ture. Quant à votre épigramme², je voudrois que vous ne l'eussiez point faite. Outre qu'elle est assez médiocre, je ne saurois trop vous recommander³ de ne vous point laisser aller à la tentation de faire des vers françois, qui ne serviroient qu'à vous dissiper l'esprit. Surtout il n'en faut faire contre personne. M. Despréaux a eu [un⁴] talent qui lui est particulier, et qui ne doit point vous servir d'exemple ni à vous ni à qui que ce soit. Il n'a pas seulement reçu du ciel un génie merveilleux pour la satire; mais il a encore avec cela un jugement excellent, qui lui fait discerner ce qu'il faut louer et ce qu'il faut reprendre. S'il a la bonté de vouloir s'amuser avec vous, c'est une des grandes félicités qui vous puissent arriver, et je vous conseille d'en bien profiter en l'écoutant beaucoup et en décidant peu avec lui. Je vous dirai aussi que vous me feriez plaisir de vous attacher à votre écriture. Je veux croire que vous avez écrit fort vite les deux lettres que j'ai reçues de vous, car le caractère en paroît beaucoup négligé.

Que tout ce que je vous dis ne vous chagrine point; car du reste je suis très-content de vous, et je ne vous donne ces petits avis que pour vous exciter à faire de votre mieux en toutes choses. Votre mère vous fera part des nouvelles que je lui mande. Adieu, mon cher fils : je ne sais pas bien si je serai en état d'écrire ni à vous ni à personne de plus de quatre jours; mais conti-

2. Mon frère, qui étoit alors en rhétorique, crut le régaler en lui envoyant une épigramme qu'il avoit faite sur la dispute entre Boileau et Perrault. (*Note de Louis Racine.*) — Il s'agit de la dispute sur les anciens et les modernes.

3. Racine a, par mégarde, écrit deux fois le mot *vous* : « je ne vous saurois trop vous recommander. »

4. Le mot *un* manque dans l'autographe. Les éditeurs précédents l'ont ajouté; mais ils ont supprimé le participe *eu* qui précède, et que nous ne croyons pas un *lapsus* de la plume de Racine.

nuez à me mander de vos nouvelles. Parlez-moi aussi un peu de vos sœurs, que vous me ferez plaisir d'embrasser pour moi. Je suis tout à vous.

Suscription : Pour mon fils Racine. (Reste d'un cachet rouge.)

114. — DE BOILEAU A RACINE.

A Paris, 4° juin [1693].

Je vous écrivis hier au soir une assez longue lettre[1], et qui étoit toute remplie du chagrin que j'avois alors, causé par un tempérament sombre qui me dominoit, et par un reste de maladie; mais je vous en écris une aujourd'hui toute pleine de la joie que m'a causée l'agréable nouvelle que j'ai reçue. Je ne saurois vous exprimer l'allégresse qu'elle a excitée dans toute notre famille : elle a fait changer de caractère à tout le monde. M. Dongois le greffier est présentement un homme jovial et folâtre; M. l'abbé Dongois, un bouffon et un badin. Enfin il n'y a personne qui ne se signale par des témoignages extraordinaires de plaisir et de satisfaction, et par des louanges et des exclamations sans fin sur votre bonté, votre générosité, votre amitié, etc. A mon sens néanmoins, celui qui doit être le plus satisfait, c'est vous; et le contentement que vous devez avoir en vous-même, d'avoir obligé si efficacement dans cette affaire tant de personnes qui vous estiment et qui vous honorent depuis si longtemps, est un plaisir d'autant plus agréable qu'il ne procède que de la vertu, et que les âmes du commun ne sauroient ni se l'attirer ni le sen-

---

Lettre 114 (revue sur l'autographe, conservé à la Bibliothèque impériale). — 1. Nous n'avons pas la lettre dont parle ici Boileau.

tir. Tout ce que j'ai à vous prier² maintenant, c'est de me mander les démarches que vous croyez qu'il faut que je fasse à l'égard du Roi et du P. de la Chaize ; et non-seulement s'il faut, mais à peu près ce qu'il faut que je leur écrive. Monsieur le doyen de Sens ne sait encore rien de ce qu'on a fait pour lui. Jugez de sa surprise, quand il apprendra tout d'un coup le bien imprévu et excessif que vous lui avez fait. Ce que j'admire le plus, c'est la félicité de la circonstance, qui a fait que, demandant pour lui la moindre de toutes les chanoinies de la Sainte-Chapelle, nous lui avons obtenu la meilleure après celle de M. l'abbé d'Ense³. *O factum bene*⁴ ! Vous pouvez compter que vous aurez désormais en lui un homme qui disputera avec moi de zèle et d'amitié pour vous.

J'avois résolu de ne vous envoyer la suite de mon *ode sur Namur* que quand je l'aurois mise en état de n'avoir plus besoin que de vos corrections. Mais en vérité vous m'avez fait trop de plaisir, pour ne pas satisfaire sur-le-champ la curiosité que vous avez peut-être conçue de la voir. Ce que je vous prie, c'est de ne la montrer à personne, et de ne la point épargner. J'y ai hasardé des choses fort neuves, jusqu'à parler de la plume blanche que le Roi a sur son chapeau. Mais, à mon avis, pour trouver des expressions nouvelles en vers, il faut parler de choses qui n'aient point été dites en vers. Vous en jugerez, sauf à tout changer si cela vous déplaît.

2. *Prier* est une correction : Boileau avait d'abord écrit *dire*. On trouve plus bas (ligne 20) le même tour : « Ce que je vous prie. »
3. Louis Roger Danse, sous-diacre et chanoine de la Sainte-Chapelle, ami des Boileau, mort en octobre 1696.
4. « Oh ! que c'est bien fait ! » Cette exclamation est une réminiscence de l'*Andrienne* de Térence, acte I, scène I, vers 105, et acte V, scène VI, vers 970.

1693

L'ode sera de dix-huit stances[5] : cela fait cent quatre-vingts vers. Je ne croyois pas aller si loin. Voici ce que vous n'avez point vu; je vais le mettre sur l'autre feuillet[6].

>Déployez toutes vos rages[7],
>Princes, vents, peuples, frimats,
>Ramassez tous vos nuages,
>Rassemblez tous vos soldats.
>Malgré vous, Namur, en poudre,
>S'en va tomber sous la foudre
>Qui dompta l'Isle, Courtrai,
>Gand la constante espagnole,
>Luxembourg, Besançon, Dole,
>Ipres, Mastrich et Cambrai.
>
>Mes présages s'accomplissent :
>Il commence à chanceler ;
>Je vois ses murs qui frémissent
>Déjà prêts à s'écrouler.
>Mars, en feu, qui les domine,
>De loin souffle leur ruine ;
>Et les bombes dans les airs,
>Allant chercher le tonnerre,
>Semblent, tombant sur la terre,
>Vouloir s'ouvrir les enfers.
>
>Approchez, troupes altières
>Qu'unit un même devoir ;
>A couvert de ces rivières,
>Venez, vous pouvez tout voir.
>Contemplez bien ces approches ;

5. Elle se trouva réduite à dix-sept par la suppression de la stance dont nous avons parlé ci-dessus, p. 76, note 18 de la lettre 110.

6. Dans l'autographe, en effet, on passe ici du *recto* du second feuillet au *verso* du premier feuillet.

7. Boileau a fait à ces stances des changements que l'on peut voir dans ses *OEuvres*.

Voyez détacher ces roches,
Voyez ouvrir ce terrein,
Et dans les eaux, dans la flamme,
Louis, à tout donnant l'âme,
Marcher tranquille et serein.

Voyez, dans cette tempête,
Partout se montrer aux yeux
La plume qui ceint sa tête
D'un cercle si glorieux.
A sa blancheur redoutable [8]
Toujours un sort favorable
S'attache dans les combats;
Et toujours, avec la Gloire,
Mars et sa sœur la Victoire
Suivent cet astre à grands pas.

Grands défenseurs de l'Espagne,
Accourez tous, il est temps.
Mais déjà vers la Méhagne
Je vois vos drapeaux flottants.
Jamais ses ondes craintives
N'ont vu sur leurs [9] foibles rives
Tant de guerriers s'amasser.
Marchez donc, troupe héroïque:
Au delà de ce Granique
Que tardez-vous d'avancer?

Loin de fermer le passage
A vos nombreux bataillons,
Luxembourg a du rivage
Reculé ses pavillons.
Hé quoi? son aspect vous glace?
Où sont ces chefs pleins d'audace,

---

8. *Redoutable* est écrit au-dessus de *remarquable*, sans que l'une ou l'autre de ces épithètes soit rayée. Boileau proposait sans doute le choix à Racine.

9. *Leurs* est écrit au-dessus de *ses*, non effacé.

Jadis si prompts à marcher,
Qui devoient, de la Tamise
Et de la Drave soumise,
Jusqu'à Paris nous chercher?

Cependant l'effroi redouble
Sur les remparts de Namur :
Son gouverneur, qui se trouble,
S'enfuit sous son dernier mur.
Déjà jusques à ses portes
Je vois nos fières cohortes
S'ouvrir un large chemin ;
Et sur les monceaux de piques,
De corps morts, de rocs, de briques,
Monter le sabre à la main.

C'en est fait; je viens d'entendre,
Sur ses remparts éperdus,
Battre un signal pour se rendre :
Le feu cesse, il sont rendus.
Rappelez votre constance,
Fiers ennemis de la France,
Et désormais gracieux,
Allez à Liége [10], à Bruxelles,
Porter les humbles nouvelles
De Namur pris à vos yeux.

Pour moi, que Phébus anime
De ses transports les plus doux,
Rempli de ce dieu sublime,
Je vais, plus hardi que vous,
Montrer que sur le Parnasse,
Des bois fréquentés [11] d'Horace
Ma Muse, sur son déclin,
Sait encor les avenues,

---

10. L'orthographe du manuscrit est *Lyege*.

11. Boileau avait d'abord mis : « antres chéris, » puis il a écrit au-dessus la variante : « bois fréquentés. »

Et des sources inconnues
A l'auteur du Saint-Paulin[12].

Je vous demande pardon de la peine que vous aurez peut-être à déchiffrer tout ceci, que je vous ai écrit sur un papier qui boit[13]. Je vous le récrirois bien; mais il est près de midi, et j'ai peur que la poste ne parte : ce sera pour une autre fois. Je vous embrasse de tout mon cœur.

DESPRÉAUX.

115. — DE BOILEAU A RACINE[1].

Paris, samedi 6 juin [1693].

JE vous écrivis hier[2], Monsieur, avec toute la chaleur qu'inspire une méchante nouvelle, le refus que fait l'abbé de Paris de se démettre de sa chanoinie. Ainsi vous jugerez bien, par ma lettre, que ce ne sont pas, à l'heure qu'il est, des remerciements que je médite, puisque je suis même honteux de ceux que j'ai déjà faits. A vous dire le vrai, le contre-temps est fâcheux; et quand je songe aux chagrins qu'il m'a déjà causés, je voudrois presque n'avoir jamais pensé à ce bénéfice pour mon frère : je n'aurois pas la douleur de voir que vous vous soyez peut-être donné tant de peine si inutilement. Ne croyez pas toutefois, quoi qu'il puisse arri-

---

12. Poëme héroïque de Charles Perrault.
13. C'est ce que confirme la vue de l'autographe. Du reste, la lettre est très-lisible.
LETTRE 115. — 1. L'autographe de cette lettre n'est plus aujourd'hui à la Bibliothèque impériale; elle se trouve pourtant dans le *Recueil* de Louis Racine. Nous suivons le texte de Berriat-Saint-Prix, qui cite le manuscrit comme ayant pu le consulter.
2. Cette lettre de la veille est perdue.

ver, que cela diminue en moi le sentiment des obligations que je vous ai. Je sens bien qu'il n'y a qu'une étoile bizarre et infortunée qui pût empêcher le succès d'une affaire si bien conduite, et où vous aviez également signalé votre prudence et votre amitié.

Je vous ai mandé, par ma dernière lettre, ce que M. de Pontchartrain avoit répondu à M. l'abbé Renaudot touchant nos ordonnances. Comme il a fait la distinction entre les raisons que vous aviez de le presser et celles que j'avois d'attendre, je m'en vais ce matin chez Mme Racine, et je lui conseillerai de porter votre ordonnance à M. de Bie, à part. Je ne doute point qu'elle ne touche au plus tôt son argent. Pour moi, j'attendrai sans peine la commodité de M. de Pontchartrain : je n'ai rien qui me presse, et je vois bien que cela viendra. J'oubliai hier à vous mander que M. de Pontchartrain, en même temps qu'il parla de nos ordonnances à M. l'abbé Renaudot, le chargea de me féliciter de la chanoinie que Sa Majesté avoit donnée à mon frère.

Je ne doute point, Monsieur, que vous ne soyez à la veille de quelque grand et heureux événement; et si je ne me trompe, le Roi va faire la plus triomphante campagne qu'il ait jamais faite. Il fera grand plaisir à M. de la Chappelle, qui, si nous l'en voulions croire, nous engageroit déjà à imaginer une médaille sur la prise de Bruxelles, dont je suis persuadé qu'il a déjà fait le type en lui-même. Vous m'avez fort réjoui de me mander la part qu'a Mme de Maintenon dans notre affaire. Je ne manquerai pas de me donner l'honneur de lui écrire; mais il faut auparavant que notre embarras soit éclairci, et que je sache s'il faut parler sur le ton gai ou sur le ton triste.

Voici la quatrième lettre que vous devez avoir reçue

de moi depuis six jours. Trouvez bon que je vous prie encore ici de ne rien montrer à personne du fragment informe que je vous ai envoyé, et qui est tout plein des négligences d'un ouvrage qui n'est pas encore digéré. Le mot de *voir* y est répété partout jusqu'au dégoût. La stance, *Grands défenseurs de l'Espagne*, etc., rebat celle qui dit : *Approchez, troupes altières*, etc. Celle sur la plume blanche du Roi est un peu encore en maillot, et je ne sais si je la laisserai avec *Mars et sa sœur la Victoire*. J'ai déjà retouché à tout cela ; mais je ne veux point l'achever que je n'aie reçu vos remarques, qui sûrement m'éclaireront encore l'esprit : après quoi je vous envoierai l'ouvrage complet. Mandez-moi si vous croyez que je doive parler de M. de Luxembourg. Vous n'ignorez pas combien notre m^{res} est chatouilleux sur les gens qu'on associe à ses louanges; cependant j'ai suivi mon inclination. Adieu, mon cher Monsieur : croyez qu'heureux ou malheureux, gratifié ou non gratifié, payé ou non payé, je serai toujours tout à vous.

Despréaux.

3. Cette abréviation du mot *maître* est dans le manuscrit, dit Berriat-Saint-Prix.

116. — DE RACINE A BOILEAU.

A Gemblours, le 9° juin [1693][1].

J'avois commencé une grande lettre, où je prétendois vous dire mon sentiment sur quelques endroits des stances que vous m'avez envoyées. Mais comme j'aurai le plaisir de vous revoir bientôt, puisque nous nous en retournons à Paris, j'aime mieux attendre à vous dire de vive voix tout ce que j'avois à vous mander. Je vous dirai seulement, en un mot, que les stances m'ont paru très-belles et très-dignes de celles qui les précèdent, à quelque-peu de répétitions près, dont vous vous êtes aperçu vous-même.

Le Roi fait un grand détachement de ses armées, et l'envoie en Allemagne avec Monseigneur. Il a jugé qu'il falloit profiter de ce côté-là d'un commencement de campagne qui paroît si favorable, d'autant plus que le prince d'Orange, s'opiniâtrant à demeurer ici sous de grosses places et derrière des canaux et des rivières, la guerre auroit pu devenir ici fort lente, et peut-être moins utile que ce qu'on peut faire au delà du Rhin[2].

LETTRE 116 (revue sur l'autographe, conservé à la Bibliothèque impériale). — 1. « *Mardi 9* [juin 1693], *au camp de Gembloux*. Le Roi a déclaré à l'ordre qu'il s'en retournoit à Versailles et qu'il envoyoit Monseigneur en Allemagne, où il croit qu'il est de la dernière conséquence d'avoir une grosse armée. » (*Journal de Dangeau.*) — Saint-Simon, dans une note sur ce passage de Dangeau, parle ainsi de ce départ subit du Roi : « La surprise fut extrême et générale, ainsi que le dépit de M. de Luxembourg. Le prince d'Orange ne le put croire assez longtemps, parce qu'il se voyoit perdu sans ressource dans son camp de Parc.... Ce fut la dernière des campagnes du Roi. » L'explication que Racine donne un peu plus bas de la résolution prise par Louis XIV est celle qu'on vouloit répandre dans le public.

2. Dangeau dit de même dans son *Journal*, à la date du lundi 8 juin 1693 : « Le Roi préfère les conquêtes en ce pays-là (*en Allemagne*) à celles qu'il auroit pu faire ici. »

Nous allons demain coucher à Namur³. M. de Luxembourg demeure en ce pays-ci avec une armée capable, non-seulement de faire tête aux ennemis, mais même de leur donner beaucoup d'embarras. Adieu, mon cher Monsieur : je me fais un grand plaisir de vous embrasser bientôt.

M. de Chamlay a parlé depuis moi au P. de la Chaize, qui lui a dit les mêmes choses qu'il m'avoit dites, que tout ira bien, et qu'il n'y a qu'à le laisser faire. M. de Chamlay n'a point encore reçu de vos nouvelles; mais il compte sur votre amitié. Tous les gens de mes amis qui connoissent le P. de la Chaize et la manière dont s'est passée l'affaire de Monsieur le Doyen m'assurent tous que nous devons avoir l'esprit en repos⁴.

Suscription : A Monsieur Monsieur Despréaux, cloître Notre-Dame, à Paris. (Un reste de cachet rouge.)

3. Le Roi arriva à Namur le 10 juin, à neuf heures du matin. Voyez le *Journal de Dangeau*, à cette date du mercredi 10 juin 1693.
4. Le P. de la Chaise leva, en effet, toutes les difficultés dans l'affaire du canonicat de la Sainte-Chapelle. Boileau publiait partout qu'il lui était entièrement redevable de cette grâce. (*Note de l'édition de* 1807.)

117. — DE BOILEAU A RACINE.

A Paris, 13ᵉ juin[1] 1693.

Je ne suis revenu que ce matin d'Auteuil, où j'ai été passer, durant quatre jours, la mauvaise humeur que m'avoit donnée le bizarre contre-temps qui nous est arrivé dans l'affaire de la chanoinie. J'ai reçu, en arrivant à Paris, votre dernière lettre, qui m'a fort consolé, aussi bien que celle que vous avez écrite à M. l'abbé Dongois. J'ai été fort surpris d'apprendre que M. de Chamlay n'avoit point encore reçu le compliment que je lui ai envoyé sur-le-champ, et qui a été porté à la poste en même temps que la lettre que j'ai écrite au R. P. de la Chaize. Je lui en écris un nouveau, afin qu'il ne me soupçonne pas de paresse dans une occasion où il m'a si bien marqué et sa bonté pour moi, et sa diligence à obliger mon frère; mais de peur d'une nouvelle méprise, je vous envoie ce compliment, empaqueté dans ma lettre, afin que vous le lui rendiez en main propre.

Je ne saurois vous exprimer la joie que j'ai du retour du Roi. La nouvelle bonté que Sa Majesté m'a témoignée, en accordant à mon frère le bénéfice que nous demandions, a encore augmenté le zèle et la passion très-sincère que j'ai pour Elle. Je suis ravi de voir que sa sacrée personne ne sera point en danger cette cam-

---

Lettre 117 (revue sur l'autographe, conservé à la Bibliothèque impériale). — 1. Il y a au chiffre de la date du mois une surcharge qui ne permet pas de distinguer si Boileau a écrit 13ᵉ ou 15ᵉ. Mais la date du 13, que donne Berriat-Saint-Prix, doit être la bonne. Un passage de la lettre nous apprend qu'elle a été écrite un jour d'assemblée de l'Académie des médailles. Cette année, le 13 juin était un samedi, le 15 un lundi. Les assemblées avaient lieu le mardi et le samedi.

pagne; et, gloire pour gloire, il me semble que les lauriers sont aussi bons à cueillir sur le Rhin et sur le Danube que sur l'Escaut et sur la Meuse. Je ne vous parle point du plaisir que j'aurai à vous embrasser plus tôt que je ne croyois, car cela s'en va sans dire. Vous avez bien fait de ne me point envoyer par écrit vos remarques sur mes stances, et d'attendre à m'en entretenir que vous soyez de retour, puisque, pour en bien juger, il faut que je vous aie communiqué auparavant les différentes manières dont je les puis tourner, et les retranchements ou les augmentations que j'y puis faire.

Je vous prie de bien témoigner au R. P. de la Chaize l'extrême reconnoissance que j'ai de toutes ses bontés. Nous devons encore aller lundi prochain, M. Dongois et moi, prendre Mme Racine, pour la mener avec nous chez M. de Bie, qui ne doit être revenu de la campagne que ce jour-là. J'ai fait ma sollicitation pour vous à M. l'abbé Bignon; il m'a dit que c'étoit une chose un peu difficile, à l'heure qu'il est, d'être payé au trésor royal. Je lui ai représenté que vous étiez actuellement dans le service, et qu'ainsi vous étiez au même droit que les soldats et les autres officiers du Roi. Il m'a avoué que je disois vrai, et s'est chargé d'en parler très-fortement à M. de Pontchartrain. Il me doit rendre réponse aujourd'hui à notre assemblée. Adieu le type de M. de la Chappelle sur Bruxelles. Il étoit pourtant imaginé fort heureusement et fort à propos; mais, à mon sens, les médailles prophétiques dépendent un peu du hasard, et ne sont pas toujours sûres de réussir. Nous voilà revenus à Heidelberg[2]. Je propose pour mot

---

2. C'est-à-dire : « Nous voilà ramenés à nous occuper de la médaille sur Heidelberg. » Heidelberg avait été pris le 21 mai 1693,

*Heidelberga deleta*³, et nous verrons ce soir si on l'acceptera, ou les deux vers latins que propose M. Charpentier, et qu'il trouve d'un goût merveilleux pour la médaille. Les voici : *Servare potui, perdere si possim rogas*⁴? Or comment cela vient à Heidelberg, c'est à vous à le deviner ; car ni moi, ni même, je crois, M. Charpentier, n'en savons rien.

Je ne vous parle presque point, comme vous voyez, de notre chagrin sur la chanoinie, parce que vos lettres m'ont rassuré, et que d'ailleurs il n'y a point de chagrin qui tienne contre le bonheur que vous me faites espérer de vous voir bientôt ici de retour. Adieu, mon cher Monsieur : aimez-moi toujours, et croyez qu'il n'y a personne qui vous honore et vous révère plus que moi.

118. — DE BOILEAU A RACINE¹.

A Paris, jeudi au soir [18 juin 1693].

JE ne saurois, mon cher Monsieur, vous exprimer ma surprise, et quoique j'eusse les plus grandes espé-

et presque entièrement brûlé. Nous croyons que la médaille devait rappeler cette récente et seconde destruction, plutôt que la première, qui avait eu lieu en mars 1689.

3. « Heidelberg détruit. » Nous ignorons quelle fut la décision de l'Académie au sujet de cette médaille, qui n'est point dans le beau volume publié en 1702 sous le titre de *Médailles des principaux événements du règne de Louis le Grand*.

4. « J'ai bien pu la conserver, tu me demandes si je peux la détruire? » Ce vers (Boileau, par erreur, en annonce deux) est cité par Quintilien, livre VIII, chapitre v (6), comme tiré de la *Médée* d'Ovide. Boileau a écrit *si possim*, au lieu de *an possim*, qui est le véritable texte. Le solécisme était-il du fait de Charpentier?

LETTRE 118. — 1. Revue sur l'autographe, conservé à la bibliothèque du Louvre.

rances du monde, je ne laissois pas encore de me défier de la fortune de Monsieur le Doyen. C'est vous qui avez tout fait, puisque c'est à vous que nous devons l'heureuse protection de Mme de Maintenon[2]. Tout mon embarras maintenant est de savoir comment je m'acquitterai de tant d'obligations que je vous ai. Je vous ecris ceci de chez M. Dongois le greffier, qui est sincèrement transporté de joie, aussi bien que toute notre famille; et de l'humeur dont je vous connois, je suis sûr que vous seriez ravi vous-même de voir combien d'un seul coup vous avez fait d'heureux. Adieu, mon cher Monsieur : croyez qu'il n'y a personne qui vous aime plus sincèrement, ni par plus de raisons que moi. Témoignez bien à M. de Cavoys[3] la joie que j'ai de sa joie, et à Mgr de Luxembourg mes profonds respects. Je vous donne le bonsoir, et suis, autant que je le dois, tout à vous.

Despréaux.

Je viens d'envoyer chez Mme Racine.

2. Au lieu de *Maintenon*, Boileau avait d'abord écrit, par mégarde, *la Chaize*, qu'il a ensuite biffé.

3. Cavoie avait eu une audience particulière de Louis XIV, dans laquelle ce prince lui avait rendu toutes ses bontés, et lui avait promis le collier de l'ordre, promesse qui ne fut cependant point réalisée. (*Note de l'édition de* 1807.) — Saint-Simon, tome I, p. 313 et 314, parle de quelque chose de semblable, mais à la date de l'année 1696. Il paraît que le Roi promit plus d'une fois le cordon bleu à Cavoie, qui, depuis l'année 1688, se désespérait de n'être point compris dans les promotions de l'ordre.

119. — DE RACINE A BOILEAU.

A Versailles, le 9º juillet [1693].

Je vais aujourd'hui à Marly[1], où le Roi demeurera près d'un mois ; mais je ferai de temps en temps quelques voyages à Paris, et je choisirai les jours de la petite Académie[2]. Cependant je suis bien fâché que vous ne m'ayez pas donné votre *ode :* j'aurois peut-être trouvé quelque occasion de la lire au Roi. Je vous conseille même de me l'envoyer : il n'y a pas plus de deux lieues d'Auteuil à Marly. Votre laquais n'aura qu'à me demander et à me chercher dans l'appartement de M. Félix. Je vous prie de renvoyer mon fils à sa mère : j'appréhende que votre trop grande bonté ne vous coûte un peu trop d'incommodité. Je suis entièrement à vous.

RACINE.

Suscription : A Monsieur Monsieur Despréaux, à Auteuil.

---

120. — D'ANTOINE ARNAULD A RACINE[1].

Ce 15. juillet [16]93.

J'AI douté, Monsieur, si je vous devois remercier de

LETTRE 119 (revue sur l'autographe, conservé à la Bibliothèque impériale). — 1. Le Roi alla le 9 juillet 1693 à Marly. Il ne revint à Versailles que le 11 août. Voyez le *Journal de Dangeau*, du 9 juillet et du 11 août 1693.

2. Boileau venait aussi à Paris ces jours-là, qui étaient le mardi et le samedi : voyez ci-dessus, p. 96, la note 1 de la lettre 117.

LETTRE 120 (revue sur l'autographe, conservé à la Bibliothèque impériale). — 1. Louis Racine a donné dans ses *Mémoires* (voyez notre tome I, p. 284) une partie de cette lettre, qu'il a mêlée à celle

ce que vous avez fait de si bonne grâce pour obtenir le 1693
passe-port que je vous avois demandé ; car me flattant
d'une part qu'il n'y a guère de personne que vous aimiez plus que moi, et sachant de l'autre combien ce
vous est un plaisir d'obliger vos amis, je me suis presque
imaginé que c'est peut-être à vous à me remercier de
ce que je vous avois fait avoir cette occasion de me
donner une preuve de votre inclination bienfaisante. Le
petit frère[2] est charmé de la bonté que vous lui avez
témoignée. Il m'a rendu compte de l'entretien que vous
avez eu ensemble sur mon sujet. Dieu me fait la grâce
d'être sur tout cela sans inquiétude, et si j'ai quelque
peine, c'est d'être privé de la consolation de voir mes
amis, et un tête-à-tête avec vous et avec votre compagnon[3] me feroit[4] bien du plaisir; mais je n'achèterois
pas ce plaisir pour la moindre lâcheté : vous savez bien
ce que cela veut dire. Ainsi je demeure en paix, et j'attends en patience que Dieu fasse connoître à Sa Majesté
qu'il n'a point dans tout son royaume de sujet plus
fidèle, plus passionné pour sa véritable gloire, et, si je
l'ose dire, qui l'aime d'un amour plus pur et plus dé-
gagé de tout intérêt. Je pourrois ajouter que je suis naturellement si sincère que, si je ne sentois dans mon
cœur la vérité de ce que je dis, rien au monde ne seroit capable de me le faire dire. C'est pourquoi aussi je
ne pourrois me résoudre de faire un pas pour avoir la
liberté de revoir mes amis, à moins que ce ne fût à

du 7 avril 1685. Elle a été publiée pour la première fois en son
entier dans l'édition de 1807. On en trouve dans les manuscrits de
Troyes, liasse 2337, une copie qui est exacte, à deux légères inad-
vertances près.

2. François Guelphe. Voyez ci-dessus, p. 41, la note 5 de la
lettre 98.

3. Boileau. (*Note de l'édition de 1807.*)

4. Arnauld a écrit : *fairoit*.

mon prince seul que j'en fusse redevable. Je suis tout à vous, mon cher ami.

121. — DE RACINE A M. DE BONREPAUS[1].

A Paris, le 28. juillet [1693].

Mon absence hors de cette ville est cause que je ne vous ai point écrit depuis dix jours. Il s'est pourtant passé beaucoup de choses très-dignes de vous être mandées. M. de Luxembourg, après avoir battu un corps de cinq mille chevaux, commandé[2] par le comte de Tilly, a mis le siége devant Huy, dont il a pris la ville et le château en trois jours[3]; et de là a marché au prince d'Orange, avec lequel il est peut-être aux mains à l'heure qu'il est[4]. Monseigneur a passé le Rhin, et s'étant mis à la tête d'une armée de plus de soixante-six mille hom-

---

Lettre 121 (revue sur l'autographe, conservé à la Bibliothèque impériale). — 1. M. Feuillet de Conches possède un second manuscrit de cette même lettre ; et, tandis que celui de la Bibliothèque impériale est incomplet, le sien achève la lettre. Il aurait donc, par là surtout, un très-grand intérêt ; malheureusement, l'authenticité nous en paraît bien douteuse. Nous en citerons la fin dans une note, et nous signalerons cette singularité, qu'une phrase fort remarquable de cette fin se trouve dans un autre écrit de Racine. La date de l'année 1693 est dans ce manuscrit. M. Feuillet de Conches en a donné le texte au tome III de ses *Causeries d'un curieux*, p. 515-517.

2. Il y a *commandés*, au pluriel, dans l'autographe de M. Feuillet de Conches.

3. Luxembourg avait battu le comte de Tilly le 15 juillet. La ville de Huy se rendit le 21 du même mois, le fort Picard le 22, et le château le 23.

4. Le lendemain du jour où Racine écrivait ceci, c'est-à-dire le mercredi 29 juillet 1693, le maréchal de Luxembourg remporta sur le prince d'Orange la victoire de Nerwinde.

mes, a marché droit au prince de Bade, en intention de le chercher partout pour le combattre, et de l'attaquer même dans ses retranchements, s'il prend le parti de se retrancher⁵. Mais ce qui a le plus réjoui tout le public, c'est la déroute de la flotte de Hollande et d'Angleterre, qui est tombée, au cap Saint-Vincent, entre les mains de M. de Tourville⁶. J'entretins hier son courrier, qui est le chevalier de Saint-Pierre, frère du comte de Saint-Pierre⁷, lequel fut cassé il y a deux ans. Je vous dirai en passant qu'on trouve que M. de Tourville a fait fort honnêtement d'envoyer dans cette occasion le chevalier de Saint-Pierre, et on espère que la bonne nouvelle dont il est chargé fera peut-être rétablir son frère⁸. Quoi qu'il en soit, la flotte, qu'on appelle *de Smyrne*, a donné tout droit dans l'embuscade. Le vice-amiral Rouk, qui l'escortoit, d'aussi loin qu'il a découvert notre armée navale, a pris la fuite, et il a été impossible de le joindre. Il avoit pourtant vingt-six ou

5. « *Mardi* 21 [juillet 1693], *à Marly*. Monseigneur passa le Rhin à Philisbourg le 16. Il marche droit au prince Louis de Bade, qui est sous Heilbronn ; s'il y demeure, il l'attaquera dans son camp ; s'il n'y demeure pas, il assiégera la place. » (*Journal de Dangeau*.)

6. Le 27 juin, Tourville avait attaqué, entre Lagos et Cadix, le vice-amiral Rook, qui escortait la flotte de Smyrne.

7. Louis-Hyacinthe Castel, comte de Saint-Pierre, et François-Antoine Castel, chevalier de Malte, étaient frères du célèbre abbé de Saint-Pierre. Ce comte de Saint-Pierre avait alors trente-quatre ans ; il fut premier écuyer de la duchesse d'Orléans, et mourut en 1748. (*Note de l'édition de* 1807.) — « Le chevalier de Saint-Pierre est arrivé de la part de M. de Tourville, et a confirmé la nouvelle de la flotte de Smyrne. » (*Journal de Dangeau, dimanche* 26 [juillet 1693], *à Marly*.)

8. Le comte de Saint-Pierre, étant capitaine de vaisseau, avait été cassé, quoique bon marin, « pour avoir, dit Saint-Simon, mis la sédition dans la marine, lorsque le Roi y voulut établir l'école du petit Renault. » Voyez les *Mémoires de Saint-Simon*, tome XII, p. 119, et aussi tome IV, p. 423.

vingt-sept vaisseaux de guerre. Les pauvres marchands, se voyant abandonnés, ont fait ce qu'ils ont pu pour se sauver. Les uns se sont échoués à la côte de Lagos, les autres sous les murailles de Cadix[9], et il y en a eu quelque[10] trente-six qui ont trouvé moyen d'entrer dans le port. On leur a brûlé ou coulé à fond quarante-cinq navires marchands et deux de guerre, et on leur a pris deux bons vaisseaux de guerre hollandois tous neufs, de soixante-six pièces de canon et vingt-cinq navires marchands, sans compter deux vaisseaux génois qui étoient chargés pour des marchands d'Amsterdam, et dont le chevalier de Saint-Pierre, qui est venu dessus jusqu'à Roses, estime la charge au moins six cent mille écus. On ne doute pas qu'une perte si considérable n'excite de grandes clameurs contre le prince d'Orange, qui avoit toujours assuré les alliés que nous ne mettrions cette année à la mer que pour nous enfuir[11] et nous empêcher d'être brûlés. Le chevalier de Saint-Pierre a rencontré M. le comte d'Estrées à peu près à la hauteur de Malgue[12], et prêt à entrer dans le détroit. Le Roi a été très-aise de cette nouvelle, que l'on a sue d'abord par un courrier du duc de Gramond[13] et par des lettres de marchands. On parle fort ici des mouvements qui se font au pays où vous êtes[14], et il me paroît qu'on

9. *Cadis*, dans l'autographe de M. Feuillet de Conches.
10. Racine a écrit : *quelques*.
11. Racine a écrit : *en fuir*, en deux mots.
12. De Malaga.
13. « *Dimanche* 19 [juillet 1693], *à Marly*. Il est arrivé ce soir un courrier du duc de Gramont, qui est à Bayonne ; il mande au Roi qu'il a appris par Cadix que le maréchal de Tourville avoit pris, ou coulé à fond, ou brûlé soixante et dix vaisseaux de la flotte de Smyrne. » (*Journal de Dangeau.*)
14. M. de Bonrepaus était alors ambassadeur en Danemark, et plénipotentiaire auprès des princes d'Allemagne.

en est aussi fort content par avance. Nous soupâmes hier, M. de Cavoye et moi, chez Mme¹⁵....

15. Le reste de la lettre manque dans l'autographe de la Bibliothèque impériale. Elle continue ainsi dans celui de M. Feuillet de Conches : « *chez Mme* la comtesse de Gramond avec Mme de Quailus, toute brillante de jeunesse et de beauté. M. Despréaux et M. de Valincour, dont vous connoissez le respect pour votre personne, vinrent nous joindre. J'ai eu une sensible joie à voir combien vous êtes honoré dans cette maison, où vous êtes en réputation d'être un des plus honnêtes, un des plus aimables et des plus polis hommes du monde, du commerce le plus agréable et le plus sûr. On mentionne quelques traits fort beaux de vos ambassades, qui ne sont pas pour vous nuire auprès de Sa Majesté. Votre amie, Mme de la Fayette, nous a été d'un bien triste entretien. Je n'avois malheureusement point eu l'honneur de la voir dans les dernières années de sa vie. Dieu avoit jeté une amertume salutaire sur ses occupations mondaines, et elle est morte, après avoir souffert dans sa solitude, avec une piété admirable, les rigueurs de ses infirmités, y ayant été fort aidée par M. l'abbé du Guet et par quelques-uns de Messieurs de Port-Royal, qu'elle avoit en grande vénération, ce qui a fait dire mille biens d'eux par Mme la comtesse de Gramond, qui estime fort Port-Royal et ne s'en cache pas. Le Roi demeurera encore quelques jours, peut-être plusieurs semaines, à Marly, où je retourne ce soir.

Je suis, avec un profond respect, Monsieur, votre très-humble et très-obéissant serviteur,
« Racine. »

A vrai dire, tout cela nous avait tout d'abord paru moins simple de ton que ne l'est d'ordinaire la correspondance de Racine. Cette phrase : « Mme de Quailus, toute brillante de jeunesse et de beauté, » semble trahir la main d'un arrangeur; et dans celle-ci : « Mme la comtesse de Gramond, qui estime fort Port-Royal et ne s'en cache pas, » n'y aurait-il pas une réminiscence d'une lettre de Fénelon au duc de Beauvilliers? (Voyez à la page 130 de notre tome I.) Mais ce qui serait le plus étonnant, ce serait que Racine eût répété dans une lettre les expressions remarquables dont il s'était servi quelques mois auparavant dans l'épitaphe de Mlle de Vertus : « Dieu.... jeta une amertume salutaire sur ses vaines occupations. » (Voyez au tome V, p. 10.) Dans les lettres qu'on ne peut soupçonner d'avoir été fabriquées, on ne voit nulle part qu'il se soit fait ainsi des emprunts à lui-même.

122. — DE RACINE A BOILEAU.

A Marly, le 6ᵉ août au matin [1693].

Je ferai vos présents ce matin[1]. Je ne sais pas bien encore quand je vous reverrai, parce qu'on attend à toute heure des nouvelles d'Allemagne. La victoire de M. de Luxembourg[2] est bien plus grande que nous ne pensions, et nous n'en savions pas la moitié. Le Roi reçoit tous les jours des lettres de Bruxelles et de mille autres endroits, par où il apprend que les ennemis n'avoient pas une troupe ensemble le lendemain de la bataille. Presque toute l'infanterie qui restoit avoit jeté ses armes. Les troupes hollandoises se sont la plupart enfuies jusqu'en Hollande. Le prince d'Orange, qui pensa être pris après avoir fait des merveilles, coucha le soir, lui huitième, avec Monsieur de Bavière[3], chez un curé près de Loo. Nous avons vingt-cinq ou trente drapeaux, cinquante-cinq étendards, soixante-seize pièces de canon, huit mortiers, neuf pontons, sans tout ce qui est tombé dans la rivière. Si nos chevaux, qui n'avoient point mangé depuis deux fois vingt-quatre heures, eussent pu marcher, il ne resteroit pas un homme ensemble aux ennemis. Tout en vous écrivant, il me vient en pensée de vous envoyer deux lettres, l'une de Bruxelles, l'autre de

---

Lettre 122 (revue sur l'autographe, conservé à la Bibliothèque impériale). — 1. La distribution de l'*ode sur Namur*, qui venait d'être imprimée. (*Note de l'édition de 1807.*)

2. La victoire de Nerwinde (29 juillet 1693). Artagnan, major des gardes, en apporta la nouvelle à Marly le 1ᵉʳ août. Voyez le *Journal de Dangeau*, à cette dernière date. Dans ce même *Journal* (*lundi* 3, *à Marly*), il est dit, comme dans la lettre de Racine : « La victoire qu'a remportée M. de Luxembourg en Flandre est encore plus considérable qu'on n'avoit cru d'abord.... Nous avons beaucoup plus de prisonniers qu'on ne croyoit, et beaucoup de drapeaux et d'étendards. »

3. Voyez ci-dessus, p. 30, la note 10 de la lettre 94.

Vilvorde, et un récit du combat en général, qui me fut dicté hier au soir par M. d'Albergotti⁴. Croyez que c'est comme si M. de Luxembourg l'avoit dicté lui-même. Je ne sais si vous le pourrez lire; car en écrivant j'étois accablé de sommeil, à peu près comme l'étoit M. de Puymorin⁵ en écrivant ce bel arrêt sous M. Dongois. Le Roi est transporté de joie, et tous ses ministres, de la grandeur de cette action. Vous me feriez un fort grand plaisir, quand vous aurez lu tout cela, de l'envoyer bien cacheté, avec cette même lettre que je vous écris, à M. l'abbé Renaudot⁶, afin qu'il ne tombe point dans l'inconvénient de l'année passée. Je suis assuré qu'il vous en aura obligation. Ce ne sera que la peine de votre jardinier. Il pourra distribuer une partie des choses que je vous envoie en plusieurs articles, tantôt sous celui de Bruxelles, tantôt sous celui de Landefermé, où

4. Albergotti, colonel du régiment Royal-italien, était fort en faveur auprès du maréchal de Luxembourg. Il mourut, en 1717, lieutenant général. — D'après le *Journal de Dangeau*, il arriva à Marly le 4 août 1693, apportant cinquante-cinq étendards et vingt-cinq drapeaux. — Ce passage de la lettre de Racine a donné lieu à quelques personnes de penser qu'on pouvait lui attribuer la *Relation de la victoire remportée sur les alliés à Nerwinde*, qui a été insérée dans la *Gazette* du 12 août 1693. Nous avons dit au tome V, p. 241 et 242, pourquoi nous n'avons pas admis cette *Relation* parmi les œuvres de Racine.

5. M. Dongois, étant obligé de passer la nuit à dresser le dispositif d'un arrêt d'ordre, le dictoit à M. Puymorin, frère de Boileau; et M. Puymorin écrivoit si promptement, que M. Dongois étoit étonné que ce jeune homme eût tant de disposition pour la pratique. Après avoir dicté pendant deux heures, il voulut lire l'arrêt, et trouva que le jeune Puymorin n'avoit écrit que le dernier mot de chaque phrase. (*Note de Louis Racine.*) — Le Dongois dont il s'agit ici est Jean Dongois, beau-frère de Boileau. Sur Puymorin, frère consanguin de Boileau, voyez au tome VI, p. 525, la note 9 de la lettre 50.

6. L'abbé Renaudot avait le privilége de la *Gazette*. Voyez ci-dessus, p. 67, la note 3 de la lettre 107.

M. de Luxembourg campa le 31ᵉ juillet, à demi-lieue[7] du champ de bataille, tantôt même sous l'article de Malines ou de Vilvorde.

Il saura d'ailleurs les actions des principaux particuliers, comme, que Monsieur de Chartres chargea trois ou quatre fois à la tête de divers escadrons, et fut débarrassé des ennemis, ayant blessé de sa main l'un d'eux, qui le vouloit emmener; le pauvre Vacoigne[8], tué à son côté; M. d'Arcy[9], son gouverneur, tombé aux pieds de ses chevaux, le sien ayant été blessé; la Bertière, son sous-gouverneur, aussi blessé. M. le prince de Conty chargea aussi plusieurs fois, tantôt avec la cavalerie, tantôt avec l'infanterie, et regagna pour la troisième fois le fameux village de Nervinde, qui donne le nom à la bataille, et reçut sur sa tête un coup de sabre d'un des ennemis, qu'il tua sur-le-champ. Monsieur le Duc chargea de même, regagna la seconde fois le village à la tête de l'infanterie, et combattit encore à la tête de plusieurs escadrons de cavalerie. M. de Luxembourg étoit, dit-on, quelque chose de plus qu'humain, volant partout, et même s'opiniâtra à continuer les attaques dans le temps que les plus braves étoient rebutés, menoit[10] en personne

---

7. Racine a écrit *demilieue*, en un seul mot.

8. Il est nommé *le sieur de Vacogne* dans l'*Extraordinaire* de la *Gazette* du 12 août 1693; et *Vicogne* (sans doute par une faute d'impression) dans la *Relation de la bataille de Neerwinde*, publiée en 1693 par le *Mercure galant*, p. 244. Dans la même *Relation*, p. 95, on dit, en parlant du duc de Chartres, « qu'*un de ses gentilshommes avoit été tué auprès de lui.* » Ce gentilhomme du duc de Chartres est évidemment Vacoigne.

9. René Martel, marquis d'Arcy, avoit succédé dans cette place au duc de la Vieuville; mais ce sage gouverneur mourut à Maubeuge l'année suivante, et sa mort laissa le prince livré entièrement à Dubois. (*Note de l'édition de* 1807.)

10. Berriat-Saint-Prix pense que Racine a voulu écrire *menant*. A la ligne précédente, le même éditeur a substitué *s'opiniâtrant* à *s'opi-*

les bataillons et les escadrons à la charge. M. de Monmorency[11], son fils aîné, après avoir combattu plusieurs fois à la tête de sa brigade de cavalerie, reçut un coup de mousquet dans le temps qu'il se mettoit au-devant de son père pour le couvrir d'une décharge horrible que les ennemis firent sur lui. M. le comte de Luxe[12], son frère, blessé à la jambe[13]; M. de la Roche-Guyon[14] au pied; et tous les autres que sait Monsieur l'Abbé. M. le maréchal de Joyeuse[15] blessé aussi à la cuisse, et retournant au combat après sa blessure. M. le maréchal de Villeroy[16] entra dans les lignes ou retranchements à la tête de la maison du Roi.

Nous avons quatorze cents prisonniers, entre lesquels cent soixante-cinq officiers, plusieurs officiers généraux, dont on aura sans doute donné les noms. On croit le pauvre Ruvigni[17] tué : on a ses étendards, et ce fut à la tête de son régiment de François que le prince d'Orange

---

niâtra. Dans la phrase de l'autographe, il y a certainement quelque négligence.

11. Voyez ci-dessus, p. 63, la note 2 de la lettre 105.

12. Paul-Sigismond comte de Luxe, troisième fils du maréchal de Luxembourg.

13. Racine a, par mégarde, écrit *chambre*, au lieu de *jambe*.

14. François de la Rochefoucauld, duc de la Roche-Guyon, petit-fils de l'auteur des *Maximes* et gendre de Louvois. Il mourut en 1728.

15. Jean-Armand marquis de Joyeuse, maréchal de France de la promotion du 27 mars 1693. Il commandait l'aile gauche.

16. Il était aussi un des sept maréchaux que le Roi avait faits le 27 mars précédent. Voyez le *Journal de Dangeau*, vendredi 27 [mars 1693], à Versailles.

17. Henri de Massue, marquis de Ruvigni, excellent officier, que la révocation de l'édit de Nantes avait forcé de quitter la France. Il prit alors le nom de lord Galloway; et après la mort du maréchal de Schomberg, tué à la Boyne en 1690, il se mit à la tête des réfugiés français, que commandait ce maréchal. Ruvigni ne fut point tué à Nerwinde, et ne mourut qu'en 1720. (*Note de l'édition de* 1807.)

chargea nos escadrons, en renversa quelques-uns, et enfin fut renversé lui-même. Le lieutenant-colonel de ce régiment, qui fut pris, dit à ceux qui le prenoient, en leur montrant de loin le prince d'Orange : « Tenez, Messieurs, voilà celui qu'il vous falloit prendre. » Je conjure M. l'abbé Renaudot, quand il aura fait son usage de tout ceci, de bien recacheter et cette lettre et mes mémoires, et de les renvoyer chez moi.

Voici encore quelques particularités. Plusieurs généraux des ennemis étoient d'avis de repasser d'abord la rivière. Le prince d'Orange ne voulut pas. L'électeur de Bavière dit qu'il falloit au contraire rompre tous les ponts, et qu'ils tenoient à ce coup les François. Le lendemain du combat, M. de Luxembourg a envoyé à Tirlemond, où il étoit resté plusieurs officiers ennemis blessés, entre autres le comte de Solms, général de l'infanterie, qui s'est fait couper la jambe [18]. M. de Luxembourg, au lieu de les faire transporter en cet état, s'est contenté de leur parole, et leur a fait offrir toute sorte de rafraîchissements. « Quelle nation est la vôtre! s'écria le comte de Solms [19] en parlant au chevalier du Rosel; vous vous battez comme des lions, et vous traitez les vaincus comme s'ils étoient vos meilleurs amis. »

Les ennemis commencent à publier que la poudre leur manqua tout à coup, et veulent par là excuser leur défaite. Ils ont tiré plus de neuf mille coups de canon, et nous quelque [20] cinq ou six mille.

Je fais mille compliments à M. l'abbé Renaudot, et

---

18. Henri Maestrick, comte de Solms. Il mourut des suites de cette opération, à l'âge de cinquante-six ans. (*Note de l'édition de 1807.*)

19. Voltaire (*Siècle de Louis XIV*, chapitre XVI) rapporte le même mot, qu'il attribue mal à propos à un comte de Salm. (*Ibidem.*)

20. Il y a *quelques* dans l'autographe.

j'exciterai ce matin M. de Croissy[21] à empêcher, s'il peut, 1693
le malheureux *Mercure galant* de défigurer notre victoire. Il y avoit sept lieues du camp dont M. de Luxembourg partit, jusqu'à Nervinde. Les ennemis avoient cinquante-cinq bataillons et cent soixante escadrons.

Suscription : Pour Monsieur Despréaux.

123. — DE RACINE A JEAN-BAPTISTE RACINE[1].

A Fontainebleau, le 1er octobre [1693].

J'AI reçu encore une de vos lettres, qui m'a fait beaucoup de plaisir. M. Despréaux a raison d'appréhender que vous ne perdiez un peu le goût des belles-lettres pendant votre cours de philosophie. Mais ce qui me rassure, c'est la résolution où je vous vois de vous en rafraîchir souvent la mémoire par la lecture des meilleurs auteurs; et d'ailleurs vous étudiez sous un régent qui a lui-même beaucoup de lecture et d'érudition[2]. Je contribuerai de mon côté à vous faire ressouvenir de tout ce que vous avez lu, et je me ferai un plaisir de m'en entretenir souvent avec vous.

Je vis hier vos deux sœurs à Melun[3], et je fus fort

---

21. Secrétaire d'État au département des affaires étrangères.

LETTRE 123. — 1. Revue sur l'autographe, conservé à la Bibliothèque impériale.

2. Le célèbre Edme Pourchot, qui fit faire de si grands progrès aux écoles de philosophie, et qui professa cette science à Paris pendant vingt-six ans. Il était ami particulier de Racine, de Boileau et de Fénelon. Ce dernier le pressa vainement d'accepter une place de sous-précepteur des enfants de France. (*Note de l'édition de 1807.*)

3. Marie-Catherine et Anne Racine, âgées alors, l'une de quatorze ans, l'autre de onze, étaient élevées par les Ursulines de Me-

content d'elles. Votre sœur aînée se plaint de vous, et elle a raison. Elle dit qu'il y a plus de quatre mois qu'elle n'a reçu de vos nouvelles. Il me semble que vous devriez un peu mieux répondre à l'amitié sincère que je lui vois pour vous. Une lettre vous coûte-t-elle tant à écrire? Quand vous devriez ne l'entretenir que de ses petites sœurs, vous lui feriez le plus grand plaisir du monde.

Vous avez raison de me plaindre du déplaisir que j'ai de voir souffrir si longtemps un des meilleurs amis que j'aie au monde[4]. J'espère qu'à la fin, ou la nature, ou les remèdes lui donneront quelque soulagement. J'ai déjà la consolation d'entendre dire à ses médecins qu'ils ne voient rien à craindre pour sa vie, sans quoi je vous avoue que je serois inconsolable.

Comme vous êtes curieux de nouvelles, je voudrois en avoir beaucoup de considérables à vous mander. Je n'en sais que deux jusqu'ici, qui doivent faire beaucoup de plaisir. L'une est la prise presque certaine de Charleroy[5], car il ne durera guère plus de quatre ou cinq

---

lun, au couvent desquelles la plus jeune des deux, Anne (Nanette), fit plus tard profession.

4. M. Nicole. (*Note de Louis Racine.*) — Nicole mourut deux ans après, le 16 novembre 1695. Mme de Coulanges, dans une lettre à Mme de Sévigné, datée du 18 novembre 1695, atteste les efforts que Racine avait faits pour le sauver : « Je crois M. Nicole mort; il tomba en apoplexie, il y a deux jours; Racine vint en diligence de Versailles lui apporter des gouttes d'Angleterre, qui le ressuscitèrent; mais on vient de me dire qu'il est retombé. » Voyez les *Lettres de Mme de Sévigné*, tome X, p. 331 et 332.

5. La tranchée avait été ouverte devant Charleroi dans la nuit du mardi 15 au mercredi 16 septembre. Dangeau, dans son *Journal*, à la date du mardi 29 septembre, disait déjà comme Racine : « Les lettres qui sont du 27 au soir portent qu'on croit que la place (*de Charleroi*) ne durera plus que cinq ou six jours. » Charleroi ne se rendit au maréchal de Villeroi que le dimanche matin 11 octobre.

jours; l'autre est la levée du siége de Belgrade⁶. Quand je dis que cette nouvelle doit faire plaisir, ce n'est pas qu'à parler bien chrétiennement on doive se réjouir des avantages des infidèles; mais l'animosité des Allemands est si grande contre nous, qu'on est presque obligé de remercier Dieu de leurs mauvais succès, afin qu'ils soient forcés de faire leur paix avec nous, et de consentir au repos de la chrétienté, plutôt que de s'accommoder avec les Turcs.

Adieu, mon cher fils : je vous écris tout ceci fort à la hâte. Écrivez-moi très-souvent, afin de me donner lieu de vous répondre, ce que je ferai une autre fois plus à loisir.

On attend au premier jour des nouvelles d'un combat en Italie⁷.

Suscription : Pour mon fils. (Cachet rouge dont l'empreinte est effacée.)

---

124. — DE RACINE A JEAN-BAPTISTE RACINE¹.

Fontainebleau, le 14ᵉ octobre [1693].

JE ne saurois m'empêcher de vous dire, mon cher

6. La nouvelle que l'empereur Léopold avait levé le siége de Belgrade était arrivée à Fontainebleau dès le 29 septembre; mais elle était incertaine encore. Elle fut pleinement confirmée le lendemain, 30 septembre. Voyez le *Journal de Dangeau*, aux dates du 29 et du 30 septembre 1693.

7. Le 9 octobre suivant, on apprit à Fontainebleau la nouvelle de la victoire remportée à la Marsaille par Catinat, le 4 octobre 1693. Voyez la lettre suivante.

LETTRE 124 (revue sur l'autographe, conservé à la Bibliothèque impériale.) — 1. En tête de la lettre, Racine a écrit : « Pour mon fils. »

fils, que je suis très-content de tout ce que votre mère m'écrit de vous. Je vois par ces lettres que vous êtes fort attaché à bien faire, et surtout que vous craignez Dieu, et que vous prenez du plaisir à le servir. C'est la plus grande satisfaction que je puisse recevoir, et en même temps la meilleure fortune que je vous puisse souhaiter. J'espère que plus vous irez en avant, plus vous trouverez qu'il n'y a de véritable bonheur que celui-là. J'approuve la manière dont vous distribuez votre temps et vos études; je voudrois seulement qu'aux jours que vous n'allez point au collége, vous pussiez relire de votre Cicéron, et vous rafraîchir la mémoire des plus beaux endroits ou d'Horace, ou de Virgile, ces auteurs étant fort propres à vous accoutumer à penser et à écrire avec justesse et avec netteté.

Vous direz à votre mère que le pauvre M. de Sigur[2] a eu la jambe coupée, ayant eu le pied emporté d'un coup de canon. Sa pauvre femme[3], qui l'avoit épousé pour sa bonne mine, a employé la meilleure partie de son bien à lui acheter une charge, et dès la première année il lui en coûte une jambe. Il a eu un fort grand nombre de ses camarades qui ont été tués ou blessés, je dis des officiers de la gendarmerie. Mais en récompense la victoire a été fort grande, et on en apprend tous les jours de nouvelles circonstances très-avantageuses. On fait monter la perte des ennemis à près de dix mille morts, et à plus de deux mille prisonniers. Il

---

2. Henri-Joseph marquis de Segur (Racine écrit *Sigur*), blessé à la Marsaille. Il était alors capitaine de gendarmerie. Il fut plus tard gouverneur du pays de Foix, et colonel du régiment de Segur. Le marquis de Segur mourut en 1737. Le comte Henri-François de Segur, lieutenant général, était son fils.

3. Une note d'Aimé-Martin dit qu'elle était fille d'un fermier général.

reste à souhaiter que cette victoire soit suivie de la prise de quelque place qui nous mette en état de prendre des quartiers en Italie, comme la victoire de Flandre[4] est suivie de la prise de Charleroy, qui ferme et assure entièrement nos frontières de ce côté-là. L'impuissance où s'est trouvé M. le prince d'Orange de secourir une place si importante marque bien la grandeur de sa défaite et de la perte qu'y firent les alliés. Le Roi reçut hier nouvelle que les assiégés avoient battu la chamade dimanche dernier, à sept heures du matin. Ils auroient pu se défendre encore huit ou dix jours, à cause de la difficulté qu'on trouvoit à faire des mines sous les bastions et sous la courtine; mais ils étoient réduits à dix-huit cents hommes, de près de quatre mille qu'ils étoient. M. de Castille[5] même, qu'on avoit mis au-dessus du Gouverneur pour commander dans la place, étoit blessé. Ainsi ils se sont rendus, et ont fait grand plaisir à notre cavalerie, qui commençoit à pâtir beaucoup. Vous pourrez lire ces nouvelles à M. Despréaux, au cas que vous l'alliez voir; car je ne sais si je pourrai lui écrire aujourd'hui, à cause de la quantité de lettres que j'ai ici à écrire.

J'ai vu les drapeaux et les étendards qu'a envoyés M. de Catinat, et je vous conseille de les aller voir avec votre mère quand on les portera à Notre-Dame. Il y a cent deux drapeaux et quatre étendards seulement : ce qui marque que la cavalerie ennemie n'a pas fait beaucoup de résistance, et a de bonne heure abandonné leur[6] infanterie, laquelle a presque été toute taillée en pièces.

4. A Nerwinde.
5. On lit dans la *Gazette* du 19 septembre 1693 (p. 470) : « On dit qu'il y a dans la place (*de Charleroi*) quatre mille cinq cents hommes,... avec le sieur de Pimentel et le sieur de Castillo, qui y doit commander. »
6. Voyez le *Lexique*.

Il y avoit des bataillons entiers d'Espagnols qui se jetoient à genoux pour demander quartier, et on l'accordoit à quelques-uns d'eux, au lieu qu'on n'en faisoit point du tout aux Allemands, parce qu'ils avoient menacé de n'en point faire.

Il me semble que dans une de vos lettres vous me demandiez la permission de faire présent d'une *Athalie* à un chartreux. Vous le pouvez faire sans difficulté. Je suis seulement fâché de ne m'être pas souvenu plus tôt de vous en parler.

Le Roi partira de demain en huit jours pour aller à Choisy[7], où il doit coucher deux nuits. Pour moi, j'irai ce jour-là tout droit à Paris, et j'espère que ce sera avec M. de Cavoye, qui commence à se mieux porter, et à qui M. Félix promet une prochaine guérison. Madame sa femme[8] dit que c'est votre mère qui l'a guéri avec le remède de tête [de] mouton qu'elle lui a enseigné, et dont Mme de Cavoye, qui avoit aussi un commencement de dyssenterie, s'est fort bien trouvée. Je viens d'apprendre que M. du Tartre[9] avoit une grosse fièvre. Il a eu en tête de demander la chambre où M. Moreau[10] est mort d'une fièvre maligne. Je fis ce que je pus pour l'empêcher d'y mettre son lit; mais je ne le persuadai point. Je craindrois qu'il n'eût gagné sa même fièvre. Faites bien des amitiés pour moi à votre mère, et dites-lui que cette lettre est pour elle aussi

---

7. Le Roi arriva à Choisy le jeudi 22 octobre, et en revint le samedi 24. Voyez le *Journal de Dangeau*, à ces deux dates.

8. Louise-Philippe de Coëtlogon. Elle avait été fille d'honneur de la Reine, et mourut à Paris en 1729, à l'âge de quatre-vingt-huit ans. (*Note de l'édition de 1807.*) — On peut voir sur Mme de Cavoie les *Mémoires de Saint-Simon*, tome I, p. 314 et 315, et tome XIII, p. 333.

9. Ici, comme plus haut, p. 23, il y a *du Tertre*, dans l'original.

10. Voyez au tome VI, p. 553, la note 20 de la lettre 62.

bien que pour vous. Faites aussi mes compliments à vos sœurs. Monsieur l'archevêque de Sens a perdu Monsieur son frère à la bataille[11], et je crois que M. Chapelier vous l'aura dit.

125. — DE RACINE A BOILEAU.

[1693[1].]

Denys d'Halicarnasse, pour montrer que la beauté du style consiste principalement dans l'arrangement des mots, cite[2] un endroit de l'*Odyssée*[3], où Ulysse et Eumée étant sur le point de se mettre à table pour déjeuner le matin, Télémaque arrive tout à coup dans la maison d'Eumée. Les chiens, qui le sentent approcher, n'aboient point, mais remuent la queue, ce qui fait voir à Ulysse que c'est quelqu'un de connoissance qui est sur

11. L'archevêque de Sens était Hardouin Fortin de la Hoguette, qui avait passé, le 13 novembre 1685, du siége de Poitiers à celui de Sens. Il mourut le 28 novembre 1715, âgé de soixante-douze ans. Son frère, le lieutenant général de la Hoguette, mourut de la blessure qu'il avait reçue à la bataille de la Marsaille, où il commandait l'infanterie. Ces deux frères étaient les neveux de l'archevêque de Paris, Hardouin de Péréfixe.

Lettre 125 (revue sur l'autographe, conservé à la Bibliothèque impériale). — 1. Cette lettre a été écrite à l'occasion de la ixe des *Réflexions critiques sur Longin*. Les neuf premières *Réflexions* ayant été publiées en 1694 par Boileau, il est vraisemblable que celui-ci en avait communiqué le manuscrit à Racine l'année précédente. C'est ce qui sans doute a décidé l'annotateur qui a ajouté la date sur l'autographe à fixer cette date à l'année 1693.

2. Dans le traité *de l'Arrangement des mots*. Racine renvoie plus bas à la page de l'édition qu'il avait sous les yeux : voyez ci-après la note 5. Dans les éditions plus récentes, divisées par chapitres, le passage cité est au chapitre iii.

3. Le commencement du livre XVI.

le point d'entrer. Denys d'Halicarnasse, ayant rapporté tout cet endroit, fait cette réflexion, que ce n'est point le choix des mots qui en fait l'agrément, la plupart de ceux qui y sont employés étant, dit-il, très-vils et très-bas, εὐτελεστάτων τε καὶ ταπεινοτάτων, et qui sont tous les jours dans la bouche des moindres laboureurs et des moindres artisans; mais qu'ils ne laissent pas de charmer par la manière dont le poëte a eu soin de les arranger.

En lisant cet endroit, je me suis souvenu que dans une de vos nouvelles remarques, vous avancez que jamais on n'a dit qu'Homère ait employé un seul mot bas. C'est à vous de voir si cette remarque de Denys d'Halicarnasse n'est point contraire à la vôtre, et s'il n'est point à craindre qu'on vienne vous chicaner là-dessus. Prenez la peine de lire toute la réflexion de Denys d'Halicarnasse, qui m'a paru très-belle et merveilleusement exprimée; c'est dans son traité Περὶ συνθέσεως ὀνομάτων[4], à la troisième page[5].

J'ai fait réflexion aussi qu'au lieu de dire que le mot d'âne est en grec un mot très-noble, vous pourriez vous contenter de dire que c'est un mot qui n'a rien de bas[6], et qui est comme celui de cerf, de cheval, de brebis, etc. Ce *très-noble* me paroît un peu trop fort.

Tout ce traité de Denys d'Halicarnasse dont je viens de vous parler, et que je relus hier tout entier avec un grand plaisir, me fit souvenir de l'extrême impertinence de M. Perraut, qui avance que le tour des paroles ne

---

4. C'est-à-dire, comme nous avons déjà traduit ce titre plus haut (p. 117, note 2) : *de l'Arrangement des mots*.

5. Voyez au tome II de l'édition de F. Sylburg (Francfort, 1586, 2 volumes in-folio).

6. Voyez la ɪxᵉ *Réflexion critique*, au tome III, p. 223, ligne 1, des OEuvres de Boileau (édition de Berriat-Saint-Prix). La phrase s'y trouve corrigée, conformément à la remarque de Racine.

fait rien pour l'éloquence, et qu'on ne doit regarder qu'au sens ; et c'est pourquoi il prétend qu'on peut mieux juger d'un auteur par son traducteur, quelque mauvais qu'il soit, que par la lecture de l'auteur même. Je ne me souviens point que vous ayez relevé cette extravagance, qui vous donnoit pourtant beau jeu pour le tourner en ridicule.

Pour[7] le mot de μισγεῖσθαι, qui signifie quelquefois *coucher* avec une femme ou avec un homme, et souvent *converser* simplement, voici des exemples tirés de l'Écriture. Dieu dit à Jérusalem, dans Ézéchiel[8] : *Congregabo tibi amatores tuos cum quibus commista es*[9], etc. Dans le prophète Daniel, les deux vieillards, racontant comme ils ont surpris Susanne en adultère, disent, parlant d'elle et du jeune homme qu'ils prétendent qui étoit avec elle : *Vidimus eos pariter commisceri*[10]. Ils disent aussi à Susanne : *Assentire nobis, et commiscere nobiscum*[11]. Voilà *commisceri* dans le premier sens. Voici des exemples du second sens. Saint Paul dit aux Corinthiens[12] : *Ne commisceamini*[13] *fornicariis*,

---

7. Ce qui suit ne se rapporte plus à la *Réflexion* IX, telle au moins que Boileau l'a publiée. C'est dans la *Réflexion* III que l'on trouve l'explication que Boileau donne sur le verbe μίσγεσθαι, à propos des mots ἀνδράσι μίσγηται, au livre VI de l'*Odyssée*, vers 288, qui avaient été pour Perrault l'occasion d'une bévue. (Voyez les *OEuvres de Boileau*, édition de Berriat-Saint-Prix, tome III, p. 173-175.) Boileau a évidemment profité, dans ce passage aussi, des conseils de Racine. Il n'y cite pas Tusanus. — Racine a écrit, par erreur, μισγεῖσθαι, au lieu de μίσγεσθαι.

8. Chapitre XVI, verset 37. Dans la *Vulgate*, le texte d'Ézéchiel est : *Ecce ego congregabo omnes amatores tuos, quibus commista es*.

9. A la marge, dans l'autographe : ἐπεμίγης.

10. Chapitre XIII, verset 38.

11. *Ibidem*, verset 20.

12. *Épître* I, chapitre V, verset 9.

13. Racine a écrit à la marge : συναναμίγνυσθαι.

1693 « N'ayez point de commerce avec les fornicateurs; » et expliquant ce qu'il a voulu dire par là, il dit qu'il n'entend point parler des fornicateurs qui sont parmi les gentils : autrement, ajoute-t-il, il faudroit renoncer à vivre avec les hommes; mais quand je vous ai mandé de n'avoir point de commerce avec les fornicateurs, *non commisceri*, j'ai entendu parler de ceux qui se pourroient trouver parmi les fidèles, et non-seulement avec les fornicateurs, mais encore avec les avares et les usurpateurs du bien d'autrui, etc.

Il en est de même du mot *cognoscere*, qui se trouve dans ces deux sens en mille endroits de l'Écriture.

Encore un coup, je me passerois de la fausse érudition de Tussanus[14], qui est trop clairement démentie par l'endroit des servantes de Pénélope[15]. M. Perrault ne peut-il pas avoir quelque ami qui lui fournisse des mémoires?

14. Jacques Toussain, helléniste, auteur d'un *Lexique grec-latin*, mort en 1547. (*Note de Berriat-Saint-Prix*.) — Dans son *Lexique* qui a pour titre : *Lexicon græco-latinum.... Jacobi Tusani græcorum literarum Professoris Regii studio et industrio locupletatum...*, Parisiis, 1552, in-folio, Jacques Toussain, au mot Μιγνύω, dit : « μίγνυσθαι, *rem habere; sed proprie vir mulieri* μίγνυσθαι *dicitur, non mulier viro,* » remarque dont Racine prouve très-bien la fausseté par le passage d'Homère qu'il allègue. Boileau, qui croyait la remarque fondée, voulait sans doute s'en servir pour combattre l'interprétation ridicule donnée par Perrault au vers 288 du livre VI de l'*Odyssée*.

15. Au lieu d'un endroit, il aurait pu en alléguer deux : *Odyssée*, livre XX, vers 7, et livre XXII, vers 445.

126. — DE RACINE A JEAN-BAPTISTE RACINE[1].

A Fontainebleau, le 24. septembre [1694].

Je vous suis obligé du soin que vous avez pris de faire toutes les choses que je vous avois recommandées. Je suis en peine de la santé de M. Nicole sur ce que vous m'en écrivez, et vous me ferez plaisir d'y envoyer de ma part, et de me mander de ses nouvelles. J'espère retourner à Melun lundi ou mardi avec Monsieur l'archevêque de Sens[2], en attendant que j'y aille avec M. Félix. Je croyois avoir fait mettre dans mon coffre un livre que j'ai été fâché de n'y avoir point trouvé. Ce sont les *Psaumes latins de Vatable*[3], à deux colonnes et avec des notes, in-octavo, qui sont à la tablette où je mets d'ordinaire mon *diurnal*. Je vous prie de les chercher et de les empaqueter bien proprement dans du papier, et d'envoyer savoir par le cocher si M. l'abbé de Saillans[4] vient à Fontainebleau bientôt. Au cas qu'il y vienne, il faudroit l'envoyer prier de vouloir mettre ce livre dans son paquet. Sinon, il faudra prier M. Sconin[5] de le donner au valet de chambre de M. le duc de Chevreuse, qui viendra peut-être ici dans peu de jours.

On a eu aujourd'hui nouvelles que les Anglois avoient

Lettre 126. — 1. Revue sur l'autographe, conservé à la Bibliothèque impériale.

2. Voyez ci-dessus, p. 117, la note 11 de la lettre 124.

3. *Liber psalmorum Davidis, tralatio duplex,... ex Franc. Vatabli prælectionibus emendata....* (Paris, Robert Estienne, 1546). Nous citons ce *Psautier* à la page 178, ligne 8, de notre tome VI; et plus bas, à la même page, nous renvoyons à ce passage de cette lettre.

4. L'un des aumôniers du Roi. Il était de la maison d'Estaing. (*Note de l'édition de 1807.*)

5. Sconin d'Arginvilliers, cousin de Racine. D'après une note d'Aimé-Martin, à la lettre du 3 juin 1695, il fut plus tard commissaire provincial des guerres de la généralité de Paris.

voulu faire jouer quelques machines contre le port de Dunquerque[6], mais qu'on avoit fait sauter en l'air ces machines avec une partie des hommes qui étoient dessus. Les Allemands ont passé le Rhin, et font quelques ravages en Alsace ; mais il y a apparence qu'on les fera bientôt repasser. J'écrirai demain à votre mère. Faites-lui mes compliments et à vos sœurs. Adieu, mon cher fils : je vous donne le bonsoir, et suis entièrement à vous. Faites aussi mes baisemains à M. de Grimarest[7]. Je n'ai pas encore pu parler de son affaire ; mais je ne l'oublie point.

Suscription : A Monsieur Monsieur Racine le jeune, rue du Marais, faubourg Saint-Germain, à Paris. (Fragment de cachet rouge, au cygne.)

127. — DE RACINE A BOILEAU[1].

A Fontainebleau, le 28. septembre [1694].

JE suppose que vous êtes de retour de votre voyage, afin que vous puissiez bientôt m'envoyer vos avis sur un nouveau cantique[2] que j'ai fait depuis que je suis ici[3],

---

6. Le 21 septembre 1694.
7. Jean-Léonor le Gallois, sieur de Grimarest, mort en 1720, auteur d'une *Vie de Molière*, qui fut publiée en 1705.

LETTRE 127. — 1. Cette lettre n'a pas été donnée par Louis Racine et ne se trouve pas dans les manuscrits de la Bibliothèque impériale. Nous suivons le texte de Berriat-Saint-Prix, qui cite le manuscrit autographe, comme l'ayant eu sous les yeux.
2. C'est le cantique *Sur le bonheur des justes et sur le malheur des réprouvés*, dont Racine fait des citations dans la lettre suivante. Voyez au tome IV, p. 146, la *Notice* sur les *Cantiques spirituels*.
3. La cour était arrivée à Fontainebleau le 16 septembre.

et que je ne crois pas qui soit suivi d'aucun autre. Ceux que Moreau⁴ a mis en musique ont extrêmement plu. Il est ici, et le Roi doit les lui entendre chanter au premier jour⁵. Prenez la peine de lire le septième⁶ chapitre de *la Sagesse*, d'où ces derniers vers ont été tirés. Je ne les donnerai point qu'ils n'aient passé par vos mains; mais vous me ferez plaisir de me les renvoyer le plus tôt que vous pourrez. Je voudrois bien qu'on ne m'eût point engagé dans un embarras de cette nature; mais j'espère m'en tirer en substituant à ma place ce M. Bardou⁷ que vous avez vu à Paris.

Vous savez bien sans doute que les Allemands ont repassé le Rhin, et même avec quelque espèce de honte. On dit qu'on leur a tué ou pris sept à huit cents hommes, et qu'ils ont abandonné trois pièces de canon⁸. Il est venu une lettre à Madame, par laquelle on lui mande que le Rhin s'étoit débordé tout à coup, et que près de quatre mille Allemands ont été noyés; mais au moment que je vous écris, le Roi n'a point encore reçu

---

4. Jean-Baptiste Moreau, qui avait déjà mis en musique les chœurs d'*Esther* et d'*Athalie*. Voyez au tome III, p. 406, note 3, et p. 458, note 1.

5. Voyez la lettre suivante, à la page 129.

6. Racine a ainsi écrit par inadvertance. C'est *le cinquième chapitre* qu'il eût fallu dire. Quelques éditeurs ont substitué *cinquième* à *septième*.

7. Son nom se trouve dans les premières éditions de la *satire* VII de Boileau, vers 45. (*Note de l'édition de 1807.*) — Il est pourtant peu probable que Racine eût osé se substituer un mauvais poëte dont Boileau venait seulement (édition de 1694) d'ôter le nom de ses *Satires*. (*Note de Berriat-Saint-Prix.*)

8. « Le Roi eut nouvelles que le prince Louis de Bade avoit repassé le Rhin; les troupes de Saxe l'avoient joint le 22, et ils ont repassé le 24 avec un peu de précipitation. On leur a tué trois ou quatre cents hommes. » (*Journal de Dangeau*, mardi 28 [septembre 1694], *à Fontainebleau.*)

de confirmation de cette nouvelle⁹. On dit que Milord Barclay est devant Calais pour le bombarder¹⁰. M. le maréchal de Villeroy s'est jeté dedans. Voilà toutes les nouvelles de la guerre. Si vous voulez, je vous en dirai d'autres de moindre conséquence. M. de Tourreil¹¹ est venu ici présenter le *Dictionnaire de l'Académie* au roi et à la reine d'Angleterre, à Monseigneur et aux ministres¹². Il a partout accompagné son présent d'un compliment¹³, et on m'a assuré qu'il avoit très-bien réussi partout. Pendant qu'on présentoit ainsi le *Dictionnaire de l'Académie*, j'ai appris que Leers, libraire d'Amsterdam, avoit aussi présenté au Roi et aux ministres une nouvelle édition du *Dictionnaire de Furetière*¹⁴, qui a été très-bien reçu. C'est M. de Croissy et M. de Pomponne qui ont présenté Leers au Roi. Cela a paru un assez bizarre contre-temps pour le *Dictionnaire de l'Académie*,

9. « On mande d'Allemagne à Madame qu'il y a eu trois ou quatre mille hommes des ennemis noyés en repassant le Rhin, et que cette armée-là est fort dispersée; mais le Roi n'a point eu cette nouvelle. » (*Journal de Dangeau*, mercredi 29 [septembre 1694], à *Fontainebleau*.) — On reconnut que la nouvelle était fausse. (*Note de l'édition de* 1807.)

10. « Les vaisseaux ennemis sont devant Calais ; ils y jettent des bombes, et il y a déjà trois ou quatre maisons de brûlées ; le maréchal de Villeroy est dans la place. » (*Journal de Dangeau, mercredi* 29 [*septembre* 1694], *à Fontainebleau*.) — Berriat-Saint-Prix avertit, dans une note sur ce passage de la lettre de Racine, que ce n'était point Barklai, mais Schowel, un de ses officiers, qui était devant Calais.

11. Jacques de Tourreil, reçu à l'Académie française en 1692. Voyez au tome I, p. 300, note 4.

12. Dès le mardi 24 août 1694, l'Académie avait présenté le *Dictionnaire* à Louis XIV, par une députation, à la tête de laquelle était déjà Tourreil, en qualité de directeur. Voyez le *Journal de Dangeau*, au jeudi 26 août.

13. Il en fit vingt-huit différents, tous fort applaudis selon de Boze, *Acad. des inscript.*, III, xxvIII. (*Note de Berriat-Saint-Prix*.)

14. C'est l'édition de 1694 (2 volumes in-folio), imprimée à la Haye et à Rotterdam.

qui me paroît n'avoir pas tant de partisans que l'autre. J'avois dit plusieurs fois à M. Thierry[15] qu'il auroit dû faire quelques pas pour ce dernier dictionnaire, et il ne lui auroit pas été difficile d'en avoir le privilége ; peut-être même il ne le seroit pas encore. *Ne parlez qu'à lui seul de ce que je vous mande là-dessus.* On commence à dire que le voyage de Fontainebleau pourra être abrégé de huit ou dix jours, à cause que le Roi y est fort incommodé de la goutte[16]. Il en est au lit depuis trois ou quatre jours ; il ne souffre pas pourtant beaucoup, Dieu merci, et il n'est arrêté au lit que par la foiblesse qu'il a encore aux jambes.

Il me paroît, par les lettres de ma femme, que mon fils a grande envie de vous aller voir à Auteuil. J'en serai fort aise, pourvu qu'il ne vous embarrasse point du tout. Je prendrai en même temps la liberté de vous prier de tout mon cœur de l'exhorter à travailler sérieusement, et à se mettre en état de vivre en honnête homme. Je voudrois bien qu'il n'eût pas l'esprit autant dissipé qu'il l'a par l'envie démesurée qu'il témoigne de voir des opéra et des comédies. Je prendrai là-dessus vos avis quand j'aurai l'honneur de vous voir, et cependant je vous supplie de ne pas lui témoigner le moins du monde que je vous aie fait aucune mention de lui. Je vous demande pardon de toutes les peines que je vous donne, et suis entièrement à vous.

RACINE.

15. L'Académie céda son privilége à Jean-Baptiste Coignard, son imprimeur. Denis Thierry est le libraire chez qui, cette même année, furent publiés les *Cantiques spirituels* de Racine. Nous avons vu, ci-dessus, p. 64, note 4 de la lettre 105, qu'il était un des deux libraires à qui la Fontaine avait cédé le privilége de ses *Fables*. Enfin il était aussi le libraire de Boileau.

16. Voyez le *Journal de Dangeau*, à la date du mardi 28 septembre 1694.

128. — DE RACINE A BOILEAU [1].

A Fontainebleau, le 3e octobre [1694[2]].

Je vous suis bien obligé de la promptitude avec laquelle vous m'avez fait réponse. Comme je suppose que vous n'avez pas perdu les vers que je vous ai envoyés [3], je vais vous dire mon sentiment sur vos difficultés, et en même temps vous dire plusieurs changements que j'avois déjà faits de moi-même. Car vous savez qu'un homme qui compose fait souvent son thème en plusieurs façons.

> Quand, par une fin soudaine,
> Détrompés d'une ombre vaine
> Qui passe et ne revient plus.

J'ai choisi ce tour, parce qu'il est conforme au texte, qui parle de la fin imprévue des réprouvés, et je voudrois bien que cela fût bon, et que vous pussiez passer

---

Lettre 128 (revue sur l'autographe, conservé à la Bibliothèque impériale). — 1. Au dos de la lettre, on lit cette note, qui nous paraît écrite de la main même de Racine : « Minute à recopier. » Nous avons vu un autre autographe de la même lettre, appartenant à M. Boutron-Charlard. Il diffère peu de celui de la Bibliothèque impériale, excepté à la fin, où il y a quelques lignes qui manquent dans celui-ci. Racine, nous venons de le voir, a lui-même exprimé l'intention de recopier la lettre. Si, ce que rien ne permet d'affirmer, c'est la copie envoyée à Boileau que possède M. Boutron, on s'explique l'addition de la fin. Quand on recopie soi-même une minute que l'on garde, les modifications, retranchements, additions sont chose toute naturelle.

2. La date de l'année 1694 se trouve dans l'autographe de M. Boutron-Charlard.

3. Racine les avait envoyés avec la lettre précédente (voyez ci-dessus, p. 122 et 123). On les trouvera aux pages 152-155 de notre tome IV, sous la forme définitive que le poëte leur a donnée. C'est le *cantique* II.

et approuver *par une fin soudaine*, qui dit précisément la chose. Voici comme j'avois mis d'abord :

> Quand, déchus d'un bien frivole,
> Qui comme l'ombre s'envole
> Et ne revient jamais plus.

Mais ce *jamais* me parut un peu mis pour remplir le vers, au lieu que *qui passe et ne revient plus* me sembloit assez plein et assez vif. D'ailleurs j'ai mis à la 3ᵉ stance : *Pour trouver un bien fragile*, et c'est la même chose qu'*un bien frivole*. Ainsi tâchez de vous accoutumer à la première manière; ou trouvez quelque autre chose qui vous satisfasse. Dans la 2ᵈᵉ stance :

> Misérables que nous sommes,
> Où s'égaroient nos esprits?

infortunés m'étoit venu le premier; mais le mot de *misérables*, que j'ai employé dans *Phèdre*[4], à qui je l'ai mis dans la bouche, et que l'on a trouvé assez bien, m'a paru avoir de la force en le mettant aussi dans la bouche des réprouvés, qui s'humilient et se condamnent eux-mêmes. Pour le second vers, j'avois mis :

> Diront-ils avec des cris.

Mais j'ai cru qu'on pouvoit leur faire tenir tout ce discours sans mettre *diront-ils*, et qu'il suffisoit de mettre à la fin : *Ainsi d'une voix plaintive*, et le reste, par où on fait entendre que tout ce qui précède est le discours des réprouvés. Je crois qu'il y en a des exemples dans les *Odes* d'Horace.

> Et voilà que triomphants.

Je me suis laissé entraîner au texte : *Ecce quomodo com-*

---

4. Acte IV, scène VI, vers 1273.

putati sunt inter filios Dei[5] *!* Et j'ai cru que ce tour marquoit mieux la passion; car j'aurois pu mettre : *Et maintenant triomphants*, etc.

Dans la 3e stance :

> Qui nous montroit la carrière
> De la bienheureuse paix.

On dit *la carrière de la gloire*, *la carrière de l'honneur*, c'est-à-dire par où on court à la gloire, à l'honneur. Voyez si l'on ne pourroit pas dire de même *la carrière de la bienheureuse paix*. On dit même *la carrière de la vertu*[6]. Du reste, je ne devine pas comment je le pourrois mieux dire.

Il reste la 4e stance. J'avois d'abord mis le mot de *repentance*. Mais outre qu'on ne diroit pas bien *les remords de la repentance*, au lieu qu'on dit *les remords de la pénitence*, ce mot de *pénitence*, en le joignant avec *tardive*, est assez consacré dans la langue de l'Écriture : *sero pœnitentiam agentes*[7]. On dit *la pénitence d'Antiochus*[8], pour dire *une pénitence tardive et inutile*. On dit aussi, dans ce sens, *la pénitence des damnés*. Pour la fin de cette stance, je l'avois changée

---

5. « Voilà comment ils ont été comptés parmi les enfants de Dieu. » (*la Sagesse*, chapitre v, verset 5.)

6. Cette phrase, dans l'autographe de M. Boutron-Charlard, est avant celle qui la précède ici. Dans l'autographe de la Bibliothèque impériale, elle est écrite en interligne, avec un signe de renvoi qui se rapporte à un signe semblable placé après les mots : *la carrière De la bienheureuse paix*.

7. Les mots *pœnitentiam agentes* sont au chapitre v de *la Sagesse*, verset 3. L'expression *pœnitentiam agere* est fréquente dans l'Écriture, ainsi que l'idée de « faire pénitence trop tard; » mais nous n'y trouvons nulle part les termes mêmes que cite Racine : *sero pœnitentiam agentes*.

8. Voyez le livre I des *Machabées*, chapitre vi.

deux heures après que ma lettre fut partie. Voici la 1694
stance entière :

> Ainsi, d'une voix plaintive,
> Exprimera ses remords
> La pénitence tardive
> Des inconsolables morts.
> Ce qui faisoit leurs délices,
> Seigneur, fera leurs supplices,
> Et par une égale loi,
> Les saints trouveront des charmes
> Dans le souvenir des larmes
> Qu'ils versent ici pour toi.

Je vous conjure de m'envoyer votre sentiment sur tout ceci. J'ai dit franchement que j'attendois votre critique avant que de donner mes vers au musicien, et je l'ai dit à Mme de Maintenon, qui a pris de là occasion de me parler de vous avec beaucoup d'amitié. Le Roi a entendu chanter les deux autres cantiques[9], et a été fort content de M. Moreau, à qui nous espérons que cela pourra faire du bien. Il n'y a rien ici de nouveau. Le Roi a toujours la goutte, et en est au lit. Une partie des princes sont revenus de l'armée. Les autres arriveront demain ou après-demain. Je vous félicite du beau temps que nous avons ici; car je crois que vous l'avez aussi à Auteuil, et que vous en jouissez plus tranquillement que nous ne faisons ici[10]. Je suis entièrement à vous.

La harangue de M. l'abbé Boileau[11] a été trouvée

---

9. Voyez la lettre précédente, p. 123.

10. Après ces mots, on passe immédiatement, dans l'autographe de M. Boutron-Charlard, à la phrase : « La harangue de M. l'abbé Boileau.... »

11. Charles Boileau, abbé de Beaulieu. Il n'était pas de la famille de Despréaux. Voyez au tome I, p. 297, note 1. — La harangue

très-mauvaise en ce pays-ci. M. de Niert[12] prétend que Richesource[13] en est mort de douleur. Je ne sais pas si la douleur est bien vraie ; mais la mort est très-véritable[14].

129. — DE RACINE A JEAN-BAPTISTE RACINE.

A Fontainebleau, le 3e octobre [1694].

JE vous adresse une lettre[1] pour M. Despréaux, que je prie votre mère de lui envoyer le plus tôt qu'elle pourra. Il m'a déjà fait réponse à celle que je lui écrivis il y a trois jours[2], et il me mande en même temps que vous n'avez pu vous rencontrer, parce qu'il étoit à Paris quand vous l'avez été chercher à Auteuil. Je vous prie de dire à M. de Grimarest qu'on a lu son mémoire à Monsieur le Chancelier[3], qui a fait réponse qu'il avoit

dont Racine parle est celle que l'abbé Boileau avait prononcée, le 16 août 1694, à l'Académie française, pour sa réception.
12. Voyez au tome VI, p. 557, la note 7 de la lettre 63.
13. Voyez ci-dessus, p. 44, la note 8 de la lettre 99.
14. La lettre continue ainsi dans l'autographe de M. Boutron-Charlard : « Je suis en peine de la santé de M. Nicole. Vous m'obligeriez de me mander si vous en avez des nouvelles. M. le duc de Chevreuse s'informa fort de votre santé hier et ce matin. J'ai eu une lettre de Mme la comtesse de Gramond, et j'ai opinion qu'elle doit avoir à se plaindre de ne point recevoir de vos lettres.
« Je suis, Monsieur, bien entièrement à vous.
« RACINE. »

LETTRE 129 (revue sur l'autographe, conservé à la Bibliothèque impériale). — 1. Ce ne peut être que la lettre de même date, que nous venons de donner immédiatement avant celle-ci.
2. On n'a pas cette réponse de Boileau. Racine en parle aussi au commencement de la lettre 128, p. 126.
3. Louis Boucherat, qui avait succédé, comme chancelier de France, à le Tellier, en 1685. Il mourut le 2 septembre 1693, âgé de quatre-vingt-quatre ans.

déjà ouï parler de cette affaire, mais que M. Cousin[4] 1694
avoit opinion qu'on ne pouvoit rien faire de bon ni
d'utile au public de ce projet. Ainsi on m'a dit qu'il faudroit lui faire parler encore par des gens qui eussent
plus d'autorité sur son esprit. Je verrai là-dessus M. de
Harlay[5], et lui demanderai s'il veut et s'il peut s'en
mêler, et entreprendre de persuader Monsieur le Chancelier.

Il me paroît, par votre lettre, que vous portez un peu
d'envie à Mlle de la Chapelle[6] de ce qu'elle a lu plus
de comédies et plus de romans que vous. Je vous dirai,
avec la sincérité avec laquelle je suis obligé de vous
parler, que j'ai un extrême chagrin que vous fassiez
tant de cas de toutes ces niaiseries, qui ne doivent servir tout au plus qu'à délasser quelquefois l'esprit, mais
qui ne devroient point vous tenir autant à cœur qu'elles
font. Vous êtes engagé dans des études très-sérieuses,
qui doivent attirer votre principale attention, et pendant
que vous y êtes engagé et que nous payons des maîtres
pour vous en instruire, vous devez éviter tout ce qui
peut dissiper votre esprit et vous détourner de votre
étude. Non-seulement votre conscience et la religion
vous y obligent, mais vous-même [devez[7]] avoir assez
de considération pour moi et assez d'égard, pour vous
conformer un peu à mes sentiments pendant que vous

---

4. Louis Cousin, président en la cour des monnaies. Il entra à
l'Académie française en 1697.

5. Nicolas-Auguste de Harlay, seigneur de Bonneuil, de Celi, etc.,
conseiller au Parlement, mort le 1ᵉʳ avril 1704. Il avait épousé,
le 20 décembre 1670, la fille du chancelier Louis Boucherat. Il fut,
en 1697, envoyé à Ryswick comme premier plénipotentiaire.

6. Anne de Bessé la Chapelle, petite-nièce de Boileau, née en
1672, morte en 1726. Elle était fille de Henri Bessé la Chapelle,
dont nous avons parlé à la note 12 de la lettre 69, tome VI, p. 571.

7. Le mot *devez* a été omis dans l'autographe.

êtes en un âge[8] où vous devez vous laisser conduire. Je ne dis pas que vous ne lisiez quelquefois des choses qui puissent vous divertir l'esprit, et vous voyez que je vous ai mis moi-même entre les mains assez de livres françois capables de vous amuser ; mais je serois inconsolable si ces sortes de livres vous inspiroient du dégoût pour des lectures plus utiles, et surtout pour les livres de piété et de morale, dont vous ne parlez jamais, et pour lesquels il semble que vous n'ayez plus aucun goût, quoique vous soyez témoin du véritable plaisir que j'y prends préférablement à toute autre chose. Croyez-moi, quand vous saurez parler de comédies et de romans, vous n'en serez guère plus avancé pour le monde, et ce ne sera pas par cet endroit-là que vous serez le plus estimé. Je remets à vous en parler plus au long et plus familièrement quand je vous reverrai, et vous me ferez plaisir alors de me parler à cœur ouvert là-dessus, et de ne vous point cacher de moi. Vous jugez bien que je ne cherche point à vous chagriner, et que je n'ai autre dessein que de contribuer à vous rendre l'esprit solide, et à vous mettre en état à ne me point faire de déshonneur quand vous viendrez à paroître dans le monde. Je vous assure qu'après mon salut, c'est la chose dont je suis le plus occupé. Ne regardez point tout ce que je vous dis comme une réprimande, mais comme les avis d'un père qui vous aime tendrement, et qui ne songe qu'à vous donner des marques de son amitié. Écrivez-moi le plus souvent que vous pourrez, et faites mes compliments à votre mère. Il n'y a ici aucune nouvelle, sinon que le Roi a toujours la goutte et que tous les princes reviennent de l'armée de Flandre[9].

8. Racine a écrit par mégarde : « pendant que vous en êtes en un âge. »
9. « Le Roi garde encore le lit ; il a des douleurs assez violentes

130. — DE RACINE A LA MÈRE AGNÈS
DE SAINTE-THÈCLE RACINE[1].

A Versailles, le 12 novembre [1694].

JE suis parti exprès de Paris. . . . .
. . . .[2] un peu de temps, parce que la chose demandoit quelques réflexions. Il dit que M. du Tronchet est fort honnête homme, mais qu'il faut voir s'il lui convient d'être votre supérieur, et même s'il vous convient qu'il

les nuits. » (*Journal de Dangeau, dimanche* 3 [octobre 1694], *à Fontainebleau.*) — « On a envoyé le congé à Monsieur de Chartres et à tous Messieurs les princes pour les faire revenir dès que le prince d'Orange sera parti. » (*Journal de Dangeau, vendredi* 1er *octobre* [1694], *à Fontainebleau.*)

LETTRE 130. — 1. Cette lettre, ou plutôt partie de lettre, ainsi que plusieurs autres également écrites par Racine à la Mère Agnès de Sainte-Thècle, et que nous donnons ci-après, nous a été communiquée, en 1866, par M. Sainte-Beuve, dont la perte récente a été si vivement ressentie dans tout le monde littéraire. Il avait trouvé les copies de ces lettres dans des *Journaux manuscrits de Port-Royal*, conservés à la bibliothèque de la maison de Klarenburg, et qu'il avait eus entre les mains, grâce à l'obligeance de M. le docteur Karsten, directeur du séminaire d'Amersfoort. — « M. de la Grange, dit Besoigne dans l'*Histoire de l'abbaye de Port-Royal* (1752), tome II, p. 592, ayant été pourvu de la cure de Villers-le-Bel, ne put pas continuer les fonctions de supérieur de Port-Royal. Ainsi l'on pensa à en demander un autre. On proposa à Monsieur l'Archevêque (*de Harlay*) M. du Tronchai, chanoine de la Sainte-Chapelle. M. Racine alla voir Monsieur l'Archevêque et en conféra avec lui. » Dans la lettre que nous donnons, Racine rend compte de cette conférence à l'abbesse de Port-Royal, sa tante. — Outre l'ouvrage de Besoigne, on peut voir, pour cette correspondance de Racine avec sa tante au sujet du choix d'un supérieur, l'*Histoire générale de Port-Royal*, par dom Clémencet, tome VIII, p. 289-294, 300-303, et 319-324.

2. Cette lacune est dans la copie qui nous a été communiquée. Avant les mots : « un peu de temps, » Racine avait sans doute écrit quelque chose dans ce sens : « Monsieur l'Archevêque réclama. »

le soit. Je lui ai représenté combien il étoit à souhaiter qu'on ne vous donnât point un homme qui fût d'humeur à troubler et à inquiéter votre maison, et que j'espérois de sa bonté qu'il auroit soin de laisser les choses dans la paix où elles sont. Il m'a répondu fort honnêtement qu'il vous laisseroit ce choix à vous-mêmes, et qu'il y apporteroit toutes les facilités qui dépendroient de lui. Il m'a fait entendre qu'il en avoit déjà parlé au Roi; et je n'en ai pas douté un moment. Enfin il s'est étendu sur vos louanges, et m'a répété encore qu'il ne pouvoit pas être plus satisfait de votre conduite qu'il étoit, et qu'il en avoit plus d'une fois assuré Sa Majesté. J'ai fait mon possible pour tirer de lui une réponse plus positive; mais il a persisté à me dire que rien ne pressoit et que la chose méritoit un peu de réflexions. Voilà, ma chère tante, tout ce que je vous puis mander de ses sentiments. Je puis pourtant ajouter à cela qu'il ne m'a paru en lui aucune mauvaise intention....

---

131. — DE RACINE A LA MÈRE AGNÈS DE SAINTE-THÈCLE RACINE[1].

Ce lundi, veille de saint André [29 novembre 1694].

M. l'abbé Dongois[2], chanoine de la Sainte-Chapelle, et un de mes meilleurs amis, étant allé voir avant-hier

---

Lettre 131. — 1. Cette lettre est tirée des mêmes journaux manuscrits que la précédente. Ils la donnent pour un simple extrait.

2. Gille Dongois, neveu de Boileau : voyez ci-dessus, p. 75, la note 8 de la lettre 110. L'abbé Dongois, né en 1636, mourut en 1708.

matin Monsieur l'Archevêque, ce prélat, après lui avoir quelque temps parlé de moi, au sujet des *Cantiques*³ que vous avez vus, lui demanda confidemment ce qu'il pensoit de M. du Tronchet, son confrère. M. l'abbé Dongois lui en parla avec toute l'estime possible, et le dépeignit comme un ecclésiastique également plein de sagesse et de piété. Là-dessus Monsieur l'Archevêque lui raconta les vues que vous aviez eues pour en faire votre supérieur, prit de là occasion de témoigner toute la satisfaction qu'il avoit de votre bonne conduite, et enfin assura qu'il n'avoit aucun éloignement à vous accorder M. du Tronchet, quoique lié très-étroitement, dit-il, avec M. de Tillemont⁴ et M. le Nain⁵. Il ajouta qu'il en avoit parlé au Roi, et fit entendre qu'il étoit persuadé que c'étoit moi qui vous avois inspiré cette vue. M. l'abbé Dongois fit réponse qu'à la vérité vous ne pourriez pas choisir un plus honnête homme, ni qui lui pût être moins suspect; mais qu'il étoit convaincu que M. du Tronchet ne vouloit être supérieur ni de votre maison ni d'aucune autre.

Monsieur l'Archevêque l'assura qu'il étoit disposé à vous accorder tel autre homme que vous demanderiez sur son refus, pourvu que vous ne lui proposiez aucune personne distinguée pour être d'intrigue ou de cabale. Il permit à M. l'abbé Dongois de me rendre compte de toute cette conversation. M. l'abbé Dongois me vit donc dès le soir même, et me dit qu'il avoit vu l'après-

3. Les *Cantiques spirituels*. Voyez ci-dessus, les lettres 127 et 128, de Racine à Boileau, du 28 septembre et du 3 octobre 1694.
4. Louis-Sébastien le Nain de Tillemont, auteur des *Mémoires pour servir à l'histoire ecclésiastique des six premiers siècles*, et d'autres savants ouvrages. Il était né le 30 novembre 1637; il mourut le 10 janvier 1698.
5. Jean le Nain, maître des requêtes, père de Tillemont; il mourut un mois après son fils, le 9 février 1698.

dînée M. l'abbé du Tronchet, et qu'il l'avoit trouvé très-sensible à l'honneur que vous lui vouliez faire, mais très-résolu à ne point accepter cet honneur, et à ne se mêler d'aucune direction. Nous avions résolu d'abord, M. Dongois et moi, d'aller voir ce matin Monsieur l'Archevêque; mais j'ai cru qu'il valoit mieux que je fusse instruit auparavant du choix que vous avez à lui proposer. Je vais cette après-dînée à Versailles, d'où je crois aller à Marly mercredi prochain, pour y demeurer jusqu'à samedi au soir. Ayez la bonté entre ci et ce temps-là de prendre vos mesures pour le supérieur que vous avez à lui demander, et je me chargerai très-volontiers de lui en parler. On m'a dit que vous aviez pensé à M. de la Barde[6] et à Monsieur le curé de Saint-Séverin[7]. Le premier est un homme tout languissant, à ce qu'on m'a dit, qui a déjà quelque atteinte d'apoplexie, et qui n'est point du tout en état d'agir; l'autre est un très homme de bien, plein de bonnes intentions, et qui aime la vertu et le mérite. Je crois même que Monsieur l'Archevêque l'estime particulièrement. M. l'abbé Dongois croit que vous pourriez proposer aussi Monsieur le curé de Saint-Merry[8], dont Monsieur l'Archevêque s'accommoderoit très-volontiers, et qui seroit peut-être en état de vous rendre de grands services. On m'a nommé M. Gobillon, curé de Saint-Laurent, dont on dit beaucoup de bien. J'attends votre réponse à Paris, où je serai samedi prochain, et m'offre

---

6. Archidiacre de Notre-Dame.

7. Jean Lizot. Voyez au tome I, p. 186, l'acte de baptême de Madeleine Racine (mars 1688), et p. 183 et 184, l'acte de mariage de Marie-Catherine Racine (janvier 1699), qui ont été tous deux signés par lui.

8. Nicolas Blampignon, qui fut curé de cette paroisse de 1668 à 1710.

très-volontiers d'aller trouver Monsieur l'Archevêque quand je saurai vos intentions⁹....

132. — DE RACINE A BOILEAU¹.

A Compiègne, le 4° mai [1695].

M. des Granges² m'a dit qu'il avoit fait signer hier nos ordonnances, et qu'on les feroit viser par le Roi

9. M. de la Barde refusa la charge de supérieur, et l'Archevêque, qui avait annoncé qu'il aurait pour agréable M. le Caron, curé de Saint-Pierre aux Bœufs, changea d'avis. Ce fut alors qu'il engagea Racine à demander un supérieur au Roi, et que Racine s'en défendit, en répondant que le Roi lui dirait : « Depuis quand donc, Racine, êtes-vous devenu directeur de religieuses? » Voyez au tome I, la *Notice biographique*, p. 136. L'entrevue de Racine avec de Harlay eut lieu à Versailles au commencement de mars 1695. Comme Racine mettait beaucoup de chaleur à presser l'Archevêque de terminer cette affaire, l'évêque de Soissons, qui se trouvait dans la chambre, où il y avait beaucoup de monde, lui dit tout bas : « Ayez patience, ne vous pressez point ; ne voyez-vous pas bien la mort peinte sur son visage? » On suivit ce conseil, et l'affaire en resta là avec de Harlay, qui mourut le 6 août 1695.

LETTRE 132 (revue sur l'autographe, conservé à la Bibliothèque impériale). — 1. Un autre autographe de la même lettre se trouve au *British Museum*, qui l'a acheté en 1856. Nous indiquerons les variantes de ce manuscrit, dont l'authenticité peut paraître douteuse ; au moins faut-il faire remarquer que la lettre du *British Museum* est signée, quoique Racine signât bien rarement ses lettres à Boileau ; et qu'elle porte la date de l'année (1695), quoique Racine n'eût coutume de dater ses lettres que du jour et du mois. Ce simple billet d'ailleurs avait-il assez d'intérêt pour que Racine le recopiât de sa propre main?

2. Ce nom est écrit *Desgranges* dans le manuscrit du *British Museum*. — M. des Granges était premier commis de Louis Phélippeaux de Pontchartrain, contrôleur général des finances : voyez l'*État de la France*, année 1694, p. 658.

après-demain; qu'ensuite il les envoyeroit[3] à M. Dongois, de qui vous les pourrez retirer. Je vous prie de me garder la mienne jusqu'à mon retour. Il n'y a point ici de nouvelles. Quelques gens veulent que le siége de Casal soit levé[4]; mais la chose est fort douteuse, et on n'en sait rien de certain[5].

Six armateurs de Saint-Malo[6] ont pris dix-sept vaisseaux d'une flotte marchande des ennemis, et un vaisseau de guerre de soixante pièces de canon. Le Roi est en parfaite santé, et ses troupes merveilleuses.

Quelque horreur que vous ayez pour les méchants vers, je vous exhorte à lire *Judith*[7], et surtout la préface, dont je vous prie de me mander votre sentiment. Jamais je n'ai rien vu de si méprisé que tout cela l'est en ce pays-ci, et toutes vos prédictions sont accomplies[8]. Adieu, Monsieur. Je suis entièrement à vous[9].

Je crains de m'être trompé en vous disant qu'on en-

3. Dans l'autographe du *British Museum :* « enverroit, » et de même à la fin de la lettre.

4. Dans le même autographe, il y a, avant le mot *levé*, le mot *terminé*, qui a été biffé.

5. « On a nouvelles de Pignerol et de Gênes que les ennemis se sont retirés de devant Casal.... On attend des confirmations de cette nouvelle. » (*Journal de Dangeau*, samedi 30 [avril 1695], à Compiègne.) — M. de Crenan rendit Casal au duc de Savoie le 11 juillet suivant.

6. Commandés par Jacobsen (*Gazette de France* du 7 mai), et non, comme le croient des éditeurs, par Duguay-Trouin, qui était alors au Spitzberg. (*Note de Berriat-Saint-Prix.*)

7. Tragédie de Boyer, qui avait été jouée pour la première fois, le 4 mars 1695, à Paris, et le 19 mars à la cour. Voyez au tome IV, p. 189, note 1.

8. Boileau, ainsi qu'il est rapporté dans le *Bolæana*, p. 88 et 89, disait à ceux qui vantaient la *Judith* : « Je l'attends sur le papier. »

9. C'est après ces mots : « entièrement à vous, » que l'autographe du *British Museum* a la signature : Racine. Dans celui de la Bibliothèque impériale, les mêmes mots terminent la page, et sont suivis de cet avertissement : « Tournez. » Le Post-scriptum est au verso.

voyeroit nos ordonnances à M. Dongois, et je crois que $\overline{1695}$
c'est à M. de Bie, chez qui M. des Granges m'a dit que
M. Dongois n'auroit qu'à envoyer samedi prochain.

---

133. — DE RACINE A JEAN-BAPTISTE RACINE.

A Paris, ce samedi 21ᵉ mai[1] [1695].

JE vous envoie ce soir le petit carrosse pour vous amener demain dîner avec nous. Vous y trouverez M. Despréaux, qui y doit dîner aussi. Plût à Dieu que M. Vigan[2] pût être de la partie! Mais j'espère le voir mardi au soir, qui est le jour que je vous remènerai à Versailles. J'ai fait mettre un petit placet[3] dans le carrosse, afin que Henry revienne avec vous. Dites-lui qu'il aille ce soir de ma part chez Mme d'Heudicour[4], pour savoir des nouvelles de sa santé. Elle

LETTRE 133 (revue sur l'autographe, conservé à la Bibliothèque impériale). — 1. L'autographe porte : « 20ᵉ mai; » mais Racine s'est trompé sur le quantième du mois. Le samedi veille de la Pentecôte était en 1695 le 21. Quant à la date de l'année, il n'y a pas de raison de croire qu'elle ait été mal donnée par ceux qui l'ont ajoutée sur l'original. Les deux années suivantes, qui seraient, avec l'année 1695, les seules possibles, n'ont pas non plus de samedi 20 mai.
2. Le jeune Racine avait obtenu, à l'âge de seize ans, la survivance de la charge de gentilhomme ordinaire du Roi. Il était à Versailles pour faire ses exercices, et il travaillait en même temps dans les bureaux de M. de Torcy, ministre des affaires étrangères. M. Vigan.... l'avait en pension chez lui. (*Note de l'édition de 1807.*) — Sur M. Vigan, voyez ci-dessus, p. 33, la note 2 de la lettre 95.
3. Plus bas, p. 162, Racine emploie *tabouret*, au lieu de *placet*.
4. Bonne de Pons, mariée à Michel Sublet d'Heudicourt, grand louvetier. Elle était nièce du maréchal d'Albret, et s'était de bonne heure liée, à l'hôtel d'Albret, avec Mme de Maintenon. Saint-Simon a vanté son esprit, son agrément, son savoir; mais s'il la dépeint très-amusante et très-divertissante, il la représente aussi comme très-

loge au-dessus de l'appartement de feu Mme de Barbesieux⁵, au bout de la galerie de Monsieur. Je voudrois aussi qu'il allât avec le cocher visiter mon appartement, et y porter les hardes que j'y envoie. Adieu, mon cher fils : faites mes compliments à M. et à Mme Vigan.

Suscription : Pour Monsieur Racine le jeune.

---

134. — DE RACINE A JEAN-BAPTISTE RACINE.

A Paris, ce 3ᵉ juin [1695].

C'est tout de bon que nous partons aujourd'hui pour notre voyage de Picardie ¹. Comme je serai quinze jours sans vous voir, et que vous êtes continuellement présent à mon esprit, je ne puis m'empêcher de vous répéter encore deux ou trois choses que je crois très-importantes pour votre conduite. La première, c'est d'être extrêmement circonspect dans vos paroles, et d'éviter avec grand soin la réputation d'être un parleur, qui est la plus méchante réputation qu'un jeune homme puisse

---

méchante : voyez au tome VII, p. 56, de ses *Mémoires*. Mme d'Heudicourt mourut à Versailles le 24 janvier 1709, âgée de soixante-cinq ans. — Nous trouvons dans les lettres originales de Racine la triple orthographe : *d'Heudicour*, *d'Hudicour*, et *d'Udicour*.

5. Mme de Barbezieux (Catherine-Louise de Crussol d'Uzès) était morte de la petite vérole à Versailles, le 4 mai 1694, à l'âge de vingt ans.

Lettre 134 (revue sur l'autographe, conservé à la Bibliothèque impériale). — 1. Il partait pour Montdidier, où était la famille de Mme Racine; et il allait visiter, près de cette ville, un domaine que sa femme lui avait apporté en mariage. (*Note de l'édition de 1807.*) — Ce domaine était situé sur la paroisse du village de Griviller, dont Racine, dans son testament, n'a pas oublié les pauvres habitants.

avoir dans le pays où vous êtes. La seconde, c'est d'avoir 1695
une extrême docilité pour les avis de M. et de Mme Vigan, qui vous aiment comme leur enfant. J'ai oublié de
vous recommander d'être fort exact aux heures de leurs
repas, et de ne faire jamais attendre après vous. Ainsi
ajustez si bien vos promenades et vos récréations que
vous ne leur soyez jamais à charge. N'oubliez point vos
études, et cultivez continuellement votre mémoire, qui,
comme vous savez, a grand besoin d'être exercée. Je
vous demanderai compte à mon retour de vos lectures,
et surtout de l'histoire de France, dont je vous demanderai à voir vos extraits. Vous savez ce que je vous ai
dit des opéra et des comédies qu'on dit que l'on doit
jouer à Marly. Il est très-important pour vous et pour
moi-même qu'on ne vous y voie point, d'autant plus
que vous êtes présentement à Versailles pour y faire
vos exercices, et non point pour assister à toutes ces
sortes de divertissements. Le Roi et toute la cour savent le scrupule que je me fais d'y aller, et auroient
très-méchante opinion de vous si, à l'âge que vous
avez, vous aviez si peu d'égard pour moi et pour mes
sentiments. Je devois, avant toutes choses, vous recommander de songer toujours à votre salut, et de ne perdre point l'amour que je vous ai vu pour la religion.
Le plus grand déplaisir qui puisse m'arriver au monde,
c'est s'il me revenoit que vous êtes un indévot, et que
Dieu vous est devenu indifférent. Je vous prie de recevoir ces avis avec la même amitié que je vous les donne.

Je vous conseille d'aller quelquefois savoir des nouvelles de M. de Cavoye, à qui vous ne pouvez ignorer que je suis si attaché. Quand vous verrez M. Félix
le père, faites-lui bien mes compliments, et demandez-
lui s'il n'a rien à me mander au sujet de mon logement :
il entendra ce que cela veut dire, et vous me ferez sa-

voir sa réponse sans en rien dire à personne. Voyez aussi M. de Valincour², et priez-le de ma part de se souvenir de M. Sconin³. Écrivez-moi jusqu'à jeudi prochain, c'est-à-dire que vous pouvez nous écrire une ou deux fois pour nous mander les nouvelles que vous saurez : cela fera plaisir à votre oncle de Mondidier⁴. Payez le port jusqu'à Paris. Mais passé jeudi, ne m'adressez plus vos lettres qu'à Paris même ; car j'espère partir de Mondidier de dimanche en huit jours. Adieu, mon cher fils : faites bien mes compliments à M. et à Mme Vigan, et à M. Félix le fils⁵. N'oubliez pas aussi de les faire à M. de Sérignan⁶, qui me témoigne bien de l'amitié pour vous. Demandez-lui s'il ne sait point de nouvelles que vous me puissiez mander.

Suscription : A Monsieur Monsieur Racine le jeune, gentilhomme ordinaire du Roi, chez M. Vigan, à la petite écurie, à Versailles. (Reste d'un cachet rouge.)

2. Voyez ci-dessus, p. 54, la note 2 de la lettre 102.
3. Sconin d'Arginvilliers. Voyez ci-dessus, p. 121, la note 5 de la lettre 126.
4. Un des deux frères de Mme Racine, Jean-Baptiste ou Claude de Romanet.
5. Charles-Louis Félix, fils du premier chirurgien du Roi (Charles-François Félix). Né le 29 juillet 1676, il était à peu près du même âge que Jean-Baptiste Racine, avec qui il était fort lié.
6. Voyez ci-dessus, p. 79, la note 4 de la lettre 111.

135. — DE RACINE A JEAN-BAPTISTE RACINE[1].   1695

A Mondidier, le 9 juin 1695.

Votre lettre nous a fait ici un très-grand plaisir, et quoiqu'elle ne nous ait pas appris beaucoup de nouvelles, elle nous a du moins fait juger qu'il n'y avoit pas un mot de vrai de toutes celles qu'on débite en ce pays-ci. C'est une plaisante chose que les provinces. Tout le monde y est nouvelliste dès le berceau, et vous n'y rencontrez que gens qui débitent gravement et affirmativement les plus sottes choses du monde.

Je suis bien honteux que Mme d'Hudicour[2] vous ait prévenu, et que vous ne l'eussiez pas encore été saluer chez elle. J'apprends tout présentement, par une lettre de du Fresne, qu'on a apporté de sa part au logis une demi-douzaine de jambons. Ne manquez pas, au nom de Dieu, d'aller chez elle, et de lui en faire mes très-humbles remercîments. Je lui écrirois bien volontiers; mais j'espère partir demain ou tout au plus tard après-demain, et dès que je serai à Paris, je me rendrai à Versailles pour l'aller remercier de toutes ses bontés. Et d'ailleurs, que lui pourrois-je mander, de ce pays-ci, à quoi elle pût prendre intérêt? Pour vous, qui devez vous y intéresser davantage, je vous dirai que je suis très-content des dames de Variville, et que Babet[3] a une grande impatience d'entrer chez elles. Votre sœur aînée a trouvé ici une compagnie dont elle est charmée,

---

Lettre 135. — 1. Revue sur l'autographe, conservé à la Bibliothèque impériale.

2. Voyez ci-dessus, p. 139 et 140, la note 4 de la lettre 133.

3. Élisabeth Racine. Elle avait alors près de onze ans, étant née le 31 juillet 1684. Le couvent des dames de Variville, où elle fit profession, mais à une époque où elle avait déjà perdu son père, était une maison de l'ordre de Fontevrault, au diocèse de Senlis.

et avec raison : c'est sa cousine de Romanet, qui est très-aimable, très-jolie et très-bien élevée. Nous allons cette après-dînée à Griviller⁴. J'ai fait tous mes comptes avec mon fermier, et j'ai renouvelé bail avec lui. Voilà des nouvelles telles que l'on peut vous en mander de ce pays-ci. J'espère que je recevrai encore une lettre de vous avant que de partir; car si nous partons demain, ce ne sera que l'après-dînée. On fait pourtant tout ce qu'on peut pour nous retenir ici. Je vous sais un très-bon gré des égards que vous avez pour moi au sujet des opéra et des comédies; mais vous voulez bien que je vous dise que ma joie seroit complète si le bon Dieu entroit un peu dans vos considérations. Je sais bien que vous ne seriez pas déshonoré devant les hommes en y allant; mais ne comptez-vous pour rien de vous déshonorer devant Dieu? Pensez-vous vous-même que les hommes ne trouvassent pas étrange de vous voir, à votre âge, pratiquer des maximes si différentes des miennes? Songez que M. le duc de Bourgogne⁵, qui a un goût merveilleux pour toutes ces choses, n'a encore été à aucun spectacle, et qu'il veut bien en cela se laisser conduire par les gens qui sont chargés de son éducation⁶. Et quelles⁷ gens trouverez-vous au monde plus sages et plus estimés que ceux-là? Du reste, mon cher fils, je suis fort content de votre lettre. Faites bien mes

---

4. Voyez ci-dessus, p. 140, la note 1 de la lettre 134.

5. Ce prince, né le 6 août 1682, avait alors près de treize ans. Ce fut le 17 novembre 1698 qu'il assista pour la première fois à la représentation d'une tragédie (*Britannicus*), et sans doute d'une pièce de théâtre, quelle qu'elle fût. Voyez à la page 234 de notre tome II.

6. Le duc de Beauvilliers, son gouverneur; Fénelon, son précepteur; l'abbé Fleury et l'abbé de Beaumont, ses sous-précepteurs.

7. Racine a ainsi écrit : « quelles gens, » malgré les masculins, *estimés* et *ceux*, qui suivent.

compliments à M. de Cavoye et à MM. Félix, sans oublier M. Vigan.

J'ai décacheté exprès ma lettre pour vous dire de ne point parler de jambons à Mme d'Udicour. Ma femme a peur que comme l'orthographe de du Fresne est fort mauvaise, ce présent ne nous ait été envoyé par Mme d'Héricour[8]. Ainsi n'en dites pas un mot : je ferai moi-même mes compliments à qui il conviendra de les faire. Dites seulement à Mme d'Udicour combien je suis touché de toutes les honnêtetés qu'elle vous a faites, et l'envie que j'ai d'être à Versailles pour la remercier. Tout le monde vous fait ici ses compliments. Votre mère a pris grand plaisir à votre lettre, excepté à l'endroit où vous parliez de la cire qui est tombée sur votre esprit[9]. Elle a demandé tout aussitôt pourquoi vous laissiez ainsi gâter vos habits. Il pleut ici et fait assez froid. Je prendrai patience, pourvu que les chemins ne soient pas gâtés.

---

8. Elle était femme de du Trousset, commis de Pontchartrain, qui avait pris le nom de d'Héricourt, comme son frère avait pris le nom de Valincour. Mme de Simiane fait assez souvent mention de M. et de Mme d'Héricourt dans les lettres qu'elle écrivait à leur fils, Bénigne-Jérôme d'Héricourt ; une de ces lettres nous apprend que d'Héricourt, frère de Valincour, vivait encore en 1733, et sa femme en 1736. Voyez au tome XI des *Lettres de Mme de Sévigné*, les *Lettres de Mme de Simiane*, p. 163 et p. 263.

9. Il y a bien *esprit* dans l'autographe. Est-ce par inadvertance que Racine a écrit ainsi? Les précédents éditeurs l'ont pensé, à commencer par Louis Racine, qui termine la lettre à cette phrase, et ils ont remplacé *esprit* par *habit*. Nous nous demandons cependant si Jean-Baptiste Racine ne s'était pas plaint de la cire qui, tombée par accident sur sa lettre, y avait effacé quelque trait d'esprit. Mme Racine, entendant mal la plaisanterie de son fils, aurait songé, en ménagère, à quelque habit gâté. Le passage serait ainsi plus piquant.

136. — DE RACINE A MADEMOISELLE RIVIÈRE[1].

A Paris, ce 3e juillet [1695 [2]].

J'ai vu tantôt la lettre que vous avez écrite à ma femme, et j'ai beaucoup de chagrin de tous les embarras où vous vous trouvez. Il eût été à désirer que M. Rivière m'eût communiqué la proposition que M. de Saint-Quentin lui avoit faite d'acheter la charge de receveur en commun ; car je vous aurois conseillé assez volontiers d'entrer en part avec lui, et il ne vous en auroit coûté que six ou sept mille francs, que vous auriez pu hasarder, d'autant plus que je vous mandois qu'au cas que M. Rivière achetât la commission, Messieurs des gabelles ne lui donneroient point de contrôleur. Mais puisque c'est une affaire faite, il faut attendre en patience que ces Messieurs puissent exécuter la parole qu'ils m'ont donnée. Cependant je suis surpris qu'on vous presse de déloger ; car M. Lhuillier m'a dit positivement qu'on avoit envoyé à tous les commis

---

Lettre 136. — 1. M. l'abbé de la Roque, qui a publié cette lettre parmi les *Lettres inédites de Jean Racine*, l'a copiée sur l'original déposé à la Bibliothèque de la ville de Laon, à qui elle a été donnée par Mme Pacquenot, née Aubry, arrière-petite-nièce de Racine. M. Mathey, bibliothécaire de la ville de Laon, a eu l'obligeance de collationner, sur notre demande, le texte donné par M. de la Roque avec celui de la lettre originale, et l'y a trouvé entièrement conforme.

2. M. l'abbé de la Roque a proposé pour cette lettre une des deux dates 1694 ou 1695. Racine demande qu'on lui renvoie son jeune fils, Louis ; ce ne pouvoit être qu'en l'une des deux années entre lesquelles l'éditeur des *Lettres inédites* laisse le choix. Mais ce qui nous a plutôt décidé pour l'année 1695, c'est ce passage : « Je souhaite que vous puissiez avoir la maison de M. Regnaud. » Il est probable qu'il s'agit de la maison de François Regnault, et que les Rivière vouloient l'acheter après sa mort, dont la date est, comme nous l'avons dit ailleurs, du mois de novembre 1694. Voyez au tome VI, p. 519, la note 6 de la lettre 48.

des ordres imprimés de ce qu'ils avoient à faire, et 1695
m'avoit dit aussi que M. Rivière ne devoit point quitter
le grenier tant qu'il resteroit du sel de l'ancienne masse.
M. de Saint-Quentin auroit dû, ce me semble, me faire
faire quelque honnêteté avant que de s'associer avec
M. Hardy; mais il faut prendre patience. Je souhaite
que vous puissiez avoir la maison de M. Regnaud, car
pour celle de M. Champion, à la vérité elle est plus
belle; mais, comme vous dites, elle est un peu loin de
toutes vos habitudes, et il faudroit changer de paroisse[3].
Je vous suis très-obligé de l'amitié que vous avez pour
notre enfant[4], et de la peine que vous ressentez à vous
en séparer. Mais il ne vous a que trop incommodé par
le grand soin que vous avez pris de lui, dont j'aurai toute
ma vie beaucoup de reconnoissance. D'ailleurs je ne
suis point d'avis de vous le laisser plus longtemps, à
cause de l'embarras où vous êtes. Ainsi j'espère qu'à la
première occasion, ou, pour mieux dire, au premier
beau temps, vous aurez la bonté de nous le renvoyer.
J'approuve la charité que vous voulez faire au cousin de
la Haye[5]. Tout débauché qu'il a été, il ne faut pas l'a-
bandonner dans l'extrême misère où il est, et je don-

3. Il y avait deux paroisses à la Ferté-Milon, la paroisse de
Saint-Vaast, et celle de la Chaussée. La famille de Racine demeurait sur la première. Il paraît donc que la maison de M. Champion était sur la paroisse de la Chaussée.
4. Louis Racine, qui avait été envoyé à Mme Rivière. Voyez
ci-dessus, la lettre 109, à la page 72.
5. Les de la Haye étaient une famille d'huissiers et de sergents,
alliée à la famille des Racine. Un Jean de la Haye avait épousé
Élisabeth Durand, que nous pensons avoir été la petite-fille de Madeleine Racine, grand'tante de notre poëte, qui avait épousé, en
1616, Pierre Durand, huissier. Celui que Racine nomme ici le cousin de la Haye serait, d'après M. l'abbé de la Roque, le même
qu'il nomme ailleurs le cousin Henri. On peut conjecturer qu'il
était fils de Jean de ce la Haye.

nerai même quelque chose de plus, si vous le jugez à propos. Je crois vous redevoir beaucoup d'argent, et vous me ferez plaisir de me mander ce qui en est et à quoi le tout se monte. Prenez le moins d'inquiétude que vous pourrez dans tout ce changement, et croyez, ma chère sœur, que j'aurai une continuelle attention à vos intérêts. J'embrasse ma nièce de tout mon cœur, et vous prie de faire mes compliments à M. Rivière. Ma femme et nos enfants vous saluent.

Suscription : A Mademoiselle Mademoiselle Rivière, à la Ferté-Milon.

137. — DE RACINE A LA MÈRE AGNÈS DE SAINTE-THÈCLE RACINE [1].

[Mardi, 30 août 1695.]

J'AI eu l'honneur de voir, ma très-chère tante, Monsieur l'archevêque de Paris, et de l'assurer de vos très-humbles respects et de ceux de votre maison. Je lui ai dit même toutes les actions de grâces que vous aviez rendues à Dieu, pour avoir donné à son Église un prélat selon son cœur. Il a reçu tout cela avec une bonté extraordinaire. Il m'a chargé d'assurer votre maison qu'il l'estimoit très-

---

LETTRE 137. — 1. Depuis la lettre écrite par Racine à sa tante, le 29 novembre 1694 (voyez ci-dessus, p. 134-137), M. de Harlay était mort (6 août 1695). Le Roi choisit le 20 août, pour lui succéder, M. de Noailles, évêque de Châlons. Ce choix donna de grandes espérances aux religieuses de Port-Royal des Champs et à leurs amis. Le 30 août, Racine rendit visite au nouvel archevêque, et lui présenta les respects de toute la communauté. Le même jour, il écrivit à sa tante la lettre que nous donnons ici, et que nous avons tirée de l'*Histoire générale de Port-Royal*, de dom Clémencet, tome VIII, p. 300-303.

particulièrement, me répétant plusieurs fois qu'il espéroit
vous en donner des marques dans tout ce qui dépendroit
de lui. Ensuite je lui ai rendu compte de toutes les démarches que vous aviez faites auprès de son prédécesseur
pour obtenir de lui un supérieur. Je ne lui ai rien caché
de tous les entretiens que j'avois eus avec lui sur ce sujet
et du dessein que vous aviez eu enfin de lui demander
Monsieur le curé de Saint-Séverin. Il me dit que le choix
étoit très-bon, et que c'étoit un très-vertueux ecclésiastique. Je lui ai demandé là-dessus son conseil sur la conduite que vous aviez à tenir en cette occasion, et lui ai dit
que, comme vous aviez une extrême confiance en sa justice et en sa bonté, vous pensiez ne devoir rien faire sans
son avis; que d'ailleurs, n'étant pas tout à fait pressées
d'avoir un supérieur, vous aimeriez bien autant attendre
qu'il eût ses bulles, s'il le jugeoit à propos, afin de vous
adresser à lui-même. Il m'a répondu, en souriant, qu'il
croyoit en effet que vous feriez bien de ne vous point
presser, et de demeurer comme vous étiez, en attendant qu'il pût lui-même suppléer aux besoins de votre
maison. Je lui témoignai l'appréhension où vous étiez
que des personnes séculières ne prissent ce temps-ci
pour obtenir des permissions d'entrer chez vous. Il loua
extrêmement votre sagesse dans cette occasion, et m'assura qu'il seconderoit de tout son pouvoir votre zèle
pour la régularité, laquelle ne s'accordoit pas avec ces
sortes de visites. Je lui demandai s'il ne trouveroit pas
bon, au cas qu'on importunât Messieurs les grands vicaires pour de semblables permissions, que vous vous
servissiez de son nom, et que vous fissiez entendre à
ces Messieurs que ce n'étoit point son intention qu'on
en donnât à personne. Il répondit qu'il vouloit très-bien
que vous fissiez connoître ses sentiments là-dessus, si
vous jugiez qu'il en fût besoin. Je lui dis enfin que

1695

1695 vous aviez dessein de lui envoyer M. Eustace, votre confesseur. Il me dit que cela étoit inutile ; qu'il étoit persuadé de tout ce que je lui avois dit de votre part. Il ajouta encore une fois, en me quittant, que *votre maison seroit contente de lui.* Je crois en effet, ma très-chère tante, que vous avez tout lieu d'être en repos ; je sais même, par des personnes qui connoissent à fond ses sentiments, qu'il est très-résolu de vous rendre justice ; mais ces personnes vous conseillent de le laisser faire, et de ne point témoigner au public une joie et un empressement qui ne serviroient qu'à le mettre hors d'état d'exécuter ses bonnes intentions. Je sais qu'il n'est pas besoin de vous donner de tels avis, et qu'on peut s'en reposer sur votre extrême modération. Mais on craint avec raison l'indiscrète joie de quelques-uns de vos amis et de vos amies, à qui on ne peut trop recommander de garder un profond silence sur toutes vos affaires[2]....

2. Besoigne a eu, ainsi que dom Clémencet, cette lettre sous les yeux. Il en donne un sommaire à la page 596 du tome II de son *Histoire de l'abbaye de Port-Royal*, et en cite la fin à peu près textuellement, telle que dom Clémencet l'a donnée, depuis les mots : « et de ne point témoigner au public. » On trouve aussi cette même lettre, avec de très-légères différences dans le texte, au tome V, p. 286 et 287, du *Port-Royal* de M. Sainte-Beuve (édition de 1867).

138. — DE RACINE A LA MÈRE AGNÈS
DE SAINTE-THÈCLE RACINE[1].

A Paris, le mercredi 15. février [1696].

J'ai eu l'honneur de voir Monsieur l'Archevêque samedi dernier, tout au soir; il me parut très-content de

LETTRE 138. — 1. Cette lettre est tirée des *Journaux manuscrits de Port-Royal*, conservés à la Bibliothèque de Klarenburg : voyez ci-dessus, p. 133, la note 1 de la lettre 130. — Dans une audience que Racine eut de M. de Noailles au mois de novembre 1695, il dit à l'Archevêque que l'élection d'une abbesse devant se faire au mois de février de l'année suivante, il serait peut-être à propos d'attendre, pour choisir un supérieur, que l'Archevêque fût venu visiter la maison avant ce temps, afin d'en connaître par lui-même tous les besoins. L'abbesse de Port-Royal avait déjà sollicité cette visite, dont M. de Noailles donna quelque espérance.

Dès le commencement de l'année 1696, comme on ne songeait plus à M. le Caron, curé de Saint-Pierre aux Bœufs, ni au curé de Saint-Séverin, on commença à jeter les yeux sur l'abbé Roynette, grand vicaire de l'archevêque de Paris, dont il avait toute la confiance. Mais, avant de proposer ce choix, on voulait mieux connaître l'abbé Roynette. Racine fut donc chargé de demander à M. de Noailles que son grand vicaire assistât à l'élection d'une abbesse, dont le temps était arrivé. L'abbé Roynette vint, en effet, à Port-Royal, et fut présent à l'élection (4 février 1696), par laquelle la Mère de Sainte-Thècle Racine fut continuée. La Mère écrivit alors à Racine que toute la communauté avait été si satisfaite et si édifiée du grand vicaire, qu'on désirait vivement l'avoir pour supérieur. Elle priait son neveu de s'employer auprès de l'Archevêque pour lui demander cette grâce. Racine alla trouver M. de Noailles, et, après l'audience du prélat, écrivit à sa tante la lettre que nous donnons ici. — Dans l'*Histoire générale de Port-Royal* (tome VIII, p. 321), on parle de cette lettre, et on la dit datée du 14 février. A la page précédente de cette même histoire, une autre lettre de Racine à sa tante est mentionnée. Racine l'avait écrite le 30 janvier de la même année, à la suite d'un long entretien qu'il avait eu avec l'abbé Roynette. Dans cette lettre, que nous n'avons pas, il marquait à l'Abbesse, dit dom Clémencet, « qu'il avoit vu M. de la Roynette, qui étoit une de ses plus anciennes connoissances, qu'il lui avoit *parlé avec un grand sentiment d'estime et de vénération de* ce qui s'étoit passé à l'élection, et des témoignages avantageux que Monsieur le grand vicaire[2] lui a rendus de la maison. Il me demanda si l'on étoit aussi content de Monsieur le grand vicaire qu'il l'étoit de vous. Je lui fis réponse qu'on ne pouvoit pas être plus édifié de lui qu'on l'avoit été ; et je le priai même de lire la lettre que vous m'aviez écrite là-dessus, par où il connoîtroit mieux vos sentiments que par tout ce que je pourrois lui dire ; qu'en un mot toute la maison le demandoit pour supérieur. Monsieur l'Archevêque me dit qu'il liroit votre lettre, et qu'il y feroit ses réflexions. Il ne me voulut pas dire positivement qu'il vous accordoit votre demande, parce qu'il vouloit vraisemblablement en parler auparavant à Monsieur le grand vicaire, lequel de son côté est venu me chercher à Paris, pendant que j'étois à Versailles ; et ne m'ayant pas trouvé, il voulut voir ma femme, et lui parla de toute votre communauté avec les termes du monde les plus remplis d'estime et de vénération ; et vous devez vous assurer qu'il a toute l'intention possible de vous servir ; et je ne doute pas qu'il ne consente très-volontiers à être votre supérieur. Je n'ai encore pu lui rendre sa visite ; mais je l'irai chercher au plus tard après-demain, et je vous rendrai compte de toutes choses[3]....

la maison et pour toutes les personnes dont la mémoire y est chère. J'ai tout lieu de croire, ajoutoit M. Racine, *que vous serez aussi satisfaite de lui qu'il espère être édifié de toute la communauté.* »

2. Ce grand vicaire était, comme nous l'avons dit dans la note précédente, l'abbé Roynette. Il était docteur en théologie de la faculté de Paris et abbé de Notre-Dame de Haute-Fontaine. Il avait été douze ans curé de Joinville, et ensuite grand vicaire de Châlons-sur-Marne. Il mourut le 21 mai 1700, deux jours après la Mère Agnès de Sainte-Thècle.

3. Racine alla voir l'abbé Roynette deux jours après, comme il

139. — DE RACINE A LA MÈRE AGNÈS
DE SAINTE-THÈCLE RACINE[1].

A Paris, ce lundi au soir [, 5 mars 1696].

JE ne doute pas, ma chère tante, que vous n'ayez déjà appris que Monsieur l'Archevêque vous a enfin donné le supérieur que vous lui avez demandé. Je lui avois fait présenter, il y a cinq ou six jours, par Mme la

le promettait ici, et le 19 février il écrivit une nouvelle lettre à sa tante. Il lui mandait, dans cette lettre, au sujet du grand vicaire, dit dom Clémencet (tome VIII, p. 321 et 322), « que tout ce qu'il pouvoit lui en dire étoit qu'il faisoit beaucoup de vœux pour le rétablissement de la maison, qu'il croyoit même que le bien de l'É- glise voudroit qu'on y pût élever la jeunesse comme on faisoit au- trefois ; et qu'il déploroit la manière peu chrétienne dont elle étoit élevée dans la plupart des maisons religieuses. » Racine ajoutait que le grand vicaire, « avec cela, ne laissoit pas d'être sensible à cette terreur universelle qui avoit frappé tous les esprits, et qui leur faisoit craindre de passer pour être favorables à une maison qui avoit des ennemis si puissants. » Le *Journal manuscrit* de la Bibliothèque de Klarenburg donne une analyse à peu près sem- blable de cette lettre du 19 février, qu'il ne cite pas non plus textuellement. Ce *Journal* ajoute, d'accord en cela aussi avec le récit de dom Clémencet, que Racine mandait à l'Abbesse « qu'il s'étoit étudié à persuader au grand vicaire qu'on pourroit prendre des biais qui le mettroient à couvert de tout soupçon, comme, par exemple, d'être nommé par Monsieur l'Archevêque, pour lui rendre compte de l'état où se trouve la communauté, et de ses besoins, en attendant que Monsieur l'Archevêque puisse s'y trans- porter, et en prendre connoissance par lui-même, ce qu'il ne pou- voit pas s'empêcher de faire et qu'il fera infailliblement. »

LETTRE 139. — 1. Elle est tirée, comme la lettre précédente, des *Journaux manuscrits de Port-Royal*, conservés à la Bibliothèque de Klarenburg. — D. Clémencet (*Histoire générale de Port-Royal*, tome VIII, p. 323) donne à tort la date, non du 5, mais du 3 mars, à cette lettre, dont il cite une phrase. Il a emprunté (p. 322 et 323) à cette même lettre l'analyse qui y est faite du mémoire de Racine présenté vers la fin de février à l'archevêque de Paris par la duchesse de Noailles.

duchesse de Noailles, sa belle-sœur, un mémoire que j'avois écrit à Marly, dans lequel je lui marquois que vous et votre communauté persévériez à lui demander qu'il vous donnât M. Roynette pour supérieur, ou du moins qu'il lui ordonnât d'en faire les fonctions, sans en avoir le titre, si l'on jugeoit que ce titre pût lui faire tort dans l'esprit des gens prévenus contre votre maison; qu'il suffisoit que M. Roynette fût chargé de prendre connoissance de vos besoins, et de l'état de votre communauté, pour en rendre compte à Monsieur l'Archevêque; et que ce fût aussi par lui que Monsieur l'Archevêque vous fît connoître ses volontés; qu'on ne prétendoit point exposer la santé de Monsieur le grand vicaire en l'obligeant à faire de fréquents voyages à Port-Royal; que ce seroit assez qu'il en fît un présentement pour prendre une exacte connoissance de la maison; en suite de quoi il pourroit, s'il vouloit, n'y point aller jusqu'à la première élection, c'est-à-dire apparemment dans trois ans, si pourtant on pouvoit supposer que cette pauvre communauté, qui n'est plus, à proprement parler, qu'une infirmerie, dureroit encore trois années. Voilà à peu près ce que contenoit mon mémoire; et j'ai mis ces dernières paroles parce que je savois de fort bonne part qu'on avoit ouï dire à Monsieur l'Archevêque que ce seroit grand dommage de laisser périr une maison où la jeunesse étoit autrefois si bien instruite dans les principes du christianisme. Je suis fort aise, ma chère tante, que la chose ait réussi selon vos intentions. M. Roynette chargea avant-hier M. Willard de me dire que Monsieur l'Archevêque l'avoit en effet prié de consentir à être votre supérieur, et qu'après avoir représenté à ce prélat les raisons qu'il avoit de refuser cette commission, fondées principalement sur son peu de capacité (car c'est ainsi que son humilité le fait parler), et encore sur ses infirmités, enfin voyant que Monsieur l'Archevêque persistoit à l'en presser, il l'avoit acceptée; et qu'il feroit de son mieux pour s'en bien acquitter. Il ne reste donc plus qu'à prier Dieu qu'il entretienne dans le cœur de ce nouveau supérieur les bons sentiments que je lui vois pour votre maison. Ce qui est certain, c'est qu'il me revient de toutes parts qu'il est très-sage, très-doux, et tout plein de justice et de probité. J'irai au premier jour faire vos très-humbles remercîments à Monsieur l'Archevêque, et voir aussi M. Roynette, et vous rendrai compte de ce qui se sera passé dans ces deux visites....

---

140. — DE RACINE A M. RIVIÈRE.

A Paris, ce 21ᵉ mars [1696¹].

Je portai d'abord votre lettre à M. Lhuillier², qui me promit très-volontiers de demander à la Compagnie³ la commission que vous me mandez qui étoit vacante; et j'ai retourné aujourd'hui chez lui pour savoir la réponse. Mais il s'est trouvé que ce n'est point une commission qui soit à la nomination de la Compagnie, mais seule-

---

Lettre 140 (revue sur l'autographe, conservé à Soissons). —
1. M. l'abbé de la Roque a daté cette lettre de l'anné 1694, et l'a placée avant celle que nous avons donnée ci-dessus, p. 146, sous le numéro 136. Cependant, dans la lettre 136, Racine, comme on l'a vu, demande qu'on lui renvoie son fils Louis au premier beau temps; et un passage de la présente lettre (140) atteste que ce même Louis Racine était revenu auprès de ses parents. Comme il nous a paru que la lettre 136 devait être de l'année 1695, il s'ensuit que nous avons adopté pour celle-ci la date de 1696.
2. Voyez ci-dessus, p. 73, la note 2 de la lettre 109.
3. Il s'agit sans doute de la compagnie des fermiers généraux, ou de celle des intéressés dans les sous-fermes : voyez la note suivante.

ment une place de commis qui dépend et est aux gages de M. Bertrand, fils, à ce que je crois, de M. Bertrand, bailli du Comté.

Si c'eût été quelque place qui en eût valu la peine, je me serois offert très-volontiers d'en écrire à M. Bertrand le père, qui est notre parent. Mais je vois bien que c'est seulement une espèce de facteur, que son fils, qui est receveur général des gabelles, emploie pour ses propres affaires. Vous jugez bien que j'aurois eu du moins autant de joie que vous que la chose eût pu vous être convenable, et qu'elle eût dépendu de Messieurs les intéressés[4]. M. Lhuillier a toujours la même bonne volonté de vous faire plaisir, et ne désespère pas que les affaires ne changent entre ci et un an. Cependant, Monsieur, je vous prie de me donner avis de toutes les choses que vous croirez qu'on peut faire pour vous. Je vous ai dit plusieurs fois, et je vous le redis encore, que je n'aurai point de véritable satisfaction que vous ne soyez content. J'ai quelquefois du regret de ce que vous ne vous associâtes point avec M. de Saint-Quentin. Mais outre que je ne sus rien de ses pensées sur la commission, ni des propositions qu'il vous avoit faites, la vérité est que M. Lhuillier empêchoit tous ses propres parents de mettre leur argent à ces sortes de charges, et qu'il étoit toujours persuadé que cela ne dureroit pas. Ils espéroient même mettre des contrôleurs qui veilleroient sur les commis. Mais M. de Pontchartrain ne l'a pas voulu jusqu'à cette heure, de peur que cela ne détournât les gens d'acheter les commissions. Il faut prendre patience en attendant que les choses changent.

4. Furetière, dans son *Dictionnaire*, au mot INTÉRESSÉS, dit : « On appelle *intéressés* dans les fermes du Roi ceux qui n'ont intérêt que dans les sous-fermes, ce qui les distingue des *intéressés* aux *fermes générales*, qu'on appelle *fermiers généraux*. »

Nos enfants attendent leur cousine Manon⁵ ce printemps, et c'est ce qui les a empêchés de lui envoyer ses étrennes, qu'elles lui donneront à Paris à elle-même. Notre petit garçon⁶ est très-joli et nous donne beaucoup de plaisir. Nous vous sommes très-obligés de l'avoir si bien élevé. Je salue ma sœur de tout mon cœur, et ma nièce; ma femme vous fait aussi à tous ses compliments. Je suis, Monsieur, de tout mon cœur,

Votre très-humble et très-obéissant serviteur,

RACINE.

Nous ne songeons plus à Silly⁷ ni à aucune terre.

Suscription : A Monsieur Monsieur Rivière, conseiller du Roi, grènetier à la Ferté-Milon. (Un reste de cachet, au cygne.)

141. — DE RACINE A BOILEAU[1].

A Versailles, le 4. avril 1696.

Je suis très-obligé au P. Bouhours de toutes les honnêtetés qu'il vous a prié de me faire de sa part et de la

---

5. Marie-Catherine Rivière. Voyez au tome VI, p. 540, la note 4 de la lettre 58.
6. Louis Racine, âgé alors de deux ans et quatre mois.
7. Silly, dans le voisinage de la Ferté-Milon, fief mouvant de l'abbaye de Sainte-Geneviève.

LETTRE 141 (revue sur l'autographe, appartenant à M. Boutron-Charlard). — 1. Cette lettre avait été publiée d'abord par Desmolets, en 1729, dans sa *Continuation des Mémoires de littérature et d'histoire*, tome VII, p. 293 et 294, puis par Louis Racine dans ses *Mémoires* (voyez notre tome I, p. 325 et 326), et dans son *Recueil des lettres de Jean Racine*, p. 255. Il y a quelques légères différences entre le texte de Desmolets et celui de Louis Racine; Berriat-Saint-Prix (*OEuvres de Boileau*, tome IV, p. 293-295) les a indiquées.

part de sa compagnie. Je n'avois point encore entendu parler de la harangue de leur régent de troisième[2]; et comme ma conscience ne me reprochoit rien à l'égard des jésuites, je vous avoue que j'ai été un peu surpris d'apprendre que l'on m'eût déclaré la guerre chez eux. Vraisemblablement ce bon régent est du nombre de ceux qui m'ont très-faussement attribué la traduction du *Santolius pœnitens*[3], et il s'est cru engagé d'honneur à me rendre injures pour injures. Si j'étois capable de lui vouloir quelque mal et de me réjouir de la forte réprimande que le P. Bouhours dit qu'on lui a faite, ce seroit sans doute pour m'avoir soupçonné d'être l'auteur d'un pareil ouvrage; car pour mes tragédies, je les abandonne volontiers à sa critique. Il y a longtemps que Dieu m'a fait la grâce d'être assez peu sensible au bien et au mal qu'on en peut dire, et de ne me mettre en peine que du compte que j'aurai à lui en rendre quelque jour. Ainsi, Monsieur, vous pouvez assurer le P. Bouhours et tous les jésuites de votre connoissance que bien loin d'être fâché contre le régent qui a tant déclamé contre mes pièces de théâtre, peu s'en faut que je ne le remercie et d'avoir prêché une si bonne morale dans leur collége, et d'avoir donné lieu à sa compagnie de marquer tant de chaleur pour mes intérêts; et qu'enfin, quand l'offense qu'il m'a voulu faire seroit plus grande, je l'oublierois avec la même facilité, en considération de tant d'autres Pères dont j'honore le mérite, et surtout en considération du R. P. de la Chaize, qui me té-

---

2. Il appartenait au collége Louis-le-Grand. Dans sa harangue il avait examiné cette double question : *Racinius an christianus? an poeta?* Et la conclusion de sa thèse était que Racine n'était ni chrétien ni poëte. Voyez au tome I, p. 134, et p. 324-326.

3. Cette traduction était de Boivin. Voyez au tome I, p. 134, note 1, et p. 324.

LETTRES. 159

moigne tous les jours mille bontés, et à qui je sacrifie-
rois bien d'autres injures. Je vous supplie de croire que
je suis entièrement à vous.

RACINE.

1696

142. — DE RACINE A JEAN-BAPTISTE RACINE.

A Versailles, ce samedi après midi [, 4 août 1696¹].

J'AVOIS passé exprès par Versailles pour vous voir, et
pour savoir de vous si vous n'aviez besoin de rien. Je
suis fâché de ne vous avoir pas trouvé, et plus fâché
encore d'apprendre que vous avez eu la fièvre. Du reste,
je suis bien aise que vous ayez été voir M. Despréaux
et votre mère, qui aura eu, je m'imagine, bien de la
joie de vous voir. Je ferai, si je puis, quelque partie
pour Moulineau², et je vous en ferai avertir. Mais comme
il faut tout prévoir, je suis bien aise de vous dire, au cas
que je ne vous voie point cette semaine, que vous êtes
le maître d'aller passer deux ou trois jours à Paris
quand vous voudrez. Vous n'aurez qu'à m'écrire à Marly
ce que vous souhaitez, et ma femme ou moi nous vous
enverrons le petit carrosse. Mandez-moi de vos nou-

LETTRE 142 (revue sur l'autographe, conservé à la Bibliothèque
impériale.) — 1. La date du 4 août 1696 a été ajoutée, entre parenthèses, par l'éditeur de 1807, nous ne savons d'après quel témoignage ou quel indice. Rien ne s'oppose à ce qu'elle soit admise ;
car Racine pouvait être alors à Marly : le Roi y fit un séjour du
jeudi 2 août au vendredi 18. Du reste, en cette même année, le
Roi, d'après le *Journal de Dangeau*, ne se trouva pas seulement à
Marly le samedi 4 août, mais aussi le samedi 2 juin, le samedi
16 juin, le samedi 7 juillet, le samedi 21 juillet, le samedi 22 septembre.
2. Jolie maison entre Meudon et la Seine, qui appartenait à la
comtesse de Gramont, et que le comte Hamilton, frère de cette
dame, a souvent chantée dans ses vers. (*Note de l'édition de* 1807.)

velles à Marly, et si vous recevez quelques lettres pour moi, envoyez-les-moi en même temps. Vous me ferez toujours plaisir d'être aussi assidu chez M. de Torcy [2] que votre santé vous le permettra. Ne vous laissez point manquer d'argent, et mandez-moi franchement si vous en avez besoin. Adieu, mon cher fils : je vous embrasse de tout mon cœur.

143. — DE RACINE A ***[1].

A Paris, le 13e septembre [1696].

Je n'ai reçu aucun papier de P. R. [2]. Cela est cause, Monsieur, qu'il y a beaucoup de choses que je n'ai pas comprises dans le petit mémoire que vous m'avez envoyé. Vous me donnez un rendez-vous chez M.... [3]; mais votre porteur m'a assez embarrassé en me disant que vous étiez actuellement à Villeneuve. D'ailleurs, ou

---

3. Le jeune Racine travaillait dans les bureaux de M. de Torcy, ministre des affaires étrangères, pour s'instruire dans la diplomatie. (*Note de l'édition de 1807.*)

Lettre 143. — 1. Ce court billet, que nous croyons inédit, se trouve dans les manuscrits de la Bibliothèque de Troyes (liasse 2240). Il est écrit de la main même de Racine. La suscription manque. On voit seulement qu'il a dû être adressé à quelqu'un qui était chargé des affaires de Port-Royal. La lettre semblerait se rapporter au démêlé des religieuses de Port-Royal des Champs avec les religieuses de Port-Royal de Paris, au sujet duquel Racine se chargea de composer le mémoire que nous avons inséré aux pages 615 et suivantes de notre tome IV. La requête dont il est question dans un passage de la lettre est peut-être celle que les religieuses de Paris avaient présentée au Roi en 1696; le différend fut réglé au mois de mars 1697. Par ces raisons nous avons proposé, mais simplement comme une conjecture, la date de 1696.

2. Port-Royal.
3. Le nom est effacé et illisible dans l'autographe.

nous parlerions d'affaires en présence de M. V.[4], et il seroit fort surpris qu'ayant été longtemps avec moi, il y a quatre ou cinq jours, je ne lui ai[5] parlé de rien; ou nous nous cacherions de lui, et il s'offenseroit peut-être de nos manières mystérieuses. Ainsi il faut remettre à nous entretenir une autre fois. J'aurois pu faire quelque usage de cette requête qu'on vous a envoyée, et qu'on étoit convenu de m'envoyer; mais il faut aller mon chemin, ou plutôt il faut tout remettre à la Providence, qui a jusques ici assez bien conduit toutes choses. Je suis entièrement à vous.

RACINE.

144. — DE RACINE A JEAN-BAPTISTE RACINE[1].

A Paris, le 26. octobre [1696].

JE ne vous écris qu'un mot pour vous dire que je vous envoyerai le petit carrosse samedi prochain, pour vous amener ici l'après-dînée, afin que vous passiez les fêtes avec nous. Mon dessein est de vous remener le jour des Morts au matin, parce que j'espère aller l'après-dînée à Marly. M. de Cavoye a la bonté de vouloir visiter mon nouvel appartement, pour voir comme on l'a accommodé, et pour prier M. le Fèvre d'y rajuster ce qu'on aura mal fait. Ainsi ne manquez pas de vous trouver samedi prochain à son lever chez lui, sur le[2] huit heures et demie, avec la clef de l'appartement, et de bien observer ce qu'il vous dira pour me le redire. Au cas que M. Da-

---

4. Peut-être M. Willard, dont Racine écrivait le nom *Vuillard*.
5. Racine a écrit *ai* (*ay*), à l'indicatif.

LETTRE 144. — 1. Revue sur l'autographe, conservé à la Bibliothèque impériale.

2. Il y a bien *le*, et non *les*, dans l'autographe.

162 LETTRES.

1696 net[3] vous presse de lui abandonner la petite écurie, vous demanderez conseil à M. de Cavoye, et vous ferez ce qu'il vous conseillera. Ce ne seroit pas un grand malheur que d'être obligé d'ôter le peu de meubles qu'il y a dans la chambre de la petite écurie, et de les porter dans l'une des deux chambres du château. On a dit à votre mère qu'il y avoit quelque chose à refaire à votre habit. Si cela est, elle vous mande d'apporter aussi votre autre habit, pour le porter pendant qu'on retouchera à l'habit neuf. Henry n'aura qu'à revenir avec vous, et on mettra un tabouret dans le carrosse. Je vous donne le bonsoir, et suis tout à vous.

Faites bien mes compliments à M. et à Mme Vigan. Je meurs d'envie d'avoir l'honneur de les voir, et de les remercier de toutes les peines qu'ils prennent pour [vous[4]]. Je voulois aller moi-même samedi à Versailles, mais M. de Cavoye m'a dit qu'il n'étoit pas besoin que j'y allasse, et qu'il se chargeoit de tout voir et de tout examiner.

Suscription : A Monsieur Monsieur Racine le jeune, gentilhomme ordinaire du Roi, à la petite écurie, à Versailles. (Cachet rouge, au cygne.)

3. Il était intendant et contrôleur général de l'argenterie et menus plaisirs du Roi. Il vendit sa charge en novembre 1698. Voyez le *Journal de Dangeau*, à la date du 14 novembre 1698.

4. Le mot *vous* a été enlevé avec une partie du cachet.

145. — DE RACINE A JEAN-BAPTISTE RACINE.

A Paris, ce dimanche au soir [,23 décembre 1696[1]].

Votre mère m'écrivit mardi dernier à Versailles, et m'envoya la lettre de ma sœur, que je vous avois dit que j'attendois avec beaucoup d'impatience.

J'envoyai, comme vous savez, à la poste de Versailles, mecredi[2] matin, et votre Henry me vint dire qu'il n'y avoit rien pour moi. Je vous prie d'y renvoyer et d'y aller vous-même, et de vous plaindre un peu de ce qu'on a gardé si longtemps ce paquet sans vous le donner; car vous m'aviez dit qu'on portoit à vos tables les lettres qui sont pour ceux qui y mangent. Quoi qu'il en soit, renvoyez-moi le paquet de ma femme, dès qu'on vous l'aura rendu. Toute la famille se porte bien. Votre petit frère est tombé ce matin la tête dans le feu, et sans votre mère, qui l'a relevé sur-le-champ, il auroit eu le visage tout perdu. Il en a été quitte pour une brûlure qu'il s'est faite à la gorge, laquelle a appuyé contre un chenet tout brûlant. Nous sommes bien obligés de remercier le bon Dieu de ce qu'il ne s'est pas fait plus de mal. Votre sœur[3] se prépare toujours à en-

---

Lettre 145 (revue sur l'autographe, conservé à la Bibliothèque impériale). — 1. Cette date, donnée entre parenthèses par l'éditeur de 1807, doit être exacte; car Racine parle dans sa lettre de l'entrée aux Carmélites de sa fille, qui devait avoir lieu le samedi suivant; et dans une note de la lettre du 10 janvier 1697, à Mlle Rivière, le même éditeur de 1807, qui avait eu des renseignements recueillis par Jean-Baptiste Racine, dit que la fille ainée de Racine entra aux Carmélites le 29 décembre 1696.

2. Racine écrit ainsi : *mecredi*.

3. Marie-Catherine, l'ainée des filles de Racine. Elle avait alors seize ans et sept mois. Sur son entrée aux Carmélites du faubourg Saint-Jacques, voyez la lettre suivante de Racine à Mlle Rivière, du 10 janvier 1697, et ci-après, parmi les *Lettres de divers à divers*, celle du P. Quesnel, en date du 14 février 1697.

trer aux Carmélites samedi prochain, et le grand froid, ni tout ce que je lui ai pu dire, ne l'ont pu persuader de différer au moins jusqu'à un autre temps. La petite Mlle de Frescheville[4] est à l'extrémité, et peut-être même est-elle morte à l'heure qu'il est. Vous voyez par là que notre heure est bien incertaine, et que le plus sûr est d'y penser le plus sérieusement et le plus souvent qu'on peut. J'espère être dimanche prochain à Versailles : ma femme aura soin de vous envoyer du linge à dentelle ce jour-là. Je vous donne le bonsoir.

Suscription : A Monsieur Monsieur Racine le fils, gentilhomme ordinaire du Roi, à Versailles. (Cachet rouge, au cygne.)

---

146. — DE RACINE A MADEMOISELLE RIVIÈRE[1].

A Paris, le 10. janvier [1697].

Votre dernière lettre, ma chère sœur, ne m'est parvenue que depuis quelques jours. J'étois à Versailles

---

4. L'éditeur de 1807 dit qu'elle était fille d'un des parents de Boileau. Toutefois nous ne trouvons pas le nom de Frescheville dans l'*Explication généalogique* si étendue que Berriat-Saint-Prix a donnée au tome III, p. 436-465, des *OEuvres de Boileau*. Racine parle encore de Mlle de Frescheville dans deux lettres à son fils aîné (12 septembre et 31 octobre 1698); dans la seconde M. de Frescheville est aussi nommé. Dans les deux, c'est à Auteuil, dans la maison de Boileau, que nous trouvons Mlle de Frescheville.

Lettre 146. — 1. Louis Racine (p. 298-301) a donné cette lettre avec quelques suppressions et changements, et y a mêlé une partie de la lettre suivante. Nous avons suivi, pour l'une comme pour l'autre lettre (à deux leçons près pour la seconde : voyez les notes 1 et 6 de la lettre 147), le texte publié par l'éditeur de 1807. Il est vraisemblable que l'autographe des deux lettres, quoiqu'il ne le dise que pour la seconde, lui avait été communiqué par la famille de Racine.

quand elle est arrivée ici, et ma femme, qui savoit que j'attendois de vos nouvelles avec impatience, crut ne pouvoir mieux faire que de me l'adresser où j'étois ; mais elle ne me fut point rendue, par la négligence des commis de la poste, et il fallut la faire revenir ici, ce qui me causa un retard de quinze jours. J'approuve tout ce que vous avez fait, et je vous en remercie. D'après tout le bien qui m'a été dit du jeune homme qui recherche la petite Mouflard[2], je verrai avec plaisir ce mariage, et je leur donnerai pour mon présent de noces une somme de cent francs : c'est tout ce que je puis faire. Vous savez que notre famille est fort étendue, et que j'ai un assez bon nombre de parents à aider de temps en temps : ce qui me force à être réservé sur ce que je donne, afin de ne manquer à aucun d'eux quand il aura recours à moi dans l'occasion. D'ailleurs l'état où sont présentement mes affaires me prescrit une sévère économie, à cause de tout l'argent que je dois encore pour ma charge. Je dois surtout six mille livres qui ne portent point d'intérêt, et l'honnêteté veut que je les rende le plus tôt que je pourrai, pour n'être pas à charge à mes amis. J'espère que, dans un autre temps, je serai moins pressé, et alors je pourrai faire encore quelque petit présent à ma cousine.

Le cousin Henry[3] est venu ici, fait comme un misérable, et a dit à ma femme, en présence de tous nos domestiques, qu'il étoit mon cousin. Vous savez comme je ne renie point mes parents, et comme je tâche à les soulager ; mais j'avoue qu'il est un peu rude qu'un

2. Anne-Marie Racine, fille de Jean Racine, aïeul de notre poëte, avait épousé, le 10 juillet 1635, François Mouflard : voyez au tome VI, p. 515, la note 6 de la lettre 44. La petite Mouflard était probablement petite-fille de cette tante de notre poëte.
3. Voyez ci-dessus, p. 147, la note 5 de la lettre 136.

homme qui s'est mis en cet état par ses débauches et par sa mauvaise conduite, vienne ici nous faire rougir de sa gueuserie. Je lui parlai comme il le méritoit, et lui dis que vous ne le laisseriez manquer de rien s'il en valoit la peine, mais qu'il buvoit tout ce que vous aviez la charité de lui donner. Je ne laissai pas de lui donner quelque chose pour s'en retourner. Je vous prie aussi de l'assister tout doucement, mais comme si cela venoit de vous. Je sacrifierai volontiers quelque chose par mois pour le tirer de la nécessité. Je vous recommande toujours la pauvre Marguerite [4], à qui je veux continuer de donner par mois comme j'ai toujours fait. Si vous croyez que ma cousine des Fossés ait besoin de quelque secours extraordinaire, donnez-lui ce que vous jugerez à propos.

Je ne sais si je vous ai mandé que ma chère fille aînée étoit entrée aux Carmélites [5] : il m'en a coûté beaucoup de larmes; mais elle a voulu absolument suivre la résolution qu'elle avoit prise. C'étoit de tous nos enfants celle que j'ai toujours le plus aimée, et dont je recevois le plus de consolation. Il n'y avoit rien de pareil à l'amitié qu'elle me témoignoit. Je l'ai été voir plusieurs fois; elle est charmée de la vie qu'elle mène dans ce monastère, quoique cette vie soit fort austère; et toute la maison est charmée d'elle. Elle est infiniment plus gaie qu'elle n'a jamais été. Il faut bien croire que Dieu la veut dans cette maison, puisqu'il fait qu'elle y trouve tant de plaisir. Adieu, ma chère sœur : ne manquez pas de me tenir parole, et de m'employer dans toutes les choses où vous aurez besoin de moi.

---

4. C'était la nourrice de Racine. Il ne l'oublia pas dans son testament. (*Note de l'édition de* 1807.)

5. Voyez ci-dessus, p. 163, la lettre précédente, et la note 3.

Suscription : A Mademoiselle Rivière, à la Ferté-Milon.

1697

147. — DE RACINE A MADEMOISELLE RIVIÈRE [1].

A Paris, le 16. janvier [1697].

Je vous écris, ma chère sœur, pour une affaire où vous pouvez avoir intérêt aussi bien que moi, et sur laquelle je vous supplie de m'éclaircir le plus tôt que vous pourrez. Vous savez qu'il y a un édit [2] qui oblige tous ceux qui ont ou qui veulent avoir des armoiries sur leur vaisselle ou ailleurs, de donner pour cela une somme qui va tout au plus à vingt-cinq francs, et de déclarer quelles sont leurs armoiries. Je sais que celles de notre famille sont un *rat* et un *cygne*[3], dont j'aurois seulement gardé le cygne, parce que le rat me choquoit;

Lettre 147. — 1. L'éditeur de 1807, qui le premier a donné exactement le texte de cette lettre (voyez la note 1 de la lettre 146), avertit que l'original était entre les mains de M. Jacobé de Naurois, arrière-petit-fils de Racine. Geoffroy, à qui la lettre autographe avait été communiquée par le même M. de Naurois, l'a datée de 1698. La date de l'année manque sans doute dans l'original.

2. Une déclaration du Roi avait été publiée le 4 septembre 1696 pour la recherche des usurpateurs de noblesse; un édit du 20 novembre suivant avait fixé un délai de deux mois pour le payement des droits d'enregistrement des armoiries à l'Armorial général. Un peu plus tard, un arrêt du conseil d'État prorogea ce délai jusqu'au dernier jour de mars, terme après lequel il était défendu à tous officiers, bénéficiers, corps et communautés, de se servir d'aucuns sceaux ou cachets pour sceller des actes publics, et à toutes personnes, de quelque qualité que ce fût, de porter aucunes armoiries, qu'elles n'eussent été enregistrées, peintes et blasonnées à l'Armorial général, à peine de trois cents livres d'amende et de confiscation des meubles où elles se trouveraient représentées. On comptait qu'il reviendrait au Roi au moins sept millions de cet enregistrement des armoiries. Voyez le *Journal de Dangeau* au 20 novembre 1696.

3. C'était, on le voit, des armes parlantes. La forme ancienne du

mais je ne sais point quelles sont les couleurs du chevron sur lequel grimpe le rat, ni les couleurs aussi de tout le fond de l'écusson, et vous me ferez un grand plaisir de m'en instruire. Je crois que vous trouverez nos armes peintes aux vitres de la maison que mon grand-père fit bâtir, et qu'il vendit à M. de la Clef[4]. J'ai ouï dire aussi à mon oncle Racine[5] qu'elles étoient peintes aux vitres de quelque église. Priez M. Rivière de ma part de s'en mettre en peine, et de demander à mon oncle ce qu'il en sait, et de mon côté je vous manderai le parti que j'aurai pris là-dessus. J'ai aussi quelque souvenir d'avoir ouï dire que feu notre grand-père avoit fait un procès à un peintre[6] qui avoit peint les vitres de sa maison, à cause que ce peintre, au lieu d'un rat, avoit peint un sanglier. Je voudrois bien que ce fût en effet un sanglier, ou la hure d'un sanglier, qui fût à la place de ce vilain rat. J'attends de vos nouvelles pour me déterminer et pour porter mon argent : ce que je suis obligé de faire le plus tôt que je pourrai.

J'approuve fort qu'on fasse son possible pour sortir d'affaire avec le fils de M. Regnaud[7], et on ne sauroit trop tôt finir avec lui, pourvu qu'il nous fasse voir nos

---

second mot était *cine, cinne, cisne;* on trouve encore au seizième siècle *cyne.* Voyez le *Dictionnaire de M. Littré.*

4. Cette vente avait été faite par le grand-père de Racine (Jean Racine des Moulins), le 31 juillet 1640, au prix de deux mille trois cents francs. La famille de la Clef était, comme la famille de Racine, alliée à celle des Regnault. La maison vendue à M. de la Clef est aujourd'hui située au n° 14 de la rue Saint-Vaast, qui, à l'époque de la vente, était la rue de la Pescherie.

5. Claude Racine : voyez tome VI, p. 501, note 6.

6. Tel est le texte de Geoffroy; l'édition de 1807 donne « au peintre; » quatorze lignes plus haut, elle a *j'avois,* pour *j'aurois.*

7. Probablement un fils du cousin de Racine, François Regnault, mort en novembre 1694. Voyez ci-dessus, p. 146, la note 2 de la lettre 136, et au tome VI, p. 519, la note 6 de la lettre 48.

sûretés en traitant avec lui. Je suis bien fâché de l'argent qu'on vous a encore nouvellement fait payer au grenier à sel. Il faut espérer que la paix, qu'on croit qui se fera bientôt, mettra fin à toutes ces taxes qui reviennent si souvent.

Je crains que ce ne soit pas assez de quarante francs par mois pour cette pauvre cousine des Fossés⁸. J'en passerai par où vous voudrez, pourvu que vous preniez la peine de m'avertir quand vous n'aurez plus d'argent à moi. Ma femme et nos enfants saluent de tout leur cœur M. Rivière et ma nièce, et vous font mille compliments. Quand le mariage de la petite Mouflard sera conclu, je donnerai très-volontiers les cent francs que j'ai promis. Adieu, ma chère sœur : je suis entièrement à vous. Votre petit neveu est fort joli et bien éveillé.

148. — DE RACINE A JEAN-BAPTISTE RACINE.

A Paris, ce vendredi au soir [5 avril 1697¹].

J'AI reçu deux lettres de vous, l'une où vous me rendiez compte de plusieurs choses que je vous avois recommandées, et l'autre d'hier au soir, où vous m'avertissez, de la part de Mme Noailles², d'aller trouver Monsieur l'Archevêque. J'ai été sur-le-champ pour avoir

8. Voyez au tome VI, p. 532, la note 4 de la lettre 54.
LETTRE 148 (revue sur l'autographe, conservé à la Bibliothèque impériale). — 1. Louis Racine (p. 297), dans une note sur un passage de cette lettre, dit qu'elle fut écrite pendant la semaine sainte. Ce serait donc le vendredi saint, 5 avril.
2. Louise Boyer, duchesse de Noailles (le *de* est omis dans l'autographe), mère de l'archevêque de Paris. Elle mourut le 22 mai suivant. Voyez ce que Saint-Simon dit d'elle au tome I de ses *Mémoires*, p. 438 et 439.

l'honneur de lui parler; mais il est à Conflans, et on m'a dit que je ne pourrois le voir que demain matin³ après sa messe. Mon dessein est d'aller dimanche au soir ou lundi matin à Versailles, pour revenir avec vous à Paris le lundi même ou le lendemain. Je viens d'envoyer demander chez M. de Cavoye s'il ne vient point demain à Paris, comme il me l'avoit dit, et j'ai une grande impatience de le voir. Le sermon du P. de la Rue⁴ fait ici un fort grand bruit, aussi bien qu'au pays où vous êtes, et l'on dit qu'il a parlé avec beaucoup de véhémence contre les opinions nouvelles du quiétisme; mais on ne m'a pu rien dire de précis de ce sermon, et j'ai grande envie de voir quelqu'un qui l'ait entendu. L'amitié qu'avoit pour moi Monsieur de Cambray ne me permet pas d'être indifférent sur ce qui le regarde, et je souhaiterois de tout mon cœur qu'un prélat de cette vertu et de ce mérite n'eût point fait un livre⁵ qui lui attire tant de chagrins.

Si par hasard vous voyez M. l'abbé de Coaslin⁶, dites-

3. Il y a bien dans l'original : « demain matin. »
4. Charles de la Rue, jésuite, qui devint en 1700 le confesseur ordinaire de la duchesse de Bourgogne. Le 25 mars 1697, prêchant devant le Roi, « ses trois points finis, dit Saint-Simon (*Mémoires*, tome I, p. 431),... il demanda permission au Roi de dire un mot contre des extravagants et des fanatiques qui décrioient les voies communes de la piété..., et fit des peintures d'après nature, par lesquelles on ne pouvoit méconnoître les principaux acteurs pour et contre. Ce supplément dura une demi-heure, avec fort peu de ménagements pour les expressions. » (Voyez encore le *Journal de Dangeau*, lundi 25 [mars 1697], *à Versailles*.) Le même P. de la Rue prononça l'année suivante, le 20 août, jour de saint Bernard, en présence de Bossuet, un sermon dans lequel il se permit les allusions les plus blessantes contre Fénelon. Voyez la lettre de l'abbé Chanterac à Fénelon, en date du 13 septembre 1698, au tome IX, p. 443 et 444, de la *Correspondance de Fénelon*.
5. L'*Explication des maximes des saints*.
6. Henri-Charles du Cambout, duc de Coislin. Il avait alors la

lui qu'on m'a apporté de sa part une très-belle *Semaine sainte*[7], et que j'ai beaucoup d'impatience d'être à Versailles pour lui en faire mes très-humbles remerciements. Il est tous les jours[8] à la messe du Roi, et vous pourrez le voir à la sortie de la chapelle.

J'ai vu votre sœur, dont on est très-content aux Carmélites, et qui témoigne toujours une grande envie de s'y consacrer à Dieu. Votre sœur Nanette nous accable tous les jours de lettres pour nous obliger de consentir à la laisser entrer au noviciat[9]. J'ai bien des grâces à rendre à Dieu d'avoir inspiré à vos sœurs tant de ferveur pour son service et un si grand desir de se sauver. Je voudrois de tout mon cœur que de tels exemples vous touchassent assez pour vous donner envie d'être bon chrétien. Voici un temps où vous voulez bien que je vous exhorte, par toute la tendresse que j'ai pour vous, à faire quelques réflexions un peu sérieuses sur la nécessité qu'il y a de travailler à son salut, en quelque état que l'on soit appelé. Votre mère aura beaucoup de joie de vous voir, aussi bien que vos sœurs et votre petit frère. Bonsoir, mon cher fils.

survivance de la charge de premier aumônier du Roi, qui appartenait à son oncle, l'évêque d'Orléans (voyez au tome V, p. 167, note 5). Le 25 mai 1697, il fut nommé évêque de Metz. Il mourut en 1732.

7. On distribuait des *Heures* à l'usage de la chapelle du Roi et des *Semaines saintes* aux personnes qui avaient des dignités ou des charges d'un certain rang à la cour. Cette distribution et d'autres avaient encore lieu sous le règne de Louis XV, et même au commencement de celui de Louis XVI; elles furent supprimées lors des réformes faites par M. Necker dans la maison du Roi. (*Note de l'édition de* 1807.)

8. Les mots *tous les jours* sont en interligne, au-dessus de *toujours*, biffé.

9. Elle ne tarda pas à y entrer, comme on le voit par la lettre suivante, écrite le 24 mai de la même année.

149. — DE RACINE A MADEMOISELLE RIVIÈRE.

A Paris, le 24e mai [1697[1]].

Quoique vous n'ayez pas eu de mes nouvelles depuis quinze jours, je n'ai pas laissé de faire bien des pas pour vous depuis ce temps-là; et je puis dire que j'ai remué ciel et terre pour vos intérêts. J'ai eu recours même à Mme de Pontchartrain[2], et elle a écrit et parlé très-fortement à M. Lhuillier et à son intendant pour faire en sorte que M. Rivière fût rétabli dans sa commission. Ce qui fait la plus grande difficulté, c'est le titre de Mlle Hardy[3], que Messieurs les fermiers[4] généraux ne peuvent rembourser qu'au mois d'octobre, qui est le temps où commencera leur nouveau bail. Ces Messieurs promettent de placer ailleurs le frère du défunt; mais ils voudroient que M. Rivière pût faire en sorte que la veuve le prît pour homme[5], afin qu'il exerçât la commission pour elle jusqu'à ce qu'elle soit remboursée. Mme de Pontchartrain a fait écrire à cette veuve par son intendant, afin qu'elle s'accommodât avec M. Rivière. J'ai promis de mon côté que M. Rivière lui feroit tous les avantages qu'elle pourroit souhaiter, et lui cé-

---

Lettre 149 (revue sur l'autographe, conservé à la Ferté-Milon). — 1. L'année est indiquée avec certitude par l'entrée d'Anne Racine au noviciat des Ursulines de Melun. Au mois d'octobre suivant, elle prit l'habit de novice. Voyez plus bas la lettre 156, p. 186.

2. Marie de Maupeou, fille de Pierre de Maupeou, président aux enquêtes: voyez ci-dessus, p. 28, la note 5 de la lettre 93. Elle avait épousé, en 1668, le comte de Pontchartrain (Louis Phélippeaux). Elle mourut le 12 avril 1714.

3. C'était la veuve de M. Hardy, dont Racine parle dans sa lettre à Mlle Rivière, du 3 juillet 1695 (ci-dessus, p. 147), et qui, depuis peu sans doute, était mort.

4. *Fermiers* est écrit en interligne au-dessus d'*intéressés*, biffé.

5. Prendre pour *homme*, en termes de palais, signifiait prendre pour *caution*: voyez le *Dictionnaire de Furetière*, au mot Homme.

deroit même en un besoin tous les gages de la commission. C'est donc à lui à offrir à cette veuve toutes les conditions qu'elle voudra, et de faire en sorte qu'elle s'accommode avec lui. Faites-lui toute sorte d'honnêtetés là-dessus, afin qu'elle n'ait aucun lieu de se plaindre, et que je puisse dire à Mme de Pontchartrain que M. Rivière lui a fait toutes les propositions du monde les plus avantageuses ; car il importe extrêmement que M. Rivière se treuve en place au renouvellement du bail, et je puis vous assurer que ces Messieurs ne demanderont pas mieux qu'à l'y laisser. Mlle Hardy n'aura aucun lieu de se plaindre de vous quand on la remboursera, et quand on donnera une autre commission à son beau-frère, peut-être meilleure que celle de la Ferté-Milon. Dites à M. Rivière qu'il conduise tout cela fort adroitement. Surtout qu'il se garde bien de se vanter de mon crédit, et de dire à personne au monde que j'aie parlé à Mme de Pontchartrain. Du reste, ma chère sœur, si la chose manque, et ne réussit pas aussi bien et aussi promptement que je le voudrois, il faudra se soumettre à la volonté de Dieu, et attendre en paix quelque meilleure occasion. Vous voyez bien par toutes mes démarches que je m'intéresse plus à vos affaires qu'aux miennes, puisque assurément je serois fort peu capable de faire pour moi toutes les sollicitations que je fais pour vous. Ne songez point à me remercier : songez plutôt à me mander au plus tôt des nouvelles de la disposition où vous paroît Mlle Hardy à l'égard de M. Rivière. Quelqu'un m'a dit qu'elle viendroit à Paris au premier jour. Ayez soin de m'informer de son départ, et de tâcher même de savoir où elle loge quand elle est à Paris. Adieu, ma chère sœur : faites mes compliments à M. Rivière et à ma nièce. Les Carmélites ont été obligées de nous rendre pour un temps

1697

ma fille aînée, parce qu'elle se trouvoit fort incommodée depuis une chute qu'elle a faite dans leur maison. Ma seconde fille, Nanette, a voulu à toute force entrer au noviciat à Melun; mais nous retardons sa prise d'habit le plus que nous pouvons [6].

---

150. — DE RACINE A JEAN-BAPTISTE RACINE.

A Paris, le 8ᵉ juin [1697].

J'AVOIS prié M. Félix de vous faire dire par son laquais que je n'irois point à Port-Royal, et qu'ainsi je ne passerois point par Versailles. Je fus assez chagrin de ne vous pas trouver le jour que j'y allai, mais je me doutai que vous seriez à Moulineau[1], ou en visite chez M. de Castigny[2]. Je savois déjà qu'on vous avoit donné une lettre à faire; mais je saurois volontiers si on a été content de la manière dont vous l'avez faite. On m'avoit déjà dit la nouvelle de la prise d'Ath[3], et j'en ai beaucoup de joie. Vous me ferez plaisir de me mander tout ce que vous apprendrez de nouveau. Voici un temps assez vif, et où il peut arriver à toute heure des nouvelles importantes. Vous me ferez aussi plaisir d'aller trouver M. Moreau[4] à l'issue de son dîner, et de le faire souvenir de

---

6. Voyez ci-après la lettre 156, vers la fin, p. 186.
LETTRE 150 (revue sur l'autographe, conservé à la Bibliothèque impériale). — 1. Voyez ci-dessus, p. 159, la note 2 de la lettre 142.
2. Premier commis des affaires étrangères. Racine le fils travailloit dans son bureau. (*Note de l'édition de* 1807.)
3. Ath avait capitulé le mercredi 5 juin 1697. D'Orgemont, neveu du maréchal Catinat, en avait apporté la nouvelle à Versailles le lendemain, 6 juin. Voyez le *Journal de Dangeau* au 6 juin 1697.
4. Valet de chambre du duc de Bourgogne. (*Note de l'édition de* 1807.)

la prière que je lui ai faite de vouloir s'informer du détail de la charge de M. des Ormes⁵, dont je lui ai confié que M. le Verrier⁶ étoit sur le point de traiter. Je m'emploie d'autant plus volontiers pour M. le Verrier, que M. Félix m'a fort assuré qu'il ne pensoit plus du tout à cette charge. Cependant ne dites à personne, ni que M. le Verrier y pense, ni que je vous aie écrit là-dessus; et si M. Moreau vous donne quelque éclaircissement par écrit, ayez soin de me l'envoyer. Il se pourroit fort bien faire que je vous irois voir mecredi matin ; car j'ai quelque envie de mener votre mère et vos sœurs à Port-Royal pour y être à la procession de l'octave⁷, et pour revenir le lendemain. Elles sont toutes en fort bonne santé, Dieu merci, et vous font leurs compliments. J'allai hier aux Carmélites avec votre sœur pour voir la nouvelle prieure, qui n'est point Mme de la Vallière⁸, comme M. de Castigny l'a cru, mais la Mère du Saint-Esprit, fille de feu M. le Boux, conseiller de la grand chambre, ci-devant maîtresse des novices. Je vous exhorte à aller faire un peu votre cour à Mme la comtesse de Gramond⁹ et à Mme la duchesse de Noail-

---

5. Cette charge était celle de contrôleur général de la maison du Roi. Elle valait dix-sept mille francs de rente. Félix, qui avait dit à Racine qu'il n'y pensait plus, se ravisa un peu plus tard, et l'acheta pour son fils aîné. Il en donna à Désormes cent quatre-vingt-cinq mille francs, et deux mille écus de pension sa vie durant. Voyez le *Journal de Dangeau* au mercredi 10 juillet 1697.
6. Sur cet ami de Boileau, voyez au tome I, la note 1 de la page 327, et la note 2 de la page 329.
7. Le jeudi 13 juin suivant, jour de l'octave de la Fête-Dieu.
8. Louise-Françoise de la Baume le Blanc de la Vallière, en religion sœur Louise de la Miséricorde, ne voulut jamais être que simple religieuse. Elle mourut le 6 juin 1710, au couvent des Carmélites, où elle était entrée le 19 avril 1674, et avait fait profession le 4 juin 1675.
9. Élisabeth Hamilton, mariée au comte de Gramont, si connu

les[10], qui ont l'une et l'autre beaucoup de bonté pour vous. Adieu, mon cher fils. Envoyez à M. de Castigny la lettre que je lui écris. Je ne puis m'empêcher de vous dire qu'il m'écrit sur votre sujet avec toute l'amitié possible.

151. — DE RACINE A JEAN-BAPTISTE RACINE.

A Paris, ce mardi [9 juillet 1697].

Votre cousin, qui va partir tout à l'heure, vous rendra cette lettre, que j'écris à M. Bontems[1] pour le prier de demander pour moi d'aller à Marly. Rendez-la-lui le plus tôt que vous pourrez; car il n'y a pas de temps à perdre. Je n'étois pas trop assuré que le Roi allât à Marly cette semaine, M. de Cavoye, que je croyois bien informé, m'ayant dit qu'on n'y alloit que la semaine qui vient[2]. Au cas qu'on n'y aille point en effet cette semaine, vous n'avez que faire de rendre ma lettre. Je n'en serai pas moins demain à neuf heures et demie à

---

par les *Mémoires* que son beau-frère Hamilton a écrits sur sa vie. La comtesse de Gramont avait été dame du palais de la reine Marie-Thérèse. On connaît ses liaisons avec Port-Royal. Elle mourut le 3 juin 1708, à l'âge de soixante-sept ans.

10. Marie-Françoise de Bournonville, mariée le 13 août 1671 à Anne-Jules duc de Noailles, maréchal de France en 1693. Elle était fort en faveur auprès du Roi et de Mme de Maintenon. Voyez les *Mémoires de Saint-Simon,* tome VI, p. 425.

Lettre 151 (revue sur l'autographe, conservé à la Bibliothèque impériale). — 1. Alexandre Bontemps était le premier des quatre valets de chambre du Roi, et intendant des châteaux, parcs et domaines de Versailles et de Marly. Né le 9 juin 1626, il mourut le 17 janvier 1701. Voyez les *Mémoires de Saint-Simon*, tome III, p. 64-66.

2. Le Roi partit pour Marly le lendemain du jour où cette lettre a été écrite, c'est-à-dire le mercredi 10 juillet, et il en revint le samedi 20 du même mois.

Versailles, pour aller présenter votre cousin à M. du Fresnoy³. Montrez-lui, s'il vous plaît, la chambre et la pension que vous lui avez trouvée, et faites-lui bien des amitiés. Je vous donne le bonsoir.

---

152. — DE RACINE A JEAN-BAPTISTE RACINE.

A Marly, le 15. juillet [1697].

VOTRE mère vous a écrit une lettre que l'on m'a apportée ici, par laquelle elle vous mandoit qu'à cause des grandes pluies qu'il a fait, et qui peuvent avoir gâté les chemins, elle ne sera que mecredi matin à Versailles. M. Bourdelot¹ m'a fort surpris ce matin quand il m'a dit que M. d'Héricour² attendoit aujourd'hui votre mère à dîner. C'est une grande négligence à vous de ne l'avoir pas prié de ne nous point attendre, comme je vous en avois chargé quand je partis de Versailles.

---

3. Élie du Fresnoy, fils d'un secrétaire du duc de Saint-Simon, père de l'auteur des *Mémoires*, fut premier commis de Louvois, puis de Barbezieux. « Sa femme, dit Saint-Simon (*Mémoires*, tome I, p. 60), fut cette Mme du Fresnoy si connue par sa beauté..., pour qui le crédit de M. de Louvois fit créer une charge de dame du lit de la Reine. » Élie du Fresnoy mourut au mois de février 1698, âgé de quatre-vingt-cinq ans. Voyez le *Journal de Dangeau*, au 15 février 1698. — On voit par les lettres de Racine à son fils en date des 27 février et 10 mars 1698, ci-après, p. 214 et p. 222, que le cousin dont il parle ici était le jeune de Romanet, neveu de Mme Racine.

LETTRE 152 (revue sur l'autographe, conservé à la Bibliothèque impériale). — 1. Pierre Bonet, dit Bourdelot. Il était alors médecin ordinaire du Roi; il avait été médecin de la Reine. Il mourut en 1709, âgé de cinquante-quatre ans.

2. Voyez ci-dessus, p. 145, la note 8 de la lettre 135.

Je vous donne le bonjour. Il n'y a rien ici de nouveau depuis la prise du chemin couvert de Barcelone[3].

Suscription : A Monsieur Monsieur Racine le fils, au-dessus de l'appartement de Mme de Vantadour, près de celui de M. Busca, à Versailles. (Cachet rouge, au cygne.)

153. — DE RACINE A JEAN-BAPTISTE RACINE[1].

A Marly, ce samedi matin [20 juillet 1697].

Je vous prie, mon cher fils, dès que vous aurez reçu cette lettre, de faire porter à Port-Royal celle que j'écris à votre tante, ou par Henry, ou par quelque homme qui vous paroisse sûr. Je crois qu'il vaudroit mieux que Henry la portât. Il n'a qu'à louer quelque bidet pour faire ce petit voyage. Je serai lundi matin à Versailles, et je vous ramènerai à Paris. Je vous donne le bonjour.

---

3. Elle avait été annoncée le 13 à Marly par un courrier du duc de Vendôme, parti le 8 au matin. La place demanda à capituler le 5 août; le 10, les troupes françaises commencèrent à y entrer; la garnison espagnole ne sortit que le 15. Voyez le *Journal de Dangeau,* au samedi 13 juillet, au jeudi 15 août et au jeudi 22 août.

Lettre 153. — 1. Revue sur l'autographe, conservé à la Bibliothèque impériale.

154. — DE RACINE A MADEMOISELLE RIVIÈRE.

1697

A Paris, ce 8e septembre [1697[1]].

Je voulois, ma chère sœur, attendre à vous écrire que votre affaire fût entièrement terminée. Mais elle ne l'est pas encore, et j'ai affaire à des gens fort difficiles, et qui ont peine à s'accorder ensemble. Cependant n'ayez point d'inquiétude, et surtout gardez-vous bien de faire paroître que vous en avez. Croyez que votre affaire me tient plus au cœur que toutes les miennes[2], et qu'on me fait espérer toutes choses avec un peu de patience. Nous avons reçu la toile dont vous prétendez faire présent à mon fils. Vous jugez bien que nous ne sommes pas gens qu'il faille gagner par des présents : c'est bien plutôt à moi à vous en faire. Mais nous parlerons de tout cela quand je serai pleinement content sur tout ce qui vous regarde. Adieu, ma chère sœur : encore un coup, soyez en repos. Je salue de tout mon cœur M. Rivière.

Suscription : A Mademoiselle Mademoiselle Rivière, à la Ferté-Milon.

Lettre 154 (revue sur l'autographe, conservé à la Ferté-Milon). — 1. Cette lettre semble avoir été écrite peu de temps après la lettre 149, et est très-probablement de la même année. L'affaire dont Racine parle à sa sœur, et qui n'était pas encore terminée, ne peut être que celle du grenier à sel, dans laquelle il fallait s'entendre avec la veuve de M. Hardy.

2. Voyez ci-dessus une phrase presque semblable dans la lettre 149, p. 173. Cette préoccupation de la même idée nous semble confirmer la conjecture que les deux lettres ont été écrites vers le même temps.

155. — DE VAUBAN A RACINE [1].

Paris, 13. septembre [1697].

Dès aussitôt mon arrivée ici, j'ai écrit, Monsieur, à tous ceux qui pouvoient me rafraîchir la mémoire du siége de Philisbourg [2]; et à mon retour j'enverrai à Lille rechercher mes lettres du siége de cette place à M. de Louvois, et de M. de Louvois à moi, avec quelques brouillons des attaques que j'y dois avoir. Sitôt que j'aurai ramassé tout cela, j'en ferai un agenda, que je vous remettrai.

Je n'ai pas plus tôt été arrivé ici que j'ai trouvé Paris rempli des bruits de paix que les ministres étrangers y font courir à des conditions très-déshonorantes pour nous; car, entre autres choses, ils écrivent que nous avons offert, en dernier lieu, Strasbourg [3] et Luxem-

---

LETTRE 155. — 1. Cette lettre a été insérée aux pages 26 et suivantes de la brochure qui a pour titre : *Abrégé des services du maréchal de Vauban, fait par lui en 1703, publié avec un supplément par M. Augoyat, lieutenant-colonel du génie*, Paris, 1839 (in-12). Elle y porte la date du 13 septembre 1696; mais M. Camille Rousset, qui l'a reproduite presque en entier dans son *Histoire de Louvois*, tome IV, p. 540 et suivantes, a fait remarquer (note 1 de la page 542) qu'il doit y avoir erreur sur l'année, et qu'au lieu de 1696 il faut lire 1697. « Tout dans cette lettre, dit-il, et d'un bout à l'autre, indique, à notre avis, qu'elle a été écrite pendant le congrès de Ryswick, et précisément dans la dernière crise des négociations. » Nous avons adopté cette rectification de date, qui nous paraît incontestable.

2. Philisbourg, assiégé par le grand Dauphin, qui avait sous lui Vauban pour la direction du siége, s'était rendu le 29 octobre 1688.

3. Ce bruit n'était pas sans fondement, puisqu'on lit dans le *Journal de Dangeau*, à la date du lundi 9 [septembre 1697], à Versailles : « Nos plénipotentiaires à Ryswick ont accordé un terme de vingt jours aux alliés, et voici seulement ce qu'ils ont changé aux propositions de la paix : c'est que le Roi laissoit à l'Empereur l'alternative de Strasbourg ou de ce que le Roi offroit pour l'équivalent, et que S. M. présentement veut garder Strasbourg en laissant à l'Em-

bourg en l'état qu'ils sont, outre et par-dessus les offres précédentes qu'on avoit faites; qu'ils ne doutent pas que ces offres ne soient acceptées, mais qu'ils s'étonnent fort qu'on ne les a pas faites il y a deux ans, puisque, si on les avoit faites en ce temps-là, nous aurions eu la paix. Si cela est, nous fournissons là à nos ennemis de quoi nous bien donner les étrivières. Un pont sur le Rhin, et une place de la grandeur et de la force de Strasbourg, qui vaut mieux elle seule que le reste de l'Alsace, cela s'appelle donner aux Allemands le plus beau et le plus sûr magasin de l'Europe pour les secours de Monsieur de Lorraine, et pour porter la guerre en France. Luxembourg, de sa part, fera le même effet à l'égard de la Lorraine, de la Champagne et des Évêchés. Nous n'avons après cela qu'à nous jouer à donner de l'inquiétude à Monsieur de Lorraine : le voilà en état d'être soutenu à merveilles.

Je ne veux pas parler des autres places que nous devons rendre. Je ne vous ai paru que trop outré là-dessus; il vaut mieux me taire, de peur d'en trop dire. Ce qu'il y a de certain, c'est que ceux qui ont donné de pareils conseils au Roi ne servent pas mal ses ennemis.

Ces deux dernières places sont les meilleures de l'Europe; il n'y avoit qu'à les garder; il est certain qu'aucune puissance n'auroit pu nous les ôter. Nous perdons avec elles, pour jamais, l'occasion de nous borner par le Rhin; nous n'y reviendrons plus; et la France, après s'être ruinée et avoir consommé un million d'hommes pour s'élar-

---

pereur l'équivalent qu'il avoit offert. » Les bruits que Vauban avait recueillis à Paris sur la cession de Strasbourg étaient seulement un peu en retard sur les informations qu'on avait à Versailles. Quant à Luxembourg, la France le rendit par le traité signé avec l'Espagne le 20 septembre 1697.

gir et se faire une frontière, [maintenant] que tout est fait, et qu'il n'y a plus qu'à se donner un peu de patience pour sortir glorieusement d'affaire, tombe tout d'un coup, sans aucune nécessité ; et tout ce qu'elle a fait depuis quarante ans ne servira qu'à fournir à ses ennemis de quoi achever de la perdre. Que dira-t-on de nous présentement ? Quelle réputation aurons-nous dans les pays étrangers, et à quel mépris n'allons-nous pas être exposés ? Est-on assez peu instruit dans le conseil du Roi pour ne pas savoir que les États se maintiennent plus par la réputation que par la force ? Si nous la perdons une fois, nous allons devenir l'objet du mépris de nos voisins, comme nous sommes celui de leur aversion. On nous va marcher sur le ventre, et nous n'oserons souffler. Voyez où nous en sommes. Je vous pose en fait qu'il n'y aura pas un petit prince dans l'Empire qui, d'ici en avant, ne se veuille mesurer avec le Roi, qui de son côté peut s'attendre que la paix ne durera qu'autant de temps que ses ennemis en emploieront à se remettre en état, après qu'ils auront fait la paix avec le Turc. Nous le donnons trop beau à l'Empereur pour manquer à s'en prévaloir.

De la manière enfin qu'on nous promet la paix générale, je la tiens plus infâme que celle du Cateau-Cambrésis[4], qui déshonora Henri second, et qui a toujours été considérée comme la plus honteuse qui ait jamais été faite. Si nous avions perdu cinq ou six batailles l'une sur l'autre, et une grande partie de notre pays, que l'État fût dans un péril évident, à n'en pouvoir relever sans une paix, on y trouveroit encore à redire, la faisant comme nous la voulons faire. Mais il n'est pas question de rien de tout cela, et on peut dire que nous sommes

---

4. En 1559.

encore dans tous nos avantages. Nous avons gagné [un] 1697
terrain considérable sur l'ennemi; nous lui avons pris de
grandes et bonnes places; nous l'avons toujours battu;
nous vivons tous les ans à ses dépens; nous sommes en
bien meilleur état qu'au commencement de la guerre;
et au bout de tout cela nous faisons une paix qui déshonore le Roi et toute la nation. Je n'ai point de termes pour expliquer une si extraordinaire conduite; et
quand j'en aurois, je me donnerois bien garde de les
exposer à une telle lettre : brûlez-la, s'il vous plaît.

156. — DE RACINE A BOILEAU[1].

A Fontainebleau, le 8e octobre [1697].

Je vous demande pardon si j'ai été si longtemps sans
vous faire réponse; mais j'ai voulu avant toutes choses
prendre un temps favorable pour recommander M. Manchon[2] à M. de Barbesieux[3]. Je l'ai fait, et il m'a fort
assuré qu'il feroit son possible pour me témoigner la
considération qu'il avoit pour vous et pour moi. Il m'a
paru que le nom de M. Manchon lui étoit assez inconnu; et je me suis souvenu alors qu'il avoit un autre
nom[4], dont je ne me souvenois point du tout. J'ai eu

Lettre 156 (revue sur l'autographe, conservé à la Bibliothèque
impériale). — 1. De même que la lettre 67, celle-ci a été réservée
pour être exposée en montre à la Bibliothèque.

2. Jérôme Manchon, neveu de Boileau. Voyez au tome VI,
p. 568, la note 17 de la lettre 67. Il était dans le commissariat des
guerres depuis l'année 1692.

3. Secrétaire d'État au département de la guerre. Il avait succédé
en 1691 à Louvois, son père.

4. Nous ignorons quel était cet autre nom. Il ne se trouve pas
dans les pièces que Berriat-Saint-Prix a réunies sous le titre de
Pièces justificatives.

recours à M. de la Chapelle⁵, qui m'a fait un mémoire que je présenterai à M. de Barbesieux dès que je le verrai. Je lui ai dit que M. l'abbé de Louvois⁶ voudroit bien joindre ses prières aux nôtres, et je crois qu'il n'y aura point de mal qu'il lui en écrive un mot. Je suis bien aise que vous ayez donné votre *épître*⁷ à Monsieur de Meaux, et que Monsieur de Paris soit disposé à vous donner une approbation authentique. Vous serez surpris quand je vous dirai que je n'ai point encore rencontré Monsieur de Meaux, quoiqu'il soit ici; mais je ne vais guère aux heures où il va chez le Roi, c'est-à-dire au lever et au coucher. D'ailleurs la pluie presque continuelle empêche qu'on ne se promène dans les cours ou dans les jardins, qui sont les endroits où l'on a de coutume de se rencontrer. Je sais seulement qu'il a présenté au Roi l'ordonnance de Monsieur l'archevêque de Reims⁸ contre les jésuites. Elle m'a paru très-forte, et il y explique très-nettement la doctrine de Molina avant que de la condamner. Voilà, ce me semble, un rude coup pour les

5. Henri de Bessé la Chapelle, conseiller au parlement de Metz, secrétaire de Pontchartrain. Il était fils de Henri de Bessé la Chapelle dont nous avons parlé au tome VI, p. 571, note 12 de la lettre 69.
6. Camille le Tellier de Louvois, abbé de Vauluisant et de Bourgueuil en Vallée, et garde de la bibliothèque du Roi. Il était frère de Barbezieux, et quatrième fils du chancelier le Tellier. Né le 11 avril 1675, il mourut en novembre 1718.
7. Il s'agit de l'*épître* xii, sur *l'Amour de Dieu*.
8. Charles-Maurice le Tellier. Cette ordonnance est du 15 juillet 1697. (*Note de l'édition de* 1807.) Dangeau ne fait mention de la circonstance rapportée ici par Racine que sous la date du 11 octobre : « Monsieur l'archevêque de Reims a fait imprimer un mandement pour son diocèse, où l'on prétend qu'il n'a pas ménagé les jésuites. Monsieur de Meaux a apporté ce livre-là ici, et l'a donné au Roi de la part de l'archevêque de Reims. » La lettre de Racine prouve que la nouvelle aurait pu être insérée quelques jours plus tôt dans le *Journal de Dangeau*.

jésuites; et il y a bien des gens qui commencent à croire que leur crédit est fort baissé, puisqu'on les attaque si ouvertement. Au lieu que c'étoit à eux qu'on donnoit autrefois les priviléges pour écrire tout ce qu'ils vouloient, ils sont maintenant réduits à ne se défendre que par de petits libelles anonymes, pendant que les censures des évêques pleuvent de tous côtés sur eux. Votre *épître* ne contribuera pas à les consoler; et il me semble que vous n'avez rien perdu pour attendre, et qu'elle paroîtra fort à propos. On a eu nouvelle aujourd'hui que M. le prince de Conty étoit arrivé en Pologne[9]; mais on n'en sait pas davantage, n'y ayant point encore de courrier qui soit venu de sa part. M. l'abbé Renaudot vous en dira plus que je ne saurois vous en écrire. Je n'ai pas fort avancé le mémoire[10] dont vous me parlez. Je crains même d'être entré dans des détails qui

9. François-Louis de Bourbon, prince de Conti, avait été le 27 juin précédent proclamé roi de Pologne par le primat du royaume. Dangeau dit dans son *Journal*, sous la date du lundi 7 [octobre 1697], à Fontainebleau : « On sut que M. le prince de Conti étoit le 25 [septembre] à la vue de Dantzick; » et sous la date du mercredi 9 [octobre], à Fontainebleau : « On eut des lettres de M. le prince de Conti du 28 [septembre]; il étoit encore à la rade de Dantzick. » On apprit au mois de novembre que le prince de Conti n'avait pu réussir à débarquer, et avait dû renoncer à régner sur la Pologne. Il était de retour à Paris le jeudi 12 décembre 1697.

10. Quelques éditeurs, entre autres celui de 1807, ont pensé que ce mémoire était celui que Racine écrivit pour les religieuses de Port-Royal des Champs, et que nous avons donné au tome IV, p. 615 et suivantes. D'autres ont objecté, et, ce nous semble, avec raison, que le différend entre les religieuses de Paris et celles des Champs avait été réglé au mois de mars 1697, et que par conséquent le mémoire de Racine avait été composé avant cette dernière date Ils ont conjecturé qu'il s'agissait plutôt ici du mémoire que, selon Louis Racine, son père avait écrit sur les moyens de soulager la misère du peuple, et qui devint la cause de sa disgrâce. Rien ne le prouve; il se peut bien que le mémoire dont Racine parle ait été un de ceux qu'il se chargeait si souvent d'écrire pour la maison de

l'allongeront bien plus que je ne croyois. D'ailleurs vous savez la dissipation de ce pays-ci. Pour m'achever, j'ai ma seconde fille à Melun, qui prendra l'habit dans huit jours[11]. J'ai fait deux voyages pour essayer de la détourner de cette résolution, ou du moins pour obtenir d'elle qu'elle différât encore six mois; mais je l'ai trouvée[12] inébranlable. Je souhaite qu'elle se trouve aussi heureuse dans ce nouvel état, qu'elle a eu d'empressement pour y entrer. Monsieur l'archevêque de Sens[13] s'est offert de venir faire la cérémonie, et je n'ai pas osé refuser un tel honneur. J'ai écrit à M. l'abbé Boileau[14] pour le prier d'y prêcher, et il a eu l'honnêteté de vouloir bien partir exprès de Versailles en poste pour me donner cette satisfaction. Vous jugez que tout cela cause assez d'embarras à un homme qui s'embarrasse aussi aisément que moi. Plaignez-moi un peu dans votre profond loisir d'Auteuil, et excusez si je n'ai pas été plus exact à vous mander des nouvelles. La paix[15] en a fourni d'assez considérables, et qui nous donneront assez de matière pour nous entretenir quand j'aurai l'honneur de vous revoir. Ce

Port-Royal des Champs. Ses lettres à la Mère Agnès de Sainte-Thècle nous en donnent des exemples.

11. Anne Racine (Nanette) prit alors, apparemment le 15 octobre, l'habit de novice aux Ursulines de Melun (voyez ci-dessus, p. 171 et p. 174, les lettres 148 et 149). Elle y fit profession l'année suivante (6 novembre 1698), à l'âge de seize ans et trois mois.

12. Il y a dans l'autographe : *trouvé*, sans accord.

13. Voyez ci-dessus, p. 117, la note 11 de la lettre 124.

14. Voyez ci-dessus, p. 129, la note 11 de la lettre 128.

15. La paix signée à Ryswick, le 20 septembre, avec l'Espagne, l'Angleterre et la Hollande, qui promettaient de faire signer l'Empereur dans six semaines, promesse qui fut tenue. La nouvelle en fut apportée à Fontainebleau le 26 septembre 1697 par M. de Cely, dont Racine parle dans sa lettre à son fils du 26 janvier 1698, ci-après, p. 193; mais elle y était déjà parvenue par d'autres voies. Voyez le *Journal de Dangeau*, aux 22, 24 et 26 septembre 1697.

sera au plus tard dans quinze jours; car je partirai deux ou trois jours avant le départ du Roi. Je suis entièrement à vous.

RACINE.

---

157. — DE BOILEAU A RACINE.

A Auteuil, mecredi [1697¹].

Je crois que vous serez bien aise d'être instruit de ce qui s'est passé dans la visite que nous avons ce matin, suivant votre conseil, rendue, mon frère² et moi, au Révérend Père de la Chaize. Nous sommes arrivés chez lui sur les neuf heures du matin; et sitôt qu'on lui a dit notre nom, il nous a fait entrer. Il nous a reçus avec beaucoup de bonté, m'a fort obligeamment interrogé sur mes maladies, et a paru fort content de ce que je lui ai dit que mon incommodité³ n'augmentoit point. Ensuite il a fait apporter des chaises, s'est mis tout proche de moi, afin que je le pusse mieux entendre, et

---

Lettre 157 (revue sur l'autographe, conservé à la Bibliothèque impériale). — 1. On trouve cette lettre imprimée, avec un bon nombre de légères variantes, dans l'édition de 1736 des OEuvres de Racine, tome I, p. 511-515. Elle avait déjà paru, à peu près avec les mêmes variantes, dans l'édition de 1712 de la *satire* xii de Boileau. — La date est assez probablement celle du mercredi 16 octobre, lorsque Racine était encore à Fontainebleau. On voit bien que cette lettre est à peu près du même temps que la précédente de Racine, où il est aussi question de la communication faite par Boileau de son *épître* xii à M. de Noailles et à Bossuet; mais il semble assez clair que la visite de Boileau au P. de la Chaise n'avait pas encore été racontée à Racine, lorsqu'il écrivit la lettre du 8 octobre, qui par conséquent doit avoir précédé celle-ci de quelques jours.

2. Lorsque Boileau retoucha cette lettre, il fit ici ce changement : « mon frère le docteur de Sorbonne et moi. » Sur Jacques Boileau, voyez ci-dessus, p. 74, la note 4 de la lettre 110.

3. Sa surdité.

aussitôt, entrant en matière, m'a dit que vous lui aviez lu un ouvrage ⁴ de ma façon, où il y avoit beaucoup de bonnes choses ; mais que la matière que j'y traitois étoit une matière fort délicate et qui demandoit beaucoup de savoir pour en parler ; qu'il avoit autrefois enseigné la théologie ⁵, et qu'ainsi il devoit être instruit de cette matière à fond ; qu'il falloit faire une grande différence de l'amour affectif d'avec l'amour effectif ; que ce dernier étoit absolument nécessaire, et entroit dans l'attrition, au lieu que l'amour affectif venoit de la contrition parfaite ; que celui-ci justifioit par lui-même le pécheur, au lieu que l'amour effectif n'avoit d'effet qu'avec l'absolution du prêtre. Enfin il nous a débité, en assez bons termes et fort longuement, tout ce que beaucoup d'auteurs scolastiques ont écrit sur ce sujet, sans pourtant oser dire, comme eux, que l'amour de Dieu, absolument parlant, n'est point nécessaire pour la justification du pécheur. Mon frère le chanoine applaudissoit des yeux et du geste à chaque mot qu'il disoit, témoignant être ravi de sa doctrine et de son énonciation. Pour moi, je suis demeuré assez froid et assez immobile. Et enfin, lorsqu'il a été las de parler, je lui ai dit que j'avois été fort surpris qu'on m'eût prêté des charités auprès de lui, et qu'on lui eût donné à entendre que j'avois fait un ouvrage contre les jésuites ; que ce seroit une chose bien étrange si soutenir qu'on doit aimer Dieu s'appeloit écrire contre les jésuites ; que mon frère avoit apporté avec lui vingt passages de dix ou douze de leurs plus fameux écrivains, qui soutenoient qu'on doit nécessairement aimer Dieu, et en des termes beaucoup plus forts que ceux qui étoient dans mes vers ;

4. L'*épître* xii, *sur l'Amour de Dieu.*
5. Au collége de Lyon. (*Note de l'édition de* 1736.)

que j'avois si peu songé à écrire contre sa société, que les premiers à qui j'avois lu mon ouvrage, c'étoit six jésuites des plus célèbres, qui m'avoient tous dit unanimement qu'un chrétien ne pouvoit pas avoir d'autres sentiments sur l'amour de Dieu que ceux que j'avois mis en rimes; qu'ensuite j'avois brigué de le lire à Monseigneur l'archevêque de Paris[6], qui en avoit paru transporté, aussi bien que Monsieur de Meaux ; que néanmoins si Sa Révérence croyoit mon ouvrage périlleux, je venois présentement pour le lui lire, afin qu'il m'instruisît de mes fautes ; que je lui faisois donc le même compliment que j'avois fait à Monseigneur l'Archevêque lorsque je le lui récitai, qui étoit que je ne venois pas pour être loué, mais pour être approuvé ; que je le priois donc de me prêter une vive attention, et de trouver bon même que je lui répétasse beaucoup d'endroits. Il a fort loué mon dessein, et je lui ai lu mon *épître* avec toute la force et toute l'harmonie que j'ai pu. J'oubliois que je lui ai dit encore auparavant une chose qui l'a assez étonné : c'est à savoir que je prétendois n'avoir proprement fait autre chose dans mon ouvrage que mettre en rimes la doctrine qu'il venoit de nous débiter, et que je croyois que lui-même n'en pourroit pas disconvenir. Mais, pour en venir au récit de ma pièce, croiriez-vous, Monsieur, que j'ai tenu parole au bon Père, et qu'à la réserve des deux objections qu'il vous avoit déjà faites, il n'a fait que s'écrier : « *Pulchre, bene, recte*[7]*!* Cela est vrai, cela est indubitable, voilà qui est merveilleux : il faut lire cela au Roi ; répétez-moi encore cet endroit : est-ce là ce que M. Racine m'a lu ? » Il a été surtout extrêmement frappé de ces vers que vous lui aviez pas-

6. Louis-Antoine de Noailles, qui avoit été nommé à l'archevêché de Paris le 20 août 1695.
7. « Beau, bon, parfait! » (Horace, *Art poétique*, vers 428.)

sés, et que je lui ai récités avec toute l'énergie dont je suis capable :

> Cependant on ne voit que docteurs, même austères,
> Qui, les semant partout, s'en vont pieusement,
> De toute piété, etc.

Il est vrai que je me suis avisé heureusement d'insérer dans mon *épître* huit vers que vous n'avez pas approuvés[8], et que mon frère juge très à propos d'y rétablir. Les voici; c'est en suite de ce vers,

> *Oui, dites-vous? Allez, vous l'aimez, croyez-moi :*
> Écoutez la leçon que lui-même il nous donne.
> Qui m'aime? C'est celui qui fait ce que j'ordonne.
> Faites-le donc; et sûr qu'il nous veut sauver tous,
> Ne vous alarmez point pour quelques vains dégoûts
> Qu'en sa ferveur souvent la plus sainte âme éprouve.
> Courez toujours à lui : qui le cherche le trouve;
> Et plus de votre cœur il paroît s'écarter,
> Plus par vos actions songez à l'arrêter.

Il m'a fait redire trois fois ces huit vers. Mais je ne saurois vous exprimer avec quelle joie, quels éclats de rire il a entendu la prosopopée. Enfin j'ai si bien échauffé le Révérend Père, que sans une visite que dans ce temps-là Monsieur son frère[9] lui est venu rendre, il ne nous laissoit point partir que je ne lui eusse récité aussi les deux pièces de ma façon que vous avez lues au Roi. Encore ne nous a-t-il laissé partir qu'à la charge que nous l'irions voir à sa maison de campagne[10], et il s'est

---

8. M. Sainte-Beuve (*Port-Royal*, tome V, p. 510) dit que Racine n'approuvait pas ces huit vers parce qu'ils « contredisent un peu ou du moins atténuent le dogme augustinien, et parlent de Dieu comme voulant sûrement nous sauver tous. »

9. Voyez ci-dessus, p. 20, la note 19 de la lettre 88.

10. Montlouis, aujourd'hui le cimetière du Père-la-Chaise.

chargé de nous faire avertir du jour où nous l'y pourrions trouver seul. Vous voyez donc, Monsieur, que si je ne suis bon poëte, il faut que je sois bon récitateur.

Après avoir quitté le P. de la Chaize, nous avons été voir le P. Gaillard[11], a qui j'ai aussi, comme vous pouvez penser, récité l'*épître*. Je ne vous dirai point les louanges outrées qu'il m'a données. Il m'a traité d'homme inspiré de Dieu, m'a dit qu'il n'y avoit que des coquins qui pussent contredire mon opinion. Je l'ai fait ressouvenir du petit Père théologien[12] avec qui j'eus une prise chez M. de la Moignon. Il m'a dit que ce théologien étoit le dernier des hommes; que si sa société avoit à être fâchée, ce n'étoit pas de mon ouvrage, mais de ce que des gens osoient dire que cet ouvrage étoit fait contre les jésuites. Je vous écris tout ceci à dix heures du soir, au courant de la plume. Vous en ferez tel usage que vous jugerez à propos. Cependant je vous prie de retirer la copie que vous avez mise entre les mains de Mme de Maintenon, afin que je lui en redonne une autre où l'ouvrage soit dans l'état où

11. Honoré Gaillard, célèbre prédicateur, recteur des jésuites de Paris, né le 9 novembre 1641, mort le 11 juin 1727.

12. Plusieurs des annotateurs de Boileau pensent que ce théologien était le P. Cheminais, jésuite. Ils s'appuient sur l'autorité d'un opuscule publié à Cologne en 1706, sous ce titre : *Boileau aux prises avec les Jésuites* (in-12). Ce serait, d'après l'opuscule, au P. Cheminais que Boileau aurait adressé cette piquante prosopopée qu'il a depuis mise en vers à la fin de son *épître* XII (vers 191-240). Du reste, comme Boileau ne parle pas expressément ici de cette prosopopée, il pourrait bien faire plutôt allusion à la dispute qu'il eut chez M. de Lamoignon avec un *compagnon* de Bourdaloue, et que Mme de Sévigné a si bien racontée dans sa lettre à Mme de Grignan du 15 janvier 1690 (tome IX, p. 415-417). Ce *compagnon* de Bourdaloue, dont Boileau contraria les sentiments avec une verve si comique, non-seulement par l'éloge qu'il fit des *Provinciales*, mais en le pressant sur la question de l'amour de Dieu, ne pouvait être le P. Cheminais, mort le 15 septembre 1689.

il doit demeurer. Je vous embrasse de tout mon cœur, et suis tout à vous.

158. — DE RACINE A BOILEAU [1].

A Paris, ce lundi 20ᵉ janvier [1698].

J'AI reçu une lettre de la Mère abbesse de Port-Royal [2], qui me charge de vous faire mille remercîments de vos *épîtres*, que je lui ai envoyées de votre part. On y est charmé, et de l'*épître* de *l'Amour de Dieu*, et de la manière dont vous parlez de M. Arnaud [3]. On voudroit même que ces *épîtres* fussent imprimées en plus petit volume [4]. Ma fille aînée, à qui je les ai aussi en-

---

LETTRE 158. — 1. L'autographe de cette lettre ne se trouve plus aujourd'hui dans les manuscrits de la Bibliothèque impériale. Cependant il y était encore lorsque le général Grimoard prépara son édition des *OEuvres de Louis XIV* (1806). Il a fait graver le *fac-simile* du dernier alinéa au tome I de cet ouvrage, sous le n° 20, parmi d'autres copies de lettres du même siècle, et il dit dans une note : « L'original de cette lettre, dont on n'a gravé qu'un fragment, existe à la Bibliothèque impériale. » Germain Garnier l'a également eu sous les yeux ; car dans l'édition de 1807 des *OEuvres de Racine*, c'est évidemment d'après l'autographe qu'il a rétabli les passages supprimés par Louis Racine. Voyez le *Recueil* de celui-ci, aux p. 225 et 226.

2. La Mère Agnès de Sainte-Thècle, tante de Racine, à qui sont adressées plusieurs des lettres précédentes. Elle était abbesse depuis le 2 février 1690. Voyez au tome I, la note 1 de la page 4.

3. Dans l'*épître* x (voyez les vers 120-122).

4. Les *épîtres* x, xi et xii venaient de paraître en un volume in-4°, sous ce titre : *Épîtres nouvelles du sieur D****, Paris, Thierry, 1698. Plus tard, dans le courant de cette même année 1698, Boileau déféra au vœu qu'exprime ici Racine, et fit imprimer ces trois mêmes *épîtres* dans le format in-12. Ce n'était pas précisément une édition à part de ces *épîtres* ; c'était un cahier annexé à l'édition d

LETTRES. 193

voyées⁵, a été transportée de joie de ce que vous vous souvenez encore d'elle. Je pars dans ce moment pour Versailles, d'où je ne reviendrai que samedi. J'ai laissé à ma femme ma quittance pour recevoir ma pension d'homme de lettres; je vous prie de l'avertir du jour que vous irez chez M. Gruyn⁶ : elle vous ira prendre et vous mènera dans son carrosse.

J'ai eu des nouvelles de mon fils par Monsieur l'archevêque de Cambray, qui me mande qu'il l'a vu à Cambray jeudi dernier⁷, et qu'il a été fort content de l'entretien qu'il a [eu] avec lui. Je suis à vous de tout mon cœur.

159. — DE RACINE A JEAN-BAPTISTE RACINE¹.

A Paris, le 26. janvier [1698].

Vraisemblablement vous aviez pris des mémoires de M. de Cely² pour faire une course aussi extraordinaire

---

1694, avec une pagination qui continuait celle de cette édition. Mais ce cahier put être distribué séparément aux amis de Boileau. Voyez, au tome I de l'édition de Berriat-Saint-Prix (p. CLVI-CLVIII), les nᵒˢ 80 et 84 de la *Notice bibliographique* des éditions de Boileau; voyez également ci-après (p. 257, et note 4), la lettre de Racine à son fils, en date du 7 juillet 1698.

5. A Port-Royal, où Marie-Catherine Racine était alors retirée.

6. L'un des trésoriers des deniers royaux. Ils étaient alors au nombre de trois. Les deux autres étaient MM. de Turmenies et de Montargis. (*Note de l'édition de 1807.*)

7. Jean-Baptiste Racine avait passé par cette ville en se rendant à la Haye près de M. de Bonrepaus. Voyez la lettre 159, p. 194 et 196.

Lettre 159 (revue sur l'autographe, conservé à la Bibliothèque impériale). — 1. Sur un feuillet qui, dans les manuscrits de Racine, précède les lettres écrites par lui à son fils en 1698, on lit de la main de ce fils : « Lettres que mon père m'a écrites pendant que j'ai été en Hollande. — An 1698. »

2. Ce M. de Cely n'est point, comme le dit ici Germain Garnier,

J. RACINE. VII 13

que celle que vous avez faite. J'avois été fort en peine les premiers jours de votre voyage, dans la peur où j'étois que, par trop d'envie d'aller vite, il ne vous fût arrivé quelque accident; mais quand j'appris, par votre lettre de Mons, que vous n'étiez parti qu'à neuf heures de Cambray, et que vous tiriez vanité d'avoir fait une si grande journée, je vis bien qu'il falloit se reposer sur vous de la conservation de votre personne. Surtout votre long séjour à Bruxelles et toutes les visites que vous y avez faites méritent que vous en donniez une relation au public. Je ne doute pas même que vous n'y ayez été à l'opéra avec la dépêche du Roi dans votre poche.

et comme l'ont répété après lui les autres éditeurs, Nicolas-Auguste de Harlay, dont nous avons parlé ci-dessus, p. 131, à la note 5 de la lettre 129, mais son fils aîné, Louis-Achille-Auguste de Harlay, comte de Cely, qui était alors un jeune homme de dix-neuf ans. La *Gazette* du 28 septembre 1697 le dit expressément : « *De Fontainebleau, le 27 septembre.* Le comte de Cely, fils aîné du sieur de Harlay, un des ambassadeurs plénipotentiaires de France, arrivé le 25 au soir, apporta au Roi la nouvelle que la paix avoit été signée, la nuit du 20 au 21, avec l'Espagne, la Hollande et l'Angleterre, et qu'on avoit accordé un délai jusqu'au 1er novembre pour l'Empereur et l'Empire. » On lit aussi dans le *Journal de Dangeau*, au 22 septembre 1697 : « On attend ici (à *Fontainebleau*) M. de Cely, fils de M. de Harlay, notre premier plénipotentiaire, qui est celui qui doit apporter la nouvelle de la signature; mais on ne croit pas qu'il fasse diligence, parce que c'est un jeune homme qui n'est pas accoutumé à courre la poste. » Il ne fit pas diligence en effet, et, comme nous l'avons dit à la note 14 de la lettre 156 (ci-dessus, p. 186), il n'apporta que le 26 septembre à Fontainebleau des nouvelles qui y étaient déjà parvenues de plusieurs autres côtés. On avait beaucoup plaisanté sur cette lenteur de Cely; et Racine, par l'allusion qu'il y fait ici, reproche à son fils son peu de diligence, parce que, chargé par M. de Torcy de porter des dépêches à M. de Bonrepaus, ambassadeur de France à la Haye, il s'était arrêté plusieurs fois en route. — Le comte de Cely mourut à Paris le 27 décembre 1739. On peut voir le portrait peu flatteur que Saint-Simon a fait de lui dans ses *Mémoires*, tome XVIII, p. 133.

Vous rejetez la faute de tout sur M. Bombarde³, comme si, en arrivant à Bruxelles, vous n'aviez pas dû courir d'abord chez lui, et ne vous point coucher que vous n'eussiez fait vos affaires, pour être en état de partir le lendemain de bon matin. Je ne sais pas ce que dira là-dessus M. de Bonrepaux⁴; mais je sais bien que vous avez bon besoin de réparer par une conduite sage à la Haye la conduite peu sensée que vous avez eue dans votre voyage. Pour moi, je vous avoue que j'appréhende de retourner à la cour, et surtout de paroître devant M. de Torcy, à qui vous jugez bien que je n'oserai pas demander d'ordonnance pour votre voyage, n'étant pas juste que le Roi paye la curiosité que vous avez eue de voir les chanoinesses de Mons et la cour de Bruxelles. Vous ne me dites pas un mot de M. Robert, chanoine à Mons, pour qui vous aviez une lettre, et qui vous auroit donné le moyen de voir à Bruxelles un homme⁵ pour qui vous savez que j'ai un très-grand respect. Vous ne me parlez point non plus de nos deux plénipotentiaires, pour qui vous aviez une dépêche. Cependant je ne comprends pas par quel enchantement

---

3. Banquier de Bruxelles. Son fils a été trésorier de l'électeur de Bavière. (*Note de l'édition de* 1807.)

4. Sur Bonrepaus, voyez ci-dessus, p. 52, la note 15 de la lettre 101. Il venait de passer de l'ambassade de Danemark à celle de Hollande, et était arrivé à la Haye le 1ᵉʳ janvier 1698.

5. Le P. Quesnel, qui au mois de février 1685 s'était retiré dans les Pays-Bas espagnols, pour ne pas signer le Formulaire, et était venu à Bruxelles rejoindre le grand Arnauld, auprès de qui il était resté jusqu'en 1694, date de la mort de l'illustre docteur. Quesnel, né le 14 juillet 1634, mourut à Amsterdam le 2 décembre 1719. Son amitié pour Racine est assez attestée par les deux lettres que nous donnons plus loin parmi les *Lettres de divers à divers*. Ces deux lettres se trouvent déjà dans notre tome I, p. 311-313, Louis Racine les ayant insérées dans ses *Mémoires;* mais il avait donné d'une manière incomplète et inexacte le texte de l'une d'elles.

vous auriez pu ne les pas rencontrer entre Mons et Bruxelles.

Comme je vous dis franchement ma pensée sur le mal, je veux bien vous la dire aussi sur le bien. Monsieur l'archevêque de Cambray paroît très-content de vous, et vous m'avez fait plaisir de m'écrire le détail des bons traitements que vous avez reçus de lui, dont il ne m'avoit pas mandé un mot, témoignant même du déplaisir de ne vous avoir pas assez bien fait les honneurs de son palais brûlé [6]. Cela m'a obligé de lui écrire une nouvelle lettre de remercîment. Vous trouverez dans les ballots de Monsieur l'Ambassadeur un étui où il y a deux chapeaux pour v[ous], c'est à [savoir [7]] un castor fin et un demi-castor, et vous y trouverez aussi une paire de souliers des Frères [8]. Votre mère vous avertit qu'ayant examiné ce qu'elle doit à Henry, elle a trouvé qu'elle ne lui doit plus que vingt francs, sur quoi il faut en donner quatorze au cocher. Vous devez savoir que vous ne lui donnez que dix francs de gages par mois, et c'est à vous de ne lui rien avancer mal à propos. Mon oncle Racine [9] est mort depuis votre départ, et nous en porterons le deuil trois mois ; mais comme vous êtes si

---

6. C'était au mois de février de l'année précédente (1697) que le palais de Cambrai avait été brûlé. Fénelon était alors encore à la cour, qu'il ne reçut l'ordre de quitter qu'au mois d'août suivant. Voyez l'*Histoire de Fénelon* par le cardinal de Bausset, tome II, p. 38, note 1.

7. La fin du mot *vous* et le mot *savoir* ont disparu dans l'autographe, avec un coin déchiré de la lettre.

8. Cette confrérie des Frères cordonniers était établie à Paris, dans le quartier de la Cité. (*Note de l'édition de* 1807.)

9. L'édition de 1807 le nomme Jean-François Racine ; mais c'est sans doute le même oncle, Claude Racine, dont nous avons parlé au tome VI, p. 435, note 5 de la lettre 19, et p. 501, note 6 de la lettre 38. L'acte de décès de Claude Racine ni d'aucun autre oncle de notre poëte ne se trouve dans les registres de la Ferté-Milon à

loin d'ici, cela ne fait pas une loi pour vous. J'envoyerai par M. Pierret les papiers que vous savez pour Monsieur l'Ambassadeur, et mes tragédies pour Monsieur son neveu[10]. Au nom de Dieu, faites un peu plus de réflexion sur votre conduite, et défiez-vous sur toutes choses d'une certaine fantaisie qui vous porte toujours à satisfaire votre propre volonté au hasard de tout ce qui en peut arriver. Vos sœurs vous font bien des compliments, et surtout Nanette. Mandez-nous de vos nouvelles le plus souvent que vous pourrez.

Suscription : A Monsieur Monsieur Racine, gentilhomme ordinaire du Roi, chez Monsieur l'Ambassadeur de France, à la Haye. (Cachet rouge, au cygne.)

l'époque indiquée par cette lettre. Cet oncle est évidemment mort ailleurs.

10. Jean-Louis Dusson, marquis de Bonac, dont il sera parlé dans les lettres suivantes. Il était fils de Salomon Dusson, frère aîné de Bonrepaus. Il avait été mousquetaire, puis capitaine de dragons en 1695. Il suivit son oncle dans son ambassade de Danemark, en 1697; il fut également près de lui dans celle de Hollande, en 1698 et 1699. Louis XIV lui confia plus tard des missions dans diverses cours d'Allemagne, puis le nomma envoyé extraordinaire en Espagne. En 1716 il fut nommé ambassadeur à Constantinople, en 1727 ambassadeur en Suisse. Il mourut à Paris le 1er septembre 1738, à l'âge de soixante-six ans. Il avait donc vingt-cinq ans lorsque Racine écrivait cette lettre.

160. — DE RACINE A JEAN-BAPTISTE RACINE[1].

A Paris, 31. janvier [1698].

Votre mère et toute la famille a eu une grande joie d'apprendre que vous étiez arrivé en bonne santé. Je n'ai point encore été à la cour depuis que vous êtes parti, mais j'espère y aller demain. Je crains toujours de paroître devant M. de Torcy, de peur qu'il ne me fasse des plaisanteries sur la lenteur de votre course; mais il faut me résoudre à les essuyer, et lui faire espérer qu'une autre fois vous ferez plus de diligence si l'on veut bien vous confier à l'avenir quelque chose dont on soit pressé d'avoir des nouvelles. Je vois que M. de Bonrepaux a pris tout cela avec sa bonté ordinaire, et qu'il tâche même de vous excuser. Du reste, vos lettres nous font beaucoup de plaisir, et je serai bien aise d'en recevoir souvent. Je vous écrirai plus au long à mon retour de Marly, me trouvant aujourd'hui accablé d'affaires au sujet de l'argent qu'il faut que je donne pour ma taxe [2]. Faites mille compliments pour moi à M. de Bonac[3]. J'ai donné à M. Pierret mes œuvres pour les lui porter.

Lettre 160. — 1. Revue sur l'autographe, conservé à la Bibliothèque impériale.
2. Au mois de décembre 1697, le Roi avait décidé qu'on supprimerait cinquante de ses secrétaires, à chacun desquels il rembourserait cinquante mille livres; et que les trois cents autres, qui seraient conservés, auraient à verser dans les coffres du Roi chacun la somme de vingt mille livres, dont une partie serait empruntée par leur communauté, et le reste serait payé par chacun d'eux en particulier : moyennant quoi le Roi accordait à chacun d'eux deux cents livres tant en droits qu'en augmentation de gages. C'est au sujet de cette taxe que Racine écrivit le *Mémoire* dont il parle au commencement de sa lettre à Mme de Maintenon, datée du 4 mars 1698 (voyez ci-après, p. 215 et 216).
3. Voyez ci-dessus, p. 197, la note 10 de la lettre 159.

Suscription : A Monsieur Monsieur Racine, gentilhomme ordinaire du Roi, à la Haye. (Moitié d'un cachet rouge, au cygne.)

1698

---

161. — DE RACINE A JEAN-BAPTISTE RACINE.

A Marly, le 5ᵉ [février¹ 1698].

Il est juste que je vous fasse part de ma satisfaction, comme je vous ai fait souffrir de mes inquiétudes. Non-seulement M. de Torcy n'a point pris en mal votre séjour à Bruxelles ; mais il a même approuvé tout ce que vous y avez fait, et a été bien aise que vous ayez fait la révérence à Monsieur de Bavière ². Vous ne devez point trouver étrange que vous aimant comme je fais, je sois si facile à alarmer sur toutes les choses qui ont de l'air d'une faute et qui pourroient faire tort à la bonne opinion que je souhaite qu'on ait de vous. On m'a donné pour vous une ordonnance de voyage : j'irai la recevoir quand je serai à Paris, et je vous en tiendrai bon compte. Mandez-moi bien franchement tous vos besoins. J'approuve au dernier point les sentiments où vous êtes sur toutes les bontés de M. de Bonrepaux, et la résolution que vous avez prise de n'en point abuser. Faites bien mes compliments à M. de Bonac, et témoi-

---

Lettre 161 (revue sur l'autographe, conservé à la Bibliothèque impériale). — 1. Cette lettre est datée, dans l'original, du 5ᵉ janvier. L'erreur est évidente. Elle est ainsi corrigée par une note qui est en tête de cet original, et dont la forme aurait dû être moins dubitative : « Il y a lieu de croire que Racine s'étoit trompé sur la date du mois, et qu'il devoit dater du 5 février. »

2. Maximilien-Emmanuel, duc et électeur de Bavière. Voyez ci-dessus, p. 30, la note 10 de la lettre 94. Le duc de Bavière était alors gouverneur des Pays-Bas : voyez tome V, p. 323, note 1.

gnez-lui ma reconnoissance pour l'amitié dont il vous honore : son extrême honnêteté est un beau modèle pour vous; et je ne saurois assez louer Dieu de vous avoir procuré des amis de ce mérite. Vous avez eu quelque raison d'attribuer l'heureux succès de votre voyage, par un si mauvais temps, aux prières qu'on a faites pour vous. Je compte les miennes pour rien ; mais votre mère et vos petites sœurs prioient tous les jours Dieu qu'il vous préservât de tout accident ; et on faisoit la même chose à Port-Royal. Il avoit couru un bruit, qui aura peut-être été jusqu'à vous, qu'on avoit permission de recevoir des novices dans cette maison ; mais il n'en est rien, et les choses sont toujours au même état. Je doute que votre sœur puisse y demeurer longtemps, à cause de ses fréquentes migraines, et à cause qu'il y a si peu d'apparence qu'elle y puisse rester pour toute sa vie. Vous avez ici des amis qui ne vous oublient point, et qui me demandent souvent de vos nouvelles, entre autres le petit M. Quentin, M. d'Estouy et M. de Saint-Gilles [3].

Je ne sais si vous savez que M. Corneille, notre confrère [4], est mort. Il s'étoit confié à un charlatan, qui lui

---

3. Ce petit M. Quentin est celui qui a été premier valet de garderobe. Il était fils de Quentin, barbier du Roi, dont la femme était première femme de chambre de la duchesse de Bourgogne. — D'Estouy était un fils de Rioult d'Estouy, receveur général des finances de la généralité de Poitiers. — De Saint-Gilles était un jeune gentilhomme des environs de Coutances. (*Note de l'édition de* 1807.)

4. Pierre Corneille, capitaine de cavalerie, gentilhomme ordinaire de la maison du Roi. C'est en cette dernière qualité qu'il était confrère de Racine et de son fils. Né le 7 septembre 1643, Pierre Corneille mourut le 31 janvier 1698. Il était fils du grand poëte. Voyez au tome I des *OEuvres de Corneille*, dans la Collection des *Grands écrivains de la France*, p. cvi, le tableau de la *Descendance de Pierre Corneille*. — Dans une note de l'édition de 1807, qui a été reproduite dans celle d'Aimé-Martin, il est dit que ce Corneille

donnoit des drogues pour lui dissoudre sa pierre. Ces drogues lui ont mis le feu dans la vessie. La fièvre l'a pris, et il est mort. Sa famille demande sa charge pour son petit-cousin, fils de ce brave M. de Marsilly qui fut tué à Leuze⁵, et qui avoit épousé la fille de Thomas Corneille. Le jour me manque, et je suis paresseux d'allumer de la bougie. Je vous écrirai une autre fois plus au long. Vous ne sauriez m'écrire trop souvent, si vous avez envie de me faire plaisir. Vos lettres me semblent très-naturellement écrites, et plus vous en écrirez, plus aussi vous y aurez de facilité. Adieu, mon cher fils. J'ai laissé votre mère en bonne santé. Vous ne sauriez trop lui faire d'amitiés dans vos lettres, car elle mérite que vous l'aimiez, et que vous lui en donniez des marques. M. de Torcy m'a appris que vous étiez dans la *Gazette d'Hollande*⁶; si je l'avois su, je

« était de la famille du grand Corneille, » expression qui ne laisse pas supposer que ce puisse être son fils.

5. Le Beau, dans son *Éloge de Fontenelle* (voyez les OEuvres de *Fontenelle*, Paris, 1766, tome XI, p. xxv), nomme parmi les héritiers de celui-ci « les deux demoiselles de Marsilly, petites-filles du marquis de Martinville de Marsilly, qui fut tué au combat de Leuze, où il commandoit les gardes du corps, et arrière-petites-filles de Thomas Corneille. » M. de Marsilly, enseigne des gardes du corps dans la compagnie de Duras, fut blessé à la jambe au combat de Leuze (19 septembre 1691). « Il a contribué, dit le *Mercure galant* d'octobre 1691 (p. 343), au succès de cette journée par ses avis, par son bras et par son sang, puisqu'il a été dangereusement blessé, après avoir renversé cinq escadrons des ennemis, avec cent cinquante gardes du Roi. » Nous ne savons à quelle date il mourut de sa blessure : le *Mercure* ne donne pas la nouvelle de sa mort. Nous voyons seulement qu'au mois d'octobre 1691 il vivait encore, et fut promu à la lieutenance.

6. Si la *Gazette de Hollande* a fait mention à cette époque de Jean-Baptiste Racine, c'est sans doute qu'il était le *gentilhomme* dont elle parle ainsi dans son numéro du 20 janvier 1698, sous la rubrique de *Bruxelles*, le 15 *janvier :* « Il est arrivé ici un gentilhomme pour notifier que les François seront en état d'évacuer la Roche

l'aurois fait acheter pour la faire lire à vos petites sœurs, qui vous croiroient devenu un homme de conséquence. J'ai lu à M. le maréchal de Noailles votre dernière lettre, où vous témoignez tant de reconnoissance pour les bons traitements que vous avez reçus de M. le prince et de Mme la princesse de Stienhusse [7]. J'ai prié aussi M. de Bournonville et M. le comte d'Ayen de les remercier.

Suscription : A Monsieur Monsieur Racine, gentilhomme ordinaire, chez Monsieur l'ambassadeur de France, à la Haye. (Cachet rouge, au cygne.)

le 23, Arlon le 24, et Luxembourg le 25. » Cela paraît se rapporter assez bien à ce que Racine, dans sa lettre du 26 janvier 1698 (voyez ci-dessus, p. 195), dit à son fils de la dépêche dont il était chargé pour nos deux plénipotentiaires.

7. Ce prince et cette princesse n'étaient pas, comme il est dit par erreur dans une note de l'édition de 1807, Pierre (*ou plutôt* Procope)-François d'Egmont (*celui qui fut le dernier de sa race*), et Marie-Angélique de Cosnac; mais bien Claude Richardot, prince de Stienhuyse, ou soi-disant tel, mestre de camp des arquebusiers à cheval, gentilhomme de la chambre du duc électeur de Bavière, beau-frère du Dauphin de France; et Marie-Françoise de Bournonville, sœur du prince de Bournonville, enseigne des gendarmes de la garde, puis maréchal de camp des armées du Roi, et qui fut marié à Charlotte-Victoire d'Albert de Luynes, sœur du duc de Chevreuse. C'est de ce prince de Bournonville, né le 16 avril 1662, mort le 3 septembre 1705, que Racine parle dans la phrase suivante. Une autre Marie-Françoise de Bournonville, cousine germaine de la princesse de Stienhuyse, et dame du palais de la Reine, était femme du maréchal de Noailles (Anne-Jules), et mère du comte d'Ayen : ce qui achève l'explication de la dernière phrase de la lettre. Voyez le *Recueil de la noblesse de Bourgogne,... Flandres, etc.*, par J. le Roux, p. 62, et l'*Histoire généalogique* du P. Anselme, tome V, p. 837-841.

162. — DE RACINE A JEAN-BAPTISTE RACINE.   1698

A Paris, le 13e février [1698].

Je crois que vous aurez été content de ma dernière lettre et de la réparation que je vous y faisois de tout le chagrin que je puis vous avoir donné sur votre voyage. J'ai reçu votre ordonnance au trésor royal ; mais quelques instances que M. de Chamlay, que j'avois mené avec moi, ait pu faire à M. de Turmenies[1], je n'en ai jamais pu tirer que neuf cents francs : on prétend même que c'est beaucoup, et que M. de Turmenies a fait au delà de ce qu'il pouvoit faire. Nous vous tiendrons compte de cette somme, et vous n'aurez qu'à prier Monsieur l'Ambassadeur de vous faire donner l'argent dont vous aurez besoin ; j'aurai soin, de mon côté, de le rendre en ce pays-ci aux gens à qui il me mandera de le donner. On me conseille d'en user ainsi, à cause qu'il y auroit trop à perdre et sur le change et sur les espèces. On croit tous les jours ici être à la veille d'un décri, et cela cause le plus grand désordre du monde, les marchands ne voulant presque rien vendre, ou vendant extrêmement cher. On dit pourtant que le décri pourroit bien n'arriver pas sitôt, à cause de la foule de gens qui portent tous les jours des sommes immenses au trésor royal, où il y a, à ce qu'on dit, près de soixante millions. Je ne vous parle que sur le bruit public ; car je n'en ai par moi-même aucune connoissance. Je porterai demain matin les dix mille francs qui me restent à payer de ma taxe, et ces dix mille francs me sont prêtés par M. Galloys[2]. Nous avons remboursé Mme Qui-

Lettre 162 (revue sur l'autographe, conservé à la Bibliothèque impériale). — 1. L'un des trésoriers des deniers royaux. Voyez ci-dessus, p. 193, la note 6 de la lettre 158.

2. C'était le fils de Philippe Galloys, notaire au Châtelet, mort

nault[3] : ainsi je suis quitte de ce côté-là; mais vous jugez bien que cela nous resserre beaucoup dans nos affaires, et qu'il faut que nous vivions un peu d'économie pour quelque temps. J'espère que vous nous aiderez un peu en cela, et que vous ne songerez pas à nous faire des dépenses inutiles, tandis que nous nous retranchons souvent le nécessaire.

Vous êtes extrêmement obligé à M. de Bonac de tout le bien qu'il mande ici de vous; et tout ce que j'ai à souhaiter, c'est que vous souteniez la bonne opinion qu'il a conçue de vous. Vous me ferez un extrême plaisir de lui demander pour moi quelque place dans son amitié, et de lui bien témoigner combien je suis sensible à toutes ses bontés. Je crois qu'il n'est pas besoin de vous exhorter à n'en point abuser : je vous ai toujours vu une grande appréhension d'être à charge à personne, et c'est une des choses qui me plaisoient le plus en[4] vous.

J'ai trouvé, à Versailles, un tiroir tout plein de livres, dont une partie étoit à moi, et l'autre vous appartient : je vous les souhaiterois tous à la Haye, à la réserve de deux ou trois, qui en vérité ne valent pas la reliure que vous leur avez donnée. Votre mère a reçu une grande lettre de votre sœur aînée, qui étoit fort en peine de vous, et qui nous prie instamment de la laisser où elle

---

en 1688, le seul qui eut le courage de recevoir, le 26 janvier 1656, la protestation d'Antoine Arnauld contre la censure de Sorbonne.

3. Nous ignorons comment Racine se trouvait débiteur de Mme Quinault; mais l'éditeur de 1807 se trompe sans doute lorsqu'il dit ici que Racine avait acheté la charge de secrétaire du Roi qui avait appartenu à Quinault. La charge que Racine obtint en 1696 était de nouvelle création. Voyez au tome I, *Pièces justificatives*, p. 188, note 1.

4. Il y a, dans l'autographe, « à vous, » ce qui ne peut être qu'une inadvertance.

est⁵. Cependant il n'y a guère d'apparence de l'y laisser plus longtemps. La pauvre enfant me fait beaucoup de compassion par le grand attachement qu'elle a conçu pour une maison dont les portes vraisemblablement ne s'ouvriront pas sitôt⁶. Votre sœur Nanette est tombée ces jours passés, et s'étoit fait grand mal à un genou; mais elle se porte bien, Dieu merci. Il me paroît, par votre dernière lettre, que vous aviez beaucoup d'occupation, et que vous étiez fort aise d'en avoir. C'est la meilleure nouvelle que vous me puissiez mander, et je serai à la joie de mon cœur quand je verrai que vous prenez plaisir à vous instruire et à vous rendre capable de profiter des bontés que l'on pourra avoir pour vous. Adieu, mon cher fils : écrivez-moi toutes les fois que cela ne vous détournera point de quelque meilleure occupation. Votre mère seroit curieuse de savoir ce qui vous est resté de tout ce qu'elle vous avoit donné pour votre voyage. Elle est en peine aussi de savoir si vous avez pris le deuil⁷. J'ai payé aujourd'hui à M. Pierret deux tours de plume⁸ qu'il vous a achetés. Mandez-nous si vous êtes content de Henry, et s'il se gouverne bien en ce pays-là. M. Despréaux me demande toujours de vos nouvelles, et témoigne beaucoup d'amitié pour vous.

Suscription : A Monsieur Monsieur Racine, gentil-

---

5. A Port-Royal des Champs. Voyez la lettre précédente, p. 200, où Racine explique par quelles raisons il y avait peu d'apparence que Marie-Catherine pût y demeurer.

6. C'est-à-dire, où on ne laissera pas sitôt entrer des novices.

7. A l'occasion de la mort de son grand-oncle : voyez ci-dessus, p. 196, la note 9 de la lettre 159.

8. « *Tour* se dit.... de différentes choses dont on se sert soit pour l'habillement, soit pour la parure, et qui sont mises en rond.... *Un tour de plumes....* (*Dictionnaire de l'Académie* de 1694, au mot Tour.) — Racine a écrit *plume*, sans *s*.

homme ordinaire du Roi, chez Monsieur l'ambassadeur de France, à la Haye. (Cachet rouge, au cygne.)

163. — DE RACINE A M. RIVIÈRE.

A Paris, ce 22ᵉ février [1698[1]].

Je n'ai pas plus tôt reçu votre lettre, que j'ai été la montrer à M. le Jarriel[2]. Il m'a paru que je lui ai fait plaisir en lui nommant mon cousin du Pin[3] avec M. Lauge, parce que M. du Pin est de Paris, et que ces Messieurs aiment assez qu'on leur nomme des gens de connoissance. Je suis fort sensible à l'amitié que mon cousin vous montre en cette occasion, et je meurs d'envie qu'il m'en fasse naître une où je puisse lui en témoigner ma reconnoissance. Je vous envoie deux modèles de cautionnement[4] que M. le Jarriel m'a donnés pour vous y conformer. Priez M. du Pin et M. Lauge de signer, et prenez la peine de m'envoyer cet acte par la poste, afin que M. le Jarriel voie que je suis homme de parole.

En même temps, vous pouvez partir pour Soissons et y porter à M. d'Épagny la lettre par laquelle M. le Jar-

Lettre 163 (revue sur l'autographe, conservé à Soissons). — 1. Cette lettre paraît postérieure à celle que Racine a écrite à sa sœur le 24 mai 1697, et dans laquelle on voit que M. Rivière n'avait pas encore obtenu sa commission (voyez ci-dessus, p. 172). S'il en est ainsi, la date de 1698 est la seule qu'on puisse admettre ici.

2. Il s'agit vraisemblablement de Jean-Baptiste le Jariel, sieur des Forges, qui était conseiller à la cour des aides depuis l'année 1686. Voyez l'*État de la France* pour l'année 1698, tome III, p. 343.

3. Racine avait deux cousins de ce nom : Joseph du Pin, et le célèbre docteur Louis Ellies du Pin, fils l'un et l'autre de Marie Vitart, et petits-fils de Claude des Moulins. Voyez au tome VI, p. 450, la note 4 de la lettre 25.

4. *Cautionnement* est écrit au-dessus de *procuration*, biffé.

riel lui mande de vous venir mettre en possession. Je
crois qu'il faudra toujours garder le secret le plus que
vous pourrez, jusqu'à ce que vous soyez installé. J'écris
aussi à M. d'Épagny, afin qu'il vous reçoive bien, et qu'il
fasse les choses le plus diligemment qu'il pourra. Il me
semble que l'intention de M. le Jarriel est que vous
ne rendiez sa lettre à M. de Falconière que lorsque
M. d'Épagny viendra vous mettre en possession. Adieu,
Monsieur : je suis entièrement à vous. Je salue ma sœur
et mon cousin du Pin.

Il n'est pas besoin que vous fassiez signer ce M. Visart
ou Vitart, car je n'ai pas bien su lire ce nom; et il suffit
des deux que j'ai nommés à M. le Jarriel, puisqu'il en
est content.

Je viens de recevoir les deux procurations. Je ne les
avois pas encore vues quand je vous ai écrit, et M. le
Jarriel m'avoit dit de les envoyer quérir au bureau des
fermes. Il n'y aura qu'à les faire signer, toutes telles
qu'elles sont, par-devant notaire. C'est un modèle général pour tous ceux à qui ces Messieurs donnent des
commissions.

Suscription : A Monsieur Monsieur Rivière.

---

164. — DE RACINE A JEAN-BAPTISTE RACINE[1].

A Paris, 24. février [1698].

JE me trouvai si accablé d'affaires vendredi dernier,
que je ne pus trouver le temps de vous écrire; mais je
n'en ai guère davantage aujourd'hui : j'ai attendu si

LETTRE 164. — 1. Revue sur l'autographe, conservé à la Bibliothèque impériale.

tard à commencer ma lettre, qu'il faut que je la fasse fort courte si je veux qu'elle parte aujourd'hui. Je n'ai point encore vu M. l'abbé de Chasteauneuf[2]; mais il me revient de plusieurs endroits qu'il parle très-obligeamment de vous, et qu'il est surtout très-édifié de la résolution où vous êtes de bien employer votre temps auprès de Monsieur l'Ambassadeur. Il a dit à M. Dacier[3] que le premier livre que vous aviez acheté en Hollande c'étoit Homère, et que vous preniez un grand plaisir à le relire. Cela vous fit beaucoup d'honneur dans notre petite Académie, où M. Dacier dit cette nouvelle; et cela donna sujet à M. Despréaux de s'étendre sur vos louanges, c'est-à-dire sur les espérances qu'il a conçues de vous; car vous savez que Cicéron dit que dans un homme de votre âge on ne peut guère louer que l'espérance[4]. Mais l'homme du monde à qui vous êtes le plus obligé, c'est M. de Bonac : il parle de vous dans toutes ses lettres, comme si vous aviez l'honneur d'être son frère. Je vous estime d'autant plus heureux de cette bonne opinion qu'il a conçue de vous, que lui-même est ici en réputation d'être un des plus aimables et des plus honnêtes hommes du monde. Tous ceux qui l'ont vu en Danemarc, ou à la Haye, sont revenus charmés de sa politesse et de son esprit. Voilà de bons exemples

---

2. L'abbé de Châteauneuf avait vu Jean-Baptiste Racine en revenant de Stettin. Cet abbé et l'abbé de Polignac avaient accompagné le prince de Conti, lorsque celui-ci croyait aller prendre possession du trône de Pologne. Ils avaient, dans leurs lettres, donné de trompeuses espérances. A leur retour, ils se trouvèrent en disgrâce. On lit, dans le *Journal de Dangeau*, à la date du 26 février 1698 : « L'abbé de Châteauneuf est revenu depuis peu de jours à Paris, et ne reviendra point ici (*à Versailles*) saluer le Roi. »

3. André Dacier, né en 1651, mort en 1722. Il était confrère de Racine à l'Académie française et à l'Académie des médailles depuis l'année 1695, où il avait été admis dans l'une et l'autre compagnie.

4. Voyez au tome VI, p. 453, la note 9 de la lettre 26.

que vous avez devant vous, et vous n'avez qu'à imiter ce que vous voyez.

Je lus à M. Despréaux votre dernière lettre, comme il étoit au logis; il en fut très-content, et trouva que vous écriviez très-naturellement. Vous nous ferez plaisir à lui, à votre mère, et à moi, de nous écrire très-souvent. Je lui montrai l'endroit de votre lettre où vous disiez que vous parliez souvent de lui avec Monsieur l'Ambassadeur; et comme il est fort bon homme, cela l'attendrit beaucoup, et lui fit dire de grands biens et de Monsieur l'Ambassadeur et de vous.

M. le comte d'Ayen a été fort mal d'une assez grande fluxion sur la poitrine; il est mieux présentement, n'ayant plus de fièvre; mais Madame sa mère me dit hier au soir, chez M. de Cavoye, qu'il étoit toujours enrhumé. Elle me fit beaucoup de compliments de la part de Mme de Stienhusse[5], qui lui mandoit qu'elle étoit bien fâchée que vous n'eussiez pas fait un plus long séjour à Bruxelles. Pour moi, je ne me plains plus qu'il ait été ni trop long ni trop court; mais je voudrois seulement que vous y eussiez vu en passant un homme[6] qui étoit du moins aussi digne de votre curiosité que tout ce que vous y avez vu. La mort de M. du Fresnoy[7] embarrasse beaucoup votre cousin, M. de Barbezieux ayant fait réponse à M. de Cavoye, qui le lui avoit recommandé, qu'il n'y avoit plus assez d'affaires dans ce bureau pour occuper tous ceux qui y étoient. Je vis, il y a huit jours, votre sœur à Port-Royal, d'où j'avois résolu

---

5. Voyez ci-dessus, p. 202, la note 7 de la lettre 161.
6. Quesnel. Voyez ci-dessus, p. 195, la note 5 de la lettre 159.
7. Voyez ci-dessus, p. 177, la note 3 de la lettre 151. Il y a été dit que le cousin de Jean-Baptiste Racine qui fut présenté et recommandé à du Fresnoy pour entrer dans ses bureaux était le jeune de Romanet.

de la ramener; mais il me fut impossible de lui persuader de revenir. Elle prétend avoir tout de bon renoncé au monde; et que si on ne reçoit personne à Port-Royal, elle s'ira réfugier aux Carmélites, ou dans un autre couvent si les Carmélites ne veulent point d'elle. Tout ce que je puis vous dire, c'est qu'on est très-content d'elle à Port-Royal, et j'en revins très-content et très-édifié moi-même. Elle me demanda fort de vos nouvelles, et me dit qu'on avoit bien prié Dieu pour vous dans la maison. Adieu: votre mère vous salue.

Suscription : A Monsieur Monsieur Racine, gentilhomme ordinaire du Roi, chez Monsieur l'ambassadeur de France, à la Haye. (Cachet rouge, au cygne.)

165. — DE RACINE A JEAN-BAPTISTE RACINE[1].

A Paris, le 27. février [1698].

Je n'écris point à Monsieur l'Ambassadeur par cet ordinaire, parce que je lui écrirai plus au long et plus sûrement par M. Pierret, qui part après-demain pour l'aller trouver. Cependant vous lui direz une chose, qu'il sait peut-être déjà, c'est que le Roi a enfin récompensé les plénipotentiaires[2], que tout le monde regardoit pres-

---

Lettre 165. — 1. Revue sur l'autographe, conservé à la Bibliothèque impériale.

2. Les plénipotentiaires qui avaient signé la paix de Ryswick, et qui étaient MM. de Harlay, de Crécy et de Callières. On peut rapprocher de ce que Racine dit ici les témoignages suivants du *Journal de Dangeau :* « *Samedi* 22 [février 1698]. Le Roi donne à M. de Harlay, qui étoit plénipotentiaire à Ryswick, cinq mille francs de pension; il en avoit déjà cinq, ainsi il en aura dix. — *Dimanche* 23. Le Roi donna à M. de Calières, un de ses plénipo-

que comme des gens disgraciés. Il a donné la charge de
secrétaire du cabinet à M. de Callières, à condition que
M. de Callières donnera sur cette charge cinquante
mille francs à M. de Cressy, et quinze mille à l'abbé
Morel. Ce sont soixante et cinq mille livres dont le Roi
donne un brevet de retenue à M. de Callières. Sa Majesté donne encore à M. de Cressy, pour son fils, la
charge de gentilhomme ordinaire, vacante par la mort
du pauvre M. Corneille[3], et donne à M. de Harlay cinq
mille livres de rente, au denier dix-huit, sur l'Hôtel de
ville. Voilà toutes les nouvelles de la cour. M. de Cavoye eut encore hier quelque ressentiment de son mal;
mais cela n'a pas eu de suite, et il espère être en état
d'aller à Versailles un peu après Pâques. Il n'a pourtant
point trop d'empressement d'y retourner, et il se gouvernera selon l'état où il trouvera sa santé. Nous nous
plaignons tous les jours ensemble de ce que M. de Bonrepaux n'est point ici, et il y a mille occasions où nous
serions bien heureux si nous pouvions nous entretenir
avec lui.

J'ai donné à M. Pierret pour vous onze louis d'or et
demi vieux, faisant cent quarante livres dix-sept sous, et
je les lui ai donnés, parce qu'il m'a dit qu'il n'y avoit rien

---

tentiaires à Ryswick, et le premier par qui les négociations de la
paix ont commencé, la charge de secrétaire du cabinet, qui vaquoit
depuis longtemps par la mort de M. Bergeret. Sur cette charge,
M. de Calières donnera cinquante mille livres à M. de Crécy, et
quinze mille livres à l'abbé Morel, qui lui étoient dues par feu
M. Bergeret; et le Roi donne à M. de Calières un brevet de retenue
de vingt mille écus. Outre les cinquante mille livres que le Roi
fait donner à M. de Crécy, son plénipotentiaire à Ryswick, il lui
donne une charge de gentilhomme ordinaire de sa maison pour
son fils, qui est encore fort jeune. » Voyez aussi la *Gazette* du
1er mars 1698.

3. Voyez ci-dessus, p. 200, la note 4 de la lettre 161.

à perdre dessus, et qu'ils valoient en Hollande douze livres cinq sous comme ici. Je vous prie d'être le meilleur ménager que vous pourrez, et de vous souvenir que vous n'êtes point le fils d'un traitant ni d'un premier valet de garde-robe. M. Quentin, qui, comme vous savez, n'est pas le plus pauvre des quatre [4], a marié sa fille à un jeune homme extrêmement riche, qui est neveu de M. Lhuillier, et qui a acheté la charge de maître d'hôtel ordinaire de Madame de Bourgogne [5]. C'est le même qui avoit voulu acheter la charge de premier valet de garde-robe qu'avoit M. Félix; mais j'ai oublié son nom. Mme Félix [6] a été extrêmement malade d'un rhumatisme sur la vessie et sur les parties voisines; mais je la crois hors de péril. M. de Montarsis [7], que je vis l'autre jour, me dit que M. Bombarde vous avoit

4. Les quatre premiers valets de garde-robe étaient alors Gabriel Bachelier, Jean Quentin (le petit M. Quentin : voyez ci-dessus, p. 200, la note 3 de lettre 161), Charles-François Félix de Tassy, qui était en même temps premier chirurgien du Roi, et Claude-Nicolas-Alexandre Bontemps. Voyez l'*État de la France* pour l'année 1698, tome I, p. 196 et 197.

5. Dans une note de l'édition de 1807, il est nommé Pierre-René de Brizai; nous y trouvons une difficulté. Pierre-René de Brisay, comte de Denouville, était gendre non de Jean Quentin, mais de son oncle François Quentin, seigneur de Champcenetz, dont Saint-Simon parle en plusieurs endroits de ses *Mémoires* sous le nom de Lavienne, et qui était premier valet de chambre du Roi. Voyez le *Dictionnaire critique* de M. Jal, p. 1013 et 1014.

6. Marguerite Brochaut, seconde femme de Charles-François Félix.

7. Une note de l'édition de 1807 confond ce Montarsis avec Claude Lebas de Montargis, trésorier des deniers royaux, beau-père du président Hénault, qui a été nommé ci-dessus, p. 193, à la note 6 de la lettre 158. Mais Racine parle ici de Pierre le Tessier de Montarsy, conseiller secrétaire du Roi, et son joaillier ordinaire, dont la fille fut mariée, en 1699, au fils de Charles-François Félix. Voyez le *Dictionnaire critique* de M. Jal, p. 571, et ci-après, p. 262 et 263, la note 8 de la lettre 180.

donné trente pistoles d'Espagne⁸. Vous avez eu tort de ne m'en rien mander, car je ne lui avois donné que trois cents francs; mais vraisemblablement vous croyez qu'il n'est pas du grand air de parler de ces bagatelles, non plus que de nous mander combien il vous restoit d'argent de votre voyage. Nous autres bonnes gens de famille nous allons plus simplement, et nous croyons que bien savoir son compte n'est pas au-dessous d'un honnête homme. Votre mère, qui est toujours portée à bien penser de vous, croit que vous l'informerez de toutes choses, et que cela fera en partie le sujet des lettres que vous lui promettez de lui écrire. Sérieusement vous me ferez plaisir de paroître un peu appliqué à vos petites affaires. M. Despréaux a dîné aujourd'hui au logis, et nous lui avons fait très-bonne chère, grâces à un fort grand brochet et à une belle carpe qu'on nous a envoyés de Port-Royal. M. Despréaux venoit de toucher sa pension, et de porter chez M. Caillet⁹ dix mille francs pour se faire cinq cent cinquante livres de rente sur la ville. Demain, M. de Valincour viendra encore dîner au logis avec M. Despréaux. Vous jugez bien que cela ne se passera pas sans boire la santé de Monsieur l'Ambassadeur et la vôtre. J'ai été un peu incommodé ces jours passés; mais cela n'a pas eu de suite, Dieu merci, et nous sommes tous en bonne santé. M. Pierret m'a conté que M. de la Clausure¹⁰ avoit été douze jours à venir ici de la Haye en poste, et m'a fait là-dessus un

---

8. La pistole d'Espagne valait quinze francs de notre monnaie. (*Note de l'édition de* 1807.)

9. Notaire qui avait succédé à Philippe Galloys.... Son étude était rue Sainte-Avoie. (*Note de l'édition de* 1807.) — Sur Philippe Galloys, voyez ci-dessus, p. 203, la note 2 de la lettre 162.

10. Qui a été résident de France à Genève. (*Note de l'édition de* 1807.)

grand éloge de votre diligence. Dans la vérité, je suis fort content de vous, et vous le seriez aussi beaucoup de votre mère et de moi si vous saviez avec quelle tendresse nous nous parlons souvent de vous. Songez que notre ambition est fort bornée du côté de la fortune, et que la chose que nous demandons de meilleur cœur au bon Dieu, c'est qu'il vous fasse la grâce d'être homme de bien, et d'avoir une conduite qui réponde à l'éducation que nous avons tâché de vous donner.

Votre cousin de Romanet est ici, assez affligé de n'avoir plus d'emploi; car nous n'espérons guère que M. de Barbezieux le continue dans celui qu'il avoit. Il en a renvoyé deux ou trois autres, dont l'un étoit neveu de M. Vallée[11], disant qu'il n'y a pas maintenant assez d'affaires dans le bureau de M. du Fresnoy pour occuper tant de gens. Votre oncle[12] en aura beaucoup de chagrin. Il nous mande que sa santé ne se rétablit point, et je doute qu'il aille encore fort loin. Votre sœur Nanette vous avoit écrit une grande lettre pleine d'amitiés, mais elle auroit trop grossi mon paquet. J'irai dans deux ou trois jours à Versailles pour demander d'aller à Marly, où l'on va mecredi prochain[13]. Faites mille compliments pour moi à Monsieur l'Ambassadeur et à M. de Bonac. Adieu, mon cher fils : il me semble qu'il y a longtemps que je n'ai reçu de vos nouvelles.

11. Nicolas Vallée, conseiller auditeur en la chambre des comptes, reçu en 1697.
12. M. de Romanet, frère de Mme Racine, et père du jeune de Romanet dont Racine vient de parler.
13. On y alla un jour plus tôt, le mardi 4 mars. Voyez le *Journal de Dangeau*, à cette date. On remarquera aussi que la lettre suivante est datée (à la fin) de Marly, le 4 mars.

166. — DE RACINE A MADAME DE MAINTENON[1].

1698

J'avois pris la liberté de vous écrire, Madame, au sujet de la taxe qui a si fort dérangé mes petites af-

---

Lettre 166 (revue sur l'autographe, conservé à la Bibliothèque impériale). — 1. Cet autographe n'est qu'une copie, ou plutôt un brouillon. Sur un feuillet qui le précède on lit cette note : « Copie, écrite et signée de Jean Racine, de la lettre qu'il adressa à Mme de Maintenon, à la fin de sa vie, et qui n'est rapportée qu'en partie à la fin des *Mémoires* de sa vie. » La lettre envoyée à Mme de Maintenon peut avoir été un peu différente de celle-ci, qui semblerait n'être qu'un projet. Quoi qu'il en soit, nous ne pouvions hésiter à préférer le texte authentique du manuscrit de la Bibliothèque impériale à un autre texte qui nous a été communiqué comme étant celui de la lettre même envoyée à Mme de Maintenon. Nous voulons parler d'un original prétendu, qui ne fait que reproduire, à de très-légères différences près, l'*Extrait* publié par Louis Racine, à la page 316 de son *Recueil*. C'est Louis Racine lui-même qui intitule *Extrait* le texte mutilé qu'il donne ; et, dans trois passages où il a fait des suppressions importantes, il indique par des points ces suppressions. Comment se fait-il donc que les mêmes passages manquent dans la pièce qu'on voudrait regarder comme originale ? Nous avons dit qu'il n'y avait entre cette pièce et le texte de Louis Racine que de légères différences. Cela n'est vrai que jusqu'aux mots : « Mais je sais ce qui a pu donner lieu à une accusation...; » car cette phrase et celles qui suivent dans Louis Racine, jusqu'à : « Je vous assure, Madame, » manquent dans le prétendu autographe. Il porte à la fin cette date : « Ce 4 janvier 1697. » Elle ne paraît pas possible, l'affaire de la taxe des secrétaires du Roi dont Racine parle au commencement de la lettre étant du mois de décembre 1697. Elle est également inconciliable avec la date d'autres faits que la lettre mentionne : voyez ci-après les notes 11, 12 et 14. — Louis Racine a donné la lettre de son père à Mme de Maintenon, non-seulement dans son *Recueil*, à la page que nous avons tout à l'heure indiquée, mais aussi dans ses *Mémoires*, p. 276-280 de l'édition de 1747, p. 336 et 337 de notre tome I. Là non plus il ne prétend pas citer la lettre dans toute son étendue : « Je ne la rapporte pas entière, dit-il, parce qu'elle est un peu longue. » Il y a même un peu plus de suppressions dans les *Mémoires* que dans le *Recueil*, et quelques différences entre les deux textes.

faires[2]; mais n'étant pas content de ma lettre, j'avois simplement dressé un mémoire, dans le dessein de vous faire supplier de le présenter à Sa Majesté. M. le maréchal de Noailles s'offrit généreusement de vous le remettre entre les mains, et n'ayant pu trouver l'occasion de vous parler, le donna à Monsieur l'Archevêque, qui peut vous dire si je lui en avois seulement ouvert la bouche, et si, depuis deux mois, j'avois même eu l'honneur de [le[3]] voir. Au bout de quelques jours, comme je n'avois aucunes nouvelles de ce mémoire, je priai Mme la comtesse de Gramond, qui alloit avec vous à Saint-Germain[4], de vous demander si le Roi l'avoit lu, et si vous aviez eu quelque réponse favorable. Voilà, Madame, tout naturellement, comme je me suis conduit dans cette affaire. Mais j'apprends que j'en ai une autre bien plus terrible sur les bras, et qu'on m'a fait passer pour janséniste dans l'esprit du Roi. Je vous avoue que lorsque je faisois tant chanter dans *Esther* :

Rois, chassez la calomnie[5],

je ne m'attendois guère que je serois moi-même un jour attaqué par la calomnie. Je sais que, dans l'idée du Roi, un janséniste est tout ensemble un homme de cabale et un homme rebelle à l'Église. Ayez la bonté

---

2. La taxe de vingt mille francs à laquelle on avait soumis les secrétaires du Roi. Voyez ci-dessus, p. 198, la note 2 de la lettre 160.

3. *Le* est omis dans l'autographe. Au lieu de : « et si, depuis deux mois, etc., » la fin de la phrase était d'abord : « y ayant plus de deux mois que je n'avois eu l'honneur de lui parler. » Cette correction et celles qu'on trouvera ci-après montrent que l'autographe de la Bibliothèque impériale est plutôt un brouillon qu'une copie.

4. C'était vraisemblablement le 8 février précédent, jour où le Roi alla à Saint-Germain voir le roi et la reine d'Angleterre, comme Dangeau le rapporte à cette date.

5. Acte III, scène III, vers 969.

de vous souvenir, Madame, combien de fois vous avez
dit que la meilleure qualité que vous trouviez en moi,
c'étoit une soumission d'enfant pour tout ce que l'Église
croit et ordonne, même dans les plus petites choses. J'ai
fait par votre ordre près de trois mille vers sur des sujets de piété ; j'y ai parlé assurément de l'abondance
de mon cœur, et j'y ai mis tous les sentiments dont
j'étois le plus rempli. Vous est-il jamais revenu qu'on y
ait trouvé un seul endroit qui approchât de l'erreur et
de tout ce qui s'appelle jansénisme? Pour la cabale,
qui est-ce[6] qui n'en peut point être accusé, si on en accuse un homme aussi dévoué au Roi que je le suis, un
homme qui passe sa vie à penser au Roi, à s'informer
des grandes actions du Roi, et à inspirer aux autres les
sentiments d'amour et d'admiration qu'il a pour le Roi?
J'ose dire que les grands seigneurs m'ont bien plus recherché que je ne les recherchois moi-même ; mais
dans quelque compagnie que je me sois trouvé, Dieu
m'a fait la grâce de ne rougir jamais ni du Roi ni de
l'Évangile. Il y a[7] des témoins encore vivants qui pourroient vous dire avec quel zèle ils m'ont vu souvent
combattre de petits chagrins qui naissent quelquefois
dans l'esprit des gens que le Roi a le plus comblés de
ses grâces. Hé quoi! Madame, avec quelle conscience
pourrai-je déposer à la postérité que ce grand prince
n'admettoit point les faux rapports contre les personnes qui lui étoient le plus inconnues, s'il faut que je
fasse moi-même une si triste expérience du contraire?
Mais je sais ce qui a pu donner lieu à une accusation si

6. Ici, de même que plus loin, p. 218, ligne 14, Racine, suivant
son habitude, a écrit *esce*.

7. Avant cette phrase, Racine avait d'abord écrit : « M. de Cavoye, dont la probité n'est pas suspecte, pourroit. » Ces mots ont
été effacés.

injuste. J'ai une tante qui est supérieure de Port-Royal, et à laquelle je crois avoir des obligations infinies. C'est elle qui m'apprit à connoître Dieu dès mon enfance, et c'est elle aussi dont Dieu s'est servi pour me tirer de l'égarement et des misères où j'ai été engagé pendant quinze années. J'appris, il y a près de deux ans, qu'on l'avoit accusée de désobéissance, comme si elle avoit reçu des religieuses contre la défense qu'on a faite d'en recevoir dans cette maison. J'appris même qu'on parloit d'ôter à ces pauvres filles le peu qu'elles ont de bien, pour subvenir aux folles dépenses de l'abbesse de Port-Royal de Paris[8]. Pouvois-je, sans être le dernier des hommes, lui refuser mes petits secours dans cette nécessité[9]? Mais à qui est-ce, Madame, que je m'adressai pour la secourir? J'allai trouver le P. de la Chaize, et lui représentai tout ce que je connoissois de l'état de cette maison, tant pour le temporel que pour le spirituel. Je n'ose pas croire que je l'aie persuadé; mais du moins il parut très-content de ma franchise, et m'assura, en m'embrassant, qu'il seroit toute sa vie mon serviteur et mon ami. Heureusement j'ai vu confirmer le témoignage que je leur avois rendu, par celui du grand vicaire de Monsieur l'Archevêque[10], par celui de deux religieux bénédictins qui furent envoyés pour visiter cette maison, et dont l'un étoit supérieur de Port-Royal de Pa-

---

8. Marie-Anne de Harlay de Champvallon, nièce de l'archevêque de Paris, François de Harlay. Elle avait succédé, le 12 janvier 1695, à sa tante Élisabeth-Marguerite de Harlay; elle quitta l'abbaye de Port-Royal en 1706.

9. C'est à cette occasion que Racine avait écrit, en 1696, le *Mémoire* que nous avons donné au tome IV, p. 615 et suivantes.

10. L'abbé Roynette. Voyez ci-dessus, p. 151 et 152, les notes 1 et 2 de la lettre 138. Sa visite à Port-Royal des Champs eut lieu du 21 au 25 mai 1696. Voyez l'*Histoire générale de Port-Royal*, tome VIII, p. 324.

ris[11], et enfin par celui des confesseurs extraordinaires[12] qu'on leur a donnés, tous gens aussi éloignés du jansénisme que[13] le ciel l'est de la terre. Ils en sont tous revenus en disant, les uns qu'ils avoient vu des religieuses qui vivoient comme des anges, les autres qu'ils venoient de voir le sanctuaire de la religion. Monsieur l'Archevêque, qui a voulu connoître les choses par lui-même[14], n'a pas caché qu'il n'avoit point de filles dans son diocèse, ni plus régulières, ni plus soumises à son autorité. Voilà tout mon jansénisme. J'ai parlé comme ces docteurs[15] de Sorbonne, comme ces religieux, et enfin comme mon archevêque. Du reste[16], je puis vous protester devant Dieu que je ne connois ni ne fréquente aucun homme qui soit suspect de la moindre nouveauté. Je passe ma vie le plus retiré que je puis dans ma famille, et ne suis pour ainsi dire dans le monde que lorsque je suis à Marly. Je vous assure, Madame, que l'état où je me trouve est très-digne de la compassion que je vous ai toujours vue pour les malheureux. Je suis privé de l'honneur de vous voir[17]; je n'ose pres-

11. Le P. de Loo, prieur de l'abbaye de Saint-Germain des Prés, un des grands vicaires de l'Archevêque. Cette visite est du mois de mars 1697. Voyez l'*Histoire générale de Port-Royal*, tome VIII, p. 333.

12. L'*Histoire générale de Port-Royal*, tome VIII, p. 337 et 338, rapporte aussi cette visite des confesseurs extraordinaires. Une note, à la page 343, avertit qu'elle eut lieu en 1698.

13. Racine avait d'abord écrit *comme*, au lieu de *que*.

14. La visite de M. de Noailles avait eu lieu avant celle des confesseurs, le 20 octobre 1697. Voyez l'*Histoire générale de Port-Royal*, tome VIII, p. 336 et 337.

15. Au lieu de : « Voilà tout mon jansénisme, etc., » Racine avait d'abord mis : « Suis-je donc janséniste pour avoir pensé et parlé comme ces docteurs...? »

16. Tout ce passage, depuis : « Du reste, » jusqu'à : « je suis à Marly, » a été ajouté après coup.

17. Ce membre de phrase a été ajouté aussi, en interligne, à la première rédaction.

que plus compter sur votre protection, qui est pourtant la seule que j'aie tâché de mériter[18]. Je cherchois du moins ma consolation dans mon travail; mais jugez quelle amertume doit jeter sur ce travail la pensée que ce même grand prince dont je suis continuellement occupé me regarde peut-être comme un homme plus digne de sa colère que de ses bontés[19].

Je suis, avec un profond respect, votre très-humble et très-obéissant serviteur,

RACINE.

A Marly, le 4e mars [1698].

---

167. — DE RACINE A JEAN-BAPTISTE RACINE[1].

A Paris, le 10e mars [1698].

VOTRE mère est fort contente du détail que vous lui mandez de vos affaires, et fort affligée que vous ayez tant perdu sur les espèces. Cela vous montre qu'il vaut mieux que Monsieur l'Ambassadeur vous fasse donner l'argent dont vous aurez besoin, et je le rendrai ici aux gens à qui il lui plaira que je le rende. Je ne sais si je vous ai mandé que j'ai donné à M. Pierret pour vous onze louis d'or vieux et un demi-louis vieux, faisant en tout 140 liv., 17 sous, 6 den. Il m'a assuré qu'il n'y auroit rien à perdre pour vous. Ne vous laissez manquer de rien, et croyez que j'approuverai tout ce que Monsieur l'Ambassadeur approuvera. Il me mande qu'il est con-

---

18. Racine avait d'abord écrit : « que j'aie jamais recherchée. »
19. La première rédaction était : « comme un homme indigne de ses bontés. »

LETTRE 167. — 1. Revue sur l'autographe, conservé à la Bibliothèque impériale.

tent de vous; c'est la meilleure nouvelle qu'il me puisse mander, et la chose du monde qui peut le plus contribuer à me rendre heureux. Ce que vous me mandez des Carthaginois[2] m'a fort étonné; mais songez que les lettres peuvent être vues, et qu'il faut écrire avec beaucoup de précaution sur certains sujets. M. Félix le fils se plaint fort de ce que vous ne lui écrivez point; mais le commerce des lettres étant aussi cher qu'il est, vous faites assez sagement de ne vous pas ruiner les uns les autres.

Votre mère se porte bien. Madelon et Lionval[3] sont un peu incommodés, et je ne sais s'il ne faudra point leur faire rompre carême. J'en étois assez d'avis, mais votre mère croit que cela n'est pas nécessaire. Comme le temps de Pâques approche, vous voulez bien que je songe un peu à vous, et que je vous recommande aussi d'y songer. Vous ne m'avez encore rien mandé de la chapelle de Monsieur l'Ambassadeur. Je sais combien il est attentif aux choses de la religion, et qu'il s'en fait une affaire capitale. Est-ce des prêtres séculiers par qui il la fait desservir, ou bien sont-ce des religieux? Je vous conjure de prendre en bonne part les avis que je vous donne là-dessus, et de vous souvenir que, comme je n'ai rien plus à cœur que de me sauver, je ne puis avoir de véritable joie si vous négligiez une affaire si importante, et la seule proprement à laquelle nous devrions tous travailler. On m'a dit qu'il falloit absolument que votre sœur aînée revînt avec nous, et j'irai au plus tard

2. Il désignait sous ce nom les Anglais protestants, qui avaient détrôné le roi Jacques. (*Note de l'édition de 1807.*)

3. C'étoit moi. (*Note de Louis Racine.*) — Madeleine et Louis, les deux plus jeunes enfants de Racine, étaient alors âgés l'une de dix ans, l'autre d'un peu plus de cinq ans. Le surnom de Lionval donné à Louis Racine semblerait avoir été tiré d'une ferme qui dépendait de Chouy (canton de Neuilly-Saint-Front), à douze kilomètres de la Ferté-Milon. Peut-être y avait-il été nourri.

la semaine de Pâques pour la ramener : ce sera une rude séparation pour elle et pour ces saintes filles, qui étoient ravies de l'avoir, et qui sont fort contentes d'elle. Nanette vous fait ses compliments dans toutes ses lettres. Votre cousin de Romanet n'a point d'autre parti à prendre que de s'en retourner à Mondidier, M. de Barbezieux s'étant mis en tête de ne point prendre de surnuméraires dans le bureau de M. du Fresnoy, et n'y ayant point de place dans tous les autres bureaux. M. Bégon m'a promis qu'il m'avertiroit quand il en auroit; mais ce ne sera pas sitôt apparemment. Je plains fort votre cousin, qui avoit bonne envie de travailler, et dont M. du Fresnoy étoit content au dernier point. Mylord Portland [4] fit hier son entrée. Tout Paris y étoit; mais il me semble qu'on ne parle que de la magnificence de M. de Boufflers, qui l'accompagnoit, et point du tout de celle du mylord. C'est M. de Maison [5] qui l'accompagnera lorsqu'il fera son entrée à Versailles. Je mande à Monsieur l'Ambassadeur que vous lui montrerez un endroit de Virgile où Nisus se plaint à Énée qu'il ne le récompense point, lui qui a fait des merveilles, et qu'il récompense des gens qui ont été vaincus. Cherchez cet endroit [6] : je suis assuré que vous

4. Ambassadeur extraordinaire d'Angleterre. Voyez ci-dessus, p. 3o, la note 8 de la lettre 94. — On lit dans le *Journal de Dangeau*, au dimanche 9 [mars 1698], à Versailles : « Milord Portland fit son entrée à Paris, qui fut magnifique, mais beaucoup moindre qu'on ne l'avoit cru. C'étoit le maréchal de Boufflers qui le menoit. C'est toujours un maréchal de France qui mène les ambassadeurs à leurs entrées à Paris. »

5. Le président de Maisons, capitaine-gouverneur des châteaux de Versailles et de Saint-Germain.

6. Il est au livre V de l'*Énéide*, vers 353-355. Racine vouloit faire mettre cet endroit de Virgile sous les yeux de Bonrepaus, parce qu'il n'avait pas reçu de récompense après son ambassade en Danemark, où il avait rendu de grands services, tandis qu'on

le trouverez fort beau. Assurez M. de Bonac du grand intérêt que je prends à tout le bien qu'on nous dit ici de lui. On dit des merveilles de son extrême politesse, de sa sagesse et de son esprit. Votre mère vous embrasse, et se repose sur moi du soin de vous écrire de ses nouvelles.

Suscription : A Monsieur Monsieur Racine, gentilhomme ordinaire du Roi, à la Haye. (Cachet rouge, dont l'empreinte est une tête.)

---

168. — DE RACINE A JEAN-BAPTISTE RACINE[1].

A Paris, 16. mars [1698].

JE m'étonne que vous n'ayez pas eu le temps de m'écrire un mot par les deux courriers que Monsieur l'Ambassadeur a envoyés coup sur coup, et qui sont venus tous deux m'apprendre de vos nouvelles. Ils me disent tous que vous êtes très-content, et que vous travaillez beaucoup. Je ne puis vous dire assez combien cela me fait de plaisir; mais pendant que vous êtes dans un lieu où vous vous plaisez, et où vous êtes dans la meilleure compagnie du monde, votre pauvre sœur aînée est dans les larmes et dans la plus grande affliction où elle ait été de sa vie. C'est tout de bon qu'il faut qu'elle se sépare de sa chère tante et des saintes filles avec qui elle s'estimoit si heureuse de servir Dieu. Mais quelque

---

avait accordé d'importantes faveurs aux plénipotentiaires qui avaient signé le malheureux traité de Ryswick. Voyez ci-dessus, la lettre 165, p. 210 et 211.

LETTRE 168. — 1. Revue sur l'autographe, conservé à la Bibliothèque impériale.

instance que je lui aie pu faire pour l'obliger de revenir avec nous, elle a résolu de ne remettre jamais le pied au logis; elle prétend, au sortir de P. R., s'aller renfermer dans Gif, qui est une abbaye très-régulière à deux petites lieues de P. R., et attendre là ce que deviendra cette sainte maison, résolue d'y revenir si Dieu permet qu'elle se rétablisse, ou de se faire religieuse à Gif quand elle perdra l'espérance de retourner à P. R. Elle m'a écrit là-dessus des lettres qui m'ont troublé et déchiré au dernier point, et je m'assure que vous en seriez attendri vous-même. La pauvre enfant a eu jusqu'ici bien des peines, et a été bien traversée dans le dessein qu'elle a de se donner à Dieu. Je ne sais quand il permettra qu'elle mène une vie un peu plus calme et plus heureuse. Elle était charmée d'être à P. R., et toute la maison étoit aussi très-contente d'elle. Il faut se soumettre aux volontés de Dieu. Je ne suis guère en état de vous entretenir sur d'autres matières, et j'ai même eu mille peines à achever la lettre que j'ai écrite à M. de Bonrepaux. Je pars demain pour aller à P. R., et pour régler toutes choses avec ma tante, afin qu'elle écrive à Gif, et que je prenne mes mesures pour y mener votre sœur aussitôt après Pâques[2]. De là j'irai coucher à Versailles, pour aller mecredi à Marly.

Je ne doute pas que vous n'ayez été fort aise du mariage de M. le comte d'Ayen[3], et que vous ne lui écriviez au plus tôt pour lui en témoigner votre joie. Il

2. En 1698, Pâques tombait le 30 mars.
3. On avait su à Versailles, le 11 mars, que le mariage du comte d'Ayen avec Françoise d'Aubigné, nièce de Mme de Maintenon, était résolu (voyez le *Journal de Dangeau* à cette date). Le mariage se fit à Versailles, le mardi 1er avril suivant. Adrien-Maurice comte d'Ayen, fils aîné du duc de Noailles, était alors mestre de camp d'un régiment de cavalerie. Il devint duc de Noailles en 1704, et fut fait maréchal de France en 1734.

me témoigne toujours beaucoup d'amitié pour vous. Le voilà présentement le plus riche seigneur de la cour. Le Roi donne à Mlle d'Aubigné huit cent mille francs, outre cent mille francs en pierreries. Mme de Maintenon assure aussi à sa nièce six cent mille francs après sa mort. On donne à M. le comte d'Ayen les survivances des gouvernements de Berry et de Roussillon[4], sans compter des pensions qu'on leur donnera encore. M. le maréchal de Noailles assure quarante-cinq mille livres de rentes à Monsieur son fils, et lui en donne présentement dix-huit mille. Voilà, Dieu merci, de grands biens; mais ce que j'estime plus que tout cela, c'est qu'il est fort sage et très-digne de la grande fortune qu'on lui fait. Adieu, mon cher fils : votre mère vous écrira par le second courrier de Monsieur l'Ambassadeur. Écrivez-nous souvent, et priez Monsieur l'Ambassadeur de vouloir vous avertir une heure ou deux avant le départ de ses courriers, quand il sera obligé d'en envoyer. Quand vous n'écririez que dix ou douze lignes, cela me fera toujours beaucoup de plaisir. Lionval a été un peu malade, et est encore un peu foible. Vos petites sœurs sont en très-bonne santé. Je vous prie de faire mille compliments pour moi à M. de Bonac, et de l'assurer de toute la reconnoissance que j'ai pour l'amitié dont il vous honore. Je l'en remercierai moi-même à la première occasion, et lorsque j'aurai l'esprit un peu plus tranquille que je ne l'ai.

Suscription : A Monsieur Monsieur Racine, gentilhomme ordinaire de Sa Majesté, à la Haye. (Cachet rouge, au cygne.)

4. Racine a écrit, par mégarde, *Roussilly*, au lieu de *Roussillon*.

169. — DE MADAME RACINE ET DE RACINE A JEAN-BAPTISTE RACINE[1].

[Ce 24 mars 1698[2].]

Je me sers de l'occasion du courrier de M. de Bonrepaux pour vous témoigner, mon fils, la joie que j'ai de l'application qu'il nous semble que vous vous donnez au travail, pour profiter des instructions que Monsieur l'Ambassadeur veut bien vous donner. Votre père m'en paroît fort content. Soyez persuadé que vous ne lui sauriez faire plus de plaisir, et à moi aussi, que de vous remplir l'esprit de choses propres à exercer votre charge avec l'estime des honnêtes gens. Je ne puis assez vous témoigner combien je suis sensible à toutes les bontés que M. de Bonrepaux a pour vous. Je vous prie de lui en témoigner ma reconnoissance.

Votre père a été voir votre sœur, qu'il n'a pas trouvée d'une assez bonne santé pour la laisser aller dans une autre maison que celle où elle est[3]. Si elle est obligée d'en sortir, il faudra bien qu'elle se résoude[4] à revenir avec nous se rétablir. Le parti qu'elle doit prendre ne sera décidé que dans quelques jours. Vous me manderez à votre loisir si la toile et la dentelle que vous avez achetées pour vos chemises est plus fine que celle que

---

Lettre 169 (revue sur l'autographe, conservé à la Bibliothèque impériale). — 1. La fin seule de cette lettre est de Racine : voyez ci-après, p. 228.

2. La lettre est ainsi datée dans l'édition de 1807; elle est sans date dans l'original.

3. Voyez ci-dessus, p. 224.

4. C'est ainsi qu'a écrit Mme Racine. Les éditeurs précédents ont corrigé « se résoude » en « se résigne. » — Quant à l'orthographe très-défectueuse de Mme Racine, le *fac-simile* de cette lettre, que l'on trouvera dans l'*Album*, la fera connaître.

vous avez emportée d'ici. Votre oncle[5] est d'une santé fort mauvaise présentement, les eaux de Bourbon ne lui ayant point donné de soulagement. Depuis peu de jours, Mme de Romanet mande à ses enfants qu'il est au lit pour un mal qui lui est venu à la jambe. Il m'a paru bien fâché de n'avoir pas su quand vous avez passé à Roye, pour vous y aller embrasser. M. de Sérignan[6] attend toujours l'occasion de pouvoir parler à M. de Barbesieux, pour faire rentrer votre cousin dans la place qu'il avoit. Je crois que c'est bien en vain, et que mon neveu feroit bien aussi bien de s'en retourner chez lui; mais cela chagrine votre oncle. Lionval est toujours incommodé d'un dévoiement. J'ai aujourd'hui envoyé chez Helvétius pour lui mettre entre les mains. Le pauvre petit vous fait bien ses compliments, et promet bien qu'il n'ira pas à la comédie comme vous, de peur d'être damné. Nanette vous fait mille compliments par les lettres qu'elle m'écrit, et Babet est ravie d'avoir pour maîtresse Mme de Ronval. Les petites vous embrassent. Pour parler de quelque chose de plus sérieux, par la lettre que vous m'avez écrite vous me priez de prier Dieu pour vous. Vous pouvez être persuadé que si mes prières étoient bonnes à quelque chose, vous seriez bientôt un parfait chrétien, ne souhaitant rien avec plus d'ardeur que votre salut. Mais, mon fils, songez, dans ce saint temps, que les père et mère ont beau prier le Seigneur pour leurs enfants, qu'il faut que les enfants n'oublient pas l'éducation qu'on a tâché de leur donner. Songez, mon fils, que vous êtes chrétien, et à quoi vous oblige cette qualité, à toutes les passions que cette qualité vous oblige de renoncer. Car que vous serviroit

1698

5. M. de Romanet. Voyez ci-dessus la lettre 165, p. 214, et la note 12, à cette même page.

6. Voyez ci-dessus, p. 79, la note 4 de la lettre 111.

d'acquérir l'estime des hommes, si vous vous mettiez en état de perdre votre âme? Ce sera le comble de ma joie de vous voir en état de faire votre salut. Je l'espère de la grâce du Seigneur.

Quand il viendra quelque courrier, mandez-moi un peu de petits détails de vos passe-temps et des nouvelles de Henry; si il est bien content, et s'il fait bien son devoir. Adieu, mon fils : je vous embrasse; soyez persuadé que je suis toute à vous.

Je[7] n'ajoute qu'un mot à la lettre de votre mère, pour vous dire que j'approuve au dernier point le conseil qu'on vous a donné d'apprendre l'allemand[8], et les raisons solides dont Monsieur l'Ambassadeur s'est servi pour vous le persuader. J'en ai dit un mot à M. de Torcy, qui vous y exhorte aussi de son côté, et qui croit que cela vous sera extrêmement utile. Je vous écrirai plus au long au premier jour. Le valet de chambre m'a prié instamment d'envoyer mon paquet le plus tôt que je pourrois, chez Mme Pierret. Continuez à vous occuper, et songez que tout ce que j'apprends de vous fait la plus grande consolation que je puisse avoir. Il ne tient pas à M. de Bonac que vous ne passiez ici pour un fort habile homme, et vous lui avez des obligations infinies. Assurez-le de ma reconnoissance et de l'extrême envie que j'ai de me trouver entre lui et vous avec Monsieur l'Ambassadeur. Je crois que je profiterois moi-même beaucoup en si bonne compagnie. Tous vos amis de la cour me demandent toujours de vos nouvelles.

7. Ce qui suit a été écrit par Racine.
8. Racine a écrit : « l'alleman. »

170. — DE RACINE A JEAN-BAPTISTE RACINE[1]. 1698

A Paris, ce lundi de Pâques [,31 mars 1698].

J'AI lu avec beaucoup de plaisir tout ce que vous m'avez mandé touchant la manière édifiante dont le service se fait dans la chapelle de Monsieur l'Ambassadeur, et sur les dispositions où vous étiez de bien employer ce saint temps, dont voilà déjà une partie de passée[2]. Je vous assure que vous auriez encore pensé plus sérieusement que vous ne faites peut-être sur l'incertitude de la mort et sur le peu que c'est que la vie, si vous aviez eu le triste spectacle que nous venons d'avoir, votre mère et moi, cette après-dînée. La pauvre Fanchon[3] s'étoit beaucoup plainte de maux de tête tout le matin. Elle avoit pourtant été à confesse à Saint-André. En dînant, ses maux de tête l'ont reprise, et on a été obligé de la mettre sur son lit. Sur les trois heures, comme je prenois mon livre pour aller à vêpres, j'ai demandé de ses nouvelles. Votre mère, qui la venoit de quitter, m'a dit qu'elle lui trouvoit un peu de fièvre. J'ai été pour lui tâter le pouls; je l'ai trouvée renversée sur son lit, la tête qui lui traînoit à terre, le visage tout bleu et tout bouffi, sans la moindre connoissance, avec une quantité horrible d'eaux qui l'étouffoient, et qui faisoient un bruit effroyable dans sa gorge : enfin une vraie apoplexie. J'ai fait un grand cri, et je l'ai prise dans mes bras, mais sa tête et tout son corps n'étoient plus que comme un sac mouillé, ses yeux étoient tous renversés dans sa tête; un moment plus tard elle étoit morte. Votre mère

---

LETTRE 170. — 1. Revue sur l'autographe, conservé à la Bibliothèque impériale.

2. Racine a écrit *passé*, et, six lignes plus bas, *plaint*.

3. Jeanne-Nicole-Françoise Racine, née le 29 novembre 1686. Voyez, au tome I, la *Notice biographique*, p. 126.

est venue⁴ toute éperdue, et lui a jeté deux ou trois poignées de sel dans la bouche, en lui ouvrant les dents par force; on l'a baignée d'esprit-de-vin et de vinaigre; mais elle a été plus d'une grande demi-heure entre nos bras dans le même état que je vous ai représenté, et nous n'attendions que le moment qu'elle alloit étouffer. Nous avions vite envoyé chez M. Mareschal⁵ et chez M. du Tartre; mais personne n'étoit au logis. A la fin, à force de la tourmenter et de lui faire avaler par force, tantôt du vin, tantôt du sel, elle a vomi une quantité épouvantable d'eaux qui lui étoient tombées du cerveau dans la poitrine. Elle a pourtant été deux heures entières sans revenir à elle, et il n'y a qu'une heure à peu près que la connoissance lui est revenue. Elle m'a entendu dire à votre mère que j'allois vous écrire, et elle m'a prié de vous bien faire ses compliments : c'est en quelque sorte la première marque de connoissance qu'elle nous a donnée. Elle ne se souvient de rien de tout ce qui lui est arrivé; mais, à cela près, je la crois entièrement hors de péril. Je m'assure que vous auriez été aussi ému que nous l'avons tous été. Madelon en est encore toute effrayée, et a bien pleuré sa sœur, qu'elle croyoit morte. Je vais demain coucher à Port-Royal, d'où j'espère ramener votre sœur aînée après-demain. Ce sera encore un autre spectacle fort triste pour moi,

4. Dans l'original : *venu*, et, neuf lignes plus haut, *trouvé*.
5. Georges Maréchal, chirurgien de l'hôpital de la Charité à Paris, né en 1658, mort le 13 décembre 1736. Il était ami de Félix, auquel il succéda, en 1703, dans la charge de premier chirurgien du Roi. Voyez l'éloge que fait de lui Saint-Simon (*Mémoires*, tome IV, p. 121), et ce qu'il rapporte (*ibidem*, p. 122 et 123) de la visite faite par ce chirurgien à Port-Royal et du compte qu'il en rendit au Roi. Ce fait si honorable, qui eût suffi pour gagner à Maréchal la confiance et l'amitié de Racine, est postérieur à la mort de celui-ci.

et il y aura bien des larmes versées à cette séparation. 1698
Nous avons jugé que, ne pouvant rester à Port-Royal,
elle n'avoit d'autre parti à prendre qu'à revenir avec
nous, sans aller de couvent en couvent. Du moins elle
aura le temps de rétablir sa santé, qui s'est encore fort
affoiblie par les austérités qu'elle a faites ce carême, et
elle s'examinera à loisir sur le parti qu'elle doit embrasser. Nous lui avons préparé la chambre où couchoit
votre petit frère, qui couchera dans votre grand chambre[6]
avec sa mie. Vos lettres me font toujours un extrême
plaisir, et même à M. Despréaux, à qui je les montre
quelquefois, et qui continue à m'assurer que j'aurai
beaucoup de satisfaction de vous, et que vous ferez des
merveilles.

Votre Henry a mandé à mon cocher qu'il n'étoit pas
content des quarante écus que nous lui donnons, et il le
prie de lui faire savoir ma réponse. Il dit pour ses raisons que le vin est fort cher en Hollande. Vous jugez
bien de quelle manière j'ai reçu cette demande. Je vous
conseille de lui parler comme il mérite, et de ne pas
faire plus de cas d'une pareille proposition que j'en fais
moi-même. Ni je ne suis en état d'augmenter ses gages,
ni je ne crois point ses services assez considérables pour
les augmenter. Du reste, ne vous laissez manquer de
rien : mandez-moi tous vos besoins, et croyez qu'on ne
peut pas vous aimer plus tendrement que je fais. Votre
mère vous embrasse.

Faites en sorte que M. de Bonac me donne toujours
beaucoup de part dans son amitié.

6. Il y a ainsi, dans l'original : « grand chambre. »

1698 171. — DE RACINE A JEAN-BAPTISTE RACINE [1].

A Paris, 14° avril [1698].

Je prends beaucoup de part au plaisir que vous aurez d'accompagner Monsieur l'Ambassadeur dans la maison de campagne que vous dites qu'il est sur le point de prendre, et j'ai été fort content de la description que vous me faites de ces sortes de maisons. J'ai montré votre lettre à Mme la comtesse de Gramond, qui s'intéresse beaucoup aux moindres choses qui regardent Monsieur l'Ambassadeur, et qui vous estime bien heureux d'être en si bonne compagnie. M. le comte d'Ayen m'a dit que vous lui aviez écrit, et qu'il vous avoit fait réponse. Il m'a paru très-content de votre compliment[2]; il étoit un peu indisposé quand je partis avant-hier de Marly.

Votre sœur[3] commence à se raccoutumer avec nous, mais non pas avec le monde, dont elle paroît toujours fort dégoûtée. Elle prend un fort grand soin de ses petites sœurs et de son petit frère, et elle fait tout cela de la meilleure grâce du monde. Votre mère est très-édifiée d'elle, et en reçoit un fort grand soulagement. Il a fallu bien des combats pour la faire résoudre à porter des habits fort simples et fort modestes qu'elle a retrouvés dans son armoire, et il a fallu au moins lui promettre qu'on ne l'obligeroit jamais à porter ni or ni argent sur elle. Ou je me trompe, ou vous n'êtes pas tout à fait dans ces mêmes sentiments, et vous traitez peut-être de grande foiblesse d'esprit cette aversion

---

Lettre 171. — 1. Revue sur l'autographe, conservé à la Bibliothèque impériale.

2. Au sujet de son mariage. Voyez ci-dessus, p. 224.

3. Marie-Catherine, qui était revenue de Port-Royal. Voyez la lettre précédente, p. 230 et 231.

qu'elle témoigne pour les ajustements et pour la parure, j'ajouterai même pour la dorure. Mais que cette petite réflexion que je fais ne vous effraye point : je sais aussi bien compatir à la petite vanité des jeunes gens, comme je sais admirer la modestie de votre sœur. J'ai même prié Monsieur l'Ambassadeur de vous faire avancer ce qui vous sera nécessaire pour un habit dès que vous en aurez besoin, et je m'abandonne sans aucune répugnance à tout ce qu'il jugera à propos que vous fassiez là-dessus. J'ai été charmé de l'éloge que vous me faites de M. de Bonac, et de la noble émulation qu'il me semble que son exemple vous inspire. Mme la comtesse de Gramond, en lisant cet endroit de votre lettre, m'a dit qu'elle n'étoit point surprise qu'il fût devenu un si galant homme, et qu'elle lui avoit toujours trouvé un grand fonds d'esprit et une politesse merveilleuse. Ayez bien soin de lui témoigner combien je l'honore, et combien je souhaite qu'il me compte au nombre de ses serviteurs. Je n'ai mandé qu'un mot de la santé de M. de Cavoye à Monsieur l'Ambassadeur; mais je vais vous en instruire plus en détail, afin que vous l'en informiez. M. de Cavoye sent toujours les mêmes cuissons au fondement; il avoit commencé à prendre des eaux de Forges, qu'il faisoit venir à Paris ; mais il a fallu les quitter fort vite, parce que ses douleurs s'étoient augmentées très-considérablement. Il a même résolu de quitter tous les remèdes, et d'attendre que le beau temps le remette dans son état naturel. Heureusement il n'a aucun autre accident qui doive lui faire peur : il n'a ni fièvre ni dégoût; il dort fort bien; il a même assez bon visage, quoique la diète très-exacte qu'il observe depuis cinq mois l'ait assez maigri. Tout son mal, c'est qu'il ne peut être longtemps debout, et qu'il est obligé de s'asseoir dès qu'il a fait le tour de son jardin. Il s'en ira à Lucienne dès qu'il fera beau, et se contentera d'aller se montrer de temps en temps au Roi, quand la cour sera à Marly. Le Roi même lui a fait conseiller de prendre ce parti, et témoigne beaucoup d'envie de le revoir. Votre petit frère est guéri de son mal de ventre; mais il est fort enrhumé, aussi bien que Madelon; ils ne font tous deux que tousser. Fanchon est assez bien, et ne se ressent plus de son accident, que M. Fagon appelle un catarrhe[4] suffoquant. Il nous a conseillé de lui donner de l'émétique; mais on ne peut venir à bout de lui faire rien prendre. Votre mère et votre sœur se portent fort bien, et vous font leurs compliments. Vous trouverez des ratures au bas de cette page[5], qui vous surprendront; mais quand j'ai commencé ma lettre, je ne m'étois pas aperçu de ces quatre lignes par où j'avois commencé celle que j'écrivois à M. de Bonrepaux, à qui je me suis résolu d'écrire sur de plus grand papier. M. Bayard, M. Quentin et plusieurs autres de vos amis me demandent souvent de vos nouvelles. M. Despréaux vous fait aussi ses compliments. Il est à la joie de son cœur depuis qu'il a vu son *Amour de Dieu* imprimé avec de grands éloges, dans une réponse qu'on a faite au P. Daniel, qui avoit écrit contre les *Lettres provinciales*[6]. Il avoit voulu s'aller éta-

---

4. *Catarre* dans l'original, ici et dans la lettre suivante.
5. Il y a en effet quatre lignes effacées, que l'on peut lire sous les ratures : « A Paris, 13ᵉ avril. — J'ai lu à M. le Mᵃˡ de Noailles l'endroit de votre lettre où vous me parliez de lui. Il a été extrêmement touché de la reconnoissance que vous témoignez, de tous les sentiments d'amitié que vous avez.... »
6. L'*épître* xii venait d'être insérée au tome II, p. 179-189, de l'*Apologie des Lettres provinciales* (in-12, Delft, 1698). L'auteur de cette *Apologie* était le bénédictin dom Mathieu Petit-Didier, qui devint plus tard évêque de Macra. Il avait écrit les dix-sept lettres dont elle se compose, pour répondre aux *Entretiens de Cléandre et*

blir à Auteuil; mais il s'étoit trop pressé, et le retour du vilain temps l'a fait revenir plus vite qu'il n'y étoit allé. On m'a dit mille biens de plusieurs ecclésiastiques très-vertueux qui sont en Hollande avec Monsieur l'évêque de Sébaste[7], dont on m'a parlé aussi avec beaucoup d'estime. Si vous aviez envie d'en connoître quelqu'un, ou si même Monsieur l'Ambassadeur avoit la même envie, on leur feroit écrire de l'aller voir et de lui offrir leurs services. Je vous donne seulement cet avis, afin que vous en fassiez l'usage que vous jugerez à propos. C'est une grande consolation de trouver des gens de bien, et de pouvoir quelquefois s'entretenir avec eux des choses du salut, surtout dans un pays où l'on est si dissipé par

---

d'*Eudoxe*, essai de réfutation des *Provinciales* que le P. Daniel avait publié en 1694, et qu'il avait fait réimprimer en 1696 après la suppression de la première édition. C'est pendant l'impression de sa *douzième lettre* que dom Petit-Didier avait (il le dit lui-même) reçu l'*épître* de Boileau qui y est citée. L'Achevé d'imprimer de la première édition de cette *épître* (in-4°, Paris, Denys Thierry) est du 8 janvier 1698. Nous pensons que la lettre XII de l'*Apologie des Lettres provinciales*, qui est datée du 26 novembre 1697, fut également achevée d'imprimer au commencement de 1698, peu de jours peut-être après l'*épître*, qui était dans sa première nouveauté lorsque Boileau eut le plaisir de la voir ainsi réimprimée dans un ouvrage qui ne pouvait manquer de beaucoup se répandre.

7. Pierre Codde, archevêque de Sébaste en Arménie, et successeur de M. de Neercassel comme vicaire apostolique des Provinces-Unies, né à Amsterdam en 1648, mort à Utrecht le 18 décembre 1710. Il avait été en relation et en communauté de sentiments avec Antoine Arnauld. Le pape Clément XI le déposa par un décret du 3 avril 1704, à cause de son refus de signer le formulaire d'Alexandre VII. Quant aux « ecclésiastiques très-vertueux » dont Racine parle ici, comme étant alors en Hollande avec Pierre Codde (c'étaient sans doute ceux qui étaient les amis de Quesnel après avoir été les amis d'Arnauld), voyez sur eux le *Port-Royal* de M. Sainte-Beuve (édition de 1867), tome V, p. 300-311. Voyez aussi, dans la *Correspondance de Fénelon* (tome III, p. 59 et suivantes), sa lettre à M. ***, du 12 juin 1705.

les divertissements et par les affaires. Du reste, j'apprends avec beaucoup de plaisir que vous ne voyez que les mêmes gens que voit Monsieur l'Ambassadeur. Je vous avoue que si vous fréquentiez d'autres compagnies que les siennes, je serois dans de très-grandes inquiétudes. Adieu, mon cher fils : soyez persuadé de mon extrême amitié pour vous et de celle de votre mère.

Suscription : A Monsieur Monsieur Racine, gentilhomme ordinaire du Roi, à la Haye. (Fragment de cachet rouge.)

172. — DE RACINE A JEAN-BAPTISTE RACINE[1].

A Paris, le 25. avril [1698].

J'AI été fort incommodé depuis la dernière lettre que je vous ai écrite, ayant eu plusieurs petits maux dont il n'y en avoit pas un seul dangereux, mais qui étoient tous assez douloureux pour m'empêcher de dormir la nuit et de m'appliquer durant le jour. Ces maux étoient premièrement un fort grand rhume dans le cerveau, un rhumatisme dans le dos, et une petite érysipèle ou érésipèle sur le ventre, que j'ai encore, et qui m'inquiète beaucoup de temps en temps par les cuissons qu'elle me cause. Cela a donné occasion à votre mère et à mes meilleurs amis de m'insulter sur la paresse que j'avois depuis si longtemps à me faire des remèdes. J'en ai déjà commencé quelques-uns, et je crois qu'il faudra me purger au moins deux fois dans la semaine qui vient. Vos deux petites sœurs prenoient hier médecine pendant

---

LETTRE 172. — 1. Revue sur l'autographe, conservé à la Bibliothèque impériale.

qu'on étoit après à me saigner, et il fallut que votre mère me quittât pour aller forcer Fanchon à avaler sa médecine. Elle a toujours été un peu incommodée depuis le catarrhe que je vous ai mandé qu'elle avoit eu. Je lui lus votre lettre, et elle fut même fort touchée de l'intérêt que vous preniez à sa maladie, et du soin que vous preniez de lui donner des conseils de si loin. Elle ne fait plus autre chose depuis ce temps-là que de se moucher, et fait un bruit comme si elle vouloit que vous l'entendissiez, et que vous vissiez combien elle fait cas de vos conseils. Votre sœur aînée a été fort incommodée aussi de sa migraine ; à cela près, elle est d'une humeur fort douce, et j'ai tout sujet d'être édifié de sa conduite et de sa grande piété ; mais elle est toujours fort farouche pour le monde. Elle pensa hier rompre en visière à un neveu de Mme le Challeux, qui lui faisoit entendre, par manière de civilité, qu'il la trouvoit bien faite, et je fus obligé même, quand nous fûmes seuls, de lui en faire une petite réprimande. Elle voudroit ne bouger de sa chambre et ne voir personne. Du reste, elle est assez gaie avec nous, et prend grand soin de ses petites sœurs et de son petit frère. Mais voilà assez vous parler de notre ménage. Je crois que vous n'aurez pas été fort affligé d'apprendre que Rousseau[2], l'huissier de la chambre, a été mis à la Bastille, et qu'on lui a ordonné de se défaire de sa charge. Je crois même que tous ses confrères seront assez aises d'être délivrés de lui. Pour moi, il ne me saluoit plus, et avoit toujours envie de me fermer la porte au nez lorsque je venois chez le Roi. Avec tout cela, je le plaindrois, si un homme si insolent, et qui cherchoit si volontiers la haine de tous les hon-

---

2. Il fut arrêté, ainsi que quantité d'autres personnes, pour l'affaire du quiétisme. (*Note de l'édition de* 1807.)

nêtes gens, pouvoit mériter quelque pitié. Il y a eu une autre catastrophe qui a bien fait plus de bruit que celle-là, et c'est celle de M. l'abbé de Coadlec³, un Breton qui n'étoit pour ainsi dire connu de personne, et que le Roi avoit nommé évêque de Poitiers. Je ne doute pas que vous n'ayez fort entendu parler de cette affaire, qui a été très-fâcheuse, non-seulement pour cet évêque de deux jours, mais bien plus pour le P. de la Chaize, son protecteur, qui a eu le déplaisir de voir défaire son ouvrage d'une manière qui a tant fait de scandale. Mais, comme on aura mandé tout ce détail à Monsieur l'Am-

3. Dangeau le nomme *de Coadelet*, et Saint-Simon *de Caudelet*; son véritable nom était *de Koatlez*. On lit dans le *Journal de Dangeau*, à la date du 18 avril 1698 : « Le P. de la Chaise apporta au Roi à signer la feuille des bénéfices que Sa Majesté donna à Pâques.... Le Roi raya l'abbé de Coadelet, qu'il avoit nommé pour l'évêché de Poitiers, et choisit en sa place l'abbé Girard, qui étoit nommé à l'évêché de Boulogne.... On ne sait point ce qui a attiré le malheur de l'abbé de Coadelet; mais il est sûr que le Roi a eu de bonnes raisons, et jamais pareille chose n'étoit arrivée de son règne. » Saint-Simon, dans une *addition* à ce passage, explique que la nomination de cet abbé, gentilhomme de Bretagne, inspira un tel sentiment d'envie à l'abbé de la Châtre, aumônier du Roi, « qu'il fit passer avec adresse entre les mains du P. de la Chaise les avis les plus noirs et les plus atroces contre la vie et les mœurs de l'abbé de Caudelet, qui avoit toujours passé pour fort sage et réglé, et fort honnête homme; » que plus tard le P. de la Chaise, ayant appris qu'on l'avait trompé, fit tous ses efforts pour procurer une réparation à la victime d'odieuses calomnies, mais ne put rien obtenir du Roi, qui, une fois prévenu contre quelqu'un, ne revenait presque jamais. Le pauvre abbé se cacha longtemps en divers lieux, puis à la Chartreuse de Rouen. Au bout de quelques années, il se retira en Bretagne, où il passa le reste de sa vie dans la solitude et dans une grande piété. Saint-Simon a fait le même récit dans ses *Mémoires*, tome II, p. 101-103. La nomination de l'abbé de Koatlez à l'évêché de Poitiers est dans la *Gazette* du 5 avril 1698, p. 167, sous la rubrique de *Versailles, le 4 avril*; et dans la *Gazette* du 26 avril suivant, p. 204, on lit : « Le Roi a nommé à l'évêché de Poitiers l'abbé Girard. »

bassadeur, je ne vous en dirai pas davantage. Dès que
j'apprendrai que M. l'abbé de Polignac[4] est à Paris, au cas
qu'il y vienne, je ne manquerai pas de l'aller chercher.
Je n'ai pu encore rencontrer M. l'abbé de Chasteauneuf[5],
que j'ai pourtant grande envie de voir. Assurez bien
M. le comte d'Auvergne[6] de mes respects et de ma reconnoissance infinie pour toutes les bontés dont il vous
honore et moi aussi. On nous faisoit espérer que nous le
reverrions bientôt. Votre mère vous embrasse. Faites
toujours mille compliments pour moi à M. de Bonac, qui
est, de toutes les compagnies que vous voyez, celle que
je vous envie le plus.

Suscription : A Monsieur Monsieur Racine, gentilhomme ordinaire du Roi, à la Haye. (Cachet rouge, au
cygne.)

4. Voyez ci-dessus, p. 208, la note 2 de la lettre 164. L'abbé
de Polignac revenait alors de Hollande. Le Roi, tout en lui envoyant
deux mille écus à Amsterdam, pour qu'il pût achever son voyage,
lui fit signifier l'ordre de s'en aller à son abbaye de Bonport, lorsqu'il rentrerait en France, et la défense de s'approcher de la cour et
de Paris (voyez le *Journal de Dangeau*, au 30 mars 1698). Cet ordre
d'exil ne fut levé qu'en 1701.
5. Sur l'abbé de Châteauneuf, voyez aussi la note 2 de la
lettre 164, citée à la note précédente.
6. Frédéric-Maurice de la Tour, comte d'Auvergne, neveu de
Turenne et frère du cardinal de Bouillon. Il avait épousé en 1662
la fille unique de Frédéric de Hohenzollern et d'Élizabeth, héritière de Berg-op-Zoom. En 1699, il épousa en secondes noces,
à la Haye, Élisabeth Wassenaer. Il mourut à Paris le 23 novembre
1707. Voyez les *Mémoires de Saint-Simon*, tome VI, p. 130, et
tome XVII, p. 399.

173. — DE RACINE A JEAN-BAPTISTE RACINE[1].

A Paris, le 2ᵉ mai [1698].

Votre mère et moi nous approuvons entièrement tout ce que vous avez pensé sur votre habit, et nous souhaitons même qu'on ait déjà commencé à y travailler, afin que vous l'ayez pour l'entrée de Monsieur l'Ambassadeur[2]. Vous n'avez qu'à le prier de vous faire donner l'argent dont vous croirez avoir besoin, tant pour l'habit que pour les autres choses que vous jugerez nécessaires. J'ai fort approuvé votre conduite sur les ecclésiastiques dont je vous avois parlé, et tout cet endroit de votre lettre m'a fait beaucoup de plaisir. Vous m'en ferez beaucoup aussi de répondre de votre mieux à leurs honnêtetés, et de leur rendre tous les petits services qui dépendront de vous. Il peut même arriver des occasions où vous ne serez pas fâché de vous adresser à eux pour les choses qui regardent votre salut, quand vous serez assez heureux pour y songer sérieusement. Il ne se peut rien de plus sage que la conduite de Monsieur l'Ambassadeur à leur égard. Il a un frère dont on me disoit des merveilles, il y a fort peu de temps ; on ne l'appelle que le saint solitaire[3] : il a même des relations avec un très-saint et très-savant ecclésiastique, qui n'est pas loin du pays où vous êtes[4]. Je suis sûr que Monsieur l'Ambassadeur, avec tous les honneurs qui l'environnent, envie

---

Lettre 173. — 1. Revue sur l'autographe, conservé à la Bibliothèque impériale.

2. Cette entrée eut lieu le 19 août suivant. Voyez ci-après, p. 275, la lettre 183.

3. Tristan Dusson, ancien lieutenant de galères, et capitaine du port de Marseille. Depuis dix ans il avait obtenu sa retraite, et avait entièrement renoncé au monde. Il était en relation avec le P. Quesnel. (*Note de l'édition de 1807.*)

4. Le P. Quesnel était alors à Bruxelles.

souvent de bon cœur le calme et la félicité de Monsieur son frère.

M. Despréaux recevra avec joie vos lettres quand vous lui écrirez ; mais je vous conseille de me les adresser, de peur que le prix qui lui en coûteroit ne diminue beaucoup le prix même de tout ce que vous lui pourriez mander[5]. N'appréhendez point de m'ennuyer par la longueur de vos lettres : elles me font un extrême plaisir, et nous sont d'une très-grande consolation à votre mère et à moi, et même à toutes vos sœurs, qui les écoutent avec une merveilleuse attention, en attendant l'endroit où vous ferez mention d'elles. Il y aura demain trois semaines que je ne suis sorti de Paris, et je pourrois bien y en demeurer encore autant, à cause de cette espèce de petite érésipèle que j'ai, et des médecines qu'il faudra prendre quand je ne l'aurai plus. Vous ne sauriez [croire[6]] combien je me plais dans cette espèce de retraite, et avec quelle ardeur je demande au bon Dieu que vous soyez en état de vous passer de mes petits secours, afin que je commence un peu à me reposer, et à mener une vie conforme à mon âge et même à mon inclination. M. Despréaux m'a tenu très-bonne compagnie. Il est présentement établi à Auteuil, où nous l'irons voir quelquefois quand le temps sera plus doux et que je pourrai prendre l'air sans m'incommoder. Je vais souvent voir M. de Cavoye, qui n'est qu'à deux pas de chez moi, et ce sont presque les seules visites que je fasse. Toutes vos sœurs sont en très-bonne santé,

5. Il a dit dans une lettre précédente (*voyez ci-dessus*, *p.* 64) qu'il n'osoit aller acheter lui-même chez Thierry les *Fables de la Fontaine*, de peur qu'on ne voulût pas prendre son argent. Son caractère étoit différent de celui de Boileau. (*Note de Louis Racine.*)

6. Nous ajoutons *croire*; il y a dans l'original : « vous ne sauriez combien. »

1698 aussi bien celles qui sont au logis que celles de Melun et de Variville[7], qui témoignent l'une et l'autre une grande ferveur pour achever de se consacrer à Dieu. Babet m'écrit les plus jolies lettres du monde et les plus vives, sans beaucoup d'ordre, comme vous pourrez croire, mais entièrement conformes au caractère que vous lui connoissez. Elle nous demande avec grand soin de vos nouvelles. M. Boileau[8], frère de M. Despréaux, vit Nanette il y a huit jours, et la trouva d'une gaieté extraordinaire. Votre sœur aînée est toujours un peu sujette à ses migraines. Adieu, mon cher fils. Je vous écrirai plus au long une autre fois : j'ai si mal dormi la nuit dernière que je n'ai pas la tête bien libre ni assez reposée pour écrire davantage. Mille compliments à M. de Bonac. N'ayez surtout aucune inquiétude sur ma santé, qui au fond est très-bonne[9].

Suscription : A Monsieur Monsieur Racine, gentilhomme ordinaire du Roi, chez Monsieur l'Ambassadeur, à la Haye. (Cachet rouge, au cygne.)

7. L'aînée, Marie-Catherine, et les deux plus jeunes, Jeanne-Nicole-Françoise (*Fanchon*) et Madeleine (*Madelon*), étaient alors auprès de leur père. Anne (*Nanette*) était chez les Ursulines de Melun, et Élisabeth (*Babet*) chez les Dames de Variville, en Beauvaisis.

8. Jacques Boileau, chanoine de la Sainte-Chapelle.

9. Sa santé alla toujours depuis en dépérissant; mais il ne vouloit pas l'inquiéter. (*Note de Louis Racine.*)

174. — DE RACINE A JEAN-BAPTISTE RACINE[1].   1698

A Paris, le 16. mai 1698.

Votre relation du voyage que vous avez fait à Amsterdam m'a fait un très-grand plaisir. Je ne pus m'empêcher de la lire hier, chez M. le Verrier, à M. de Valincour et à M. Despréaux, qui m'ont fort assuré qu'elle les avoit divertis. Je me gardai bien, en la lisant, de leur lire l'étrange mot de *tentatif*, que vous avez appris de quelque Hollandois, et qui les auroit beaucoup étonnés. Du reste je pouvois tout lire en sûreté, et il n'y avoit rien qui ne fût selon la langue et selon la raison. Tous ces Messieurs vous font bien des compliments. M. Despréaux assure fort qu'il n'aura point de regret au port que lui pourront coûter vos lettres; mais je crois que vous ferez aussi bien d'attendre quelque bonne commodité pour lui écrire. Votre mère est fort touchée du souvenir que vous avez d'elle. Elle seroit assez aise d'avoir votre beurre; mais elle craint également et de vous donner de l'embarras, et d'être embarrassée pour recevoir votre présent, qui se perdroit peut-être ou qui se gâteroit en chemin.

M. de Rost[2] m'a fait l'honneur de me venir voir. J'allai pour lui rendre sa visite; mais je ne le trouvai point, et il revint chez moi dès le lendemain. Je l'ai trouvé tel que vous me l'aviez mandé, c'est-à-dire un très-galant homme, de beaucoup d'esprit, et parlant parfaitement bien sur les belles-lettres et sur toute sorte de sujets. Il m'apprit avant-hier que la Chamellay[3] étoit à l'extrémité,

Lettre 174. — 1. Revue sur l'autographe, conservé a la Bibliothèque impériale.

2. Il était de Nuremberg. Son fils, connu par ses travaux astronomiques, a été de l'Académie de Berlin. (*Note de l'édition de* 1807.)

3. La Champmeslé. Elle mourut à Auteuil le 15 mai 1698, par

de quoi il me parut très-affligé; mais ce qui est le plus affligeant, c'est de quoi il ne [se] soucie guère apparemment, je veux dire l'obstination avec laquelle cette pauvre malheureuse refuse de renoncer à la comédie, ayant déclaré, à ce qu'on m'a dit, qu'elle trouvoit très-glorieux pour elle de mourir comédienne. Il faut espérer que, quand elle verra la mort de plus près, elle changera de langage, comme font d'ordinaire la plupart de ces gens qui font tant les fiers quand ils se portent bien. Ce fut Mme de Caylus qui m'apprit hier cette particularité, dont elle étoit fort effrayée, et qu'elle a sue [4], comme je crois, de Monsieur le curé de Saint-Sulpice. Je rencontrai l'autre jour M. du Boulay, l'un de nos camarades [5], qui me pria de vous bien faire ses compliments. On m'a dit que son fils, qui est dans les mousquetaires, avoit eu une affaire assez bizarre avec M. de Villa[cerf] [6] le fils [7], qui, le prenant pour un de ses meilleurs amis, lui donna, en badinant, un coup de pied dans le derrière; puis, s'étant aperçu de son erreur, lui en fit beaucoup d'excuses. Mais le mousquetaire, sans se payer de ces raisons, prit le temps que M. de Villacerf avoit le dos tourné et lui donna aussi un coup

conséquent le lendemain du jour où M. de Rost avait annoncé à Racine son état désespéré, et la veille de celui où Racine écrivit cette lettre.

4. *Su* (*sceû*), sans accord, dans l'autographe.

5. C'est-à-dire gentilhomme ordinaire, comme l'explique ici une note de Louis Racine.

6. La fin de ce nom est couverte par le cachet.

7. Le troisième fils d'Édouard Colbert de Villacerf, surintendant des bâtiments du Roi. Ses deux aînés avaient été tués à la guerre. Celui-ci était alors capitaine de vaisseau. (*Note de l'édition de 1807.*) — Dangeau parle brièvement de cette affaire, à la date du vendredi 2 mai 1698 : « M. de Villacerf, le fils, eut une affaire avec un mousquetaire, que Messieurs les maréchaux de France terminèrent dès le soir. »

de pied de toute sa force : après quoi il le pria de l'excuser, disant qu'il l'avoit pris aussi pour un de ses amis. L'action a paru fort étrange à tout le monde. M. de Maupertuis ou M. de Vins[8] a fait mettre le mousquetaire en prison; mais M. de Boufflers accommoda promptement les deux parties. M. du Boulay se trouve parent de Mme Quentin[9], à ce qu'on dit, et cette parenté ne lui a pas été infructueuse en cette occasion. Tout cela s'étoit passé sur le petit degré de Versailles, par où le Roi remonte quand il revient de la chasse.

Je fais toujours résolution de vous écrire de longues lettres ; mais je m'y prends toujours trop tard, et il faut que je finisse malgré moi. J'aurai le soin de remercier pour vous M. le comte d'Ayen; ayez celui de bien m'acquitter envers M. le comte d'Auvergne[10] et envers M. de Bonac de tout ce que je leur dois pour les bontés qu'ils ont pour moi. Adieu, mon cher fils : je me porte bien, Dieu merci, et toute la famille. Faites aussi bien des

---

8. Sur le marquis de Maupertuis, voyez ci-dessus, p. 16, la note 6 de la lettre 88. — Jean de la Garde d'Agoult, marquis de Vins, était lieutenant des mousquetaires noirs. Il mourut à Paris le 18 février 1732, lieutenant général des armées du Roi.

9. Marie-Angélique Poisson, femme de Jean Quentin, barbier et premier valet de garde-robe du Roi. Elle était première femme de chambre de la duchesse de Bourgogne. Voyez les *Mémoires de Saint-Simon*, tome II, p. 74, où elle est appelée *Mme Cantin*. — Au lieu de *Mme Quentin*, que Racine a écrit, on lit dans l'édition d'Aimé-Martin : *Mme Quintin*. Cet éditeur a-t-il pensé qu'il s'agissait de Mme de Quintin, une Montgommery, qui avait épousé en premières noces Henri Goyon de la Moussaye, comte de Quintin, et qui jouissait à la cour d'un grand crédit ? Mais ce n'est sans doute pas d'elle que Racine parle ici. Depuis le mois de janvier 1698, elle ne portait plus le nom de Quintin, s'étant remariée à M. de Mortagne, officier de gendarmerie.

10. Voyez ci-dessus, p. 239, la note 6 de la lettre 172.

remercîments à M. de l'Estang[11], pour l'honneur qu'il me fait de songer encore que je suis au monde.

Suscription : A Monsieur Monsieur Racine, gentilhomme ordinaire, chez Monsieur l'ambassadeur de France, à la Haye. (Cachet rouge, au cygne.)

---

175. — DE RACINE A JEAN-BAPTISTE RACINE[1].

A Versailles, le 5ᵉ juin [1698].

J'étois si accablé d'affaires lundi dernier, que je ne pus trouver le temps d'écrire ni à Monsieur l'Ambassadeur ni à vous. J'arrivai avant-hier en ce pays-ci, et j'y appris en arrivant que le Roi avoit chassé M. l'abbé de Langeron, M. l'abbé de Beaumont, neveu de Monsieur de Cambray, et MM. du Puis et de l'Échelle[2]. La querelle de Monsieur de Cambray est cause de tout ce remue-ménage[3]. On a déjà remplacé les deux abbés

11. Ancien officier de cavalerie, réfugié, qui était entré dans les gardes du prince d'Orange. (*Note de l'édition de* 1807.)

LETTRE 175. — 1. Revue sur l'autographe, conservé à la Bibliothèque impériale.

2. On lit dans le *Journal de Dangeau* du lundi 2 [juin 1698], à Versailles : « Le matin, avant le conseil, le Roi fut assez longtemps enfermé avec M. de Beauvilliers, et le soir on sut que Sa Majesté avoit chassé de sa cour MM. les abbés de Langeron et de Beaumont, MM. Dupuy et de l'Échelle. L'abbé de Langeron étoit lecteur; l'abbé de Beaumont, sous-précepteur; MM. Dupuy et de l'Échelle, gentilshommes de la manche de Mgr le duc de Bourgogne. On accuse ces Messieurs d'être fort attachés aux nouvelles opinions. L'abbé de Beaumont est neveu de Monsieur l'archevêque de Cambray. Le Roi en même temps a cassé Fénelon, exempt de ses gardes, qui est frère de Monsieur de Cambray. » Voyez aussi les *Mémoires de Saint-Simon*, tome II, p. 127.

3. Racine a écrit *remuménage*, en un mot, sans *e* ni trait d'union.

depuis que j'ai écrit à Monsieur l'Ambassadeur, et on a mis en leur place un M. l'abbé le Fèvre, que je ne connois point, et le recteur de l'Université, nommé M. Vittement⁴, qui fit une fort belle harangue au Roi sur la paix. M. de Puiségu⁵ est nommé pour un des gentilshommes de la manche; je ne sais pas encore l'autre⁶. Je ne puis vous cacher l'obligation que vous avez à M. le maréchal de Noailles. Il avoit songé à vous, et en avoit même parlé; mais vous voyez bien,

4. « Le Roi a donné les places de lecteur et de sous-précepteur à l'abbé le Fèvre et à M. Vittement, recteur de l'Université, qui harangua le Roi à la paix et parla fort bien. » (*Journal de Dangeau, mercredi* 4 [juin 1698].) — Nicolas le Fèvre. On l'alla chercher à l'Hôpital général de Paris, où il s'était retiré pour se consacrer au service des pauvres. Il fut sous-précepteur des enfants de France pendant huit ans, et mourut en 1708, âgé de soixante-sept ans. (*Note de l'édition de* 1807.) — Jean Vittement avait été précepteur de l'abbé de Louvois, et sous le règne suivant il fut sous-précepteur du Roi. Il est surtout connu par son désintéressement et sa modestie. Louis XIV et Louis XV ne purent jamais lui faire accepter un seul bénéfice; il refusa également une place à l'Académie française, et mourut à Dormans, sa ville natale, en 1731, âgé de soixante-seize ans. (*Note de la même édition.*) — Voyez au tome X des *Mémoires de Saint-Simon*, p. 393, ce qui est dit de la belle harangue de Vittement au Roi sur la paix de 1697, et de ses mœurs austères.

5. Jacques-François de Chastenet, marquis de Puységur (Racine a écrit *Puisègu*), lieutenant-colonel, maréchal des logis de l'armée, qui « avoit été, dit Saint-Simon (tome II, p. 128), l'âme de toutes les campagnes de M. de Luxembourg toute la dernière guerre. » Il fut fait maréchal de France en 1734. Né en 1655, il mourut le 15 août 1743.

6. Le matin du jour même où Racine écrivait cette lettre, « le Roi nomma pour second gentilhomme de la manche de Mgr le duc de Bourgogne, Monvielle, un des premiers capitaines du régiment du Roi, qui faisoit la charge de maréchal des logis dans l'armée de Catinat l'année passée; il est l'ami intime de Puységur. » (*Journal de Dangeau, jeudi* 5 [juin 1698].) — Voyez aussi, pour ces quatre nominations dans la maison du duc de Bourgogne, la *Gazette* du 14 juin 1698, p. 288.

par le choix de M. de Puiségu, que M. le duc de Bourgogne n'étant plus enfant, on veut mettre auprès de lui des gens d'une expérience consommée, surtout pour la guerre : d'autant plus que ce sera ce prince qui commandera l'armée qu'on assemble pour le camp de Compiègne[7], et que M. de Puiségu y exercera son emploi ordinaire de maréchal des logis de l'armée. Tout le monde a trouvé ce choix du Roi très-sage, et vous ne devez pas douter qu'on ne lui donne un collègue aussi avancé en âge et aussi expérimenté que lui. Mais vous voyez du moins que vous avez ici des protecteurs qui ne vous oublient point, et que si vous voulez continuer à travailler et à vous mettre en bonne réputation, l'on ne manquera point de vous mettre en œuvre dans les occasions. Vous ne me parlez plus de l'étude que vous aviez commencée de la langue allemande. Vous voulez bien que je vous dise que j'appréhende un peu cette facilité avec laquelle vous embrassez de bons desseins, mais avec laquelle aussi vous vous en dégoûtez quelquefois. Les belles-lettres, où vous avez pris toujours assez de plaisir, ont un certain charme, qui fait trouver beaucoup de sécheresse dans les autres études. Mais c'est pour cela même qu'il faut vous opiniâtrer contre le penchant que vous avez à ne faire que les choses qui vous plaisent. Vous avez un grand modèle devant vos yeux, je veux dire Monsieur l'Ambassadeur, et je ne saurois trop vous exhorter à vous former là-dessus le plus que vous pourrez. Je sais qu'il y a beaucoup de sujets de distraction et de dissipation à la Haye; mais je vous crois l'esprit maintenant trop solide pour vous

---

7. Dit aussi le camp de *Coudun*, et formé pour l'instruction du duc de Bourgogne. Les troupes y arrivèrent à la fin du mois d'août de cette même année, et le camp fut dissous à la fin de septembre.

laisser détourner de votre travail et des occupations que
Monsieur l'Ambassadeur veut bien vous donner : autrement il vaudroit mieux vous en [revenir⁸], et n'être point
à charge au meilleur ami que j'aie au monde. Je vous dis
tout ceci, non point que j'aie aucun sujet d'inquiétude
sur vous, étant au contraire très-content de ce qui m'en
revient, et surtout des bons témoignages que Monsieur
l'Ambassadeur veut bien en rendre; mais comme je
veille continuellement à tout ce qui pourroit vous faire
plaisir, j'ai pris cette occasion de vous exciter à faire
de votre part tout ce qui peut faciliter les vues que
mes amis pourront avoir pour vous. M. de Torcy a
toujours les mêmes bontés pour moi, et la même intention de vous en donner des marques. Je suis chargé
de beaucoup de compliments de tous vos petits amis
de ce pays-ci; je dis *petits amis*, en comparaison des
protecteurs dont je viens de vous parler. Je vous
crois d'assez bon naturel pour avoir été fort touché de
la mort de M. Mignon⁹, à qui vous aviez beaucoup
d'obligation. J'ai laissé votre mère et toute la famille
en bonne santé, excepté que votre sœur est encore
bien sujette à sa migraine. Je crains bien que la pauvre
fille ne puisse pas accomplir les grands desseins qu'elle
s'étoit mis dans la tête, et je ne serai point du tout
surpris quand il faudra que nous prenions d'autres
vues pour elle. Je remercie de tout mon cœur M. de
Bonac de la continuation de son souvenir pour moi et
de son amitié pour vous. Votre mère vous remercie
de votre beurre, et craint toujours de vous faire de
l'embarras.

8. Ce mot manque, un des coins de la page ayant été déchiré
par la rupture du cachet.
9. Il avait été l'un des premiers maîtres du jeune Racine. (*Note
de l'édition de* 1807.)

Suscription : A Monsieur Monsieur Racine, gentilhomme ordinaire du Roi, à la Haye. (Fragment d'un cachet rouge.)

---

176. — DE RACINE A JEAN-BAPTISTE RACINE[1].

A Paris, le 16e juin [1698].

On m'envoya à Marly la lettre que vous m'écriviez d'Aix-la-Chapelle. J'y ai vu avec beaucoup de plaisir la description que vous y faisiez des singularités de cette ville, et surtout de la procession où Charlemagne assiste avec de si belles cérémonies. Je vous crois maintenant de retour au lieu de votre résidence, et je m'attends que je recevrai bientôt de vos nouvelles et de celles de Monsieur l'Ambassadeur, qui me néglige un peu depuis quelque temps. J'arrivai avant-hier de Marly[2], et j'ai retrouvé toute la famille en bonne santé. Il m'a paru que votre sœur aînée reprenoit assez volontiers les petits ajustements auxquels elle avoit si fièrement renoncé, et j'ai lieu de croire que sa vocation à la religion pourroit bien s'en aller avec celle que vous aviez eue autrefois pour être chartreux. Je n'en suis point du tout surpris, connoissant l'inconstance des jeunes gens, et le peu de fond qu'il y a à faire sur leurs résolutions, surtout quand elles sont si violentes et si fort au-dessus de leur portée. Il n'en est pas ainsi de votre sœur qui est à Melun. Comme l'ordre qu'elle a embrassé est beaucoup plus doux, sa vocation sera aussi plus durable. Toutes ses

---

Lettre 176. — 1. Revue sur l'autographe, conservé à la Bibliothèque impériale.

2. Le Roi revint le samedi 14 juin de Marly, où il avait séjourné depuis le 5 juin. Voyez le *Journal de Dangeau.*

lettres marquent une grande persévérance, et elle paroît même s'impatienter beaucoup des quatre mois que son noviciat doit encore durer. Babet paroît aussi souhaiter avec beaucoup de ferveur que son temps vienne pour se consacrer à Dieu. Toute la maison où elle est l'aime tendrement, et toutes les lettres que nous en recevons ne parlent que de son zèle et de sa sagesse. On dit qu'elle est fort jolie de sa personne, et qu'elle est même beaucoup crue. Mais vous jugez bien que nous ne la laisserons pas engager légèrement, et sans être bien assurés d'une véritable vocation. Vous jugez bien aussi que tout cela n'est pas un petit embarras pour votre mère et pour moi, et que des enfants, quand ils sont venus à cet âge, ne donnent pas peu d'occupation. Je vous dirai très-sincèrement que ce qui nous console quelquefois dans nos inquiétudes, c'est d'apprendre que vous avez envie de bien faire, et que vous vous appliquez sérieusement à vous instruire des choses qui peuvent convenir à votre état et aux vues que l'on peut avoir pour vous. Songez toujours que notre fortune est très-médiocre, et que vous devez beaucoup plus compter sur votre travail, que sur une succession qui sera fort partagée. Je voudrois avoir pu mieux faire ; c'est à vous maintenant à travailler : je commence à être d'un âge où ma plus grande application doit être pour mon salut. Ces pensées vous paroîtront peut-être un peu sérieuses ; mais vous savez que j'en suis occupé depuis fort longtemps. Comme vous avez de la raison, j'ai cru même vous devoir parler avec cette franchise à l'occasion de votre sœur, qu'il faut maintenant songer à établir[3]. Mais enfin nous espérons que

---

3. Racine put encore, avant de mourir, voir l'établissement de sa fille aînée. Le 7 janvier 1699, elle épousa M. de Moramber. Voyez, au tome I, la *Notice biographique*, p. 123 et p. 183.

198 Dieu, qui ne nous a point abandonnés jusqu'ici, continuera à nous assister et à prendre soin de vous, surtout si vous ne l'abandonnez point vous-même, et si votre plaisir ne l'emporte point sur les bons sentiments que l'on a tâché[4] de vous inspirer. Adieu, mon cher fils : je vous écrirai une autre fois plus au long. Votre mère vous embrasse de tout son cœur. Ne vous laissez manquer de rien de ce qui vous est nécessaire.

Suscription : A Monsieur Monsieur Racine, gentilhomme ordinaire du Roi, à la Haye. (Fragment d'un cachet rouge.)

---

177. — DE RACINE A JEAN-BAPTISTE RACINE[1].

A Paris, le 23ᵉ juin [1698].

Votre mère s'est fort attendrie à la lecture de votre dernière lettre, où vous mandiez qu'une de vos plus grandes consolations étoit de recevoir de nos nouvelles. Elle est très-contente de ces marques de votre bon naturel; mais je vous puis assurer qu'en cela vous nous rendez justice, et que les lettres que nous recevons de vous font toute la joie de la famille, depuis le plus grand jusqu'au plus petit. Ils m'ont tous prié aujourd'hui de vous faire leurs compliments, et votre sœur aînée comme les autres. La pauvre fille me fait assez de pitié par l'incertitude que je vois dans ses résolutions, tantôt à Dieu, tantôt au monde, et craignant également de s'engager de façon ou d'autre. Du reste, elle est fort douce, et votre mère est très-contente de la

---

4. Racine a écrit *tâchés (taschez)*.

Lettre 177. — 1. Revue sur l'autographe, conservé à la Bibliothèque impériale.

manière dont elle se conduit envers elle. Madelon a eu ces jours passés une petite vérole volante, qui n'aura pas de suite pour elle. Dieu veuille que les autres ne s'en ressentent pas! Je crains surtout pour le petit Lionval, qui pourroit bien en être pris tout de bon. Il est très-joli, apprend bien, et, quoique fort éveillé, ne nous donne pas la moindre peine[2]. J'allai, il y a trois jours, dîner à Auteuil, où se trouvèrent M. le marquis de la Sale[3], M. Félix et M. Boudin[4]. M. de Termes y vint aussi, et y amena le nouveau musicien M. des Touches[5], qui fait encore un autre opéra pour Fontainebleau. Après le dîner il chanta plusieurs endroits de cet opéra, dont ces Messieurs parurent fort charmés, et surtout M. Despréaux, qui prétendoit les entendre fort distinctement, et qui raisonna fort, à son ordinaire, sur la

2. Louis Racine dit ici modestement dans une note : « Il étoit aisément content de ses enfants, qu'il trouvoit toujours charmants. »

3. Louis Caillebot, marquis de la Salle, maître de la garde-robe depuis l'année 1679. Il avait été sous-lieutenant des chevau-légers. Boileau, au vers 111 de son *épître* IV, l'a nommé parmi les chefs les plus intrépides qui passèrent le Rhin à la nage en 1672. Sur le marquis de la Salle et sur sa famille, voyez les *Mémoires de Saint-Simon*, tome X, p. 257-261.

4. Boudin, fils d'un apothicaire du Roi, fut doyen de la faculté de Paris, médecin du Roi, et enfin premier médecin du Dauphin. Il avait l'esprit très-orné, « plein d'agrément, de vivacité, dit Saint-Simon (tome IX, p. 35 et 36).... C'étoit à qui l'auroit, hommes et femmes du plus haut parage et de la meilleure compagnie..., vieux à dîner, jeunes dans leurs parties. »

5. André Cardinal Destouches, né en 1672, mort en 1749. Il avait fait représenter le 17 décembre 1697, à Trianon, avec un grand succès, son opéra d'*Issé*. L'autre opéra, qu'il préparait pour le voyage que le Roi fit à Fontainebleau du 2 octobre au 13 novembre 1698, était celui d'*Amadis de Grèce*, dont le *Journal de Dangeau* a noté trois répétitions à Fontainebleau : l'une le 17 octobre 1698, la seconde le 24 du même mois, la troisième le 7 novembre. *Amadis de Grèce* fut représenté pour la première fois à l'Académie royale de musique le 26 mars 1699.

musique⁶. Le musicien fut fort étonné que je n'eusse point entendu son dernier opéra. M. Despréaux lui en voulut dire les raisons⁷, qui l'étonnèrent encore davantage, et peut-être ne le satisfirent pas beaucoup.

La plupart de ces Messieurs me demandèrent fort obligeamment de vos nouvelles, et je leur dis que vous étiez l'homme du monde le plus content. Ils n'eurent pas de peine à le croire, connoissant Monsieur l'Ambassadeur comme ils font, et le regardant tout à la fois comme le plus aimable et le plus habile homme qui soit au monde. M. Despréaux leur dit combien il avoit plaisir à lire les lettres que vous m'écriviez, et les assura que vous seriez un jour très-digne d'être aimé de tous mes amis⁸. Vous savez que les poëtes se piquent d'être prophètes ; mais ce n'est que dans l'enthousiasme de leur poésie qu'ils le sont, et M. Despréaux leur parloit en prose. Ses prédictions ne laissèrent pas néanmoins de me faire plaisir et de flatter un peu la tendresse paternelle. C'est à vous, mon cher fils, à ne pas faire passer M. Despréaux pour un faux prophète. Je vous l'ai dit plusieurs fois : vous êtes à la source du bon sens, et de toutes les belles connoissances pour le monde et pour les affaires. J'aurois une joie sensible de voir la maison de campagne dont vous faites tant de récit, et d'y manger avec vous des groseilles de Hollande. Ces groseilles ont bien fait ouvrir les oreilles à vos petites sœurs et à votre mère elle-même, qui les aime fort, comme vous savez. Je ne saurois m'empêcher de vous dire qu'à chaque chose d'un peu bon que l'on nous sert

---

6. Il étoit un peu sourd, et se connoissoit fort peu en musique. (*Note de Louis Racine.*)

7. Qu'il n'y alloit pas par scrupule. (*Note de Louis Racine.*)

8. Il avoit dit apparemment *digne de son père*, ce qu'il n'ose répéter. (*Note de Louis Racine.*)

sur la table, il lui échappe toujours de dire : « Racine mangeroit volontiers d'une telle chose. » Je n'ai jamais vu en vérité une si bonne mère, ni si digne que vous fassiez votre possible pour reconnoître son amitié. Au moment que je vous écris ceci, vos deux petites sœurs me viennent d'apporter un bouquet pour ma fête, qui sera demain, et qui sera aussi la vôtre[9]. Trouverez-vous bon que je vous fasse souvenir que ce même saint Jean, qui est votre patron, est aussi invoqué par l'Église comme le patron des gens qui sont en voyage, et qu'elle lui adresse pour eux une prière qui est dans l'*Itinéraire*[10], et que j'ai dite plusieurs fois à votre intention? Adieu, mon cher fils : faites mille amitiés pour moi à M. de Bonac, et assurez Monsieur l'Ambassadeur du respect et de la reconnoissance que ma femme et toute ma famille ont pour lui.

Suscription : A Monsieur Monsieur Racine, gentilhomme ordinaire du Roi, chez Monsieur l'ambassadeur de France, à la Haye. (Cachet rouge, au cygne.)

---

178. — DE RACINE A JEAN-BAPTISTE RACINE[1].

A Paris, 7. juillet [1698].

S'IL fait aussi beau temps à la Haye qu'il fait ici depuis dix jours, je vous tiens le plus heureux homme du monde dans votre maison de campagne. Je suis ravi du bon emploi que vous avez résolu d'y faire de votre

9. La fête de la Nativité de saint Jean-Baptiste, le 24 juin.
10. On appelle ainsi des prières qui sont à la fin du *Bréviaire*, et que doivent dire les voyageurs.
LETTRE 178. — 1. Revue sur l'autographe, conservé à la Bibliothèque impériale.

temps, et je vous puis assurer par avance que M. de Torcy ne laissera pas échapper les occasions de vous rendre de bons offices. Comme il estime extrêmement Monsieur l'Ambassadeur, il ajoutera une foi entière aux bons témoignages qu'il lui rendra de vous. Je lui ai lu votre dernière lettre, aussi bien qu'à M. le maréchal de Noailles. Ils ont été charmés et effrayés de la description que vous y faites du grand travail et de l'application continuelle de Monsieur l'Ambassadeur. Je lisois, ou, pour mieux dire, je relisois ces jours passés, pour la centième fois, les épîtres de Cicéron à ses amis. Je voudrois qu'à vos heures perdues vous en pussiez lire quelques-unes avec Monsieur l'Ambassadeur : je suis assuré qu'elles seroient extrêmement de son goût, d'autant plus que, sans le flatter, je ne vois personne qui ait mieux attrapé que lui ce genre d'écrire des lettres, également propre à parler sérieusement et solidement des grandes affaires, et à badiner agréablement sur les petites choses. Croyez que, dans ce dernier genre, Voiture est beaucoup au-dessous de l'un et de l'autre. Lisez, par exemple, les épîtres *ad Trebatium, ad Marium, ad Papyrium Pætum*, et d'autres que je vous marquerai quand vous voudrez. Lisez même celles de *Cœlius* à Cicéron : vous serez étonné d'y voir un homme aussi vif et aussi élégant que Cicéron même ; mais il faudroit pour cela que vous eussiez pu vous familiariser ces lettres par la connoissance de l'histoire de ces temps-là, à quoi les *Vies* de Plutarque vous pourroient aider beaucoup. Je vous conseille de faire la dépense d'acheter l'édition de ces épîtres par Grævius, imprimées en Hollande, in-octavo, depuis dix ou douze ans [2]. Cette lecture est excellente pour un

---

2. Cette édition est-elle une de celles qui ont pour titre : *Tullii*

homme qui veut écrire des lettres, soit d'affaires, soit de choses moins sérieuses.

J'irai demain coucher à Auteuil, et j'y attendrai le lendemain à souper votre mère avec sa famille, et avec celle de M. de Castigny [3]. Votre sœur est au lit à l'heure qu'il est, et a une fort grande migraine. La pauvre fille en est souvent attaquée, et n'est pas dix jours de suite sans s'en ressentir. Elle est rentrée dans sa première ferveur pour la piété; mais je crains qu'elle ne pousse les choses trop loin : cela est cause même de cette petite inégalité qui se trouve dans ses sentiments, les choses violentes n'étant pas de nature à durer longtemps. Le petit Lionval n'a pas manqué de gagner la petite vérole; mais elle est si légère qu'il n'a pas même gardé le lit, et qu'il ne s'en lève tous les jours que plus matin. Comme il faisoit extrêmement chaud, on n'a pas pris de grandes précautions pour l'empêcher de prendre l'air, et il est déjà presque entièrement hors d'affaire. Je ferai de petits reproches à M. Despréaux de ce qu'il n'a pas envoyé à Monsieur l'Ambassadeur sa dernière édition [4].

Ciceronis Epistolæ ad familiares, ex recensione J. G. Grævii (Amsterdam, 1677 ou 1693, 2 volumes in-8°)? Mais l'une était imprimée depuis vingt et un ans, l'autre depuis cinq ans seulement. A en juger par la date approximative de l'impression, qu'il indique, Racine semblerait plutôt désigner les *Lettres à Atticus* (*Epistolæ ad Atticum, ex recensione J. G. Grævii*, Amsterdam, 1684, 2 volumes in-8°); cependant il y a ici une autre difficulté : ce n'est point des *Lettres à Atticus* qu'il vient d'être question; mais on s'explique aisément la confusion qui a pu se faire, dans ses souvenirs, entre ces éditions de deux parties de la correspondance d'un même auteur.

3. Voyez ci-dessus, p. 174, la note 2 de la lettre 150.

4. Ce que Racine nomme la *dernière édition* de Despréaux est l'édition in-12 qui porte encore le millésime de 1694, mais qui diffère cependant de celle qui fut publiée cette année-là, par l'adjonction faite au premier volume d'un cahier contenant les *épîtres* x à xii et aussi du privilége du 23 octobre 1697, enfin par la réimpression des pages 229 à 248, que nécessitaient quelques changements

Vous jugez bien qu'il la lui envoyera fort vite, et vous n'avez qu'à me mander par quelle voie on la lui pourra faire tenir. Votre mère est très-édifiée de la modestie de votre habit; mais nous ne vous prescrivons rien là-dessus, et c'est à vous de faire ce qui vous convient et ce qui est du goût de Monsieur l'Ambassadeur. Surtout ne lui soyez point à charge, et mandez-nous à qui il faudra que nous donnions l'argent dont vous avez besoin. Quand je témoigne à tous mes amis les obligations que vous avez à M. de Bonrepaux, je n'oublie pas de leur marquer celles que vous avez à M. de Bonac, et combien je vous trouve heureux d'être en si bonne compagnie.

Suscription : A Monsieur Monsieur Racine, gentilhomme ordinaire du Roi, à la Haye. (Cachet rouge, au cygne.)

---

179. — DE RACINE A JEAN-BAPTISTE RACINE[1].

A Paris, le 21. juillet [1698].

CE fut pour moi une apparition agréable de voir entrer M. de Bonac dans mon cabinet, jeudi dernier de grand matin; mais ma joie se changea bientôt en chagrin quand je le vis résolu à ne point loger chez moi, et à refuser la petite chambre de mon cabinet, que ma femme et moi nous le priâmes très-instamment d'accepter. Nous recommençâmes nos instances le lendemain,

---

faits par l'auteur. On pourrait donc considérer cette édition comme étant de 1698. Voyez les *OEuvres de Boileau*, édition de Berriat-Saint-Prix, tome I, p. CLVII, sous le numéro 84 de la première des *Notices bibliographiques*.

LETTRE 179. — 1. Revue sur l'autographe, conservé à la Bibliothèque impériale.

et je le menaçai même de vous mander de loger à l'auberge à la Haye, et il étoit tout prêt de m'accorder le plaisir que je lui demandois; mais M. d'Usson [2] interposa son autorité, en nous disant que nous étions trop loin du quartier de M. de Torcy, qui est aussi le sien, et qu'il falloit que lui et Monsieur son neveu fussent toujours ensemble, et sussent à point nommé quand M. de Torcy arriveroit à Paris, pour l'aller trouver toutes les fois qu'il y viendroit. Il a bien fallu me payer, malgré moi, de ces raisons, et vous pouvez vous assurer que ma femme en a été du moins aussi chagrine que moi. Vous savez comme elle est reconnoissante, et comme elle a le cœur fait. Il n'y a chose au monde qu'elle ne fît pour marquer à M. de Bonrepaux le ressentiment qu'elle a de toutes les bontés qu'il a pour vous. Elle est charmée, comme moi, de M. de Bonac et de toutes ses manières pleines d'honnêteté et de politesse. Elle sera au comble de sa joie si vous pouvez parvenir à lui ressembler, et si vous rapportez en ce pays-ci l'air et les manières qu'elle admire en lui. Il nous donne de grandes espérances sur votre sujet, et vous êtes fort heureux d'avoir en lui un ami si plein de bonne volonté pour vous. S'il ne nous flatte point, et si les témoignages qu'il vous rend sont bien sincères, nous aurons de grandes grâces à rendre au bon Dieu, et nous espérons que vous nous serez d'une grande consolation. Il nous assure que vous aimez le travail, que vous ne vous dissipez point, et que la promenade et la lecture sont vos plus grands divertissements, et surtout la conversation de Monsieur l'Ambassadeur, que vous avez bien raison de préférer à tous les plaisirs du monde. Du moins je l'ai toujours trou-

2. Jean Dusson, frère de M. de Bonrepaus, ambassadeur en Hollande, et de Salomon Dusson, père du marquis de Bonac. Jean Dusson, lieutenant général en 1696, mourut en 1705.

vée[3] telle, et non-seulement moi, mais tout ce qu'il y a ici de personnes de meilleur esprit et de meilleur goût. Je n'ai osé lui demander si vous pensiez un peu au bon Dieu, et j'ai eu peur que la réponse ne fût pas telle que je l'aurois souhaitée ; mais enfin je veux me flatter que, faisant votre possible pour devenir un parfaitement honnête homme, vous concevrez qu'on ne le peut être sans rendre à Dieu ce qu'on lui doit. Vous connoissez la religion : je puis dire même que vous la connoissez belle et noble comme elle est, et il n'est pas possible que vous ne l'aimiez. Pardonnez si je vous mets quelquefois sur ce chapitre : vous savez combien il me tient à cœur, et je vous puis assurer que plus je vais en avant, plus je trouve qu'il n'y a rien de si doux au monde que le repos de la conscience, et de regarder Dieu comme un père qui ne nous manquera pas dans tous nos besoins. M. Despréaux, que vous aimez tant, est plus que jamais dans ces sentiments, surtout depuis qu'il a fait son *Amour de Dieu*, et je vous puis assurer qu'il s'est très-bien persuadé lui-même des vérités dont il a voulu persuader les autres. Vous trouvez quelquefois mes lettres trop courtes ; mais je crains bien que vous ne trouviez celle-ci trop longue. Nous vous écrirons, ma femme et moi, et peut-être M. Despréaux même, par M. de Bonac.

M. de Torcy m'a dit avec plaisir tous les témoignages avantageux que Monsieur l'Ambassadeur lui a rendus de vous, et il s'en souviendra en temps et lieu.

Suscription : A Monsieur Monsieur Racine, gentilhomme ordinaire du Roi, chez Monsieur l'ambassadeur de France, à la Haye. (Cachet rouge, au cygne.)

3. Dans l'autographe, *trouvé*, sans accord.

180. — DE RACINE A JEAN-BAPTISTE RACINE [1].

A Paris, le 24ᵉ juillet [1698].

M. de Bonac vous dira plus de nouvelles que je ne vous en puis écrire, et même des nôtres, nous ayant fait l'honneur de nous voir souvent, et de dîner quelquefois avec la petite famille. Il vous pourra dire qu'elle est fort gaie, à la réserve de votre sœur, qui fut fort triste le dernier jour qu'il dîna chez nous; mais elle étoit alors si accablée de sa migraine, qu'elle se jeta dans son lit dès qu'il fut sorti, et y demeura jusqu'au lendemain sans boire ni manger. Je la plains fort d'y être si sujette; cela même est cause de toutes les irrésolutions où elle est sur l'état qu'elle doit embrasser. Je fais mon possible pour la réjouir; mais nous menons une vie si retirée qu'elle ne peut guère trouver de divertissements avec nous. Elle prétend qu'elle ne se soucie point de voir le monde, et elle n'a guère d'autre plaisir que dans la lecture, n'étant que fort peu sensible à tout le reste. Le temps de la profession de Nanette s'avance fort, et il n'y a plus que trois mois jusque-là. Nanette a grande impatience que ce temps-là arrive. Babet témoigne aussi une grande envie de demeurer à Variville. Votre cousin le mousquetaire [2], qui l'a été voir, il y a trois jours, en revenant de Mondidier, l'a trouvée [3] fort grande et fort jolie. On est toujours charmé d'elle dans cette maison; mais nous avons résolu de ne l'y plus laisser qu'un an, après quoi

---

Lettre 180. — 1. Revue sur l'autographe, conservé à la Bibliothèque impériale.

2. Louis de Romanet, sieur Dufos, premier maréchal des logis de la seconde compagnie des mousquetaires de la garde du Roi. Il était fils de Jean-Baptiste de Romanet, trésorier de France à Amiens, un des frères de Mme Racine.

3. Ici encore Racine a écrit *trouvé*, sans accord.

nous la reprendrons avec nous pour bien examiner sa vocation. Pour Fanchon, il lui tarde beaucoup qu'elle ne soit à Melun avec sa sœur Nanette, et [elle [4]] ne parle d'autre chose. Sa petite sœur n'a pas les mêmes impatiences de nous quitter, et me paroît avoir beaucoup de goût pour le monde. Elle raisonne sur toutes choses avec un esprit qui vous surprendroit, et est fort railleuse : de quoi je lui fais souvent la guerre. Je prétends mettre votre petit frère, l'année qui vient, avec M. Rollin, à qui Monsieur l'Archevêque a confié les petits Messieurs de Noailles[5]. M. Rollin a pris un logement au collége de Laon, près de Sainte-Geneviève[6], dans le pays latin. Il a pris aussi quelques autres jeunes enfants. M. d'Ernoton[7], notre voisin, y vouloit mettre son petit-fils le Chevalier, et on en étoit convenu de part et d'autre; mais quand ce vint au fait et au prendre, on a trouvé ce petit garçon trop éveillé pour le mettre avec les autres : de quoi M. d'Ernoton a été fort offensé. Il faut maintenant vous parler de vos amis. M. Félix le fils est tel que vous l'avez laissé, attendant sans aucune impatience qu'on le marie. Monsieur son père lui veut donner la fille de M. de Montarsis[8], à qui on donne cin-

4. Le mot *elle* a été omis dans l'autographe.
5. Ses neveux. Ils étaient fils du maréchal Anne-Jules duc de Noailles. L'un était Emmanuel-Jules comte de Noailles, né le 26 décembre 1686, mort à Strasbourg, le 20 octobre 1702, d'une blessure reçue à l'armée; l'autre, Jules-Adrian, né le 7 juin 1690, qui fut d'abord chevalier de Malte, puis chanoine de l'Église de Paris, et qui, plus tard, ayant pris le parti des armes, fut comte de Noailles et colonel du régiment de cavalerie qui portait son nom; il mourut de la petite vérole à Perpignan, le 17 septembre 1710.
6. *Genviève*, dans l'autographe.
7. François-Joseph d'Hernothon, maître des requêtes de l'hôtel du Roi, reçu en 1682.
8. Voyez ci-dessus, p. 212, la note 7 de la lettre 165. Ainsi qu'il

quante mille écus; mais Mme Félix s'y oppose tête baissée, et pleure dès qu'on lui en parle. Elle a pris, je ne sais pourquoi, cette alliance en aversion, et cela jette un peu de froideur dans le ménage. Tous vos confrères les ordinaires du Roi me demandent souvent de vos nouvelles, aussi bien que plusieurs officiers des gardes, entre autres M. Petau[9], et tous ces Messieurs témoignent beaucoup d'amitié pour vous. M. de Saint-Gilles[10] s'informe aussi très-souvent de votre santé. Il n'y a que M. Binet[11] qui me paroît fort majestueux : je ne sais si c'est par indifférence ou par timidité. M. de Bonac vous pourra dire combien M. Despréaux lui témoigna d'amitié pour vous; mais il attend que vous lui écriviez le premier. Il est heureux comme un roi dans sa solitude, ou plutôt dans son hôtellerie d'Auteuil. Je l'appelle ainsi, parce qu'il n'y a point de jour où il n'y ait quelque nouvel écot, et souvent deux ou trois qui ne se connoissent pas trop les uns les autres. Il est heureux de s'accommoder ainsi de tout le monde. Pour moi, j'aurois cent fois vendu la maison. Pour nouvelles académiques, je vous dirai que le pauvre Boyer[12] mourut avant-hier, âgé de quatre-vingt-trois ou quatre [ans[13]], à ce qu'on dit.

a été dit à cette note, le mariage de Charles-Louis Félix avec Mlle de Montarsy fut célébré l'année suivante (11 janvier 1699).

9. D'une des anciennes familles du parlement de Paris. (*Note de l'édition de 1807.*)

10. D'une famille de Normandie, près de Coutances. (*Note de la même édition.*)

11. Fils d'un premier valet de chambre du Roi. (*Note de la même édition.*)

12. L'abbé Claude Boyer, reçu à l'Académie française en 1666. Racine a fait une épigramme contre sa tragédie de *Judith*, représentée en 1695 : voyez notre tome IV, p. 189 et 190.

13. Le mot *ans* est omis dans l'autographe. — Si Boyer était né en 1618, comme le disent les dictionnaires biographiques, il a quatre-vingts ans lorsqu'il mourut.

On prétend qu'il a fait plus de cinq cent mille vers en sa vie, et je le crois, parce qu'il ne faisoit autre chose. Si c'étoit la mode de brûler les morts, comme parmi les Romains, on auroit pu lui faire les mêmes funérailles qu'à ce Cassius Parmensis[14], à qui il ne fallut d'autre bûcher que ses propres ouvrages, dont on fit un fort beau feu. Le pauvre M. Boyer est mort fort chrétiennement : sur quoi je vous dirai, en passant, que je dois réparation à la mémoire de la Chamesl醐[15], qui mourut aussi avec d'assez bons sentiments, après avoir renoncé à la comédie, très-[16] repentante de sa vie passée, mais surtout fort affligée de mourir. Du moins M. Despréaux me l'a dit ainsi, l'ayant appris du curé d'Auteuil, qui l'assista à la mort ; car elle est morte à Auteuil, dans la maison d'un maître à danser, où elle étoit venue[17] prendre l'air. Je crois que c'est M. l'abbé Genest[18] qui aura la place de M. Boyer. Il ne fait pas tant de vers que lui ; mais il les fait beaucoup meilleurs[19].

14. Voyez Horace, *satire* x du livre I, vers 61-64. Il y donne à Cassius l'épithète de *Etruscus*, et non de *Parmensis*. Les plus anciens commentateurs d'Horace ne voyaient qu'un même personnage dans le Cassius d'Étrurie de la *satire* x (celui dont veut parler ici Racine) et le Cassius de Parme de l'*épître* iv du livre I, vers 3 ; mais on a montré depuis qu'il fallait distinguer l'un de l'autre ces deux poëtes.

15. Voyez ci-dessus, la lettre 174, p. 243 et 244. — On remarquera l'orthographe du nom de la Champmeslé, différente dans les deux lettres de Racine.

16. Au lieu de *très*, Racine avait d'abord écrit *fort*, puis *assez*.

17. *Venu*, sans accord, dans l'autographe.

18. L'abbé Genest, aumônier ordinaire de la duchesse de Chartres (Mademoiselle de Blois), dont il avait été précepteur. Né le 17 octobre 1639, il mourut le 20 novembre 1719. Il fut élu à l'Académie à la place de Boyer, le 23 août 1698, et reçu le 27 septembre. Voyez la *Gazette* du 4 octobre 1698, p. 480.

19. L'abbé Genest n'avait pas encore composé ses tragédies. En 1672 il avait publié une *Ode sur la conquête de la Hollande;* en 1673

Je ne crois pas que je fasse le voyage de Compiègne[20], ayant vu assez de troupes et de campements en ma vie pour n'être pas tenté d'aller voir celui-là. Je me réserverai pour le voyage de Fontainebleau[21], et me reposerai cependant dans ma famille, où je me plais plus que je n'ai jamais fait. M. de Torcy me paroît très-plein de bonté pour vous, et je suis persuadé qu'il vous en donnera des marques. Dès que le temps sera venu de vous proposer pour quelque chose, M. de Noailles, M. de Beauvilliers même, seront ravis de s'employer pour vous dans les occasions, et vous jugez bien que je ne négligerai point ces occasions lorsqu'elles arriveront, n'y ayant plus rien qui me retienne à la cour que la pensée de vous mettre en état de n'y avoir plus besoin de moi. Votre mère, qui a vu la lettre que votre sœur vous écrit, dit qu'elle vous y parle des affaires de votre conscience : vous pouvez compter qu'elle l'a fait de son chef, et plutôt pour vous faire apparemment la guerre que pour autre chose.

M. de Bonac a bien voulu se charger de trente louis neufs, valant quatre cent vingt livres, que nous l'avons prié de vous donner. Je voulois en donner quarante, sur la grande idée qu'il nous a donnée[22] de votre bonne économie; mais votre mère a modéré la somme, et a cru que c'étoit assez de trente. Nous avons

---

une *Ode sur la prise de Maëstricht;* la même année, une pièce de vers dont il était l'auteur avait été couronnée par l'Académie française.

20. Voyez ci-dessus, p. 248, la note 7 de la lettre 175.

21. Le voyage de Fontainebleau eut lieu le 2 octobre suivant. Le Roi y resta jusqu'au 12 novembre. Racine espéra toujours y aller. Il y avait même envoyé ses meubles au mois d'octobre; la maladie seule le retint. Voyez plus bas, p. 288 et 289, la lettre de Mme Racine du 13 octobre, et, p. 290, celle de Racine lui-même du 24 octobre.

22. Racine a écrit *donné*, sans accord.

résolu de donner quatre mille francs à votre sœur Nanette, avec une pension viagère de deux cents francs. Elle n'en sait encore rien, ni son couvent non plus; mais Monsieur l'archevêque de Sens[23], à qui j'en ai fait confidence, m'a dit que cela étoit magnifique, et m'a répondu que l'on seroit très-content de moi : il s'opposeroit même si je donnois davantage. Ma santé est assez bonne, Dieu merci, et les grandes chaleurs m'ont entièrement ôté mon rhume; mais ces mêmes chaleurs m'ont souvent jeté dans de fort grands abattements, et je sens bien que le temps approche où il faut un peu songer à la retraite; mais je vous ai tant prêché dans ma dernière lettre, que je crains de recommencer dans celle-ci. Vous trouverez donc bon que je la finisse, en vous assurant que je suis très-content de vous. Si j'ai quelque chose à vous recommander particulièrement, c'est de faire tout de votre mieux pour vous rendre agréable à Monsieur l'Ambassadeur, et pour contribuer à sa consolation dans les moments où il est accablé de travail. Je mettrai sur mon compte toutes les complaisances que vous aurez pour lui, et je vous exhorte à avoir pour lui le même attachement que vous auriez pour moi, avec cette différence qu'il y a mille fois plus à profiter et à apprendre avec lui qu'avec moi. J'ai reconnu en vous une qualité que j'estime fort : c'est que vous entendez très-bien raillerie quand d'autres que moi vous font la guerre sur vos petits défauts. Mais ce n'est pas assez de souffrir en galant homme les petites plaisanteries qu'on vous peut faire : il faut même les mettre à profit. Si j'osois vous citer mon exemple, je vous dirois qu'une des choses qui m'a fait le plus de bien, c'est d'avoir passé ma jeunesse dans

---

23. Voyez ci-dessus, p. 117, la note 11 de la lettre 124.

une société de gens qui se disoient assez volontiers leurs vérités, et qui ne s'épargnoient guère les uns les autres sur leurs défauts; et j'avois assez de soin de me corriger de ceux qu'on trouvoit en moi, qui étoient en fort grand nombre, et qui auroient pu me rendre assez difficile pour le commerce du monde.

Adieu, mon cher fils : écrivez-moi toujours le plus souvent que vous pourrez. J'oubliois à vous dire que j'appréhende que vous ne soyez un trop grand acheteur de livres. Outre que la multitude ne sert qu'à dissiper et à faire voltiger de connoissances en connoissances, souvent assez inutiles, vous prendriez même l'habitude de vous laisser tenter de tout ce que vous trouveriez. Je me souviens toujours d'un passage des *Offices* de Cicéron[24], que M. Nicole me citoit souvent pour me détourner de la fantaisie d'acheter des livres : *Non esse emacem vectigal est.* « C'est un grand revenu que de n'aimer point à acheter. » Mais le mot d'*emacem* est très-beau, et a un grand sens.

Votre tante de Port-Royal prie bien Dieu pour vous, et est fort aise de savoir que vous aimez à vous occuper. Elle m'a dit de vous faire ses compliments. Assurez de mes respects M. le comte d'Auvergne[25], et ne lui laissez pas ignorer la reconnoissance que j'ai de toutes les bontés qu'il a pour vous et pour moi. Je m'imagine que vous ouvrirez de fort grands yeux quand vous verrez pour la première fois[26].... Je sais combien les grands

24. La phrase *Non esse emacem, vectigal est*, n'est pas dans les *Offices* de Cicéron, mais dans ses *Paradoxes*, VI, 3.
25. Voyez ci-dessus, p. 239, la note 6 de la lettre 172.
26. Louis Racine a fini la phrase laissée incomplète, sans doute à dessein, en ajoutant : « le roi d'Angleterre; » les éditeurs venus après lui ont conservé cette addition. Du reste, c'est bien de Guillaume III qu'il s'agit ici. « A son passage à la Haye, en 1698, dit l'éditeur de 1807, il fut salué par l'ambassadeur de France, qui lui

hommes[27] excitent votre attention et votre curiosité. Je m'attends que vous me rendrez bon compte de ce que vous aurez vu.

Le 27. juillet.

Depuis cette lettre écrite, j'en ai reçu une de vous, où vous me mandez l'accident qui vous est arrivé. Vous avez beaucoup à remercier Dieu d'en être échappé à si bon marché; mais en même temps cet accident vous doit faire souvenir de deux choses : l'une, d'être plus circonspect que vous n'êtes, d'autant plus qu'ayant la vue basse, vous êtes obligé plus qu'un autre à ne rien faire avec précipitation; et l'autre, qu'il faut être toujours en état de n'être point surpris parmi tous les accidents qui nous peuvent arriver quand nous y pensons le moins. Pour votre habit, je suis fâché qu'il soit fait, et l'on vous envoie une veste qui auroit pu vous faire honneur; mais elle ne sera pas perdue. Vous ne demandiez que deux cents francs, en quoi je loue votre retenue : M. de Bonac vous en porte plus de quatre cents. Quand vous en aurez besoin, j'aurai recours à M. de Montarsis, avec qui il n'y aura pas tant à perdre qu'avec le banquier dont vous parlez. Vous avez bien de l'obligation à M. de Bonac de tout le bien qu'il a dit ici de vous. Il n'auroit pas plus d'amitié pour son propre

présenta le jeune Racine. Dans sa lettre du 18 août suivant, Racine nomme le *roi d'Angleterre* (voyez plus loin, p. 272). Guillaume III arriva à la Haye le 1er août, sur les neuf heures du soir; il reçut les compliments des ministres étrangers. Voyez la *Gazette de Hollande* du 16 août 1698.

27. A cette expression, *les grands hommes*, Louis Racine a substitué : *les hommes fameux*. Cette correction nous fait remarquer davantage encore la justice que, dans une correspondance intime où il pouvait dire toute sa pensée, Racine rendait au plus opiniâtre ennemi de Louis XIV.

frère qu'il me paroît en avoir pour vous. Je ne doute pas que vous ne lui rendiez la pareille.

Votre mère vient de Saint-Sulpice, où elle a rendu le pain bénit. Si vous n'étiez pas si loin, elle vous auroit envoyé de la brioche; mais M. de Bonac en mangera pour vous.

181. — DE RACINE A JEAN-BAPTISTE RACINE [1].

A Paris, le 1er août [1698].

Je vous écris seulement quatre lignes, à l'occasion d'un des courriers de M. de Bonrepaux, qui part aujourd'hui. La dernière lettre que vous avez reçue de moi étoit si longue, que vous ne trouverez pas mauvais que celle-ci soit fort courte. J'ai été bien aise d'apprendre que l'entrée de Monsieur l'Ambassadeur étoit reculée ainsi : vous aurez le temps de vous parer de la veste que votre mère vous a envoyée. Il ne s'est rien passé de nouveau depuis le départ de M. de Bonac, que la querelle que Monsieur le Grand Prieur [2] a voulu avoir avec M. le prince de Conty à Meudon. Monsieur le Grand Prieur s'est tenu offensé de quelques paroles très-peu offensantes que M. le prince de Conty avoit dites, et le lendemain, sans qu'il fût question de [rien [3]], il le vint aborder dans la cour de Meu-

---

Lettre 181. — 1. Revue sur l'autographe, conservé à la Bibliothèque impériale.

2. Philippe de Vendôme, frère puîné de Louis-Joseph duc de Vendôme. Il était grand prieur de France depuis l'année 1678. Né le 23 août 1655, il mourut le 24 janvier 1727. — Ce que Racine raconte ici a été raconté aussi par Dangeau, dans son *Journal*, sous les dates du lundi 28 et du mardi 29 juillet 1698, et par Saint-Simon, dans ses *Mémoires*, tome II, p. 172 et 173.

3. Il y a dans l'autographe : « sans qu'il fût question de roy. » Évidemment ce n'est pas ce que Racine a voulu écrire. *Rien*, au lieu

1698 don, le chapeau sur la tête et enfoncé jusqu'aux yeux, et lui parla comme s'il vouloit tirer raison de lui des paroles qu'il lui avoit dites. M. le prince de Conty le fit souvenir du respect qu'il lui devoit; Monsieur le Grand Prieur lui répondit qu'il ne lui en devoit point. M. le prince de Conty lui parla avec toute la hauteur[4], et en même temps avec toute la sagesse dont il est capable. Comme il y avoit là beaucoup de gens, cela n'eut point alors d'autre suite; mais Monseigneur[5], qui sut la chose un moment après, et qui se sentit fort irrité contre Monsieur le Grand Prieur, envoya M. le marquis de Gèvres[6] pour en donner avis au Roi, et le Roi sur-le-champ envoya chercher M. de Pontchartrain, à qui il donna ses ordres pour envoyer Monsieur le Grand Prieur à la Bastille. Cette nouvelle a fait un fort grand bruit, et je ne doute pas que Monsieur l'Ambassadeur, à qui on l'aura mandée plus au long, ne vous en apprenne plus de particularités. Tout le monde loue M. le prince de Conty et plaint M. de Vendôme[7], qui sera vraisemblablement très-affligé de cette aventure.

Votre mère et toute la petite famille vous fait ses compliments. Votre sœur demande conseil à tous ses directeurs sur le parti qu'elle doit prendre, ou du monde ou de la religion; mais vous jugez bien que quand on

---

de *roy*, est une correction de Louis Racine, que nous avons adoptée comme les éditeurs précédents. Deux lignes plus bas, Racine, par une autre inadvertance, a écrit : « jusqu'aux cieux, » au lieu de « jusqu'aux yeux. »

4. Racine avait d'abord écrit : « avec toute la dignité. »

5. Le Dauphin.

6. Bernard-François Potier, fils aîné du duc de Gèvres. Le marquis de Gèvres exerçait la charge de premier gentilhomme de la chambre, dont il avait alors la survivance depuis près de trente ans. (*Note de l'édition de* 1807.)

7. Le frère du Grand Prieur. — Racine écrit *Vandôme*.

demande de semblables conseils, c'est qu'on est déjà
déterminée⁸. Nous cherchons très-sérieusement, votre
mère et moi, à la bien établir; mais cela ne se trouve
pas du jour au lendemain. A cela près, elle ne nous
fait aucune peine, et elle se conduit avec nous avec
beaucoup de douceur et de modestie. Adieu, mon cher
fils : je n'ai autre chose à vous recommander, sinon de
continuer à faire comme on m'assure que vous faites.
J'ai résolu de ne point aller à Compiègne, où je n'aurois guère le temps de faire ma cour : le Roi sera toujours à cheval, et je n'y serois jamais. M. le comte
d'Ayen est pourtant bien fâché que je n'aille pas voir
son régiment, qui sera fort magnifique. Il me demande
souvent de vos nouvelles. Quand vous écrirez à M. Félix le fils, ne lui parlez point de l'affaire de M. de Mon-
tarsis⁹. Je vous exhorte à écrire à M. Despréaux par la
première occasion que vous trouverez.

Suscription : A Monsieur Monsieur Racine, gentilhomme ordinaire du Roi, chez Monsieur l'ambassadeur de France, à la Haye. (Cachet rouge.)

182. — DE RACINE A JEAN-BAPTISTE RACINE[1].

A Paris, le 18. août [1698].

J'avois résolu d'écrire vendredi dernier à Monsieur
l'Ambassadeur et à vous; mais il se trouva que c'étoit
le jour de l'Assomption, et vous savez qu'en de pareils

8. Il y a ainsi *déterminée*, au féminin, dans l'autographe.
9. Voyez ci-dessus, p. 262 et 263.
LETTRE 182. — 1. Revue sur l'autographe, conservé à la Bibliothèque impériale.

jours un père de famille comme moi est trop occupé, surtout le matin, pour avoir le temps d'écrire des lettres. Votre mère est fort aise que vous soyez content de la veste qu'elle vous a envoyée. Si elle avoit su la couleur de votre habit, elle vous auroit acheté une étoffe qui vous auroit mieux convenu; mais vous dites fort bien que cette étoffe ne vous sera pas inutile, et vous servira pour un autre habit. Votre mère vous remercie de la bonne volonté que vous avez de lui apporter une robe de chambre quand vous viendrez en ce pays-ci; mais elle ne veut point d'étoffe d'or. On nous manda avant-hier de Melun que votre sœur Nanette avoit une grosse fièvre continue avec des redoublements. Nous en attendons des nouvelles avec beaucoup d'inquiétude, et votre mère a résolu d'y aller elle-même au premier jour. Vous voyez qu'avec une si grosse famille on n'est pas sans embarras, et qu'on n'a pas trop le temps de respirer, une affaire succédant presque toujours à une autre, sans compter la douleur de voir souffrir les personnes qu'on aime. Je fis hier vos compliments à M. Despréaux, et je lui montrai la lettre où vous me mandez le bon accueil que vous a fait le roi d'Angleterre[2]. Je suis fort obligé à Monsieur l'Ambassadeur, et de vous avoir attiré[3] ce bon traitement, et d'en avoir bien voulu rendre compte au Roi. M. de Torcy me promit de se servir même de cette occasion pour vous rendre de bons offices. M. Despréaux est fort content de tout ce que vous écrivez du roi d'Angleterre. Vous voulez bien que je vous dise, en passant, que quand je lui lis quelqu'une de vos lettres, j'ai soin d'en retrancher les mots d'*ici*, de *là* et de *ci*,

2. Voyez ci-dessus, p. 267, la note 26 de la lettre 180.
3. Racine, par inadvertance, a écrit : « fait attiré. » Quelques éditeurs ont substitué *assuré* à *attiré*.

que vous répétez jusqu'à sept ou huit fois[4] dans une page. Ce sont de petites négligences qu'il faut éviter, et qui sont même aisées à éviter. Du reste, nous sommes très-contents de la manière naturelle dont vous écrivez, et du bon compte que vous rendez de tout ce que vous avez vu. M. de Torcy me montra le livre du *Pur amour*[5], que Monsieur l'Ambassadeur lui a envoyé ; mais il ne put me le prêter, parce qu'il avoit dessein de le faire voir à M. de Noailles. Cette affaire[6] va toujours

4. Racine a écrit : « sept, huit ou fois. » On peut se demander s'il n'a pas voulu mettre : « sept, huit ou neuf fois ; » mais ne serait-ce point trop déterminé ?

5. « C'était, dit une note de l'édition de 1807, un livre qui venait de paraître en Hollande en faveur de la nouvelle doctrine du quiétisme. » Mais comme l'annotateur ne désigne pas ce livre d'une manière plus précise, nous pensons qu'il a présenté comme un renseignement certain ce qui n'était qu'une conjecture. Nous n'avons pu découvrir d'ouvrage qui ait été publié à cette époque en Hollande, sous ce titre : *le Pur amour*. Racine a-t-il prétendu donner un titre exact ? Nous sommes plutôt porté à croire que, pour plus de commodité, il a abrégé celui-ci : *Apologie de l'amour qui nous fait désirer véritablement de posséder Dieu seul, par le motif de trouver notre bonheur dans sa connoissance et son amour. Avec des remarques fort importantes sur les principes et les maximes que M. l'archevêque de Cambray établit sur l'amour de Dieu dans son livre intitulé* : Explication des Maximes des saints. Par ****. Ce livre, publié en 1698 à Amsterdam (in-8°), aux dépens d'Étienne Roger, était dû à la plume de Charles du Plessis d'Argentré, qui plus tard, en octobre 1723, devint évêque de Tulle, mais n'avait alors que vingt-cinq ans, et n'était encore qu'un simple diacre et bachelier en théologie. Si c'est le livre de d'Argentré que M. de Bonrepaus avait envoyé à M. de Torcy, la note de Germain Garnier est tout à fait erronée. Loin d'être en faveur du nouveau quiétisme, l'auteur s'y proposait, comme il le dit, « de saper tout d'un coup le quiétisme dans son fondement, » et y réfutait Fénelon. Voyez le jugement que l'archevêque de Cambrai porte de ce livre, qui lui avait paru remarquable et digne d'attention, dans sa *Lettre à Monseigneur l'évêque de Meaux sur la charité* (*OEuvres de Fénelon*, tome IX, p. 5-8).

6. C'est-à-dire l'affaire de l'archevêque de Cambrai.

fort lentement à Rome, et on ne croit pas qu'elle soit encore jugée de deux mois[7]. M. de Bonac est trop bon d'être si content de nous ; j'aurois bien voulu faire mieux pour lui témoigner toute l'estime que j'ai pour lui, laquelle est beaucoup augmentée depuis que j'ai eu l'honneur de l'entretenir à fond, et que j'ai découvert non-seulement toute la netteté et toute la solidité de son esprit, mais encore la bonté de son cœur et la sensibilité qu'il a pour ses amis. Je mande à Monsieur l'Ambassadeur que je n'irai point à Compiègne, et que je me réserve pour Fontainebleau : ainsi j'aurai tout le temps de vous écrire, et il ne se passera point de semaine que vous n'ayez de nos nouvelles. Vous ne m'avez rien mandé de M. de Tallard[8]. A-t-il logé chez Monsieur l'Ambassadeur? Comment est-on content de lui? On m'a dit qu'il logeroit à Utrech pendant que le roi d'Angleterre sera à Loo. Faites bien des amitiés au fils de Mylord Montaigu[9]. Je vous conseille même d'écrire au Mylord son père, si Monsieur l'Ambassadeur le juge à propos, et de le remercier des honnêtetés qu'il vous a fait faire par son fils. Vous lui en pourrez mander tout le bien que vous m'en dites. Je lui ferai aussi réponse au premier jour. Adieu, mon cher fils.

Suscription : A Monsieur Monsieur Racine, gentil-

---

7. Elle ne le fut que sept mois après, par le bref d'Innocent XII, du 12 mars 1699, qui condamna le livre des *Maximes des saints*, de Fénelon, et notamment vingt-trois propositions extraites de ce livre. (*Note de l'édition de* 1807.)

8. Camille d'Hostun, comte de Tallard, qui fut maréchal de France en 1703, était alors lieutenant général des armées du Roi depuis l'an 1693, et ambassadeur extraordinaire de France en Angleterre. Il alla rejoindre le roi Guillaume en Hollande. Voyez la *Gazette de Hollande* des 4 et 18 août 1698.

9. Mylord Montaigu est ce Ralph de Montaigu qui avait été ambassadeur en France. Voyez au tome V, p. 132, note 2.

homme ordinaire du Roi, à la Haye. (Cachet rouge, au 1698 cygne.)

183. — DE RACINE A JEAN-BAPTISTE RACINE[1].

A Paris, le 31. août [1698].

J'avois déjà vu dans la *Gazette*[2] toutes les magnificences de Monsieur l'Ambassadeur; mais je n'ai pas laissé de prendre un grand plaisir au récit que vous m'en avez fait. J'ai tremblé pour vous de toutes ces santés qu'il vous a fallu boire, et je m'imagine que, malgré toutes vos précautions, vous n'êtes pas sorti de table avec la tête aussi libre que vous y étiez entré. Nous vîmes, il y a huit jours, une autre entrée, ma femme, votre sœur et moi, bien malgré nous. C'étoit celle des ambassadeurs de Hollande[3], que nous trouvâmes dans la rue

LETTRE 183. — 1. L'autographe de cette lettre ne se trouve pas aujourd'hui dans les manuscrits de Racine à la Bibliothèque impériale. Louis Racine en a cependant inséré une partie dans son *Recueil*, p. 373. L'éditeur de 1807, qui en a donné le texte plus complet, et tel que nous le donnons nous-même d'après lui, a sans doute eu la lettre originale sous les yeux.

2. L'entrée de Bonrepaus à la Haye, qui eut lieu le mardi 19 août, est racontée dans la *Gazette* de France du 30 août 1698 (p. 416), et dans celle de Hollande du 21 août. La première décrit le magnifique accueil qu'on lui fit, les honneurs qui lui furent rendus; la seconde donne sur le cortége les détails suivants : « *De la Haye, le* 19 *août.* M. de Bonrepaus, ambassadeur de France, a fait aujourd'hui son entrée publique avec un magnifique et nombreux cortége.... Le train étoit composé de trois beaux carrosses, deux à huit et un à six chevaux, et de plus de trente tant pages que valets de pied et autres domestiques, tous avec des riches livrées, et suivis d'environ soixante carrosses à six, quatre et deux chevaux.... »

3. « Le 24 de ce mois (*août* 1698), le sieur Heemskerke et le sieur d'Odyck, ambassadeurs extraordinaires des états généraux,

Saint-Antoine lorsque nous y pensions le moins, et il nous fallut arrêter, pendant plus de deux heures, dans un même endroit. Les carrosses et les livrées me parurent fort belles; mais je vois bien par votre récit, et par celui de la *Gazette de Hollande*, que votre entrée étoit tout autrement superbe que celle-ci.

1er septembre, cinq heures du matin.

J'avois hier commencé cette lettre dans le dessein de la faire plus longue; mais M. Boileau le doyen me vint prendre pour aller à Auteuil voir M. Despréaux, qui avoit eu un accès de fièvre. Un autre accès le reprit pendant que nous étions chez lui; mais comme ce n'est qu'une fièvre intermittente et fort légère, il s'en tirera aisément par le quinquina, auquel il a, comme vous savez, grande dévotion. Pour moi, je vais dans ce moment me remettre dans mon lit pour prendre médecine. Votre mère et tout le monde vous salue. Votre sœur Nanette se porte mieux, et a été reçue par sa communauté à faire profession dans deux mois : ce qui la console de tous ses maux. Adieu, mon cher fils : je vous écrirai plus au long la première fois.

L'abbé Genest a été élu à l'Académie[4] à la place de Boyer. Votre cousin l'abbé du Pin[5] a eu des voix pour

---

firent leur entrée publique en cette ville (*Paris*).... » (*Gazette du 30 août* 1698, p. 418.) — Suivent d'assez longs détails sur cette entrée; la *Gazette* parle de « dix magnifiques carrosses des ambassadeurs, attelés de très-beaux chevaux. » Voyez aussi la *Gazette de Hollande* du 1er septembre 1698.

4. Voyez ci-dessus, p. 264, la note 15 de la lettre 180.

5. Louis Ellies du Pin, cousin issu de germain de Racine (voyez ci-dessus, p. 206, la note 3 de la lettre 163). L'abbé du Pin n'entra pas à l'Académie française. La disgrâce où il tomba lorsqu'il eut signé le *Cas de conscience* aurait suffi, depuis ce moment,

lui, et pourra l'être une autre fois, de quoi il a grande envie. J'ai donné ma voix à l'abbé Genest, à qui j'étois engagé.

184. — DE RACINE A JEAN-BAPTISTE RACINE[1].

A Paris, le 12⁰ septembre [1698].

Je ne vous écris qu'un mot pour vous dire seulement des nouvelles de ma santé et de celle de toute la famille. J'ai été encore un peu incommodé de ma colique depuis le dernier billet que je vous ai écrit; mais n'en soyez point en peine. J'ai tout sujet de croire que ce n'est rien, et que les purgations emporteront toutes ces petites incommodités. Le mal est qu'il me survient toujours quelque affaire qui m'ôte le loisir de penser bien sérieusement à ma santé. Votre mère revint hier au soir de Melun, où elle a laissé votre sœur Nanette parfaitement guérie, et très-aise d'avoir été admise à la profession par toute la communauté, avec des agréments incroyables. Cette cérémonie se fera vers la fin d'octobre, pendant le voyage de Fontainebleau. Nous lui donnons cinq mille francs en argent et deux cents livres de pension viagère. Nous pensions ne donner en

---

pour lui en fermer les portes. Mais, avant ce temps même, la mort de Racine l'avait privé de l'appui sur lequel il pouvait surtout compter dans sa candidature. Racine avait toujours agi avec lui en ami. Dans une des quatre lettres que Fénelon (voyez sa *Correspondance*, tome II, p. 317-322) adressa à Bossuet en 1692 au sujet du *Mémoire* que ce prélat avait écrit contre le docteur du Pin, on voit que Racine chercha à intervenir entre son parent et l'évêque de Meaux, mais avec un grand respect pour l'autorité de celui-ci.

Lettre 184. — 1. Revue sur l'autographe, conservé à la Bibliothèque impériale.

argent que quatre mille francs; mais votre tante[2] a si bien chicané, qu'il nous en coûtera cinq mille, tant pour lui bâtir et meubler une cellule, que pour d'autres petites choses, qui iront au moins à mille francs[3], sans compter les dépenses que le voyage et la cérémonie nous coûteront. Nous songeons aussi à marier votre sœur, et si une affaire dont on nous a parlé réussit, cela se pourra faire cet hiver; sinon nous attendrons quelque autre occasion. Elle est fort tranquille là-dessus, n'a ni vanité ni ambition, et j'ai tout lieu d'être content d'elle. J'ai pensé vous marier vous-même sans que vous en sussiez rien, et il s'en est peu fallu que la chose n'ait été engagée; mais quand c'est venu au fait et au prendre, je n'ai point trouvé l'affaire aussi avantageuse qu'elle paroissoit; elle le pourra être dans vingt ans, et cependant vous auriez eu un peu à souffrir, et vous n'auriez pas été fort à votre aise. Je n'aurois pourtant rien fait sans prendre avis de Monsieur l'Ambassadeur, et sans avoir votre approbation. Ceux de mes amis que j'ai consultés m'ont dit que c'étoit vous rompre le cou, et empêcher peut-être votre fortune, que de vous marier si jeune, en vous donnant un établissement si médiocre, quoiqu'il y ait des espérances de retour dans vingt ans, comme je vous ai dit. Je ne vous aurois même rien mandé de tout cela, n'étoit que j'ai voulu vous faire voir combien je songe à vous. Je tâcherai de faire en sorte que vous soyez content de nous, et nous vous aiderons en tout ce que nous pourrons. C'est à vous de votre côté à vous aider aussi vous-même, en con-

---

2. C'est-à-dire *votre grand'tante*, Agnès de Sainte-Thècle Racine, abbesse de Port-Royal. Louis Racine a remplacé *votre tante* par *on*.
3. La quittance de la dot d'Anne Racine fut donnée par les Ursulines de Melun le 15 décembre 1698, par-devant maître Caillet, notaire à Paris.

tinuant à vous appliquer sérieusement, et en donnant à 1698
Monsieur l'Ambassadeur toute la satisfaction que vous
pourrez. Je vous manderai une autre fois, pour vous divertir, le détail de l'affaire qu'on m'avoit proposée. Tout
ce que je puis vous dire, c'est que vous ne connoissez
point la personne dont il s'agissoit, et que vous ne l'avez
jamais vue. C'est même une des raisons qui m'a fait aller
bride en main, puisqu'il est juste que votre goût soit
aussi consulté. Adieu, mon cher fils. J'ai été témoin
dans tout cela de l'extrême amitié que votre mère a
pour vous, et vous ne sauriez en avoir trop de reconnoissance. Faites bien des compliments pour moi à Monsieur l'Ambassadeur. Je ne lui écris point aujourd'hui,
et j'attends à lundi prochain. Je suis toujours convaincu
de plus en plus que ses affaires iront bien. M. de Cavoye sera ici de retour lundi prochain : on dit qu'il s'est
fort bien trouvé des eaux. Je vis hier Mme la comtesse
de Gramont[4] et Mme de Caylus, qui y avoient dîné.
J'étois aussi invité à ce dîner; mais j'avois eu la colique
toute la nuit, et je n'y allai que l'après-dînée.

Vous n'êtes pas le seul à qui il arrive des aventures.
Votre mère et votre sœur me vinrent, il y a huit jours,
chercher à Auteuil, où j'avois dîné. Un orage épouvantable les prit comme elles étoient sur la chaussée. La
grêle, le vent et les éclairs firent une telle peur aux chevaux, que le cocher n'en étoit plus maître. Votre sœur,
qui se crut perdue, ouvrit la portière, et se jeta à bas
sans savoir ce qu'elle faisoit. Le vent et la grêle la jetèrent par terre, et la firent si bien rouler, qu'elle alloit
être jetée à bas de la chaussée, sans mon laquais, qui
courut après et qui la retint. On la remit dans le carrosse toute trempée et toute effrayée. Elle arriva à Au-

---

4. A partir d'ici, Racine n'écrit plus *Gramond*, mais *Gramont*.

teuil dans ce bel état. M. Despréaux fit vite allumer un grand feu; Mlle de Frescheville⁵ lui prêta une chemise et un habit; M. le Verrier lui donna de la reine d'Hongrie⁶; nous la ramenâmes à Paris à la lueur des éclairs, malgré M. Despréaux, qui vouloit la retenir. Elle se mit au lit en arrivant, et y dormit douze heures durant, après quoi elle se trouva en très-bonne santé. Il a fallu lui acheter d'autres jupes, et c'est là tout le plus grand mal de son aventure. Adieu, mon cher fils : je ne vous mande point de nouvelles; M. d'Usson m'a dit qu'il manderoit tout ce qu'il en sait. Mille amitiés à M. de Bonac.

185. — DE RACINE A JEAN-BAPTISTE RACINE[1].

A Paris, 19. septembre [1698].

J'AI enfin rompu entièrement, avec l'avis de tous mes meilleurs amis, le mariage qu'on m'avoit proposé pour vous. On vous auroit donné une fille avec quatre-vingt-quatre mille francs; elle en a autant, ou environ, à espérer après la mort de père et de mère; mais ils sont encore jeunes tous deux, et peuvent au moins vivre une vingtaine d'années; l'un ou l'autre même pourroit se remarier. Ainsi vous couriez risque de n'avoir très-longtemps que quatre mille livres de rente, chargé peut-être de huit ou dix enfants avant que vous eussiez

---

5. Voyez ci-dessus, p. 164, la note 4 de la lettre 145.
6. C'est-à-dire « de l'eau de la reine d'Hongrie. » On l'employait dans diverses maladies. Son nom lui venait du merveilleux effet qu'en avait, dit-on, ressenti une reine de Hongrie.

LETTRE 185. — 1. Revue sur l'autographe, conservé à la Bibliothèque impériale.

trente ans. Vous n'auriez pu avoir ni chevaux ni équipage : les habits et la nourriture auroient tout absorbé. Cela vous détournoit des espérances que vous pourriez assez justement avoir par votre travail, et par l'amitié dont M. de Torcy et dont M. de Bonrepaux vous honorent. Ajoutez à cela l'humeur de la fille, qu'on dit qui aime le faste, le monde et tous les divertissements du monde, et qui vous auroit peut-être mis au désespoir par beaucoup de contrariétés. Tout ce que je vous puis dire, c'est que des personnes fort raisonnables, et qui nous aiment, nous ont embrassés très-cordialement, ma femme et moi, quand elles ont su que je m'étois débarrassé de cette affaire. J'ai tout lieu de croire qu'en vous faisant part du peu de bien et de revenu que Dieu nous a donné, vous serez cent fois plus heureux et plus en état de vous avancer que vous ne l'auriez été. Je ne vous nomme point les personnes qui m'avoient fait cette proposition ; vous ne les connoissez guère que de nom ; je vous prie même de ne les point deviner : je ne dois jamais manquer de reconnoissance pour la bonne volonté qu'ils m'ont témoignée en cette occasion. Votre mère a été dans tous les mêmes sentiments que moi ; elle doutoit même que vous eussiez voulu entrer dans cette affaire, parce qu'elle vous a souvent entendu dire que vous vouliez travailler à votre fortune avant que de songer à vous marier. Soyez bien persuadé que nous ne vous laisserons manquer de rien, et que je suis dans la disposition de faire pour vous, étant garçon, les mêmes choses que je prétendois faire en vous mariant. Ainsi abandonnez-vous à Dieu premièrement, à qui je vous exhorte de vous attacher plus que jamais ; et après lui, reposez-vous sur l'amitié que nous avons pour vous, qui augmente tous les jours beaucoup par la persuasion où nous sommes de vos bonnes inclinations, et de l'envie que vous avez de vous occuper et de vivre en honnête homme.

Votre mère mena hier à la foire toute la petite famille. Le petit Lionval eut belle peur de l'éléphant[2], et fit des cris effroyables quand il le vit qui mettoit sa trompe dans la poche du laquais qui le tenoit par la main. Les petites filles ont été plus hardies, et sont revenues chargées de poupées dont elles sont charmées. Fanchon a été un peu malade ces jours passés ; votre sœur aînée est en bonne santé. Pour moi, je ne suis pas entièrement hors de mes coliques, et je diffère pourtant toujours à me purger.

Je ne sais point ce que c'est que l'*Histoire du jansénisme*[3] dont vous me parlez, ni si c'est pour ou contre les gens que nous estimons ; mais je vous conseille de ne témoigner aucune curiosité là-dessus, afin qu'on ne puisse pas vous nommer en rien. Quand la chose sera imprimée, je prierai M. de Torcy d'en faire venir quelque exemplaire.

Vous voulez bien que je vous fasse une petite critique sur un mot de votre dernière lettre. *Il en a agi avec toute la politesse du monde;* il faut dire : *Il en a usé.* On ne dit point *il en a bien agi*, et c'est une mauvaise façon de parler. Adieu, mon cher fils : votre mère et tout le monde vous salue. Mes compliments à M. de Bonac.

Suscription : A Monsieur Monsieur Racine, gentil-

---

2. Je me souviens encore de cette frayeur. (*Note de Louis Racine.*)
3. C'était l'*Histoire abrégée du jansénisme*, imprimée à Cologne en 1698, attribuée par quelques-uns à Jacques Fouillou, et par d'autres à Jean Louail, en société avec Mlle de Joncoux. Celle qui fut écrite en latin par Leydecker avait paru trois ans auparavant, et celle de dom Gabriel Gerberon ne parut qu'en 1700. (*Note de l'édition de 1807.*)

homme ordinaire du Roi, à la Haye. (Fragment d'un 1698 cachet rouge.)

186. — DE RACINE ET DE MADAME RACINE
A JEAN-BAPTISTE RACINE.

A Paris, le 3. octobre[1] [1698].

J'ai la tête si épuisée de tout le sang qu'on m'a tiré depuis cinq ou six jours, que je laisse à ma femme le soin de vous écrire de mes nouvelles. Ne soyez cependant en aucune inquiétude pour ma santé : elle est, Dieu merci, beaucoup meilleure, et j'espère être en état d'aller dans huit jours à Fontainebleau. Vous savez ma sincérité, et d'ailleurs je n'ai aucune raison de vous déguiser l'état où je suis. Faites bien mes compliments à Monsieur l'Ambassadeur et à M. de Bonac. Soyez tranquille, et songez un peu au bon Dieu[2].

La colique de votre père s'étoit beaucoup augmentée,

Lettre 186 (revue sur l'autographe, conservé à la Bibliothèque impériale). — 1. Cette date n'est pas très-lisible dans l'autographe. On peut hésiter entre le 7 et le 3, et il semble même qu'il y ait plutôt le 7 que le 3. Nous avons cependant, à l'exemple de l'éditeur de 1807, adopté cette dernière date, parce que la lettre suivante a été écrite le 6, sans qu'il y ait d'erreur possible, et que si le lendemain même les parents de Jean-Baptiste Racine lui avaient écrit de nouveau, cela se trouverait certainement dit et expliqué dans la lettre du 7. Louis Racine, au lieu du 7 ou du 3, a mis le 8 ; mais les dates qu'il donne ne méritent en général aucune confiance. En lisant avec attention la lettre qui suit, on ne peut guère douter qu'elle soit postérieure à celle-ci.

2. Racine s'est arrêté ici. La suite de la lettre a été écrite par Mme Racine ; les précédents éditeurs ont fait, dans cette suite, beaucoup de retranchements et de corrections, ainsi que dans les deux lettres suivantes. En général ils ont fort altéré les lettres de Mme Racine.

avec des douleurs insupportables, avec de la fièvre qui étoit continue. Quoiqu'elle ne fût pas considérable, il a fallu tout de bon se mettre au lit, où l'on a été obligé de saigner votre père deux fois, et faire d'autres remèdes, dont il n'est pas tout à fait dehors. Le principal est qu'il a eu une bonne nuit, et qu'il est ce matin sans fièvre, et qu'il ne lui reste plus de sa colique qu'une douleur dans le côté droit quand on y touche ou que votre père s'agite. Votre père est fort content des réflexions que vous faites dans vos lettres sur le sujet de l'établissement que nous avons été sur le point de vous donner. Votre tante de Port-Royal, à qui votre père a montré votre lettre, a été fort satisfaite, en y voyant les sentiments de reconnoissance que vous avez pour votre père et pour moi, qui lui ont paru tous pleins d'amitié pour nous; mais, par votre seconde lettre, il nous a paru que le bien que vous pouviez espérer dans l'affaire dont il avoit été question avoit fait un peu trop d'impression sur votre esprit, et que vous ne faisiez pas assez de réflexion sur ce que votre père vous avoit mandé de l'humeur de la personne dont il s'agissoit. Je vois bien, mon fils, que vous ne savez pas de quelle importance cela est pour le repos de la vie. C'est pourtant la seule raison qui nous a fait rompre. Pour moi, j'avois encore une raison qui me tenoit bien au cœur : c'est que la demoiselle étoit rousse. Ne croyez point que nous ayons appréhendé de nous incommoder : cela ne nous est pas tombé dans l'esprit, et d'ailleurs il ne nous en coûtoit guère plus qu'il nous en coûtera pour vous faire subsister. Votre père est si content de vous, qu'il fera toujours toute chose afin que vous soyez content de lui, pourvu que vous soyez honnête homme, et que vous viviez d'une manière qui réponde à l'éducation que nous avons tâché de vous donner. Votre père est bien fâché de la nécessité où vous marquez être de prendre la perruque; il remet cette affaire au conseil que vous donnera Monsieur l'Ambassadeur. Quand votre père sera en bonne santé, il envoira querir M. Marguery pour vous faire une perruque selon que vous souhaitez. Mme la comtesse de Gramond est bien fâchée pour vous que vous perdiez l'agrément que vous donnoient vos cheveux. J'ai été à Melun, comme votre père a pu vous le mander. J'ai trouvé Nanette fort bien rétablie et bien contente. Mon voyage n'a pas été inutile pour elle; car elle a tiré de nous de la dépense, à quoi je ne m'étois pas attendue. Elle a souhaité que je lui meublasse sa cellule, ce que j'ai fait. Elle m'a chargée de bien des compliments pour vous, qui sont tous remplis d'amitié. Elle est bien amoureuse de livres. Votre sœur lui a envoyé son bréviaire : il lui conviendra mieux qu'à elle, qui apparemment choisit un état où elle n'a que faire de dire son bréviaire. Vous avez oublié que vous lui devez une réponse; elle ne laisse pas de vous faire ses compliments, accompagnés de ceux des petites et de Lionval. M. Villiard[3] a été voir Babet; il dit qu'elle est quasi aussi grande que votre sœur. Elle dit toujours qu'elle ne veut point revenir avec nous. J'ai pris la plume à votre père pour vous écrire, lequel est dans son lit; il a seulement voulu commencer cette lettre, afin que vous ne vous figurassiez point qu'il est plus mal qu'il est. Adieu, mon fils : j'espère qu'au premier ordinaire votre père sera en état de vous écrire tout à fait. Songez à Dieu, et à gagner le ciel.

3. Mme Racine écrit ainsi le nom de Willard.

187. — DE RACINE ET DE MADAME RACINE A JEAN-BAPTISTE RACINE[1].

1698

Je vous écris, mon cher fils, auprès de votre père[2], qui le vouloit faire lui-même : je l'en ai empêché, ayant un remède dans le corps et ayant été fort fatigué hier de l'émétique qu'on lui fit prendre, lequel a eu tout le succès qu'on en pouvoit espérer, en telle sorte que les médecins disent qu'il n'a plus qu'à se tenir en repos, n'ayant plus rien à craindre dans la maladie, qui est à son retour, n'ayant presque plus de fièvre. Je vous manderai une autre fois le détail de la maladie de votre père. Fiez-vous à moi. N'ayez point d'inquiétude. Toute la crainte qu'a votre père, c'est que l'inquiétude ne vous fasse prendre quelque parti précipité qui vous détourneroit de vos occupations, et ne lui seroit d'aucun soulagement. Votre père espère de vous écrire lui-même vendredi, et à Monsieur l'Ambassadeur, duquel il s'ennuie de ne point recevoir de nouvelles. On conseille fort à votre [père] de prendre ici des eaux de Saint-Amand, en attendant le printemps, qu'il ira sur les lieux avec M. Félix. Je l'y accompagnerois, et ce seroit une joie parfaite si le temps d'y venir de Monsieur l'Ambassadeur se trouvoit avec le nôtre, croyant bien que Monsieur l'Ambassadeur vous y amèneroit. Les médecins qui voient votre père disent qu'il court beaucoup de ces coliques comme les siennes. M. Finot[3] prétend

---

Lettre 187 (revue sur l'autographe, conservé à la Bibliothèque impériale). — 1. La date, comme on le verra plus bas, a été marquée par Mme Racine à la fin de la lettre. Si Louis Racine y eût fait quelque attention, il n'eût pas substitué à cette date celle du 20 octobre.

2. C'est, on le voit, Mme Racine qui commence cette lettre. Voyez ci-dessus, p. 283, la note 2 de la lettre précédente.

3. Si l'on en croit une satire du temps intitulée : *Le maréchal de*

fort bien connoître le tempérament de Monsieur l'Ambassadeur, et dit qu'autant qu'il a mal fait d'aller à Aix-la-Chapelle, autant il est absolument nécessaire qu'il vienne, dès le premier beau temps, à Saint-Amand [4], et il se prépare à écrire là-dessus à M. Fagon.

J'embrasse de tout mon cœur [5] Monsieur l'Ambassadeur. Quoiqu'il ne soit nullement nécessaire que vous me veniez voir, si néanmoins Monsieur l'Ambassadeur avoit, dans cette occasion, quelque dépêche un peu importante à faire porter au Roi, il se pourroit faire que Monsieur l'Ambassadeur tourneroit la chose d'une telle manière que Sa Majesté ne trouveroit pas hors de raison qu'il vous en eût chargé. Dites-lui seulement ce que je vous mande, et laissez-le faire. Adieu, mon cher fils : j'ai bien songé à vous, et suis fort aise que nous soyons encore en état de nous voir, s'il plaît à Dieu.

Ne vous étonnez [6] pas si l'écriture de votre père n'est pas bonne [7] : c'est qu'il est tout couché au fond de son lit ; du reste, il vous écriroit à l'ordinaire. Adieu, mon fils : je vous embrasse, et suis toute à vous.

Ce 6me octobre, jour de saint Bruno, votre ancien patron [8].

Luxembourg au lit de la mort, ce Finot passoit pour un des médecins les plus ignorants de Paris. (*Note de l'édition de* 1807.) — Raymond Finot, né en 1637 à Béziers, mort à Paris le 18 septembre 1709. Il était docteur de la faculté de Montpellier.

4. Saint-Amand-les-Eaux, petite ville située sur la Scarpe, aujourd'hui dans le département du Nord.

5. Ici Racine prend la plume.

6. Mme Racine reprend.

7. L'écriture de Racine est en effet presque méconnaissable dans les lignes qui précèdent.

8. Mme Racine veut dire : « votre patron au temps où vous manifestiez l'intention de vous faire chartreux. »

288   LETTRES.

Suscription, de la main de Mme Racine : A Monsieur Monsieur[9] Racine, gentilhomme ordinaire du Roi, chez Monsieur l'ambassadeur de France, à la Haye. (Cachet rouge, au cygne.)

188. — DE MADAME RACINE ET DE RACINE A JEAN-BAPTISTE RACINE.

Ce 13me octobre [1698].

VOTRE père et moi[1] sommes en peine de l'état de votre santé et de celle de Monsieur l'Ambassadeur, [y] ayant quinze jours que nous n'avons reçu de vos nouvelles. Votre père croit que vous avez été à Amsterdam, et que c'est la cause qu'il n'a point reçu de vos lettres. J'espère en recevoir ce soir, qui est le jour d'ordinaire que nous les recevons. Votre père croit quelquefois que vous avez pris le parti de venir faire un tour ici; quoiqu'il auroit bien de la joie de vous voir, il seroit fâché que vous eussiez pris cette résolution sur les lettres que je vous ai écrites sur sa maladie, puisque, Dieu merci, les médecins la croient entièrement sans péril, mais qu'elle pourra tirer en longueur; car votre père conserve toujours une petite fièvre, et il paroît un petit redoublement les après-midi. Sa douleur de côté est beaucoup diminuée. Nous avons passé hier une partie de l'après-dînée sur la terrasse, à nous promener : c'est pour vous marquer la meilleure disposition de votre père. Pour le voyage de Fontainebleau, il ne faut pas espérer que votre père puisse y aller. Ses meubles y sont. Nous

---

9. En haut, à gauche, il y a en gros caractères : HOLLANDE.
LETTRE 188 (revue sur l'autographe, conservé à la Bibliothèque impériale). — 1. C'est, on le voit, Mme Racine qui commence la lettre.

avons seulement fait revenir le coffre qui y étoit. Il y a la profession de votre sœur qui nous embarrasse ; mais il faudra bien qu'elle souffre avec patience d'être retardée. Vos sœurs vous font mille amitiés. Je vous prie de témoigner à Monsieur l'Ambassadeur la peine où nous sommes de ne point recevoir de ses nouvelles, en l'assurant de ma reconnoissance de toutes les bontés qu'il a pour vous. Faites mes compliments à M. de Bonac, et me croyez, mon fils, toute à vous.

Je me porte beaucoup mieux[2], Dieu merci. J'espère vous écrire, par le premier ordinaire, une longue lettre, qui vous dédommagera de toutes celles que je ne vous ai point écrites. Je suis fort surpris de votre long silence et de celui de Monsieur l'Ambassadeur; peu s'en faut que je ne vous croie tous plus malades que je ne l'ai été. Adieu, mon cher fils : je suis tout à vous.

Suscription, de la main de Mme Racine : A Monsieur Monsieur Racine, gentilhomme ordinaire du Roi, chez Monsieur l'ambassadeur de France, à la Haye. (Cachet rouge, au cygne.)

---

189. — DE RACINE A JEAN-BAPTISTE RACINE[1].

A Paris, le 24ᵉ octobre [1698].

Enfin, mon cher fils, je suis, Dieu merci, absolument sans fièvre depuis cinq ou six jours. On m'a déjà purgé une fois, et je m'en suis bien trouvé, et j'espère

---

2. Cette fin de la lettre est écrite par Racine.
Lettre 189. — 1. Revue sur l'autographe, conservé à la Bibliothèque impériale.

que je n'ai plus qu'une médecine à essuyer. J'ai pourtant la tête encore bien foible : la saison n'est pas fort propre pour les convalescents, et ils ont d'ordinaire beaucoup de peine en ces temps-ci à se rétablir. Ma maladie a été considérable; mais vous pouvez compter néanmoins que je ne vous ai point trompé, et que lorsque je vous ai mandé qu'elle étoit sans péril, c'est que, dans ces temps-là, on m'assuroit qu'elle l'étoit en effet. Je suis fort aise que vous n'ayez point fait de voyage en ce pays-ci : il auroit été fort inutile, vous auroit coûté beaucoup, et vous auroit détourné du train où vous êtes de vous occuper sous les yeux de Monsieur l'Ambassadeur. Je souhaiterois de bon cœur que sa santé fût aussitôt rétablie que la mienne. J'espère toujours que nous pourrons nous trouver lui et moi à Saint-Amand le printemps prochain; car on a en tête que ces eaux-là me seront très-bonnes, aussi bien qu'à lui. M. de Cavoye s'en est trouvé à merveilles, et on me mande qu'il ne s'est jamais porté si bien qu'il fait, et qu'il a repris, non-seulement toute sa santé, mais même toute sa gaieté. Il se conduit pourtant avec une fort grande sagesse, fait sa cour fort sobrement, et ne mange presque jamais hors de chez lui.

La profession de votre sœur Nanette a été retardée : de quoi elle a été fort affligée. Elle a mieux aimé pourtant retarder, et que je fusse en état d'y assister. Je lui ai mandé que ce seroit pour la première semaine du mois de novembre, c'est-à-dire immédiatement après la Toussaints[2]. Je serai si près de Fontainebleau que d'autres que moi seroient peut-être tentés d'y aller; mais j'assisterai simplement à la profession de votre sœur, et reviendrai dès le lendemain coucher à Paris. Votre

---

2. Racine écrit ainsi *Toussaints*, avec une *s* à la fin.

mère est en bonne santé, Dieu merci, quoiqu'elle ait pris bien de la peine après moi pendant ma maladie. Il n'y eut jamais de garde si vigilante ni si adroite, avec cette différence que tout ce qu'elle faisoit partoit du fond du cœur, et faisoit toute ma consolation. C'en est une fort grande pour moi que vous connoissiez tout le mérite d'une si bonne mère, et je suis persuadé que quand je n'y serai plus, elle retrouvera en vous toute l'amitié et toute la reconnoissance qu'elle trouve maintenant en moi. M. de Valincour et M. l'abbé Renaudot m'ont tenu la meilleure compagnie du monde : je vous les nomme entre autres, parce qu'ils n'ont presque bougé de ma chambre. M. Despréaux ne m'a point abandonné dans les grands périls ; mais quand l'occasion a été moins vive, il a été bien vite retrouver son cher Auteuil, et j'ai trouvé cela très-raisonnable, n'étant pas juste qu'il perdît la belle saison autour d'un convalescent, qui n'avoit [pas] même la voix assez forte pour l'entretenir longtemps. Du reste, il n'y a pas un meilleur ami ni un meilleur homme au monde. Faites mille compliments pour moi à Monsieur l'Ambassadeur et à M. de Bonac. Je leur suis bien obligé de l'intérêt qu'ils ont pris à ma maladie. Je suis aussi fort touché de toutes les inquiétudes qu'elle vous a causées, et cela ne contribue pas peu à augmenter la tendresse que j'ai eue pour vous toute ma vie. Je vous manderai une autre fois des nouvelles.

Suscription : A Monsieur Monsieur Racine, gentilhomme ordinaire du Roi, chez Monsieur l'ambassadeur de France, à la Haye. (Cachet rouge. au cygne.)

190. — DE RACINE A JEAN-BAPTISTE RACINE [1].

A Paris, le dernier octobre [1698].

Vous pouvez vous assurer, mon cher fils, que ma santé est, Dieu merci, en train de se rétablir entièrement. J'ai été purgé avant-hier pour la dernière fois, et mes médecins ont pris congé de moi, en me recommandant néanmoins une très-grande diète pendant quelque temps, et beaucoup de règle dans mes repas pour toute ma vie : ce qui ne me sera pas fort difficile à observer. Je ne crains seulement que les tables de la cour; mais je suis trop heureux d'avoir un prétexte d'éviter les grands repas, auxquels aussi bien je ne prends pas un fort grand plaisir depuis quelque temps. J'ai résolu même d'être à Paris le plus souvent que je pourrai, non-seulement pour y avoir soin de ma santé, mais pour n'être point dans cette horrible dissipation où l'on ne peut éviter d'être à la cour. Nous partirons mardi qui vient [2] pour Melun, votre mère, votre sœur

---

LETTRE 190. — 1. Revue sur l'autographe, conservé à la Bibliothèque impériale.

2. Le 4 novembre, Racine partit en effet ce jour-là. Dans une lettre de M. Willard, datée du 5 novembre 1698, et adressée à M. de Préfontaine, frère de l'abbé le Roi, et qui avait été secrétaire des commandements de Mademoiselle de Montpensier, on trouve ce passage : « Mon ami M. Racine a été longtemps malade. Il me coûtoit, de deux jours l'un, et quelquefois tous les jours, presque une matinée ou une après-dînée; car il le souhaitoit; et son épouse, comme lui, m'assuroit que cela lui faisoit plaisir. Il est guéri, et il est à Melun pour la profession de sa seconde fille. » Voyez *Port-Royal*, par M. Sainte-Beuve, tome VI, *Appendice*, p. 250 et 251. — Nous ferons d'autres emprunts à cet *Appendice*, où M. Sainte-Beuve a publié pour la première fois des fragments intéressants des lettres de Germain Willard sur la maladie et sur la mort de Racine. Ceux de ces fragments qui ont assez d'étendue pour n'être pas cités seulement en note se trouvent ci-après, parmi les *Lettres de divers à divers*, écrites au sujet de Racine.

aînée et moi, pour la profession de ma chère fille Nanette, que je ne veux pas faire languir davantage. Nous ne menons ni les deux petites, ni Lionval. Les chemins sont horribles à cause des pluies continuelles. Je prendrai même des chevaux de louage, qui me mèneront jusqu'à Essone, où je trouverai mes chevaux, qui me mèneront de là jusqu'à Melun. Monsieur l'archevêque de Sens veut absolument faire la cérémonie. J'aurois bien autant aimé qu'il eût donné cette commission au bon M. Chapelier[3] : cela nous auroit épargné bien de l'embarras et de la dépense. M. l'abbé Boileau-Bontemps[4] a voulu aussi, malgré toutes mes instances, y venir prêcher, et cela avec toute l'amitié et l'honnêteté possible. Nous ne serons que trois jours à Melun. La cérémonie se fera apparemment le jeudi, et nous en repartirons le vendredi.

Nous allâmes l'autre jour prendre l'air à Auteuil, et nous y dînâmes avec toute la petite famille, que M. Despréaux régala le mieux du monde; ensuite il mena Lionval et Madelon dans le bois de Boulogne, badinant avec eux, et disant qu'il les vouloit mener perdre. Il n'entendoit pas un mot de tout ce que ces pauvres enfants lui disoient. Enfin la compagnie l'alla rejoindre; et cette compagnie, c'étoit ma femme avec

---

3. M. Chapelier, dont nous avons parlé (*voyez la note 2 de la lettre* 97, *p.* 39),... était alors un des grands vicaires de l'archevêque de Sens, et a été chanoine honoraire de l'Église de Paris. (*Note de l'édition de* 1807.)

4. Charles Boileau, abbé de Beaulieu (voyez ci-dessus, p. 129, la note 11 de la lettre 128). Dans un passage des *Mémoires de Saint-Simon* (tome II, p. 249), où l'on avertit de ne le pas confondre avec le chanoine de Saint-Honoré, Jean-Jacques Boileau, il est dit qu'il était l'ami de Bontemps, premier valet de chambre du Roi. De là sans doute le surnom que Racine lui donne de Boileau-Bontemps.

sa fille, M. et Mlle de Fraischeville[5], qui avoient aussi dîné avec nous. La mère se trouvoit fort incommodée; ce sont les meilleures gens du monde. J'avois été à Auteuil par ordonnance des médecins; j'y serois retourné plus d'une fois si le temps eût été plus supportable. M. Hessein[6] vouloit aussi y venir. Il prétend que toutes ses vapeurs lui sont revenues plus fortes que jamais, et qu'elles n'avoient été que suspendues par les eaux de Saint-Amand. L'air de Paris surtout lui est mortel, à ce qu'il dit : en quoi il est bien différent de moi, et il ne respire que quand il en est dehors. Il a un procès assez bizarre contre un conseiller de la cour des aides, dont les chevaux, ayant pris le frein aux dents, vinrent donner tête baissée dans le carrosse de Mme Hessein, qui marchoit fort paisiblement sans s'attendre à un tel accident. Ce choc fut si violent, que le timon du conseiller entra dans le poitrail d'un des chevaux de M. Hessein, et le perça de part en part, en telle sorte que tous ses boyaux sortirent sur-le-champ, et que le pauvre cheval mourut au bout d'une heure. M. Hessein a fait assigner le conseiller, et ne doute pas qu'il ne le fasse condamner à payer son cheval. Faites part de cette aventure à Monsieur l'Ambassadeur, et dites-lui qu'il se garde bien d'en plaisanter avec M. Hessein, car il prend la chose fort tragiquement.

J'ai été fort touché de la mort du pauvre M. Bort[7]; je connoissois son mérite de réputation : il suffit de dire qu'il avoit été dressé par Monsieur l'Ambassadeur.

Votre mère et toute la famille vous saluent. M. de

5. Voyez ci-dessus, p. 164, la note 4 de la lettre 145. A cette même page 164 et à la page 280, Racine écrit ce nom avec un *e* : *Frescheville*.
6. Voyez au tome VI, p. 562, la note 4 de la lettre 66.
7. Secrétaire de M. de Bonrepaux. (*Note de l'édition de* 1807.)

Cavoye a fait rétablir votre cousin⁸ chez M. de Barbezieux. 1698

Suscription : A Monsieur Monsieur Racine, gentilhomme ordinaire du Roi, chez S. E. Monsieur l'ambassadeur de France, à la Haye. (Cachet rouge, au cygne.)

191. — DE RACINE A LA MÈRE AGNÈS DE SAINTE-THÈCLE RACINE¹.

A Paris, le 9ᵉ novembre [1698].

J'arrivai avant-hier de Melun fort fatigué, mais content au dernier point de ma chère enfant². J'ai beaucoup d'impatience d'avoir l'honneur de vous voir, pour vous dire tout le bien que j'ai reconnu en elle. Je vous dirai cependant en peu de mots que je lui ai trouvé l'esprit et le jugement extrêmement formé, une piété très-sincère, et surtout une douceur et une tranquillité d'esprit merveilleuse³. C'est une grande consolation pour moi, ma très-chère tante, qu'au moins quelqu'un de mes enfants vous ressemble⁴ par quelque petit endroit. Je ne puis m'empêcher de vous dire un trait qui vous mar-

---

8. Le jeune de Romanet. Voyez ci-dessus, p. 214.
Lettre 191. — 1. Revue sur l'autographe, conservé à la Bibliothèque impériale. Il y en a une copie à la Bibliothèque de Troyes, liasse 2337. On ne peut tenir compte, en présence de l'autographe, des très-légères différences qui se trouvent dans la copie.
2. Anne Racine, qui venait de faire profession chez les Ursulines (voyez la lettre précédente), le jeudi 6 novembre.
3. L'adjectif *merveilleuse*, et plus haut le participe *formé*, sont ainsi au singulier dans l'original.
4. Ce mot est biffé dans l'autographe. La copie de Troyes constate la suppression, et l'explique par cette note : « L'humilité extrême de cette fille lui avoit fait effacer ce mot. »

quera tout ensemble et son courage et son bon naturel. Elle avoit fort évité de nous regarder, sa mère et moi, pendant la cérémonie, de peur d'être attendrie du trouble où nous étions. Comme ce vint le moment où il falloit qu'elle embrassât, selon la coutume, toutes les sœurs, après qu'elle eut embrassé la Supérieure, une religieuse ancienne lui fit embrasser sa mère et sa sœur aînée, qui étoient là auprès fondant en larmes. Elle sentit tout son sang se troubler à cette vue. Elle ne laissa pas d'achever la cérémonie avec le même air modeste et tranquille qu'elle avoit eu depuis le commencement. Mais dès que tout fut fini, elle se retira, au sortir du chœur, dans une petite chambre, où elle laissa aller le cours de ses larmes, dont elle versa un torrent, au souvenir de celles de sa mère. Comme elle étoit dans cet état, on lui vint dire que Monsieur l'archevêque de Sens l'attendoit au parloir avec mes amis et moi. « Allons, allons, dit-elle, il n'est pas temps de pleurer. » Elle s'excita même à la gaieté, et se mit à rire de sa propre foiblesse, et arriva en effet en souriant au parloir, comme si rien ne lui fût arrivé. Je vous avoue, ma chère tante, que j'ai été touché de cette fermeté, qui me paroît assez au-dessus de son âge. M. Fontaine [5], qui, comme vous savez, est retiré à Melun, assista à toutes les cérémonies, et me parut très-édifié de ma fille. Le sermon de M. l'abbé Boileau fut très-beau et très-plein de grandes vérités. Tout cela a fait un terrible effet sur l'esprit de ma fille aînée, et elle paroît dans une fort grande agitation, jusqu'à dire qu'elle ne sera jamais du monde; mais on n'ose guère compter sur ces sortes de mouvements,

---

5. Nicolas Fontaine, un des solitaires de Port-Royal, auteur des *Mémoires pour servir à l'histoire de Port-Royal*. Il mourut à Melun le 28 janvier 1709, âgé de quatre-vingt-quatre ans.

qui peuvent passer comme bien d'autres qu'elle a plusieurs fois ressentis. Elle ira demain trouver M. le Noir[6], que j'ai été voir cette après-dînée. J'y ai trouvé M. de Saint-Claude[7], à qui j'ai rendu compte de tout ce que M. l'abbé Boileau m'a dit sur votre affaire de Montigny[8]. Ma femme envoyera demain chez Jeanne une boîte où elle a mis les hardes les plus nécessaires pour Fanchon, dont nous vous supplions de nous mander des nouvelles. J'ai confié à Nanette que Fanchon étoit avec vous. Quoiqu'elle eût grande impatience de l'avoir avec elle, elle m'en a témoigné une extrême joie. Elle a relu plus de vingt fois la lettre que vous lui avez fait l'honneur de lui écrire, et met sa principale confiance en vos prières. J'oubliois de vous dire[9] qu'elle aime extrêmement la lecture, et surtout des bons livres, et qu'elle a une mémoire surprenante. Excusez un peu ma tendresse pour une enfant dont je n'ai jamais eu le moindre sujet de plainte, et qui s'est donnée à Dieu de si bon cœur, quoi-

---

6. Jacques Lenoir, chanoine de Notre-Dame de Paris, mort le 12 janvier 1717. En prenant possession de son canonicat, en 1697, il avait signé le Formulaire. Il fut néanmoins toujours compté parmi les amis et bienfaiteurs de Port-Royal, suivant le témoignage qui lui est rendu dans le *Nécrologe.* Voyez l'*Histoire générale de Port-Royal*, tome X, p. 329, note 56. Il était le confesseur de Boileau, qui mourut chez lui.

7. Lenoir de Saint-Claude, frère de Jacques Lenoir. Il fut l'avocat des religieuses de Port-Royal des Champs. Les démarches qu'il fit pour elles attirèrent sur lui la persécution. Le 20 novembre 1707 il fut mis à la Bastille, où il resta jusqu'à la mort de Louis XIV. Il mourut le 30 décembre 1742, âgé d'environ quatre-vingts ans. Voyez l'*Histoire générale de Port-Royal*, tome X, p. 323-334.

8. Ce mot n'est pas très-nettement écrit dans l'autographe. On pourrait, ce nous semble, lire aussi bien *Martigues* ou *Martigny*. Mais *Montigny* est dans la copie de Troyes, ainsi que dans les diverses éditions antérieures à la nôtre.

9. Dans la copie de Troyes on lit : « J'oubliois à vous dire; » mais Racine a bien écrit *de*, et non *à*.

qu'elle fût assurément la plus jolie de tous nos enfants, et celle que le monde auroit le plus attirée par ses dangereuses caresses. Ma femme et nos petits enfants vous assurent tous de leur respect, et font mille compliments à Fanchon. Ma fille aînée s'est donné l'honneur de vous écrire.

Il m'est resté de ma maladie une dureté au côté droit, dont j'avois témoigné un peu d'inquiétude à M. de Saint-Claude; mais M. Morin [10], que je viens de voir, m'a assuré que ce ne seroit rien, et qu'il la feroit passer peu à peu par de petits remèdes qui ne me feroient aucun embarras. Du reste, je suis assez bien, Dieu merci.

Je suis bien plus en peine pour ma sœur Isabelle-Agnès[11], dont je suis bien fâché de n'apprendre aucune nouvelle certaine. Mme la comtesse de Gramont m'a dit que M. Dodart lui en avoit parlé à Fontainebleau avec de grandes inquiétudes. Ne doutez pas qu'il n'ait consulté M. Félix, et qu'il ne l'aille voir dès qu'il sera de retour. On m'a dit qu'il n'arriveroit ici que jeudi. Je n'ai point été surpris de la mort de M. du Fossé[12]; mais j'en

10. Voyez au tome VI, p. 563, la note 10 de la lettre 66.

11. Isabelle ou Élisabeth de Sainte-Agnès le Féron, cellérière à Port-Royal des Champs, où elle était entrée en 1640, et avait fait profession le 21 septembre 1653. Elle mourut le 26 avril 1706, dans la soixante-treizième année de son âge. Voyez l'*Histoire générale de Port-Royal*, tome IX, p. 96-102, où elle est nommée *Isabelle-Agnès le Féron;* mais dans la liste des religieuses de Port-Royal dom Clémencet lui donne les noms que nous reproduisons en tête de cette note.

12. Pierre-Thomas du Fossé mourut le 4 novembre 1698, âgé de soixante-quatre ans. Il avait été élevé, comme Racine, à Port-Royal, et Antoine le Maître avait particulièrement veillé sur son éducation; mais il n'avait pas été précisément condisciple de Racine, qui n'entra aux petites écoles qu'en 1655, tandis que Thomas du Fossé y était entré en 1643.

ai été très-touché. C'étoit pour ainsi dire le plus ancien ami que j'eusse au monde. Plût à Dieu que j'eusse mieux profité des grands exemples de piété qu'il m'a donnés! Je vous demande pardon d'une si longue lettre, et vous prie toujours de m'assister de vos prières [13].

192. — DE RACINE A JEAN-BAPTISTE RACINE[1].

A Paris, le 10. novembre [1698].

Nous revînmes de Melun vendredi dernier, et j'en suis revenu fort fatigué. J'avois cru que l'air me fortifieroit; mais je crois que l'ébranlement du carrosse m'a beaucoup incommodé. Je ne laisse pourtant pas d'aller et de venir, et les médecins m'assurent que tout ira bien, pourvu que je sois exact à la diète qu'ils m'ont ordonnée, et je l'observe avec une attention incroyable. Je voudrois avoir le temps aujourd'hui de vous rendre compte du détail de la profession de votre sœur; mais,

13. On a vu ci-dessus, p. 218, dans la lettre de Racine à Mme de Maintenon, quelle confiance il avait en sa sainte tante, et quelles *obligations infinies* il croyait lui avoir. Willard, dans une lettre du 30 avril 1699, à M. de Préfontaine, citée par M. Sainte-Beuve (*Port-Royal*, tome VI, *Appendice*, p. 260), dit en parlant de la Mère Agnès de Sainte-Thècle : « Son illustre neveu conservoit une si vive reconnoissance de l'éducation qu'elle lui avoit procurée dans la maison, d'abord sous M. Nicole, pour les belles-lettres, et ensuite auprès du grand M. le Maistre, pour d'autres études, qu'il disoit un jour confidemment à un ami, de qui je le tiens : « Je ne « me soucierois pas d'être disgracié et de faire la culbute (ce fut « son terme), pourvu que Port-Royal fût remis sur pied et fleurît « de nouveau. » La bonne tante l'aimoit aussi bien tendrement. Elle l'avoit comme engendré en Jésus-Christ. »

LETTRE 192. — 1. Revue sur l'autographe, conservé à la Bibliothèque impériale.

sans la flatter, vous pouvez compter que c'est un ange. Son esprit et son jugement sont extrêmement formés ; elle a une mémoire prodigieuse, et aime passionnément les bons livres. Mais ce qui est de plus charmant en elle, c'est une douceur et une égalité d'esprit merveilleuse². Votre mère et votre sœur aînée ont extrêmement pleuré, et pour moi je n'ai cessé de sangloter, et je crois même que cela n'a pas peu contribué à déranger ma foible santé. Nous n'avions point mené ni les petites ni Lionval, à cause des mauvais chemins. Votre sœur aînée est revenue avec des agitations incroyables, portant grande envie à la joie et au bonheur de sa sœur, et déplorant son propre malheur de ce qu'elle n'a pas la force de l'imiter. Je suis bien fâché que mon voyage m'ait privé jusqu'ici du plaisir de voir M. de Bonac ; mais je l'attends tous les jours. Tout ce que je vous puis dire par avance, c'est que vous lui avez des obligations incroyables. Mme la comtesse de Gramont m'a dit qu'il lui avoit dit mille biens de vous, et qu'il ne tarissoit point sur ce chapitre. C'est à vous de répondre à des témoignages si avantageux, et de justifier le bon goût de M. de Bonac, qui est lui-même ici dans une approbation générale. Madame la Comtesse est charmée de lui. Je ne vous écris pas davantage : je serai plus long quand j'aurai entretenu M. de Bonac. J'envoierai cette après-dînée chez M. Marguery³. Ne vous chagrinez point contre moi si je ne l'ai pas fait plus tôt. En vérité, je n'étois pas en état de songer à mes affaires les plus pressées. Votre mère et toute la famille vous

2. Voyez plus haut, p. 295, note 3 de la lettre 191.
3. Perruquier alors fort en vogue. (*Note de l'édition de 1807.*) — On a vu dans la lettre 186, p. 284 et 285, que Jean-Baptiste Racine, pour se conformer à l'usage des personnes de son rang, se trouvait obligé de porter perruque.

embrasse. Votre sœur Nanette, présentement la Mère de Sainte-Scholastique, vous embrasse aussi de tout son cœur. C'est à pareil jour que demain que vous fûtes baptisé [4], et que vous fîtes un serment solennel à J. C. de le servir de tout votre cœur.

Suscription : A Monsieur Monsieur Racine, gentilhomme ordinaire du Roi, chez S. E. Monsieur l'ambassadeur de France, à la Haye. (Cachet rouge, au cygne.)

193. — DE RACINE A JEAN-BAPTISTE RACINE.

A Paris, le 17. novembre [1698].

Je crois qu'il n'est pas besoin que j'écrive à Monsieur l'Ambassadeur pour lui témoigner l'extrême plaisir que je me fais d'avoir bientôt l'honneur de le voir [1]. Ma joie sera complète, puisqu'il a la bonté de vous amener avec lui [2]. Dites-lui qu'il me feroit le plus sensible plaisir du

4. Le 11 novembre 1678. Voyez au tome I, p. 182, l'acte de baptême de Jean-Baptiste Racine.

Lettre 193 (revue sur l'autographe, conservé à la Bibliothèque impériale). — 1. M. de Bonrepaus quitta la Haye le mardi 2 décembre 1698. On lit dans la *Gazette de Hollande* du 8 décembre 1698 : « *De la Haye, le 6 décembre.* M. de Bonrepaus, ambassadeur extraordinaire de France, partit mardi dernier pour Paris, ayant laissé ici le marquis de Bonac, son neveu, pour prendre soin des affaires de l'ambassade pendant son absence. » L'Ambassadeur arriva à Paris le 12 décembre suivant. Il avait un congé de quelques mois, pour rétablir sa santé, et allait prendre les eaux des Pyrénées. Voyez le *Journal de Dangeau*, au 12 décembre 1698.

2. Jean-Baptiste Racine revint en effet en France avec M. de Bonrepaus. Willard écrivait le 18 décembre à M. de Préfontaine : « Sa convalescence (*la convalescence de Racine*), après une assez longue maladie, qui nous a fort alarmés, se confirme de jour en jour, et elle doit augmenter notablement par la grande joie que lui donne

monde si, dans le peu de séjour qu'il fera à Paris, il vouloit loger chez nous. Nous trouverons moyen de le mettre fort tranquillement et fort commodément, et du moins je ne perdrai pas un seul des moments que je pourrai le voir et l'entretenir. Vous ne trouverez pas encore ma santé parfaitement rétablie, à cause d'une dureté qui m'est restée au côté droit; mais les médecins m'assurent que je ne dois point m'inquiéter, et qu'en observant une diète fort exacte cela se dissipera peu à peu. Comme je ne suis guère en état de faire de longs voyages à la cour, vous jugez bien que vous viendrez fort à propos pour me tenir compagnie. Je ne vous empêcherai pourtant pas d'aller faire votre cour, et voir vos amis. Je vous adresse une lettre de M. Hessein pour Mme Meissois[3]; il vous sera fort obligé si vous la lui faites tenir bien sûrement. Je n'avois pas besoin de l'exemple de Mme la comtesse d'Auvergne[4] pour me modérer sur le thé, et j'avois déjà résolu d'en user fort sobrement : ainsi ne m'en apportez point. J'ai dit à M. de Bonac que vous me ferez plaisir de m'apporter seulement de bonne flanelle, vraie Angleterre, de quoi me faire deux camisoles : cela ne grossira pas beaucoup votre paquet. Si Monsieur l'Ambassadeur fait quelque cas de

l'heureux retour de son fils avec M. de Bonrepaux, qui l'avoit mené à la Haye, et qui l'a ramené, pour le remener en Hollande après un peu de séjour qu'il est venu faire à la cour par ordre ou du moins avec l'agrément du Roi. » (*Port-Royal* de M. Sainte-Beuve, tome VI, *Appendice*, p. 251.)

3. Ce nom est écrit *Meisois*, avec une seconde *s* ajoutée après coup au-dessus de l'*i*.

4. Henriette-Françoise de Zollern, première femme de Frédéric-Maurice comte d'Auvergne (voyez ci-dessus, p. 239, la note 6 de la lettre 172). Elle était morte à Berg-op-Zoom le 17 octobre précédent. (Voyez la *Gazette de Hollande* au 27 octobre, et le *Journal de Dangeau* au 19 octobre 1698.) Il paraît qu'on avait attribué sa mort à un usage excessif du thé.

ces *Mémoires* dont vous parlez *sur la paix de Riswik*[5], vous pouvez me les acheter. Si j'étois assez heureux pour le voir et l'entretenir souvent, je n'aurois pas grand besoin d'autres mémoires pour l'histoire du Roi. Il la sait mieux que tous les ambassadeurs et tous les ministres ensemble, et je fais un grand fond[6] sur les instructions qu'il m'a promis de me donner.

Adieu, mon cher fils : toute la famille est dans la joie depuis qu'elle sait qu'elle vous reverra bientôt. Vous ne sauriez trop remercier M. de Bonac : il me revient de tous côtés qu'il a parlé de vous de la manière du monde la plus avantageuse. Je suis bien affligé qu'il parte sans que j'aie l'honneur de l'embrasser; mais j'en perds toute espérance, son valet étant venu dire au logis que comme il arriveroit extrêmement tard de Versailles, et qu'il partiroit demain de fort grand [matin], il ne vouloit pas m'incommoder. J'ai autant à me louer de sa discrétion qu'à me louer de ses bontés. Il laisse en ce pays-ci tout le monde charmé de son esprit, de sa sage[sse], et de ses manières aimables au dernier point. Adieu encore, mon cher fils. Tâchez, au nom de Dieu, d'obtenir de Monsieur l'Ambassadeur qu'il vienne descendre au logis.

5. Il s'agit des *Mémoires politiques pour servir à la parfaite intelligence de l'histoire de la paix de Ryswick*, par Jean Dumont. Ils venaient de paraître à la Haye en 4 volumes in-12, chez Fr. l'Honoré et Étienne Foulque. On les trouve annoncés dans la *Gazette de Hollande* du 24 novembre et du 4 décembre 1698.

6. Dans l'original : *fonds*.

194. — DE RACINE A JEAN-BAPTISTE RACINE[2].

[A Paris, le 30 janvier 1699.]

Comme vous pourriez être en peine de ma santé, j'ai cru vous en devoir mander des nouvelles. Elle est beaucoup meilleure depuis que vous êtes parti[2], et ma tumeur est considérablement diminuée. Je n'en ressens presque aucune incommodité. J'ai même été promener cette après-dînée aux Tuileries avec votre mère, croyant que l'air me fortifieroit; mais à peine j'y ai été une demi-heure, qu'il m'a pris dans le dos un point insupportable, qui m'a obligé de revenir au logis. Je vois bien qu'il faut prendre patience sur cela en attendant le beau temps.

Nous passâmes avant-hier l'après-dînée chez votre sœur[3]. Elle est toujours fort gaie et fort contente, et vous garde de très-bon chocolat, dont elle me fit goûter.

Je suis ravi que M. de Bonrepaux se porte mieux. Faites-lui bien mes compliments, aussi bien qu'à M. de Cavoye et à M. Félix. Je savois que M. le Verrier doit donner à dîner à M. le comte d'Ayen; mais on ne m'a point encore dit le jour, ni à M. Despréaux. Je serois bien plus curieux de savoir si M. le comte d'Ayen songe en effet à m'envoyer les deux juments qu'il a promis de m'envoyer. Je m'y suis tellement attendu, que j'avois

---

Lettre 194. — 1. Cette lettre n'est point dans les manuscrits de Racine à la Bibliothèque impériale. Louis Racine en a donné quelques lignes, qu'il a mêlées à la lettre précédente. L'éditeur de 1807 en a le premier publié le texte tel que nous le reproduisons ici. Il avait vraisemblablement l'autographe sous les yeux.

2. Jean-Baptiste Racine était revenu en France avec Bonrepaus. Il avait, quand son père lui écrivit cette lettre, quitté Paris, et était allé à Versailles.

3. Chez Anne Racine, religieuse à Melun.

déjà dit à mon cocher de me chercher un marchand pour mes chevaux. Faites-moi savoir de vos nouvelles, quand vous en aurez le loisir. Je ne crois point aller à Versailles avant le voyage de Marly⁴, c'est-à-dire dans toute la semaine qui vient. Je crains de me morfondre sur le chemin, et je crois avoir besoin de me ménager encore quelque temps, afin d'être en état d'y faire un plus long séjour. Adieu, mon cher fils : votre mère vous embrasse, et s'attend de vous revoir quand le Roi ira à Marly.

Je vous conseille d'aller un peu faire votre cour à Mme la comtesse de Gramont, qui vous recevra avec beaucoup de bonté.

Suscription : A Monsieur Racine le fils, gentilhomme ordinaire du Roi, à Versailles.

---

195. — DE RACINE A MONSIEUR LE PRINCE[1].

MONSEIGNEUR,

C'est avec une extrême reconnoissance que j'ai reçu

---

4. Ce voyage eut lieu le mercredi 4 février. Voyez le *Journal de Dangeau*, à cette date.

LETTRE 195 (revue sur l'autographe, conservé à la Bibliothèque impériale). — 1. Cette lettre et la suivante, également adressée à Monsieur le Prince, Henri-Jules de Bourbon, fils du grand Condé, sont d'une date incertaine, et que nous n'avons pu indiquer même approximativement : elles ont dû par cette raison être placées à la suite des précédentes. Il est clair seulement qu'elles ont été écrites l'une et l'autre après 1686, le duc Henri-Jules de Bourbon n'étant devenu Monsieur le Prince que dans les derniers jours de cette année; et la première des deux est assurément postérieure de quelques années à 1687, puisqu'on y voit que Monsieur le Prince avait déjà plusieurs fois fait remise à Racine de sa paulette.

encore, au commencement de cette année, la grâce que Votre Altesse Sérénissime m'accorde si libéralement tous les ans [2]. Cette grâce m'est d'autant plus chère que je la regarde comme une suite de la protection glorieuse dont vous m'avez honoré en tant de rencontres, et qui a toujours fait ma plus grande ambition. Aussi, en conservant précieusement les quittances du droit annuel dont vous avez bien voulu me gratifier, j'ai bien moins en vue d'assurer ma charge à mes enfants, que de leur conserver un des plus beaux titres que je leur puisse laisser, je veux dire les marques de la protection de V. A. S. Je n'ose en dire davantage; car j'ai éprouvé plus d'une fois que les remercîments vous fatiguent presque autant que les louanges. Je suis, avec un profond respect,

 Monseigneur,
  De V. A. S.
   Le très-humble, très-obéissant et
  très-fidèle serviteur,

       RACINE.

2. Sa charge de trésorier de France à Moulins étoit dans le casuel de Monsieur le Prince, qui lui faisoit donner tous les ans une quittance de la paulette. (*Note de Louis Racine.*) — Il (*Monsieur le Prince*) avait les droits domaniaux dans le duché de Bourbonnais, donné à son père en 1661, en échange du duché d'Albret, et pour en jouir au même titre. Au nombre de ces droits était celui d'*annuel* ou de *paulette* sur les offices de judicature et de finance, qui montait alors au soixantième denier du prix capital de l'office. Racine, titulaire d'un office de trésorier de France au bureau des finances de Moulins, était tenu d'acquitter ce droit chaque année pour conserver le prix de sa charge à ses enfants; mais le prince lui en faisait remise. (*Note de l'édition de 1807.*)

196. — DE RACINE AU MÊME[1].

J'ai parcouru tout ce que les anciens auteurs ont dit de la déesse Isis, et je ne trouve point qu'elle ait été adorée en aucun pays sous la figure d'une vache, mais seulement sous la figure d'une grande femme toute couverte d'un grand voile de différentes couleurs, et ayant au front deux cornes en forme de croissant. Les uns disent que c'étoit la lune, les autres Cérès, d'autres la terre, et quelques autres cette même Io qui fut changée en vache par Jupiter.

Mais voici ce que je trouve du dieu Apis, qui sera, ce me semble, beaucoup plus propre à entrer dans les ornements d'une ménagerie. Ce dieu étoit, dit-on, le même qu'Osiris, c'est-à-dire ou le mari ou le fils de la déesse Isis. Non-seulement il étoit représenté par un jeune taureau, mais les Égyptiens adoroient en effet, sous le nom d'Apis, un jeune taureau bien buvant et bien mangeant, et ils avoient soin d'en substituer toujours un autre en la place de celui qui mouroit. On ne le laissoit guère vivre que jusqu'à l'âge d'environ huit ans, après quoi ils le noyoient dans une certaine fontaine;

LETTRE 196 (revue sur l'autographe, conservé à la Bibliothèque impériale). — 1. Monsieur le Prince se proposait de décorer la ménagerie de Chantilly de quelque ouvrage de peinture ou de sculpture. Il avait communiqué ses idées à Racine, et lui avait demandé un mémoire sur ce sujet. (*Note de l'édition de* 1807.) — Nous avions espéré que cette circonstance du projet de décoration de la ménagerie nous permettrait de donner, au moins approximativement, la date de cette lettre, ou de ce petit mémoire. Mais les recherches que M. le duc d'Aumale a permis de faire à ce sujet dans les papiers de la maison de Condé n'ont pu nous fournir aucune lumière. Dans une description manuscrite de Chantilly et de sa ménagerie, qui a été écrite vers la fin du dix-huitième siècle, il ne se trouve rien qui indique que le prince de Condé ait exécuté le projet que suppose le mémoire de Racine.

et alors tout le peuple prenoit le deuil, pleurant et faisant de grandes lamentations pour la mort de leur dieu, jusqu'à ce qu'on l'eût retrouvé. On étoit quelquefois assez longtemps à le chercher. Il falloit qu'il fût noir par tout le corps, excepté une tache blanche de figure carrée au milieu du front, et une autre petite tache blanche au flanc droit, faite en forme de croissant. Quand les prêtres l'avoient trouvé, ils en donnoient avis au peuple de Memphis; car c'étoit principalement en cette ville que le dieu Apis étoit adoré. Alors on alloit en grande cérémonie au-devant de ce nouveau dieu, et c'est cette espèce de procession qui pourroit fournir de[2] sujet à un assez beau tableau.

Cent prêtres marchoient habillés de robes de lin, ayant tous la tête rase, et étant couronnés de chapeaux de fleurs, portant à la main, les uns un encensoir, les autres un sistre : c'étoit une espèce de tambour de basque. Il y avoit aussi une troupe de jeunes enfants, habillés de lin, qui dansoient, et chantoient des cantiques; grand nombre de joueurs de flûtes, et de gens qui portoient à manger pour Apis dans des corbeilles; et de cette sorte on amenoit le dieu jusqu'à la porte de son temple. Ou, pour mieux dire, il y avoit deux petits temples tout[3] environnés de colonnes par dehors, et aux portes des sphinx, à la manière des Égyptiens. On le laissoit entrer dans celui de ces deux temples qu'il vouloit, et on fondoit même sur son choix de grandes conjectures ou de bonheur, ou de malheur, pour l'avenir. Il y avoit auprès de ces deux temples un puits d'où l'on tiroit de l'eau pour sa boisson; car on ne lui laissoit jamais boire de l'eau du Nil. On consultoit même ce

2. Sur cette locution, voyez, au tome IV, la note 1 de la page 72; voyez aussi le *Lexique*.
3. Il y a ici *tout* dans l'autographe.

plaisant dieu, et voici comme on s'y prenoit. On lui présentoit à manger : s'il en prenoit, c'étoit une réponse très-favorable; tout au contraire, s'il n'en prenoit point. On remarqua même, dit-on, qu'il refusa à manger de la main de Germanicus, et que ce prince mourut à deux mois de là.

Tous les ans on lui amenoit, à certain jour, une jeune génisse, qui avoit aussi ses marques particulières, et cela se faisoit encore avec de grandes cérémonies.

Voilà, Monseigneur, le petit mémoire que Votre Altesse Sérénissime me demanda il y a trois jours. Je me tiendrai infiniment glorieux toutes les fois qu'Elle voudra bien m'honorer de ses ordres, et m'employer dans toutes les choses qui pourront le moins du monde contribuer à son plaisir. Je suis, avec un profond respect,

De V. A. S.
    Le très-humble et très-obéissant serviteur,

RACINE.

LETTRES
DE DIVERS A DIVERS

A l'exemple des précédents éditeurs des lettres de Racine, sans en excepter son fils Louis, nous faisons suivre sa correspondance de quelques lettres qui n'ont été écrites ni par lui, ni à lui, mais à son sujet. On en trouvera ici qui n'ont pas été données dans les recueils de nos devanciers. D'un autre côté, nous avons omis à dessein quatre lettres de Mme de Maintenon, que Louis Racine a insérées dans son *Recueil* aux pages 393-401 : il n'y est parlé de Jean Racine que très-incidemment; et nous n'avons pu songer à rassembler tous les témoignages sur lui ou sur ses ouvrages qui se rencontrent dans les correspondances du dix-septième siècle. A la fin de la seconde partie de son volume (*Lettres de Boileau et Réponses de Boileau*), Louis Racine avait aussi ajouté (p. 257-268) cinq lettres encore plus étrangères à la correspondance de son père, et que par conséquent nous n'avions pas à reproduire. Son *Recueil* se termine (p. 403-405) par une lettre de son frère aîné, écrite au sujet du poëme de *la Religion*. Celle-là aussi paraissait devoir être omise par nous, puisqu'il n'y est point question de Jean Racine, et qu'elle n'est intéressante que pour l'histoire de ses enfants. Mais nous avons cru que nos lecteurs ne nous sauraient pas trop mauvais gré d'avoir, à la fin de ces *Lettres de divers à divers*, donné place, non pas précisément à cette lettre publiée par Louis Racine, mais à trois lettres qui lui ont servi à la composer en les altérant de la plus étonnante manière. Une rectification était nécessaire; et se serait-elle jamais faite ailleurs? En outre, ces trois lettres font bien connaître le caractère et le tour d'esprit de Jean-Baptiste Racine, qui n'a laissé que quelques notes et quelques lettres à son frère, et qui n'a pas, comme celui-ci, publié des œuvres où se conserve son souvenir.

LETTRES
DE DIVERS A DIVERS.

I. — D'ANTOINE ARNAULD A M. WILLARD[1]. 1691

Ce 10. avril 1691.

CE ne sont pas les scrupules du frère François[2] qui ont été cause que j'ai tant différé à vous écrire de l'*Athalie*, pour remercier l'au-

---

LETTRE 1 (revue sur l'autographe, conservé à la Bibliothèque impériale parmi les manuscrits de Racine). — 1. En tête de l'autographe on a écrit : *Mr Arnauld*, et au-dessous : *Antoine*; puis encore : « Cette lettre n'a point été écrite à Racine. Elle n'est point exacte dans l'imprimé. » Quelques éditeurs des OEuvres de Racine l'ont intitulée : *Lettre d'Arnauld à Boileau*. Aimé-Martin, averti par M. Cousin, a substitué le nom de Willard (il écrit *Vieillard*) à celui de Boileau. Le doute sur la nécessité de cette rectification d'adresse n'était pas possible. Une copie de cette lettre, qui est à la Bibliothèque de Troyes, liasse n° 2337, porte à la marge : « Cette lettre est écrite à M. Vieillard (*lisez* Willard), qui logeoit auprès de M. Racine, dans la rue des Maçons. » On remarquera qu'Arnauld, dans un passage de sa lettre, dit à son correspondant, en parlant de Racine : « votre voisin. » On la trouve imprimée au tome VIII, p. 326 et 327 des *Lettres de M. Antoine Arnauld* (Nancy, 1727, in-12), avec ces mots en tête de la lettre : « À M. Vuillart. » Louis Racine l'a insérée dans ses *Mémoires* (voyez notre tome I, p. 317), avec quelques suppressions et sans dire à qui elle est adressée.

2. Les mots « scrupules du frère François » ont été, à l'exception du second, biffés dans l'autographe, mais se lisent assez distinctement sous les ratures. On a remplacé *frère François* par des points, et *du* par *de*, dans l'impression de 1727 des *Lettres d'Arnauld*, et dans la copie de Troyes. Germain Garnier (1807), et, après lui, Aimé-Martin ont mis : « les scrupules du P. Massillon, » ce qui n'est nullement dans la lettre originale, et n'avait d'ailleurs, sous la plume d'Arnauld, aucune vraisemblance. On a pensé à Massillon uniquement en souvenir de l'entretien qui avait eu lieu entre Boileau, Massillon et Montchesnay sur la comédie, et qui a été l'occasion de la lettre de Boileau à Montchesnay, en date de septembre 1707. Cet entretien fut bien

teur du présent qu'il m'en a fait. Je l'ai reçue tard, et l'ai lue aussitôt deux ou trois fois avec grande satisfaction; mais j'ai depuis été si occupé, que je n'ai pas cru me pouvoir détourner pour quoi que ce soit : à quoi ont succédé des empêchements d'écrire qui venoient d'autres causes. Si j'avois plus de loisir, je vous marquerois plus au long ce que j'ai trouvé dans cette pièce qui me la fait admirer. Le sujet y est traité avec un art merveilleux, les caractères bien soutenus, les vers nobles et naturels. Ce qu'on y fait dire aux gens de bien inspire du respect pour la religion et pour la vertu; ce que l'on fait dire aux méchants n'empêche point qu'on n'ait de l'horreur de leur malice : en quoi je trouve que beaucoup de poëtes sont blâmables, mettant tout leur esprit à faire parler leurs personnages d'une manière qui peut rendre leur cause si bonne, qu'on est plus porté ou à approuver ou à excuser les plus méchantes actions qu'à en avoir de la haine. Mais, comme il est bien difficile que deux enfants du même père soient si également parfaits qu'il n'ait pas plus d'inclination pour l'un que pour l'autre, je voudrois bien savoir laquelle de ses deux pièces votre voisin aime davantage. Mais pour moi, je vous dirai franchement que les charmes de la cadette n'ont pu m'empêcher de donner la préférence à l'aînée[3]. J'en ai beaucoup de raisons, dont la principale est que j'y trouve beaucoup plus de choses très-édifiantes et très-capables d'inspirer la piété. Je suis tout à vous[4].

postérieur à l'époque d'*Athalie*. Le frère François doit être François Guelphe (voyez ci-dessus, p. 41, note 5 de la lettre 98), qui avait apparemment quelques objections contre les pièces de théâtre, même quand elles étaient composées sur des sujets sacrés.

3. *Esther.*

4. La suscription de cette lettre, incomplétement effacée, nous a paru laisser lire sous les ratures : « Pour Monsieur Germain le Champenois. » Les mots *le Champenois* pourraient seuls être regardés comme douteux. On sait que *Germain* était le prénom de Willard. Sur le verso du second feuillet, on lit de la même main que la suscription (ce n'est pas, ce nous semble, de la main d'Arnauld) : « Il y a bien longtemps que nous n'avons eu de vos nouvelles, ni de la sœur (*nom difficile à lire :* Claude? *ou* Claire?). C'est contre votre ordinaire. Je vous ai fait dire que j'avois oublié ce que vous desirez de Mezeray. »

2. — DU P. QUESNEL A M. WILLARD[1].   1691

[1691?]

.... Nous relisons de temps en temps *Athalie*, et nous y trouvons toujours de nouvelles beautés. Les chants en sont beaux ; mais il y en a qui demandent les accords des parties et la symphonie. Il y a des endroits qui sont des dénonciations[2] en vers et en musique, et publiées au son de la flûte. Les plus belles maximes de l'Évangile y sont exprimées d'une manière fort touchante, et il y a des portraits où l'on n'a pas besoin de dire à qui ils ressemblent. Notre ami[3] croit que c'est la pièce la plus régulière, et qu'*Esther* et *Athalie* sont les deux plus belles qu'on ait jamais faites en ce genre.

3. — DU P. QUESNEL A M. WILLARD[1].   1695

[1694 ou 1695.]

.... Mais que les *Cantiques spirituels* m'ont bien dédommagé du chagrin des *Extraits*[2] ! Qu'ils sont beaux, qu'ils sont admirables,

---

LETTRE 2. — 1. Ce fragment de lettre, qui n'avait pas encore été imprimé, nous le croyons du moins, se trouve dans les manuscrits de la Bibliothèque de Troyes, liasse 2337. S'il n'est pas, comme la lettre précédente, de 1691, année où *Athalie* fut imprimée au mois de mars, il est vraisemblablement d'une des deux années suivantes, et doit avoir été écrit avant la lettre sur les *Cantiques spirituels*, que nous donnons immédiatement après.

2. Ce mot nous paraît employé ici dans le sens qu'il avait autrefois de « publications faites solennellement, » particulièrement de « publications des excommunications. » Voyez de semblables *dénonciations* dans *Athalie*, acte I, scène IV, vers 363-370, et acte II, scène IX, vers 810-844.

3. Antoine Arnauld.

LETTRE 3. — 1. Ce fragment de lettre est donné ici d'après la copie de la Bibliothèque de Troyes, liasse n° 2337. Il est moins complet dans les *Mémoires de Louis Racine* : voyez notre tome I, p. 311. Dans la note 3 de la page 310 du même tome, nous avons relevé l'erreur des éditeurs précédents qui ont attribué cette lettre et la suivante à Fénelon; mais nous aurions dû dire en outre que la lettre sur les *Cantiques spirituels* se trouvait, aussi bien que celle du 14 février 1697, à la Bibliothèque de Troyes. La copie de Troyes constate que les deux lettres sont adressées par le P. Quesnel à M. Willard. La lecture de la première, telle que nous la donnons ici en rétablissant des passages supprimés par Louis Racine, aurait suffi pour démontrer l'impossibilité de l'attribution à Fénelon. — Les *Cantiques spirituels* avaient été imprimés à Paris, à la fin de 1694. Voyez notre tome IV, p. 145-147.

2. Ces *Extraits* ne sont-ils pas ceux que Racine avait faits du livre de

tendres, naturels, pleins d'onction! Ils élèvent l'âme et la portent où l'auteur l'a voulu porter, jusqu'au ciel, jusqu'à Dieu. J'ai déjà mis sur l'exemplaire dont je vous suis obligé, le latin dans une des marges, et la traduction [dans³] l'autre, et je crois qu'il sera bon de les faire imprimer avec cet accompagnement dans un pays où Thierry⁴ n'a rien à voir ni à dire. Ceux qui n'ont pas assez d'habitude dans l'Écriture pour se pouvoir rendre présentes les paroles qui servent de fondement aux stances sans le secours du livre seront bien aises de les trouver en même temps sous leurs yeux. J'augure un grand bien de ces cantiques autorisés de l'approbation du monarque, et de son goût, qui fera le goût de bien des gens⁵. Je regarde l'auteur comme l'apôtre des Muses, et le prédicateur du Parnasse, dont il semble n'avoir appris le langage que pour prêcher en leur langue l'*Évangile* et leur annoncer le Dieu inconnu. Je prie Dieu qu'il bénisse sa mission, et qu'il daigne le remplir de plus en plus des vérités qu'il fait passer si agréablement dans les esprits des gens du monde. Que ce seroit une belle chose de voir la vie de J. C., en cantiques détachés, faire les délices et les divertissements de la cour! mais le diable l'empêchera : il est trop puissant en ce pays-là. On pourroit au moins, quand le Roi tient chapelle (*stilo roman. german. hispan.*⁶), substituer un cantique françois sur le

---

Huet, les *Questions d'Aulnay* (voyez notre tome V, p. 227-229, et les *Mémoires de Louis Racine*, à la page 304 de notre tome I)? Cela nous paraît très-vraisemblable. Racine, il est vrai, n'a jamais fait imprimer ces *Extraits*; mais il peut les avoir montrés à ses amis, à son voisin Willard, qui en avait apparemment parlé à ses correspondants Antoine Arnauld et Quesnel; et ceux-ci ne pouvaient manquer de désapprouver un travail de ce genre. S'il en est ainsi, Arnauld ne put être, comme Quesnel, dédommagé de son chagrin par la lecture des *Cantiques* : il était mort au mois d'août 1694.

3. Dans la copie, il y a *de*, et non *dans*. C'est une inadvertance ou du P. Quesnel lui-même, ou du copiste.

4. Les *Cantiques spirituels* avaient été imprimés chez Denys Thierry (voyez notre tome IV, p. 146, note 1). Le privilége de Thierry n'aurait pas permis à un autre imprimeur de les publier en France. — Les quatre *Cantiques* de Racine, comme nous l'avons déjà dit au tome IV, p. 147, ont été réimprimés à la Haye, chez Adrian Moetjens : les premier, second et troisième, au tome II, p. 635, 641 et 643, du *Recueil des pièces curieuses et nouvelles tant en prose qu'en vers;* et le quatrième, au tome III, p. 51, du même *Recueil*. Le tome II porte le millésime de 1694, le tome III celui de 1695. Nous ne saurions dire si cette réimpression des *Cantiques* est postérieure en date à la lettre du P. Quesnel. Quoi qu'il en soit, ce qu'il désirait n'y a pas été fait : on n'y a donné, ni à la marge, ni en notes, le texte latin imité par Racine.

5. Louis Racine a ainsi changé la phrase : « qui sera le goût de tout le monde. »

6. C'est-à-dire : « style romain, allemand, espagnol. » En effet, *tenir cha-*

mystère du jour au motet latin[7] qui se chante ordinairement dans la chapelle du Roi ; et si cela étoit une fois introduit là, on pourroit peut-être venir à bout d'introduire dans les paroisses des cantiques spirituels. Ce seroit une manière également agréable et utile d'instruire le peuple, qui lui feroit tomber des mains et de la langue les sottes chansons dont il fait d'ordinaire son divertissement.

---

4. — DU P. QUESNEL A M. WILLARD[1].

14 février 1697.

Je prends en vérité beaucoup de part à la douleur et à la joie de l'illustre ami ; car il y a, en cette occasion, obligation d'unir ce que saint Paul sépare, *flere cum flentibus, gaudere cum gaudentibus*[2]. La nature s'afflige, et la foi se réjouit dans le même cœur ; mais je m'assure que la foi l'emportera bientôt, et que sa joie, se répandant sur la nature, en noiera tous les sentiments humains. Il est impossible qu'une telle séparation n'ait fait d'abord une grande plaie dans un cœur paternel ; mais le remède est dans la plaie, et cette affliction est la source de consolations infinies pour l'avenir ; et dès à présent je ne doute point qu'il ne conçoive combien il a d'obligation à la bonté de Dieu d'avoir daigné choisir dans son petit troupeau une victime qui lui sera consacrée et immolée toute sa vie en un holocauste d'amour et d'adoration, et de l'avoir cachée dans le secret de sa face, pour y mettre à couvert de la cor-

---

pelle se disait non-seulement du Pape, mais aussi de l'empereur d'Autriche, du roi d'Espagne, lorsqu'ils assistaient en cérémonie à l'office divin. Voyez le *Dictionnaire de l'Académie* (à partir de la 2de édition, 1718), au mot CHAPELLE.

7. Ce passage ferait facilement reconnaître un ami de Port-Royal, où l'on était porté à faire dans les prières, et dans l'instruction chrétienne par la lecture des livres saints, une grande place à la langue française.

LETTRE 4. — 1. Le texte de ce fragment de lettre nous est donné, comme celui du fragment précédent, par une copie de la Bibliothèque de Troyes, liasse nº 2337 : voyez ci-dessus, p. 315, la note 1 de la lettre 3. Louis Racine 'avait déjà fait connaître dans ses *Mémoires* (voyez au tome I, p. 312 et 313), et cette fois sa transcription a été exacte. Cette partie de la lettre de Quesnel a été écrite à l'occasion de l'entrée aux Carmélites de la fille aînée de Racine, Marie-Catherine (29 décembre 1696). Voyez ci-dessus, p. 163 et 164, lettre 145, et p. 166, lettre 146.

2. *Épître aux Romains*, chapitre XII, verset 15. Quesnel intervertit l'ordre des deux membres de phrase.

ruption du siècle toutes les bonnes qualités qui ne lui ont été données que pour Dieu. Au bout du compte, il doit s'en prendre un peu à lui-même : la bonne éducation qu'il lui a donnée, et les sentiments de religion qu'il lui a inspirés, l'ont conduite à l'autel du sacrifice ; elle a cru ce qu'il lui a dit, que de ces deux hommes qui sont en nous,

> L'un tout esprit et tout céleste
> Veut qu'au ciel sans cesse attaché,
> Et des biens éternels touché,
> Je compte pour rien tout le reste³.

Elle l'a de bonne foi compté pour rien sur sa parole, et plus encore sur celle de Dieu, et s'est résolue d'être sans cesse attachée au ciel et aux biens éternels. Il n'y a donc qu'à louer et à bénir Dieu, et à profiter de cet exemple de détachement des choses du monde que Dieu nous met à tous devant les yeux dans cette généreuse retraite. Je vous prie d'assurer cet heureux père que j'ai offert sa victime à l'autel, et que je suis, avec beaucoup de respect, tout à lui.

---

5. — DE M. WILLARD A M. DE PRÉFONTAINE[1].

31 décembre 1698.

.... Mais voici une nouvelle particulière qui va vous faire un vrai plaisir. C'est le mariage de Mlle Racine avec le fils du bonhomme M. de Moramber[2]. Voici ce qui donna lieu à l'idée qui m'en vint. On me dit que M. Racine pensoit à marier sa fille. Moi qui savois qu'elle avoit passé six mois nouvellement auprès de sa grande-tante l'abbesse de Port-Royal[3], je doutai d'abord. Pour m'assurer du

---

3. *Cantique* III, stance 2 : voyez au tome IV, p. 156.
LETTRE 5. — 1. Ce fragment de lettre est un de ceux que nous empruntons à l'*Appendice* du tome VI de *Port-Royal*, par M. Sainte-Beuve ; il s'y trouve aux pages 251 et 252. Voyez ci-dessus, p. 292, la note 2 de la lettre 190.
2. Le beau-père de la fille aînée de Racine, Marie-Catherine, est nommé dans l'acte de mariage de celle-ci Mᵉ Claude Collin de Moramber, ancien avocat en la cour. On voit par la lettre que nous donnons ici qu'il était lié d'amitié avec Willard et avec de Préfontaine.
3. Il y avait neuf mois seulement que Marie-Catherine Racine avait quitté Port-Royal. Elle était revenue auprès de ses parents après les fêtes de Pâques (fin de mars 1698). Voyez ci-dessus, p. 223 et 224, la lettre 168, datée du 16 mars 1698.

fait, je dis à M. Racine ce que j'apprenois, et le priai de former lui-même le langage que je tiendrois aux personnes qui m'en parleroient comme me croyant son ami. Alors il m'ouvrit son cœur, et m'expliqua confidemment ses idées sur le mariage et la qualité de l'alliance qu'il cherchoit pour sa fille, ajoutant que s'il trouvoit de quoi remplir solidement ces idées, comme seroit un jeune avocat de bon esprit, bien élevé, formé de bonne main, qui eût eu déjà quelque succès dans des coups d'essai et premiers plaidoyers, avec un bien raisonnable et légitimement acquis, il le préféreroit sans hésiter à un plus grand établissement, quoi que lui fissent entrevoir et espérer des gens fort qualifiés et fort accrédités qui vouloient marier sa fille. Il m'invita bonnement à y penser. M. de Moramber le fils, qu'on nomme Riberpré, du nom d'un fief qu'a le père à Éclaron[4], me vint voir quelques jours après, à son retour de la campagne. Il y avoit passé deux mois, à un autre lieu près de Beaumont-sur-Oise, où ils ont aussi du bien, et me dit que, durant ces deux mois, il avoit étudié sept heures par jour avec son père. Outre que je lui savois tout ce que M. Racine desiroit, je le trouvai de plus si formé et plein de tant de raison, de bons sentiments et de bon goût, qu'après avoir pris langue du père et de la mère, qui m'applaudirent, je fis la proposition à M. Racine. Il l'agréa fort. On a fait ensuite toutes les démarches qu'il convient pour parvenir à ces bons comptes qui font les bons amis. Tout a cadré à souhait. On est très-content de part et d'autre et des personnes et des biens. M. Racine ne donne que vingt mille écus, mais en très-bon bien[5]. M. de Moramber ne veut pas qu'on le sache, en donnant plus de quinze mille à son fils, qui a de grandes espérances encore, de père, mère, et de sa sœur aînée[6], qui ne se veut point marier.... La demoiselle a dix-huit à dix-neuf ans[7], et le cavalier vingt-cinq à vingt-six. Chacun les trouve assortis à souhait. M. Racine me nomme le Raphaël de cette alliance, et dit le

---

4. Bourg en Champagne, diocèse et intendance de Châlons, aujourd'hui dans la Haute-Marne, arrondissement de Vassy, canton de Saint-Dizier.

5. Par son contrat de mariage, passé le 5 janvier 1699 devant Mᵉ Caillet, notaire à Paris, Marie-Catherine Racine fut dotée de trente mille livres tant en deniers comptants qu'en fonds de rentes. C'est ce que nous avons trouvé constaté dans le partage de la succession de Catherine de Romanet, veuve de Jean Racine, fait à Paris le 20 décembre 1732, par-devant Mᵉ Sellier, notaire à Paris.

6. Dorothée-Marguerite Collin de Moramber, qui dans l'acte de mariage de Marie-Catherine Racine est nommée parmi les témoins. Voyez au tome I, p. 184.

7. Elle était dans sa dix-neuvième année, étant née le 17 mai 1680.

dernier jour au pasteur et bon ami de Saint-Séverin ⁸ qu'il n'oublieroit jamais l'obligation qu'il a à l'entremetteur. Comme je suis témoin et charmé de la bonne éducation qu'ils ont eue tous deux, je n'ai qu'à souhaiter que le Raphaël valût prix pour prix la jeune Sara ⁹ et le jeune Tobie. Ils seront mariés le 7 de janvier. Les articles furent signés le 23 de ce mois. On publie les bans à trois fois, selon l'ordre et selon l'inclination de si bons paroissiens de part et d'autre. L'alliance est tout à fait belle du côté de Mme de Moramber ¹⁰. Sa mère étoit cousine germaine du président de Perigny ¹¹, père de Mmes Daguesseau et de la Houssaye ¹², et alliée des Montholon, Seguier, le Picard, le Coigneux, Angran ¹³, etc. Il n'y aura que neuf ou dix conviés de part et d'autre, et M. Despréaux avec le Raphaël, les deux amis des époux et des deux familles. Cet article est un peu long; mais vous estimez M. Racine, et vous aimez M. de Moramber, et vous daignez avoir mille bontés pour moi. Je recommande cette alliance à vos prières, Monsieur.

8. Jean Lizot.

9. Sara, fille de Raguel, épouse du jeune Tobie. Voyez le livre de *Tobie*, chapitre VII.

10. Elle s'appelait Catherine Durand. Voyez au tome I, p. 183 et 184, l'acte de mariage de Marie-Catherine Racine.

11. Perigny, président aux enquêtes du parlement de Paris en 1660, lecteur du Roi en 1663, précepteur du Dauphin en 1666. Il mourut en 1670. Il avait pris une grande part à la rédaction du *Journal* et des *Mémoires de Louis XIV*. Voyez l'édition de ces *Mémoires* donnée par M. Charles Dreyss, tome I, p. XXXIX-LXIII.

12. Mme Daguesseau était Claire-Eugénie le Picart de Perigny, femme de Henri Daguesseau, conseiller d'État et du conseil royal des finances, mort en 1716. Le chancelier Henri-François Daguesseau était leur fils. — Mme de la Houssaye était Catherine le Picart de Perigny, femme de Nicolas le Pelletier, seigneur de la Houssaye, maître des requêtes ordinaire de l'hôtel du Roi, mort au mois de décembre 1674. Le Pelletier de la Houssaye, contrôleur général en 1720, était leur fils. Voyez l'*Histoire généalogique* du P. Anselme, tome VII, p. 256, et tome IX, p. 318. De ces deux filles du président de Perigny, Mme Daguesseau, qui mourut le 2 septembre 1713, était la cadette. Voyez au tome XIII, p. 10 et 87, des *OEuvres de M. le chancelier Daguesseau* (13 volumes in-4°, Paris, M.DCC.LXXXIX).

13. Tous ces noms sont célèbres dans notre ancienne magistrature.

6. — DE M. WILLARD A M. DE PRÉFONTAINE[1].

10 janvier 1699.

....Le mariage fut célébré le 7[2]. Monsieur de Saint-Séverin en fit la cérémonie à Saint-Sulpice avec l'agrément du curé; car c'est depuis quelques années la paroisse de M. Racine, auparavant de celle de Saint-Séverin, sur laquelle est M. de Moramber. M. Racine donna le dîner des noces. Monsieur le Prince lui avoit envoyé pour cela, deux ou trois jours auparavant, un mulet chargé de gibier et de venaison. Il y avoit un jeune sanglier tout entier. Le soir il n'y eut point de souper chez le père de l'époux, avec lequel on étoit convenu qu'il donneroit plutôt un dîner le lendemain, afin qu'il n'y eût point deux grands repas en un jour. Tout finit donc le soir des noces par une courte et pathétique exhortation de Monsieur de Saint-Séverin sur la bénédiction du lit nuptial qu'il fit. M. et Mme Racine se retirèrent à huit [heures] et demie. Les jeunes gens firent la lecture de piété ordinaire à la prière du soir avec la famille. Le père, comme pasteur domestique, répéta la substance de l'instruction de Monsieur le curé; et tout étoit en repos comme de coutume avant onze heures. Il n'y eut point d'autres garçons de la noce, ou plutôt amis des époux, que M. Despréaux et moi. Ainsi l'on y vit l'effet des prières de la bonne Mère abbesse de Port-Royal, grande-tante de l'épouse, et de l'excellent ami que vous allez reconnoître, Monsieur, à son style ordinaire, auquel vous êtes fait[3]. Comme il est ami de M. Racine, qu'il avoit su mon voisin à la rue des Maçons, il lui en donne toujours le nom[4]. J'avois recommandé cette alliance à ses prières. Voici donc sa réponse : « Je félicite l'illustre *voisin* de l'heureuse alliance dont vous êtes l'entremetteur ou plutôt le médiateur, médiateur entre Dieu et vos amis; car un bon mariage ne peut venir que de Dieu : *Domus et divitiæ dantur a parentibus, a Domino autem* PROPRIE *uxor prudens*[5]. Le Seigneur vous a donc choisi pour ménager, de sa part et en son nom, un mariage qui, selon votre rapport, a tant de marques de la destination et du choix de Dieu. Je m'acquitterai du devoir de l'offrir à Dieu, et en

---

LETTRE 6. — 1. Ce fragment de lettre est tiré de l'*Appendice* du tome VI de *Port-Royal*, p. 253 et 254.

2. Voyez l'acte de mariage de Marie-Catherine Racine, au tome I, p. 183 et 184.

3. Il s'agit du P. Quesnel, alors retiré à Bruxelles. (*Note de M. Sainte-Beuve.*)

4. A l'exemple d'Arnauld. Voyez ci-dessus, p. 314.

5. « Le père et la mère donnent la maison et les richesses; mais c'est *proprement* le Seigneur qui donne à l'homme une femme sage. » (*Proverbes*, chapitre XIX, verset 14.)

même temps tous ceux qui y ont part, afin qu'il daigne se trouver à ces noces chrétiennes, et y apporter de ce bon vin que lui seul peut donner, qui met la vraie joie dans le cœur, et qui donne aux vierges une sainte fécondité en plus d'une manière : *vinum germinans virgines* [6], comme parle un prophète. »

Vous éprouvez, sans doute, Monsieur, qu'il n'est besoin de vous nommer l'auteur, ni de vous le désigner plus clairement.

---

7. — DE M. WILLARD A M. DE PRÉFONTAINE.

[Janvier 1699 [1].]

.... Il eût été à desirer, Monsieur, que l'on eût fait cadrer en tout la comparaison de Tobie le jeune et de la jeune Sara avec nos jeunes et nouveaux conjoints. Mais comme le *his tribus noctibus Deo jungimur* [2] dépend de la seule inspiration de l'esprit du Seigneur, et d'une grâce aussi rare que précieuse, même pour un temps, et que l'exhortation à une pratique si respectable convenoit au pasteur conjoignant, et n'étoit nullement du ressort ni de l'entremise du médiateur de l'alliance, ç'a été lettres closes pour lui. Mais la réflexion que vous faites, Monsieur, sur cette belle circonstance de l'histoire de ces anciens *enfants des saints* [3], convient tout à fait à la haute idée qu'une religion aussi éclairée que la vôtre donne de l'image de Dieu, qui est dans l'homme, et de l'alliance que Jésus-Christ a élevée à la dignité de sacrement.... Après de telles réflexions que vous faites, Monsieur, et que vous me mettez en voie de faire aussi, voyez si je n'ai pas grand sujet de desirer que vos lettres me viennent en leur entier, et que Dieu continue

---

6. *Zacharie*, chapitre IX, verset 17. — La Bible de Saci traduit ces mots par « le vin qui germe les vierges. »

LETTRE 7. — 1. M. Sainte-Beuve n'a pas donné la date de ce fragment de lettre, qu'il a publié dans l'*Appendice* de son tome VI, p. 254 et 255. Il est probable qu'il a été écrit peu de jours après le précédent. Willard y répond à M. de Préfontaine, qui, après avoir reçu la lettre du 10 janvier, avait, à ce qu'il paraît, exprimé quelque regret d'une omission de Willard : « C'est, dit M. Sainte-Beuve, que celui qui avait fait le personnage d'ange Raphaël dans ce mariage de Tobie et de Sara n'eût point ajouté aussi le conseil que l'ange avait autrefois donné au jeune homme, de s'abstenir durant les trois premières nuits, de les passer à deux, à genoux, mains jointes, en continence et en prière. »

2. « Durant ces trois nuits c'est à Dieu que nous nous unissons. » (*Tobie*, chapitre VIII, verset 4.)

3. *Filii quippe sanctorum sumus.* (*Tobie*, chapitre VIII, verset 5.)

de me faire par vous, jusqu'à la fin de votre vie ou de la mienne, le bien qu'il a daigné me faire durant près de trente ans par feu Monsieur votre frère [4], mon très-honoré père en Jésus-Christ et mon très-libéral bienfaiteur.

8. — DE L'ABBÉ DE VAUBRUN AU CARDINAL DE BOUILLON [1].

[Mars 1699.]

Je me suis privé du plaisir de vous écrire les deux derniers ordinaires, Monseigneur, pour vous épargner la peine de lire des lettres qui ne vous auroient rien appris. Je n'en userois pas ainsi si j'osois me flatter que vous eussiez autant de goût à recevoir les marques de mon attachement que j'en ai à vous les donner. Je suis persuadé que vous serez tout à fait fâché d'apprendre l'extrémité de la maladie du pauvre Racine : il a une grosse fièvre continue

4. L'abbé de Haute-Fontaine, M. le Roi, dont Willard avait été le secrétaire, comme nous l'avons dit ci-dessus, p. 21, à la note 2 de la lettre 89.
Lettre 8. — 1. L'autographe de cette lettre, que nous ne donnons qu'en partie, parce qu'elle n'est pas tout entière intéressante pour nous, appartient à M. L. Veydt, ancien député d'Anvers et ancien ministre des finances du royaume de Belgique, qui a bien voulu nous en communiquer une copie. M. Sainte-Beuve en avait déjà cité les lignes où le correspondant du Cardinal parle de la maladie de Racine. Voyez l'*Appendice* du tome VI de *Port-Royal*, p. 256, note 1. — La lettre originale est sans suscription ; mais il n'est pas douteux qu'elle n'ait été adressée au cardinal de Bouillon, dont l'abbé de Vaubrun était le correspondant ordinaire, pendant que le prélat était à Rome, et, dit Saint-Simon, « son espion, son agent. » (Voyez les *Mémoires de Saint-Simon*, tome II, p. 413, et tome IX, p. 25 et 26.) Ce qui ne peut laisser aucune incertitude, c'est que, dans un des passages de la lettre supprimés ici, l'abbé de Vaubrun parle longuement du parti que prend Mlle d'Auvergne (c'était, croyons-nous, une des sœurs du Cardinal) de se faire carmélite. On remarquera surtout la dernière phrase de notre fragment. C'était du cardinal de Bouillon qu'on attendait la nouvelle de la décision sur le livre des *Maximes des saints :* on sait la part qu'il prit à cette affaire. Nous trouvons dans cette même phrase une indication de la date approximative de la lettre. La condamnation de l'archevêque de Cambrai fut signée le jeudi 12 mars 1699, et la nouvelle, d'après le *Journal de Dangeau*, en parvint à Versailles le dimanche 22 mars. La lettre de l'abbé de Vaubrun est donc certainement antérieure à cette dernière date. Elle doit avoir été écrite dans les environs du 12 mars, époque où Racine fut aux *portes de la mort*, comme Willard l'écrivait le jeudi suivant (19 mars). Voyez le fragment de lettre que nous donnons immédiatement après celui-ci, et le passage de Dangeau cité dans une note de ce fragment.

avec des redoublements, causée vraisemblablement par un abcès dans le foie. Il est sans espérance et quasi sans connoissance. Vous jugez aisément à quel point M. de Cavoye en est touché; car vous connoissez mieux qu'un autre son cœur pour ses amis. Le Roi et Mme de Maintenon ont paru prendre un fort grand intérêt à sa maladie.... On attend ici avec beaucoup d'impatience la décision de l'affaire de Monsieur de Cambray.

---

9. — DE M. WILLARD A M. DE PRÉFONTAINE [1].

19 mars 1699.

.... M. Racine a été malade à mourir [2]. Il revient des portes de la mort. C'étoit une rechute. Son mal étoit si pressant, que lui et sa famille me souhaitant auprès de lui par amitié, je fus privé jeudi passé de la consolation de vous écrire. A jeudi prochain le reste.

---

10. — DE M. WILLARD A M. DE PRÉFONTAINE [1].

24 mars 1699.

.... Il (*l'abbé Renaudot* [2]) me laissa chez le malade parce que je voulus voir lever le premier appareil d'une incision qu'on lui avoit faite la veille au côté droit, un peu au-dessous de la mamelle. C'est une incision cruciale. Il en sortit une demi-poilette [3] de pus bien cuit. Il n'en est point sorti depuis; mais il lui faut quelques jours pour se former. On ne sait s'il n'y a point d'abcès au poumon ou

---

LETTRE 9. — 1. Ce fragment est tiré de l'*Appendice* du tome VI de *Port-Royal*, p. 255.

2. L'état effrayant où Racine fut alors, et qui fit bientôt place à une amélioration de peu de durée, est attesté aussi par le *Journal de Dangeau*, à la date du dimanche 15 mars 1699 : « Racine est à l'extrémité; on n'en espère plus rien; il est fort regretté par les courtisans, et le Roi même paroît affligé de l'état où il est, et s'en informe avec beaucoup de bonté. »

LETTRE 10. — 1. Ce fragment est aux pages 255 et 256 de l'*Appendice* du tome VI de *Port-Royal*.

2. Voyez ci-dessus, p. 67, la note 3 de la lettre 107.

3. *Poilette*, pour *palette* (cette dernière forme, seule usitée aujourd'hui, s'est introduite par corruption), a été aussi employé dans le même sens par Mme de Sévigné, lettre 994, tome VII, p. 506. Voyez le *Lexique de Mme de Sévigné*, au mot POILETTE.

au foie. La patience et la douceur du malade, naturellement prompt et impatient, est un vrai ouvrage de la miséricorde du Seigneur. Il est en danger, mais si bien disposé qu'il témoigne plus craindre le retour de la santé que la fin de sa vie. « Je n'ai jamais eu la force de faire pénitence, disoit-il confidemment le dernier jour à une personne. Quel avantage pour moi que Dieu m'ait fait la miséricorde de me donner celle-ci! » Il est tout plein de semblables sentiments. Il lui en échappe quelques-uns quand il sent près de lui quelqu'un de confiance. Je le recommande, Monsieur, très-instamment à vos prières. Tout Paris prend grande part à son danger, comme toute la cour; et tout le monde souhaite passionnément sa conservation. Il est dans une réputation de candeur, de droiture, de probité, qui le rend plus précieux à ses amis et aux honnêtes gens que son bel esprit. Son gendre et sa sœur, Mlle de Moramber, sont sans cesse à le servir avec son fils et son épouse, et tous se surpassent chacun en sa manière.

Ce 25 mars, vers le soir[4].

Je sors de chez le pauvre M. Racine. On le trouve toujours en danger[5], quoique les accidents diminuent : je crains beaucoup la fin. Elle peut n'être pas si proche ; mais, selon les apparences, elle sera triste pour nous. Il est entre les mains de celui *qui deducit ad inferos et reducit*[6], *qui eripit de portis mortis*[7], *qui dixit populo suo :* « *Ego sum Dominus, sanator tuus*[8], » et de qui saint Augustin dit : *Omnipotenti medico nihil est insanabile*[9]. Il est le Seigneur tout-puissant et le médecin tout-puissant aussi. Rien donc n'est hors de son pouvoir. Nulle maladie n'est incurable pour lui. Il n'y a qu'à l'adorer et à le laisser faire.

4. C'est dans la même lettre que Willard continue ainsi à cette date.
5. Boileau écrivait aussi à Brossette le même jour : « La maladie de M. Racine, *qui est encore en fort grand danger*, a été cause, Monsieur, que j'ai tardé quelques jours à vous faire réponse. »
6. « Qui fait descendre au tombeau et qui en ramène. » (Livre I des *Rois*, chapitre II, verset 6.)
7. « Qui arrache des portes de la mort. » La citation n'est pas textuelle, si elle est empruntée, comme nous le croyons, au *Psaume* IX, verset 15 : *Qui exaltas me de portis mortis.*
8. « Qui a dit à son peuple : « Je suis le Seigneur, qui te guéris. » (*Exode*, chapitre XV, verset 26.)
9. « Pour le médecin tout-puissant rien n'est incurable. » (*Enarratio in psalmum* CII.) Voyez au tome IV, 2ᵈᵉ partie, col. 1114 F, des *OEuvres de saint Augustin* (édition des Bénédictins, Paris, M.DC.LXXXI).

11. — DE M. WILLARD A M. DE PRÉFONTAINE[1].

Ce mercredi, 8 avril 1699.

M. Racine a toujours de la fièvre ; elle est petite à la vérité, mais il y a plus d'un mois qu'elle dure. On ne peut découvrir quelle est la source d'un abcès qu'il a dans le corps, si elle est au concave ou au convexe du foie, ou dans sa région. Il se vide bien, et ce qui en sort est bien conditionné. On craint que le cours des humeurs ne se prenne par là. Si la nature s'y accoutumoit, on seroit réduit à la canule, peut-être pour toujours. Vif naturellement tout ce qu'il se peut, il est devenu patient et tranquille au delà de ce qui se peut dire.

Comme j'en suis à cet endroit, on m'apprend qu'il est de mieux en mieux ; car je viens d'envoyer chez M. de Riberpré, son gendre, mon voisin.

---

12. — DE LA MÈRE AGNÈS DE SAINTE-THÈCLE RACINE A MADAME RACINE[1].

[Avril 1699.]

Gloire à Dieu, etc.

JE vous suis très-obligée, ma chère nièce, d'avoir pris la peine de nous mander vous-même des nouvelles de notre cher malade. Dans la douleur et les fatigues où vous êtes d'une si longue maladie, je crains beaucoup que vous ne tombiez malade aussi. Au nom de Dieu, conservez-vous pour vos enfants ; car je vois bien, par l'état où vous me mandez qu'est mon neveu, qu'ils n'ont plus de père sur la terre. Il faut adorer les décrets de Dieu, et nous y soumettre. Que les pensées de la foi nous soutiennent. Dieu nous soutient lorsque nous espérons en lui. On ne peut être plus touchée que je le suis de votre perte et de la mienne. Prions Dieu l'une pour l'autre.

LETTRE 11. — 1. Elle est aux pages 257 et 258 de l'*Appendice* du tome VI de *Port-Royal*.

LETTRE 12. — 1. Nous l'empruntons au *Recueil* de Louis Racine, p. 390. Elle y est sans date ; mais nous la supposons plus rapprochée du jour de la mort de Racine (21 avril) que la précédente, dans laquelle Willard annonçait que le malade était *de mieux en mieux*.

LETTRES.

13. — DE M. WILLARD A M. DE PRÉFONTAINE[1].

Ce mardi 21 avril [1699].

C'est du cabinet de M. Racine que j'ai l'honneur d'accuser la réception de votre lettre du 14 avril, et que j'ai, Monsieur, la douleur de vous écrire qu'au bout de quarante-cinq jours d'une patience très-exemplaire, Dieu nous l'a ôté ce matin entre 3 et 4. Nous l'allons porter à Saint-Sulpice. Il y sera en dépôt cette nuit. Demain il sera transporté à Port-Royal des Champs, où il a prié la maison de lui accorder la sépulture aux pieds de M. Hamon, dans le cimetière, quoiqu'il se soit rendu indigne, dit-il dans un acte olographe fait exprès pour cet article, qu'on lui accordât cette grâce, après sa vie scandaleuse et le peu de profit qu'il avoit fait de l'excellente éducation qu'il avoit reçue dans la maison de Port-Royal. Le Roi a eu la bonté de donner son agrément sur ce point. Je laisserai ce mot pour vous être envoyé jeudi; car je ne serai revenu que le soir de Port-Royal, où la famille a souhaité que j'accompagnasse le fils aîné de mon cher ami. Il ne faut pas omettre qu'il laisse huit cents livres à Port-Royal. A mon retour, j'aurai l'honneur de vous entretenir plus amplement. Divers petits offices à rendre à la famille affligée, comme lettres à écrire, soins à prendre, etc., m'obligent d'être court.

14. — DE M. WILLARD A M. DE PRÉFONTAINE[1].

Ce dimanche de Quasimodo, 26 avril [1699].

Enfin, voilà mon cher ami M. Racine au lieu du repos qu'il a choisi. Je crois avoir eu l'honneur de vous mander qu'il n'avoit point fait d'autre testament que pour demander sa sépulture dans le cimetière[2] de Port-Royal des Champs, au pied de la fosse de M. Hamon. Ce sont ses termes. A quoi il ajoute qu'il supplie très-humblement la Mère abbesse et les religieuses de vouloir bien lui accorder cet honneur, quoiqu'il s'en reconnoisse, dit-il, très-indigne et par les scandales de sa vie passée et par le peu d'usage

---

Lettre 13. — 1. Elle est tirée de l'*Appendice* du tome VI de *Port-Royal*, p. 258.

Lettre 14. — 1. Elle est tirée de l'*Appendice* du tome VI de *Port-Royal*, p. 258 et 259.

2. Après *cimetière*, M. Sainte-Beuve a ajouté, entre parenthèses : *des domestiques*.

qu'il a fait de l'excellente éducation qu'il a reçue autrefois dans cette maison, et des grands exemples de piété et de pénitence qu'il y a vus, et dont il avoue n'avoir été qu'*un stérile admirateur;* mais que plus il a offensé Dieu, plus il a besoin des prières d'une si sainte communauté, qu'il supplie aussi de vouloir bien accepter une somme de huit cents livres qu'il a ordonné qu'on lui donnât après sa mort. Elle est ici, Monsieur, d'une très-bonne odeur comme les vingt dernières années de sa vie; car c'est depuis tout ce temps-là qu'il avoit renoncé si absolument à ce qu'il avoit fait pour le théâtre dans sa jeunesse, que nulle puissance de la terre n'avoit été capable de l'y faire retourner, quelque pressantes sollicitations qu'on lui en ait faites. On les avoit même renouvelées à l'occasion de son *Esther* et de son *Athalie,* afin qu'il en traitât du moins avec les comédiens, qui lui en offroient une somme très-considérable; et il étoit demeuré ferme; et le Roi avoit toujours eu la bonté de ne point vouloir qu'ils les représentassent sans l'agrément de l'auteur, qu'il a toujours très-constamment refusé.

La *Gazette* parle de lui en termes magnifiques. Je les transcrirois ici[3] comme dignes d'être retenus et comme si bien mérités par cet homme vraiment illustre, sans que vous la voyez ordinairement. M. Renaudot y a bien mis au vrai le caractère de son ami. Il s'est mépris seulement à la qualité de gentilhomme ordinaire; car le défunt ne l'étoit pas *de la maison,* charge d'environ quinze mille livres, mais *de la chambre,* ce qui vaut cinquante mille livres. Le fils, qui court sa vingt-unième année, en avoit la survivance et y étoit reçu. Il est à la cour pour obtenir une pension du Roi pour lui et pour aider à élever les enfants qui sont encore en bas âge, et à mieux pourvoir ceux qui en sont en état. On ne sauroit, au reste, voir un homme plus universellement regretté que ne l'est M. Racine. Les grands, qui étoient tous les jours chez lui durant sa maladie, montroient bien par leurs soins combien ils le chérissoient et combien

---

3. Ils sont dans le numéro de la *Gazette* du 25 avril 1699, p. 204. Les voici : « Le sieur Jean Racine, secrétaire du Roi, gentilhomme ordinaire de la maison de Sa Majesté, un des quarante de l'Académie françoise, mourut en cette ville (*Paris*) le 21 de ce mois, âgé de cinquante-neuf ans, autant recommandable par sa piété que par son esprit, son savoir et son génie merveilleux, qui feront passer ses ouvrages et son nom à la postérité, comme d'un des plus rares hommes de ce siècle. » Nous pouvons de ce témoignage rapprocher celui de Dangeau, qui n'eût pas, comme celui de l'abbé Renaudot, satisfait de tout point les amis de Racine, mais qui, dans sa forme, est assez curieux. Il se trouve par erreur sous la date du 20 avril : « Le pauvre Racine mourut à Paris. C'étoit un homme de mérite et illustre par ses ouvrages. Il travailloit à l'histoire du Roi; il étoit de l'Académie françoise. Je n'ai jamais connu d'homme qui eût tant d'esprit que celui-là. »

ils craignoient sa mort; et la comtesse de Gramont, qui y étoit presque tous les jours, me dit le soir de la grande fête, les larmes aux yeux : « Hélas! quelle perte pour nous, gens de cour, que celle d'un tel ami! car tout ce que nous y étions de gens qui pensions un peu sérieusement à notre salut, l'avions pour conseil comme pour exemple. Il nous encourageoit, nous éclairoit, nous fortifioit. »

.... Je vous rapporte [4], Monsieur, mot pour mot, les termes du petit testament de mort [5], sans y ajouter ni diminuer le moins du monde. Ils ont fait une telle impression sur ma mémoire que je crois qu'ils n'en sortiront jamais.

---

15. — DE M. WILLARD A M. DE PRÉFONTAINE [1].

Ce mercredi soir, le 6 mai [1699].

.... Et disons, pour finir cet ordinaire (car j'ai affaire à sortir demain dès le matin), que M. Racine le fils a été très-bien reçu du Roi, mais que M. Despréaux l'a été encore beaucoup mieux ; car il m'a raconté (ceci est pure anecdote) que le Roi avoit eu la bonté de lui dire : « Nous avons bien perdu tous deux en perdant le pauvre Racine. — C'étoit un vrai honnête homme, répliqua M. Despréaux. Il l'a marqué plus que jamais durant sa dernière maladie, et il a affronté la mort avec une audace toute chrétienne, quoiqu'il eût été toujours fort timide sur ce qui regardoit la santé, et qu'une égratignure lui fît peur. — Oui, reprit le Roi, et je me souviens que pendant une des campagnes où vous étiez ensemble, c'étoit vous qui étiez le brave [2]. » Il y avoit plusieurs années que M. Despréaux n'avoit paru à la cour à cause de sa surdité, et c'étoit M. Racine qui le déchargeoit, et se chargeoit de tout pour lui. « Ce n'est plus cela, ajouta le Roi : il faut que vous soyez seul chargé

4. Ceci est un *post-scriptum* dans lequel Willard a eu vue ce qu'il a cité plus haut du testament écrit par Racine mourant.

5. Le *Dictionnaire de l'Académie française*, à partir de la cinquième édition (1798), explique la locution *Testament de mort* dans le sens où Willard la prend ici : « Ecrit qui atteste les derniers sentiments d'une personne. » Dans les éditions antérieures, le seul sens donné à ces mots est : *déposition* (ou *déclaration libre et volontaire*) *d'un criminel après sa condamnation à mort*.

Lettre 15. — 1. Ce fragment de lettre est tiré de l'*Appendice* du tome VI de *Port-Royal*, p. 260 et 261.

2. On peut comparer le récit du *Bolæana*, p. 20 et 21, et celui de Jean-Baptiste Racine dans sa lettre à son frère, en date du 6 novembre [1742], que l'on trouvera ci-après, p. 337. Voyez au tome I, la *Notice biographique*, p. 160.

de tout désormais. Je ne veux que votre style. » M. Despréaux demanda du secours pour tirer les mémoires qu'il lui faudroit de chez les secrétaires d'État et d'ailleurs, et nomma M. de Valincour au Roi, qui le lui accorda[3] : sur quoi un homme d'esprit a dit que ce M. de Valincour seroit le résident de M. Despréaux auprès de Sa Majesté très-chrétienne. L'entretien dura plus d'une heure, et finit par la déclaration que fit le Roi à son historien qu'il vouloit avoir assez souvent avec lui des conversations de deux heures dans son cabinet. M. Despréaux a tous les papiers.

16. — DE BOILEAU A BROSSETTE[1].

Paris, 9 mai 1699.

Vous vous figurez bien, Monsieur, que dans l'affliction et dans l'accablement d'affaires où je suis, je n'ai guère le temps d'écrire de longues lettres. J'espère donc que vous me pardonnerez si je ne vous écris qu'un mot, et seulement pour vous instruire de ce que vous me demandez. Je ne suis point encore à Auteuil, parce que mes affaires et ma santé même, qui est fort altérée, ne me permettent pas d'y aller respirer l'air, qui est encore très-froid, malgré la saison avancée, et dont ma poitrine ne s'accommode pas. J'ai pourtant été à Versailles, où j'ai vu Mme de Maintenon, et le Roi ensuite, qui m'a comblé de bonnes paroles : ainsi me voilà plus historiographe que jamais. Sa Majesté m'a parlé de M. Racine d'une manière à donner envie aux courtisans de mourir, s'ils croyoient qu'Elle parlât d'eux de la sorte après leur mort. Cependant cela m'a très-peu consolé de la perte de cet illustre ami, qui n'en est pas moins mort, quoique regretté du plus grand roi de l'univers....

3. On lit dans le *Journal de Dangeau* : « *Vendredi* 1er *mai* [1699], à *Marly*. — M. de Valincourt, qui est attaché à M. le comte de Toulouse, a été choisi pour aider à M. Despréaux, qui, par la mort de Racine, se trouvoit seul chargé de l'histoire du Roi. Despréaux l'écrira seul; mais M. de Valincourt l'aidera; et c'est Despréaux qui a prié le Roi de le lui donner pour l'aider. »

LETTRE 16. — 1. Cette lettre se trouve au tome IV, p. 311 et 312, des *OEuvres de Boileau* (édition de Berriat-Saint-Prix). Nous n'en donnons que le commencement, qui se rapporte à la mort de Racine, et est bon à comparer avec la lettre précédente, de Willard. — C'est la réponse à une lettre que Brossette avait écrite à Boileau, de Lyon, le 1er mai.

17. — DE M. WILLARD A M. DE PRÉFONTAINE[1].   1699

Ce jeudi, 14 mai [1699].

J'AI de petits paralipomènes à vous faire, Monsieur, sur le sujet de M. Racine. Je les tire d'une lettre que m'a écrite une personne qui se trouva au petit discours que fit l'ecclésiastique de Saint-Sulpice qui avoit accompagné le corps, et qui le présenta, et à la réponse que fit le confesseur de la maison, nommé M. Eustace[2]. Le discours ne fut guère qu'un lieu commun un peu approprié au sujet ; mais la réponse y fut toute propre, et mérite d'être retenue. M. Eustace dit donc au sulpicien qu'il avoit ouï avec édification ce qu'il venoit de dire de l'illustre défunt avec justice ; que c'étoit avec quelque justice aussi qu'il avoit souhaité d'être enterré dans la maison où il avoit reçu les premières semences de la religion et de la vérité, qu'il avoit aimées. Il y ajouta quelques mots sur la tempête qui s'étoit élevée contre la maison, et qui avoit obligé des personnes qui s'y étoient retirées à s'en séparer ; que pour le défunt, les ronces et les épines avoient étouffé pendant un temps ces précieuses semences que son cœur y avoit reçues ; mais que comme on avoit lieu d'avoir une humble créance qu'il étoit une de ces heureuses plantes que le Père céleste a plantées lui-même pour ne souffrir jamais qu'elles fussent entièrement déracinées, elle avoit repris vigueur et avoit porté son fruit en son temps. Il fit valoir sa piété, sa patience dans sa longue maladie, son amitié pour la maison, la reconnoissance de la maison pour lui. Il lui avoit, en effet, rendu des services très-essentiels.

Je n'étois arrivé là qu'environ une heure après le corps, avec le fils, qui avoit eu à s'arrêter à Versailles.

.... Depuis quelques jours le Roi a accordé au fils une pension de mille livres, et autant à la veuve, pour elle et ses enfants encore en bas âge[3]. Il y en a sept en tout. L'aîné avait la survivance de

LETTRE 17. — 1. Cette lettre est tirée de l'*Appendice* du tome VI de *Port-Royal*, p. 261 et 262.

2. C'était également M. Eustace qui avait répondu au discours de M. Ruth d'Ans, lorsqu'on apporta à Port-Royal des Champs le cœur d'Antoine Arnauld.
— M. Eustace, ancien curé de Fresnes dans le diocèse de Rouen, fut pendant vingt-deux ans confesseur des religieuses de Port-Royal, de 1683 à la fin de 1705. Il mourut à l'abbaye d'Orval le 15 mai 1716.

3. Dans le *Journal de Dangeau* on lit à la date du jeudi 7 mai 1699 : « Le Roi donna le matin une pension de deux mille francs pour la veuve et les enfants de Racine ; le fils aîné a mille francs, et la veuve mille francs pour aider à élever les cadets ; et la pension est donnée par accroissement à celui qui survivra à l'autre. »

gentilhomme ordinaire. Il est dans sa vingt-unième année. Mme de Riberpré (*Moramber*) en a dix-huit à dix-neuf. L'Ursuline de Melun⁴, qui est la troisième, en a dix-huit. Il y a une postulante de dix-sept ans à Variville⁵, où sa mère a une sœur prieure. C'est un couvent de l'ordre de Fontevrault, près Clermont en Beauvaisis. Il y en a une⁶ à Port-Royal, parmi les voiles blancs, pour se préparer à sa première communion, et une d'onze ans⁷ près de la mère, avec le cadet de la famille⁸, qui approche de sept ans. Pardonnez tout ce détail, Monsieur, à un ami qui s'étend volontiers sur tout ce qui regarde un tel ami, dont ces restes vivants lui sont précieux.

18. — DE LA MÈRE AGNÈS DE SAINTE-THÈCLE RACINE A MADAME RACINE[1].

Ce 17. mai 1699.

Gloire à Dieu, etc.

Je suis bien aise, ma très-chère nièce, du don que le Roi vous a fait. Il n'importe guère que ce soit à vous ou à vos enfants : une bonne et sage mère comme vous aura toujours bien soin d'eux. Tout ce que je vous demande, c'est de vous conserver; car que seroit-ce si vous veniez à leur manquer? Tâchez donc de vous consoler et de vous fortifier, en regardant Dieu, qui est le protecteur des veuves et le père des orphelins. J'ai besoin, aussi bien que vous, de me tourner vers Dieu pour ne pas trop ressentir cette séparation.

4. Anne Racine. Elle n'avait pas alors dix-huit ans, mais seulement près de dix-sept, étant née le 29 juillet 1682.
5. Élisabeth Racine. Elle était seulement dans sa quinzième année, étant née le 31 juillet 1684.
6. Jeanne-Nicole-Françoise Racine, née le 29 novembre 1686. Elle était dans sa treizième année.
7. Madeleine Racine, née le 14 mars 1688. Elle venait d'avoir onze ans.
8. Louis Racine, né le 2 novembre 1692.
Lettre 18. — 1. Cette lettre a été publiée par Louis Racine à la page 391 de son *Recueil*.

19. — DE JEAN-BAPTISTE RACINE A LOUIS RACINE[1].

Ce 3e septembre [1742[2]].

Je ne suis pas moins surpris que vous de la nouvelle que vous me mandez : je savois que la première partie de l'ouvrage en question étoit imprimée ; mais je ne savois pas que la seconde le fût[3], et je doutois même qu'elle existât. On m'apporta, il y a environ trois mois, une copie de la première partie, pour savoir de moi si elle étoit de mon père : je répondis que je ne pouvois rien assurer là-dessus, n'ayant jamais eu aucune connoissance de cet ouvrage ; qu'il étoit vrai que j'en avois souvent entendu parler à M. Despréaux, qui le vantoit fort comme un morceau parfaitement bien écrit, mais que c'étoit tout ce que j'en savois. J'étois extrêmement jeune quand je perdis mon père[4], et il ne m'a jamais lâché le moindre mot de cela. Il est vrai que deux jours avant que de mourir, M. Dodart[5] étant au chevet de son lit, il me dit d'aller chercher dans son cabinet une petite cassette noire, que j'ai encore, et qu'il en tira devant moi un manuscrit petit in-folio qu'il remit entre les mains de M. Dodart. Je me retirai, et ils furent longtemps à parler ensemble. M Dodart emporta le manuscrit, en lui disant qu'il espéroit le lui rendre : voilà tout ce que j'entendis. On m'a dit depuis que ce même M. Dodart avoit remis le manuscrit entre les mains d'un de ses amis qui avoit actuellement quatre-vingts ans, mais qu'il[6] n'avoit jamais voulu le communiquer à personne. Mais de quoi ne viennent point à bout les jansénistes, et surtout les jansénistes im-

---

Lettre 19. — 1. L'original de cette lettre appartient à M. Auguste de Naurois, qui a bien voulu nous le communiquer. Nous en reproduisons ici le texte exact. L'éditeur de 1807 avait eu cette même lettre entre les mains ; il en a cité la plus grande partie dans l'*Avertissement* dont il a fait précéder l'*Abrégé de l'histoire de Port-Royal*, au tome VI, p. 247-249 ; et nous avons nous-même fait cette citation, d'après lui, aux pages 373 et 374 de notre tome IV.

2. La date de 1742 est vraisemblable. Ce fut en 1742 que parut à Cologne, ou plutôt à Paris sous la rubrique de Cologne, la première partie de l'*Abrégé de l'histoire de Port-Royal*. Cette lettre semble avoir été écrite peu de temps avant celle que l'on trouvera à la suite, et que l'éditeur de 1807 a pareillement datée de 1742.

3. Jean-Baptiste Racine avait été trompé par quelque faux rapport. Il dit dans la lettre suivante qu'on ne parle plus de la publication de cette seconde partie. Elle ne fut en effet imprimée pour la première fois qu'en 1767. Voyez à la page 375 de notre tome IV.

4. Il était, à la mort de son père, dans sa vingt et unième année. Voyez ci-dessus, p. 332.

5. Denis Dodart. Voyez au tome VI, p. 549, la note 1 de la lettre 62.

6. Dans l'édition de 1807 : *mais qui*.

primeurs? Ils disent que cet ouvrage est de mon père : je le veux bien croire ; mais où en est la preuve ? à moins qu'ils ne disent d'où et de qui ils le tiennent[7]. Il est certain que mon père avoit eu dessein d'écrire cette histoire, et cela en faveur de M. le cardinal de Noailles[8], qui le pria de vouloir bien le mettre au fait des affaires des religieuses de P. R., dont il étoit fort peu instruit; et c'est ce qui fit[9] qu'après la mort de Monsieur le Cardinal[10] je m'adressai au maréchal de Noailles d'aujourd'hui[11], et lui demandai si parmi les papiers de Monsieur son oncle il n'en avoit rien trouvé. Il me répondit que non. J'en fis de même à la mort de M. Dodart[12], et j'en demandai des nouvelles au premier médecin son fils[13], qui me dit qu'il n'en avoit jamais entendu parler à son père : si bien que j'ai toujours cru l'ouvrage perdu, et ne puis deviner par quelle voie il peut être tombé entre les mains des imprimeurs. Je m'en vais tâcher à voir cette seconde partie, dont je suis fort curieux ; car, entre nous, je doutois fort de son existence, et je croyois que ceux qui nous donnoient la première nous auroient sans doute donné la seconde, à moins que ce ne soit une finesse de libraires pour faire acheter deux fois l'ouvrage.

7. Les doutes que les fils de Racine cherchaient, contre toute vraisemblance, à élever s'expliquent assez par la vive contrariété qu'ils éprouvèrent de l'impression, faite sans leur aveu, d'un livre qui réveillait contre leur famille les accusations de jansénisme. Louis Racine écrivait le 3 juillet 1744 à Chevaye de Nantes : « Je m'étonne que vous n'ayez connoissance que depuis peu du fragment de l'*Histoire de Port-Royal*. Il parut six mois après le poëme de *la Religion*, et m'a porté un coup cruel que je ne mérite pas. Je vous en dirai davantage une autre fois. » (*Correspondance littéraire inédite de Louis Racine avec René Chevaye de Nantes*, publiée en 1858, 1 volume in-8°, p. 28.) — Nous ignorons de quel « coup cruel » il est question dans cette lettre, si par ces mots il faut entendre quelque préjudice causé à Louis Racine par cette publication, et non pas uniquement le chagrin qu'il en ressentit et la crainte qu'il eut du tort qu'elle lui pourrait faire. Peut-être renouvela-t-il en ce temps ses démarches pour entrer à l'Académie française, dont le soupçon de jansénisme lui a toujours fermé les portes.

8. Que ce soit pour l'instruction du cardinal de Noailles que Racine se soit proposé d'écrire son *Histoire de Port-Royal*, c'est ce qui ne paraît pas aussi certain que le dit ici Jean-Baptiste Racine. Voyez à ce sujet notre tome IV, p. 382 et 383.

9. Dans l'édition de 1807 : « et c'est ce qui fait. »

10. Le cardinal de Noailles était mort le 4 mai 1729.

11. Adrien-Maurice duc de Noailles, connu d'abord sous le nom de comte d'Ayen; il avait été fait maréchal le 14 juin 1734.

12. Denis Dodart était mort le 5 novembre 1707.

13. Claude-Jean-Baptiste Dodart. Il avait été nommé premier médecin du roi Louis XV le 3 avril 1718. Il mourut à la fin de novembre 1730.

A l'occasion de cela ne pourriez-vous pas prier Monsieur le Chancelier [14] ou M. d'Argenson [15] de nous donner le privilége des œuvres de mon père, pour les purger de quantité de choses que les libraires y fourrent? Ils ont mis dans la dernière [16] des épigrammes qui ne sont point de lui [17], les deux lettres contre M. Nicole avec les insipides réponses [18]. Il est étonnant qu'ayant laissé des enfants qui savent lire, on abandonne un pareil livre à l'avidité et à l'impertinence des libraires et des éditeurs leurs adjoints. Pourvu qu'ils grossissent le livre, ils ne s'en soucient point, et y fourrent jusqu'aux sottises faites contre l'auteur.

Suscription : A Monsieur Monsieur Racine, directeur des fermes du Roi, à Soissons [19]. (Cachet rouge, avec le cygne sur l'écu en losange entouré de lambrequins, et surmonté d'une couronne de fleurs [20].)

20. — DE JEAN-BAPTISTE RACINE A LOUIS RACINE [1].

Ce 6. novembre [1742].

Je ne sais par quelle fatalité j'ai été si longtemps sans vous faire réponse, ayant envie de le faire tous les jours ; mais le peu de ma-

14. Henri-François Daguesseau, chancelier de France depuis l'année 1717, mort en 1751. Aucun livre ne pouvait être imprimé sans que la permission eût été obtenue par lettres scellées du grand sceau. Le Chancelier commettait telles personnes qu'il voulait pour examiner les livres.

15. Marc-Pierre de Voyer, comte d'Argenson. Il avait été chargé, au mois de mars 1737, par le chancelier Daguesseau, de la direction de la librairie. Le 25 août 1742, il entra au conseil des ministres sans attributions spéciales, et ne prit le ministère de la guerre qu'au commencement de 1743. Au mois de septembre 1742 conservait-il encore la direction de la librairie? Cette lettre de Jean-Baptiste Racine le donnerait à croire.

16. Dans celle de 1736 ou dans celle de 1741, qui n'est en réalité qu'une réimpression de celle-ci.

17. L'édition de 1736 donne au tome I, p. 487-489, six épigrammes dont l'authenticité est difficile à contester, quoi qu'en dise Jean-Baptiste Racine.

18. Dans l'édition de 1736 les réponses aux deux lettres de Racine se trouvent aux pages 516-555 du tome I.

19. Louis Racine était à Soissons depuis l'année 1732.

20. Ce cachet, tel que nous venons de le décrire, doit être celui d'une des sœurs de Jean-Baptiste Racine, religieuse : d'Anne Racine ou d'Élisabeth Racine.

Lettre 20. — 1. Nous avons copié cette lettre sur l'autographe qui nous a été communiqué, comme celui de la précédente, par M. Auguste de Naurois. L'éditeur de 1807 en avait déjà publié une partie (au tome VI, p. 546-548). C'est lui, nous l'avons dit (voyez ci-dessus la note 2 de la lettre précédente), qui a indiqué la date de 1742, l'autographe portant seulement, à la fin : *Ce*

tière, l'absence de tous mes amis, et la solitude où je suis en ont été cause. Je ne me suis rien trouvé à vous mander sur l'*Histoire* en question². Il me semble qu'on n'en parle plus, et la seconde partie, qui ne paroît point, nous justifie assez. Ce que vous m'avez mandé de M. C. pourroit bien être vrai, et il seroit homme à ne l'avoir point lue et l'avoir fait imprimer; car il en mouroit d'envie, et il est lié d'ailleurs avec tous les colporteurs jan[sénistes]. J'ai été sur le point de lui écrire là-dessus; mais toutes réflexions faites, j'ai cru qu'il valoit mieux garder le silence. A l'égard de ce que vous me mandez, c'est une chose qui mérite réflexion. C'est à vous d'abord à faire les vôtres sur la suite qu'on veut ajouter aux œuvres de mon père; et ce n'est pas à moi à vous rien dire là-dessus. Laissons faire les libraires : ce n'est que leur intérêt qui les mène. Pour moi, je ne suis pas d'humeur à y contribuer en quoi que ce soit : je les connois trop bien. Quand on me donnera un privilége pour les œuvres de mon père, et qu'on aimera mieux me le donner qu'à ces misérables-là, à qui il n'appartient en aucune façon, alors je m'y emploierai de toutes mes forces pour donner au public une édition digne de lui, dont sa *Vie* feroit une partie. Je pourrois même l'augmenter de quantité d'autres choses, qui feroient plus de plaisir au lecteur que toutes ces dissertations, jugements, réflexions critiques, etc., dont il n'a que faire, non plus que des satires qui peuvent avoir été faites contre lui, et dont l'impertinent libraire est toujours charmé, parce qu'elles grossissent son volume. Je me bornerois à donner simplement ce qu'il a donné³ (il n'a pas besoin de compagnie), et à donner un texte bien correct où il n'y eût pas un mot qui ne fût de lui. Pour ce qui regarde la *Vie*, je serois plus en état qu'un autre de la donner, et elle est même bien ébauchée; mais je veux y dire la vérité, et faire connoître surtout l'infidèle ami qu'il a eu dans Valincourt, qui après avoir rampé toute sa vie auprès de lui, comme auprès d'un homme à qui il devoit tout, s'est avisé de faire le seigneur après sa mort, et de se donner comme un homme à qui mon père en un besoin faisoit sa cour, et pour confident de toutes ces impertinences va choisir un abbé d'Olivet, qui n'a cherché qu'à m'attraper⁴, et pour lequel je me

6. *novembre.* « En 1742, dit-il, Louis Racine songeait à donner une édition des œuvres de son père, et pour obtenir des éclaircissements sur le fait rapporté par Valincour, il s'était adressé à son frère aîné. »

2. L'*Abrégé de l'histoire de Port-Royal.* Voyez la lettre précédente.

3. Il y a dans l'autographe : « à donner simplement que ce qu'il a donné. » Nous avons supprimé le *que*, l'inadvertance étant évidente.

4. Jean-Baptiste Racine fait peut-être allusion à l'histoire du manuscrit du *Banquet de Platon,* dérobé dans ses tiroirs par l'abbé d'Olivet. Voyez tome V, p. 427.

ferai toujours honneur de déclarer mon profond mépris. Il n'y a pas un mot de vrai dans ce que vous me mandez de l'exclamation de mon père sur la douleur. Jamais homme ne l'a plus crainte[5], et même soufferte plus impatiemment, et jamais homme ne l'a reçue de la main de Dieu avec plus de soumission : si bien que quelques jours avant sa mort il me dit ces belles paroles sur ce que je lui disois que tous les médecins espéroient de le tirer d'affaire : « Ils diront ce qu'ils voudront, laissons-les dire. Mais vous, mon fils, voulez-vous me tromper, et vous entendez-vous avec eux? Dieu est le maître; mais je puis vous assurer que s'il me donnoit le choix ou de la vie ou de la mort, je ne sais ce que je choisirois. Les frais en sont faits. » Ce furent ses propres paroles. Jugez si c'est là le langage d'un homme qui succombe à la douleur. Aussi M. Despréaux ne pouvoit se lasser d'admirer l'intrépidité chrétienne avec laquelle il étoit mort, et le dit même au Roi, qui lui dit : « Je le sais, et cela m'a étonné, car je me souviens qu'au siège de Gand vous étiez le brave des deux[6]. » Je vous mande tout ceci pour vous faire voir que j'en sais autant qu'un autre; mais je me garderai bien de rien donner que je ne puisse dire la vérité, et surtout bien instruire la postérité du respect, ou pour mieux dire de la passion qu'il avoit pour M. Arnaud, dont j'ai plusieurs lettres où il le traite de son « cher ami. » Vous voyez bien que je ne pourrois rien dire de tout cela sans parler de Valincourt comme du plus grand misérable[7] et du plus fat personnage qu'il y ait eu au monde; car pour l'abbé d'Olivet, ce seroit lui faire trop d'honneur que de le nommer. Voilà mes sentiments, et je n'aurois envie

5. *Craint* dans l'autographe; cependant il y a *soufferte* à la ligne suivante.
6. Voyez ci-dessus, p. 329 et 330, et la note 2 de la lettre 15 (p. 330).
7. C'était Valincour qui, dans sa lettre sur Jean Racine, adressée à l'abbé d'Olivet et insérée par celui-ci dans son *Histoire de l'Académie françoise*, avait répandu sur les derniers moments du grand poëte le bruit dont Jean-Baptiste Racine fait justice avec tant d'indignation. Voici le passage de cette lettre où il représente Racine comme ne pouvant plus résister à la douleur : « Il lui perça tout d'un coup à la région du foie une espèce de petit abcès.... Un matin, étant entré dans son cabinet, pour prendre son thé selon sa coutume, et s'apercevant que cet abcès étoit séché et refermé, il fut frappé d'effroi, et s'écria qu'il étoit un homme mort. Il descendit dans sa chambre, et se mit au lit, d'où en effet il n'est pas relevé depuis. On reconnut bientôt que c'étoit un abcès formé dans le foie. Ses douleurs devinrent si cruelles qu'une fois il demanda s'il ne seroit pas permis de les faire cesser en terminant sa maladie et sa vie par quelque remède. » Voyez l'édition de M. Ch.-L. Livet, tome II, p. 337 et 338. Louis Racine, tout en réfutant aussi Valincour, a parlé de lui dans ses *Mémoires* avec beaucoup plus de ménagements que ne fait ici son frère aîné : voyez notre tome I, p. 341 et 342.

1742 de parler de mon père que pour instruire le public de la piété dans laquelle il est mort et nous a tous élevés. Pour ses ouvrages, leur procès est fait : le public ne demande qu'à les lire, et n'en demande pas d'autre histoire ; et ce n'est pas à nous à être les critiques et les juges de notre père. Adieu : j'ai envoyé à ma sœur de Variville[8] sa petite pension, et elle me mande que votre fille[9] est en bonne santé. J'ai, comme vous savez, votre argent. Mme de Romanet[10] est ici, bien occupée de son fils. Je vois que vous êtes en grand commerce ensemble. Je le suis de même avec M. A., qui m'a mandé tout le détail de sa troupe. Mes compliments à toute la famille. Vous ne me dites rien de notre locataire. N'oubliez pas de lui faire faire un commandement, si elle continue à ne rien donner.

Suscription : A Monsieur Monsieur Racine, directeur des fermes du Roi, à Soissons.

1741 21. — DE JEAN-BAPTISTE RACINE A LOUIS RACINE[1].

Ce 29. juin [1741[2]].

Je passai avant-hier au soir chez M. de Saint', qui me montra la lettre que vous lui avez écrite, et me conta tout ce qui s'étoit

8. Élisabeth Racine.
9. La fille aînée de Louis Racine, Anne Racine, qui était élevée à Notre-Dame de Variville auprès de sa tante Élisabeth. Elle épousa, le 14 janvier 1746, Louis-Grégoire Mirleau de Neuville de Saint-Héry, et mourut à Blois le 31 décembre 1805.
10. Était-ce une belle-sœur de Mme Racine, Anne Buquet, qui avait épousé Jean de Romanet, trésorier de France, ou une des trois femmes qu'épousa successivement Claude de Romanet, fils de Jean de Romanet et d'Anne Buquet? La date de la lettre rendrait cette seconde supposition plus vraisemblable. Mais nous n'avons pas sur la famille de Romanet des renseignements assez précis pour nous guider sûrement.
Lettre 21. — 1. Nous plaçons un peu en dehors de l'ordre chronologique cette lettre et les deux suivantes, qui n'intéressent pas directement notre poëte, mais seulement ses enfants. Ce sont les trois lettres, écrites au sujet du poëme de *la Religion,* que nous avons annoncées ci-dessus, p. 312, où nous avons expliqué pourquoi nous les publions. Si on les compare à la lettre unique donnée par Louis Racine aux pages 403-405 de son *Recueil,* on verra avec étonnement qu'il a presque changé en éloge des critiques d'une franchise bien rude. Jean-Baptiste ne vivait plus lorsque son frère s'est permis, en 1747, cette étrange altération. Les originaux autographes des trois lettres nous ont été communiqués par M. Auguste de Naurois.
2. Cette date peut, nous le croyons, être bien établie. La première édition du poëme de *la Religion* est de l'année 1742 (1 volume grand in-8°, à Paris, chez

passé au sujet de votre privilége³. Comme la chose devient sérieuse, je vous conseille aussi d'y penser sérieusement, et de bien examiner si vous croyez l'ouvrage en état de paroitre; car il ne sera plus temps de vouloir y revenir, quand une fois il sera lâché; car vous devez vous attendre à quantité de critiques que vous attireront la mauvaise humeur et l'envie et surtout le nom que vous portez. De Saint m'a dit que vous souhaitiez qu'il le donnât à examiner à MM. Coffin et Crevier⁴, et que comme il s'étoit dessaisi actuellement de votre manuscrit, il étoit bon que je lui prêtasse le vôtre⁵. Je lui ai répondu que je ne le pouvois pas sans votre consentement, et que me l'ayant confié, il ne sortiroit point de chez moi sans votre ordre : ainsi vous me ferez savoir là-dessus vos intentions. Je crois M. Coffin et M. Crevier de fort habiles gens; mais

---

Jean-Baptiste Coignard, imprimeur du Roy, et Jean Desaint, libraire). La date du *Privilége* est le 26 janvier 1742. Lorsque les trois lettres de Jean-Baptiste Racine sur le poëme de *la Religion* ont été écrites, le privilége n'était pas encore obtenu : elles ne sont donc pas de 1742. D'un autre côté, dans la seconde de ces lettres (et il est clair qu'elles ont été écrites toutes trois la même année), il est parlé de J. B. Rousseau comme ne vivant plus : il mourut le 17 mars 1741. Même sans ce passage, qui est décisif pour la date (voyez encore ci-après, p. 340, note 6), il eût été difficile de croire les lettres écrites plus tôt que 1741, puisqu'il y est dit que le fils de Louis Racine, né en 1734, venait d'être mis entre les mains d'un précepteur. On est un peu étonné cependant que l'auteur du poëme de *la Religion* ait si longtemps tardé à le faire connaître à son frère, et à lui demander ses avis, lorsqu'on voit qu'au mois de juillet 1737 il avait déjà communiqué ce même ouvrage à J. B. Rousseau, ainsi que celui-ci l'atteste dans la lettre qu'il adressa à l'auteur au mois d'août de cette même année (voyez les *OEuvres de Louis Racine*, édition de 1808, tome VI, p. 597). Ajoutons que le poëme était depuis longtemps composé, puisque Brossette, en 1731, l'avait déjà vanté à Rousseau (voyez la lettre de J. B. Rousseau à Brossette, du 17 septembre 1731, dans les *OEuvres de Louis Racine*, tome VI, p. 585).

3. Le libraire Jean Desaint fut intéressé pour moitié par Coignard à son privilége pour la vente du poëme de *la Religion*, suivant le traité fait entre eux le 30 janvier 1742.

4. Charles Coffin, successeur de Rollin dans l'administration du collége de Beauvais, recteur de l'Université en 1718, mourut le 20 juin 1749. — Jean-Baptiste-Louis Crevier, qui avait été élève de Rollin au collége de Beauvais, et plus tard professeur de rhétorique au même collége, et qui est auteur de l'*Histoire des empereurs romains*, mourut le 1ᵉʳ décembre 1765.

5. Nous reproduisons le texte de l'original. Il y a là une négligence, une inadvertance évidente. Faut-il remplacer *votre manuscrit* par *son manuscrit*, ou, à la fin de la phrase, *le vôtre* par *le mien?* Au reste, le sens est bien clair, et les deux *votre* sont justes : *votre manuscrit*, c'est-à-dire celui que vous lui avez donné pour l'impression; *le vôtre*, c'est-à-dire celui que vous avez gardé et que vous m'avez confié.

leur croyez-vous l'oreille assez françoise pour juger d'un pareil ouvrage? et je doute que M. Rollin[6], avec toute son érudition, ait jamais senti l'harmonie d'un vers; mais il pourroit vous donner d'excellents avis sur le plan et la méthode de l'ouvrage, possédant comme il fait toute l'économie et les preuves de notre religion.

J'aurois bien des choses à vous dire, mais qui passeroient les bornes d'une lettre; et d'ailleurs je ne me crois pas un assez habile homme pour croire que vous devez vous embarrasser de mes critiques. Je ne puis cependant vous dissimuler que ce qui a le plus charmé Rousseau[7] est ce qui m'a charmé le moins. C'est le parallèle de la morale des poëtes avec celle de l'*Évangile*[8] : ce ne sont que des centons décousus, sans suite ni sans liaison; vous êtes aisé à désarmer, si vous vous rendez à si peu de chose. Et malheureusement par où finissent-ils? Par la pensée du monde la plus épicurienne :

> Je l'attends, cette mort, sans crainte ni desir[9];

et tout chrétien au contraire doit et la desirer et la craindre. Les poëtes en vérité ne sont point des auteurs assez graves pour être de quelque autorité dans une pareille occasion; et Tibulle, Ovide, Martial, etc., ne peuvent y jouer qu'un rôle bien extraordinaire[10]. Cela jette un air de badinerie sur tout votre ouvrage, qui peut faire douter que vous parliez sérieusement; et vos ennemis ne manqueront pas de plaisanter là-dessus. Prenez-y bien garde, et je ne vous parle point en l'air. Abandonnez vos poëtes et cherchez quelque chose de plus solide. Si il y a quelque chose qu'on puisse comparer à la morale de l'*Évangile*, c'est sans contredit les *Offices* de Cicéron, qui, à l'amour de Dieu et la pénitence près, suffiroient presque pour faire un bon chrétien; et il me semble qu'en fait de morale ils sont bien d'un autre poids que les poëtes, que d'ailleurs,

---

6. Rollin mourut le 14 septembre 1741. Ce qu'on dit ici de lui prouve que la lettre a été écrite avant cette date, et lorsqu'il vivait encore.

7. Dans sa lettre à M. Hardion, datée de Bruxelles, le 3 août 1737, et imprimée aux pages 163-168 de la première édition du poëme de Louis Racine, sous le titre de *Jugement de M. Rousseau sur le poëme de la Religion*, Rousseau avait dit (p. 167) : « A l'égard de la morale, ce qui m'a le plus frappé est le parallèle, également docte, solide et ingénieux, de la morale des poëtes mêmes, et des poëtes d'ailleurs les plus corrompus du paganisme, avec celle des chrétiens. »

8. Au chant VI de *la Religion*, vers 92 et suivants. Pour l'indication du chiffre des vers nous suivons l'édition in-8° de 1742, la première, comme nous l'avons dit ci-dessus.

9. *La Religion*, chant VI, vers 165.

10. Ce qui suit, jusqu'à : « Si il y a quelque chose, » a été ajouté après coup par Jean-Baptiste Racine, et mis comme une note au bas de la page.

dans le commencement de votre ouvrage, vous accusez, et avec grande raison, d'avoir été les premiers auteurs des fables et du mensonge :

> Pères des fictions, les poëtes menteurs[11].

Voilà d'étranges casuistes. A propos de cela, pourquoi dans le même endroit dites-vous :

> Eussions-nous pu...,
> Hardis fabricateurs de mensonges utiles[12]?

Que veut dire cette première personne? car vous n'étiez point dans ce temps-là. Naturellement vous devriez dire : *Auroient-ils pu*, etc. Personne n'a entendu cet endroit. L'on croit que c'est une faute ; car vous êtes trop sensé pour vous mettre au rang d'Homère. Virgile ne l'a jamais osé faire :

> .... *Me quoque vatem*
> *Dicunt pastores*[13]....

Je vous rends compte naturellement de ce que j'ai entendu dire. Il y a deux vers qui révoltent tout le monde :

> Ovide est quelquefois[14], etc.

Jamais pareil parallèle n'a été fait depuis que le monde est monde. Quand ce que vous dites seroit vrai, ce qui n'est nullement certain, car le fait n'a jamais été prouvé, il y a des noms si respectables qu'on ne sauroit les attaquer, sans attaquer pour ainsi dire le genre humain : *Parcendum est caritati hominum*[15], dit si bien Cicé-

---

11. *La Religion*, chant II, vers 273.
12. *Ibidem*, vers 291 et 292. — On lit dans la première impression et dans les suivantes :
> Hardis fabricateurs de mensonges utiles,
> Eussent-ils pu trouver des auditeurs dociles, etc.?

Louis Racine, tenant compte de la critique de son frère, a substitué la troisième personne du pluriel à la première.

13. *Églogue* IX, vers 33 et 34. Dans Virgile, *vatem* est après *dicunt*; la fin de la citation, qui compléterait le sens de l'allusion faite par Jean-Baptiste Racine, aurait été : *sed non ego credulus illis*.

14. *La Religion*, chant VI, vers 198 et 199. On voit par la critique de Jean-Baptiste Racine que ces deux vers étaient d'abord :

> Ovide est quelquefois un Socrate en discours ;
> Socrate dans ses mœurs est souvent un Ovide.

Louis Racine, dès la première édition, a changé le nom de *Socrate* en celui de *Sénèque*.

15. « On doit ménager le sentiment qui rend un homme cher aux autres hommes. » (*De Oratore*, livre II, chapitre LVIII, à la fin.)

ron. Avec quels ménagements M. Despréaux en a-t-il parlé, et cela dans un ouvrage purement satirique; et encore avec quels éloges!

Et Socrate, l'honneur de la profane Grèce [16]....

« J'aurois pu, disoit-il, me dispenser de l'attaquer; mais il falloit relever J. C., et je ne le pouvois jamais faire qu'aux dépens du plus vertueux homme du paganisme [17]. » J'aurois bien des choses à vous dire; mais n'en voilà déjà que trop. Je vous exhorte seulement à chercher des censeurs plus éclairés et moins intéressés que moi. Je suis ravi que vous ayez trouvé un précepteur pour votre fils [18] : un honnête homme avec quelques éléments suffit pour l'âge où il est. MM. Rollin et Coffin ont mis tous ces petits Messieurs-là sur un si haut pied que ce n'est plus des précepteurs, ce sont des maîtres qu'on se donne. Ne soyez point en peine de Mlle de la Chapelle [19] : elle a reçu vos rentes, à la réserve d'une petite partie, qu'elle n'aura pas plus tôt reçue qu'elle vous envoyera le tout. François Sellier [20] est allé à Lyon. Adieu.

Suscription : A Monsieur Monsieur Racine, maître des eaux et forêts de Villers-Cotterets et directeur des fermes du Roi, à Soissons. (Fragment d'un cachet rouge.)

---

22. — DE JEAN-BAPTISTE RACINE A LOUIS RACINE.

[1741.]

VOTRE lettre m'a un peu rassuré; car j'avois grand peur que mes objections ne vous eussent un peu fâché, quoique ce ne soit nullement mon intention, et que je vous eusse même averti de n'en faire que le cas qu'elles pouvoient mériter. J'avois résolu de ne vous en plus faire, et j'ai même déchiré la petite analyse que j'avois commencée de votre poëme pour me mettre mieux en état

---

16. *Satire* XII, vers 146.
17. Telles sont à peu près les paroles de Boileau rapportées par Brossette dans son commentaire, ainsi qu'on le verra à la note 8 de la lettre suivante.
18. Voyez ci-dessus, p. 339, la note 2.
19. Probablement Élisabeth-Henriette de Bessé la Chapelle, née en 1703, arrière-petite-nièce de Boileau, fille de Henri de Bessé la Chapelle et d'Élisabeth Chardon.
20. Louis Racine, dans ses lettres datées de Soissons, parle souvent d'un M. Sellier, qui était, dans cette ville, un des amis qu'il voyait le plus souvent. Nous ignorons s'il était de la famille du notaire Sellier, chez qui fut déposé en 1732 le testament de Mme Racine (Catherine de Romanet).

d'en juger; car vos longues digressions font souvent perdre le fil de vos raisons, et on ne sait quelquefois d'où on est parti. L'intérêt que je prends à ce qui vous regarde l'avoit emporté sur ma paresse et sur ma mauvaise santé, et cela m'avoit mis en état de vous faire bien des objections, mais j'y renonce; car en vérité le métier de critique est un désagréable métier et pour celui qui le fait et pour celui en faveur de qui on le fait. Je me contenterai donc de répondre simplement à votre lettre, et je vous dirai que bien loin que tout ce que vous me mandez de la morale des poëtes m'ait fait changer d'avis, cela n'a servi qu'à m'y confirmer. Rousseau pouvoit penser comme il lui plaisoit, et il n'est [pas] étonnant qu'un homme qui ne savoit tout au plus que tourner une épigramme fût si aisé à édifier. Qu'est-ce que nous apprennent donc tous ces lambeaux décousus de morale poétique? A craindre Dieu, à ne faire tort à personne, et à attendre la mort tranquillement? Je suis votre analyse. Ce sont tous préceptes de la loi naturelle renfermés dans le grand principe de ne faire aux autres que ce que nous voulons qui nous soit fait. Si c'est là toute la morale de l'*Évangile*, qu'a-t-elle donc de si austère et de *si cruel*, comme vous dites[1]; et qu'est-ce que J. C. seroit venu apprendre aux hommes qui avoient tous ces poëtes entre les mains? Qu'avons-nous même encore affaire du *Nouveau Testament*, ayant Catulle, Horace, Ovide et Tibulle? Mais y trouvons-nous l'amour de Dieu, de la croix, de la pénitence, et la haine de soi-même, ce qui fait tout le pénible et la beauté à la fois de la loi nouvelle? L'*Évangile*, il est vrai, se trouve partout conforme à la loi naturelle, et comment ne le seroit-il pas? car ce sont tous deux l'ouvrage du même législateur; mais il va bien autrement loin, et c'est ce qui en fait la rigueur apparente. Mais il n'est pas question de tout cela, et j'en reviens toujours à ce que je vous ai dit, que des gens aussi décriés que ces gens-là ne doivent pas seulement être nommés dans un ouvrage comme le vôtre, et qu'en un mot un homme qui a vu et entendu J. C. sur le Thabor n'a plus besoin d'autres docteurs, quels qu'ils puissent être.

A l'égard du *suicide*[2] (mot que vous avez vraisemblablement em-

LETTRE 22. — 1. *La Religion*, chant VI, vers 171.

2. Nous ne trouvons pas ce mot dans le poëme de *la Religion*. Louis Racine l'avait peut-être placé à la note sur le vers 168 du chant VI, où on lit, dès l'édition de 1742 : « l'homicide de soi-même. » — A partir de la quatrième édition de son *Dictionnaire* (1762), l'Académie a donné le mot *suicide* dans le sens abstrait qu'il a dans cette note de Louis Racine, c'est-à-dire comme signifiant : « action de celui qui se tue lui-même. » Dans la cinquième édition (1798) et dans la sixième (1835), il est donné en outre comme nom d'agent : « celui qui se tue lui-même. »

ployé pour rire, car personne ne l'entend, et deux gens d'esprit me dirent hier que ce ne pouvoit être qu'un charcutier³), ce ne sera jamais un péché fort à la mode parmi les gens de bon sens; et je ne crois pas que vous vouliez en cette occasion être le missionnaire des Anglois : laissons-les se jeter tant qu'ils voudront dans la Tamise ; plût à Dieu que leurs sots écrits y fussent avec eux! Vous voulez vous défendre par l'exemple de Grotius, du P. Thomassin, et de M. Huet⁴. Le premier est certainement un fort grand personnage, mais trop amoureux d'érudition profane, dont tous ses ouvrages, et surtout ses commentaires sur l'*Écriture*, sont hérissés, ce qu'on lui a reproché. L'autre⁵ est un misérable écrivain, à peine connu dans les séminaires ; et le troisième un futile et dangereux auteur d'un abominable livre⁶, rempli d'impiétés, que M. Arnauld fut tout prêt à dénoncer à l'Église, et dont votre père lui-même s'est donné la peine de faire un extrait, que j'ai, pour y mettre au jour tous ses blasphèmes. Il y compare par exemple le mystère de l'incarnation aux œufs de Léda, et ne trouve pas l'un plus difficile à croire que l'autre. Vous ne me dites rien des deux vers : *Ovide est*, etc.⁷. Seroit-il possible que vous voulussiez les défendre ? Je ne le crois pas ; et gens qui sont de vos amis m'ont prié de vous prier de les effacer, parce qu'ils suffisoient seuls pour déshonorer votre nom et votre ouvrage. Savez-vous bien que la continence de Socrate étoit passée en proverbe chez les Grecs ? Et M. Despréaux, tout Despréaux qu'il étoit, essuya là-dessus bien des critiques amères, dont il ne se sauvoit qu'en disant qu'il ne pouvoit immoler à J. C. une plus grande victime. Je crains bien cependant que ce ne fût à l'appétit d'un bon mot, assez joli effectivement dans une satire de l'*Équivoque*; mais pour vous ce ne peut pas être cela ; car l'antithèse est non-seulement absurde, mais froide. Il y a

---

3. Nous n'avons pas besoin d'expliquer que ces gens d'esprit faisaient venir le mot de *sus*, « porc, » et *cædere*, « frapper, tuer. »

4. Louis Racine, dans sa *Préface*, p. XIV, s'appuie sur l'exemple de Grotius, auteur d'un *Traité de la vérité de la Religion chrétienne;* mais il ne cite ni le P. Thomassin, ni Huet. Peut-être était-ce seulement dans sa réponse à la première lettre de son frère qu'il avait allégué leur autorité.

5. Le P. Thomassin, de l'Oratoire, né en 1619, mort en décembre 1695. La sévérité avec laquelle Jean-Baptiste Racine parle de lui s'expliquerait assez par ce fait que le savant oratorien avait abandonné la cause des doctrines de Port-Royal, auxquelles il s'était d'abord montré favorable.

6. Les *Questions d'Aulnay*. Voyez au tome V, p. 227-229; on y trouvera, à la page 228, la preuve de ce que Jean-Baptiste Racine dit ici des sentiments d'Arnauld sur son livre.

7. Voyez ci-dessus, p. 341.

LETTRES.   345

là-dessus dans le *Boileau* de Hollande une note fort sensée et qui 1741
n'est pas de Brossette[8]. Quelles ordures les Juifs n'ont-ils pas dites[9]
de la sainte Vierge dans leurs livres? Faut-il les en croire? Faites
encore réflexion que ces deux vers, dans l'endroit où ils sont, ne
veulent rien dire, et sont entièrement hors d'œuvre. Ce même
Socrate vous fait pitié dans le plus bel endroit de sa vie[10]; mais
j'ai bien peur que vous ne l'ayez lu que dans le françois de M. Dacier[11], et il n'est pas étonnant en ce cas-là qu'un aussi plat traducteur vous ait induit en erreur. Socrate ne dit point à Criton de
sacrifier pour lui un coq à Esculape, mais simplement : « Criton,
nous devons pour le coup un coq à Esculape, » Ὀφείλομεν ἀλεκτρυόνα
τῷ Ἀσκληπίῳ [12]. Ne voyez-vous pas que c'est une plaisanterie, et
que Platon, qui est toujours homérique, le fait mourir comme il
avoit vécu, c'est-à-dire l'ironie à la bouche. C'étoit une façon de
parler proverbiale. Quand quelqu'un étoit échappé de quelque
grand danger, on lui disoit : « Oh! pour le coup, vous devez un coq
à Esculape. » Voilà tout le mystère; et que veut dire Socrate? sinon : « Criton, nous devons pour le coup un coq à Esculape; car
certainement me voilà guéri de tous mes maux : » ce qui étoit très-
conforme à l'idée qu'il avoit de la mort[13]. Pouvez-vous en bonne

8. Jean-Baptiste Racine a en vue *l'addition* à la note de Brossette sur le vers 158 de la *satire* XII, *addition* qui est au tome I, p. 157 des *OEuvres de Nicolas Boileau Despréaux* (Amsterdam, 1718, 2 volumes in-4°). Brossette avait dit dans sa note : « Le dessein de l'auteur est de faire voir qu'il n'y a de véritable vertu que dans la véritable religion. Et la principale preuve qu'il en donne est l'exemple de Socrate, le plus sage des humains, suivant le témoignage de l'oracle; car Socrate n'a pas laissé d'être soupçonné de crime, et ce soupçon a terni l'éclat de sa vertu. M. Despréaux disoit à ce propos qu'il ne pouvoit trouver dans le paganisme de plus grande victime à immoler à Jésus-Christ que Socrate. » Voici *l'addition* de l'édition de 1718 : « On prétend ici que le soupçon qu'on a eu que Socrate étoit criminel *a terni l'éclat de sa vertu :* cette prétention est injuste. La vertu d'une personne ne dépend point des faux jugements qu'on en fait, mais de ce qu'elle est véritablement en elle-même. Les soupçons et les calomnies des Juifs contre la vierge Marie et contre Jésus-Christ même ne diminuent rien de leur sainteté ni de *l'éclat de leur vertu.* » L'auteur de *l'addition* avait déjà réfuté dans le même sens une autre note de Brossette sur le vers 150 de la même satire. — Dans une autre édition d'Amsterdam (1729, 4 volumes in-12), les *additions* sont signées du nom de du Monteil.

9. Il y a *dit*, sans accord, dans l'original.

10. Voyez *la Religion*, chant II, vers 302-304.

11. Dans les *OEuvres de Platon*, traduites en françois par Dacier, 2 volumes in-12, Paris, 1699.

12. A la fin du *Phédon*.

13. Louis Racine ne se rendit pas à la critique de son frère. Dans une note

foi vous imaginer que la dernière parole d'un homme comme Socrate ait pu être une sottise? *Modeste et circumspecto judicio de tantis viris pronunciandum*[14], ce que mon père me répétoit toujours pour me guérir du penchant qu'il me voyoit à décider de tout et souvent de travers[15]. Je ne suis pas étonné que vous vous rendiez sur le *Nous*[16]; car il est un peu comique. Mais prenez garde que vous le répétez partout :

> Nous vivons du mensonge, et le fruit de nos veilles[17],

digression encore bien hors d'œuvre. Et pourquoi voulez-vous arborer si fort l'étendard de poëte? Attendez que le public ou plutôt vos ouvrages vous le donnent. Moins vous en paroîtrez ambitieux, et plus volontiers on vous le donnera. Vous avez parlé là-dessus si sagement dans votre *Préface*[18]. Je voudrois bien être à la fin de mes critiques; mais j'en ai encore quelques-unes que je ne puis m'empêcher de vous faire, sans vous trahir et me trahir moi-même. En parlant de J. C., vous employez deux mots qui ne sont point supportables : *et sa timidité*[19]. Vous savez mieux que moi que ce ne fut qu'un trouble très-volontaire que lui causoit et la justice d'un Père irrité, et le fardeau des crimes dont il vouloit bien être la victime; car du reste, quand les archers viennent pour le prendre, il se lève, et va de lui-même au-devant d'eux. Cela est-il d'un homme timide? L'autre : *Est-il donc d'un héros, etc.*[20]. Que le mot de héros, si noble d'ailleurs, devient bas en parlant de J. C., cela est plus aisé à sentir qu'à expliquer.

qui est à la page 45 de son poëme, sur les vers que Jean-Baptiste Racine avait censurés, il dit : « Socrate ordonna qu'on offrît pour lui un coq à Esculape. Ceux qui ne peuvent se persuader que la dernière parole d'un homme tel que Socrate ait été si puérile y cherchent un sens allégorique, qui est bien enveloppé. La réponse de Criton : « Nous ferons ce que vous souhaitez, » fait voir qu'il prend la parole de Socrate dans le sens naturel, c'est-à-dire dans le sens superstitieux. »

14. « C'est avec modestie et circonspection qu'il faut porter un jugement sur de si grands hommes. » (Quintilien, livre X, chapitre 1, § 26.) Racine a cité ce passage à la fin de sa *Préface d'Iphigénie* : voyez au tome III, p. 147.

15. Voyez ci-dessus, p. 62, la lettre du 4 octobre 1692, où Racine dit à son fils Jean-Baptiste, qui s'était servi, en parlant de Cicéron, du mot de *poltron* : « Je vous conseille de ne jamais traiter injurieusement un homme aussi digne d'être respecté de tous les siècles. »

16. Voyez ci-dessus, p. 341, la critique de Jean-Baptiste Racine sur les vers 291 et 292 du chant II.

17. *La Religion*, chant IV, vers 15.

18. Voyez à la page XIV de l'édition de 1742.

19. *La Religion*, chant IV, vers 166. — 20. *Ibidem*, vers 171.

Je vous dirai qu'il paroît bien étonnant que vous ayez commencé un pareil ouvrage sans invoquer le Saint-Esprit, ou du moins la Religion, pour les prier du moins de conduire votre plume. Cela auroit même donné un petit air d'enthousiasme, et par conséquent de poésie, à votre ouvrage, et auroit, ce me semble, aussi bien convenu là que votre compliment au Roi et au Dauphin ; car, selon vos casuistes mêmes [21] : *Ab Jove principium*. Quel est votre exorde ?

La Raison dans mes vers conduit l'homme à la foi,

vers bien simple, il est vrai, mais un peu fastueux ; car il faut être bien exact à tenir parole. Et, tout bien examiné, il se trouve qu'au contraire c'est la foi qui vous conduit à la raison : ce qui doit être aussi. Je n'en veux d'autre preuve que la peinture que vous faites de vous-même ; car après avoir poussé la raison à bout, vous ne savez plus où vous en êtes :

Montagnes, couvrez-moi....
Et périsse, etc. [22].

En un mot, vous tombez dans le désespoir, quand heureusement on vous dit que Dieu a parlé aux hommes dans un livre que vous allez aussitôt consulter. Voilà donc la foi qui vient à votre secours ; car il n'y a qu'elle qui puisse vous persuader de la divinité de ce livre : si c'est la raison, il n'y a plus de foi. Il ne falloit donc pas tant insulter Platon d'avoir senti le nœud de la difficulté, et de ne l'avoir point coupé, et d'avoir dit que cela ne se pouvoit faire sans une révélation divine. Il falloit bien plutôt l'admirer de l'avoir senti, d'avoir été guidé par ses seules lumières tout aussi loin que la raison humaine puisse aller, et de s'être arrêté où il faut absolument qu'elle s'arrête. Mais il ne s'est pas abandonné au désespoir, et a seulement songé à profiter de ce que lui dictoit sa raison, et à montrer aux hommes l'usage qu'ils en devoient faire. Je ne ferai que vous faire entrevoir, car l'amitié fraternelle m'empêche de vous [les [23]] mettre en tout son jour, deux autres objections bien plus importantes : c'est que tout ce mélange de raisonnements, d'objections, de réponses le plus souvent vagues, d'opinions et de différents systèmes, jette dans tout votre ouvrage un air de pyr-

---

21. C'est-à-dire les poëtes profanes. *Ab Jove principium, Musæ*, « Muses, c'est par Jupiter qu'il faut commencer, » est au vers 60 de l'*égloge* III de Virgile.

22. *La Religion*, chant II, vers 451-454.

23. Jean-Baptiste Racine a écrit *la*, au lieu de *les*, parce que dans la suite de la phrase il avait d'abord mis : *une autre objection*, au lieu de : *deux autres objections*.

rhonisme qui effrayera tous les gens de bien, et qu'on se gardera bien de le mettre entre les mains de la jeunesse. Vous devez m'entendre. L'autre, qui m'afflige très-fort, c'est que vous donnez partout une cruelle prise sur vous :

> Quoi? pour un peu de miel, etc. [24].

Vous en paroissez dans le fond un peu friand. Y avez-vous bien pensé? et un chrétien peut-il jamais avoir dit : *Temps favorable, temps où régnoit Vénus, etc.* [25]? Faut-il comme cela se découvrir ? Mais j'en dis trop. Je vous écris sur toute cette matière pour la dernière fois. Encore une fois, consultez de plus habiles gens que moi ; car vous jouez gros jeu dans tout ceci, et vous courez risque de ne contenter ni les libertins, ni les gens de bien. C'est votre affaire ; vous sentez bien que ce n'est ni envie ni jalousie qui me font parler : je n'ai jamais aspiré au titre de bel esprit, ne m'en étant jamais senti les talents. Vous voyez que je ne vous dis rien sur la versification : je n'ai voulu m'attacher qu'au principal. Il est bon, je l'avoue, que les vers soient corrects ; mais il est bien d'une autre conséquence que le sens le soit. Adieu : voilà certainement une grande lettre pour un homme à qui on a tiré six palettes de sang dans un jour, et qui se purge demain, jour, à ce que je crois, du départ de ma nièce.

En un mot, le résultat de toutes mes critiques, et le seul avis que j'aie à vous donner, c'est de ne vous point presser de le faire imprimer, et d'être encore une bonne année à y travailler. C'est votre bien, et vous en ferez tout ce que vous voudrez. Songez donc combien de temps M. Despréaux a été sur son *Équivoque* [26], ouvrage bien court en comparaison du vôtre.

24. *La Religion*, chant VI, vers 26. Il y a, dès la première édition, dans le texte imprimé :

> Et pour un peu de miel condamne-t-il à mort ?

25. Cette critique a sans doute décidé Louis Racine à modifier légèrement les vers 51 et 52 du chant VI, qu'on lit ainsi dès la première édition :

> Hélas ! dans ce temps même à vos cœurs favorable,
> Règne affreux de Vénus....

26. La satire XII sur *l'Équivoque* ne fut publiée qu'en 1711. On voit dans une lettre de l'auteur à Brossette, datée du 20 novembre 1705, qu'il venait alors de la « composer de nouveau, » suivant son expression. Il y travaillait sans doute depuis longtemps, et eut encore six années pour la retoucher.

23. — DE JEAN-BAPTISTE RACINE A LOUIS RACINE.

[1741.]

Je m'étois si bien attendu au peu de succès de ma dernière lettre[1] que j'ai longtemps balancé à la faire partir, et qu'elle est restée plusieurs jours sur ma table. Je l'ai même montrée à mes amis, et leur ai demandé ce qu'ils en pensoient. Il est vrai que sur les assurances qu'ils m'ont données qu'il n'y avoit rien qui pût vous chagriner d'une certaine façon, j'ai pris le parti de vous l'envoyer. Vous me mandez que vous ne m'y reconnoissez plus, mais en quoi donc? Ne vous ai-je pas toujours dit, dès mes premières lettres, que je ne trouvois pas l'ouvrage encore en état d'être donné au public, et que je vous conseillois de le remettre sur le métier? Je vous ai même cité à cette occasion l'exemple de M. Despréaux et le temps infini qu'il avoit mis à travailler son *Équivoque*, ouvrage cependant bien court en comparaison du vôtre. J'avois en même temps renoncé à vous faire des critiques, parce que cela me menoit trop loin; et j'avois voulu seulement finir par une critique du métier que vous embrassez. Je vous ai mandé là-dessus non-seulement ce que j'en pensois, mais ce que j'en avois entendu dire toute ma vie à gens plus éclairés que moi. Est-il juste de vous laisser ignorer ce que pensoient des hommes aussi sages et aussi sensés que l'étoient votre père et M. Despréaux, et ne devriez-vous pas même être ravi de trouver encore en moi le seul homme qui puisse peut-être vous en instruire? Ils connoissoient certainement mieux que d'autres tous les dangers du métier, et votre père y avoit, pour ainsi dire, déjà renoncé avant l'âge où vous songez à l'embrasser[2]. Mais je n'ai point du tout songé à vous faire entendre que je regardasse votre ouvrage comme une chose qui pût jamais vous déshonorer. Tant s'en faut que je l'aie jamais pensé, que je suis persuadé au contraire qu'il feroit la fortune de tout autre nom que le vôtre. Votre projet vous fera toujours honneur, quelque succès qu'il puisse avoir. Mais songez que vous portez un nom dont la fortune est faite, qui ne peut guère croître, et peut plutôt diminuer. Parlons à cœur ouvert, et comme des frères doivent parler. Croyez-vous surpasser ou du moins égaler votre père? vous avez raison de

---

Lettre 23. — 1. On doit conclure de plusieurs passages de cette lettre qu'entre elle et la lettre précédente (22), il y en a eu d'autres qui nous manquent. Ce n'est donc pas la lettre 22, mais une autre plus sévère encore, que J. B. Racine appelle « ma dernière lettre. »

2. Louis Racine avait alors quarante-neuf ans. Son père n'avait pas encore trente-neuf ans, lorsque, après *Phèdre*, il se retira de la carrière poétique, où il ne rentra plus que pour composer ses tragédies sacrées et ses *Cantiques*.

faire ce que vous faites; mais si vous vous défiez d'y pouvoir réussir, j'ai raison de vous donner les conseils que je vous donne; et quand je vous les donne, je ne le fais uniquement que pour vous épargner toutes les amertumes attachées au métier que vous embrassez. Et c'est pour cela que je vous ai mandé qu'à votre place je me contenterois de cultiver pour moi et mes amis les talents que le ciel m'auroit donnés, et d'en faire mes amusements innocents. Voyez quelles peines il vous faut essuyer pour obtenir un privilége qui naturellement vous devroit être jeté à la tête; que d'approbations il vous faut briguer, jusqu'à celle du P. T.[3] : du moins on me l'a dit. Quels confrères, outre cela, allez-vous vous donner! tous les rimailleurs du temps, qui n'ont pas le sens commun, et qui, quoique vous ne leur disputiez rien, comme vous dites, ne laisseront pas cependant de se faire toujours un plaisir secret de vous rabaisser, vous, et votre nom surtout, dont ils sont ennemi dans le fond; et d'où vient cela, me direz-vous ? parce que les écrits sensés seront toujours le fléau des leurs : aussi vous savez comme ils décrient M. Despréaux. Vous voyez donc bien que je suis très-éloigné de ne point rendre justice à vos talents : vous avez une facilité étonnante à tourner des vers; il n'y a rien que vous ne veniez à bout de dire, et toujours noblement; il semble même que la sécheresse et l'aridité des sujets échauffent votre veine et vous tiennent lieu pour ainsi dire d'Apollon. Mais cela n'empêche pas que je ne voie en bien des endroits le foible de votre ouvrage. Vous ne faites pas peut-être réflexion que vous avez donné dans un écueil qu'il faut éviter le plus qu'on peut : c'est de parler de soi, à cause de la petite vanité quasi inséparable de l'humanité. Vous me direz que la forme et la construction de votre ouvrage ne vous a pas permis de faire autrement; mais vous n'y parlez que de vous; vous n'entretenez votre lecteur que de vous, et vous ne paroissez en un mot occupé que de vous, de vos vers, et de ce que les siècles à venir en diront, et vous finissez par leur souhaiter quasi la vie éternelle[4]. Permettez-moi de vous dire que vous vous donnez la plus brillante enfance dont on ait jamais entendu parler.

3. Si ce P. T. est le P. Tournemine, comme on pourrait le croire, une lettre de J. B. Rousseau à Louis Racine, datée du 2 septembre 1739, nous apprenant que ce Père avait entendu la lecture du poëme de *la Religion*, et en avait fait l'éloge, Jean-Baptiste Racine parle d'un fait déjà un peu ancien : le célèbre directeur du *Journal de Trévoux* était mort le 16 mai 1739.

4. Voyez les huit derniers vers du chant VI et dernier de *la Religion*. Ils sont dans les dernières éditions tels qu'on les trouve dans la première. Il se peut que les quatre derniers n'aient été ajoutés, pour faire excuser les précédents, qu'après la critique très-mordante qu'en avait faite Jean-Baptiste Racine.

A peine êtes-vous sorti du berceau que vous savez déjà tout sur le bout de votre doigt⁵ : vous possédez poëtes, orateurs, philosophes, jusqu'aux écrits de Newton, quoique on dise pourtant qu'il n'y ait que trois hommes en Europe capables de l'entendre. Et il ne se trouve qu'une chose que vous ignoriez, c'est votre *Catéchisme;* car il vous auroit appris qu'il y a un livre sacré qu'on appelle l'*Écriture sainte*, qui est le fondement de toute notre religion : ce que vous n'apprenez cependant que par hasard, et après avoir tout lu, tout feuilleté et parcouru, en un mot quand vous ne savez plus où donner de la tête⁶. Je vous mande tout ceci en badinant et pour vous montrer que je possède assez bien votre ouvrage ; et quoique je sois le dernier de ceux à qui vous l'ayez fait voir⁷, je doute que les autres se soient donné autant de peine que moi pour en suivre et développer le fil, que vos fréquentes digressions coupent et interrompent souvent. J'aurois encore bien des choses à vous dire ; mais je laisse à votre bon esprit le soin de s'en apercevoir. C'est, en un mot, la vérité de la religion, et non votre facilité à tourner des vers que vous avez à démontrer. Est-ce l'amour de Dieu qui vous fait écrire ? qu'il ne soit donc question que de lui dans tout votre ouvrage ; et surtout évitez ce bizarre assemblage de profane et de sacré qui y règne : je ne saurois trop vous recommander cela. Vénus, et la mère des Jeux et des Amours, non plus que tous ses favoris les poëtes, doivent-ils y être seulement nommés ? Songez à

---

5. Voyez le chant II, vers 7-44.

6. Jean-Baptiste Racine a ajouté ici, au bas de la page, comme en forme de note : « Vous partez aussitôt et avec raison pour aller chercher et consulter ce livre divin, et en chemin faisant, je ne sais par quel hasard, vous lisez l'*Alcoran*, qui se trouve être le premier livre où vous entendiez parler de J. C. Les Chrétiens ensuite vous renvoient aux Juifs pour vous convaincre pleinement de la divinité du livre ; mais y avez-vous bien pensé ? Ne possédons-nous pas ce livre comme eux et bien mieux qu'eux ? Et ne doivent-ils pas au contraire vous avertir de vous donner bien garde d'aller prendre ce livre des mains des Juifs, parce qu'ils n'en possèdent tout au plus que l'écorce et la lettre, et que c'est pour eux un livre fermé ?

« J'oubliois encore à vous dire que bien loin de me plaindre de l'austérité de la morale de l'*Évangile*, je l'employerois au contraire comme une des plus grandes preuves de sa divinité. Une morale si fort au-dessus des forces de la nature ne peut être que l'ouvrage du maître de la nature. Si c'étoit un ouvrage humain, elle s'accommoderoit bien davantage aux foiblesses humaines. Le mahométisme en est une preuve bien claire. Tout ouvrage des hommes sent toujours l'homme, et il n'y a que ceux de Dieu qui en soient exempts. Et je ne m'amuserois pas à chercher dans les poëtes de quoi justifier l'*Évangile* : pensez-y bien sérieusement. »

7. Voyez ci-dessus, p. 339, la note 2 de la lettre 21.

ce grand mot de David : *Peccatori autem dixit Deus : Quare tu enarras justitias meas*⁸ ? Vous avez un si bel exemple dans votre père. Avec quelle sagesse et quel respect a-t-il traité les sujets saints ! Et combien les douceurs d'Assuérus à Esther sont-elles pesées et mesurées ! car c'est où il est inimitable. Vous me trouverez peut-être un peu trop sévère ; mais que voulez-vous ? je ne saurois trahir ma pensée. Faites des opéras, je ne vous critiquerai point, et trouverai tout bien dit.

Pour vous parler d'autre chose, je vous dirai que je passai encore hier chez M. Félix⁹, pour avoir des nouvelles de notre ordonnance. On l'avoit remis à la fin du mois ; mais j'ai bien peur que les bruits de guerre¹⁰ ne retardent bien le payement des pensions. A l'égard de ma santé, elle est toujours très-mauvaise, la tête toujours embarrassée, et une pesanteur générale répandue dans tous mes membres. Je ne dors pas bien, mange encore moins : du reste, je suis entre les mains de Dieu. Je me lève toujours sourd, et mes oreilles ne se débouchent que deux ou trois heures après. J'oubliois de vous mander que ce fut l'abbé Alari¹¹ qui fit la lecture de votre poëme ou du moins d'une partie : je crois que c'étoit à l'hôtel de Chaulnes ; je n'en suis pas bien sûr, mais il me seroit aisé de le savoir.

Suscription : A Monsieur Monsieur Racine, directeur général des fermes du Roi, à Soissons.

8. « Dieu dit au pécheur : Pourquoi racontes-tu mes justices ? » (*Psaume* XLIX, verset 16.) — Louis Racine, au chant V, vers 433-435, a dit (est-ce après avoir reçu cet avertissement de son frère ?) :

Moi-même ai-je oublié que ton arrêt condamne
Le pécheur insolent dont la bouche profane
Aux hommes sans ton ordre ose annoncer ta loi ?

Dans une lettre du 8 mars 1744, il fait remarquer qu'il a pris le motif de cette prière dans le verset 16 du *Psaume* XLIX : voyez la *Correspondance littéraire de Louis Racine avec Chevaye de Nantes*, p. 21.

9. Charles-Louis Félix. Né le 29 juillet 1676, il était fils du chirurgien Félix, qui mourut en 1703. Il a été dit ci-dessus, à la note 5 de la lettre 150, p. 175, qu'au mois de juillet 1697 Charles-Louis Félix acheta la charge de contrôleur général de la maison du Roi. Il est plusieurs fois parlé de lui dans les lettres de Racine à son fils, qui était lié d'amitié avec lui, comme Racine l'avait été avec le père.

10. En 1741, la France s'engagea dans la guerre pour soutenir contre l'Autriche les prétentions à l'empire de Charles-Albert, électeur de Bavière. Ce fut au mois d'août de cette année que deux armées françaises franchirent le Rhin.

11. L'abbé Alary avait été reçu à l'Académie française le 30 décembre 1723. Il mourut le 15 décembre 1770.

TESTAMENTS

NOTE DE JEAN RACINE

CONTENANT QUELQUES DISPOSITIONS TESTAMENTAIRES[1].

Comme je suis incertain de l'heure à laquelle il plaira à Dieu de m'appeler, et que je puis mourir sans avoir le temps de déclarer mes dernières intentions, j'ai cru que je ferois bien de prier ici ma femme de plusieurs petites choses, auxquelles j'espère qu'elle ne voudra pas manquer :

Premièrement, de continuer à une bonne vieille nourrice que j'ai à la Ferté-Milon, jusqu'à sa mort, quatre francs ou cent sous par mois que je lui donne depuis quelque temps pour lui aider à vivre ;

2. De donner une somme de cinq cents francs aux pauvres de la paroisse de Saint-Sulpice[2] ;

---

1. L'original autographe de cette pièce est conservé à la Bibliothèque impériale, au tome I des *Manuscrits de Racine*, f° 270. Louis Racine, qui en a cité les premières lignes dans ses *Mémoires* (voyez notre tome I, p. 344), lui donne le nom de *lettre*. C'est moins en effet un testament en forme qu'une lettre écrite à Mme Racine, pour lui adresser, comme simple prière, quelques recommandations.

2. Racine avait d'abord écrit : « de Saint-André. » Il a effacé *Saint-André*, que, dans un renvoi au bas de la page, il a remplacé par : *Saint-Séverin, ce 12ᵉ novembre* 1686. Puis il a encore biffé le nom de *Saint-Séverin*, et a écrit au-dessus *Saint-Sulpice*. A la date du 29 octobre 1685, qui est celle de cette note testamentaire sous sa première forme, il demeurait donc encore rue du Cimetière-Saint-André-des-Arts, paroisse Saint-André, où ont été baptisées ses trois premières filles ; le 12 novembre 1686, il logeait rue des Maçons, paroisse Saint-Séverin, où a été baptisée sa quatrième fille, le 29 novembre 1686. Ce fut seulement en 1692 qu'il établit son domicile

3. Pareille somme à ma sœur Rivière, pour distribuer à de pauvres parents que j'ai à la Ferté-Milon ;

4. De donner trois cents francs aux pauvres de la paroisse de Griviller[1] :

Ces sommes prises sur ce que je pourrai laisser de bien.

Je la prie de remettre entre les mains de M. Despréaux tout ce qu'elle me trouvera de papiers concernant l'*Histoire du Roi*.

Fait dans mon cabinet, ce 29. octobre 1685.

RACINE.

TESTAMENT DE JEAN RACINE[2].

AU NOM DU PÈRE ET DU FILS ET DU SAINT-ESPRIT.

Je desire qu'après ma mort mon corps soit porté à Port-Royal des Champs, et qu'il y soit inhumé dans le cimetière, aux pieds de la fosse de M. Hamon. Je supplie très-humblement la Mère abbesse et les religieuses de

---

dans la rue des Marais, paroisse Saint-Sulpice ; ce fut là qu'il mourut. Le nom de Saint-Sulpice, on le voit, n'a été écrit qu'en 1692 au plus tôt. Voyez, au tome I, la note 2 de la page 158.

1. Voyez ci-dessus, p. 140, la note 1 de la lettre 134.

2. L'original autographe de ce testament est conservé à la Bibliothèque impériale, au tome I des *Manuscrits de Racine*, f⁰ 269. C'est l'acte olographe que Willard, dans une de ses lettres (voyez ci-dessus, p. 329), appelle le *petit testament de mort*. Il a été imprimé de bonne heure, Perrault l'ayant inséré dans son éloge de Racine, au tome II, p. 82, de ses *Hommes illustres*. Louis Racine l'a également donné dans ses *Mémoires* : voyez notre tome I, p. 344. Il a omis une ligne, qui a peu d'importance, il est vrai.

vouloir bien m'accorder cet honneur, quoique je m'en reconnoisse très-indigne, et par les scandales de ma vie passée, et par le peu d'usage que j'ai fait de l'excellente éducation que j'ai reçue autrefois dans cette maison, et des grands exemples de piété et de pénitence que j'y ai vus, et dont je n'ai été qu'un stérile admirateur. Mais plus j'ai offensé Dieu, plus j'ai besoin des prières d'une si sainte communauté pour attirer[1] sa miséricorde sur moi. Je prie aussi la Mère abbesse et les religieuses de vouloir accepter une somme de huit cents livres, que j'ai ordonné qu'on leur donne après ma mort[2].

Fait à Paris, dans mon cabinet, le dixième octobre mil six cent quatre-vingt-dix-huit.

RACINE.

TESTAMENT DE MADAME RACINE

(CATHERINE DE ROMANET[a]).

AU NOM DU PÈRE, DU FILS ET DU SAINT-ESPRIT.

Comme nous pouvons mourir à tout moment, devant que la maladie m'avertisse que je touche aux derniers moments de ma vie,

1. Racine avait d'abord écrit : « pour fléchir. »
2. Louis Racine a omis, dans sa transcription, ce dernier membre de phrase.

a M. l'abbé de la Roque avait déjà publié ce testament olographe aux pages 183-186 de la *Vie de Jean Racine* qui est en tête de ses *Lettres inédites de Jean Racine et de Louis Racine*. « Sa famille, dit-il (*ibidem*, p. 181), garde avec un pieux respect cette précieuse pièce. » Le même testament existe après avoir recommandé mon âme à Dieu, je vous prie, mes enfants, d'accepter la disposition que je vais faire par cet acte de ma dernière volonté. Je vous exhorte de réparer par une conduite toute chrétienne les fautes que j'ai fait[es] dans votre éducation, dont je demande pardon à Dieu. Je crois que rien ne lui sera plus agréable que de vous recommander l'union et la charité entre vous, et j'espère de vos bons cœurs que vous la conserverez. Et pour vous en faciliter les moyens, je trouve à propos de vous recommander particulièrement votre sœur Jeanne-Nicole-Françoise Racine[b], à qui je donne par cet acte de ma dernière volonté la maison à moi appartenante qui a issue dans la rue de la Grande et Petite-Friperie[c], où il y avoit anciennement pour enseigne le Chat. Je la donne pour la somme de vingt-quatre mille livres, et lui substitue cettedite maison, afin qu'elle n'en puisse disposer, et qu'elle soit, après sa mort, à vous, mes trois enfants, en égale portion, savoir : à Jean-Baptiste Racine, à Madeleine Racine et à Louis Racine, lesquels pourront faire de leur part ce qu'ils voudront. Il sera donné aussi à madite fille Jeanne Racine mon coquemar d'argent, deux flambeaux d'argent avec le porte-mouchettes, deux assiettes et les deux petites jattes d'argent, n'en ayant pas besoin de davantage. Mais elle aura sa part du linge, qui sera partagé entre vous, mes enfants, en cinq lots[d]. Si lors de ma mort je me trouve avoir de l'argent à ma chère Jeanne Racine ou de quelque remboursement à elle fait, ou de ce que j'aurai touché pour elle de son bien suivant les arrêtés que je fais à la fin de chaque année de la recette et dépense sur le registre que je tiens pour elle, il lui sera donné et payé, lui étant dû. Si elle se trouve de l'argent à placer, que ce soit par votre avis, vous, mon fils aîné, et le vôtre, ma fille Madeleine Racine, afin que tous deux [vous preniez[e]] soin d'elle. Madite fille Jeanne Racine jouira et[f] sa part et portion de

aussi, écrit tout entier de la main de Mme Racine, à l'étude de Mᵉ Defresne, qu a été autrefois celle de Mᵉ Sellier. C'est en cette étude que nous avons pu en prendre la copie d'après laquelle nous le donnons ici. Les différences que l'on trouvera entre notre texte et celui de M. l'abbé de la Roque sont extrêmement légères et insignifiantes. Jean-Baptiste Racine avait déposé, le 17 novembre 1732, chez Mᵉ Sellier le testament de sa mère.

[b] Voyez, au tome I, la *Notice biographique*, p. 169 et 170.

[c] Deux rues situées dans le quartier des Halles, à Paris.

[d] La seconde et la troisième fille de Racine, Anne et Élisabeth, depuis longtemps religieuses, sont exclues de ce partage. Elles le sont également, ainsi que leur sœur aînée (Marie-Catherine, mariée à M. de Moramber), du partage qui sera fait de la valeur de la maison après la mort de Jeanne.

[e] Ces mots ont été omis dans l'original.

[f] Il y a bien ainsi *et* dans l'original.

la pension qu'il a plu au roi Louis quatorze de me donner, à moi et à mes enfants, et cela en la manière qu'elle sera payée. J'espère de vous, mes enfants, l'exécution de cette dernière volonté. Et vous, mon fils ainé, vous devez servir de père à votre sœur, et à cet effet je vous fais exécuteur de ce présent testament, avec ma fille Madeleine Racine, qui lui servira de mère, afin que par vos bons soins à tous votredite sœur ne manque de rien, et que son bien ne soit point dissipé, et qu'il vous soit à tous conservé avec honneur pour vous et pour la mémoire de votre père. Je souhaite d'être enterrée sans aucune tenture et avec le petit chœur et la petite sonnerie, et douze enfants gris avec des flambeaux, la messe dite sur mon corps; et après, être mise avec votre père, que j'ai fait inhumer derrière le chœur de Saint-Étienne sous la tombe de M. de Bois Rogé et de M. Thomas du Fossé, à côté gauche de la tombe de M. Pascal, en regardant l'autel de la Vierge; qu'il me soit dit le jour de ma mort, ou le lendemain de mon décès, douze messes pour le repos de mon âme; et si je mourois hors Paris, je serai enterrée où Dieu aura disposé de moi. Je ne veux que six cierges autour de mon corps, et autant sur l'autel. Je donne deux cents livres aux pauvres de Saint-Étienne, savoir : cent livres aux pauvres honteux et cent livres aux pauvres malades. Priez Dieu, mes enfants, de me pardonner toutes mes fautes, et oubliez tous les mauvais exemples que je vous ai donnés. Fait à Paris, ce sept février mil sept cent vingt-sept.

CATHERINE DE ROMANET.

Signé et paraphé au desir de l'acte déposé, passé devant les notaires soussignés, cejourd'hui dix-sept novembre mil sept cent trente-deux.

RACINE.

HUERNE.   SELLIER.

NOTICE BIBLIOGRAPHIQUE

NOTICE BIBLIOGRAPHIQUE.

I°

OUVRAGES DE RACINE.

I. — MANUSCRITS.

A. POÉSIES.

1. *Le Paysage, ou les Promenades du Port-Royal des Champs* (voyez au tome IV, p. 19-43, et ci-après aux *Additions et corrections*, p. 434).

Un manuscrit des sept odes réunies sous ce titre appartient à M. Auguste de Naurois. Il est de la main de Louis Racine, et se trouve dans un cahier in-folio, sur la première page duquel on lit : « Vers françois et latins que mon père fit très-jeune étant à Port-Royal, ou peu de temps après. » Nous avons dit à la page 19 du tome IV que M. Auguste de Naurois l'avait fait collationner pour nous avec le texte de l'édition de 1808. Depuis il a bien voulu mettre le manuscrit sous nos yeux. Nous y avons trouvé trois petites variantes, dont une au titre même, qui avaient échappé à la première collation, et que nous ferons connaître ci-après dans nos *Additions et corrections*.

2. *La Renommée aux Muses* (voyez au tome IV, p. 71-78).

Dans le cahier dont nous avons parlé à l'article précédent, est une copie de cette pièce. Nous donnons ci-après, p. 434, dans les *Additions et corrections*, trois variantes que nous avons tirées de cette copie lorsqu'elle nous a été communiquée.

3. *Hymnes traduites du Bréviaire romain.*

Nous avons, au tome IV, p. 112, 118, 120, 127, 128 et 130, cité les manuscrits, réputés autographes, de six d'entre ces hymnes, qui sont celles de mardi à matines, de jeudi à matines, de jeudi à laudes, de samedi à laudes, de lundi à vêpres. Le premier et le cinquième manuscrit (mardi à matines, et lundi à vêpres) sont conservés au *British Musæum*; les autres appartiennent à des bibliothèques particulières que nous avons indiquées aux pages 118, 120, 127 et 130. Nous savons qu'il en existe d'autres encore entre les mains de quelques personnes; mais nous avons dit, à la page 101 du même tome IV, que l'authenticité de ces manuscrits nous paraît difficile à admettre.

4. *Ode tirée du psaume* XVII (voyez au tome IV, p. 138-144). — Ms autogr. de Racine. B. I.[1], Acq. nouv. fr., n° 160.

A la page 138 du tome IV, dans la *Notice* qui est en tête de l'*Ode*, nous avons parlé de ce manuscrit autographe, qui n'avait pu être retrouvé à la Bibliothèque impériale dans le temps où nous imprimions notre texte. Les recherches qui ont été faites depuis ont eu un heureux succès. Le manuscrit nous a été communiqué; nous en avons comparé le texte avec celui que nous avions donné d'après l'édition de 1808 : il y est entièrement conforme.

5. *Cantique spirituel. A la louange de la Charité* (voyez au tome IV, p. 148-152). — Ms autogr. de Racine. B. I., tome II, f. 101 et 102.

6. Épigramme *Sur l'Aspar de M. de Fontenelle* (voyez au tome IV, p. 183-185). — Copie dans un manuscrit de Henri Besset de la Chapelle (B. I.). — Autre copie dans le manuscrit de Tralage, à la bibliothèque de l'Arsenal.

7. Épigramme *Sur la* Judith *de Boyer* (voyez au tome IV, p. 189 et 190). — Copie dans le manuscrit de Tralage, à la bibliothèque de l'Arsenal.

8. *Petites pièces en vers de la première jeunesse de Racine* (voyez au tome IV, p. 199-222, *Premier appendice*).

Dans le cahier manuscrit de Louis Racine déjà mentionné (voyez ci-dessus les articles 1 et 2) se trouvent les copies de treize d'entre ces quinze pièces françaises ou latines, savoir : 1° *Billet en vers à Antoine Vitart* (p. 199-202) ; — 2° *Autre billet à Antoine Vitart* (p. 202 et 203) ; — 3° *Madrigal* (p. 205) ; — 4° *Chanson* (p. 206) ; — 5° *Chanson* (p. 206 et 207) ; — 6° *Chanson* (p. 207) ; — 7° *Réponse à un poulet* (p. 207 et 208) ; — 8° *Ad Christum* (p. 208-210) ; — 9° *Joannes Racine cognato suo carissimo Vitart* (p. 215 et 216) ; — 10° *Laus hiemis* (p. 217 et 218) ; — 11° *In avaritiam* (p. 219 et 220) ; — 12° *In avarum* (p. 220-222) ; — 13° *De morte Henrici Montmorancii* (p. 222).

9. *Épigrammes et autres petites pièces attribuées à Racine* (voyez au tome IV, p. 223-251, *Second appendice*).

---

1. Par les initiales B. I. nous désignons, dans cette *Notice bibliographique*, les manuscrits de Racine conservés à la Bibliothèque impériale, et qui ont été donnés par Louis Racine à cette bibliothèque. Ils sont presque tous réunis en deux tomes, dont le premier a le numéro 12886, et le second le numéro 12887 (Fonds français). Pour toutes les pièces qui sont dans ce *Recueil* nous indiquerons toujours le tome et les feuillets.

Nous avons donné, d'après des copies manuscrites, deux de ces pièces :
1° *Vers sur la signature du Formulaire* (p. 223-235). Ancienne copie ayant appartenu à M. Jacobé de Naurois. 2° *Contre Richelieu, détracteur* d'Iphigénie (p. 236 et 237). Copie dans le manuscrit de Tralage, à la bibliothèque de l'Arsenal.

B. OUVRAGES EN PROSE[1].

1. *Épître dédicatoire de* la Thébaïde. *A Monseigneur le duc de Saint-Aignan.* — *Épître dédicatoire* d'Andromaque. *A Madame.* — *Épître dédicatoire de* Britannicus. *A Monseigneur le duc de Chevreuse.*

Voyez au tome I, p. 389, note 1; au tome II, p. 30, note 1; et *ibidem*, p. 239, note 1. Nous avons, dans ces trois endroits auxquels nous renvoyons, nommé les possesseurs des manuscrits de ces *Épîtres*, et dit pour quelle raison nous admettrions difficilement qu'ils fussent de la main de Racine.

2. *Plan du premier acte* d'Iphigénie en Tauride (voyez au tome IV, p. 3-14). — Ms autogr. de Racine. B. I., tome II, f. 94-97.

3. *Préface pour une édition des deux lettres à l'auteur des* Imaginaires, *etc.* (voyez au tome IV, p. 271-276). — Ms autogr. de Racine. B. I., tome II, f. 104 et 105.

4. *Lettre à l'auteur des* Hérésies imaginaires *et des deux* Visionnaires (voyez au tome IV, p. 277-289).

Nous avons signalé aux pages 266 et 267 du tome IV deux copies manuscrites de cette lettre, l'une dans un volume de *Mélanges* qui appartient à la bibliothèque de l'Arsenal, l'autre parmi les manuscrits de la bibliothèque de Troyes (liasse n° 2337).

5. *Discours prononcé à l'Académie françoise à la réception de M. l'abbé Colbert* (voyez au tome IV, p. 351-356). — Ms autogr. de Racine. B. I., tome II, f. 98-100.

Ce manuscrit est un brouillon du discours. Il nous a fourni plusieurs premières leçons, que nous avons fait connaître dans les notes au bas des pages.

A la page 350 du tome IV, nous avons parlé d'un autre manuscrit du même discours, petit in-4 de 5 pages et un tiers, appartenant à la bibliothèque de M. Cousin. Quoiqu'il semble, au premier aspect, être de la main de Racine, nous avons dit pourquoi nous en croyons l'authenticité douteuse.

6. *Abrégé de l'histoire de Port-Royal. Seconde partie* (voyez au tome IV, p. 500-588). — Ms autogr. de Racine et de Boileau. B. I., tome II, f. 125-155.

---

[1]. Nous réservons les *Lettres* pour une division à part, qu'on trouvera ci-après (p. 368, lettre *C*), et dans laquelle nous avons mêlé à ces lettres celles des correspondants de Racine.

Les feuillets 138, 139 et 140 sont de la main de Boileau; tous les autres ont été écrits par Racine. Quelques-uns de ces feuillets donnent plusieurs rédactions des mêmes passages; ce sont évidemment des brouillons. Deux feuillets d'un semblable brouillon, appartenant également à la *Seconde partie*, se trouvent à la bibliothèque du Louvre; ce sont les feuillets 125 et 126 d'un recueil manuscrit, acquis à la vente de Germain Garnier, et coté F. 328 : voyez aux pages 378 et 379, 566-570 de notre tome IV. Un autre feuillet manuscrit existe dans une collection particulière : voyez ci-après, aux *Additions et corrections*, p. 435.

7. *Notes relatives à l'histoire de Port-Royal* (voyez au tome IV, p. 589-597). — Ms autogr. de Racine. B. I., tome II, f. 116 et 117, 119-122.

8. *Diverses particularités concernant Port-Royal* (voyez au tome IV, p. 599-608). — Ms autogr. de Racine. B. I., tome II, f. 110-115.

Une copie de ces *Particularités* se trouve parmi les manuscrits de la bibliothèque de Troyes (liasse n° 2337) : voyez aux pages 599 et 600 de notre tome IV.

9. *Mémoire pour les religieuses de Port-Royal des Champs* (voyez au tome IV, p. 615-625). — Ms autogr. de Racine. B. I., tome II, f. 106-109.

Ce manuscrit autographe de la Bibliothèque impériale se compose de deux brouillons différents du même *Mémoire*, qui sont l'un aux feuillets 106 et 107, l'autre aux feuillets 108 et 109 (par erreur, dans le ms, f. 208 et 209). Il en existe un autre à la bibliothèque du Louvre, aux feuillets 117 et 118 du manuscrit dont nous venons de parler ci-dessus, article 6 : voyez aux pages 611 et 612 de notre tome IV.

10. *Épitaphe de C. F. de Bretagne, demoiselle de Vertus* (voyez au tome V, p. 3 et p. 6-11). — Ms autogr. de Racine, B. I., tome II, f. 123.

Une copie de cette épitaphe se trouve parmi les manuscrits de la bibliothèque de Troyes (liasse n° 2337). Voyez à la page 8 de notre tome V.

11. *Explications de médailles* (voyez au tome V, p. 17-60).

Registre manuscrit de l'Académie des inscriptions. Ce registre, commencé en 1694, nous a permis d'attribuer à Racine l'explication de cinq des médailles sur les principaux événements du règne de Louis le Grand, et aussi de faire connaître les devises qu'il a proposées dans quelques-unes des séances de la Compagnie.

12. *Fragments et notes historiques* (voyez au tome V, p. 63-198). — Ms autogr. de Racine. B. I., tome II, f. 156-234.

Les feuillets 198-201 contiennent des écrits que nous n'avons pas dû ranger dans les *Fragments et notes historiques* (voyez, ci-après, les articles 15, 16 et 17). — Parmi les *Fragments et notes historiques*, les articles que nous avons placés sous les numéros XLIII-L (voyez au tome V, p. 170-179) ne se trouvent plus aujourd'hui dans le manuscrit.

13. *Remarques sur* Athalie (voyez au tome V, p. 205-212). — Ms autogr. de Racine. B. I., tome II, f. 89 et 90.

14. *Port-Royal et Filles de l'enfance* (voyez au tome V, p. 212-215). — Ms autogr. de Racine. B. I., tome II, f. 91 et 92.

15. *Extrait des neuvièmes difficultés* (voyez au tome V, p. 216-218). — Ms autogr. de Racine. B. I., tome II, f. 200.

16. *Accusations contre les PP. Bénédictins* (voyez au tome V, p. 219 et 220). — Ms autogr. de Racine. B. I., tome II, f. 201.

17. *Extrait des registres du Parlement* (voyez au tome V, p. 221-227). — Ms autogr. de Racine. B. I., tome II, f. 198 et 199.

Le titre que nous avons donné à ces notes n'est point dans le manuscrit de Racine; mais il nous a paru évident qu'il les avait tirées du *Registre du conseil secret* de l'année 1663. Ce registre in-folio est conservé aux Archives de l'Empire, où il est coté K — XI A 8393 : voyez à la page 221 de notre tome V, note 1.

18. *Extrait du livre intitulé* Concordia Rationis et Fidei *seu* Alnetanæ quæstiones. — Ms autogr. de Racine. B. I., tome II, f. 79-82.

Aux pages 227-229 de notre tome V nous nous sommes borné à mentionner cet *Extrait*, à en donner une idée, et à expliquer les raisons qui nous ont décidé à ne pas le reproduire.

19. *Fragments de la* Poétique *d'Aristote* (voyez au tome V, p. 477-489). — Ms. autogr. de Racine. B. I.

Cette traduction de fragments de la *Poétique* se trouve aux marges d'un volume petit in-folio, que possède la Bibliothèque impériale, et qui a pour titre : *Petri Victorii Commentarii in librum Aristotelis* de Arte poetarum, 2ª *editio, Florentiæ, in officina Juntarum,* 1573 : voyez au tome V, p. 432 et 433.

20. *Extrait du traité de Lucien :* Comment il faut écrire l'histoire (voyez au tome V, p. 435 et p. 493-499). — Ms autogr. de Racine. B. I., tome II, f. 21-29.

21. *Extrait de Denys d'Halicarnasse sur la manière d'écrire l'histoire* (voyez au tome V, p. 435 et p. 500 et 501). — Ms autogr. de Racine. B. I.

Ce manuscrit a été intercalé, certainement par erreur, dans l'*Extrait de Lucien* mentionné à l'article précédent.

22. *La Vie de Diogène le Cynique* (voyez au tome V, p. 436 et p. 505-531). — Ms autogr. de Racine. B. I., tome II, f. 2-19.

23. *Des Esséniens* (voyez au tome V, p. 437 et p. 532-558). — Ms autogr. de Racine. B. I., tome II, f. 31-52.

24. *Lettre de l'Église de Smyrne* (voyez au tome V, p. 437 et p. 559-571). — Ms autogr. de Racine. B. I., tome II, f. 53-60.

25. *Vie de saint Polycarpe* (voyez au tome V, p. 437 et p. 572-575). — Ms autogr. de Racine. B. I., tome II, f. 61 et 62.

26. *Extrait d'une lettre de saint Irénée à Florin* (voyez au tome V, p. 437 et p. 576 et 577). — Ms autogr. de Racine. B. I., tome II, f. 62 et 63.

27. *Épître de saint Polycarpe aux Philippiens* (voyez au tome V, p. 437 et 438 et p. 578-583). — Ms autogr. de Racine. B. I., tome II, f. 63-67.

28. *De saint Denys, archevêque d'Alexandrie, et des saints martyrs d'Alexandrie* (voyez au tome V, p. 438 et p. 584-598). — Ms autogr. de Racine. B. I., tome II, f. 69-77.

29. *Remarques sur les* Olympiques *de Pindare* (voyez au tome VI, p. 3 et 4 et p. 9-55). — Ms autogr. de Racine. B. I., Fonds fr., n° 12890.

Ce manuscrit fait partie d'un cahier de format in-8, relié dans un cartonnage vert. Les *Remarques sur les* Olympiques y ont 57 pages; elles y sont précédées de 50 pages (ayant une pagination à part) d'extraits de Virgile, d'Horace, de Pline l'ancien, et de Cicéron.

30. *Remarques sur l'Odyssée d'Homère* (voyez au tome VI, p. 3 et 4 et p. 56-164). — Ms autogr. de Racine. B. I., Fonds fr., n° 12891.

Ce manuscrit, de 126 pages, est relié en un cahier in-8, dont le cartonnage est vert, comme celui dont nous avons parlé à l'article précédent.

31. *Note de Racine, contenant quelques dispositions testamentaires* (voyez au tome VII, p. 355 et 356). — Ms autogr. de Racine. B. I., tome I, f. 270.

32. *Testament de Racine* (voyez au tome VII, p. 356 et 357). — Ms autogr. de Racine. B. I., tome I, f. 269.

C. LETTRES.

LETTRES DE RACINE ET DE SES CORRESPONDANTS.

(Voyez au tome VI, p. 363-610, et au tome VII, p. 3-309.)

Nous avons déjà dit ci-dessus, p. 365, note 1, que nous ne séparons pas ici des lettres de Racine celles qui lui ont été adressées, de même que nous ne les

NOTICE BIBLIOGRAPHIQUE.

avons pas séparées dans notre *Recueil*. Le texte de la plupart de ces lettres[1] a été donné par nous d'après les manuscrits originaux ou d'après d'anciennes copies, que nous allons énumérer :

1. *Manuscrits autographes.*

1° B. I., tome I : Lettres 1, 2, 4, 5, 6, 7, 8, 10, 11, 14, 15, 16, 17, 18, 21, 22, 23, 24, 25, 26, 27, 28, 29, 30, 31, 32, 33, 34, 36, 39, 40, 41, 53, 62, 66, 69, 70, 71, 72, 73, 74 (à la note 6 de cette lettre nous avons cité un court billet de Racine à Boileau, dont l'autographe, provenant du cabinet de M. Huillard, a été vendu le 14 février 1870 : voyez ci-après, aux *Additions et corrections*, p. 443), 75, 76, 77, 78, 80 (autre manuscrit, réputé autographe, qui a appartenu à M. Huillard : voyez ci-après, aux *Additions et corrections*, p. 443 et 444), 87, 88, 89, 90, 91, 93, 94, 95 (autre manuscrit, réputé autographe, qui a appartenu à M. Cousin : voyez ci-après aux *Additions et corrections*, p. 444), 96, 97, 98 (en outre une copie à la bibliothèque de Troyes, liasse n° 2337), 99, 100, 101, 102 (autre manuscrit, réputé autographe, appartenant à M. Chambry), 103 (autre manuscrit, réputé autographe, qui a passé en 1847 à la vente faite par M. Charon, les 14-17 mai : voyez ci-après, aux *Additions et corrections*, p. 444 et 445), 104, 105 (autre manuscrit, réputé autographe, appartenant à M. le marquis de Biencourt), 106, 107, 108, 110 (autre manuscrit, réputé autographe, appartenant à M. Boutron-Charlard), 111, 113, 114, 116, 117, 119, 120, 121 (autre manuscrit, réputé autographe, appartenant à M. Feuillet de Conches; la lettre y a une fin qui n'est pas dans le manuscrit de la Bibliothèque impériale), 122, 123, 124, 125, 126, 128 (autre manuscrit, réputé autographe, appartenant à M. Boutron-Charlard), 129, 132 (autre manuscrit, réputé autographe, au *British Musæum*), 133, 134, 135, 142, 144, 145, 148, 150, 151, 152, 153, 157, 159, 160, 161, 162, 164, 165, 166 (cet autographe est un simple brouillon), 167, 168, 169, 170, 171, 172, 173, 174, 175, 176, 177, 178, 179, 180, 181, 182, 184, 185, 186, 187, 188, 189, 190, 191 (en outre une copie à la bibliothèque de Troyes, liasse n° 2337), 192, 193, 195, 196.

---

1. Les seules lettres à excepter sont au nombre de dix-neuf, parmi lesquelles il y en a douze de Racine : ce sont les *lettres* 13, 50, 52, 54, 56, 63, 79, 82, 85, 112, 115, 127, 137, 146, 147, 155, 158, 183, 194; dans ce nombre il n'en est presque aucune dont le manuscrit autographe n'ait été sous les yeux de tel ou tel des éditeurs qui nous ont précédés. Ces éditeurs ont-ils toujours reproduit les originaux d'une manière bien complète et sans modification ? C'est, pour plusieurs de nos devanciers, ce que la comparaison des manuscrits qui nous restent avec le texte qu'ils en ont donné ne nous permet pas de supposer.

2° B. I., autographes réservés pour être exposés en montre : LETTRES 67 et 156.

3° Bibliothèque du Louvre : LETTRES 9 et 118.

4° Manuscrits autographes conservés à la Ferté-Milon : LETTRES 3, 38, 49, 55, 57, 59, 60, 81, 83, 84, 149, 154.

5° Manuscrits autographes conservés à Soissons : LETTRES 12, 19, 37, 43, 44, 47, 48, 58, 109, 140, 163.

6° Bibliothèque de la ville de Laon : LETTRE 136.

7° Bibliothèque de Troyes (liasse n° 2240) : LETTRE 140.

8° Cabinet de M. Jules Boilly : LETTRE 45.

9° Cabinet de M. Boutron-Charlard : LETTRES 46, 65, 141.

10° Cabinet de M. Rathery : LETTRE 51.

11° Cabinet de M. le marquis de Biencourt : LETTRES 61, 92.

12° Cabinet de M. Dubrunfaut : LETTRES 64, 68.

13° Cabinet de M. Auguste de Naurois : LETTRE 86.

2. *Copies.*

LETTRE 20 (de la main de Louis Racine; appartenant à M. Auguste de Naurois).

LETTRE 35 (*de même*).

LETTRE 42 (appartenant à la bibliothèque de Troyes : voyez ci-après, aux *Additions et corrections*, p. 441-443, le texte de cette lettre d'*Agnès de Sainte-Thècle à Racine*, rétabli d'après la copie de Troyes).

LETTRES 130, 131, 138, 139 (copies dans les *Journaux manuscrits de Port-Royal* conservés à la bibliothèque de Klarenburg).

LETTRES DE DIVERS A DIVERS.

Ces lettres forment un *Appendice* à la *Correspondance de Racine* (voyez ci-dessus, aux pages 311-352 de ce tome VII). Ont été données d'après les autographes les lettres suivantes (les numéros sont ceux de l'*Appendice*) :

LETTRES 1 (B. I.), 8 (à M. L. de Veydt), 19, 20, 21, 22, 23 (à M. Auguste de Naurois).

Ont été données d'après des copies les lettres suivantes :

LETTRES 2, 3, 4 (à la bibliothèque de Troyes, liasse n° 2337).

Les lettres de *divers à divers* qui n'ont été données ni d'après des autographes, ni d'après des copies, sont les suivantes :

LETTRES 5, 6, 7, 9, 10, 11, 13, 14, 15, 17 (tirées du *Port-Royal* de Sainte-Beuve, *Appendice* du tome VI), 12, 18 (tirées du *Recueil* de Louis Racine), 16 (tirée des *OEuvres de Boileau*, édition de Berriat-Saint-Prix, tome IV, p. 311 et 312).

D. LIVRES ANNOTÉS.

(Voyez au tome VI, p. 167-360.)

Des notes, dont nous avons recueilli les plus intéressantes aux pages ci-après indiquées du tome VI, ont été écrites de la main de Racine sur les marges des ouvrages suivants :

Le Livre de Job (p. 177-192), au tome III (le relieur en a fait le tome V) de la Bible d'Antoine Vitré (Biblia sacra vulgatæ editionis, 8 volumes in-12, 1651 et 1652). B. I. Ce tome est relié en parchemin.

— Saint Basile (p. 193 et 194), dans un cahier in-4, relié dans un cartonnage blanc, où Racine a transcrit des Extraits de saint Basile le Grand. B. I., Fonds fr., n° 12889.

Ces Extraits et les notes qui les accompagnent paraissent être du temps où Racine étudiait à Port-Royal.

— Iliade d'Homère (p. 195-211). Homeri Ilias, id est, de rebus ad Troiam gestis. Typis regiis, Parisiis, M.D.LIIII, apud Adr. Turnebum..., in-8. B. I. Au-dessous du titre est la signature de Racine.

— Odes de Pindare (p. 212-217). Pindari Olympia, Pythia, Nemea, Isthmia.... Salmurii, ex typis Petri Piededii, anno M.D.C.XX, in-4. B. I.

Cette édition est celle de Jean Benoît. Sur le feuillet du titre est la signature de Racine.

— Tragédies d'Eschyle (p. 218-221). 1° Αἰσχύλου Προμηθεὺς δεσμώτης, Ἑπτὰ ἐπὶ Θήβας..., etc. Parisiis, ex officina Adriani Turnebi..., M.D.LII. Typis regiis, in-8. Bibliothèque de Mgr le duc d'Aumale. Notes toutes explicatives, toutes en grec, sur les marges du Prométhée et des Sept chefs. — 2° Æschyli Tragœdiæ septem, cum.... commentario Thomæ Stanleii. Londini..., M.DC.LXIII, in-folio. Bibliothèque de Toulouse. Notes sur les marges des Choéphores. Sur le feuillet du titre est la signature de Racine.

— Tragédies de Sophocle (p. 222-252). 1° Sophoclis Tragœdiæ septem.... Excudebat Paulus Stephanus, anno M.DC.III, in-4. Bibliothèque de Toulouse. Notes peu nombreuses. — 2° Sophoclis Tragœdiæ septem.... Venetiis, in Aldi Romani Academia..., M.D.II, in-8. B. I. Notes sur Ajax, Électre, OEdipe roi. La signature de Racine est au bas du feuillet du titre. — 3° Σοφοκλέους Τραγῳδίαι.... Typis regiis, Parisiis, M.D.LIII, apud Adrianum Turnebum..., in-4. B. I. Notes sur Ajax, Électre, Philoctète, OEdipe à Colone, les Trachiniennes, et sur la Vie de Sophocle, qui est en tête du volume.

— Tragédies d'Euripide (p. 253-265). 1° Εὐριπίδου Τραγῳδίαι ἑπτακαίδεκα. *Venetiis, apud Aldum...*, M.D.III, en 2 volumes in-8. B. I. Notes sur *Médée, Hippolyte, les Bacchantes*. — 2° *Euripidis Tragœdiæ quæ exstant, cum latina Gulielmi Canteri interpretatione.... Excudebat Paulus Stephanus, anno M.DC.II, Coloniæ Allobrogum* (2 tomes in-4 en un volume). Bibliothèque de Toulouse. Notes sur *les Phéniciennes, Hippolyte, Iphigénie en Aulide, Ion, Électre*. Sur le feuillet du titre est la signature de Racine.

— OEuvres de Platon (p. 266-285). 1° *Platonis omnia Opera.... Basileæ, apud Joan. Valderum..., anno M.D.XXXIII*, in-fol. B. I. Notes nombreuses, les unes en latin, les autres en français, sur la plupart des dialogues, et sur les *Commentaires de Proclus*, qui sont à la fin du volume. La signature de Racine est sur le feuillet du titre. — 2° *Platonis augustiss. philosophi omnia quæ exstant Opera, græce et latine, ex nova Joannis Serrani interpretatione* (édition de Henri Estienne, 1578, 3 volumes in-folio). Bibliothèque de Toulouse. Notes sur le livre VI de la *République*.

— OEuvres d'Aristote (p. 286-290). 1° *Aristotelis de moribus ad Nicomachum libri decem.... Parisiis, M.D.LX, apud Guil. Morelium, in Græcis typographum regium. Typis regiis*, in-4. B. I. Notes, les unes en latin, les autres, moins nombreuses, en français, sur les quatre premiers livres des *Éthiques à Nicomaque*. La signature de Racine est sur le premier feuillet. — 2° *Aristotelis de Poetica libellus*, dans le volume intitulé : *Dan. Heinsii de Tragœdiæ constitutione liber.... Lugd. Batav., ex officina elseviriana, M.DC.XLIII*, in-12. B. I. Notes sur la *Poétique*. Au bas du feuillet du titre est la signature de Racine.

— OEuvres de Plutarque (p. 291-319). 1° *Les Vies parallèles*, édition de Philippe Junta, Florence, 1517 (texte grec), in-folio. B. I. Notes de Racine sur toutes les *Vies*. Au bas de l'épître de Junta à Marcelle Virgile, qui est en tête du volume, on lit de la main de Racine : *Joannes Racine*, 1655. Nous avons fait remarquer à la note 1 de la page 291 que le *Catalogue de la bibliothèque de M. Aimé-Martin*, Paris, Techener, 1847, signale, sous le n° 1093, un autre exemplaire de la même édition des *Vies* de Plutarque, avec la signature et des notes de Racine. — 2° Les mêmes, traduites par Amyot, Paris, 1558, in-folio. Bibliothèque de Versailles (voyez ci-après, aux *Additions et corrections*, p. 439). Notes peu nombreuses. — 3° *Les OEuvres morales, Plutarchi.... varia scripta quæ* MORALIA *vulgo dicuntur. Basileæ, per Eusebium Episcopium, et Nicolai Fr. hæredes, M.D.LXXIIII*, in-folio. B. I. Sur le feuillet du titre Racine a écrit : *Joannes Racine, cœptum* 29 *maii* 1656.

— OEuvres de Lucien (p. 320-322). Racine a écrit des notes sur le traité : *Comment il faut écrire l'histoire*, dans le volume intitulé : *Luciani Samosatensis philosophi Opera omnia quæ exstant.... Lutetiæ*

Parisiorum, apud Julianum Bertault..., M.DC.XV, in-folio. Bibliothèque de Toulouse. Ces notes ont une grande ressemblance avec l'*Extrait* que nous avons donné au tome V, p. 493-499 (voyez ci-dessus, p. 367, article 20).

— *Virgile* (p. 323). *Extraits* des livres I, III et IV des *Géorgiques*, au commencement du cahier qui contient les *Remarques sur les* Olympiques *de Pindare* (voyez ci-dessus, p. 368, article 29). B. I.

— *OEuvres d'Horace* (p. 324-328). 1º *Quintus Horatius Flaccus....* *Lugd. Batav., ex officina Elseviriorum...*, M.DC.LIII (édition de Daniel Heinsius), petit in-8. Bibliothèque de M. le duc de Broglie. Notes de Racine assez nombreuses, mais fort courtes. — 2º *Extraits* d'Horace, appartenant à seize des vingt-deux premières odes du livre I, dans le cahier qui contient les *Remarques sur les* Olympiques *de Pindare* (voyez ci-dessus, p. 368, article 29). B. I.

— *OEuvres de Cicéron* (p. 329-333). 1º *M. Tullii Ciceronis Opera. Ex Petri Victorii castigationibus. Lugduni, apud Seb. Gryphium,* 1540, 9 volumes in-8. B. I. Notes de Racine au tome I, sur l'*Invention*, le livre I des *Dialogues de l'Orateur* (de Oratore), et l'*Orateur* (Orator). Sur la page du titre est la signature de Racine. — 2º *M. Tullii Ciceronis Rhetoricorum secundus tomus. Apud Seb. Gryphium, Lugduni,* 1646, in-16. Ce volume a fait partie d'une vente de livres faite en 1868 par M. Brunet. Il porte le nº 158 dans la première partie de son Catalogue. Racine y a mis sa signature, et y a annoté quelques passages des livres I et II des *Dialogues de l'Orateur* et du *Brutus*. — 3º *M. Tullii Ciceronis Epistolæ ad Atticum.... Paulus Manutius Aldi F., Venetiis,* 1540, in-8 (nous ignorons dans quelle bibliothèque se trouve aujourd'hui ce volume, qui est décrit dans une *Notice des livres* ayant appartenu à Mlle des Radrets : voyez à la page 173 de notre tome VI). Notes de Racine et de son fils Jean-Baptiste. Sur la couverture de cet exemplaire est écrit : *Joannes Racine decimo quinto Cal. Jan.* 1689, et sur le feuillet du titre : *Joannes Racine.* — 4º *Extraits* des livres I et II des *Lettres à Atticus*, dans le cahier qui contient les *Remarques sur les* Olympiques *de Pindare* (voyez ci-dessus, p. 368, article 29). B. I.

— *Tite Live* (p. 334 et 335). Racine a écrit quelques notes sur des passages des livres XXIV et XXV ; elles se trouvent sur le recto d'un seul feuillet. B. I., tome II, f. 197. L'édition de Tite-Live qu'il avait sous les yeux est celle de Francfort, 1578 (*Francoforti ad Mænum, apud Joannem et Sigismundum Feyerabendt*, M.D.LXXVIII).

— *Sénèque* (voyez ci-après, aux *Additions et corrections*, p. 439 et 440). Notes de Racine sur les marges du tome I de l'édition des Elzévirs (Leyde, 1649, 4 volumes in-12). B. I.

— *Tacite* (p. 336). *Extraits* des *Annales* et des *Histoires*. Ces *Ex-*

traits se trouvent dans un cahier in-4, relié dans un cartonnage blanc. B. I., Fonds fr., n° 12888. En tête des *Extraits* Racine a écrit : *Taciti sententiæ illustriores. Excerptæ anno* 1656. R. (*Racine*). Il y a sur les marges quelques notes, dont les unes sont en latin, les autres, plus rares, en français.

— *Quintilien* (p. 337). Dans la seconde partie du même cahier in-4 (B. I.) où sont les *Extraits de Tacite*. Ceux-ci ont 209 pages ; ceux de Quintilien 255 pages. Racine en a marqué la date dans ce titre : *Quintiliani sententiæ illustriores. Excerptæ anno* 1656. R. Quelques notes marginales, presque toutes en latin.

— *Histoire naturelle de Pline l'ancien* (p. 338 et 339). Racine a écrit des *Extraits* de Pline l'ancien dans le cahier où se trouvent ses *Remarques sur Pindare* (voyez ci-dessus, p. 368, article 29). B. I. Ces *Extraits* appartiennent à la *Préface à Vespasien* et aux livres II, III, IV, V et VII. Il y a joint quelques notes, et traduit çà et là des passages.

— *Lettres de Pline le jeune* (p. 340 et 341). Quelques notes de la main de Racine, mêlées à des notes de la main de le Maistre, se trouvent sur les marges du volume qui a pour titre : *C. Plinii Cæcilii Secundi Epistolæ et Panegyricus, editio nova.... Lugd. Batav., apud Joannem et Danielem Elsevir, M.DC.LIII*, in-12. Bibliothèque de Mgr le duc d'Aumale. Sur le feuillet du titre est le nom de le Maistre, et au bas de la dernière page du volume la signature de Racine.

— *Histoire de la Barde* (p. 342-350). Notes de la main de Racine sur les marges du volume qui a pour titre : *Johannis Labardæi.... de rebus gallicis Historiarum libri decem.... Parisiis, apud Dionysium Thierry..., M.DC.LXXI*, in-4. Bibliothèque de M. Dubrunfaut. Ce volume porte la signature de Racine sur le feuillet du titre.

— *La Pratique du théâtre de l'abbé d'Aubignac* (p. 351 et 352). Quelques notes de Racine sur un exemplaire de la première édition (Paris, chez A. de Sommaville, M.DC.LVII, in-4). Bibliothèque de Toulouse.

— *Vaugelas. Traduction de Quinte-Curce* (p. 353-358). Racine a transcrit de sa main des *Extraits* des livres III et X du *Quinte-Curce* de Vaugelas (1re édition, 1653, in-4). Il y a joint quelques courtes remarques. B. I., tome II, f. 84-87. — Une note autographe de Racine se trouve sur un exemplaire d'une autre édition du *Quinte-Curce* de Vaugelas, publiée en 1664 à Paris chez Thomas Jolly (in-12). Cette note est à la page 313. Bibliothèque de M. Léon Duval.

— *Remarques sur l'orthographe françoise* (p. 359 et 360). Racine a écrit deux courtes remarques sur les marges d'une petite brochure in-4 qui a pour titre : *Cahiers de remarques sur l'orthographe françoise pour estre examinez par chacun de Messieurs de l'Academie* (s. l. n. d.). B. I.

II. — IMPRIMÉS.

1° — OEUVRES DÉTACHÉES.

La description détaillée des premières éditions des divers ouvrages de Racine a été donnée dans les *Notices* que nous avons consacrées à chacun d'eux. Nous nous contenterons donc ici, la plupart du temps, de rappeler les titres, en renvoyant aux volumes et aux pages où se trouve la description.

Parmi les nombreuses réimpressions récentes des pièces du théâtre de Racine, nous avons tâché de n'omettre aucune de celles qui sont accompagnées d'un travail d'éditeur. Il serait difficile que, parmi les autres, beaucoup ne nous eussent pas échappé.

Pour les traductions en langues étrangères, nous devons un certain nombre des renseignements dont nous avons fait usage à M. Alphonse Pauly, de la Bibliothèque impériale, de qui nous tenons également une bonne partie des notes sur lesquelles nous avons fait la bibliographie des *imprimés* français.

M. Ch. Marelle nous a envoyé de Berlin d'utiles informations sur les traductions allemandes.

M. Frederic Muller, libraire bibliophile d'Amsterdam, a fait la recherche des traductions hollandaises. La personne qui nous a transmis son travail est la même à qui nous sommes redevables de la bibliographie anglaise. Tous nos remercîments lui sont dus; mais elle ne nous a pas donné le droit de la nommer ici.

M. Antoine de Latour a eu l'obligeance de nous communiquer les notes sur les traductions espagnoles : il les tenait de don Eugenio Hartzenbuch, directeur de la Bibliothèque nationale de Madrid, poëte et critique éminent, et de don Cayetano Alberto de la Barrera, employé à la même bibliothèque, et auteur d'un dictionnaire, qui a été couronné, de l'art dramatique en Espagne.

Nous ne devons pas, dans nos remercîments, oublier M. Ravenel, conservateur à la Bibliothèque impériale, dont les lumières nous ont été d'un grand secours pour cette notice bibliographique, comme pour quelques autres parties de notre travail d'éditeur.

A. POÉSIES.

THÉÂTRE[1].

1. *La Thebayde ou les Freres ennemis*, 1664, in-12, tome I, p. 368 et 369, note 2. — Suivant la copie de Paris, Amsterdam, Ant. Schelte, 1698, in-12 (avec la marque du *Quærendo*).

Dans le Catalogue de la bibliothèque de M. de Soleinne (tome V, *dernière partie, Livres doubles et divers omis*, n° 240) on lit : « Le savant M. Villenave nous a assuré avoir possédé un exemplaire de *la Thébaïde* où le privilége donnait à Racine le titre d'abbé. » Nous n'avons rencontré nulle part un tel exemplaire : voyez au tome I, p. 43, note 1.

Traduction hollandaise : *Thebais of Vyandlyke Broeders*. Leiden, Wed. Prins, 1680, in-8 de 72 pages. (Traduction en vers, publiée par une société, avec cette devise sur le titre : *In magnis voluisse sat est*.) — Même traduction : *Haarlem, M. van Hulkenrov*, 1719, in-8 de IV-68 pages.

2. *Alexandre le grand*, 1666, in-12, tome I, p. 498, note 1. — Paris, Pierre Trabouillet, 1672, in-12 de 6 feuillets et de 72 pages. — Paris, Théodore Girard, 1672, in-12. (Même édition que la précédente, ne différant que par le nom du libraire.) — Suivant la copie de Paris, Amsterdam, Ant. Schelte, 1698, in-12.

Traduction allemande : *Alexander der grosse, ein Trauerspiel aus dem Französischen des Racine übersetzt*. S. l. n. d., in-8.

Imitation allemande : *Alexander in Indien, Tragödie nach Racine*

---

[1]. Dans la bibliographie du *Théâtre de Racine*, nous ne mentionnerons pas, soit ici, aux *OEuvres détachées*, soit plus loin, aux *Recueils*, à moins que pour une raison ou pour une autre la mention n'offre quelque intérêt, un certain nombre de collections où l'on a inséré, dans les unes le théâtre entier, dans d'autres un choix plus ou moins considérable, et qui pour la plupart ne se recommandent que par leur bon marché. Il nous eût été d'abord impossible, même après de longues recherches, d'indiquer toutes les collections ; puis nous n'en avons pu voir, dans les bibliothèques, que très-peu de complètes : nous ne pourrions dire le contenu de chacune d'elles. Voici les titres de celles dont nous avons rencontré plus ou moins de fragments ou parties : la *Bibliothèque dramatique*, la *Bibliothèque du foyer*, la *Bibliothèque nationale*, les *Chefs-d'œuvre de la scène française*, le *Magasin théâtral*, le *Pantheon littéraire illustré*, le *Pantheon populaire*, le *Répertoire dramatique en miniature*, le *Répertoire populaire du théâtre français*, le *Nouveau répertoire ancien et moderne de tous les théâtres de France*. Ci-après, aux *Recueils*, p. 394 et suivantes, nous marquerons celles que nous avons vues entières ou que nous connaissons par des informations exactes et précises.

bearbeitet von Chr. Schreiber, nebst beygedrucktem Original. Berlin,
1808, in-8.

Traduction hollandaise : *Alexander de groote, Treurspel, door
A. Bogaert. Amsterdam, J. Lescailje*, 1693, in-8 de 64 pages. (Traduction en vers.) — Autres éditions en 1718 (J. Lescailje et D. Rank) et en 1723 (W. Barents). Dans ces deux dernières éditions, le nom du traducteur n'est pas indiqué.

Traduction anglaise : *Britannicus and Alexander the great...,
translated.... by M' Ozell. London*, 1714, in-8. (Traduction en vers non rimés.)

3. *Andromaque*, 1668, in-12, tome II, p. 9 et 10, note 3. — Paris, Henry Loyson, 1673, in-12. — Suivant la copie de Paris, Amsterdam, Ant. Schelte, 1698, in-12. — Amsterdam, 1709, petit in-8. — Par la compagnie des libraires, 1757, in-8. — Paris, Roullet, 1809, in-8. — Paris, Fages, 1817, in-8. Autre édition en 1820. — Nouvelle édition, Paris, Hubert, 1817, in-8. — Paris, Prevot, 1838, in-16. — Avec une introduction et des notes par T. Trouillet. Paris, Delalain, 1847, in-18. Autre édition en 1866.

Traduction allemande : *Andromache, Bajazet und Iphigenie in Aulis, drey Trauerspiele von Racine, metrische Uebersetzung von Ayrenhoff. Presburg*, 1804, in-8. — Autre édition en 1805, Chemnitz, grand in-8.

Traductions hollandaises : *Andromache, Treurspel. Amsterdam, A. Magnus*, 1678, in-8 de 72 pages. (Traduction en vers de L. Meijer, qui a signé la dédicace.) — Même traduction : *De twede Druk overgezien en merkelyk verbeterd. Amsterdam, J. Lescailje*, 1715, in-8 de x-67 pages. — Même traduction, 3e édition : *Amsterdam, A. Bastiaansz*, 1723, in-8 de 72 pages. — Même traduction, 4e édition, *Amsterdam, J. Duim*, 1744, in-8 de 79 pages. — *Andromache, Treurspel, door A. L. Barbaz. Amsterdam, Uylenbroek*, 1800, 80 pages. (Traduction en vers.) — *Andromache, Treurspel. Tweede Druk. Amsterdam, Immerzeel en comp.*, 1809, in-8 de 88 pages. (On n'a pu trouver la 1re édition de cette traduction en vers de H. Tollens, dont la préface est signée T.)

Imitation anglaise (tome II, p. 27) : *The Distrest mother..., by Mr Philipps*, 1712, in-12. — Autre édition : Londres, 1749, in-12.

Traductions italiennes : *L'Andromaca, tragedia del sign. Racine, transportata dal franzese in versi italiani* (par l'abbé Conti, Riccoboni, dit *Lelio*, et Mme Riccoboni, dite *Flaminia*). Paris, J. B. Lamesle, 1725, in-8. — *Tragedie di Racine, tradotte da Stefano Egidio Petronj, e dedicate a Sua Eccellenza il conte Regnaud de S. Jean d'Angely, ministro di Stato, ec., ec. Parigi, P. Didot*, 1813, in-8. (Comprenant *Fedra* et *Andromaca*.) — *Andromaca, tragedia tradotta dal franzese di Monsieur Racine. In Bologna, per il Longhi*, sans date, in-24. (Traduction en prose.)

Traductions espagnoles : *El Astianacte, tragedia nueva. Por otro titulo :* Al amor de Madre no hay afecto que le iguale. *Por D. Joseph Cumplido* (D. Pedro de Silva i Sarmiento, frère du marquis de Santa Cruz). *Con licencia. En Madrid, en la imprenta de D. Gabriel Ramirez, año de* 1764, in-8. (Traduction libre de l'*Andromaque* de Racine.) — *Andrómaca, tragedia de M. Racine, traducida al castellano. Madrid, Imp. real,* 1789, in-8. (Tome I, p. 1, de *Poesias varias, sagradas, morales y profanas o amorosas; con dos poemas epicos en elogio del capitan general D. Pedro Cevallos*.) — *Andrómaca, tragedia en cinco actos escrita en frances por el célebre Racine, y traducida por D. M. B. de los Herreros. Madrid,* 1825, *imprenta de D. Miguel de Búrgos,* in-8. (Traduction en vers hendécasyllabes assonants.) — *Andrómaca, traducida por D. José Clavijo y Fajardo* (fin du dix-huitième siècle).

4. *Les Plaideurs*, 1669, in-12, tome II, p. 140, note 1. — Paris, G. Quinet, 1681, in-12. — Suivant la copie de Paris, Amsterdam, Ant. Schelte, 1698, in-12. — Nouvelle édition, conforme à la représentation. Paris, Barba, 1818, in-8.

Traduction allemande : *Die Rechtenden oder die Processzüchtigen. Ein Lustspiel des Herrn von Racine* (sans nom de traducteur). *Im Jahr* 1752. A la fin de la pièce : *Gedruckt bey Johann Heinrich Spieringk*.

Traduction hollandaise : *De Pleiters, Blyspel. Amsterdam, A. Magnus,* 1695, in-8 de VIII-63 pages. (Traduction en vers, de A. Bogaert, dont le nom se trouve à la dédicace.)

Traduction anglaise : *The Litigants, a comedy, translated by M. Ozell. London,* 1715, in-8.

5. *Britannicus*, 1670, in-12, tome II, p. 238, note 1. — Suivant la copie de Paris, Amsterdam, Ant. Schelte, 1698, in-12. — Paris, Fages, 1806, in-8. (Autres éditions en 1815, en 1818, en 1820 et en 1823.) — *Britannicus*. Nouvelle édition, conforme à la représentation. Paris, Barba, 1817, in-8. — Toulouse, Rey, 1819, in-8. — Paris, Delalain, 1836, in-18. — Paris, Marchant, 1840, in-8. — Paris, Hachette, 1841, in-18. (Autres éditions en 1844, en 1852 et en 1863.) — Paris, Dezobry, 1841, in-18. (Autres éditions en 1851 et en 1868.) — Paris, Maire Nyon, 1842, in-18. — Avec introduction et notes par J. Geoffroy. Paris, Delalain, 1842, in-18. (Autres éditions en 1851, en 1853, en 1857, en 1861, en 1862, en 1866, en 1868). — Paris, Belin, 1847, in-18. — Annoté par J. Geoffroy. Paris, Delalain, 1852, in-12. (Dans la *Nouvelle bibliothèque des aspirants au baccalauréat ès lettres*, publiée par Ém. Lefranc. Autre édition en 1868.) — Avec des notes et des commentaires, Paris, Le-

NOTICE BIBLIOGRAPHIQUE.

coffre, 1853, in-18. — Paris, imprimerie de Locquin, sans titre ni date, in-18.

Traduction allemande : *Britannicus, Tragödie in fünf Acten, nach Racine, übersetzt von L. Hengers, frei für die deutsche Bühne bearbeitet von Ph. Z. Müller von der Haide. Köln,* 1865, in-8.

Traductions hollandaises : *Brittannicus, Treurspel. Amsterdam, J. Lescailje,* 1693, in-8 de x-68 pages. (Traduction en vers de Joh. de Cajoncle, qui a signé la dédicace.) — Même traduction, *Amsterdam, J. Duim,* 1764, in-8 de x-68 pages. — *Brittannicus, Treurspel,* 1729. — *Brittannicus, door J. van's Gravenweert. Amsterdam, Immerzeel en comp.,* 1809, in-8 de viii-88 pages. (Traduction en vers.)

Traductions anglaises : *Britannicus and Alexander the great....* (voyez ci-dessus, p. 377, 2), *translated.... by M. Ozell. London,* 1714, in-8. (Traduction en vers non rimés.) — *Britannicus, a tragedy in five acts, translated from the french of Racine, with a critical preface by sir Brooke Boothby, baronet. London, Stockdale,* 1803, in-8. (Traduction en vers non rimés.)

Traduction italienne : *Il Britannico, tragedia trasportata dal franzese, consacrata all' Eccellenza del sig. Marchese Nicolò Maria Pallavicini. Modena, Soliani,* sans date, in-12. (Traduit par Riccoboni.)

Traductions espagnoles : *Britanico, tragedia de Juan Racine, traducida del francès por don Saturio Iguren* (Juan de Trigueros). *Madrid, don G. Ramirez,* 1752, in-8. — *Britanico, tragedia de M. Juan Racine, traducida en prosa castellana por don Saturio Iguren, y puesta en verso por don Thomas Sebastian, y Latre. Zaragoca, Moreno,* 1764, in-4. — *El primer crimen de Neron, tragedia en cinco actos y en verso, arreglada al teatro Español por D. Wenceslao Hyguals de Yzco. Barcelona, imprenta de J. Cherta y C^a,* 1830, in-8. (Traduction en vers hendécasyllabes assonants.)

6. *Bérénice,* 1671, in-12, tome II, p. 347 et 348, note 2. — Amsterdam, Ant. Schelte, 1698, in-12.

Traductions hollandaises : *Berenice, Treurspel. Amsterdam, A. Magnus,* 1684, in-8 de viii-63 pages. (Traduction en vers, publiée par une société, avec la devise : *In magnis voluisse sat est.*) — Même traduction, *Amsterdam, J. Duim,* 1735, in-8 de viii-63 pages. — *Berenice, Treurspel, door C. de Rye,* in-8. (Traduction manuscrite, vendue à Leide en 1774, et mentionnée dans le catalogue de la bibliothèque de M. Van der Marck.)

Traduction italienne : *Berenice, tragedia di M. Rasino, tradotta e rappresentata da' sig. Cavalieri del collegio Clementino in Roma nel carnevale dell' anno M.DC.XCIX.* Rome, 1699, in-12. (Traduction en prose.)

7. *Bajazet*, 1672, in-12, tome II, p. 453, note 1. — Suivant la copie imprimée à Paris, 1690, in-12 (avec la marque du *Quærendo*). — Paris, Michel Lévy, 1850, in-18. (Autre édition en 1851.)

Traduction en prose française : *Philadelphe*, nouvelle égyptienne par le sieur Girault de Sainville. Paris, F. Michon, 1687, in-12.

Traductions allemandes : *Bajazet*. Traduction en prose allemande par J. Chr. Bröstedt. Leipzig, 1756, in-8. — *Bajazet, Trauerspiel in 5 Aufz., nach Racine, von A. Bode*. Berlin, 1803, in-8. — Autre traduction d'Ayrenhoff. Presburg, 1804, in-8 (avec les traductions d'*Andromaque* et d'*Iphigénie*. Voyez ci-dessus, p. 377, 3).

Traductions hollandaises : *Bajazet, Treurspel, door Th. Arends. Amsterdam, A. Dz. Oostsaan,* 1682, in-8. — *Bajazet, Treurspel, Amsterdam, A. Magnus,* 1684, in-8 de VIII-63 pages. (Traduction en vers, publiée par une société, avec la devise : *In magnis voluisse sat est*.) — *Bajazet, Treurspel, door J. Nomsz. Amsterdam, D. Klippink,* 1771, in-8 de XII-74 pages. (Autre traduction en vers.)

Traductions espagnoles : *Tragedia. El Bayaceto. En tres actos. Barcelona, por Carlos Gibert y Futó, impresor y librero,* in-4. (Traduction en vers de différentes mesures, publiée dans le dernier tiers du dix-huitième siècle.) — *Bayaceto, tragedia, traducida por D. Ramon de la Cruz Cano y Olmedilla.*

Traduction russe : *Baiazet*, tragédie en cinq actes et en vers de Racine, traduit du français par V. N. Olinn. Saint-Pétersbourg, 1827, in-8.

8. *Mithridate*, 1673, in-12, tome III, p. 15, note 1. — Suivant la copie imprimée à Paris, 1692, in-12 (avec la marque du *Quærendo*). — Paris, 1808, in-8. — *Mithridate*, tragédie en quatre (*sic*) actes de J. Racine, nouvelle édition, conforme à la représentation. Paris, Prévot, 1842, in-18. (Paginé 81-144. La couverture imprimée porte en outre : *Répertoire théâtral*.)

Traductions allemandes : *Mithridates, Trauerspiel von Racine. Strassburg,* 1731, in-8. — *Mithridate*, tragédie traduite en allemand par J. J. Witter. Strasbourg, 1735, in-8. — *Mithridate*, traduction en prose allemande par J. Chr. Bröstedt. Leipzig, 1756, in-8.

Traductions hollandaises : *Mitridaat, Treurspel, uit het Frans van Racine, op gelijk getal van Nederduitsche Veerzen gesteld, door Corn. van Beveren. Dordrecht, gedrukt by H. en J. Keur,* 1679, in-4. (Traduction en vers.) — *Mithridates, koning van Pontus, Treurspel, door Th. Arends. Amsterdam, H. Zweerts,* 1679. — Même traduction, *Amsterdam, Wed. G. de Groot,* 1698, in-8 de 64 pages. — Même traduction, *Amsterdam, J. Lescailje,* 1706, in-8 de 72 pages. — Même traduction, *Amsterdam, Jac. en J. Bouman,* 1708, in-8 de 64 pages. — Même traduction, *Amsterdam, J. Lescailje en D. Rank,*

1729, in-8 de 72 pages. — Même traduction, *Amsterdam, J. Duim,* 1752, in-8 de 72 pages. — *Mitridates, koningk van Pontus, Treurspel. Op gelijk getal van Nederduitsche vaarzen gestelt,* door *J. Dullaart. Leeuwarden, Hero Nauta,* 1679, in-8 de x-52 pages. (Traduction en vers.) — *Mithridates, koning van Pontus, Treurspel,* door *A. L. Barbier. Amsterdam, P. J. Uylenbroek,* 1800, 82 et 6 pages. (Traduction en vers.)

Traductions italiennes : *Il Mitridate, opera tragica del signore di Racine, tradotta dal francese e rappresentata da sign^{ri} Convittori del collegio de nobili di Modena, alla presenza delle Sereniss. Altezze di Brunswick e Modena, l'anno* 1702. *Modena, per B. Soliani,* 1702, in-12. — *Il Mitridate, portato dal francese dal conte Majolino Bisaccio. Venetia, gli Combi e Lanou,* 1735, 2 volumes in-12. — *Mitridate, tragedia del signor Racine, portata dal francese da Giovambatista Richeri, patrizio genovese, detto fra gli Arcadi Eubeno Buprastio, consecrata a Sua Eccellenza il signor Giovan-Francesco Brignole-Sale. Genova, stamp. Lerziana,* 1749 (CIƆƆICCIL), in-8.

Traduction espagnole : *Tragedia. Mithridates. En cinco actos. Barcelona, en la imprenta de Cárlos Gibert y Futó, impresor y mercader de libros.* Sans nom d'auteur, in-4. (Traduction en vers hendécasyllabes assonants, publiée dans le dernier tiers du dix-huitième siècle.)

9. *Iphigénie,* 1675, in-12, tome III, p. 106, note 2. — Suivant la copie imprimée à Paris, 1691, in-12 (avec la marque du *Quærendo*). — *Iphigénie en Aulide.* Paris, Fages, 1811, in-8. (Autres éditions en 1814, 1824, 1825, chez Bezou, successeur de Fages.) — Paris, Barba, 1817, in-8. — Paris, Delalain, 1829, in-18. — OEuvres de Jean Racine. *Iphigénie,* tragédie. Dole, Prudont, 1829, in-12. (Autre édition en 1830.) — *Iphigénie,* tragédie. Paris, Delalain, 1829, in-18. (Autre édition en 1830.) — *Iphigénie. Zum Schulgebrauch, mit Wörterbuch.* Berlin, 1834, grand in-8. — *Théâtre de Racine. Esther, Iphigénie.* Francfort sur le Mein, 1836, in-16. — *Iphigénie,* tragédie, avec une introduction et des notes par P. Longueville. Paris, Delalain, 1847, in-18. (Autre édition en 1850.) — *Iphigénie en Aulide,* tragédie, annotée par E. Géruzez.... Paris, Hachette, 1850, in-18. (Autre édition en 1864.) — *Iphigénie,* tragédie en cinq actes. Paris, imprimerie de Walder (1864), in-4. (Racine illustré par Pauquet.)

Traductions allemandes : *Iphigenie.* Traduction en prose allemande par J. Chr. Bröstedt. Leipzig, 1756, in-8. — *Iphigenia. Trauerspiel aus dem Französischen des Racine. Wien,* 1768, in-8. — Autre traduction d'Ayrenhoff, Presbourg, 1804, in-8 (avec *Andromaque* et *Bajazet :* voyez ci-dessus, p. 377, 3, et 380, 7).

Traductions hollandaises : *Iphigenia in Aulis...*, door J. Dullaart, 1679. (Traduction mentionnée dans le Catalogue van der Marck, Leide, 1774.) — *Iphigenia, Treurspel*. Amsterdam, A. Magnus, 1683, in-8 de VIII-72 pages. (Traduction en vers de Th. Arends, qui a signé la dédicace.) — Même traduction, Amsterdam, J. Lescailje, 1715, in-8 de VIII-74 pages. — Même traduction, Amsterdam, A. Bastiaansz, 1722, in-8 de VIII-72 pages. — Même traduction, *Iphigenia in Aulis*. Amsterdam, J. Duim, 1736, in-8 de VI-72 pages. — Même traduction, Amsterdam, J. Helders, 1781, in-8 de 80 pages. — Même traduction, Amsterdam, M. Westerman en Zoon en C. van Hulst, 1832, in-8 de 80 pages. — *Ifigenia in Aulis, Treurspel*, door A. L. Barbaz. Amsterdam, P. J. Uylenbroek, 1800, in-8 de 90 pages. (Autre traduction en vers.)

Imitation anglaise : *The Victim, or Achilles and Iphigenia in Aulis, a tragedy as it was acted at the theatre royal in Drury Lane, written by M. Boyer*, 2nd edition, to wich is added an advertisement about the late irregular reviving of the tragedy, with a copy of verses to the plagiary. London, Knapton, 1714.

Traductions italiennes : *Iphigenia, tragedia tradotta da Placido Bordoni*. Venezia, 1799, in-8. — *L'Ifigenia di Racine, relata in versi italiani da Antonio Buttura*. Parigi, tipi di P. Didot magg., 1815, in-18. — *Ifigenia....* Arezzo, 1750, in-8. (Traduction italienne de l'*Iphigénie* de Racine, en vers blancs, par Lorenzo Guazzesi, citée par Voltaire dans la *Gazette littéraire de l'Europe*, 2 mai 1764.)

Traductions et imitations espagnoles: *Comedia nueva. El Sacrificio de Efigenia. De cinco jornadas*. Por D. Joseph de Cañizares. Barcelona, 1756, in-4. (Imitation en vers assonants.) — *Iphigenia, tragedia de Monsieur Racine, traducida del idioma francés en castellano* (por A. L. P. de V. E.). En la imprenta real de la Gazeta, 1768, in-8 de 110 pages. — *Ifigenia en Aulis, tragedia original en tres actos, refundida del griego y del francés, y acomodada al teatro español por D. Francisco de Paula Diaz*. Madrid, en la imprenta de Vega y compañia, 1819, in-8. (En vers hendécasyllabes assonants.) — *Ifigenia en Aulide, traducida al español por D. Domingo Navas Spinola*. (En vers hendécasyllabes assonants.)

10. *Phèdre et Hippolyte*, tragédie..., Paris, Cl. Barbin, 1677, in-12, tome III, p. 298[1]. — Paris, J. Ribou, 1677, in-12. (Même édition

---

[1]. Un exemplaire de l'édition de 1677, appartenant à la bibliothèque de M. Cousin, se distingue de celui de la Bibliothèque impériale par le nombre de pages (74 au lieu de 78), par la vignette qui est en tête de la *Préface*, par quelques autres différences typographiques et par trois fautes d'impression. La réimpression, jointe à l'édition collective de 1676, dont nous parlons ci-

NOTICE BIBLIOGRAPHIQUE.

que la précédente, ne différant que par le nom du libraire et le nombre de pages.) — *Phèdre et Hippolyte*, réimpression jointe après coup, avec une pagination distincte, à l'édition de 1676 des OEuvres de Racine, et portant le millésime de 1677. — Suivant la copie imprimée à Paris, 1678 et 1691, in-12 (avec la marque du *Quærendo*). — *Phèdre*, tragédie.... Paris, Fages, 1813, in-8. (Autres éditions en 1817, en 1818, en 1820.) — *Phèdre*, tragédie.... Paris, Barba, 1818, in-8. — Paris, au Palais-Royal, 1827, in-32. — Paris et Strasbourg, Levrault, 1827, in-18 avec planche. — *Phèdre*.... *Mit einer kleinen Abhandlung über den französischen Versbau; mit grammatischen, geographischen, mythologischen, und geschichtlichen Bemerkungen, und vielen Synonymen, nebst einem vollständigen Wortregister, bearbeitet vom Profess. Georg Kissling.* Heilbronn, Drechsler, 1832, in-8. (Autre édition en 1846.) — *Phèdre*, tragédie.... Paris, Michel Lévy, 1850, in-18. (Autre édition en 1851.)

Traductions allemandes : *Phèdre*, traduction en prose allemande par J. Chr. Bröstedt. Leipzig, 1756, in-8. — *Phædra, Trauerspiel von Racine, übersetzt von Schiller.* Tübingen, Cottasche Buchhandlung, 1805, in-16 de 215 pages. (Avec texte français en regard.) — Autre édition en 1856. Stuttgart, in-8 (d'après Kayser). — *Phädra, deutsch von Adf Böttiger. Leipzig*, 1853, in-16.

Traductions hollandaises : *Phedra en Hippolitus, uit het fransch van den heer Racine.* Amsterdam, *Albert Magnus*, 1683, in-8 de 4 feuillets et de 62 pages. (Traduction en vers de F. Ryk, qui a signé la dédicace.) — Même traduction, *Amsterdam, J. Lescailje en D. Rank*, 1724, in-8 de VIII-62 pages. — *Phedra en Hippolitus....* 1685. (Edition indiquée par un amateur.) — *Fedra en Hippolytus, door H. van Bracht.* Amsterdam, *G. Onder de Linden*, 1715, in-8 de 70 pages. (Traduction en vers.) — *Fedra, Treurspel. Amsterdam, D. Klippink*, 1770, in-8 de VI-76 pages. (Traduction en vers de P. J. Uylenbroek.) — Même traduction, *Amsterdam, J. Duim*, 1775, in-8 de VIII-76 pages. — Même traduction : *Tweede Druk. Amsterdam, J. Duim*, 1777, in-8 de VIII-80 pages. — Même traduction, *Derde Druk. Amsterdam, A. Mars*, 1800, in-8 de VI-89 pages. — Même traduction : *door P. J. Uylenbroek. Vierde Druk. Amsterdam, A. Mars*, 1809, in-8 de 91 pages. (Dans les précédentes éditions, le nom du traducteur n'est indiqué qu'à la dédicace.)

Traduction anglaise : *Phedra, a tragedy, translated from the*

---

après, a le même nombre de feuillets préliminaires et le même nombre de pages que celle de 1677 dans l'exemplaire de M. Cousin ; mais deux des fautes d'impression que nous venons de dire se rencontrer dans cet exemplaire ne sont pas dans l'appendice de 1676.

french of M. de Racine. London, printed for and sold by Bell, 1776, in-8.

Traductions italiennes : *La Fedra, tragedia, tradotta da Franc. Albergati Capacelli. Venezia*, 1798, in-8. — *Tragedie di Racine, tradotte da Stefano Egidio Petronj*.... Parigi, P. Didot, 1813, in-8. (Comprenant *Fedra* et *Andromaca*; voyez ci-dessus, p. 377, 3.) — *Répertoire de Mme A. Ristori* : *Phèdre*, tragédie en cinq actes, de Racine, traduite en vers italiens par F. dall'Ongaro. Représentée au Théâtre-Italien de Paris par la Compagnie dramatique le mardi 11 mai 1858. Paris, Michel Lévy, 1858, in-4. — *Fedra, tragedia di Monsieur Racine eccellentemente tradotta in verso italiano da Cronasto P. A. ed ora per la prima volta stampata dall' originale stesso dell' autore*. S. l. n. d., in-8 de 110 pages, avec figures.

Traductions espagnoles : *Fedra, tragedia. Escrita en francés por Juan Racine y traducida al castellano por D. Pedro de Silva (i Sarmiento), de la Academia española*. (En vers hendécasyllabes assonants. Traduction manuscrite, du dernier tiers du dix-huitième siècle, conservée à la Bibliothèque nationale de Madrid.) — *Tragedia. La Fedra. En cinco actos. Barcelona, en la imprenta de Cárlos Gibert y Futó, impresor y librero*. S. d., in-4. (En vers hendécasyllabes assonants. Traduction de la fin du dix-huitième siècle, par D. Pablo Antonio José de Olavide.)

Traduction portugaise : *Phèdre*, traduite en vers blancs portugais par M. Homeur de Magalaes (d'après Bourquelot).

11. *Esther*, 1689, in-4 et in-12, tome III, p. 451[1]. — Paris, C. Barbin, 1689, in-12. (Même édition que la précédente, ne différant que par le nom du libraire.) — *Esther*, tragédie.... Seconde édition. Neufchâtel, imprimé par Jean Pistorius, 1689, in-8. — *Esther*, tragédie.... Sur l'imprimé. Paris, D. Thierry, 1689, in-12. — Suivant la copie imprimée à Paris (Amsterdam, A. Wolfgang), 1689, in-12. (Avec frontispice gravé. L'*Esther* est suivie ordinairement de l'*Athalie* de 1691.) — *Chœurs de la tragédie d'Esther*, avec la musique composée par J. B. Moreau. Paris, D. Thierry, 1689, in-4 (voyez au tome III, p. 453). — *Esther*, tragédie.... Suivant la copie

1. Un exemplaire de la première édition in-12 d'*Esther*, ayant appartenu à Mme de Maintenon, se voit aujourd'hui au château de Maintenon. — Le *Catalogue de la bibliothèque d'un amateur* (Renouard), tome III, Belles-lettres, 2de partie, à Paris, chez A. A. Renouard, 1819, p. 67 et 68, signale un autre exemplaire de cette même édition. « Sur les marges, dit Renouard, sont écrits de la main de Racine les passages de l'Écriture sainte par lui imités dans cette pièce. A la fin est l'*Idylle de la paix*, écrite par l'une de ses filles, et dont le titre apprend qu'elle est de Racine et de Despréaux. Ce précieux volume fut examiné chez moi par M. de Naurois, qui reconnut et vénéra l'écriture de son illustre trisaïeul et de sa bisaïeule. »

imprimée à Paris, 1692, in-12 (avec la marque du *Quærendo*). — Amsterdam, chez Henri Schelte, 1706, in-12. — A Paris, par la compagnie des libraires, 1737, in-12. — *Théâtre classique ou Esther, Athalie*, etc., *commenté et publié par Roger*, Paris, 1807, in-8. — *Esther*, tragédie.... Troyes, imp. de Gobelet, 1813, in-8. — *Chefs-d'œuvre des deux Racine*, contenant le poëme de *la Religion*, les tragédies d'*Esther* et d'*Athalie*, etc. Paris, Saintin, 1820, in-32. (Avec figures.) — *Esther et Athalie*.... Paris, Méquignon Junior, 1821, in-18. — Paris, imp. de Guiraudet, 1822, in-18. — Paris, à la librairie sacrée, Castellan, 1822, in-12. — Paris, J. Delalain, 1824, in-18. (Autres éditions en 1836 et en 1868.) — *Esther*, tragédie.... Avignon, Seguin aîné, 1825, in-18. — *Esther, Athalie*, tragédies..., suivies de remarques analytiques extraites du *Cours de littérature* de Laharpe. Dôle, Joly, 1825, in-18. — *Esther ou l'École des ministres*, tragédie.... Paris, Roux-Dufort, *ou* Paris, Touquet, Sanson, 1826, in-32. (Dans le *Répertoire populaire du théâtre français*.) — Francfort sur le Mein, 1836, in-16. (Dans le *Théâtre de Racine* : voyez ci-dessus, p. 381, 9.) — Paris, Hachette, 1841, in-18. (Autres éditions en 1843, 1846, 1847, 1851, 1853, 1855, 1857, 1861, 1863, etc.) — *Esther*, tragédie..., avec des notes et des remarques par Louis Racine, d'Olivet, Laharpe, Geoffroy, etc., et le texte des imitations des livres saints. Paris, Dezobry, etc., 1841, in-18. (Autres éditions en 1843, 1851, 1860, 1868.) — *Esther,* tragédie..., avec introduction et notes par Th. Trouillet. Paris, Delalain, 1843, in-18. (Autres éditions en 1845, 1849, 1851, 1853, 1855, 1858, 1859, 1861, 1863, 1866, 1867.) — *Esther*, tragédie.... Paris, Belin Mandar, 1844, in-18. — Paris, Lecoffre, 1846, in-18. (Autres éditions en 1854, 1857, 1859, 1860, 1863, 1865, 1867.) — *Esther,* tragédie.... *Athalie,* tragédie.... (s. l.), 1855, in-18. (Autres éditions en 1865 et en 1867, Lille, Lefort.) — *Esther* et *Athalie*.... Gand, van der Schelden, 1858, in-18. — *Esther*, tragédie, avec notes historiques, grammaticales et littéraires, précédées d'appréciations littéraires et analytiques empruntées aux meilleurs critiques, par M. Gidel. Paris, E. Belin, 1859, in-12. — *Esther* et *Athalie*, tragédies.... Lyon et Paris, Pelagaud, 1861, in-12. (Autres éditions en 1864 et en 1867.) — *Athalie* et *Esther* de Racine, avec un commentaire biblique par le pasteur Athanase Coquerel. Paris, Cherbuliez, 1863, in-8. — *Esther*, tragédie..., précédée d'une analyse et accompagnée de notes par E. Géruzez.... Paris, L. Hachette, 1846, in-18. (Autres éditions en 1866 et en 1869.)

Traduction allemande : *Esther*, tragédie tirée de l'Écriture sainte, en allemand par J. Chr. Bröstedt. Lüneburg, 1745, in-8.

Traductions hollandaises : *Esther, Treurspel. Onder de Zinspreuk*: Non datur ad Musas currere lata via. *Amsterdam, D. Klippink*, 1771, in-8 de iv-62 pages. (Traduction en vers.) — Esther, *Treurspel*, *door Jan Boomhuis*. 1771, grand in-8. (Cette pièce est ainsi mentionnée dans le Catalogue van der Marck, Leyde, 1771, qui ne dit pas si c'est une traduction.) — *Hester of de verlossinge der Joden*, *Treurspel*. Amsterdam, H. van de Gaete, 1719, in-8 de iv-47 pages. (Traduction en vers de F. Ryk, dont le nom n'est pas indiqué.)

Traduction anglaise : *The sacred dramas of Esther and Athalia, translated from the french of Racine*. Edinburgh, printed by John Mois, sold by Manners..., and in London, by Ternor, 1803, grand in-8. (Traduction dont les vers ne sont rimés que dans quelques strophes des chœurs.)

Traduction espagnole : *Tragedia de Esther, en tres actos*. Barcelona, por Cárlos Gibert y Futó, impresor y librero, s. d., in-4. (En vers hendécasyllabes pour la plupart; publiée dans le dernier tiers du dix-huitième siècle.)

Traduction hébraïque : *Esther*, tragédie traduite en langue hébraïque rhythmée par J. J. Rapport, 1827. (Citée par Brunet. Le format n'est pas indiqué.)

12. *Athalie*, 1691, in-4, tome III, p. 589. — 1692, in-12, *ibidem*[1]. — Paris, Cl. Barbin, 1692, in-12. (Même édition que la précédente, ne différant que par le nom du libraire.) — *Athalie*, tragédie..., avec les chœurs mis en musique par Servaas de Konink. Amsterdam, Roger, 1697, in-4. — *Athalie*, tragédie.... A Amsterdam, chez Henri Schelte, 1702, in-12. — A Paris, par la compagnie des libraires, 1737, in-12. — Par la compagnie des libraires, 1740, in-8. — *Athalie*, tragédie.... représentée par Messieurs les pensionnaires du collège royal des nobles de Parme, pendant les réjouissances publiques, dans le mois d'août de l'année 1769. (Dans le volume intitulé : *Applausi academici per le felicissime nozze di Ferdinando I, duca di Parma*, Parme, Philippe Carmignani, 1769, in-4. En tête de la tragédie, sont les noms des personnes qui ont joué les rôles.) — *Intermède d'Athalie* (musique de Gossec), représenté (avec la pièce) à Fontainebleau, le 2 novembre 1785. Paris, Ballard, 1785, in-8 de 3 feuillets et 13 pages. — *Athalie.... arrangée pour être représentée par des jeunes gens* (Théâtre à l'usage des colléges), 1789, in-12. — *Athalie*, tragédie.... Avignon, Garrigou, 1790, in-8 de 52 pages. — Toulouse, Dévers, 1813, in-8. — Paris, Fages, 1814, in-8. (Autres éditions en 1817 et en 1820.) — *Athalie*, tragédie..., représentée pour la première fois à Paris, par les comédiens ordi-

---

[1]. Un exemplaire de l'édition de 1692, in-12, ayant appartenu à Mme de Maintenon, se voit aujourd'hui au château de Maintenon.

naires du Roi, le mardi 3 mars 1716.... Paris, Barba..., 1817, in-8. — *Athalie*, dans les *Chefs-d'œuvre des deux Racine*, Paris, 1820, in-32 (voyez ci-dessus, p. 385). — *Athalie*, tragédie.... Paris, imp. de Guiraudet, 1822, in-18. — *Esther, Athalie*.... Dôle, 1825, in-18 (voyez ci-dessus, p. 385). — *Athalie*, tragédie.... Avignon, Seguin, 1825, in-18. — Paris, Delalain, 1825, in-8. (Autres éditions en 1836, 1845, 1849, 1859, 1868.) — *Athalie*, tragédie par Jean Racine. *Mit grammatischen Regeln, vielen Synonymen*, etc., etc., *von Georg Kissling*. Ulm, 1837, grand in-12. (Formant la 2de partie, avec titre particulier, de *Melpomene, eine Auswahl der vorzüglichsten französischen Trauerspiele in Versen*.) — *Athalie*, tragédie.... Avec des commentaires et des notes par l'Académie française, L. Racine, Laharpe, Geoffroy, etc.; le texte des imitations des livres saints et une appréciation littéraire et analytique. Paris, Dezobry, 1841, in-18. (Autres éditions en 1843, 1851, etc.) — *Athalie*, tragédie.... Paris, Hachette, 1841, in-18. (Autres éditions en 1844, 1845, 1847, 1851, 1854, 1856, 1860, 1862, etc.) — *Athalie*, tragédie..., avec introduction et notes littéraires par Paul Longueville. Paris, J. Delalain, 1843, in-18. (Autres éditions en 1848, 1853, 1856, 1858, 1859, 1864, 1866, 1867, 1868, etc.) — *Athalie*, tragédie.... Paris, Belin, 1845, in-18. (Autre édition en 1855.) — *Athalie*, tragédie.... Paris, Lecoffre, 1846, in-18. (Autres éditions en 1853, 1856, 1858, 1862, 1864, 1866, 1868.) — *Athalie*, tragédie.... Essen. 1848, grand in-12. (Dans la 1re série, tome I, de l'*Élite des classiques français*, avec les notes des meilleurs commentateurs, publiée par R. Schwalb. Cette collection a un second titre, portant : *Chefs-d'œuvre dramatiques de la littérature française*, avec notes.) — *Athalie*, tragédie..., munie de notes par C. Ploetz. Berlin, in-8. — *Athalie*..., avec notes historiques, grammaticales et littéraires, précédée d'appréciations littéraires et analytiques empruntées aux meilleurs critiques, par M. Gidel.... Paris, Belin, 1859, in-12. — *Athalie*..., précédée d'une notice biographique et d'un abrégé de la versification française. (Dans le XXIIe volume de *Bibliothek gediegener und interessanter französischer Werke..., mit den Biographien der betreffenden Classiker, ausgestattet von Ant. Goebel....* Münster, 1859-1864, in-32.) — *Esther et Athalie*. Lyon, 1861, in-12 (voyez ci-dessus, p. 385). — *Athalie*, annotée par G. von Muyden et L. Rudolph. Altenburg, Pierer, 1863. (Dans la *Collection d'auteurs français*, 2de série, tome II.) — *Athalie et Esther* de Racine, avec un commentaire biblique.... Paris, Cherbuliez, 1863, in-8 (voyez ci-dessus, p. 385). — *Athalie*, tragédie..., précédée d'une analyse et accompagnée de notes par E. Géruzez.... Paris, Hachette, 1864, in-18. (Autres éditions en 1866 et 1869.) — *Athalie*, tragédie..., arrangée pour être représentée par des jeunes gens, par M. ***.

Paris, Douniol, 1864, in-18. — *Athalie*, tragédie.... Limoges, Barbou (1865), in-18.

Traductions allemandes : *Athalia, Trauerspiel mit Chören, aus dem Französischen des Racine. Uebersetzung von Cràmer*. St-Gallen, 1790, in-8. — Autre édition de la traduction de Cramer : Kiel, s. d., in-8. — *Versuch einer Uebersetzung der Athalia*. Petersburg, 1812, grand in-8. — *Athalia, übersetzt von L. H. von Nicolay*. Leipzig, 1816, grand in-8. — *Athalia, ein Trauerspiel in 5 Akten mit Chören, nach dem Jean Racine metrisch bearbeitet. Wohlfeile Ausgabe von Dielitz*, Berlin, 1829, in-8. — *Athalia, Trauerspiel nach der heiligen Schrift bearbeitet. Uebersetzung von Jul. Frh. Ecker von Eckhoffen*. Augsburg, 1832, in-8. — *Athalia, ein Trauerspiel aus der heiligen Schrift gezogen. Frei nach dem Französischen von Joh. Benninghoven*. Elberfeld, 1853, in-16.

Traductions hollandaises : *Athalia, Treurspel, door F. Ryk*. Amsterdam, H. van de Gaete, 1716, in-8 de XII-64 pages. (Traduction en vers.) — *Athalia, Treurspel, door J. Nomsz*. Amsterdam, D. Klippink, 1771, in-8 de XII-78 pages. (Traduction en vers.) — Même traduction : Amsterdam, P. J. Uylenbroek, s. d. (1807), in-8 de 80 pages.

Traductions anglaises : *Athalia, a tragedy, translated from the french of Monsieur Racine by M. Duncombe*. London, J. Watts, 1746, petit in-8. (Troisième édition, revue et corrigée; la première est de 1722. Traduction en vers non rimés.) — *The sacred dramas of Esther and Athalia....* London, 1803, grand in-8 (voyez ci-dessus, p. 386, 11). — *Athaliah, a sacred drama, translated from the french of Racine.* Edinburgh, printed by Balfour, 1815, in-12. (Traduction, en vers non rimés, de John Sheppard.) — *Athaliah, a tragedy in five acts, founded upon 2 Kings XI and 2 Chron. XXIII, translated from the french of J. Racine, with notes, by J. C. Knight.* London..., 1822, in-8. — *Athaliah, a sacred drama, translated from the Athalie of Racine by Charles Randolph M. A.* London, Baldwin and Cradock, 1829, in-8. (Traduction en vers rimés.) — *Athaliah, a sacred drama, translated from Racine, and original poems by the late Thomas Fry of Tunbridge Wells.* London..., 1841, in-8. (Traduction en vers non rimés.)

Traductions italiennes : *L'Attalia, tragedia del Racine, tratta dalla sacra Scrittura. Alla nobil Donna la Signora marchesa Teresa Zambeccari Tanari*. Bologna, Pisarri, 1743, in-12. (Traduit par Bonifazio Collina?) — *Dell' Atalia, tragedia del celebre francese poeta Giovanni Racine, traduzione di Paolo Rolli*. Roma, Niccolo e Marco Pagliarini, 1754, in-8 de 124 pages et 1 feuillet non chiffré. — *Atalia, tragedia sacra del Sign. Racine, trasportata dall' idioma francese in versi toscani da un academico fiorentino*. Pisa, Ranieri Prosperi, 1792, in-8.

— Une autre traduction italienne d'*Athalie* par l'abbé Conti est au tome I du livre intitulé : *Prose e Poesie del Signor abate Antonio Conti, patrizio veneto*, Venise, 1789, 2 volumes in-4.

Traduction espagnole : *Athalia, tragedia de Juan Racine, traducida del francés en verso castellano, por D. Eugenio de Llaguno y Amirola*. Madrid, Don G. Ramirez, 1754, in-8 de 24 feuillets, 141 pages, et 4 feuillets non chiffrés contenant les approbations.

Traduction portugaise : *Athalia, tragedia de Monsieur Racine, traducida, illustrada e offereceda a SS. Mariana, infanta de Portugal, por Candido Lusitano*. Lisboa, F. L. Ameno, 1762, in-8.

Traductions hébraïques : *G'mul 'Atalja*. Amsterdam, 1770, in-8. (Traduction en vers hébreux de David Franco-Mendes, tirée sur papier ordinaire et sur papier fort.) — *Gesa Isai* (*Athalie*, par J. Racine, traduite en hébreu par Meir Letteris). Vienne, Schmid, 1835, in-8. (Autre édition : Prague, 1843, in-8.)

Traduction arménienne : *Athalie, tragédie traduite du français en arménien* par M. Sarkis Dikranian de Nakhitchivan. Moscou, 1834, in-8.

POÉSIES DIVERSES.

La Nymphe de la Seine à la Reyne, ode. Paris, A. Courbé, 1660, in-4.

Pages 49-64 de notre tome IV.

Ode sur la convalescence du Roy. Paris, P. le Petit, 1663, in-4 de 8 pages, en caractères italiques.

Pages 65-70 de notre tome IV.

La Renommée aux Muses, ode. S. l. n. d., in-4.

Pages 71-78 de notre tome IV.

Idylle sur la paix, pour être chantée dans l'orangerie de Sceaux. S. l. n. d., in-4. (Imprimée en italique. Avec permis d'imprimer du 27 juin 1685.) — *Idylle sur la paix*, avec l'Églogue de Versailles, et plusieurs pièces de symphonie, mises en musique par M. de Lulli.... Chez Christophe Ballard, 1685, in-fol. (Avec une épitre dédicatoire de Lulli au Roi.)

Pages 79-89 de notre tome IV.

Cantiques spirituels faits par Monsieur R..., pour estre mis en musique. Paris, Thierry, 1694, in-4 de 16 pages. (Imprimés en italique.)

Pages 145-160 de notre tome IV.

Poésies lyriques de J. Racine, ou cantiques, hymnes et chœurs choisis de ce grand poëte; ouvrage dédié à la jeunesse, par P. J. Chateau. Paris, imp. de Trouvé, 1824, in-18 de 36 pages.

Journée sainte ou Élévations à Dieu, tirées des *OEuvres de Jean Racine.* Paris, Marcilly, 1833, in-12.

On peut voir ci-après, particulièrement p. 413-418, où se trouvent imprimées pour la première fois les poésies qui n'ont pas été publiées à part, à savoir les sept odes qui composent *le Paysage ou les Promenades de Port-Royal des Champs,* les *Stances à Parthénice,* les *Hymnes traduites du Bréviaire romain,* l'*Ode tirée du Psaume* XVII, les *Épigrammes et autres petites pièces,* enfin les poésies contenues dans les *Appendices* du tome IV (p. 199-251).

B. OUVRAGES EN PROSE.

Lettre à l'auteur des Hérésies imaginaires *et des deux* Visionnaires (Nicole). S. l. n. d., in-4 de 7 pages. (Voyez notre tome IV, p. 266.) — Autre édition, s. l. n. d., in-4.

Pages 255-337 de notre tome IV.

La seconde *lettre* de Racine (aux deux apologistes de l'auteur des *Hérésies imaginaires*) n'a pas été imprimée à part, ni publiée du vivant de l'auteur. Elle paraît avoir été imprimée pour la première fois dans les *OEuvres de Nicolas Despréaux,* à la Haye, 1722. Voyez ci-après, p. 415.

Discours prononcés à l'Académie françoise le 2 janvier 1685. Paris, imp. de le Petit, 1685, in-4. (Discours de réception de Thomas Corneille, et de Bergeret, et réponse de Racine. Voyez notre tome IV, p. 349.)

Pages 339-368 de notre tome IV.

Réimprimés dans le *Recueil des harangues prononcées par Messieurs de l'Académie françoise...,* à Paris, chez J. B. Coignard, 1698, in-4.

Abrégé de l'histoire de Port-Royal, par feu M. Racine.... Cologne, aux dépens de la Compagnie, 1742, in-12. (Ne comprenant que la première partie.) — Autres éditions, contenant les deux parties, 1767 (Paris, Lottin) et 1770, 1 volume in-12. (Voyez notre tome IV, p. 372, p. 375, et p. 381.

Pages 369-588 de notre tome IV.

Voyez ci-après, p. 391, la fin du titre de la traduction anglaise des *Lettres de Racine à son fils.*

Le Banquet de Platon, traduit un tiers par feu M. Racine, de l'Académie françoise, et le reste par Madame de*** (Mme de Mortemart, abbesse de Fontevrault). Paris, Gandouin, 1732, in-12. (Publié par l'abbé d'Olivet. Voyez notre tome V, p. 426.)

Pages 449-474 de notre tome V.

Études littéraires et morales de Racine, publiées par le marquis de la Rochefoucauld-Liancourt. Paris, imp. de veuve Dondey-Dupré, 1855-1856, 2 parties en 2 volumes in-8. — 2de édition en 1856.

Voyez notre tome VI, p. 167 et suivantes. — Sous le titre d'*Études littéraires de Racine*, *Dernier document*, le marquis de la Rochefoucauld-Liancourt a publié un appendice (Paris, typographie Morris, 1858, in-8 de 90 pages), qui contient quelques scènes des tragédies de Racine, avec la traduction en vers latins formée de centons de Virgile. Toutes les *Études de Racine* ont été réimprimées aux tomes V et VI des *OEuvres choisies* de M. le marquis de la Rochefoucauld-Liancourt, Paris, typographie Morris, 1861 et 1862, in-8. — La Société de la morale chrétienne a fait paraître un volume intitulé *Notes morales de Racine*, dont la préface est signée « la Rochefoucauld-Liancourt » (Paris, Dondey-Dupré, 1852, in-8).

Lettres de Jean Racine, publiées en 1747 par Louis Racine, 1 volume in-12, divisé en trois recueils : 1. *Lettres écrites dans sa jeunesse à quelques amis*; 2. *Lettres à Boileau*; 3. *Lettres à son fils*.

Pages 361-610 de notre tome VI, et pages 1-309 de notre tome VII.

Traduction allemande : *J. Racine's Briefe aus dem Französischen* (von *F. J. von Retzer*). Wien, 1776, in-8. — *Zweite Auflage*, 1788.

Traduction anglaise : *Letters from Mons. Racine the elder to his son Mons. Racine the younger, when a youth, containing rule and instructions for his conduct through life, anecdotes of several persons, and sketches of historical events in the court of France in the reign of Lewis XIV, to which is added a short account of the abbey of Port-Royal*. London, 1778, petit in-8.

Lettres inédites de Jean Racine et de Louis Racine, précédées de la *Vie* de Jean Racine et d'une notice sur Louis Racine, etc., par leur petit-fils, l'abbé Adrien de la Roque, chanoine titulaire d'Autun.... Paris, Hachette, 1862, in-8.

Quelques lettres écrites par Racine ou adressées à Racine, qui n'ont été données ni dans le Recueil de M. l'abbé de la Roque, ni, même partiellement et inexactement, dans celui de Louis Racine, ont été imprimées pour la première fois dans les ouvrages suivants :

OEuvres diverses de M. de la Fontaine, 1729, 3 volumes, petit in-8. Notre lettre 13 y est au tome III, p. 322-326; notre lettre 56, au même tome, p. 317-321.

Mémoires sur la vie de Jean Racine, par Louis Racine, 1747, in-12. Notre lettre 42 y est aux pages 61-63 : voyez ci-après, aux *Additions et corrections*, p. 441-443. Nos lettres 53 et 120 y sont en partie, et confondues en une seule, aux pages 164-166.

Histoire générale de Port-Royal (par dom Clémencet), Amsterdam (Paris), 1755-1757, 10 volumes in-12. Notre lettre 137 y est au tome VIII, p. 300-303.

Lettres familières de MM. Boileau Despréaux et Brossette, Lyon, 1770, 3 volumes in-12. Notre lettre 61 y est au tome III, p. 55-59; notre lettre 63 au même tome, p. 60-64; notre lettre 112 au même tome, p. 71.

Lettre à M. Racine sur le théâtre en général et sur les tragédies de son père en particulier, par *M. L. F. de P**** (le Franc de Pompignan), *nouvelle édition*, Paris, 1773, in-12. Notre lettre 45 y est à la page 82; notre lettre 51 à la page 81. (Ce volume a de plus notre lettre 141 : voyez ci-après aux *Additions et corrections*, p. 445.)

OEuvres de Racine, édition de Geoffroy, Paris, 1808, in-8. Le *fac-simile* de notre lettre 85 y est en tête du *Recueil des lettres*.

Abrégé des services du maréchal de Vauban, par Augoyat, 1839, in-8. Notre lettre 155 y est aux pages 126 et suivantes.

OEuvres de Racine, 5ᵉ édition d'Aimé-Martin, 1844, in-8. Notre lettre 52 y est au tome VI, p. 423; notre lettre 54 au même tome, p. 425; notre lettre 42 au même tome, p. 426.

Nous avons nous-même donné les premiers, dans la présente édition, les lettres 46, 64, 68, 143, sur les autographes; les lettres 130, 131, 138, 139, sur des copies.

On verra ci-après, particulièrement p. 413-418, où se trouvent imprimés pour la première fois les ouvrages en prose qui n'ont pas été publiés à part, à savoir le *Discours prononcé à l'Académie française à la réception de l'abbé Colbert*, le *Mémoire pour les religieuses de Port-Royal des Champs*, les *Épitaphes*, les *Explications de médailles*, les *Fragments et notes historiques*, les *Réflexions pieuses sur quelques passages de l'Écriture sainte*, la *Traduction de fragments d'Aristote, de Lucien et de Denys d'Halicarnasse*, les *Remarques sur les* Olympiques *de Pindare et sur l'*Odyssée *d'Homère*.

OUVRAGES ATTRIBUÉS A RACINE.

Couplets sur la réception de Fontenelle à l'Académie françoise, dans les *OEuvres de Fontenelle*, Amsterdam, 1764, in-8 (voyez notre tome IV, p. 245).

Pour la plupart des *Épigrammes* et autres petites pièces de Racine ou attribuées à Racine, voyez ci-après, dans la division *Recueils*, les subdivisions *A* (*OEuvres, OEuvres complètes*) et *C* (*Recueils et ouvrages divers où sont insérées des œuvres de Racine ou qui lui ont été attribuées*).

Éloge historique du roi Louis XIV sur ses conquêtes depuis l'année 1672 jusqu'en 1678, par MM. Racine et Boileau.... Amsterdam et Paris, Bleuet, 1784, in-8 de 64 pages. Publié par Fréron fils.

Cet opuscule avait déjà été imprimé, mais avec des différences notables, dans la *Campagne de Louis XIV* par Pellisson, imprimée pour la première fois en 1730, in-12, et dans le tome III de l'*Histoire de Louis XIV* par Pellisson, publiée en 1749 par l'abbé le Mascrier. Voyez notre tome V, p. 239-241.

Relation de ce qui s'est passé au siège de Namur. Paris, Thierry, 1692, in-fol. Avec une carte et deux plans gravés par ordre du Roi.

Attribuée à Jean Racine par son fils Louis Racine : voyez notre tome V, p. 305-311.

Harangue faite au Roi.... par Monseigneur.... Jacques-Nicolas

NOTICE BIBLIOGRAPHIQUE.

Colbert. A Paris, Frederic Leonard..., 1685, pièce in-4 de 10 pages.

Autres éditions dans le *Procès-verbal de l'assemblée générale du clergé de France, tenue.... en l'année mil six cent quatre-vingt-cinq*, à Paris, Frederic Leonard, 1690, in-fol., et dans le *Recueil des actes, titres, et Mémoires, concernant les affaires du clergé de France*, à Paris, Pierre Simon, 1740, in-fol.

Cette harangue a été attribuée à Jean Racine par son fils Louis Racine : voyez notre tome V, p. 356-358.

Factum pour Messire François-Henry duc de Luxembourg.... A Paris, de l'imprimerie de J. B. Coignard, 1694, pièce in-4 de 144 pages.

Requête au Roi, en réponse à celle du duc de Richelieu, pour l'évocation du procès, in-4 (s. l. n. d.).

Les *Factums* pour le maréchal de Luxembourg sont attribués à Racine par Saint-Simon, *Mémoires*, tome I, p. 145 : voyez notre tome V, p. 365-383.

Réponse de Monseigneur l'archevêque de Paris (Louis-Antoine de Noailles) *aux quatre lettres de Monseigneur l'archevêque de Cambray* (s. l. n. d.), in-8. — Autre édition in-12.

Attribuée à Racine par le président Bouhier, et par les éditeurs de la *Correspondance de Fénelon* (tome IX, p. 135, note 1) : voyez notre tome V, p. 395-396.

Critique de l'Épître au Roi pour être placée en tête du Dictionnaire de l'Académie *par Charles Perrault*, dans le volume intitulé : *Remarques de grammaire sur Racine* (par d'Olivet), Paris, 1738, in-12.

Attribuée à Racine et à l'abbé Regnier Desmarais par d'Olivet et par d'Alembert : voyez notre tome V, p. 409.

2° — RECUEILS.

A. SOUS LE TITRE DE *THÉATRE, OEUVRES, OEUVRES COMPLÈTES.*

OEuvres de Racine, tome I, Paris, 1675, in-8. (A la bibliothèque royale de Berlin.)

Cette édition de 1675 est la même que la suivante, qui est de 1676. Le *Manuel du libraire* de Brunet fait remarquer que l'Achevé d'imprimer, dans l'édition de 1676, est de décembre 1675, ainsi qu'on le voit à la fin du privilége qui y est annexé, et qu'il se trouve des exemplaires de la même édition à l'adresse du libraire Jean Ribou et sous la date de 1675.

Nous avons eu entre les mains un tome II des *OEuvres de Racine* appartenant à M. de Chantelauze, et qui porte sur le feuillet du titre : *A Paris, chez Claude Barbin, au Palais, sur le second perron de la Sainte-Chapelle, M.DC.LXXIII, avec privilege du Roy* (il contient *Britannicus, Bérénice, Bajazet, Mithridate*); et un tome I, *Paris, Claude Barbin, M.DC.LXXIV*, appartenant à M. le comte de Lurde (il contient *la Thebaïde, Alexandre, Andromaque, les Plaideurs*). Mais les pièces dans ces deux tomes ont chacune leur pagination distincte; ce sont en réalité les éditions détachées, telles que nous les avons déjà décrites avec leurs dates et leurs titres. Il n'y a donc pas d'édition collective de 1673, ni de 1674, mais seulement, à ces dates, des recueils factices.

OEuvres de Racine. Paris, Claude Barbin (*sur d'autres exemplaires* : Jean Ribou), 1676, 2 volumes in-12, le premier de 4 feuillets et 364 pages, le second de 5 feuillets et 324 pages.

Avec figures gravées par Fr. Chauveau et Sébastien le Clerc, d'après Ch. Lebrun. — Comprenant les neuf premières pièces représentées jusqu'alors : *la Thébaïde, Alexandre, Andromaque, Britannicus, les Plaideurs, Bérénice, Bajazet, Mithridate, Iphigénie.* On lit à la fin de l'Extrait du privilége du Roi : « Achevé d'imprimer pour la première fois, en vertu des présentes, le dernier décembre 1675. »

Dans les exemplaires reliés que nous avons vus de l'édition de 1676, qu'ils portent le nom de Claude Barbin ou celui de Jean Ribou, on a ajouté à la fin la tragédie de *Phèdre*, 1677, avec une pagination à part (74 pages).

OEuvres de Racine. Suivant la copie imprimée à Paris, 1678, 2 volumes in-12, avec figures. Édition imprimée à Amsterdam par Wolfgang, comprenant dix pièces.

Louis Racine (voyez au tome V, p. 261, de ses *OEuvres*, publiées en 1808) dit à tort que l'édition de 1687, imprimée à Paris par Thierry, est en tout conforme à cette édition de 1678. Cette dernière a été faite sur l'édition de 1676, dont elle est une reproduction fautive.

OEuvres de Racine. Paris, Denys Thierry, 1679, 2 volumes in-12, avec figures.

Cette édition, dont nous avons vu un exemplaire dans la bibliothèque de M. le comte Roger, ne nous a paru être que celle de 1676 avec un nouveau titre. Elle a, pour chacun des deux volumes, le même nombre de pages que celle-ci. *Phèdre* s'y trouve, mais avec la date de 1677, comme dans les exemplaires de 1676 dont nous avons parlé ci-dessus. Charles Nodier en possédait un exemplaire sur lequel l'un des fils de Racine avait, aux marges d'*Iphigénie* et de *Phèdre*, noté trois passages des anciens imités par Racine. Voyez la *Description raisonnée d'une jolie collection de livres*, Paris, Techener, 1844, in-8, p. 293 et 294. Le fils de Racine, dont parle Nodier, ne nous paraît pas, d'après ce qu'il dit de son écriture, pouvoir être Louis, comme il le croyait; ce devait être plutôt Jean-Baptiste.

NOTICE BIBLIOGRAPHIQUE.

OEuvres de Racine. Paris, P. Trabouillet, 1680, 2 volumes in-12.

Nous n'avons vu que le tome I; il appartient à M. de Lignerolles; il a le même nombre de pages que le tome I de 1676. Nous ne trouvons cette édition indiquée ni dans Brunet, ni dans aucun des catalogues que nous avons eus sous les yeux.

OEuvres de Racine. Sur l'imprimé à Paris, chez Cl. Barbin, 1680, 2 volumes in-12.

Nous possédons le tome II de cette impression; nous n'avons pas vu le tome I. Suivant Brunet, elle a été faite en province, et ne doit pas être aussi ancienne que 1680, car elle contient, dit-il, *Esther*, qui est de 1689. Mais *Esther* a sans doute été ajoutée après coup dans quelques exemplaires; elle ne se trouve point dans le nôtre. — Cette impression aurait, pour le tome II, le même nombre de pages que celle de 1676, si *Phèdre* n'avait été ajoutée à la fin de ce tome, avec une pagination qui, dans 1680, n'est plus à part, comme elle l'est dans 1676, mais se continue jusqu'à la page 413. Ainsi que la suivante, elle fourmille de fautes.

OEuvres de Racine. Sur l'imprimé à Paris, chez Cl. Barbin, 1681, 2 volumes in-12.

Il est remarquable que cette impression, quoique s'annonçant comme faite sur l'imprimé, a deux variantes sur la *Préface* de l'*Alexandre*, et en outre une addition de dix-neuf lignes à la fin de cette préface, qui ne se trouvent que là et dans l'édition de 1689 (voyez notre tome I, p. IX et x, et p. 522 et 523). Nous ne connaissons que le tome I; nous en avons un exemplaire; il y en a un aussi, sans tome II, à la Bibliothèque impériale.

OEuvres de Racine. Amsterdam, Wolfgang, 2 volumes in-12.

Avec préface d'Abr. Wolfgang. Les titres portent la date de 1682.

OEuvres de Racine. Suivant la copie imprimée à Paris, Elzevier, 1682, 2 volumes petit in-8.

Chaque pièce a une pagination, une date et un titre particuliers.

OEuvres de Racine. Paris, Cl. Barbin (*sur d'autres exemplaires :* D. Thierry, *ou* P. Trabouillet), 1687, 2 volumes in-12, avec figures.

Ne comprenant ni *Esther* ni *Athalie*, mais contenant le *Discours prononcé à la réception de Th. Corneille et de Bergeret*, et l'*Idylle sur la paix*. — Avec deux priviléges, l'un de mai 1686, l'autre de novembre 1684. — Achevé d'imprimer le 15 avril 1687. — Louis Racine a mal connu cette importante édition de 1687. Il dit à tort (voyez au tome V de ses *OEuvres*, p. 261) qu'il est certain que son père « n'y eut aucune part. » Les variantes qu'elle offre, comparée à celle de 1676, prouvent le contraire.

OEuvres de Racine. Sur l'imprimé à Paris, chez Cl. Barbin, 1689, 2 volumes in-12.

Cette impression nous a paru, à de légères différences typographiques près, conforme à celle de 1681, dont elle reproduit exactement la pagination. Dans l'exemplaire que nous avons eu sous les yeux, on a ajouté à la fin du tome I une réimpression d'*Esther* (sur l'imprimé à Paris, chez D. Thierry, 1689), avec une pagination à part (55 pages).

OEuvres de Racine. Amsterdam, Wolfgang, 1690-1692, 3 volumes in-12.

La date de 1690 est sur le titre des deux premiers volumes, celle de 1692 sur le titre du troisième. Chaque pièce a un titre spécial, une pagination particulière, et une date qui varie : 1689 pour les *Plaideurs*; 1691 pour *Iphigénie*, *Phèdre* et *Athalie*; 1692 pour *Mithridate* et pour *Esther*; 1690 pour toutes les autres. Le titre de chaque pièce porte : *tragédie* ou *comédie par M. de Racine, suivant la copie imprimée à Paris.* Le texte de l'édition de 1676 a été suivi dans l'impression des pièces antérieures à cette date. Le dernier volume, outre *Esther* et *Athalie*, contient le *Discours prononcé à la réception de Thomas Corneille et de Bergeret*, l'*Idylle de Sceaux* (sur la paix), et les deux épigrammes (sans titre) *Sur l'*Iphigénie *de le Clerc* et *Sur l'*Aspar *de Fontenelle*. Le *Discours*, l'*Idylle* et les *épigrammes* ont ensemble une pagination à part, p. 1-25.

OEuvres de Racine. Paris, Cl. Barbin (*sur d'autres exemplaires :* D. Thierry, *ou* P. Trabouillet), 1697, 2 volumes in-12.

Dernière édition publiée par Racine et revue par lui, contenant tout son théâtre, le *Discours prononcé à la réception de Thomas Corneille et de Bergeret*; l'*Idylle sur la paix*, et quatre *Cantiques spirituels*. — Avec frontispice gravé d'après Lebrun et figures de Chauveau.

OEuvres de Racine. Amsterdam, chez les héritiers d'Ant. Schelte, 1698 (dans d'autres exemplaires 1700), 2 volumes in-12.

Ce recueil factice, avec la marque du *Quærendo*, a été formé par la réunion des pièces détachées du théâtre de Racine, réimprimées par Antoine Schelte, à l'exception d'*Athalie*, réimprimée en 1702 par Henri Schelte, qui a aussi réimprimé *Esther* en 1706.

OEuvres de Racine. Nouvelle édition. Bruxelles, B. Diez, 1700, 2 volumes in-8.

OEuvres de Racine. Paris, par la compagnie des libraires, 1702, 2 volumes in-12.

Cette édition contient les mêmes matières que celle de 1687, avec laquelle elle n'offre qu'un petit nombre de différences, utiles cependant à recueillir. Boileau a pu en surveiller l'impression. Titon du Tillet la recommande particulièrement dans sa *Description du Parnasse*, et, à son exemple, Louis Racine, qui la dit la plus exacte de toutes celles qui ont été faites auparavant et depuis. (Voyez ses *OEuvres*, tome V, p. 263; voyez aussi notre tome I, p. xiii.) Cette édition a toutefois un assez grand nombre de fautes.

OEuvres de Racine. Paris, par la compagnie des libraires, 1713, 2 volumes in-12.

Cette édition contient les mêmes matières que celles de 1697 et de 1702. C'est à son texte que d'Olivet a rapporté les variantes données par lui dans l'édition de 1743. — Autre édition en 1721.

OEuvres de Racine. Nouvelle édition. Amsterdam, 1713, 2 volumes petit in-8.

OEuvres de Racine, augmentées de toutes les pièces qu'il a composées jusques à sa mort. Bruxelles, Migeot, 1717, 2 volumes in-12.

OEuvres de Racine. Troisième édition, Paris, par la compagnie des libraires, 1721, 2 volumes in-12.

Renfermant les pièces de théâtre et les *Cantiques spirituels.*

Les OEuvres de Jean Racine. Nouvelle édition, augmentée de diverses pièces et remarques. Amsterdam, J. F. Bernard, 1722, 2 volumes in-12.

Avec frontispice gravé et figures. — Contenant de plus que les éditions précédentes, au tome I, une *Vie de l'auteur, la Nymphe de la Seine,* la *Lettre à l'auteur des* Hérésies imaginaires ; au tome II, l'épigramme *Sur la* Judith *de Boyer,* les vers *Sur* l'Art de prêcher *et Sur le poëme* de l'Amitié *de M. l'abbé de Villiers, Deux lettres concernant les ouvrages de MM. Corneille et Racine, Apollon charlatan,* satire attribuée à Barbier d'Aucourt ; aux deux tomes, des *Remarques sur les pièces de Racine.* Cette édition a été donnée par Bruzen de la Martinière, au témoignage de Niceron. — Autre édition en 1736.

OEuvres de Racine. Londres, imp. de Tonson et Watts, 1723, 2 volumes in-4, avec frontispice gravé et planches.

Publiées par Coste, qui a signé l'épître dédicatoire au duc de Glocester. « Cette édition, dit Louis Racine, *OEuvres*, tome V, p. 259, devenue fort chère, parce qu'on en tira très-peu d'exemplaires, ne mérite le prix qu'on y met, ni par le travail de l'imprimeur, ni par celui de l'éditeur. »

OEuvres de Racine. Cologne, Pierre Marteau, 1723, 2 volumes in-12.

OEuvres de Racine. Paris, par la compagnie des libraires, 1728, 2 volumes in-12.

Avec frontispice gravé et figures. La dernière strophe de *la Nymphe de la Seine* y a le titre de *Ode seconde.* La tragédie d'*Esther* y est partagée en quatre actes, quoique par une erreur d'impression le quatrième acte ait le chiffre V. Cette édition contient de plus que les précédentes : au tome I, les épigrammes *Sur l'assemblée des évêques, Sur le* Germanicus *de Pradon,* et *Sur le* Sésostris *de Longepierre,* et les vers *Sur le portrait de M. Arnauld,* la *Seconde lettre de Racine aux deux apologistes* de Nicole, les deux *Réponses* à sa première lettre, et une lettre de Boileau à Racine (la lettre 157 dans notre édition) ; au tome II, deux *Lettres à Monsieur L** touchant les tragédies de Racine*. Elle a d'ailleurs la même *Vie de l'auteur* et les mêmes pièces que l'édition de 1722, excepté les vers *Sur* l'Art de prêcher et l'*Apollon charlatan.* Niceron dit à tort qu'elle en est la reproduction : sans même tenir compte des pièces ajoutées ou retranchées, le texte est loin d'être toujours semblable.

OEuvres de Racine. Nouvelle édition, augmentée du poëme de *la Grâce.* Amsterdam, aux dépens de la Compagnie, 1735, 2 volumes in-12.

Avec frontispice gravé. Le poëme de *la Grâce,* œuvre de Louis Racine, a une pagination particulière.

OEuvres de Racine. Nouvelle édition. Paris, David (*sur d'autres exemplaires :* Cavelier, *ou* Quilleau, *ou* veuve de Laulne, *ou* Bordelet, *ou* Heuqueville, *ou point de nom de libraire*), 1736, 2 volumes in-12.

Avec frontispice gravé, portraits et gravures, un *Avertissement* et la *Vie de l'auteur* qui est déjà dans l'édition de 1722. — Dans les *Mémoires de Trévoux,* mai 1736, p. 989, qui annoncent cette édition de 1736 comme vendue *chez Prault, David,* etc., on dit qu'elle est de Jolly (Antoine-François), qui avait publié précédemment une édition de Molière. Elle est la première, à notre connaissance, qui ait donné les *Épîtres dédicatoires.*

OEuvres de Racine, augmentées des tragédies d'*Esther* et d'*Athalie,* etc. Paris, Leclerc, 1736, 2 volumes in-12.

OEuvres de Racine. Nouvelle édition. Amsterdam, aux dépens de la Compagnie, 1741, 2 volumes in-12.

Avec frontispice gravé. — Autre édition en 1741 : Paris (sans nom de libraire), in-12. Avec frontispice gravé et portrait. Cette édition de 1741 contient les mêmes matières que celle de 1736, donnée par Jolly, sur laquelle elle a été faite. Il y a aux pages xxxii et xxxiii une *Addition à l'Avertissement* de 1736.

Les OEuvres de Jean Racine. Édition augmentée de pièces et de remarques. Amsterdam, J. F. Bernard, 1743, 3 volumes in-12.

Avec les *Remarques de grammaire* par d'Olivet, le *Racine vengé* de Desfontaines, des *Remarques* sur trois pièces de Racine par Racine le fils, l'*Apollon charlatan,* et quelques-unes des variantes des pièces de Racine, recueillies par d'Olivet. Figures gravées par Tanjé d'après L. F. du Bourg.

Autre édition en 1763 : Amsterdam, 3 volumes in-12. Réimpression de l'édition précédente, d'après Brunet.

OEuvres de Racine.... 1747, 6 volumes in-12.

OEuvres de Racine. Nouvelle édition, augmentée de diverses pièces et de remarques, etc., avec de très-belles figures en tailles-douces. Amsterdam et Leipzig, Arkstee et Merkus, 1750, 3 volumes in-12.

C'est la première édition où nous ayons trouvé l'épigramme *Sur les critiques qu'essuya la tragédie d'*Andromaque : « La vraisemblance est choquée en ta pièce. » — Même édition que celle d'Amsterdam de 1743, ne différant que par le titre, d'après Brunet.

OEuvres de Racine.... Paris, Legras, 1750, 3 volumes in-12.

D'après Quérard, ce serait une simple réimpression de l'édition de 1736. N'aurait-elle pas plutôt été faite, comme la précédente, sur l'édition de 1743, peu différente, il est vrai, de celle de 1736, sauf l'addition des diverses *Remarques?*

OEuvres de Racine.... Amsterdam, Marc-Michel Rey, 1750, 6 volumes in-12.

OEuvres de Racine. Paris, David l'ainé, 1750, 3 volumes in-12.

Il en a été tiré quelques exemplaires sur papier de Hollande. Cette édition paraît faite sur celle de 1736. On y a ajouté un Extrait des *Mémoires* de Louis Racine sur la vie de son père, tiré du *Journal des savants*, février 1749, et l'article sur Racine tiré du *Supplément de Moréri*, 1735.

OEuvres de Racine. Paris, Nyon fils, 1755, 3 volumes in-12.

Dans l'*Avertissement* du libraire il est dit que cette édition est plus correcte que les précédentes, même que celle de 1736 donnée par Jolly.

OEuvres de Racine. Paris, 1760, 3 volumes in-4. Sans nom de libraire sur le titre; mais Michel-Étienne David père est nommé dans le *Privilége*. A la fin du volume : *De l'imprimerie de le Breton, premier imprimeur ordinaire du Roi.*

Avec portrait de Racine gravé par J. Daullé, et planches, fleurons, vignettes, culs-de-lampe, d'après les dessins de Jacques de Sèves. Cette édition est plus soignée que celle de Londres, 1723, in-4. En tête du tome I est un Extrait des *Mémoires sur la vie de Jean Racine.* Outre les pièces de théâtre, elle contient (au tome III), sous le titre d'*OEuvres diverses en vers et en prose* : un acte V d'*Andromaque*, la scène retranchée de *Britannicus*, un acte V de *Britannicus*, une *Préface* de cette même tragédie, la scène IX de l'acte IV de *Bérénice*, le plan de l'acte I de l'*Iphigénie en Tauride*, *la Nymphe de la Seine*, la *Renommée aux Muses*, l'*Idylle sur la paix*, des *Épigrammes*, les *Hymnes*, les *Cantiques*, la *Lettre à l'auteur des* Hérésies imaginaires, la *Lettre aux deux apologistes* et les deux réponses de Dubois et de Barbier d'Aucourt, les deux *Discours* prononcés à l'Académie française, l'*Extrait de Lucien*, les *Fragments historiques*, les *Réflexions pieuses*, et, parmi les *Ouvrages attribués*, la *Harangue de l'abbé Colbert* et la *Relation du siége de Namur.* — Deux exemplaires ont été tirés sur papier de Hollande.

OEuvres de Racine.... Amsterdam, Arkstee et Merkus, 1760, 3 volumes in-12.

Cette édition nous paraît faite sur celle de 1736.

OEuvres de Jean Racine.... Nouvelle édition, plus correcte et plus ample que toutes les précédentes. Paris, par la compagnie des libraires, 1767, 3 volumes in-12.

Autre édition en 1779, 3 volumes in-12.

OEuvres de Jean Racine. Avec des commentaires par M. Luneau de Boisjermain. Paris, imp. de Cellot, 1768, tomes I-V. — *OEuvres diverses de J. Racine*, enrichies de notes et de préfaces. Londres, 1768. — Le tout en 7 volumes in-8.

Avec portrait et figures de Gravelot. — Il en a été tiré des exemplaires sur papier de Hollande. Cette édition, plus complète que les précédentes, renferme tout ce qui avait été imprimé jusqu'alors des écrits de Racine, y compris *le Banquet de Platon*, et ce que Louis Racine avait publié en 1747, les œuvres mêmes attribuées à Racine, et une note des ouvrages auxquels on prétendait qu'il avait eu part. En tête du premier volume est une *Préface generale*, une nouvelle *Vie de Jean Racine*, qui ne contenait d'ailleurs rien de nouveau, et un *Discours préliminaire*. Parmi les petites pièces, on remarque celle *Sur les compliments que le Roi reçut au sujet de sa convalescence*, la *Chanson contre Fontenelle*, l'*Épitaphe d'Arnauld*, et les vers latins intitulés *Urbis et ruris differentia*, toutes pièces qui ne sont pas dans les éditions précédentes.

Les Commentaires de Luneau de Boisjermain ont été publiés séparément : voyez ci-après, p. 423. Luneau a passé pour n'en être pas le véritable auteur, mais pour s'être servi du travail de Blin de Sainmore, conservateur de la bibliothèque de l'Arsenal, qui le lui aurait vendu vingt-quatre mille livres, si nous en croyons Barbier; le *Nouveau Dictionnaire portatif de bibliographie*, de Fr. Ign. Fournier (2de édition, 1809, tome II, p. 441), réduit la somme, par une faute d'impression peut-être, à deux mille quatre cents livres.

OEuvres de J. Racine. Avec des commentaires par M. Luneau de Boisjermain. Paris, imp. de Cellot, 1769, 7 volumes in-12.

Les 6e et 7e volumes portent : *OEuvres diverses....* Londres, 1769.

OEuvres de J. Racine.... Nouvelle édition, plus correcte et plus ample que les précédentes. Paris, Prault fils, 1770, 3 volumes in-12.

OEuvres de J. Racine.... Paris, par la compagnie des libraires, 1779, 3 volumes in-16.

OEuvres de J. Racine, de l'Académie françoise. Londres, 1782, 3 volumes in-18.

OEuvres de Jean Racine. Imprimé par ordre du Roi pour l'éducation de Monseigneur le Dauphin. Paris, Didot l'aîné, 1783, 3 volumes in-4.

Avec une *Notice sur la vie et les ouvrages de Racine*. Cette notice est de Naigeon, qui a donné ses soins à l'édition. Deux cents exemplaires ont été tirés sur papier vélin.

OEuvres de Jean Racine. Imprimé par ordre du Roi pour l'éducation de Monseigneur le Dauphin. A Paris, de l'imp. de Didot l'aîné, 1784, 5 volumes in-18.

OEuvres de Jean Racine. Imprimé par ordre du Roi pour l'éducation de Monseigneur le Dauphin. A Paris, de l'imp. de Didot l'aîné, 1784, 3 volumes in-8. (Faisant partie, comme les deux éditions précédentes, de la *Collection des auteurs classiques françois et latins imprimés par ordre du Roi*.)

Huit exemplaires ont été tirés sur vélin.

OEuvres de Jean Racine, de l'Académie française. Berlin, 1786-87, 4 volumes in-8.

Petite Bibliothèque des théâtres. Paris, Belin et Brunet, 1786-1787, in-12.

Les tomes X et XII-XIV contiennent une *Vie de Jean Racine*, et ses pièces de théâtre, avec des *Jugements et anecdotes* sur chacune d'elles (tome X, la Thébaïde, Alexandre le Grand, Andromaque; tome XII, Britannicus, Bérénice, Bajazet; tome XIII, Mithridate, Iphigénie, Phèdre; tome XIV, Esther, Athalie).

OEuvres complètes de J. Racine. Paris, Deterville, de l'imp. de Didot jeune, an IV (1796), 4 volumes grand in-8.

Avec figures de le Barbier. — Il en a été tiré des exemplaires sur très-grand papier vélin, et un exemplaire sur vélin avec dessins originaux.

OEuvres de Racine et de Crébillon. Paris, Huet, 1796, in-4.

Avec Notices par Janvier (d'après Barbier).

OEuvres dramatiques de J. Racine, précédées d'un *Essai sur la vie et le théâtre de l'auteur*, par C. M. J. Paris, Huet, 1796, in-4 à deux colonnes.

Publié par Janvier.

OEuvres de J. Racine. Londres, Lhomme, 1799, 3 volumes in-12.

OEuvres de Jean Racine. Paris, P. Didot ainé, an VII (1799), 5 volumes in-12.

D'après Brunet, il en a été tiré plusieurs exemplaires sur vélin.

OEuvres de J. Racine. Édition stéréotype, d'après le procédé de L. E. Herhan. Paris, Renouard, an VII (1799), 5 volumes in-18.

Tiré sur papier fin et sur papier vélin. — Autre édition en l'an VII (1799), 5 volumes in-12. Il a été fait un grand nombre de tirages de cette dernière édition.

OEuvres de J. Racine. Paris, Deterville, an IX (1800), 3 volumes in-18. (Dans *les Poëtes français*.)

OEuvres de Jean Racine. Paris, imp. de P. Didot ainé, an IX (1801-1805), 3 volumes grand in-folio.

Avec cinquante-sept gravures d'après Gérard, Girodet, Chaudet, Taunay, Moitte, Peyron, Prud'hon, Serangeli. — Tiré à deux cent cinquante exemplaires, dont cent avant la lettre, plus un exemplaire unique sur vélin, qui se trouve à la Bibliothèque impériale.

OEuvres de Jean Racine. Paris, Fournier, an X (1802), 4 volumes n-36. (Dans la *Bibliothèque portative du voyageur.*)

Autre édition en 1812, 4 volumes in-36.

OEuvres de J. Racine. Édition stéréotype d'après le procédé de F. Didot. Paris, Didot, 1803, 3 volumes in-18.

D'après Quérard, il a été tiré des exemplaires sur papier fin, sur papier vélin et sur grand papier vélin, in-12. — Ce sont les clichés de cette édition qui ont servi, dit-il, pour le *Racine* de la *Nouvelle Bibliothèque des classiques français*, publiée par Lecointe en 1830.

OEuvres de J. Racine. Paris, Pillot jeune, 1805, 3 volumes in-18.

Avec portrait et gravures. — Il a été tiré des exemplaires sur papier vélin.

OEuvres de Jean Racine. Avec les variantes et les imitations des auteurs grecs et latins. Publiées par M. Petitot, éditeur du *Répertoire du théâtre français*. Paris, Herhan, 1807, 5 volumes in-8, avec figures.

En tête de son édition, Petitot a placé les *Mémoires sur la Vie de Jean Racine*, dont il a tiré le texte des *OEuvres* de Louis Racine, imprimées à Amsterdam, 1750, 6 volumes in-12. Il a cherché à fixer les dates des lettres de Racine, d'après les recherches de M. de la Chapelle, officier d'artillerie.

Autres éditions en 1810, en 1813 et en 1825, chez Mme veuve Dabo.

OEuvres complètes de Jean Racine. Avec le commentaire de M. de Laharpe, et augmentées de plusieurs morceaux inédits ou peu connus. Paris, Agasse, 1807, 7 volumes in-8, avec portrait.

Il en a été tiré vingt-cinq exemplaires sur papier vélin. — Il est dit dans l'*Avis du libraire* que le *Commentaire* a été composé en 1795 et 1796, que ce *Commentaire*, la *Préface générale*, la *Vie de Racine*, les *Observations* qui la suivent, les *Préfaces du nouvel éditeur* et quelques notes sur les *Poésies diverses* forment tout le travail de Laharpe. L'auteur des *notes* et *additions* dites *des éditeurs*, ainsi que de toutes les autres notes sans nom, avait voulu rester inconnu. On sait aujourd'hui que cet anonyme est le marquis Germain Garnier, qui s'était chargé de la direction de cette édition : c'est ce que constate une lettre écrite par lui le 8 avril 1813 à M. Jacobé de Naurois, et qui a été sous nos yeux. Nul de nos devanciers ne nous a été d'un plus grand secours ; car nul n'avait plus fait pour l'exactitude du texte de Racine, particulièrement dans les lettres, si défigurées et tronquées jusque-là, et pour la sûreté des éclaircissements que ce texte demandait. Les notes de Germain Garnier, pour plusieurs desquelles il s'est servi de papiers de Jean-Baptiste Racine, seront toujours à consulter. — Quand l'impression de cette édition fut achevée, plusieurs années après la mort de Laharpe, l'éditeur en ayant soumis un exemplaire à l'examen de la police, le ministre exigea la suppression de tous les passages qui lui semblèrent propres à réveiller des sentiments et des haines que le gouvernement voulait assoupir : on sait combien Laharpe, à l'époque où il écrivit son *Commentaire*, était préoccupé des malheurs et des crimes de la Révolution. L'imprimeur se trouva dans la nécessité de détruire sept à huit feuilles et de les faire composer de nouveau. Quelques feuilles d'épreuve de la première composition avaient échappé à la destruction, et étaient restées entre les mains de M. de Naurois.

Réimpression en 1816 : Paris, Verdière, 7 volumes in-8; même édition que la précédente, d'après Quérard, ne différant que par le titre, et tirée seulement à vingt-cinq exemplaires.

OEuvres de Jean Racine. Avec des commentaires par J. L. Geoffroy. Paris, Lenormand, 1808, 7 volumes in-8, avec figures.

Il en a été tiré des exemplaires sur papier vélin. — Cette édition contient une *Vie de Jean Racine*, suivie de *Réflexions préliminaires sur l'esprit public et l'état du théâtre en France avant Racine*. On y trouve publiées pour la première fois dans leur entier les *Odes sur Port-Royal*. C'est là aussi qu'ont été imprimées d'abord l'*ode tirée du psaume* XVII, et la traduction de quelques *fragments* de la Poétique d'*Aristote*. Geoffroy a inséré dans son édition des traductions qu'il a faites lui-même, et qui sont sujettes à bien des critiques, de scènes du théâtre grec et du théâtre latin imitées par Racine. A la traduction d'une partie du *Banquet de Platon* par Racine, il a joint une autre partie du même *Banquet* traduite par l'abbesse de Fontevrault, et, pour le reste du dialogue, il a donné sa propre traduction. Dans ses notes et ses éclaircissements, comme aussi dans le texte de son auteur, il y a de nombreuses erreurs et inexactitudes qui, dans l'édition de 1807, avaient été évitées. Il avait du reste achevé sans doute, et peut-être livré à l'impression une partie de son travail avant d'avoir pu connaître cette édition : il dit en effet, dans son *Avis*, en tête du premier volume, que la *Préface* de la seconde lettre de Racine aux apologistes de Nicole, et les fragments sur les solitaires de Port-Royal (*Diverses particularités*, etc.) n'avaient pas encore été publiés : or ces écrits sont dans l'édition de 1807.

OEuvres de Jean Racine. Paris, Raymond et Ménard, 1810, 4 volumes in-8, avec treize gravures.

OEuvres de Racine. Paris, Lenormand, 1810, 4 volumes in-8.

Théâtre de Jean Racine, précédé de la *Vie* de l'auteur. Avignon, Bonnet, 1810, 3 volumes in-18.

Autre édition en 1823, 4 volumes in-18.

OEuvres complètes de Jean Racine. Nouvelle édition, ornée de figures dessinées par Moreau le jeune et gravées sous sa direction. Paris, Raymond et Ménard, 1811, 4 volumes in-8, avec notice.

OEuvres de J. Racine. Paris, Nicolle et Renouard, 1811, 5 volumes in-18.

Autre tirage de l'édition de Renouard en l'an VII (1800).

OEuvres de Jean Racine, publiées par l'abbé Levizac. Londres Dulau, 1811, 3 volumes in-12.

OEuvres de Jean Racine, publiées par C. Gros. Londres, 1811, 3 volumes in-12.

Théâtre complet de Racine et OEuvres diverses en vers. Nouvelle édition. Brunswick, 1811, 4 volumes in-8.

OEuvres de Jean Racine. Paris, Belin, 1812, 5 volumes in-12.

Édition stéréotype. — Le faux titre porte : « 5ᵉ tirage. » 6ᵉ tirage en 1813. — D'après Quérard, ces éditions ne seraient que des tirages de l'édition de Petitot de 1807.

OEuvres de Jean Racine. Paris, le Dentu, 1813, 4 volumes in-18.

OEuvres de Jean Racine. Paris, imp. de P. Didot l'aîné, 1813, 5 volumes in-8. Dans la *Collection des meilleurs ouvrages de la langue françoise*, dédiée aux amateurs de l'art typographique.

Il a été tiré des exemplaires sur vélin et sur papier vélin. — On peut joindre à cette édition cinquante-sept gravures copiées sur celles de l'édition in-folio de l'an IX (voyez ci-dessus, p. 401).

Théâtre complet de Jean Racine. Parme, imp. de Bodoni, 1813, 3 volumes grand in-folio.

On a tiré sur vélin les quatre premières pages de cette édition, commencée en 1811 par Bodoni et publiée en 1813 par sa veuve.

Théâtre complet de J. Racine, orné de cinquante-sept gravures d'après les compositions de Girodet, Gérard, Chaudet, Prud'hon, etc. Paris, P. Didot, 1816, 3 volumes in-8, avec figures.

Il a été tiré des exemplaires sur grand papier, avec figures avant la lettre.

OEuvres de Jean Racine. Paris, Genets jeune, 1817, 4 volumes in-18, avec treize figures.

OEuvres complètes de Jean Racine. Paris, Ménard et Desenne, 1819, 3 volumes in-18. (Dans la *Bibliothèque française*.)

Avec treize vignettes par Girardet, d'après Desenne. — Il a été tiré des exemplaires in-18 sur papier vélin, et in-12 sur papier ordinaire, et sur papier vélin, avec vignettes avant la lettre.

Autre édition en 1824.

OEuvres de Jean Racine. Paris, Dabo et Tremblay, 1819, 5 volumes in-18.

Édition stéréotype qui, d'après Quérard, ne serait qu'un tirage de l'édition de Renouard de l'an VII (1800).

Autre édition en 1824, Paris, veuve Dabo, 5 volumes in-18.

Théâtre de Jean Racine. Nouvelle édition, conforme à celle de P. Didot l'aîné. Avignon, Joly, 1819, 3 volumes in-18.

OEuvres complètes de J. Racine, avec les notes de tous les commentateurs. Édition publiée par L. Aimé-Martin. Paris, Lefèvre, 1820, 6 volumes in-8.

Avec figures d'après Gérard, Girodet et Prud'hon. — Il en a été tiré des exemplaires sur grand papier vélin, avec figures avant la lettre.

Seconde édition en 1822, 6 volumes in-8. Le quatrième volume est augmenté des diverses traductions faites par Racine dans sa jeunesse, et des fragments historiques reproduits d'après le manuscrit de la Bibliothèque royale.

Quatrième édition en 1825, 7 volumes in-8. Corrigée et augmentée des études de Racine sur l'*Odyssée* d'Homère et sur les *Olympiques* de Pindare. (Dans la *Collection des classiques français*.)

Cinquième édition en 1844, 6 volumes in-8. Quelques exemplaires ont un septième volume, contenant la « Musique d'*Esther*, d'*Athalie* et des *Cantiques spirituels* par Moreau, maître de musique de Louis XIV ; » 168 pages et 4 feuillets pour titres et avis de l'éditeur.

Brunet a raison de faire remarquer que l'édition de Dupont (Paris, 1824, 6 volumes in-8), avec de nouvelles notes et des études sur Racine par M. Aignan, reproduit en grande partie le travail d'Aimé-Martin. « Voilà sans doute, dit-il, pourquoi celui-ci la compte pour la troisième de celles qu'il a publiées. » Voyez plus loin, au bas de la page.

Ces éditions d'Aimé-Martin, particulièrement la quatrième et la cinquième, sont les plus complètes qui eussent paru jusqu'alors. Le choix que, pour l'annotation littéraire, il a fait parmi les meilleurs commentaires, et la belle exécution typographique, ont donné un grand renom à son *Racine*. Mais pour qu'il mérite d'avoir l'autorité qu'on lui a crue quelquefois, la critique du texte, la révision sur les manuscrits, particulièrement, mais non pas uniquement, pour la *Correspondance*, laissent beaucoup trop à désirer. Les notes explicatives ou historiques ont été pour la plupart empruntées par Aimé-Martin à ses devanciers ; celles qu'il a ajoutées ne sont pas toujours exactes. Le travail d'éditeur est beaucoup moins considérable, moins original et moins sûr que dans l'édition de 1807, de Germain Garnier (voyez ci-dessus, p. 402 et 403).

OEuvres de Jean Racine. Paris, Saintin, 1821, 4 volumes in-32.

OEuvres complètes de Jean Racine, avec le commentaire de Laharpe. Paris, librairie nationale et étrangère, 1822, 8 volumes in-12.

Édition publiée, d'après Quérard, par Antoine Béraud. — Il en a été tiré des exemplaires sur papier vélin.

OEuvres de Racine. Paris, Aillaud, 1822, 4 volumes in-18.

OEuvres complètes de J. Racine. Paris, de Bure, 1823, 4 volumes in-32. (Dans la *Bibliothèque portative de l'amateur*.)

OEuvres complètes de J. Racine, avec les notes de tous les commentateurs, auxquelles ont été jointes de nouvelles notes et des études sur Racine, par M. Aignan, de l'Académie française. Paris, P. Dupont et Bossange, 1824, 6 volumes in-8.

Imprimé sur papier d'Annonay. Il en a été tiré vingt-cinq exemplaires sur papier vélin. Cette édition, qui reproduit en grande partie le travail d'Aimé-Martin, a été regardée par ce dernier comme une troisième édition de sa publication (voyez un peu plus haut).

OEuvres de Jean Racine. Paris, Mame-Delaunay, 1824, 5 volumes in-12.

OEuvres poétiques de J. Racine. Paris. Lefèvre, 1824, 4 volumes in-32, avec portrait. (Dans la *Collection des classiques français*, dirigée par L. S. Auger.)

OEuvres complètes de J. Racine, revues avec soin sur toutes les éditions de ce poëte, avec les *Mémoires* sur sa vie par Louis Racine. Paris, Castel de Courval, 1825, 5 volumes in-8.

OEuvres complètes de Jean Racine. Paris, Andriveau..., 1825, in-18, avec portrait.

OEuvres de Jean Racine. Paris, Parmantier, 1825, 3 volumes in-12.

OEuvres de Jean Racine. Paris, Mame et Delaunay-Vallée, 1825, 4 volumes in-48, avec planches. (Dans les *Chefs-d'œuvre de la littérature française*, ou *Bibliothèque en miniature*, ornée de jolies gravures.)

OEuvres complètes de J. Racine, revues avec soin sur toutes les éditions de ce poëte, avec des notes extraites des meilleurs commentateurs, par R. Auguis. Paris, Fortic, 1825-1826, grand in-8 à deux colonnes, avec portrait.

OEuvres complètes de J. Racine, avec des examens sur chaque pièce, précédées de sa *Vie* et de son *Éloge* par Laharpe. Paris, Sautelet, 1825-1826, 5 volumes in-8.

OEuvres complètes de J. Racine, précédées d'une notice historique (par Tissot). Paris, Baudouin, 1826, 5 volumes in-8, avec portrait.

Autre édition en 1827.

OEuvres de Jean Racine, précédées d'une notice sur sa vie et ses ouvrages. Paris, Froment, 1826, 4 volumes in-12, avec portrait. (Dans la *Collection des classiques français*.)

OEuvres de Jean Racine. Angers, Mame, 1826, 5 volumes in-18.

Édition stéréotype qui, d'après Quérard, n'est qu'un tirage de l'édition de Renouard, an VII.

OEuvres complètes de Jean Racine. Paris, Dufour, 1826, 4 volumes in-48. (Dans les *Classiques en miniature*.)

OEuvres complètes de J. Racine, avec une notice sur sa vie par M. L. S. Auger.... Paris, Lefèvre, 1827, 2 volumes in-8.

Autre édition en 1838.

OEuvres complètes de J. Racine. Paris, Baudouin, 1828, 6 volumes in-8.

Précédées de l'*Éloge de Racine* par Laharpe. — Édition clichée, dont, d'après Quérard, il y a eu plusieurs tirages aux noms de divers libraires.

OEuvres complètes de Jean Racine, revues avec soin sur toutes les éditions de ce poëte, avec les *Mémoires* sur sa vie par Louis Racine. Avallon, Comynet, 1828, 5 volumes in-8.

OEuvres complètes de Jean Racine, avec des examens sur chaque pièce, précédées de sa *Vie* et de son *Éloge* par Laharpe. Paris, Pinard, 1829, 5 volumes in-8.

Il a été tiré des exemplaires sur papier vélin.

OEuvres de Jean Racine, précédées d'une notice sur sa vie et ses ouvrages. Paris, bureau des éditeurs, 137, rue Saint-Jacques, 1829, 4 volumes in-18.

Autre édition en 1830, 4 volumes in-18.

OEuvres complètes de J. Racine. Nouvelle édition, collationnée sur les meilleurs textes. Paris, Furne, 1829, grand in-8 à deux colonnes.

Avec une notice, l'*Éloge de Racine* par Laharpe, et un portrait.
Autre édition en 1843, avec un portrait et douze vignettes.

OEuvres de Jean Racine, précédées d'une notice sur sa vie et ses ouvrages. Paris, Lebigre, 1830, 4 volumes in-18.

OEuvres complètes de J. Racine, précédées de son *Éloge* par Laharpe. Paris, Houdaille et Veniger, 1830, 6 volumes in-8.

Édition qui, d'après Quérard, ne serait qu'un tirage de l'édition de Baudouin de 1828.

OEuvres de J. Racine. Paris, Treuttel et Würtz, 1831, 5 volumes in-8. (Dans la *Nouvelle Bibliothèque classique*.)

Il a été tiré des exemplaires sur papier vélin.

OEuvres de Jean Racine, précédées des *Mémoires* sur sa vie par Louis Racine. Paris, Lefèvre, 1833, grand in-8 à deux colonnes.

Autre édition en 1835.

OEuvres complètes de J. Racine, précédées de son *Éloge* par Laharpe. Nouvelle édition. Paris, Pourrat, 1834, 6 volumes in-8.

Cette édition, d'après Quérard, n'est qu'un tirage de l'édition de Baudouin de 1828.

OEuvres de Jean Racine. Paris, librairie des Écoles, 1835, 4 volumes in-32.

OEuvres de Jean Racine, précédées d'une notice sur sa vie et ses ouvrages. Nouvelle édition. Angers, imp. de le Sourd, 1836, 4 volumes in-18.

OEuvres de J. Racine, précédées d'une notice sur sa vie et ses ouvrages. Nouvelle édition, ornée de douze vignettes et du portrait de l'auteur. Nancy, 1836, 4 volumes in-12.

OEuvres de Jean Racine. Paris, Lecointe, 1837, 4 volumes in-18. (Dans la *Nouvelle Bibliothèque des classiques français*.)

OEuvres dramatiques de Jean Racine, précédées d'une notice sur sa vie par M. L. S. Auger.... Paris, Lefèvre, 1837, in-8. (Dans la *Bibliothèque d'auteurs classiques*.)

OEuvres de Jean Racine, précédées d'une notice sur sa vie et sur ses ouvrages. Nouvelle édition. Paris, Hiard, 1839, 4 volumes in-18.

Théâtre complet de J. Racine. Paris, F. Didot frères, 1841, in-8. (Avec notice par Auger.)

Autres éditions en 1844 (Didot), en 1850 (Charpentier), en 1856 (Didot).

OEuvres de Jean Racine. Édition stéréotype d'après le procédé de F. Didot. Paris, Fortin, Masson et Cie (1842), 4 volumes in-18. (Dans les *Classiques français*.)

OEuvres de Jean Racine, précédées d'une notice sur sa vie et ses ouvrages. Nouvelle édition, ornée de figures. Paris, Locquin, 1842, 4 volumes in-18.

OEuvres de Jean Racine, publiées par Gombert. Londres, 1843, 3 volumes in-18.

Jean Racine. Édition illustrée par Célestin Nanteuil. Paris, Guiller, 1844, grand in-8.

Il n'a été publié de cette édition que les livraisons 1-6.

OEuvres de Jean Racine. Paris, Labbé, 1844, 4 volumes in-16.

Autre édition en 1847, in-32.

OEuvres dramatiques de J. Racine. Paris, Lefèvre, 1844, in-18.

Petite Bibliothèque choisie de la littérature française ou *Collection des meilleurs ouvrages anciens*. 1re série : *OEuvres de J. Racine*. Gleiwitz, 1846, 4 volumes in-16.

OEuvres de J. Racine. Nouvelle édition, ornée du portrait de l'auteur. Paris, Gennequin, 1846, in-8.

Avec notice. — Cette édition ne comprend que le *Théâtre*, la *Nymphe de la Seine* et la *Renommée aux Muses*.

OEuvres dramatiques de J. Racine. Leipzig, 1846, 2 volumes in-8.

OEuvres de J. Racine et de P. et T. Corneille. Nouvelle édition. Paris, Lecou, 1847, grand in-8 à deux colonnes.

OEuvres de J. Racine et de P. et T. Corneille. Nouvelle édition. Paris, Penaud frères, 1847, grand in-8 à deux colonnes.

Donné comme prime aux deux mille premiers souscripteurs d'autres publications de ces éditeurs.

Autre édition en 1851.

Théâtre complet de J. Racine. Édition *variorum*. Annoté d'après Racine fils. Mme de Sévigné, le Batteux, Voltaire, Laharpe, Napoléon, Schlegel, Roger, Geoffroy, Patin, Sainte-Beuve, Saint-Marc Girardin, Nisard, etc.; publié par Charles Louandre. Paris, Charpentier, 1850, in-18.

Autres éditions en 1852, en 1857, en 1861 (la couverture imprimée porte 1860), en 1865 (la couverture imprimée porte 1863).

OEuvres complètes de J. Racine, avec les notes de divers commentateurs, ornées de vignettes gravées sur acier d'après les compositions de Gérard, Girodet, Desenne. Paris, Garnier frères, 1853, grand in-8 à deux colonnes.

OEuvres de Jean Racine. Édition stéréotype, d'après le procédé de Firmin Didot. Paris, Borrani et Droz (1853), 4 volumes in-18. (Dans la *Collection des classiques français*.)

OEuvres de Jean Racine. Paris, P. H. Krabbe (1853), 4 volumes in-18.

OEuvres de Jean Racine, précédées d'une notice sur sa vie et ses ouvrages par L. S. Auger.... Paris, Furne, 1853, in-8, avec gravures.

Autres éditions en 1856 et en 1863.

OEuvres poétiques de J. Racine, augmentées des variantes du texte. Paris, F. Didot, 1853, 3 volumes in-8. (Dans les *Chefs-d'œuvre littéraires du dix-septième siècle*, collationnés sur les éditions originales et publiés par M. Lefèvre.)

Théâtre complet de J. Racine. Francfort, H. Beckhold (1853-1858), 2 volumes in-16.

Avec la notice d'Auger. — La couverture imprimée porte : « *Bibliothèque des classiques français*, livraison CLXVIII, J. RACINE, Théâtre complet. »

OEuvres complètes de Racine. Édition de Ch. Lahure.... Paris, L. Hachette et Cⁱᵉ, 1856, 2 volumes in-18, avec notice. (Dans les *Principaux écrivains français*.)

Autres éditions en 1859, 1862, 1864 (3 volumes in-18), 1865, 1867.

OEuvres de Jean Racine, précédées des *Mémoires* sur sa vie par Louis Racine. Paris, Didot, 1857, grand in-8 à deux colonnes.

OEuvres complètes de J. Racine et de Pierre et T. Corneille. Nouvelle édition. Paris, Gennequin, 1857, grand in-8, avec portrait et notice.

Autre édition en 1865.

OEuvres complètes de J. Racine, précédées d'un Essai sur sa vie et ses ouvrages par Louis Racine. Nouvelle édition, illustrée de treize gravures sur acier, d'après Gérard, Girodet, Desenne, etc. Paris, Garnier (1858), grand in-8 à deux colonnes.

Autres éditions en 1861, 1864, 1867.

OEuvres poétiques de J. Racine. Paris, Plon, 1861, 4 volumes in-32. (Dans la *Collection des classiques français*, collationnée sur les meilleurs textes.)

Théâtre complet de Jean Racine, avec des remarques littéraires et un choix de notes classiques par M. Félix Lemaistre ; précédé d'une notice sur la vie et le théâtre de Racine par L. S. Auger. Paris, Garnier (1863), in-18.

Autre édition en 1866.

OEuvres complètes de J. Racine. Paris, N. Chaix, 1864, 4 volumes in-8. (*Collection Napoléon Chaix*. Dans la *Bibliothèque universelle des familles*, formant cinq cents beaux volumes in-8, choisis parmi les meilleurs ouvrages anciens et modernes.)

OEuvres complètes de Racine. Paris, L. Hachette et Cie, 1865, 3 volumes in-8. (Édition de Ch. Lahure.)

OEuvres complètes de J. Racine. Garnier frères, 1869-1870, in-8.

Avec un *Discours préliminaire*, une *Introduction*, une *Vie de Racine* et un examen de chacun de ses ouvrages par M. Saint-Marc Girardin, de l'Académie française. Il n'a encore été publié que le tome I, qui renferme, après les préliminaires, *la Thébaïde* et l'*Alexandre*, et le tome II, qui renferme l'*Andromaque* et *les Plaideurs*.

Théâtre complet de J. Racine, précédé de la *Vie* de l'auteur. Paris, Laplace, Sanchez et Cie, 1869, in-18.

OEuvres de Jean Racine, précédées des *Mémoires* sur sa vie par Louis Racine. Nouvelle édition, ornée de portraits en pied coloriés des principaux personnages de chaque pièce. Dessins de MM. Geffroy, sociétaire de la Comédie-Française, et H. Allouard. Paris, Laplace, Sanchez et Cie, 1870, grand in-8.

Traductions allemandes : *Herrn Johann Racine theatralische Schriften aus dem Französischen übersetzt*. Braunschweig, 1766, 2 parties, in-8. — *Sämmtliche Werke, zum ersten Male übersetzt von Heinr. Vichoff*. Emmerich, 1840-1843, 3 volumes in-16 (seconde édition, Berlin, C. Habel, 1849).

Collection de cinquante-sept estampes pour les OEuvres de Racine, d'après les dessins de Prud'hon, Moitte, F. Gérard, Girodet, Chaudet. Paris, Didot ainé, 1801-1805, in-folio.

Douze figures pour l'édition des OEuvres de Jean Racine, stéréotypées d'après les procédés de F. Didot, format in-18. Paris, Didot ainé, an IX (1802).

Collection de treize gravures pour les OEuvres de J. Racine, d'après les dessins de Moreau jeune, par Macret, Halek, Mariage, Courbe et Trière. Paris, Ménard et Raymond, 1810, in-8.

Collection de treize jolies vignettes pour les OEuvres de Racine, gra vées par Girardet, d'après les dessins de Desenne. Paris, Ménard et Desenne, 1819, in-8.

Collection de treize gravures pour les OEuvres de J. Racine, d'après les dessins de Moreau le jeune, gravées par Ghendt, Roger, Trière et Saint-Aubin. Paris, Renouard, in-8.

Collection de cinquante-sept gravures au trait pour les OEuvres de Racine, d'après les dessins de Calmé (*voyez le numéro suivant*). Paris, veuve Dabo, in-8. (Citée dans la *France littéraire* de Quérard, ainsi que les *Collections* des cinq numéros précédents.)

Figures du théâtre de Racine. Recueil de cinquante-sept planches gravées au trait, en taille-douce, d'après les dessins originaux de J. B. Calmé, pour toutes les éditions stéréotypes in-12 et in-18 de Didot, de Herhan, ou autres. Paris, Soyer, 1812, in-12.

« Les costumes sont exacts, les sujets sont bien choisis, et M. le Normant, dont le talent pour la gravure au trait est bien connu, a gravé celui-ci avec un soin particulier et une finesse rare. » (*Note du* Magasin encyclopédique, 1814, tome *I*.)

Dans le *Catalogue de Mariette*, à la *Table des OEuvres de Sébastien le Clerc*, et à la *Table des OEuvres de Fr. Chauveau*, on trouve l'énumération des titres et des frontispices des tragédies de Racine.

B. SOUS LE TITRE DE *THÉÂTRE CHOISI, CHEFS-D'OEUVRE, ETC.*

Choix des tragédies de J. Racine, publié par Ventouillac. Londres et Paris, Treuttel et Würtz, 1825, 2 volumes in-18, avec portrait et gravures.

Chefs-d'œuvre dramatiques de J. Racine, précédés d'une notice historique et littéraire par E. L. Fremont.... Édition classique. Paris, Delalain, 1837, in-12.

Théâtre français. Chefs-d'œuvre dramatiques de Racine. Paris et Limoges, Ardant, 1840, 6 volumes in-18.

Théâtre classique (avec les variantes, un choix de notes, etc.). Paris, L. Hachette, 1841, in-12. — Réimprimé en 1852, 1853, etc., avec le nom de l'éditeur (M. A. l. Regnier).

Contenant : *Britannicus, Esther et Athalie* de Racine.

Bibliothèque littéraire de la jeunesse : Racine, *OEuvres choisies*. Édition épurée, illustrée de vingt dessins de M. Marckl, gravés par MM. Budzilowich, Poujet, etc. Paris, Lehuby, 1846, in-18. (Avec notice.)

Autre édition en 1855, in-8.

Théâtre choisi de Racine, avec une notice biographique et littéraire et des notes par M. Géruzez.... Paris, L. Hachette et Cie, 1847, in-18.

Autre édition en 1863.

Répertoire du théâtre français à Berlin. Berlin, 1833-1849, grand in-8. (N° 120, *Iphigénie*; n° 159, *Phèdre*; n° 163, *Esther*; n° 193, *Britannicus*; n° 217, *Athalie*; n° 338, *les Plaideurs*; n° 339, *Bérénice*.)
Chefs-d'œuvre de Jean et Louis Racine. Limoges, Barbou, 1851, in-8. (Dans la *Bibliothèque chrétienne et morale*, 2de série.)

Autres éditions en 1861 et en 1865.

OEuvres choisies de J. Racine, avec la *Vie* de l'auteur et des notes de tous les commentateurs, par M. D. Saucié.... Tours, Mame, 1852, in-8. (Dans la *Bibliothèque de la jeunesse chrétienne*.)

Il y a eu cinq éditions de 1852 à 1866.

Chefs-d'œuvre des classiques français, avec commentaires choisis des meilleurs commentateurs, augmentés de remarques par O. Fiebig et St. Leportier. Leipzig, 1854-1856, in-8. (1, *les Plaideurs*; 2, *Phèdre*; 3, *Athalie*; 4, *Iphigénie*; 5, *Andromaque*; 6, *Britannicus*; 7, *Esther*.)
Théâtre choisi de Racine. Édition classique, précédée d'une notice littéraire par F. Estienne. Paris, Delalain, 1858, in-18.

Autre édition en 1868.

OEuvres choisies de J. Racine. Nouvelle édition revue. Paris, Vermot, 1863, in-8. (Avec notice signée *G. de S.* et portrait. — Contenant *Britannicus, Iphigénie, Esther* et *Athalie*.)

Autres éditions en 1867 et en 1868.

Chefs-d'œuvre de J. Racine. Paris, L. Hachette et Cie, 1864, 2 volumes in-18. (Avec notice.)

Autre édition en 1868.

Chefs-d'œuvre de J. Racine. Paris, Ch. Delagrave, 1868, 2 volumes in-12. (Avec une biographie de Racine et des notices historiques sur ses tragédies par M. Émile Chasles.)
Racine. *Phèdre, Iphigénie, Britannicus, Andromaque, les Plaideurs, Mithridate, Athalie*. Bielefeld, 1842-1869, in-32. (Dans le *Théâtre français* publié par C. Schütz.)

Traduction allemande : *Prosaische Uebersetzung einiger Trauerspiele aus dem Französischen der Herren Racine und Gresset*. Leipzig, Teubner, 1735, in-8.

Contenant *Mithridate, Iphigénie, Phèdre* et *Bajazet* de Racine.

Traduction italienne : *Tragedie di Racine tradotte da Stefano Egidio Petronj. Parigi*, 1813, in-8.

Contenant *Phèdre* et *Andromaque*.

Voyages en France et autres pays, en prose et en vers, par Racine, la Fontaine, Regnard, Chapelle, Bachaumont, Hamilton, Voltaire..., ornés de trente-six planches dessinées et gravées par les meilleurs artistes. 3e édition. Paris, Briand, 1818, 5 volumes in-12.

Quatrième édition en 1824.

Beautés de J. Racine, ou choix de ses passages les plus remarquables sous le rapport de la pensée et du style, par H. D***. Paris, Blanchard, 1822, in-12.

C'est le tome IX des *Beautés des écrivains français les plus célèbres* (24 volumes in-12).

C. RECUEILS ET OUVRAGES DIVERS OÙ SONT INSÉRÉES DES OEUVRES DE RACINE OU ATTRIBUÉES A RACINE.

Elogia Julii Mazarini cardinalis. Paris, Antoine Vitré, 1666, in-folio.

Contenant *la Nymphe de la Seine à la Reine*. Comparée à l'édition originale de 1660, l'ode qui est dans ce recueil offre d'importantes variantes.

L'Onguent à la brûlure.... 1670, in-12.

Contenant les *Vers sur la signature du Formulaire*, attribués à Racine. Ces vers se trouvent aussi dans la *Lettre d'un avocat à un de ses amis* sur la signature du fait contenu dans le *Formulaire*, pièce in-4 (s. l. n. d.). La lettre y est datée du 4 juin 1664.

Recueil de poésies diverses, dédié à Monseigneur le prince de Conty. Paris, Pierre le Petit, 1671, tome III.

Contenant *la Nymphe de la Seine à la Reine* et des endroits choisis d'*Alexandre* et d'*Andromaque*.

OEuvres diverses d'un auteur de sept ans, in-4, s. l. n. d. (Elles sont du 1er janvier 1679.)

Contenant l'*Épître à Madame de Montespan* et l'*Auteur aux beaux esprits, madrigal*, deux pièces attribuées l'une et l'autre à Racine.

Mercure galant, juillet 1685.

Contenant l'*Idylle sur la paix*.

Le Bréviaire romain en latin et en françois.... divisé en quatre parties. Paris, D. Thierry, 1688, in-8.

C'est le *Breviaire* de le Tourneux, contenant les *Hymnes* traduites par Racine.

L'Idylle et les festes de l'Amour et de Bacchus, pastorale représentée par l'Académie royale de musique. Paris, C. Ballard, 1689, in-4 de 48 pages.

Contenant l'*Idylle sur la paix*. Le reste est de Molière et de Quinault.

Menagiana, édition de 1693.

Contenant l'épigramme *Sur l'Iphigénie de le Clerc*. Voyez notre tome IV, p. 180.

Menagiana, édition de 1694.

Contenant, au tome II, l'épigramme *Contre Boyer*, qui y est attribuée à Racine, tandis qu'au tome IV de l'édition de 1715 elle est attribuée à Furetière. Voyez notre tome IV, p. 248 et 249.

Recueil de vers choisis (par le P. Bouhours). Paris, 1693, in-12.
Contenant l'*Idylle sur la paix*.

Recueil des pièces curieuses et nouvelles tant en prose qu'en vers. La Haye, Adrian Moetjens, 1694-1701, 5 volumes in-12.

Contenant, au tome II, les trois premiers *Cantiques spirituels* et la *Stance à la louange de la Charité*, qu'Aimé-Martin a attribuée à Racine (voyez notre tome IV, p. 250); au tome III, 1re partie, le IVe *Cantique spirituel*, et 4e partie, l'épigramme *Sur la Troade de Pradon* (voyez notre tome IV, p. 239.)

Le Portefeuille de M. L. D. F** (Germain de la Faille). Carpentras, Dominique la Barre, 1694, in-18.

Contenant plusieurs des *Hymnes* traduites par Racine et des épigrammes qui lui sont attribuées. Voyez notre tome IV, p. 94 et 95, et p. 239, 240 et 241.

Furetiriana. Paris, Thomas Guillain, 1696, in-12.

Contenant l'épigramme *Sur l'Aspar de Fontenelle*.

Recueil des plus belles épigrammes des poëtes françois.... Paris, Nicolas le Clerc, 1698, in-12.

Contenant l'épigramme *Sur l'*Iphigénie *de le Clerc*. Voyez notre tome IV, p. 180.

Médailles sur les principaux événemens du règne de Louis le Grand, avec des explications historiques. Paris, 1702, de l'Imprimerie royale, in-fol. Autres éditions : Paris, 1702, Imprimerie royale, in-4. — Paris, 1723, Imprimerie royale, in-folio.

Cinq des *Explications* insérées dans ce recueil sont de Racine. Voyez notre tome V, p. 21 et 22, et p. 47-60.

*Satire XII sur l'*Équivoque *et autres ouvrages posthumes de M. Boileau Despréaux*. 1712, in-12.

On y a inséré l'*Épitaphe de M. Arnauld*, par Racine.

NOTICE BIBLIOGRAPHIQUE.

Recueil de pièces choisies tant en prose qu'en vers, rassemblées en deux volumes (par la Monnoie). La Haye, Van Lom, 1714, in-12.

Contenant la *Lettre de Racine à l'auteur des* Hérésies imaginaires.

Mémoires de Trévoux, octobre 1714, contenant la *Lettre de Racine à l'auteur des* Hérésies imaginaires ; et mars 1724, la *Lettre aux deux apologistes.*

Nouveau Recueil des épigrammatistes françois..., par M. B. L. M. (Bruzen de la Marnière). Amsterdam, 1720, in-12.

Contenant l'épigramme *Sur l'Iphigénie de le Clerc* (voyez notre tome IV, p. 181, note 3), et l'épigramme *Contre Boyer*, qui y est attribuée à Furetière (voyez notre tome IV, p. 249).

OEuvres de Nicolas Despréaux. La Haye, 1722, in-12.

On y a, au tome IV, imprimé pour la première fois la *Lettre aux deux apologistes de l'auteur des* Hérésies imaginaires.

Nécrologe de l'abbaye de Port-Royal. 1723, in-4.

Contenant les vers de Racine *Sur le Port-Royal* et *Pour le portrait de M. Arnauld*, ainsi que son *Épitaphe de M. Arnauld.* Voyez notre tome IV, p. 192-196.

Continuation des Mémoires de littérature et d'histoire. Paris, 1726-1731, 11 volumes in-12.

Contenant, au tome VII, une lettre de Racine à Boileau, la lettre 141 de notre édition.

OEuvres diverses de M. de la Fontaine, de l'Académie françoise. Paris, Didot, 1729, 3 volumes in-8.

Contenant, au tome III, une lettre de Racine à la Fontaine (la lettre 13 de notre édition), et une lettre de la Fontaine à Racine (notre lettre 56).

Recueil de pièces d'histoire et de littérature (par l'abbé Granet et le P. Desmolets). Paris, 1731-1741, in-12.

Contenant, au tome III, la petite pièce de vers latins *Urbis et ruris differentia*, attribuée à Racine, et la *Réponse* de Vitart.

Bolæana inséré dans les *OEuvres de Boileau*, édition de l'abbé Souchay. Paris, 1740, in-4.

Contenant la première des deux épigrammes *Sur les critiques qu'essuya la tragedie d'*Andromaque. Voyez notre tome IV, p. 177.

Nouveau Choix de poésies morales et chrétiennes, dédié à la Reine (par le Fort de la Morinière). 1747.

Contenant les *Cantiques spirituels* I, II et IV, et des fragments des tragédies de Racine.

Mémoires sur la vie de Jean Racine (par Louis Racine ; voyez ci-après, p. 423). 1747, 2 volumes in-12.

Contenant quelques-unes des pièces qui sont aux deux *Appendices* de notre tome IV, à savoir : le sonnet *Pour célébrer la naissance d'un enfant de Nicolas Vitart*, une partie de la pièce de vers latins *Ad Christum*, les vers *Contre Chapelain* ; et en outre, après les *Mémoires*, à la fin du Ier volume, le *Discours prononcé à l'Académie française à la réception de l'abbé Colbert*, le *Plan du premier acte* d'Iphigénie en Tauride, l'*Extrait du traité de Lucien intitulé : Comment il faut écrire l'histoire* ; les *Fragments historiques*, les *Réflexions pieuses sur quelques passages de l'Écriture sainte*, les *Hymnes du Bréviaire romain*, le *Discours prononcé à la tête du clergé par M. l'abbé Colbert*, attribué à Racine, la *Relation du siège de Namur*.

Histoire générale de Port-Roïal (par dom Clémencet). Amsterdam, 1755-1757, 10 volumes in-12.

Contenant, au tome VIII, une lettre de Racine à la Mère Agnès de Sainte-Thècle (c'est notre lettre 137), et la citation de quelques passages d'autres lettres du même à la même, que nous avons données d'après les *Journaux manuscrits* de la bibliothèque de Klarenburg.

Mémoires pour servir à l'histoire de Mme de Maintenon, par la Beaumelle. Hambourg, 1756, in-12.

Contenant, au tome V, parmi les *Pièces justificatives*, l'épigramme *Sur les démêlés de Bossuet et de Fénelon*, qui y est attribuée à Racine.

Passe-temps poétiques, historiques et critiques. Paris, 1757, 2 volumes in-12.

Contenant, au tome II (*Nouveau Portefeuille historique, poétique et littéraire de M. Bruzen de la Martinière*), le sonnet *Sur la Troade de Pradon*, l'épigramme *Sur le même sujet*, et le sonnet *Sur le Genséric*.

Querelles littéraires.... (par l'abbé Irailh). 1761, 4 volumes in-12.

Contenant, au tome I, le second des *Couplets sur la réception de Fontenelle à l'Académie françoise*.

OEuvres de Fontenelle. Amsterdam, 1764, 12 volumes in-8.

Contenant les *Couplets sur la réception de Fontenelle à l'Académie françoise* (voyez notre tome IV, p. 245).

Récréations littéraires..., par C. R. (Cizeron-Rival). 1765, in-12.

Contenant l'épigramme *Sur l'Aspar de Fontenelle* et l'*Auteur aux beaux esprits*, madrigal composé pour le duc du Maine.

Description historique de la ville de Paris, par Piganiol de la Force. 1765, 10 volumes in-12.

Au tome IV ont été imprimées l'*Épitaphe de Michel le Tellier*, et l'*Épitaphe de Mlle de Lamoignon*.

NOTICE BIBLIOGRAPHIQUE.

Lettres familières de MM. Boileau Despréaux et Brossette, publiées par Cizeron-Rival. Lyon, 1770, 3 volumes in-12.

Contenant trois lettres de Boileau à Racine (ce sont nos lettres 61, 63 et 112).

Mon petit Portefeuille. Londres, 1774, 2 volumes in-12.

Contenant le sonnet *Sur* la *Troade de Pradon*, le sonnet *Sur la tragédie de* Genséric, et *l'Auteur aux beaux esprits*, madrigal composé pour le duc du Maine.

Pièces intéressantes et peu connues, par D. L. P. (de la Place). Bruxelles, 1785, 8 volumes in-12.

Contenant, au tome IV, *l'Auteur aux beaux esprits*, madrigal composé pour le duc du Maine, et l'épigramme *Sur* la Troade *de Pradon*.

Journal général de France (publié par l'abbé Fontenai). 2 et 14 octobre 1788.

Contenant les *Stances à Parthénice*, le madrigal : *Savantes filles de Mémoire*, des fragments des *Odes sur Port-Royal*, le madrigal donné à la page 205 de notre tome IV, toutes pièces imprimées pour la première fois.

Le Conservateur ou Recueil de morceaux inédits.... tiré des portefeuilles de François de Neufchâteau. Paris, Crapelet, an VIII.

Au tome I on y attribue à Racine un quatrain *Contre Mme de Maintenon*, qui a été ensuite recueilli dans l'*Almanach des Muses* de l'an IX, où il est signé du nom de *feu Racine père*, et dans l'*Acanthologie* de Fayolle. Rien ne peut justifier cette attribution : voyez notre tome IV, p. 167 et 168.

Almanach des Muses (1806).

On y trouve une épigramme *Contre l'abbé Abeille*, signée du nom de Jean Racine, et que Petitot a donnée dans son édition des *OEuvres* du poëte; mais l'attribution à Racine est fausse : voyez notre tome IV, p. 165.

Choix de lecture française. Leipzig, 1813, in-8.

Contenant *Britannicus* et *Mithridate*.

Acanthologie (recueil fait par Fayolle). 1817, in-12.

Contenant l'épigramme *Sur* la Troade *de Pradon*, le sonnet *Sur la même tragédie*, et le second des *Couplets sur la réception de Fontenelle à l'Académie françoise*.

Correspondance entre Boileau Despréaux et Brossette, publiée par A. Laverdet. Paris, Techener, 1858, in-8.

Contenant un billet de Racine à Boileau (voyez notre tome VI, p. 589, note 6) et plusieurs lettres de Boileau à Racine, d'après des copies de la main de Jean-Baptiste Racine corrigées par Boileau.

NOTICE BIBLIOGRAPHIQUE.

Bulletin du bouquiniste, numéro du 1ᵉʳ septembre 1863.

M. Paul Lacroix y a inséré, en les attribuant à Racine, les vers *Contre Richelieu, détracteur* d'Iphigénie, imprimés aux pages 236 et 237 de notre tome IV.

Au moyen de cette liste et de celles des *OEuvres détachées* (p. 376-393), on peut voir quelles ont été les premières éditions des diverses œuvres de Racine. Il manque sur ces listes, outre quelques pièces de nos *Appendices* du tome IV et celles de l'*Appendice* du tome V, les ouvrages suivants : 1° *le Paysage ou les Promenades de Port-Royal des Champs;* 2° l'*Ode tirée du psaume* XVII; 3° le *Mémoire pour les religieuses de Port-Royal des Champs;* 4° la *Traduction de fragments de la* Poétique *d'Aristote;* 5° la *Traduction de l'extrait de la lettre de Denys d'Halicarnasse à Cneius Pompée;* 6° les *Remarques sur les* Olympiques *de Pindare et sur l'*Odyssée *d'Homère.* Les deux premiers et le quatrième de ces écrits ont été imprimés pour la première fois en 1808, dans l'édition de Geoffroy; le troisième, dans l'édition de 1807; enfin Aimé-Martin est le premier qui ait donné le cinquième et le sixième. Les poésies insérées par nous dans les *Appendices* de notre tome IV ont paru soit dans les *Mémoires de Louis Racine* (voyez ci-dessus, p. 416), soit dans l'édition de Geoffroy (1808), qui, la première, a donné en entier la pièce de vers latins *Ad Christum*, imprimée aux pages 208-210 de notre tome IV; soit dans l'édition de Luneau de Boisjermain, qui contient la *Chanson contre Fontenelle* et la pièce *Sur les compliments qui furent faits au Roi à l'occasion de sa convalescence*, imprimées aux pages 243 et 244 de notre tome IV; soit dans les *OEuvres de Racine* (Amsterdam, 1722), où se trouvent les vers *Sur l'Art de prêcher et Sur le poëme* de l'Amitié *de M. l'abbé de Villiers*, imprimés à la page 251 de notre tome IV. Les traductions qui sont la matière de l'*Appendice* du tome V ont été publiées d'abord dans la seconde édition d'Aimé-Martin (1822). Quant aux annotations de livres qui sont dans notre tome VI (p. 165-360), elles étaient, avant notre édition, pour la plupart inédites; nous avons eu soin d'indiquer dans les notices ce qui en avait paru soit dans des publications à part, soit dans les *Études littéraires et morales de Racine*, du duc de la Rochefoucauld-Liancourt (voyez ci-dessus, p. 390 et 391).

2°

OUVRAGES RELATIFS A RACINE.

A. OUVRAGES RELATIFS AUX PIÈCES DÉTACHÉES DU THÉÂTRE DE RACINE.

Dissertation sur le grand Alexandre, au tome I des *OEuvres mêlées de S. E.* (Saint-Évremond). Paris, Claude Barbin, 1670, in-12.

Dissertation adressée par Saint-Évremond à Mme Bourneau.

Alexandre aux Indes, opéra en trois actes, représenté pour la première fois, sur le théâtre de l'Académie royale de musique, le mardi 26 août 1683 (musique de Mereaux). De l'imp. de Lormel, 1783, in-4.

La Folle querelle ou la Critique d'Andromaque (par Subligny), comédie représentée par la troupe du Roy. Paris, T. Jolly, 1668, in-12.

Andromaque, tragédie lyrique en trois actes, représentée pour la première fois, par l'Académie royale de musique, le mardi 6 juin 1780 (paroles de Pitra, musique de Grétry). De l'imp. de P. de Lormel, 1780, in-4.

Karl Wilh. Kögel, æsthetische Bemerkungen über die Andromaque des Racine. Görlitz, 1852, in-4.

Suite du même ouvrage en 1864.

Les Plaideurs de Racine, comédie anecdotique en un acte et en prose, mêlée de couplets, par MM. Brazier, Lafontaine et Rousseau, représentée pour la première fois à Paris, sur le théâtre des Variétés, le 13 mars 1819. Paris, Barba, 1819, in-8.

Racine ou la troisième représentation des Plaideurs, comédie en un acte et en prose, par Ch. Magnin. Paris, Barba, 1826, in-8.

Artémise et Poliante. Nouvelle, par Boursault. Paris, R. Guignard, 1670, in-12.

Un récit de la première représentation de *Britannicus* est au commencement de cette *nouvelle*, p. 1-16. Il a été inséré par l'abbé Granet au tome XI de ses *Reflexions sur les ouvrages de litterature*.

La Critique de Bérénice. Paris, L. Bilaine, Michel le Petit et É. Michallet, 1671, in-12 de 41 pages. (Par l'abbé Montfaucon de Villars.)

Une seconde partie, qui est la critique de *Tite et Bérénice* de Corneille, parut une semaine après. Ces deux pièces ont été réimprimées, avec une réponse à l'abbé de Villars, qui a été attribuée à Subligny, au tome II du *Recueil de dissertations sur plusieurs tragédies de Corneille et de Racine*, publié en 1740 (2 volumes in-12) par l'abbé Granet.

Tite et Titus, ou critique sur les Bérénices. Utrecht, J. Ribbius, 1673, in-12.

Comédie, qui est la critique de la tragédie de Corneille et de celle de Racine. Elle a été réimprimée au tome II du *Recueil de dissertations* de Granet.

Lettres d'un auteur anonyme (sur la *Bérénice* de Racine), dans le *Mercure* d'octobre et de novembre 1724.

Ces deux lettres sont de l'abbé Pellegrin.

Entretien sur les tragédies de ce temps. Paris, E. Michallet, 1675, in-12 de 152 pages.

Ce dialogue, qui est de Pierre de Villiers, fut écrit à l'occasion de l'*Iphigénie* de Racine; Granet l'a inséré au tome I de son *Recueil de dissertations*.

Remarques sur les Iphigénies *de M. Racine et de M. Coras.* S. l., 1675, in-12 de 59 pages.

Cet opuscule, à l'exception des *Remarques sur l'*Iphigénie *de Coras*, a été inséré dans le *Recueil de dissertations* de Granet.

*Critique des deux tragédies d'*Iphigénie, *d'Euripide et de M. Racine, et la comparaison de l'une avec l'autre. Dialogue. Par M. Perrault, receveur général des finances de Paris* (Pierre Perrault). Manuscrit appartenant à la Bibliothèque impériale, Supplément français, 706.

Cette *critique* a été écrite à une date incertaine, après 1678.

*Réflexions sur l'*Iphigénie en Aulide, *d'Euripide, de Ludovico Dolce et de Racine*, au tome I du *Théâtre des Grecs*, par le P. Brunoy. 1730, in-4.

Iphigénie en Aulide, tragédie-opéra en trois actes, représentée pour la première fois, par l'Académie royale de musique, le mardi 2 avril 1774. (Paroles du bailli du Rollet; musique de Gluck.) De l'imp. de P. de Lormel, 1774, in-4.

Dissertations sur les tragédies de Phèdre et Hippolyte. Paris, Ch. de Sercy, 1677, in-8 de 67 pages.

Cet écrit, attribué à Subligny, a été inséré au tome II du *Recueil de dissertations* de Granet.

*Comparaison de l'*Hippolyte *d'Euripide avec la tragédie de Racine sur le même sujet*, par Louis Racine.

NOTICE BIBLIOGRAPHIQUE.

Lue à l'Académie des inscriptions et belles-lettres, le 3 décembre 1728, et insérée au tome VIII des *Mémoires* de cette académie.

*Réflexions sur l'*Hippolyte *d'Euripide et sur la* Phèdre *de Racine*, au tome I du *Théâtre des Grecs*, par le P. Brunoy. 1730, in-4.

Racine ou la chute de Phèdre, comédie en deux actes et en vers, mêlée de vaudevilles, par Sewrin et Chazet. Paris, 1806, in-8.

Comparaison entre la Phèdre *de Racine et celle d'Euripide*, par A. W. Schlegel. Paris, Tourneisen fils, 1807, in-8. — La même, Berlin, 1807, in-8.

A. W. Schlegel. Vergleichung der Phædra *des Racine mit der des Euripides*, übersetzt von H. J. von Collin. *Wien*, 1808, in-8.

Notes sur Esther, par M. le prince Baris de Galitzin. Paris, J. B. N. Crapart, 1790, in-8 de 88 pages.

Notes sur Esther (*Essai d'un commentaire sur Racine*), dans les OEuvres complètes *de Chamfort*, tome V, p. 7-84, édit. de P. R. Auguis. Paris, Chaumerot jeune, 1825, in-8.

Esther à Saint-Cyr, comédie-vaudeville en un acte, par Deforge, de Leuven et Roche. Paris, 1835, in-8.

Remarques sur Athalie, *sur le danger de quelques doctrines sacerdotales, et sur Talma, au sujet de la représentation donnée à l'Opéra le 8 mars*, par R. *Athanase* (Renard). Paris, Corréard, 1819, in-8 de 20 pages.

*Appréciation d'*Athalie, par M. Tivier. (Dans les *Mémoires de l'Académie de la Somme*, 1858-1860, 2de série, tome I, p. 551-572.)

Quelques réflexions sur Athalie, par Roux. (Dans les *Actes de l'Académie de Bordeaux*, 1865, p. 537.)

B. PARALLÈLES ET DISSERTATIONS SUR CORNEILLE ET RACINE.

Voyez la *Notice bibliographique* sur Corneille, tome XII de l'édition de M. Marty-Laveaux, p. 555 et 556.

C. ÉCRITS BIOGRAPHIQUES ET LITTÉRAIRES SUR RACINE.

La Muse de la cour (par Subligny), année 1665, 7 décembre. (Vers sur la première représentation d'*Alexandre le Grand*.)

Gazette rimée de Robinet, années 1665 (7 décembre), 1667 (19 et 26 novembre), 1673 (25 février et 5 août), 1674 (1er septembre).

(Vers sur les représentations d'*Alexandre le Grand*, d'*Andromaque*, de *Mithridate*, d'*Iphigénie*.)

Apollon vendeur de Mithridate (satire en vers irréguliers contre Racine). 1675.

Cité par d'Olivet, *Histoire de l'Académie françoise*, parmi les *Ouvrages de M. d'Aucour*, à l'article *Barbier d'Aucour*. Le *Dictionnaire de Moréri* donne à cette première impression, que nous n'avons pu rencontrer, la date de 1676. La même satire a été réimprimée, sous le titre d'*Apollon charlatan*, au tome II de la *Bibliothèque critique* par M. de Sainjore (Richard Simon), Amsterdam, 1708, in-12, et dans plusieurs anciennes éditions des *OEuvres de Racine* (voyez ci-dessus, p. 397 et 398).

Épître VII à M. Racine, dans les *OEuvres diverses du sieur D**** (Despréaux). Paris, 1683, in-12.

Vers pour mettre au bas du portrait de M. Racine, dans les *OEuvres de M. Boileau Despréaux....* (édit. de Brossette). Genève, 1716, in-4.
— Les mêmes, avec des variantes, dans l'édition de Souchay, 1740, in-4.

Jugement des savants sur les principaux ouvrages des auteurs. Paris, A. Dezallier, 1685 et 1686, 9 volumes in-12.

Au tome IV, p. 372-420, est l'article sur Racine.

Les Hommes illustres qui ont paru en France pendant ce siècle, par M. Perrault, de l'Académie françoise. Paris, 1697-1700, 2 volumes in-folio.

L'article sur Racine est au tome II. En tête est un beau portrait de Racine, gravé par Édelinck.

Réflexions critiques sur la poésie et sur la peinture, par l'abbé du Bos. Paris, Jean Mariette, 1719, 2 volumes in-12.

Du Bos y examine plusieurs tragédies de Racine, dans les deux sections suivantes du tome I, première partie : section XVI : « De quelques tragédies dont le sujet est mal choisi; » section XXIX : « Si les poëtes tragiques sont obligés de se conformer à ce que la géographie, l'histoire et la chronologie nous apprennent positivement. Remarques à ce sujet sur quelques tragédies de Corneille et de Racine. »

Mémoires pour servir à l'histoire des hommes illustres dans la république des lettres (par le P. Niceron). Paris, Briasson, 1727-1745, 43 volumes in-12.

Au tome XVIII, p. 1-31, est l'article sur Racine.

Lettre de M. de Valincour (sur Racine), et *Réponse à M. de Valincour*, dans l'*Histoire de l'Académie françoise depuis 1652 jusqu'à 1700*, par M. l'abbé d'Olivet. Paris, J. B. Coignard fils, 1729, in-4.

Histoire générale du théâtre françois (par les frères Parfait). Paris, 1734-1749, 15 volumes in-12.

NOTICE BIBLIOGRAPHIQUE.   423

On y rend compte des pièces de Racine, depuis *Alexandre* jusqu'à *Phèdre* inclusivement, aux tomes IX, X, XI et XII.

Supplément au grand Dictionnaire historique de Moréri (par l'abbé Goujet). Paris, 1735, in-fol. (L'article sur Racine est au tome II.)

Remarques de grammaire sur Racine, par M. l'abbé d'Olivet. Paris, Gandouin, 1738, in-12.

Observations critiques à l'occasion des Remarques de grammaire *de M. l'abbé d'Olivet*, par M. S. de S. (Souheiran de Scopon). Paris, Prault père, 1738, in-8.

Racine vengé, ou Examen des remarques grammaticales de M. l'abbé d'Olivet (par l'abbé Desfontaines). Avignon, 1739, in-12.

Mémoires sur la vie de Jean Racine (par Louis Racine). Lausanne et Genève, M. M. Bousquet et Cie, 1747, 2 volumes in-12.

Le tome II, comme l'indique son faux titre, est un *Recueil des lettres de Jean Racine*. La fin du tome I donne aussi quelques œuvres de Racine (voyez ci-dessus, p. 416). Les *Mémoires* ont été réimprimés, avec des changements et corrections, au tome I des *OEuvres de Louis Racine*, Amsterdam, M. M. Rey, 1752, 6 volumes in-12. — Un exemplaire de 1747 appartenant à la Bibliothèque impériale a, dans les *Mémoires*, des corrections de la main de l'auteur. Voyez notre tome I, p. 199, note 1.

Remarques sur les tragédies de Racine, suivies d'un traité sur la poésie dramatique ancienne et moderne, par Louis Racine. Paris, 1752, ou Amsterdam, M. M. Rey, 1752, 3 volumes in-12. (Précédées d'une lettre de le Franc de Pompignan.)

Lettre de M. le Franc sur le théâtre en général, et sur les tragédies de J. Racine en particulier. Paris, Chaubert, 1755, in-12.

Lettre à M. Racine sur le théâtre en général et sur les tragédies de son père en particulier, par M. L. F. de P*** (le Franc de Pompignan), nouvelle édition. Paris, de Hansy le jeune, 1773, in-8 de XII-84 pages.

Dans cette seconde édition, trois lettres de Racine ont été insérées.

Commentaire sur les OEuvres de Jean Racine, par M. Luneau de Boisjermain. Paris, Panckoucke, 1768, 3 volumes in-12. — Les mêmes, Paris, 1769, 1775, 3 volumes in-8.

L'Examen impartial des meilleures tragédies de Racine. S. l., 1768, in-8. (Par le marquis de Ximénès, d'après le catalogue Soleinne. — Au sujet d'*Andromaque* et de *Britannicus*.)

Observations sur Boileau, sur Racine, sur Crébillon, sur M. de Voltaire et sur la langue françoise en général, par M. d'Acarq, des Académies d'Arras et de la Rochelle. La Haye, T. Staaman, 1770, in-8.

Éloge de Racine, par M. de Laharpe. Amsterdam et Paris, Lacombe, 1772, in-8.

Épître à Racine, par M. Blin de Sainmore. Paris, Delalain, 1771, in-8.

Remarques de grammaire sur Racine, pour servir de suite à celles de M. l'abbé d'Olivet. Avec des remarques détachées sur quelques autres écrivains du premier ordre. Par M. Yemrof (Formey), de l'Académie impériale de Saint-Pétersbourg. Berlin, Haude et Spener, 1776, in-8.

Hommage du petit Vaudeville au grand Racine, par Coupigny, Barré, Piis, Radet et Desfontaines. Paris, Pougens, an VI, in-8.

Jean Racine avec ses enfants, vaudeville par Jacquelin. Paris, Fages, an VII, in-8.

Note sur l'Épitaphe de Jean Racine, dans le *Magasin encyclopédique*, 15e année, 1806, tome VI, p. 119.

Monument retrouvé. Épitaphe de Jean Racine. De l'imp. d'Éverat (s. d.), pièce in-8 de 4 pages.

Notice sur la vie et les ouvrages de J. Racine, par M. Naigeon.... (s. l. n. d.), in-16 de 10 pages.

Racine et Cavois, comédie en trois actes et en vers, par Étienne. Paris, 1815, in-8.

Études de la langue française sur Racine, ou commentaire général et comparatif sur la diction et le style de ce grand classique, d'après l'abbé d'Olivet, l'abbé Desfontaines, Louis Racine, Voltaire, l'Académie, Luneau de Boisjermain, Laharpe et Geoffroy..., par M. Fontanier. Paris, Belin le Prieur, 1818, in-8.

Lettre à Milady Morgan sur Racine et Shakespeare (par Charles Dupin). Paris, Bachelier, 1818, in-8.

Le Procès, ou Racine conciliateur, comédie en un acte et en prose, par Émile Vanderburch. Paris, J. Chanson, 1822, in-8.

Études de poésie latine appliquées à Racine, par C. F. Q. A. G. (Quéquet, avocat général). Paris, Imprimerie royale, 1823, in-8 de 55 pages. Tiré à très-petit nombre et non vendu. — Traduction en vers latins de morceaux d'*Iphigénie*, de *Phèdre* et d'*Athalie*.

Racine et Shakspeare. [N. 1,] par M. de Stendhal (Beyle). Paris, Bossange père, 1823, in-8.

Racine et Shakspeare. N. 2, ou *Réponse au manifeste contre le romantisme prononcé par M. Auger dans une séance solennelle de l'Institut*, par M. de Stendhal (Beyle). Paris, chez les marchands de nouveautés, mars 1825, in-8.

Notice sur les descendants de Jean Racine, par M. A. M. H. Boulard. Extrait du *Bulletin des sciences historiques*..., juillet 1824.... Paris, imp. de Fain, in-8 d'un feuillet.

Racine chez Corneille, ou la Lecture de Psyché, comédie en un acte et en vers, par Brulebœuf-Letournan. Paris, Delaforest, 1825, in-8.

Le Songe ou entretien littéraire entre Shakspeare, Voltaire et Racine et un poëte récemment arrivé dans l'autre monde, par M. Frédéric R...y. Paris, Bréauté, 1827, in-8.

Racine, comédie en un acte et en vers, par A. Brizeux et P. Busoni. Paris, Barba, 1828, in-8.

Les Secrets de cour, comédie anecdotique en un acte et en prose, par Fournier et Arnauld. Paris, Riga, 1831, in-8. (Racine et Louis XIV figurent dans cette pièce.)

Racine en famille, comédie historique en un acte et en prose, mêlée de couplets, par Gustave Dalby. Paris, Bréauté, 1833, in-8.

Allocution prononcée par M. Ymbert pour l'inauguration de la statue de J. Racine à la Ferté-Milon, 29 septembre 1833. Paris, imp. de P. Dupont, 1833, in-8.

Notice sur Jean Racine et sur Louis son fils, par M. P. A. Vieillard. Paris, imp. de E. Duverger, 1844, pièce in-8 de 12 pages sur deux colonnes. (Extrait de l'*Encyclopédie des gens du monde*, tome XX, 1re partie.)

Poésies chrétiennes, suivies de trois pièces de poésies diverses et d'un *Éloge de Racine*, par Mlle Sophie Manéglier. Paris, imp. de Jacquet, 1844, in-8. (L'*Éloge* est en prose.)

Notice sur la vie et les ouvrages de J. Racine, par Schwalb. Clèves, 1848, in-8.

Notice généalogique sur la famille de Racine, par Médéric le Comte, dans les *Mémoires de la Société académique de Laon*, tome X, et dans le *Journal de l'Aisne* (13, 15, 16, 17, 18 et 19 janvier 1850).

Un poëte inconnu, ou Théagène et Chariclée, par Félix Peillon, 1855.

Mémoires inédits d'Ézéchiel Spanheim sur la cour de Louis XIV.... (Un fragment de ces *Mémoires*, sur Racine, a été inséré dans l'*Athenæum français*, année 1856. Voyez notre tome I, p. 109, note 1.)

Un article de Racine dans la Gazette de France, par M. Rathery. (Dans l'*Athenæum français* du 22 mars 1856.)

Études littéraires et morales de Racine, publiées par M. le marquis de la Rochefoucauld Liancourt. (Extrait de la *Revue des Deux-Mondes*, signé *Lenient*). Paris, imp. de N. Chaix, 1857, in-8 de 7 pages.

Quelques mots sur Racine et son siècle, par M. Tivier. (*Mémoires de l'Académie de la Somme*, 1858-1860, 2de série, tome I, p. 293.)

Les Ennemis de Racine au dix-septième siècle, par F. Deltour.... Paris, Didier, 1859, in-8.

Le même, 2de édition. Ouvrage couronné par l'Académie française. Paris, F. Ducrocq, 1865, in-8.

Port-Royal, par C. A. Sainte-Beuve. Paris, L. Hachette et Cie, 2de édition, 1860, 5 volumes in-8.

Les chapitres x, xi du livre VIe, tome V, p. 438-515, sont consacrés à la biographie de Racine et à l'examen de ses ouvrages. Ce même travail, revu et corrigé, est au tome VI de la 3e édition, Paris, L. Hachette et Cie, 1867, 6 volumes in-12, p. 83-161. Au même tome, p. 247-267, Sainte-Beuve a ajouté un intéressant *Appendice*, formé de deux articles qu'il avait publiés dans le *Constitutionnel* du mois d'avril 1866, sous ce titre : *Les cinq derniers mois de la vie de Racine.*

Racine est un polisson, comédie en un acte, mêlée de couplets. A propos de la souscription pour une descendante de Racine, par Carmouche. Paris, 1860, in-12.

Histoire de Jean Racine, par J. J. E. Roy. Tours, Mame, 1861, in-12. 2ᵈᵉ édition en 1863, 3ᵉ édition en 1868.

Jean Racine. Sa vie intime et sa correspondance avec son fils, par l'auteur de l'*Histoire de Louis XIV*. Lille, Lefort, 1862, in-12.

Notice biographique et littéraire sur J. Racine (par Geruzez). S. l., in-12. (Tirage à part des *Préliminaires du Théâtre choisi de Racine*, 1863.)

Nouveaux essais de critique et d'histoire, par H. Taine. 1865, 1 volume in-12.

M. Taine y a réimprimé des articles sur Racine qui avaient été d'abord insérés au *Journal des débats*.

Études sur la Ferté-Milon et Racine, par M. A. Carro.... Paris, Imprimerie impériale, 1865, in-8.

Racine à Uzès, comédie en un acte, en vers, avec.... notes d'après des documents nouveaux ou inédits, par Édouard Fournier. Paris, Dentu, 1865, in-12.

Racine et sa famille maternelle à Saint-Maximin-lez-Uzez (1660-1780), par M. Gratien Charvet. Nîmes, 1869. Brochure de 23 pages.

Discours prononcé à la distribution solennelle des prix au lycée impérial Louis-le-Grand, le 7 août 1869, par M. Beaujean. Paris, imp. de E. Donnaud. Pièce in-8 de 12 pages. (L'auteur a pris pour sujet Racine dans sa vie de famille.)

De la rime d'après Boileau et Racine, avec des suppléments relatifs à Corneille et à Molière, par Billet. (S. d.) Noyon, in-8 de 74 pages [1].

---

[1]. Plusieurs pièces de vers en l'honneur de Racine, lues à la Comédie-Française dans ces dernières années, pour l'anniversaire de la naissance du poëte, auraient dû trouver place dans cette dernière section de la *Notice bibliographique*, si elles avaient été publiées à part; mais nous croyons qu'elles n'ont été imprimées que dans quelques journaux. Dans la représentation du 21 décembre 1865, où l'on a joué *Mithridate* et *les Plaideurs*, on a récité une *Ode à Racine* de M. Henri de Bornier; dans celle du 21 décembre 1867 (*Britannicus* et *les Plaideurs*), des *Stances à Racine* de M. Louis Goudall; dans celle du 21 décembre 1868 (*Athalie* et *les Plaideurs*), des *Stances* de MM. Henri de Bornier et Édouard Thierry, jointes à la pièce de vers de M. Sainte-Beuve intitulée *les Larmes de Racine*; dans celle du 21 décembre 1869 (*Mithridate* et *les Plaideurs*), des *Vers en l'honneur de Racine* de M. Carcassonne de Marseille.

ADDITIONS ET CORRECTIONS

ADDITIONS ET CORRECTIONS.

TOME I.

Page 7 (*Notice biographique*), note 1. Après les mots « maison et couronne de France, » au lieu des points suivis du mot *porte*, *lisez* : « et de ses finances, et Catherine de Romanet, sa femme, portent. » En effet, ce n'est plus l'écu de Racine, mais celui de sa femme, qui est décrit à la suite du mot *accolé*.

Page 28 (*Ibidem*), note 1. Au commencement de cette note nous avons parlé de l'hôtel de Luynes, rue Git-le-Cœur, puis de deux autres demeures du duc de Luynes, enfin du nouvel hôtel de Luynes, rue Saint-Dominique, bâti sur les plans de Pierre le Muet. Mais ce dernier hôtel, où, comme nous l'avons dit, Nicolas Vitart était logé en 1667 et dans les années suivantes, n'était pas encore l'hôtel de Luynes : c'était l'hôtel de Chevreuse. Il ne faut pas oublier que Vitart était intendant de Mme de Chevreuse aussi bien que du duc de Luynes. M. le duc de Luynes, mort en 1867, avait été consulté en 1863 par M. l'abbé Adrien de la Roque sur la situation de l'hôtel de Luynes à l'époque où Racine y était logé; il lui écrivit de Dampierre, le 24 mai de cette année 1863, une lettre dont nous devons la communication à l'obligeance de M. de la Roque, et où se trouve le passage suivant : « L'hôtel de Luynes en 1660 était situé à l'entrée du quai des Grands-Augustins. Au commencement du dix-septième siècle, il se nommait l'hôtel d'O, parce qu'il appartenait alors à Pierre Seguier, marquis d'O, comte de Sorel; mais sa fille, Louise-Marie Seguier, l'ayant apporté en mariage au fils du connétable de Luynes, qu'elle épousa en 1641, l'hôtel d'O prit, à partir de ce moment, le nom d'hôtel de Luynes.... Il fut démoli en partie en 1671.... A la même époque, l'hôtel qui m'appartient aujourd'hui, et qui porte le nom de Luynes, s'appelait l'hôtel de Chevreuse. Le connétable de Luynes en avait commencé la construction pendant la guerre de 1621 contre les protestants.... Cette demeure fut terminée par sa veuve, Marie de Rohan de Montbazon, duchesse de Chevreuse.... La duchesse de Chevreuse ne cessa de l'occuper que peu de temps avant sa mort, qui eut lieu en 1679, à Gagny...; et ce fut après son décès que son hôtel devint la propriété de ma famille. » L'hôtel de Luynes, quai des Grands-Augustins, est celui que nous avons dit (tome I, p. 23, lignes 4 et 5) avoir été situé rue Git-le-Cœur; en effet il était au coin de cette rue, sur le quai des Grands-Augustins. M. le duc de Luynes ne parle pas dans sa lettre des deux autres demeures du fils du connétable de Luynes, que nous avons mentionnées à la note 1 de la page 28, et dont l'une, en 1661, était rue du Bac, l'autre, en 1662 et 1663, rue de la Butte. Nous nous sommes appuyé sur plusieurs actes notariés, que nous avions vus à l'étude de M⁰ Defresne. Dans l'un de ces actes, daté du 22 août 1661, Louis-Charles d'Albert, duc de Luynes, pair de France, est dit « demeurant à Saint-Germain-des-Prés, rue du Bac, paroisse Saint-Sulpice. » Dans plusieurs actes de 1662 et de 1663, il est dit « demeurant en son hôtel, faubourg Saint-Germain, rue Saint-Guillaume (ou rue de la Butte), paroisse Saint-Sulpice. »

Page 50 (*Ibidem*), lignes 16-23. L'exemple de Corneille est mal à propos allégué, comme s'il eût sollicité un bénéfice pour lui-même, tandis que c'était pour son fils Thomas, qui obtint ce bénéfice (l'abbaye d'Aiguevive) en 1680. Voyez le *Corneille* de M. Marty-Laveaux, tome X, p. 314, note 4.

Page 89 (*Ibidem*), ligne 8, « le 12 juillet 1673 », *lisez :* « le 12 janvier 1673. » — La rectification a déjà été faite à la page 341, note 1, de notre tome IV.

Page 92 (*Ibidem*), lignes 11-25. Nous y avons mal interprété un passage des *Mémoires de Louis Racine* qui se trouve plus loin à la page 273 du même tome I. Voyez l'explication et les rectifications de notre erreur au tome III, p. 266, note 2.

Page 123 (*Ibidem*), ligne 30, « Morambert », *lisez :* « Moramber. » — Voyez au même tome, p. 184, la signature des membres de la famille de Moramber au bas de l'acte de mariage de Marie-Catherine Racine.

Page 174, ligne 3 de l'*Acte de baptême de Jean Racine*, « tenu sur les fonts », *lisez :* « levé sur les fonts. » M. Jules Quicherat a constaté sur les registres de la Ferté-Milon l'erreur de notre lecture. Plusieurs personnes avant nous avaient lu comme nous; mais la lecture *levé*, après un examen attentif, n'a pas paru douteuse dans cet acte non plus que dans beaucoup d'autres du même registre. Sur cet emploi du mot *levé*, voyez le *Lexique* de du Cange, au mot *Levare*. Le *Dictionnaire* de M. Littré cite cet exemple

ADDITIONS ET CORRECTIONS.

de Castelnau : « Pour le prier de lever sur les saints fonts de baptême la fille de Sa Majesté. »

Page 311, note 3. Vers la fin de cette note, qui commence à la page 310, il est dit que parmi les copies de la bibliothèque de Troyes nous avons trouvé la seconde des deux lettres de Quesnel citées par Louis Racine. Il fallait dire que nous y avons trouvé l'une et l'autre lettre. Voyez au tome VII, p. 315, note 1 de la lettre 3, et p. 317, note 1 de la lettre 4.

Page 319, note 2, « à la date du 30 avril 1716 », *lisez :* « à la date du lundi 30 mars 1716. »

Page 348, note 2. Nous avons rectifié, au tome IV, p. 374, note 2, l'erreur de cette phrase de notre note : « Louis Racine savait même depuis longtemps par une lettre de son frère que cette *Seconde partie* avait été imprimée. » La *Seconde partie* de l'*Abrégé de l'histoire de Port-Royal* ne fut imprimée qu'en 1767, vingt ans après la publication des *Mémoires sur la vie de Jean Racine*. Le fils ainé de Racine, dans sa lettre à son frère, du 3 septembre 1742, avait parlé d'après un faux renseignement, ce qu'il ne tarda pas lui-même à reconnaitre.

Page 415, vers 292, « surperbes », *lisez :* « superbes. »

Page 522, notes 1 et 3, « VAR. (édit. de 1681) », *ajoutez :* « et de 1689. »

Page 547, vers 528, ajoutez, à la fin, le chiffre de renvoi à la note 2.

TOME II.

Page 163, vers 250 des *Plaideurs*, *ajoutez en note :* « On peut comparer avec les vers 237-250 ce passage des *Discours politiques et militaires du seigneur de la Noue*, troisième discours (édit. de Bâle, 1857, in-4°, p. 75) :

« Je me doute bien qu'aucuns se pourront contrister, de quoy l'on tasche de les ramener à une si grande mansuetude : estant paraventure semblables à un abbé qui ne prenoit autre plaisir qu'à tourmenter tout le monde en proces, auquel un roy de France deffendit entierement cest exercice. Mais il lui respondit qu'il n'en avoit plus que quarante, lesquels il feroit cesser, puisque si expressement il le lui commandoit. Toutefois il le supplioit de lui en vouloir laisser une demi-douzaine, pour son passe-temps et recreation. »

Page 198, note 1, « *Un amené* signifie un ordre d'amener », *lisez :* « *Un amené sans scandale* est un ancien terme de droit, que le *Dictionnaire de Trévoux* (1771) explique ainsi : « On dit en termes

« de juridiction ecclésiastique : un *amené sans scandale*, pour dire un
« ordre d'amener un homme devant le juge, sans bruit, sans lui
« faire affront. On a défendu les *amenés sans scandale*. »

Page 214, vers 816, « Aux galères », *ajoutez en note :* « Racine connaissait peut-être ce trait d'un des membres du *Conseil des troubles* ou *Conseil de sang*, établi par le duc d'Albe; c'était le Flamand Hessels, « qui dormoit toujours, jugeant les criminels; et quand on « l'éveilloit pour dire son avis, il disoit tout endormi, en se frot- « tant les yeux : *Ad patibulum! ad patibulum!* c'est-à-dire *au gibet! « au gibet!* » (Aubery, *Mémoires pour servir à l'histoire de Hollande; Paris*, 1680, *in*-8º, p. 27.) »

Page 347, ligne 5 de la note 2, « Estienne Michault », *lisez :* « Estienne Michallet. »

TOME III.

Page 19, ligne 3 de la note 1, « celui de l'édition de 1572 », *lisez :* « à celui de l'édition de 1572. » — Ajoutons qu'au lieu de citer cette édition, il eût mieux valu peut-être citer celle de 1558, in-fol., que nous avons appris depuis (voyez ci-après, p. 439) avoir appartenu à Racine. Du reste, la comparaison de ce dernier texte avec celui que Racine a cité dans sa *Préface* de *Mithridate* eût donné les mêmes différences que nous avons signalées dans nos notes des pages 19 et 20, à la seule exception de la note 6 de la page 19, qui serait à retrancher.

Page 458, ligne 1 de la note 1, « et à la note 2 », *lisez :* « et à la note 3. »

Page 516, vers 834-840 d'*Esther*, *ajoutez en note :* « Ces vers ont une assez grande ressemblance avec les conseils que le cardinal de Granvelle donnait à Claude Belin-Chasney, un de ses partisans, sur la conduite à tenir pour réussir à la cour. (Voyez au tome II, p. 94, des *Mémoires pour servir à l'histoire du cardinal de Granvelle*, par dom Prosper Lévesque, 2 volumes in-12, 1753.) Il lui écrivait qu'« il ne faut pas ressentir toutes choses. Les injures et les « pilules, on les doit avaler sans mâcher, pour ne pas sentir l'amer. »

Page 564, note 1. Nous avons fait remarquer combien était singulière la première phrase de la lettre sur *Athalie* attribuée à Mme de Maintenon par la Beaumelle, et nous avons dit que la lettre avait bien pu être altérée par cet éditeur. Depuis l'impression de notre tome III, un article de M. Geffroy, dans la *Revue des Deux-Mondes* du 15 janvier 1869, n'a plus laissé de doutes sur l'altération que nous regardions comme vraisemblable. M. Geffroy y donne (p. 381 et 382) le vrai texte de la lettre conservée dans les archives

ADDITIONS ET CORRECTIONS.

de Mouchy. Nous rétablissons, d'après cette lettre authentique, le texte des passages qui correspondent à ceux que nous avons cités à cette même page 564. La phrase : « Voilà donc *Athalie* encore tombée », est une addition de la Beaumelle.

« *Samedi au soir*. — Madame la duchesse de Bourgogne m'a dit qu'elle ne voyoit point qu'*Athalie* réussit, que c'est une pièce fort froide, et plusieurs autres choses qui m'ont fait pénétrer, par la connoissance que j'ai de cette cour-là, que son personnage lui déplait. Elle veut jouer Josabeth, qu'elle ne jouera pas comme la comtesse d'Ayen. Mais après avoir reconnu ses honnêtetés là-dessus, je lui ai dit que ce n'étoit point à elle à se contraindre dans une chose qui ne se fait que pour son plaisir : elle est ravie et trouve *Athalie* une fort belle pièce. Il faut la jouer, puisque nous y sommes engagés ; mais en vérité il n'est pas agréable de s'ingérer de rien, non pas même pour eux.... Il faut donc que la comtesse d'Ayen fasse Salomith ; car sans compter l'honnêteté qu'on doit à Mme de Chailly, qu'on a fait venir exprès pour jouer Athalie, je ne puis me résoudre à voir la comtesse d'Ayen jouer la furieuse.... »

Page 576, ligne avant-dernière. A ce que nous avons dit de l'*Athalie* expurgée par Lemontey, nous pouvons ajouter que dès l'an X, la police avait pris ombrage des allusions politiques auxquelles prête la tragédie d'*Athalie*. Voici une lettre de Fouché, dont l'original nous a été communiqué :

LIBERTÉ. ÉGALITÉ.

Le ministre de la police générale de la République,
au préfet de la Somme.

On m'assure, citoyen préfet, qu'au théâtre d'Amiens on a joué, il n'y a pas longtemps, la pièce d'*Athalie*, ornée de tout son spectacle ; que cette tragédie devait être représentée une seconde fois, mais qu'ayant été défendue, cette circonstance a produit un tumulte que la présence de la force armée a pu seule faire cesser.

Si ces faits sont exacts, je vous prie de me mander en vertu de quels ordres cette pièce a été jouée ; elle était de nature à ne pas être représentée sans que mes ordres eussent été pris à cet égard. J'attends votre réponse, et vous charge d'interdire la représentation non-seulement d'*Athalie*, mais de toutes les pièces qui pourraient donner lieu à quelque application injurieuse pour les amis de la République.

Je vous salue.

FOUCHÉ.

Page 598, note 2, « le discours sur l'*Histoire universelle* », lisez : « le *Discours sur l'histoire universelle.* »

TOME IV.

Page 3, ligne 7, *retranchez les mots :* « qui est de la main de Jean-Baptiste Racine ». La note, beaucoup moins ancienne, est de la même main qui a écrit d'autres notes et quelques dates en tête des lettres de Racine. Voyez au tome VII, p. 24, note 1.

Page 19, lignes 5 et 6. Le titre n'est pas tout à fait tel que nous l'avons donné, mais : *Le Paysage ou les Promenades du Port-Royal des Champs.* Voyez l'*addition* qui suit.

Ibidem, ligne 16, « qui a eu l'obligeance de la faire collationner pour nous ». M. de Naurois ne s'est pas contenté de cette obligeance. Depuis l'impression de notre tome IV, il a bien voulu mettre sous nos yeux le cahier in-folio qui est de l'écriture de Louis Racine. La correction qui précède, et parmi les corrections suivantes celles qui se rapportent aux pages 26, 72, 73, 74, 208, 210 de ce tome IV, nous ont été fournies par l'examen attentif du manuscrit.

Page 22, vers 4 et 7, *ajoutez en note :* « Dans le manuscrit de Louis Racine, *règne* est au singulier, le participe *comblé* est sans accord. Sa copie a sans doute été fidèle. Les exemples de la première de ces deux habitudes d'orthographe sont constants, soit dans les manuscrits de Racine, soit dans les œuvres imprimées de son vivant ; ceux de la seconde sont très-fréquents.

Page 26, vers 41, « Ainsi d'un facile langage ». Dans la copie de Louis Racine : « Ainsi d'un tacite langage. »

Page 72, vers 8, « A leurs divines voix ». Dans la copie de Louis Racine : « A leur divine voix. »

Page 73, vers 22, « Qui se plaît aux combats ». Dans la copie de Louis Racine : « Qui préside aux combats. »

Page 74, vers 29, « Aussi prompte que tout ». Dans la copie de Louis Racine : « Aussi prompte que nous. »

Page 99, ligne 2 de la note 4 «, C'est une pièce in-8º », *lisez :* « C'est une pièce in-4º. »

Page 177, ligne 13, « édition in-folio », *lisez :* « édition in-4º. »

Page 208, ligne 10, « il l'a intitulée ». Ce sous-titre est dans la copie de Louis Racine, au-dessous du titre : *Ad Christum;* ce n'est point Geoffroy qui l'a inventé.

Page 210, vers 32, à la fin du vers : *Hinc ne unquam stygii*, etc., il y a un point d'interrogation dans la copie de Louis Racine.

Page 211, lignes 4 et 5, « M. DCC. XXXI — M. DCC. XXXVIII », *lisez :* « M. DCC. XXXI — M. DCC. XLI. »

Ibidem, ligne 15, « *Vers latins qu'on lui attribue (faussement)* ». Il nous avait échappé qu'outre cet avis, qui est à la *Table des matières*, on lit à la page 1 de l'*Avertissement* du tome IV : « A l'égard du troisième (*tome*), les pièces qu'il renferme ont été amassées par un docte bibliothécaire, qui, trompé sans doute par des personnes d'un goût peu délicat, a attribué au grand Racine des vers latins sur les agréments de la campagne, qui ne sont qu'une mauvaise copie de ceux d'Abraham Remy, poëte célèbre sous Louis XIII. » Ni le plagiat dénoncé, ni la faiblesse incontestable de la pièce de vers, ne nous paraissent des raisons suffisantes pour regarder comme fausse l'attribution à Racine, alors écolier. Cette attribution est confirmée par la *Réponse* d'Antoine Vitart, que personne apparemment n'aurait songé à imaginer.

Pages 215, lignes 14 et 15, « d'une copie manuscrite, *etc.* », *lisez :* « du cahier manuscrit appartenant à M. A. de Naurois, et qui est de la main de Louis Racine. »

Page 375, note 1, « au tome VI », *lisez :* « au tome VII. »
Page 395, ligne 5 de la note 2, « en 1694 », *lisez :* « en 1594. »
Page 398, ligne 7 de la note 2, « abaye », *lisez :* « abbaye. »
Page 457, ligne 2 de la note 1, « p. 455 », *lisez :* « p. 445. »

Page 547, ligne 8, jusqu'à l'avant-dernière ligne de la page 550. Aux *variantes* que nous avons indiquées déjà sur ces pages de l'*Abrégé de l'Histoire de Port-Royal*, quelques-unes doivent être ajoutées. Depuis l'impression de notre tome IV, il nous a été, avec beaucoup de bienveillance, donné communication d'un feuillet manuscrit très-authentique, appartenant à une collection particulière. Ce manuscrit, qui est de la main de Racine, et dans lequel on ne peut voir qu'un de ses premiers brouillons, a été malheureusement coupé par le milieu, de telle sorte que la seconde moitié des deux pages manque. Quelque mutilé que soit ce fragment, nous croyons devoir le transcrire ici. Le lecteur trouvera sans peine à quelles phrases de notre texte, dans les pages indiquées ci-dessus, doivent être comparées celles que nous reproduisons :

Au recto du feuillet : « Sa première entrée dans cette maison fut toute pacifique. Il en admira le bon ordre et la régularité, et non content d'en témoigner[1] sa satisfaction de vive voix, il le fit même par un acte signé de sa main, déclarant aux religieuses qu'il ne trouvoit rien à redire en elles que le refus qu'elles faisoient de signer le *Formulaire*[2]. Et sur ce qu'elles lui représentèrent que ce refus n'étoit fondé que sur l'appréhension qu'elles avoient de mentir à Dieu et à l'Église en attestant un fait dont elles n'avoient nulle

---

1. Il y avait d'abord : « et en témoigna. »
2. Racine avait d'abord écrit : « son mandement. »

connoissance, il leur dit et leur répéta plusieurs fois une chose qu'il s'est bien repenti de leur avoir dite, qui étoit qu'elles feroient un fort grand péché [1] de signer ce fait, si elles n'en étoient point convaincues [2]; mais qu'elles étoient obligées à en avoir la créance humaine, qu'il exigeoit par son mandement. Là-dessus il les quitta, en leur disant qu'il leur accordoit un mois pour faire leurs réflexions et pour prendre conseil de deux ecclésiastiques fort savants qu'il leur donnoit pour les instruire. L'un de ces ecclésiastiques étoit M. Chamillard, docteur de Sorbonne.... »

Au verso : « .... ennemis tous les moyens de leur nuire. Mais les religieuses persistèrent toujours à ne vouloir point tromper l'Église par des expressions où il pourroit y avoir de l'équivoque, et [3], de quelque péril qu'on les menaçât, ne purent jamais se résoudre à offrir à Monsieur l'Archevêque que les mêmes choses à peu près qu'elles avoient offertes aux grands vicaires du cardinal de Retz, c'est-à-dire un entier acquiescement sur le droit; et quant au fait, un respect et un silence convenable à leur ignorance et à leur état. Ce prélat par lui-même n'auroit pas mieux demandé que de s'en contenter; mais il avoit à répondre de sa conduite au P. Annat [4], qui lui reprochoit à toute heure sa trop grande indulgence pour ces filles. Ainsi, après avoir tenté inutilement les voies de la négociation, il résolut d'en venir à tout ce que l'autorité a de plus terrible. Il se rendit à Port-Royal, et ayant fait assembler à la grille la communauté, comme il vit leur fermeté à ne rien ajouter à la signature qu'elles leur avoient fait offrir [5], il entra contre elles dans un emportement le plus.... »

A la marge du verso [6] : « C'étoit le mettre en fureur que de le contredire, il leur ferma aussitôt.... ramassées pour ainsi dire dans la lie du peuple. La fin de cette.... et leur défendit d'en approcher. Il sortit ensuite avec précipit[ation].... sanglots, leur faisant concevoir qu'elles n'étoient p[oint].... »

Page 575, note 2, « Flavie Plassart », *lisez :* « Flavie Passart. »

Page 599, lignes 20 et 21, « de l'écriture de Jean-Baptiste Racine », effacez ces mots, et voyez ci-dessus, p. 434, la correction de la page 3, ligne 7, du tome IV.

1. Première rédaction : « un fort grand mal. »
2. Première rédaction : « persuadées. »
3. Racine avait d'abord écrit, après *et* : « ne purent jamais. »
4. Première rédaction : « mais il avoit sur les bras le P. Annat. »
5. Première rédaction : « à ne point donner la signature pure et simple qu'il leur demandoit. »
6. Les phrases suivantes, écrites en travers, sont incomplètes, le feuillet, comme nous l'avons dit, ayant été coupé par moitié.

ADDITIONS ET CORRECTIONS.

TOME V.

Page 84, ligne 8, « Un autre Théodoric, fils puiné de Clotaire. » Nous aurions dû avertir dans une note que Racine s'est trompé, peut-être sur la foi de Siri. Il n'y a pas de fils de Clotaire du nom de Théodoric. Il a probablement voulu parler de Chilpéric, troisième fils de Clotaire Ier. Ce Chilpéric, après la mort de son frère, prit les devants sur ses frères ainés, Caribert et Gontran, et se fit saluer roi par les leudes.

Page 144, ligne 2 de la note 6, « *Redeii Ferens*. » Il eût été utile d'ajouter à la suite de ces mots : « Le *Francesco* de Nani est la traduction de *Ferens* ou *Ferencz*, qui signifie François. *Ferens* est après *Redeii*, parce qu'en hongrois le nom de baptême suit le nom de famille. »

Page 146, lignes 1, 2 et 3 de la note 4, « Bonrepaux », *lisez :* « Bonrepaus », et de même en deux endroits de la page 153, note 1. Au tome VII, nous avons adopté l'orthographe *Bonrepaus*, qui paraît être la véritable.

Page 167, note 5, « Pierre de Camboust », *lisez :* « Pierre du Camboust. »

Page 183, ligne 1, « de la naissance du Dauphin », *ajoutez en note :* « Le nom de Dauphin est donné ici improprement à un fils de Louis XIV, Louis-François d'Anjou, né le 14 juin 1672, mort le 4 novembre de la même année. Le fils ainé de Louis XIV, Louis Dauphin, nommé communément *Monseigneur* ou le *grand Dauphin*, était né onze ans plus tôt, en 1661. »

Page 195, ligne 2 de la note 6, « sur les règnes de Louis VIII.... », *lisez :* « sur les règnes de Louis VII.... »

Page 206, ligne 3 de la note 1, « Jean Ligthfoot », *lisez :* « Jean Lightfoot. »

Page 288, ligne avant-dernière : « L'Allemage », *lisez :* « l'Allemagne. »

Page 384, ligne 12 : « Charles-Albert Dailly », *lisez :* « Charles d'Albert Dailly (*ou plutôt* d'Ailly). »

Page 428, lignes 5-7, « On a mis à la tête une lettre, *etc.* » Depuis l'impression de notre tome V, M. Boutron-Charlard a bien voulu nous communiquer une note que Louis Racine a écrite de sa propre main en tête d'un exemplaire du *Banquet de Platon*, de l'édition de 1732. Nous allons citer cette note, qui est d'accord avec ce qui est dit dans les *Mémoires sur la vie de Jean Racine*. On y remarquera de plus que Louis Racine atteste l'inexactitude de l'imprimé de 1732 en quelques parties du texte, ce qui rend plus regrettable que le manuscrit de la Bibliothèque impériale soit égaré. Voici la note :

« Mon père n'eut jamais l'intention que ce qu'il avoit traduit du *Banquet de Platon* fût imprimé. L'abbé d'Olivet, ayant emprunté pour un jour ce manuscrit à mon frère, le fit copier à la hâte, ce qui est cause que cet imprimé n'est pas en tout conforme à l'original que j'ai. Mon frère fut très-irrité quand il vit paroitre cette traduction, et se plaignit amèrement du procédé de l'abbé d'Olivet.

« La lettre de mon père à Boileau, rapportée à la page VII et VIII (451 *et* 452 *de notre tome V*), m'est inconnue, et ne se trouvant point au nombre de celles que Boileau nous avoit rendues, m'est fort suspecte. »

Page 436, ligne 27, « de son frère Jean-Baptiste », *lisez :* « nous ne savons de quelle main. » Voyez ci-dessus, p. 434, la correction de la page 3, ligne 7, du tome IV.

Page 438, ligne 18, « La date marquée par Jean-Baptiste Racine. » Faire ici une correction semblable à la précédente. La date n'est pas de la main de Jean-Baptiste Racine.

TOME VI.

Page 56, note 2, vers 3, « *hominem....* », *lisez :* « *hominum....* »

Page 153, ligne avant-dernière, « le Zéphyr », et à la page 203, ligne 29, « un Zéphir. » Nous aurions dû faire remarquer que Racine aurait plus correctement écrit en ces deux endroits *Zéphyre*, comme il l'a fait à la page 104, ligne 24, et que nous n'avons fait que suivre les variations d'orthographe de ses manuscrits.

Page 175, ligne 6, « en 1787. » Dans la *Revue de l'Académie de Toulouse*, tome IV (février 1857), p. 96, M. le docteur Desbarreaux-Bernard dit que ce fut en 1785 que l'archevêque Loménie de Brienne acheta pour le collége des jésuites de Toulouse une grande partie de la bibliothèque de le Franc de Pompignan, mort l'année précédente.

Page 176, lignes 15-19. Dans l'article de la *Revue de l'Académie de Toulouse*, cité ci-dessus, à l'*addition* précédente, M. Desbarreaux-Bernard décrit (p. 97-99), avec plus de détails que nous n'en avons donné, le *Pline* et les *Gnomiques grecs* de Racine.

Ibidem, lignes 25 et suivantes, « un volume annoté par Racine, *etc.* » Ce livre a été acquis par M. A. Decaïen, avoué à Amiens, qui a bien voulu nous communiquer le renseignement suivant. Outre la note de la page 169, que nous avons citée, il y en a une, également de la main de Racine, au bas de la page 220. Elle se rapporte à un passage du livre où il est dit que la Reine envoya près de l'Infant, pour lui offrir sa médiation entre lui et le Roi, le P. François de Ville, son confesseur. Voici la note :

« C'est ce confesseur qui a conduit avec M. de Schomberg toute l'intrigue de la séparation. »

Page 289, ligne 1, « dans un volume qui a pour titre », *lisez :* « dans un volume qui appartient à la Bibliothèque impériale, et qui a pour titre. »

Page 291 : « Notes sur les *Vies parallèles*. » Nous avons cité un volume in-folio de l'édition de Florence, 1517, texte grec, annoté par Racine. Il faut ajouter que dans la bibliothèque de Racine se trouvait une traduction des *Vies parallèles* par Amyot. Cet ouvrage a pour titre : *Les Vies des hommes illustres grecs et romains, comparées l'une avec l'autre par Plutarque de Chæronée, translatées de grec en françois. A Paris, de l'imprimerie de Michel de Vascosan, M. D. LVIII*, in-fol. L'exemplaire qui a appartenu à Racine est aujourd'hui à la bibliothèque de Versailles. Il est relié en maroquin rouge et aux armes de Madame Adélaïde, fille de Louis XV, en deux tomes, qui en réalité n'en font qu'un, le tome second n'ayant pas de feuillet de titre, et sa pagination continuant celle du premier. La signature de Racine est sur le feuillet de titre du tome I. On trouve sur cet exemplaire un certain nombre de notes marginales, dont l'encre a pâli, et qui par conséquent se lisent très-difficilement ; mais on distingue encore assez l'écriture pour être assuré que ce n'est point celle de Racine. Deux notes seulement, et très-insignifiantes, sont de sa main : l'une sur la *Vie d'Alexandre le Grand*, au tome II, f° 466, recto : « Bucéphale »; l'autre au même tome, f° 503, recto, sur ce passage de la *Vie de Julius Cæsar : Quand il fut arrivé au petit fleuve de Rubicon :* « Maintenant Pisatello. » Il n'en est pas moins facile de reconnaître que Racine avait lu attentivement cette traduction d'Amyot. De la même encre que les deux petites notes, on remarque, sur les marges, des accolades ou de simples traits par lesquels il avait noté les passages qui le frappaient. Les *Vies* dont l'étude est ainsi attestée sont les suivantes : *Agesilaüs, Pompeius, Alexandre le Grand, Julius Cæsar, Phocion, Caton d'Utique.* C'est particulièrement dans la *Vie d'Alexandre le Grand* que beaucoup d'endroits ont été ainsi notés, par exemple celui-ci, dont le vers 1062 de sa tragédie d'*Alexandre* est la traduction : « Je ne veux, dit-il, point desrobber la victoire » ; et tout le passage sur Porus, depuis : « Porus avoit quatre couldées et un palme de haut », jusqu'à : « Par quoy Alexandre ne lui laissa pas seulement les provinces dont il étoit roy auparavant », passage où se trouve la sublime réponse traduite au vers 1500 de la même tragédie.

Page 336. Avant *Tacite*, dont les *Extraits* sont mentionnés à cette page, nous aurions donné, parmi les livres annotés par Racine, *Sénèque*, si, au moment de l'impression de notre volume, nous avions connu l'existence d'un exemplaire du tome I des *OEuvres* de ce philosophe que possède la Bibliothèque impériale; il est de l'édition de 1649, imprimée chez les Elzevirs : *L. Annæi philosophi Opera omnia.... Lugd. Batav., apud Elzeviros, M. DC. XLIX*, 4 volumes in-12. Le tome I, dont nous parlons, a des notes marginales de deux écritures différentes; l'une est incontestablement de Racine, et paraît être du temps de sa jeunesse; l'autre, plus ancienne, est, nous le croyons, d'Antoine le Maistre, et, sans aucun doute, de quelqu'un de Port-Royal, comme le prouvent quelques notes du genre de celle-ci : « Il (*Sénèque*) ruine ici la nécessité de la grâce. — Il ruine la grâce. » Plusieurs des traités que ce volume contient ont été annotés, comme nous venons de le dire, par Racine, qui, en outre, y a souligné beaucoup de passages. Omettant quelques notes où il n'a fait que répéter à la marge un mot, un nom du texte, nous allons relever celles qui ont un peu plus d'intérêt.

DE TRANQUILLITATE ANIMI, *chapitre* I, *p.* 210. Nous nous flattons nous-mêmes.

DE CLEMENTIA, *livre* I, *chapitre* I, *p.* 263. Puissance des rois. — Conscience du prince. — *Ibidem, p.* 264. Vous êtes plus cher au peuple romain qu'un ami à un ami. — La feinte ne dure guère. — Plus on a, et plus on espère. — *Ibidem, p.* 265. La clémence est nécessaire à tout le monde. — *Chapitre* II, *p.* 265. Elle n'a point de lieu parmi les innocents. — On peut punir les choses louables. — C'est cruauté que de pardonner à tout le monde. — *Chapitre* III, *p.* 266. Bon roi combien aimé. — *Chapitre* IV, *p.* 267. Roi nécessaire. — Rome régnera tant qu'elle obéira au prince. — *Chapitre* V, *p.* 268. Cruauté des princes est une guerre. — Il faut un grand cœur dans une grande fortune. — *Ibidem, p.* 269. On s'égale à ceux à (*sic*) qui on se fâche. — Il est du supérieur de sauver. — *Chapitre* VI, *p.* 269. Affluence du peuple à Rome. — Les coupables pardonnent moins. — *Ibidem, p.* 270. Chacun pèche, ou a péché. — *Chapitre* VII, *p.* 270. Roi doit être tel que les Dieux. — Le calme est plus beau que l'orage. — La clémence ne sied pas aux particuliers. — *Chapitre* VIII, *p.* 271. Vertus des particuliers. — Renommée des princes. — Ils sont nécessités comme les Dieux. — Les rois ne se peuvent cacher. — Arrêts des rois sont comme la foudre. — *Ibidem, p.* 272. Vengeance dangereuse aux princes. — *Chapitre* IX, *p.* 272. Cinna. (*Racine, préoccupé sans doute de la tragédie de* Cinna, *a plusieurs fois répété ce nom, soit à la marge, soit en tête des pages.*) — *Ibidem, p.* 273. Pardonner à un criminel, et convaincu. — *Chapitre* X, *p.* 275. Bonté d'Auguste. — *Chapitre* XI, *p.* 275. Clémence d'Auguste. — Cruauté lassée. — *Chapitre* XII, *p.* 277. Il ne faut pas trop se faire craindre. — *Chapitre* XIII, *p.* 277. Quand on est cruel, on ne peut cesser de l'être. — *Ibidem, p.* 278. Tyran. — Bon roi. — *Chapitre* XIV, *p.* 278. Il doit agir comme un père. — *Ibidem, p.* 279. Devoir d'un père. — Père

ADDITIONS ET CORRECTIONS.

qui fit mourir son fils. — *Livre* II, *chapitre* I, *p.* 291. *Vellem nescire litteras.* (Racine a transcrit à la marge cette phrase, qu'il a traduite dans Britannicus, *vers* 1372.) — *Chapitre* II, *p.* 291. Exemple du prince. — *Ibidem*, *p.* 292. Mots cruels plus vifs que les autres. — *Chapitre* VI, *p.* 295. Charité qui a mal au cœur du pauvre à qui elle donne.

De brevitate vitæ, *chapitre* II, *p.* 299. Amour de la gloire. — Gens de cœur. — *Ibidem*, *p.* 300. Nous dépensons toute notre vie autour des autres. — *Chapitre* III, *p.* 300. On craint d'être avec soi — Il n'y a que du temps dont il est permis d'être avare. — *Ibidem*, *p.* 301. La plupart des vieillards meurent jeunes. — *Chapitre* IV, *p.* 301. Dépense du temps. — On remet de vivre à cinquante ou soixante ans. — *Chapitre* V, *p.* 302. Auguste n'a songé qu'à la retraite. — Plaisir de songer qu'on se retirera. — Misère d'Auguste — *Ibidem*, *p.* 303. Misère de Cicéron. — *Chapitre* VI, *p.* 304. Ils (*les gens réputés heureux, qui ont avoué leur misère*) ne se convertissent ni eux ni les autres. — *Chapitre* VII, *p.* 305. Temps trop cher pour le troquer contre quoi que ce soit. — *Ibidem*, *p.* 306. Las d'enterrer ses héritiers. — Amitié de grand seigneur. — *Chapitre* VIII, *p.* 307. La vie fuit sans bruit. — *Ibidem*, *p.* 308. On perd le présent dans l'attente du lendemain. — *Chapitre* X, *p.* 309. Qui sont ceux qui craignent leur mémoire. — *Chapitre* XIII, *p.* 311. Gens occupés à leur personne. — *Ibidem*, *p.* 312. Amateurs d'opéra. — Gens de chère délicate. — Ai-je du plaisir ? — *Ibidem*, *p.* 313. Bien des choses échappent à la satire. — *Chapitre* XIII, *p.* 313. Échecs (*latrunculi*). — Plaisirs laborieux. — Subtilités des grammairiens. — *Ibidem*, *p.* 314. Claudius *Caudex*, pourquoi ainsi nommé. — Bonté de Pompée. — *Chapitre* XIV, *p.* 315. Le philosophe possède tous les siècles. — *Ibidem*, *p.* 316. Gens de visites. — Portes de derrière. — Lecture des anciens. — *Chapitre* XVI, *p.* 318. Brièveté des plaisirs. — *Chapitre* XVII, *p.* 320. Le travail succède au travail. — Fin de Scipion. — N^a. (*Nota. En face des mots :* contumacis exilii.) — *Chapitre* XVIII, *p.* 320. Surintendant (*en face de la phrase :* Tu quidem orbis terrarum rationes administras, *etc.*). — *Ibidem*, *p.* 321. C'est aux ânes à porter les fardeaux. — Dépenses folles d'un prince. — *Chapitre* XIX, *p.* 322. Ambition d'être consul. — Titre d'un tombeau. — *Chapitre* XX, *p.* 323. Vieux financier (*en face du nom de* Turannius).

Page 365, ligne avant-dernière, « l'une de Racine à Boileau », *lisez :* « l'une de Racine à le Vasseur. » (C'est notre lettre 9. Voyez au tome VI, p. 397.)

Page 371, ligne 2 de la note 1, « d'Antoine Arnauld », *lisez :* « d'Antoine le Maistre. »

Page 509, ligne 2 de la note 1, « dans l'édition de 1807 des OEuvres de Racine », *lisez :* « dans les *Mémoires de Louis Racine* (voyez notre tome I, p. 231). » — Le texte que nous avons donné d'après l'édition de 1807 est conforme à celui des *Mémoires sur la vie de Jean Racine;* mais celui-ci n'était pas d'une complète exactitude : c'est ce qu'établit, sans aucun doute, une copie de la lettre de la sœur Agnès de Sainte-Thècle, conservée à la bibliothèque de Troyes (liasse n° 2337). Cette copie, dont nous avons omis de parler au tome VI, avait été faite par le Roy de Saint-Charles sur un manuscrit de Jean-Baptiste Racine. Elle est précédée de cette note du même fils de Racine :

« Mon père avoit une tante religieuse à Port-Royal, qui avoit eu soin de son éducation, et qui l'aimoit comme son fils. Elle fut sensiblement affligée lorsqu'au sortir de ses études elle lui vit prendre le parti de la poésie et se jeter dans le monde à corps perdu ; elle cessa dès lors de le voir, et ne se souvint plus de lui que dans ses prières. Quand mon père songea à se retirer et à se marier, la première chose à laquelle il songea fut d'aller voir sa tante ; et là-dessus elle lui écrivit la lettre suivante, que j'ai cru n'être pas indigne de trouver ici place, comme étant peut-être le premier instrument dont Dieu a daigné se servir pour rappeler sa brebis égarée. » Jean-Baptiste Racine croyait donc écrite en 1676 ou 1677 cette lettre, qui, par conjecture, a été datée de 1663 dans notre édition, de 1665 ou 1666 dans l'édition de 1807. Louis Racine jugeait, comme nous, qu'elle avait dû être écrite dans les premières années de la jeunesse de son père ; et il faut dire que l'opinion de son frère aîné a bien peu de vraisemblance. Voici le texte de la copie de Troyes. Quoiqu'il ne s'écarte beaucoup de celui de Louis Racine qu'au commencement, il nous a paru qu'il valait mieux le transcrire en son entier que de nous borner à indiquer les variantes.

GLOIRE A J.-C., AU TRÈS-SAINT SACREMENT.

Ce 26. août.

Ayant appris de Mlle.... [1] que vous aviez dessein de faire ici un voyage avec Mr son mari, j'étois dans le dessein de demander permission à notre Mère de vous voir, parce que quelques personnes nous avoient assuré [2] que vous étiez dans la pensée de songer sérieusement à vous, et j'aurois été bien aise de l'apprendre par vous-même, afin de vous témoigner la joie que j'aurois s'il plaisoit à Dieu de vous toucher sensiblement ; et je vous écris ceci dans l'a-

1. Le nom supprimé est probablement celui de Mlle Vitart.
2. Dans notre texte et dans celui de Louis Racine, il y a *assurées.* L'orthographe *assuré* est tout aussi correcte.

mertume de mon cœur et les larmes aux yeux, que je souhaiterois pouvoir répandre en assez grande abondance devant Dieu pour obtenir de lui votre salut, qui est la chose du monde que je souhaite avec plus d'ardeur. J'ai donc appris avec douleur que vous fréquentiez plus que jamais des personnes dont le nom est abominable à toutes les personnes qui ont tant soit peu de piété, et avec raison, puisqu'on leur interdit l'entrée de l'église et la communion des fidèles même à la mort, à moins qu'ils ne se reconnoissent. Jugez donc, mon cher neveu, dans quelle angoisse je peux être, puisque vous n'ignorez pas la tendresse que j'ai toujours eue pour vous, et que je n'ai jamais rien desiré sinon que vous fussiez tout à Dieu dans quelque emploi honnête. Je vous conjure donc, mon cher neveu, d'avoir pitié de votre âme et de rentrer dans votre cœur, pour y considérer sérieusement dans quel abîme vous vous êtes jeté. Je demanderai à Dieu cette grâce pour vous. Je souhaite que ce qu'on m'a dit ne soit pas vrai ; mais si vous êtes assez malheureux pour n'avoir pas rompu un commerce qui vous déshonore devant Dieu et devant les hommes, vous ne devez penser à nous venir voir ; car vous savez bien que je ne pourrois pas vous parler vous sachant dans un état si déplorable et si opposé au christianisme. Cependant je ne cesserai point de prier Dieu qu'il vous fasse miséricorde, et à moi en vous la faisant, puisque votre salut m'est si cher.

Page 544, lignes 17-19, « Restes d'un cachet dont l'empreinte, *etc.* », *lisez :* « Restes d'un cachet sur lequel on distingue très-clairement, à dextre, le cygne de Jean Racine, et moins clairement, à senestre, le pal, chargé de chevrons, des Romanet. L'écusson a pour supports deux oiseaux de proie, aigles ou faucons, perchés chacun sur un monticule ; et il est sommé d'un casque dont toute autre trace que les lambrequins a disparu. »

Page 547, ligne 1 de la note 5, « Charles-François-Félix », *lisez :* « Charles-François Félix », en supprimant le second trait d'union.

Page 589, note 6. Le billet de Racine à Boileau, mentionné dans cette note, a passé à la vente, faite par M. Etienne Charavay, le 14 février 1870, du cabinet d'autographes de feu M. Huillard.

Page 608, lignes 1 et 2 de la note 1, « à la Bibliothèque impériale. » Il faut ajouter qu'un autre autographe de la même lettre 80 a passé à la vente du cabinet de M. Huillard, faite le 14 février 1870, et dont nous venons de parler ci-dessus. Nous n'avons pas à nous prononcer d'une manière absolue sur l'authenticité de cet autographe. Dans le Catalogue de la vente précitée, où la lettre est annoncée sous le n° 154, il est dit : « L'authenticité de cette lettre a été contestée, parce que cette même lettre se retrouve dans le Recueil des lettres de Racine, à la Bibliothèque impériale. Nous pensons que cette lettre est une mise au net de la main de Racine. » Quelque opinion qu'on ait à ce sujet, il ne nous a pas semblé inutile de signaler les différences de texte qu'offre la lettre portée au Catalogue de la vente du 14 février 1870. M. Étienne Charavay a bien voulu la mettre sous nos yeux, en même temps que le billet de Racine à Boileau dont nous avons parlé ci-dessus, à l'*addition* de la page 589. Voici les variantes que nous avons relevées : « cet après-dînée », au lieu de « cette après-dînée » (*ligne* 10 *de notre page* 608); « et même de fort bonnes gens », au lieu de « et même fort bonnes gens » (*ligne* 5 *de la page* 609); « il y a joint les louanges », au lieu de « il y a joint aussi les louanges » (*lignes* 8 *et* 9 *de la page* 609; *le mot* aussi *étant en partie enlevé par la rupture du cachet*); « qui revient de voir », au lieu de « qui vient de voir » (*ligne* 21 *de la page* 609).

L'autographe qui a appartenu à M. Huillard porte à la fin la signature de Racine, qui manque dans celui de la Bibliothèque impériale.

Page 610, ligne 6, « un intérêt particulier », *lisez :* « un intérêt très-particulier. »

TOME VII.

Page 21, note 2 : « Germain Willart ou Vuillart », *lisez :* « Germain Willard ou Wuillard », et de même *Willard*, au lieu de Willart, dans toute la suite de la note. Partout ailleurs, en effet, nous avons adopté le *d* final dans ce nom.

Page 33, lettre 95, *de Racine à Boileau*. — Nous avons cité l'autographe de cette lettre, conservé à la Bibliothèque impériale; ajoutons ici que nous en avons vu un autre manuscrit, réputé également autographe, dans la bibliothèque de M. Cousin; mais l'authenticité nous en paraît fort douteuse, quoique l'écriture semble bien être celle de Racine. Ce manuscrit reproduit, à deux ou trois variantes près, le texte que nous avons donné d'après l'original qui est à la Bibliothèque impériale; il a de plus que ce dernier les mots suivants, qui terminent la lettre et sont suivis de la signature : « Adieu, mon cher Monsieur, encore une fois. J'ai été obligé de recopier cette lettre à cause d'un accident qui y est arrivé quand je l'ai voulu fermer. Le Roi se porte à merveille. » L'avant-dernière phrase ne semble-t-elle pas une précaution prise pour expliquer l'existence de deux autographes? Les derniers mots : *à merveille*, sont d'ordinaire autrement écrits par Racine, qui met, comme nous en avons vu plusieurs exemples : *à merveilles*, au pluriel. Enfin la signature de Racine est rare dans ses lettres à Boileau.

Page 58, lignes 1 et 2 de la note 1, « LETTRE 103 (revue sur l'autographe, conservé à la Bibliothèque impériale) », *ajoutez :* « Un autre manuscrit, réputé également autographe, de la même lettre

ADDITIONS ET CORRECTIONS.

a passé à la vente de M. Charon, faite les 14-17 mai 1847. » Nous avons pu, chez M. Étienne Charavay, collationner ce manuscrit avec notre texte. Il offre les très-légères différences suivantes :

« Aussi magnifiquement chez lui », au lieu de « si magnifiquement chez lui » (*page* 59, *lignes* 8 *et* 9 *de notre tome VII*). — « A Vauderoute », au lieu de « à vau-de-route » (*page* 60, *lignes* 17 *et* 18 *du tome VII*). — « Qui est oncle ». *Est* a été écrit au-dessus de *étoit*, biffé, qui ne se trouve pas dans l'autographe de la Bibliothèque impériale (*page* 60, *ligne* 21 *du tome VII*). — « Tiré de leur part. » Les mots *tiré de leur part* ont été ajoutés dans l'interligne, ce qui n'est point dans l'autographe de la Bibliothèque impériale (*p.* 61, *ligne* 8 *du tome VII*). — A la fin de la lettre : « Je suis entièrement à vous. RACINE. » Rien de semblable dans l'autographe de la Bibliothèque impériale.

Page 122, note 1, « Cette lettre n'a pas été donnée par Louis Racine et ne se trouve pas, *etc.* », *lisez :* « Cette lettre a été donnée par Louis Racine, aux pages 232-234 de son Recueil, mais ne se trouve pas, *etc.* »

Page 157, note 1 de la lettre 141, *ajoutez*, à la fin de la note : « La même lettre a été insérée par le Franc de Pompignan dans l'opuscule intitulé : *Lettre à M. Racine sur le théâtre en général*, etc. (édit. de 1773). » Le texte de le Franc de Pompignan offre quelques différences avec celui de l'autographe de M. Boutron-Charlard et avec ceux de Desmolets et de L. Racine; nous allons faire connaître ce texte en le comparant avec celui que nous avons donné nous-même. Il suffira d'indiquer les variantes ; sous la lettre A, nous citons notre texte; sous la lettre B, le texte de le Franc de Pompignan.

Ligne 1 de la lettre : A. « Au P. Bouhours »; B. « Au révérend P. Bouhours. » — Page 158, ligne 1 : A. « Je n'avois point encore entendu ; » B. « Je n'avois pas encore ouï. » — Ligne 5 : A. « d'apprendre que l'on m'eût déclaré »; B. « d'apprendre par votre lettre qu'on m'eût déclaré. » — Ligne 7 : A. « la traduction du »; B. « la traduction françoise du. » — Ligne 13 : A. « car pour mes tragédies »; B. « car pour ce qui est de mes tragédies. » — Ligne 20 : A. « contre le régent »; B. « contre ce régent. » — Ligne 22 : A. « et d'avoir prêché »; B. « et d'avoir enseigné. » — Ligne 27 : A. « de tant d'autres Pères »; B. « de tant d'autres jésuites. » — Lignes 27 et 28 : A. « surtout en considération du R. P. de la Chaize »; B. « surtout du révérend P. de la Chaize. » — Page 159, lignes 2 et 3 : A. « Je vous supplie de croire que je suis entièrement à vous »; B. « Je vous supplie de croire, Monsieur, que personne n'est plus sincèrement à vous que votre très-humble et très-obéissant serviteur. »

Page 178, lignes 4 et 5, « près de celui de M. Busca », *ajoutez en note :* « Ce voisin de Jean-Baptiste Racine à Versailles était le même baron de Busca qui est nommé au tome V, p. 320, ligne 16, où il est dit qu'il était en 1692 maréchal de camp, et commandait la maison du Roi. En 1697, de Montlezun, baron de Busca, lieutenant général des armées du Roi, gouverneur d'Aigues-Mortes, chevalier de Saint-Louis, était logé à Versailles comme lieutenant des gardes du corps dans la compagnie de Lorge. Il avait été fait lieutenant général en 1692. Voyez l'*État de la France* (année 1697), tome I, p. 400, et tome II, p. 424. »

Page 184, ligne 3 de la note 6, « et quatrième fils du chancelier le Tellier », *lisez :* « et quatrième fils de Michel le Tellier, marquis de Louvois. »

Page 237, lignes 28 et 29, « [*l'huissier Rousseau*] avoit toujours envie de me fermer la porte au nez lorsque je venois chez le Roi », *ajoutez en note :* « Racine, au lever du Roi, pouvait entrer quand il le voulait. C'était un privilége qui lui était commun avec Chamlay, qui avait toute la confiance du Roi, et était employé par lui, dit Saint-Simon (tome XII, p. 421), « en des négociations secrètes « et en des voyages inconnus. » On lit dans l'*État de la France* (année 1697), tome I, p. 261 : « M. de Chanlay et M. Racine entrent « sans que l'huissier aille demander pour eux. »

Page 58, note *d*, « La seconde et la troisième fille de Racine, Anne et Élisabeth, depuis longtemps religieuses, sont exclues de ce partage. » C'est ce qui est confirmé expressément par un passage de l'acte suivant, dont nous transcrivons ici le commencement. En même temps qu'il vient à l'appui de notre note, il nous apprend où demeuraient, à l'époque du partage, ceux des enfants de Racine qui sont nommés dans le testament de leur mère. Cet acte, daté du 20 décembre 1732, et signé par les notaires Sellier et Regnault, nous a été communiqué à l'étude de Me Defresne.

Partage de la succession de Catherine de Romanet, veuve de Jean Racine, entre ses cinq enfants.

Par-devant les conseillers du Roi, notaires à Paris soussignés, furent présents Jean-Baptiste Racine, écuyer, ancien gentilhomme ordinaire de la chambre du Roi, demeurant à Paris au carré de Sainte-Geneviève, paroisse Saint-Étienne du Mont ; dame Marie-Catherine Racine, veuve de Me Pierre-Claude Colin de Moramber, avocat au Parlement, demeurante dans l'extérieur du monastère des Feuillantines, faubourg et paroisse Saint-Jacques du Haut-Pas ; damoiselle Jeanne-Nicole-Françoise Racine, fille majeure, demeurante audit carré de Sainte-Geneviève, susdite paroisse ; damoiselle Madeleine Racine, aussi fille majeure, demeurante même maison ; et Louis Racine, écuyer, directeur général des fermes à Soissons, et l'un des associés de l'Académie des belles-lettres, demeurant ordinairement à Soissons, et de présent à Paris, logé rue de la Vieille-Monnoie, paroisse Saint-Jacques de la Boucherie ; lesdits sieur Jean-Baptiste Racine, dame de Moramber, damoiselles Jeanne-Nicole-Françoise Racine, Madeleine Racine, et sieur Louis Racine, seuls enfants ayant droit de recueillir la succession de défunte dame Catherine de Romanet, leur mère, veuve de Jean Racine, écuyer, conseiller secrétaire du Roi, maison, couronne de France, et de ses finances, son trésorier au bureau des finances de Moulins, et gentilhomme ordinaire de la chambre de Sa Majesté.

Lesquels voulant procéder au partage des biens de la succession de ladite dame leur mère, conformément à sa disposition dernière, ont observé que ladite dame, par son testament olographe en date du 7 février 1727, *etc.*

TABLE ALPHABÉTIQUE
DES ŒUVRES DE RACINE

Notre *Table* n'est pas analytique : la nature des ouvrages de Racine nous a paru ne pas l'exiger; et nous tenions à ne pas grossir inutilement ce dernier volume.

TABLE ALPHABÉTIQUE

DES ŒUVRES DE RACINE.

N. B. Les chiffres romains indiquent les tomes; les chiffres arabes qui les suivent ou qui sont précédés d'un point et virgule, marquent les pages; les chiffres arabes qui sont précédés d'une virgule après un autre chiffre arabe, les vers. — Nous n'avons pas tenu compte dans la *Table* des variations d'orthographe si fréquentes pour les noms propres dans les manuscrits et dans les anciennes éditions de Racine; nous avons suivi l'orthographe généralement reçue aujourd'hui.

A

Aaron, III, 591; 606, 33; 631, 443; 679, 1355; 685, 1463; 686, 1466.

Abbé (Monsieur l'). Voyez Vasseur (l'abbé le).

Abbesses. Voyez l'article suivant, et Bavière (Louise de), Estrées (d'), Soissons (Charlotte de Bourbon de), Suireau (Marie des Anges), Tardif (Marie-Geneviève-Catherine de Saint-Augustin le).

Abbesses de Port-Royal. Voyez Arnauld (Angélique de Saint-Jean, et Jacqueline-Marie-Angélique, et Jeanne-Catherine-Agnès de Saint-Paul), Fargis (Marie de Sainte-Magdelaine, et Henriette d'Angennes du), Harlai de Champvallon (Marie-Anne de), Ligny (Madeleine de Sainte-Agnès de), Perdreau (Marie-Dorothée), Suireau (Marie des Anges).

Abdérites (les), VI, 320.

Abiron, III, 662, 1037.

Abner, l'un des principaux officiers des rois de Juda, personnage de la tragédie d'*Athalie*, III, 604-705.

Abraham, III, 592; 598; 684, note 2; IV, 231, 166; VI, 125.

Absalon, V, 203.

Acace Bachiani. Voyez Bachiani.

Académie française (l'), IV, 244; 245, au titre; 246, 2; 248, 60; 278; 351; 368; V, 412; 413; 415; 416; 419; 420; 421; VI, 428; 567; VII, 19; 45; 124; 276.

Académie des inscriptions (l'), VII, 80; 82; 97. — *Académie* (la petite), VII, 14; 28; 37; 100; 208.

Académie (l') de Château-Thierry, VI, 494.
Acaste, VI, 217.
Acha (la rivière d'), VI, 345.
Achab, III, 593; 612, 113; 619, 230; 647, 722; 665, 1086; 691, 1564; 701, 1752; 702, 1773; 703, 1786, 1790.
Achéloüs (le fleuve), prétendant de Déjanire, VI, 247; 251.
Achéron (l'), III, 302; 306, 12; 340, 626.
Achille, II, 34; 35; 37; 39; 40; 48, 146, 150; 51, 234; 56, 310; 70, 612; 71, 630; 90, 990; 91, 1019; 114, 1466; 116, *var.*; 366; III, 140; 141; IV, 76, 73; V, 465; 486; 494; VI, 21; 41; 44; 60; 68; 76; 79; 129; 130; 138; 196; 197; 202; 205; 206; 207; 208; 209; 210; 211; 214; 215; 216; 245; 277; 321.—, personnage de la tragédie d'*Iphigénie* d'Euripide, VI, 240. —, personnage de la tragédie d'*Iphigénie* de Racine, III, 148-241.
Achitophel, III, 662, 1037; V, 203.
Acomat, personnage de la tragédie de *Bajazet*, II, 480-561.
Açores (les îles), V, 154.
Acqs (la ville d'). Voyez Dax.
Actéon, VI, 259.
Actes des apôtres (les), VI, 267.
Acusilas (l'historien), V, 462.
Acy (Mme d'), VI, 540.
Acy (le petit d'), fils de la précédente, VI, 540 ; 542.
Adam, IV, 231, 159.
Adam (Maître), II, 212, 789.
Adam (le P.), jésuite, IV, 448.
Adeleïde, fille de Hébert ou Héribert, et sœur d'Eudes comte de Vermandois, V, 191.
Adelphes (les). Voyez Térence.
Adimante, VI, 279.

Admète, III, 144; 145; 146.
Adraste, roi d'Argos, I, 405, 101, 103; 442, 796; 460, 1111; VI, 27.
Adreste, une des suivantes d'Hélène, VI, 85.
Æée (l'île), VI, 156.
Æetas, roi de Colchos, VI, 156.
Ægine, personnage de la tragédie d'*Iphigénie* de Racine, III, 148-241.
Ægine (l'île d'), VI, 34.
Ægues, nom de lieu, VI, 106.
Æpitus, roi de Phésane, VI, 28 et note 1.
Æthra, fille de Pitthée, VI, 256.
Africain, les Africains, II, 502, 479; 528, 1104; V, 592.
Afrique (l'), V, 156, note 1; 360; VI, 143.
Agamemnon, II, 49, 178; 54, 274; 99, 1160; III, 138; 140; IV, 9; V, 456; 493; VI, 57; 60; 63; 67; 68; 77; 78; 79; 91; 130; 138; 148; 196; 197; 198; 199; 200; 204; 205; 207; 219; 220; 221; 224; 225; 226; 227; 231; 232; 233; 237; 240; 241; 244; 245; 246; 320. —, personnage de la tragédie d'*Iphigénie* de Racine, III, 148-241.
Agamemnon, tragédie d'Eschyle, III, 138.
Agar, personnage de la tragédie d'*Athalie*, III, 604-705.
Agathon, V, 453; 454; 456; 457; 458; 459; 461; 486; VI, 268; 269; 270.
Agave, VI, 257.
Agésias (ode de Pindare à), VI, 26-29.
Agésidamus (odes de Pindare à), VI, 43-48.
Agésilas, Agésilaüs, V, 516; VI, 296; 298; 301.
Agis, VI, 295; 301.
Aglié (Antoine d'), V, 90.

Agnès (la Mère). Voyez Arnauld (Jeanne-Catherine-Agnès de Saint-Paul).
Agosta (la forteresse d'), V, 269.
Agricola, VI, 316.
Agrigente, VI, 16.
Agrippa, petit-fils d'Auguste, II, 296, 865.
Agrippa, frère de Bérénice, II, 383, 191.
Agrippine, mère de Néron, II, 246; 250; 252. —, personnage de la tragédie de *Britannicus*, II, 254-340.
Aides (la cour des) de Clermont, IV, 465.
Aigle (la constellation de l'), V, 179.
Aigreville (d'), VI, 391.
Aire (la ville d'), V, 271; 272; 300.
Aix (archevêques d'). Voyez Grimaldi (Jérôme de), Mazarin (Michel).
Aix-la-Chapelle (la ville d'), V, 330; VII, 250; 287; la paix d'Aix-la-Chapelle, V, 257; 300.
Ajax, II, 366; VI, 91; 204; 210; 223; 224; 237; 238; 239; 240; 241; 242; 243; 244; 245; 246; 272.
Ajax, tragédie de Sophocle. Voyez Sophocle.
Akakia du Mont (l'abbé), confesseur de Port-Royal, IV, 506.
Alary (l'abbé), de l'Académie française, VII, 352.
Albergotti (d'), lieutenant général, VII, 107.
Albert (Léon d'), V, 385.
Albert (Mme d'), seconde fille du duc de Luynes, IV, 508; 509.
Albigeois, IV, 248, 47.
Albine, personnage de la tragédie de *Britannicus*, II, 254-340.

Albizzi (le cardinal), IV, 496.
Alcandra, VI, 86.
Alcès, sœur de Nicétès, V, 569.
Alceste, III, 144; 145; 146; V, 464; 465.
Alceste, tragédie d'Euripide. Voyez Euripide.
Alceste (l'), opéra de Quinault. Voyez Quinault.
Alcibiade, IV, 360; V, 452; 453; 480; VI, 243; 271; 272; 273; 274; 294; 300.
Alcibiade (l') de Platon. Voyez Platon.
Alcide, Hercule, III, 309, 78; 333, 470; 369, 1141.
Alcimédon (ode de Pindare à), VI, 35-38.
Alcinoüs, VI, 109; 110; 111; 112; 119; 120; 121; 122; 123; 124; 125; 126; 127; 128; 129; 131; 133; 137; 138; 139; 140; 141; *Alcinoi apologus*, VI, 110.
Alcippe, une des suivantes d'Hélène, VI, 85.
Alcméon, Alcmæon, V, 483; VI, 229.
Alègre (le marquis d'), V, 322.
Aleth (l'évêque d'). Voyez Pavillon (Nicolas).
Aleth (le Rituel d'), publié par Nicolas Pavillon, V, 217.
Alexandre, roi de Macédoine, I, 513; 514; 515; 517; 518; 519; 521; 522; IV, 74, 33; V, 355; 420; 494; 497; 512; 515; 518; 519; 528; 529; VI, 199; 298; 321; 322; 583. —, personnage de la tragédie d'*Alexandre le Grand*, I, 524-596.
Alexandre, fils d'Alexandre le Grand et de Cléophis, I, 522; 523.
Alexandre le Grand, tragédie de Racine, I, 516; 517; 524-596.

ALEXANDRE, martyr d'Alexandrie, V, 592.
ALEXANDRE VI (le pape), V, 154.
ALEXANDRE VII (Fabio Chigi, pape sous le nom d'), IV, 432; 490; 495; 496; 497; 523; 524; 528; 534; 542; 543; 545; 566; 567; 568; 573; 585; 586; 587; 597; 603; V, 177; 178; VI, 344; 346.
ALEXANDRE VIII (Pierre Ottoboni, pape sous le nom d'), V, 122; 168; 169; 217.
ALEXANDRIE (la ville d'), III, 17; V, 134; 543; 584; 585, note 2; 587; 588; 591; les Églises d'Alexandrie, V, 584.
ALEXANDRIE (archevêques d'). Voyez DENYS (saint), et HÉRACLE.
ALIÉNOR, duchesse de Guyenne, femme de Louis le Jeune, V, 195.
ALLEMAGNE (l'), IV, 366; 499; V, 50; 58; 73; 93; 96; 116; 127; 129, au titre; 130; 131; 143; 182; 243; 252, note 6; 254; 255; 256; 261; 266; 274; 282; 286; 288; 289; 295; 296; 298; 300; 313; 347; VII, 21; 60; 94; 106; 182; la basse Allemagne, V, 282; 314; la guerre d'Allemagne, V, 130; l'empereur d'Allemagne, V, 136; 282.
ALLEMAGNE (empereurs d'). Voyez CHARLES-QUINT, FERDINAND Ier, FERDINAND II, FERDINAND III, HENRI IV, LÉOPOLD Ier.
ALLEMANDS, ALLEMANDES, V, 131; 144; 147; 255; 256; 263; 268; 284; 285; 286; 290; VI, 347; 554; VII, 22; 53; 60; 113; 116; 122; 123; 181.
ALLENÇON (d'), confesseur de Port-Royal, IV, 506.

ALLUYE (la marquise d'). Voyez FOUILLOUX (Bénigne de Meaux du).
ALOST (la ville d'), V, 80.
ALPHÉE (le fleuve), VI, 45; 83.
ALPHONSE VI, roi de Portugal, V, 162; 181.
ALSACE (l'), V, 130; 186; 268; VII, 122; 181.
ALSACE (le landgraviat d'), V, 93; la haute Alsace, V, 263.
ALVRÈDE GIGAULT, seigneur normand, V, 191.
Amadæus Guimeneus, pseudonyme du P. Mathieu Moya, IV, 490.
AMALEC, III, 496, 485; 519, 897.
AMALÉCITE, III, 476, 170; 531, 1124.
AMAN, favori d'Assuérus, III, 459. —, personnage de la tragédie d'*Esther*, III, 460-542.
AMARANTE, IV, 204, 13; VI, 440, 2.
Amasie, pièce de Racine, VI, 377.
AMAURI, comte de Montfort. Voyez MONTFORT.
AMAZONES (les), III, 304; 317, 204; VI, 52.
AMBASSADE (l'), fille de Mercure, VI, 38.
Ambassadeur de France en Hollande. Voyez BONREPAUS (de).
AMBROISE (saint), V, 211.
AMBRUN. Voyez EMBRUN.
AMELOTE (le P.), IV, 506; V, 405.
AMÉRIQUE (l'), V, 154; 158; 264.
AMERONGE (la ville d'), V, 183; 184.
AMIENS (la ville d'), II, 145, 4.
Amitié (le poëme de l'). Voyez VILLIERS (l'abbé de).
AMMON, soldat chrétien, V, 594.
AMMONARIE (sainte), V, 592; 593.

AMMONARIE (sainte), autre que la précédente, V, 593.
AMNON, III, 618, 204.
AMOUR (le dieu), I, 468, 1223; II, 62, 439; 69, 604; 397, 541; IV, 52, 16; 54, 56; 58, 110; 59, 138; 60, 146 et *var.*, 148 et *var.*; 61, *var.*; 62, 183; 150, 53; 207, 1; V, 461; 462; 463; 464; 466; 467; VI, 269; 270; 378, 2; 394; 441.
Amour de Dieu (l'), épitre de Boileau. Voyez BOILEAU.
AMOURS (les), IV, 52, 23; 66, 2; 70, 102; VI, 402; 455; VII, 351.
Amours (les) d'Ovide. Voyez OVIDE.
AMPHIARAÜS, VI, 27; 229.
AMSTERDAM (la ville d'), V, 72; 97; 150; 248; 249; VI, 346; VII, 104; 124; 243; 288.
AMURAT (le sultan), II, 475; 476; 480; 482, 20, 32, 33; 483, 59; 484, 68, 73, 85; 485, 97, 114; 486, 123, 127, 136; 487, 146, 169 et *var.*; 489, 215; 491, 245; 492, 265; 493, 299, 303, 314; 504, 545; 506, 570; 508, 613; 529, 1115; 532, 1169; 533, 1184; 538, 1288; 541, 1352; 544, 1417; 550, 1530; 551, 1541, 1559, 1561; 558, 1687.
AMYOT, traducteur de Plutarque, III, 19; 20; VI, 316.
AMYOT, médecin, VI, 583; 592; 594; 601 et 602.
ANACRÉON, VI, 339.
ANATOLIE (l'), VI, 523.
ANAXARCHUS, VI, 339.
ANAXIMÈNE, orateur grec, V, 526.
ANCRE (la ville d'), V, 99.
ANDELOT, duc de Châtillon. Voyez CHATILLON (Gaspard IV de Coligny, duc de).
ANDERLEK, nom de lieu, VII, 36.

ANDILLY (Robert-Arnauld d'). Voyez ARNAULD d'Andilly.
ANDRÉ (saint), VII, 134.
Andrienne (l') de Térence. Voyez TÉRENCE.
ANDROMAQUE, II, 33; 35; 38; VI, 201; 202; 203; 211; 238; 252. —, personnage de la tragédie d'*Andromaque*, II, 40-124; IV, 178, 4.
Andromaque, tragédie d'Euripide. Voyez EURIPIDE.
Andromaque, tragédie de Racine, II, 31; 40-124; 243; IV, 177, au titre; 179.
Andromède, tragédie d'Euripide. Voyez EURIPIDE.
ANESE (Gennaro), VI, 347.
ANET, nom de lieu, V, 77.
ANGÉLIQUE (la Mère). Voyez ARNAULD (Jacqueline-Marie-Angélique).
ANGÉLIQUE, VI, 445; 457.
Angelus (l'), IV, 592.
ANGERS (la ville d'), V, 194; 223.
ANGERS (l'évêque d'). Voyez ARNAULD (Henri).
ANGES (Marie des). Voyez SUIREAU (Marie des Anges).
ANGHIEN. Voyez ENGHIEN.
ANGLAIS (les), ANGLAIS, ANGLAISE, V, 52; 79; 98; 101; 102; 103; 158; 181; 192; 243; 264; 288; 293; 295; 297; 314; 318; 335; VI, 412; VII, 53; 121; 221; 344.
ANGLETERRE (l'), IV, 414; 479; V, 71; 103; 119; 132; 133; 146; 163; 164; 181; 184; 186; 192; 193; 194; 197; 198; 244; 256; 288; 295; 301; 313; 315; 317; 318; 330; VI, 80; 425; VII, 29; 30; 103; 124; 272; 302; le parlement d'Angleterre, V, 98; 133; 288.
ANGLETERRE (la nouvelle), V, 120.
ANGLETERRE (rois d'). Voyez

Charles Ier, Charles II, Édouard, Guillaume le Conquérant, Guillaume le Roux, Guillaume III, Harald, Jacques Ier, Jacques II, Kanut II.
Angleterre (reines d'). Voyez Henriette de France, Marie II, Modène (Marie-Béatrix-Éléonore de).
Angleterre (la reine mère d'). Voyez Henriette de France.
Angola, V, 156; 159.
Angola (la mer d'), V, 158.
Angoulême (Charles de Valois, duc d'), fils de Charles IX et de Marie Touchet. Voyez Auvergne (le comte d').
Angran, VII, 320.
Anicet (le pape), V, 573; 574; 575.
Anjou (l'), VI, 418; 475; 476.
Anjou (le duc d'). Voyez Henri III, roi de France.
Anjou (Louis-François duc d'), fils de Louis XIV, mort en bas âge, V, 183; VII, 437 (*Additions et corrections*).
Anjou (le comte d'), V, 195. Voyez Robert le Fort, et Foulques le Réchin.
Anjou (la rue d'), à Paris, VI, 577.
Anjou (le P. d'), jésuite, IV, 453.
Annales (les). Voyez Tacite.
Annat (le P.), jésuite, IV, 455; 472; 484; 488; 490; 492; 493; 494; 499; 502; 522; 538; 543; 549; 566; 587; V, 177.
Anne d'Autriche, femme de Louis XIII, IV, 431; 454; 464; 470; 473; 513; 514; 562; V, 12; 77; 81; 151; VI, 345; 349.
Annibal, III, 60, 835; 63, 914; V, 420; VI, 327.
Annonciation (la fête de l'), V, 194.

Anténor, VI, 67; 198; 199.
Antigone, sœur d'Étéocle et de Polynice, personnage de la tragédie des *Phéniciennes* d'Euripide, VI, 260; 261; de l'*OEdipe à Colone* de Sophocle, VI, 246; de *la Thébaïde* de Racine, I, 396-483; VI, 506; 507.
Antigone, tragédie de Sophocle. Voyez Sophocle.
Antigone, tragédie de Rotrou. Voyez Rotrou.
Antilochus, VI, 76; 87; 206; 214.
Antinoüs, VI, 65; 68; 69; 71; 93; 94.
Antioche (la ville d'), V, 193.
Antioche (l'archevêque d'). Voyez Ignace (saint).
Antioche (l'évêque d'). Voyez Fabius.
Antiochus IV Épiphane, IV, 155, note 2; VII, 128.
Antiochus, roi de Comagène, personnage de la tragédie de *Bérénice*, II, 372-444.
Antiope, III, 304; 311, 125.
Antipatre, V, 518; 531.
Antiphates, fils de Lamus et petit-fils de Neptune, VI, 155; 156; 158.
Antiphates (la femme d'), VI, 155; 156.
Antiphates (la fille d'), VI, 155.
Antiquités judaïques (les), de Josèphe, V, 540, note 2.
Antisthène, V, 506.
Antoine (Marc), II, 392, 391.
Anvers (les bourgeois d'), V, 147; 148.
Apis (le dieu), VII, 307; 308; 309.
Apollodore, personnage du *Banquet de Platon*, V, 453-474.
Apollodore (l'ami d'), personnage du *Banquet de Platon*, V, 453-474.
Apollon, IV, 200, 12; V, 505;

VI, 27; 28; 39; 54; 79; 83; 115; 121; 136; 146; 233; 235; 269; 313; 382; VII, 350.

APOLLONIE (sainte), V, 588 et 589.

APOLLONIUS, VI, 309; 317.

Apologie des casuistes. Voyez PIROT (le P.).

Apologie des Lettres provinciales. Voyez PETIT-DIDIER.

Apologie de Socrate. Voyez PLATON.

Apologie pour les catholiques. Voyez ARNAULD (Antoine).

Apologie pour les religieuses de Port-Royal, ouvrage dû à Nicole, Arnauld et Claude de Sainte-Marthe, et désigné par Racine sous le titre d'*Apologie de Port-Royal*, et d'*Apologies des religieuses de Port-Royal*, IV, 575; 601; 607.

Apologie des saints Pères. Voyez ARNAULD (Antoine).

Apologie pour Hérodote. Voyez ESTIENNE (Henri).

APPAS (les), personnifiés, IV, 53, 26.

APPIEN d'Alexandrie, III, 17.

AQUARIUS (la constellation de l'), V, 179.

AQUILONS (les), IV, 53, 33.

AQUIN (Antoine d'), premier médecin du Roi, VI, 569.

AQUITAINE (l'), V, 84; 190.

AQUITAINE (le duc d'), V, 190.

ARABE, ARABES, III, 593; 632, 474.

ARABIE (l'), II, 382, 172; V, 595.

ARAD (la ville d') en Hongrie, V, 144.

ARANTHON (d'), évêque de Genève, V, 405.

ARATUS, VI, 53; 295; 300.

ARBATE, personnage de la tragédie de *Mithridate*, III, 22-100.

ARBERT, nom d'homme, V, 132.

ARCADIE (l'), VI, 28; 29; 34; 55; 160.

ARCAS, personnage de la tragédie de *Mithridate*, III, 22-100; de la tragédie d'*Iphigénie*, III, 148-241.

Archevêques. Voyez BELLEGARDE (de), BONZI (de), CHARLES BOROMÉE (saint), CLÉMENT, CODDE, COLBERT, FÉNELON, FEUILLADE (de la), GENLIS (de), GONDI (de), GONDRIN (de), GRIGNAN (de), GRIMALDI (de), HARLAI DE CHAMPVALLON, HÉRACLE, HOGUETTE (de la), IGNACE (saint), MARCA (de), MAZARIN (Michel), MOTHE HOUDANCOURT (de la), NOAILLES (de), PÉRÉFIXE (Hardouin de), RETZ (de), ROBERTI, SAUSSAY (du), TELLIER (le).

Archiduc (l'). Voyez LÉOPOLD-GUILLAUME.

ARCY (René Martel, marquis d'), VII, 44; 108.

Ardents (les), V, 193.

ARDERVICK (la ville d'), V, 183.

Arènes (les), à Nîmes, VI, 424.

Aréopage (l'), II, 142.

ARÉTÉ, femme d'Alcinoüs, VI, 110; 111; 119; 121; 122; 124; 126; 138; 139.

Argenis (l'). Voyez BARCLAY.

ARGENSON (Marc-Pierre de Voyer, comte d'), VII, 335.

ARGIENS (les), I, 401, 51.

Argonautes (les), VI, 24.

ARGOS (la ville d'), I, 405, 101, 103; 438, 703; 442, 798; 460, 1111; II, 49, 190; III, 140; 155, 94; 158, 156; 167, 332; 382, 1366; VI, 34; 92; 225; 246; le roi d'Argos: voyez ADRASTE.

ARIANE, III, 309, 89; 320, 253.

ARICIE, III, 301. —, personnage de la tragédie de *Phèdre*, III, 304-397.

ARIOSTE (l'), VI, 103; l'*Orlando*

furioso (ch. 1), VI, 426;
(ch. 11) VI, 423; (ch. 1v)
VI, 422; (ch. x1v) VI, 386;
395; (ch. xx111) VI, 392;
(ch. xxv111) VI, 392; (ch.
xxx111) VI, 384.
Aristée, VI, 90; 146 et 147.
Aristide, VI, 293; 300.
Aristippe, V, 508; 512.
Aristobule, V, 494.
Aristoclidas, VI, 215.
Aristodème, V, 454; 455; 456;
457; 462; 466.
Aristogiton, V, 469; 521; VI,
339.
Aristophane, II, 140; 141; 142;
V, 453; 459; 461; 473 et
474; VI, 268; 269; *les Guêpes*, II, 140.
Aristote, I, 517; II, 35; 208,
745; 209, 747, 750; 243;
368; III, 299; 303; IV, 352;
VI, 330; *les Éthiques à Nicomaque*, VI, 286-288; *la Poétique*, I, 517; II, 368; 370;
V, 453, note 1; VI, 268; 288-
290; *la Politique*, II, 208,
745; 209, 747; *la Rhétorique*,
VI, 331; il est appelé *le Péripatétique*, II, 209, 748.
Arius, IV, 486.
Arles (l'archevêque d'). Voyez
Grignan (François Adhémar
de Monteil de).
Arlington (Henry Bennet, lord),
V, 183.
Armadille (l') des Espagnols, V,
120.
Armand (M.), VI, 406.
Arménien, VI, 281.
Armeno Pul, II, 210, 753; et
Armen Pul, *ibid., var*.
Armide, personnage de *la Jérusalem délivrée*, VI, 123.
Armodius, VI, 339.
Arnaud, personne inconnue,
VI, 497; 498.
Arnauld (Antoine), avocat, IV,
395; 428 et 429.

Arnauld (Catherine Marion),
femme du précédent, IV,
401; 433.
Arnauld d'Andilly (Robert), fils
aîné des précédents, IV, 395;
421; 434; 473; 513; 561;
562; 574; V, 207.
Arnauld de Pompone, fils du
précédent. Voyez Pompone.
Arnauld (Catherine de Sainte-
Agnès), fille d'Arnauld d'Andilly, IV, 433.
Arnauld (Angélique de Saint-
Jean), abbesse de Port-Royal,
fille d'Arnauld d'Andilly, IV,
433; 551; 562; 572; 574;
597; 604; 605; 606; 607.
Arnauld (Marie-Charlotte de
Sainte-Claire), fille d'Arnauld
d'Andilly, IV, 433; 551; 562.
Arnauld (Marie-Angélique de
Sainte-Thérèse), fille d'Arnauld d'Andilly, IV, 433;
551; 562; 571.
Arnauld (Anne-Marie), fille
d'Arnauld d'Andilly, IV, 433.
Arnauld (Élisabeth), fille d'Arnauld d'Andilly, IV, 433.
Arnauld (Henri), nommé M. de
Trie, d'abord avocat, plus tard
abbé de Saint-Nicolas, enfin
évêque d'Angers, frère d'Arnauld d'Andilly, IV, 394, note
1; 419; 445; 521; 524; 563;
569; 587; 601.
Arnauld (Antoine), le grand Arnauld, docteur en Sorbonne,
frère d'Arnauld d'Andilly,
IV, 192, 3; 195, 5; 288;
396; 429; 430; 431; 432;
433 et 434; 435; 437; 440;
442; 446; 447; 453; 454;
458; 459; 460; 461; 462;
463; 464; 473; 474; 475;
476; 478; 479; 480; 481;
482; 493; 500; 503; 530;
532; 533; 535; 538; 561;
575; 601; 602; 603; 604;
605; 606; 607; 608; V, 216;

217; 218; VI, 472; 530 et 531; VII, 40 et 41; 100 et 102; 192; 313 et 314; 337; 344; *de la Fréquente Communion*, IV, 429; 430; 431; 432; 433; 434; 439; 441; 442; 487; 514; *le Véritable portrait de Guillaume-Henry de Nassau*, etc., IV, 479; *Apologie des saints Pères*, VI, 371 et 372; *Apologie pour les catholiques*, IV, 476; 479; 3⁰ partie (*Lettres de Monsieur d'Angers*), et 4⁰ partie de *l'Apologie pour les religieuses de Port-Royal*, IV, 601; *Défense des libertés de l'Église gallicane*, IV, 530.

ARNAULD (Catherine), sœur d'Arnauld d'Andilly. Voyez MAÎTRE (Mme le).

ARNAULD (Jacqueline-Marie-Angélique), sœur d'Arnauld d'Andilly, abbesse de Port-Royal, IV, 285; 335; 389; 390; 391; 392; 393; 394; 395; 396; 397; 398; 399; 401; 402; 403; 404; 405 et 406; 409; 418; 420; 421; 426; 428; 433; 460; 504; 507; 508 et 509; 510; 511; 512; 513; 514; 515; 516; 517; 518; 554; 581; 582; 584; 595.

ARNAULD (Jeanne-Catherine-Agnès de Saint-Paul), sœur d'Arnauld d'Andilly, abbesse de Port-Royal, IV, 392; 395; 396 et 397; 402; 403; 407; 408; 433; 437; 504; 505; 507; 519; 551; 552; 555; 571; 590; 594; 595; 600; 601; les *Constitutions de Port-Royal*, IV, 600.

ARNAULD (Anne-Eugénie de l'Incarnation), sœur d'Arnauld d'Andilly, IV, 433.

ARNAULD (Marie-Claire), sœur d'Arnauld d'Andilly, IV, 433.

ARNAULD (Madeleine-Sainte Christine), sœur d'Arnauld d'Andilly, IV, 433.

ARNHEIM (la ville d'), V, 182; 248.

ARNOUL, comte de Flandres, V, 192.

ARQUENNES, nom de lieu, V, 320.

ARQUIEN (Marie-Casimire de la Grange d'), femme du roi de Pologne Jean Sobieski, V, 146; 147.

Arrangement des mots. Voyez DENYS d'Halicarnasse.

ARRAS (la ville d'), V, 99.

ARSACE, personnage de la tragédie de *Bérénice*, II, 372-444.

Arsenac (l'), VI, 350.

Art de prêcher (l'). Voyez VILLIERS (l'abbé de).

ARTAXERXE, VI, 295.

ARTEVELLE (Jacques), V, 197.

ARTHUR II, de Bretagne, V, 196 et 197.

Articles (les quatre) de l'assemblée du clergé de 1682, IV, 481.

ARTOIS (Robert d'). Voyez ROBERT D'ARTOIS.

Asacrementaires, IV, 434.

ASAPH, personnage de la tragédie d'*Esther*, III, 460-542.

Ascension (le jour de l'), VII, 28.

ASCHE (le village d'), V, 337.

ASIE (l'), I, 525, 3; 527, 60, var.; 531, 163; 535, 242; 564, 889, var.; 566, 928; II, 50, 199; 485, 98; 500, 458; III, 56, 771; 57, 785; 60, 844; 61, 860; 63, 918; 64, 927; 155, 76; 161, 210; 479, 214; V, 420; 566; 572; 573; VI, 159; 257.

ASIE MINEURE (l'), V, 576.

ASOPE, VI, 109.

ASOPICHUS (ode de Pindare à), VI, 53-55.

ASOPUS, VI, 215.

Aspar (l'). Voyez FONTENELLE.

ASPASIE, VI, 275; 276.

Assemblée des évêques (épigramme sur l'), IV, 186 et 187.
Assemblées du clergé, IV, 444; 485; 486; 487; 492; 494; 495; 496; 497; 504; 520; 521; 522; 524; 543; 548; 566; 567; 585; 586; V, 177; 188.
Assir, fils de Jéchonias, III, 613, note 3; V, 207.
Assomption (le jour de l'), VII, 271 et 272.
Assuérus, roi de Perse, III, 456; 457. —, personnage de la tragédie d'*Esther*, III, 460-542; VII, 352.
Assyriens (les), III, 528, 1060.
Asteris (l'île d'), VI, 95.
Astrée, IV, 68, 38; 74, 23.
Astyanax, fils d'Hector et d'Andromaque, II, 38; 44, 71; 45, 94; 51, 222; VI, 202; 203.
Astydamas (le poëte), V, 834.
Atalide, personnage de la tragédie de *Bajazet*, II, 480-561.
Ater, nom d'homme, V, 593.
Ath (la ville d'), V, 323; VII, 174.
Athalie, veuve de Joram, III, 593; 594; V, 207. —, personnage de la tragédie d'*Athalie*, III, 604-705.
Athalie, tragédie de Racine, III, 593; 604-705; V, 205-212; VII, 116; 313; 314; 315; 328; 432 et 433 (*Additions et corrections*).
Athènes (la ville d'), II, 477; III, 142; 304; 307, 32; 323, 272; 326, 325; 330, 393; 334, 485, 498; 335, 501; 337, 573; 345, 722, 725; 349, 796; 362, 1028; 396, 1638; IV, 280; 360; V, 454; 455; 468; 469; 506; 518, 526; 527; VI, 34; 122; 244; 246; 256; 273; 275; 276; 283, note 1; 352; 490; 523; 524.

Athéniens, Athéniennes, I, 521; II, 142; 477; III, 302; V, 498; 501; 507; 513; 516; 518; 529; VI, 228; 275; 315; 322.
Athlie, nom d'homme, V, 518.
Atlas, VI, 126.
Atlas (le mont), VI, 96.
Atrée, III, 151, 17; VI, 245.
Atrides (les). Voyez Agamemnon et Ménélas.
Attale, personnage de la tragédie de *la Thébaïde*, I, 396-483.
Atticus, VI, 466; 486.
Attique (l'), III, 335, 507; V, 508.
Aubignac (l'abbé d'). *La Pratique du théâtre*, VI, 351 et 352.
Aubigné (Mlle d'). Voyez Ayen (la comtesse d').
Aubigny (le village d'), V, 107.
Aubrai (d'), lieutenant civil, IV, 464; 504; 505; 507; 512; 550; 590.
Auch (l'archevêque d'). Voyez Mothe Houdancourt (Henri de la).
Aucour (Barbier d'). Voyez Barbier d'Aucour.
Augér, Augéas, VI, 45.
Augers (des), commandant des vaisseaux du Roi, V, 120.
Augsbourg (la ligue d'), V, 312; 313.
Augsbourg (la confession d'), V, 166.
Auguste (l'empereur), I, 514; II, 244; 253; 257, 30, 32, 34; 258, 66; 259, 84; 263, 163; 266, 244; 277, 476; 296, 864; 338, 1728; IV, 73, 13; 77, 99; 360; VI, 328; 389; 428.
Auguste, titre des empereurs romains, II, 264, 198.
Augustin (saint), IV, 281; 287; 288; 336; 442; 443; 444; 446; 448; 449; 458; 462; 463; 464; 477; 494; 495;

496; 498; 525; 532; 582; 603; V, 400; 401; 402; 403; 405; VI, 407; VII, 325; *sermon* CCCIII, V, 212; *édition des Bénédictins*, V, 219 et 220; *de la Correction et de la Grâce*, V, 220; *Contra mendacium ad Consentium*, IV, 477; *Enarratio in psalmum* CII, VII, 325.
Augustiniens (les), IV, 203, 23.
Augustins (la grande salle des), IV, 494.
Augustins (les grands), VI, 577.
Augustinus (l'). Voyez JANSÉNIUS.
AULCHY-LE-CHATEAU, VI, 458; 459; 466; 485; 494; 498.
AULCHY (le prieur d'), oncle de Racine. Voyez HAYE (Antoine de la).
AULCHY (le sous-prieur d'). Voyez THOMAS.
AULIDE (l'), AULIS, III, 138; 140; 141; 148; 150, 6; 153, 43; 158, 134; 159, 162; 168, 348; 170, 386; 187, note 1; IV, 10; VI, 264; 523.
AULNAY (*les questions d'*). Voyez HUET.
AULU-GELLE, II, 248; 253; VI, 34.
AUMALE (Mlle d'), sœur de Mlle de Nemours. Voyez SAVOIE-NEMOURS (la princesse de).
AURELIUS (Petrus). Voyez PETRUS AURELIUS.
AURENAULT (le ruisseau d'), V, 321; 338; 339.
AURORE (l'), III, 61, 855; IV, 35, 60; 55, 67; 204, 6; VI, 66; 100; 101; 400.
AUTEUIL, VI, 545; 554; 566; 572; 607; VII, 28; 33; 37; 53; 58; 67; 71; 96; 100; 125; 129; 130; 186; 187; 235; 241; 253; 257; 263; 276; 279 et 280; 291; 293; 294; 330.
AUTEUIL (le curé d'), VII, 264.

AUTRICHE (la maison d'), V, 130; 254.
AUTRICHIEN, V, 135.
AUTUN (l'évêque d'). Voyez ROQUETTE (Gabrielle de).
AUVELOY, nom de lieu, V, 339.
AUVERGNE (l'), IV, 429; V, 84; 191.
AUVERGNE (les grands jours d'), V, 180.
AUVERGNE (le comté d'), V, 75; 76; 191.
AUVERGNE (Charles de Valois, duc d'Angoulême, comte d'), fils de Charles IX et de Marie Touchet, V, 76.
AUVERGNE (Frédéric-Maurice de la Tour, comte d'), V, 319; 322; 326; 331; VII, 239; 245; 267.
AUVERGNE (Henriette-Françoise de Hohenzollern, comtesse d'), femme du précédent, VII, 302.
AUVRY (Claude), évêque de Coutances, VI, 560.
AUXERRE (la ville d'), IV, 392.
AVAUX (Claude de Mesmes, comte d'), V, 152.
AVAUX (Jean-Jacques de Mesmes, comte d'), neveu du précédent. Voyez MESMES (Jean-Jacques de).
AVESNES (la ville d'), V, 78.
AVIGNON, VI, 417; 418; 437; 470; 475.
AVOCAT (l'), sans doute un parent de l'abbé le Vasseur, VI, 381; 384; 385; 387; 388; 391; 392; 393; 397; 398; 399; 404; 405; 406; 429; 452; 453; 455; 460; 470; 487.
Ax. Voyez DAX.
AXIANE, personnage de la tragédie d'*Alexandre*, I, 522; 524-596.
AYEN (Adrien-Maurice comte d'). Voyez NOAILLES.

Ayen (Françoise d'Aubigné, comtesse d'), nièce de Mme de Maintenon, femme du précédent, VII, 224; 225.

Azarias, personnage de la tragédie d'*Athalie*, III, 604-705.

B

Baal, III, 593; 604; 606, 18; 607, 40; 616, 172; 634, 524; 635, 531; 655, 866; 657, 916, 918; 659, 952; 662, 1019; 702, 1766; V, 209; 210.

Babet. Voyez Racine (Élisabeth).

Babiboniens, pour *Babyloniens*, II, 203, 681.

Babonnette, II, 152, 103.

Babylone (la ville de), II, 475; 482, 17, 22; 483, 60; 490, 218; 532, 1170; 533, 1185; 534, 1189; III, 529, 1069.

Babylone (le calife de), V, 193.

Babylone, le château de Chevreuse, VI, 384; 385; 387; 392; 398.

Bacchantes, VI, 257; 258; 259.

Bacchantes (les), tragédie d'Euripide. Voyez Euripide.

Bacchus, V, 459; 461; 507; 530; VI, 257; 258; 259; 260; 268; 326.

Bachelier (Gabriel), premier valet de garde-robe, VII, 212.

Bachiani (Acace), V, 144; 145.

Bachot (Étienne), médecin, VI, 602.

Bactrien (le), I, 546, 493, *var*.

Bade (Louis prince de), V, 118; VII, 103.

Bagnols (Guillaume du Gué de), maître des requêtes, IV, 285; 452.

Bagnols (Louis-Dreux du Gué de), fils du précédent, conseiller d'État, IV, 441.

Bagnols (Gabrielle de), sœur du précédent, IV, 508.

Baie (les eaux de), VI, 400; 401.

Bail (l'abbé), curé de Montmartre, sous-pénitencier, IV, 506 et 507; 515; 518; 519; VI, 407.

Baile (le) de Venise, V, 137.

Bains de Vénus (les), petit poëme de Racine, VI, 454; 455; 456; 485; 494.

Bajazet, II, 473; 475; 478. —, personnage de la tragédie de *Bajazet*, II, 480-561.

Bajazet, tragédie de Racine, II, 480-561.

Balaguer, nom de lieu, VI, 344.

Baldad, un des amis de Job, VI, 189; 190.

Bale (l'évêque de), V, 172; 173.

Ballet (le) d'*Hercule amoureux*, Voyez Benserade.

Ballet des Saisons (le). Voyez Benserade.

Baluze, V, 176.

Balzac, VI, 389.

Banquet (le). Voyez Platon.

Bar-le-Duc (la ville de), V, 107.

Barbançon (le prince de), V, 326.

Barbares (les), V, 500; 540; 543.

Barbarie (la), V, 180.

Barberin (le cardinal François), IV, 495; 496.

Barbesieux (de), secrétaire d'État au département de la guerre, VII, 183; 184; 209; 214; 222; 227; 295.

Barbesieux (Catherine-Louise de Crussol d'Uzès, marquise de), femme du précédent, VII, 140.

Barbier d'Aucour, auteur présumé des *Chamillardes* et de

l'*Onguent pour la brûlure*, IV, 280 et note 1.
BARBIN (Claude), libraire, VII, 64.
BARBYCÈS (le), rivière de Thrace, VI, 523.
BARCELONE (la ville de), V, 175 ; VII, 178.
BARCLAY (lord), ou mieux, le comte de Berkeley, VII, 124.
BARCLAY (Jean). L'*Argenis*, VI, 114.
BARCOS (Martin de). Voyez SAINT-CYRAN (Martin de Barcos, abbé de).
BARDE (la), historien, VI, 342-350.
BARDE (de la), archidiacre de Notre-Dame, VII, 136.
BARDOU (le poëte), VII, 123.
BARENTIN (la présidente). Voyez CORMAILLON (Mme de Damas de).
BARON (Michel Boyron, dit), IV, 241, 12.
BARONIUS (le cardinal), IV, 493 ; V, 574, note 1.
BARTAS (du), VI, 337.
BASILE (saint), V, 402 ; *de Lectionibus profanis*, VI, 304.
BASILE (le P.), capucin, IV, 389 et 390.
BASSOMPIERRE (Louis de), évêque de Saintes, IV, 498.
Bastille (la), IV, 557 ; V, 181 ; VI, 350 ; 385 ; VII, 237 ; 270.
BATTORI (Étienne), prince de Transylvanie, roi de Pologne, V, 140.
BAUCHER, amiral de Zélande, V, 158.
BAUCHET (Nicolas), grand trésorier de France, V, 197.
BAUDIÈRE, apothicaire, VI, 583 ; 591.
BAUECHEM, nom de lieu, V, 330.
BAUNE (le P. de la), jésuite, VI, 527.
BAUNY (le P.), jésuite, IV, 463.
BAVIÈRE (la), VII, 61.

BAVIÈRE (Maximilien duc et électeur de), VI, 346.
BAVIÈRE (Ferdinand-Marie duc de), fils du précédent, V, 256.
BAVIÈRE (Maximilien-Emmanuel duc et électeur de), fils du précédent, V, 113 ; 323 ; 330 ; 335 ; 337 ; 338 ; VII, 30 ; 53 ; 106 ; 110 ; 199.
BAVIÈRE (Marie-Anne-Victoire de). Voyez DAUPHINE.
BAVIÈRE (Louise-Marie-Hollandine princesse palatine de), abbesse de Maubuisson, IV, 400.
BAYARD (M.), VII, 234.
BAYE (la). Voyez TOUS-LES-SAINTS (la baye de).
BAYONNE (l'évêché de), IV, 412.
BEAUCE (la), VI, 570.
BEAUCHATEAU (Mlle de), comédienne, VI, 406 ; 506.
BEAUFORT (le duc de), V, 77 ; 79 ; 180.
BEAUFORT (Joseph de), grand vicaire de M. de Noailles, V, 404.
BEAUMONT-SUR-OISE, VII, 319.
BEAUMONT (l'abbé de), sous-précepteur du duc de Bourgogne, VII, 144 ; 246.
BEAUREGARD (de), capitaine aux gardes, V, 113.
BEAUVAIS (l'évêque de). Voyez BUZANVAL (Nicolas-Choart de).
BEAUVAISIS (le), VII, 332.
BEAUVILLIERS (le duc de), gouverneur du duc de Bourgogne, VII, 144 ; 265.
BÉGON, nom d'homme, VII, 222.
BELGRADE (la ville de), V, 169 ; VII, 113.
BÉLIAL (enfants de), IV, 524.
BELLARMIN (le cardinal), IV, 493.
BELLEFONDS (Bernardin Gigault, marquis de), maréchal de France, V, 79 ; 259 ; VI, 503 ; 586.

BELLEGARDE (de), archevêque de Sens, IV, 406; 407.
BELLÉROPHON, VI, 52.
BELLONE, IV, 55, *var.*; 56, *var.*; 86, 29.
BELT-SUND (le), détroit, V, 189.
Bénédictins (les), V, 219-220; leur édition des *OEuvres de saint Augustin*, V, 219.
BENJAMIN, III, 465, 3; 591; 611, 94.
BENOÎT (saint), IV, 389; 390; 392; 516; V, 9.
BENOÎT XII (le pape), V, 197.
BENSERADE, IV, 248, 50; *le Ballet des Saisons*, VI, 445; *le Ballet d'Hercule amoureux*, VI, 451.
BENTIVOGLIO (l'abbé), V, 90.
BÉOTIE (la), BÉOCE (la), BŒOCE (la), V, 468; VI, 34; 53; 55.
BÉRENGER, archidiacre d'Angers, V, 194.
BÉRÉNICE, reine de Palestine, II, 365; 366. —, personnage de la tragédie de *Bérénice*, II, 372-444.
Bérénice, tragédie de Racine, II, 372-444.
BERETTO (François), V, 160.
BERGERET, IV, 357; VI, 571.
BERGHES (le prince de), capitaine général de Hainaut, VII, 18.
BERGHES-SAINT-WINOX (la ville de), V, 82; 102.
BERGHES (le gouvernement de), V, 102.
BERGUE, ville de Norvége, V, 181.
BERKELEY. Voyez BARCLAY.
BERNAGE (Antoine de), évêque de Grasse, VI, 551 et 552.
BERNARD (saint), IV, 288; 392; 400; 405; 419; 435; V, 195.
Bernardins (les), V, 223.
Bernardins (le collége des), à Paris, IV, 535.
BERNAY (la famille Huault de), VI, 476.

BERNIN (le cavalier), V, 180, note 4.
BERRY (le gouvernement de), VII, 225.
BERTIÈRE (la), sous-gouverneur du duc de Chartres, VII, 108.
BERTRADE, femme de Foulques comte d'Anjou, V, 193.
BERTRAND, bailli du Comté, VII, 156.
BERTRAND, fils du précédent, VII, 156.
BESANÇON (la ville de), V, 105; 257; VII, 88.
BESAS (saint), V, 592.
BESSUS, I, 560, 802.
BÉTHOMAS, nom d'homme, V, 104.
BÉTHUNE (Maximilien-Pierre-François de), duc de Sully. Voyez SULLY.
BEURIER (l'abbé), curé de Saint-Étienne du Mont, IV, 532; 533; 534; 605.
BÈZE (Théodore de), IV, 602.
Bible (la), VI, 454; VII, 347. Voyez *Actes des apôtres*, DANIEL, *Deutéronome*, *Évangiles*, *Exode*, ÉZÉCHIEL, ISAÏE, JEAN (saint), JÉRÉMIE, JOB, LUC (saint), *Machabées* (les), MALACHIE, MARC (saint), MATTHIEU (saint), MICHÉE, NAHUM, OSÉE, *Paralipomènes*, PAUL (saint), *Proverbes*, *Psaumes*, *Rois*, *Sagesse*, TOBIE, ZACHARIE.
BIE (de), employé principal des finances, VII, 45; 76; 81; 92; 97; 139.
Bienfortuné, surnom de Philippe de Valois. Voyez PHILIPPE VI.
BIGNON (Jérôme), conseiller d'État, IV, 441.
BIGNON (Thierri), frère du précédent, premier président du grand conseil, IV, 441.
BIGNON (Jean-Paul), petit-fils de Jérôme Bignon, VII, 75; 97.
BILLARD (Germain), avocat, VI, 578.

DES ŒUVRES DE RACINE.

Biloin (le camp de), V, 183.
Binart (du), VI, 391.
Binche ou Binch, nom de lieu, V, 283 et 284; 320; VII, 35.
Binet, fils d'un premier valet de chambre du Roi, VII, 263.
Biort (l'abbé), IV, 590; 592.
Bissy (Claude de Thyard, comte de), baron de Pierre, VI, 552.
Bithynie (la), V, 193.
Blampignon (Nicolas), curé de Saint-Merry, VII, 136.
Blanc (le), IV, 595.
Blanche-Maison (le petit château de la), V, 324; 325.
Blandin, procureur, VI, 463.
Blekinge (la province de), V, 189.
Blepsiades (les), VI, 37 et 38.
Blois (l'ordonnance de), V, 390.
Blois (Louis de Châtillon, comte de), V, 197.
Blois (Charles de Châtillon, comte de), frère du précédent, V, 197; 198.
Blois (Mademoiselle de). Voyez Bourbon (Anne-Marie de).
Bœoce (la). Voyez Béotie (la).
Bohème (la), V, 86; 94; 95; 97.
Bohème (le roi de). Voyez Frédéric V.
Bohème (la reine de). Voyez Élisabeth.
Boileau (Gilles), père de Boileau Despréaux, VI, 599.
Boileau (Jacques), doyen de Sens, frère aîné de Boileau Despréaux, VII, 74; 75; 78; 79; 81; 83; 86 et 87; 91; 92; 95; 96; 99; 187; 188; 190; 242; 276.
Boileau Despréaux, IV, 236, 3; VI, 508; 523; 524; 531; 545-557; 558 568; 569-610; VII, 6; 10 et 11; 12-20; 24-28; 31; 33-38; 41-45; 47-61; 64; 65-70; 71; 74; 84; 85; 86-100; 101; 105, note 15; 106-111; 115; 117-120; 122-130; 137-139; 157-159; 183-193; 205; 208; 209; 213; 231; 234 et 235; 241; 243; 253; 254; 257; 258; 260; 263; 264; 271; 272; 276; 280; 291; 293; 304; 320; 321; 329 et 330; 333; 337; 342; 344; 345; 348; 349; 350; l'*Art poétique*, VII, 45; les *Épîtres* (x, xi et xii), VII, 192; l'*épître* xii, *sur l'amour de Dieu*, VII, 184; 185; 188 et 189; 190; 191 et 192; 234; 260; l'*ode sur la prise de Namur*, VII, 76; 82; 83; 87; 88-91; la *satire* x, VII, 59; 65; 68; 76; 82; 83; la *satire* xii, VII, 342; 344; 348; 349.
Boileau (Geneviève), sœur de Boileau Despréaux, mariée à Manchon (Dominique). Voyez Manchon (Mme).
Boileau Despréaux (Marie-Charlotte), fille de Jérôme Boileau, et nièce de Boileau Despréaux, VI, 588.
Boileau (Charles), dit *Boileau Bontemps*, abbé de Beaulieu, VII, 109; 129; 186; 293, note 4; 296; 297.
Bois-Dauphin (Henri-Marie de Laval de), évêque de la Rochelle, IV, 409.
Bois-le-Duc. Voyez Bolduc.
Bois-Rogé (de), VII, 359.
Bolduc ou Bos-le-Duc ou Bois-le-Duc, V, 183.
Bombarde, banquier de Bruxelles, VII, 195; 212 et 213.
Bommel (la ville de), V, 184.
Bon (le), faux nom de sergent, II, 178, 407, 409, 410.
Bonac (Jean-Louis Dusson, marquis de), neveu de François Dusson de Bonrepaus, VII, 197; 198; 199 et 200; 204; 208; 214; 223; 225; 228; 231; 233; 239; 242; 245; 249; 255; 258; 259; 260;

J. Racine. vii

263; 265; 268 et 269; 274; 280; 282; 283; 289; 291; 300; 302; 303.

Boneffe (l'abbaye de), V, 337.
Bonet (Pierre), dit Bourdelot. Voyez Bourdelot.
Bonnafau (de), VI, 568 et 569.
Bonneuil (Nicolas-Auguste de Harlai, seigneur de). Voyez Harlai.
Bonrepaus (François Dusson de), ambassadeur de France en Hollande, V, 153, note 1; VII, 52; 59; 102-105; 195; 196; 197; 198; 199; 202; 203; 206; 208; 209; 210; 211; 213; 214; 220 et 221; 222; 223; 224; 225; 226; 228; 229; 232; 233; 234; 235; 236; 238 et 239; 240; 242; 246; 247; 248; 249; 250; 254; 255; 256; 257; 258; 259; 260; 266; 269; 270; 271; 272; 273; 274; 275; 278; 279; 281; 283; 285; 286; 287; 288; 289; 290; 291; 294; 295; 301; 302; 303; 304.
Bontemps (Boileau). Voyez Boileau (Charles).
Bontemps (Claude-Nicolas-Alexandre), le premier des quatre valets de chambre du Roi, VII, 176; 212.
Bonzi (le cardinal Pierre de), successivement évêque de Beziers, archevêque de Toulouse, et archevêque de Narbonne, V, 145 et 146.
Boote (le), constellation, VI, 103.
Bordeaux (la ville de), IV, 536; 537.
Bordeaux (l'Université de), IV, 537.
Boréas, nom de vent, VI, 106.
Bort, secrétaire de Bonrepaus, VII, 294.
Borysthène (le), V, 140; 141.

Bos-le-Duc. Voyez Bolduc.
Bosphore (le), III, 22; 26, 76; 27, 116; 28, 129; 35, 307; 43, 455; 56, 769; 61, 856; 64, 932.
Bosquet (François), évêque de Lodève, et plus tard de Montpellier, IV, 457; 496.
Bossuet (Jacques-Bénigne), évêque de Meaux, IV, 249, au titre; 603; VII, 184; 189; *Discours sur l'histoire universelle*, III, 598 et 599; V, 207.
Bossut (la comtesse de). Voyez Guise (la duchesse de).
Botreau, nom d'homme, VI, 413; 429.
Bouchain (la ville de), V, 268; 269; 300.
Boucherat (dom), général de l'ordre de Citeaux, IV, 389; 391; 394.
Boucherat (Louis), chancelier de France, VI, 544; VII, 130 et 131.
Boudin, médecin du Roi, VII, 253; 254.
Boufflers (Louis-François marquis, puis duc de), maréchal de France, V, 118; 319; 321; 323; 324; 327; 328; 337; 339; 346; VII, 22; 52; 79; 222; 245.
Bouge. Voyez Quesne de Bouge.
Bouhours (le P.), VI, 515 et 516; 526 et 527; 567; 571; 608; 609; VII, 157; 158; *Remarques nouvelles sur la langue françoise*, IV, 602; 603.
Bouillon (Godefroy de), V, 193.
Bouillon (Henri de la Tour d'Auvergne, duc de), maréchal de France, V, 86.
Bouillon (Frédéric-Maurice de la Tour d'Auvergne, duc de), fils du précédent, et frère ainé de Turenne, V, 85 et 86; 87.

BOUILLON (Éléonore-Catherine-Fébronie de Berghes, duchesse de), femme du précédent, fille du comte Frédéric de Berghes, V, 86.
BOUILLON (le cardinal de), fils des précédents, V, 121; 122; 167; VII, 323 et 324.
BOUILLON (Charlotte de la Tour, dite Mlle de), sœur du duc Frédéric-Maurice et de Turenne, V, 86; 87; 121.
BOUILLON (MM. de), V, 121.
BOUILLONS (les), V, 122.
BOULAY (du), gentilhomme ordinaire, VII, 244; 245.
BOULAY (le fils de M. du), VII, 244.
BOULOGNE (la maison de), V, 74; 75.
BOULOGNE (le bois de), VII, 293.
BOUQUENON (la ville de). Voyez SAAR-BOCKENHEIM.
BOURBON-L'ARCHAMBAULT, VI, 396; 400; 421; 426; 558; 560; 561; 563; 564; 570; 572; 578; 583; 584; 586; 587; 590; 591; 592; 593; 594; 596; 600; 603; 604; 605; 606; 607; VII, 227.
BOURBON (Louis II de). Voyez CONDÉ (Louis II de Bourbon, prince de).
BOURBON (Henri-Jules de), fils du grand Condé, VI, 504; 553; 557-558; 609; VII, 51; 76; 82; 305-309; 321.
BOURBON (Louis III duc de), petit-fils du grand Condé, V, 114; 167; 319; 329; 334; 341; VII, 51; 56; 108.
BOURBON (Louise-Françoise, dite Mademoiselle de Nantes, duchesse de), femme du précédent, VII, 79.
BOURBON (Louise de). Voyez LONGUEVILLE (Louise de Bourbon, duchesse de).
BOURBON (Anne-Geneviève de). Voyez LONGUEVILLE (Anne-Geneviève de Bourbon, duchesse de).
BOURBON (Armand de). Voyez CONTI (Armand de Bourbon, prince de).
BOURBON (Anne-Marie de), dite Mademoiselle de Blois, mariée au prince de Conti, neveu du grand Condé. Voyez CONTI (la princesse de).
BOURBON (Louis de). Voyez SOISSONS (Louis de Bourbon, comte de).
BOURBONS (les), V, 83.
BOURBONNAIS (le), V, 339.
BOURBOURG (la ville de), V, 101.
BOURBOURG (le canal de), V, 101.
BOURDALOUE (le P.), jésuite, VII, 69.
BOURDELOT (Pierre Bonet, dit), médecin du Roi, VII, 177.
BOURDIER, médecin, VI, 559; 569; 578; 579; 581; 582; 583; 587; 588; 591; 592; 594; 595; 596; 597; 600; 601; 604.
BOURGES (la ville de), V, 223.
BOURGET (le), VII, 72.
BOURGFONTAINE (le prieur de), VII, 73.
BOURGOGNE (la), V, 274; 298.
BOURGOGNE (la première race des ducs de), V, 191.
BOURGOGNE (Louis duc de), petit-fils de Louis XIV, V, 189; VII, 144; 248.
BOURGOGNE (la duchesse de), femme du précédent, VII, 212.
BOURGOGNE (l'hôtel de), VI, 508.
BOURNONVILLE (le prince de), VII, 202.
BOURSAULT, VI, 593; 600.
BOURZEIS (l'abbé de), VI, 503.
BOUVARD (Charles-Michel), premier médecin du Roi, IV, 471.
BOUX (le), conseiller de la grand chambre, VII, 175.

BOXTEL (le camp de), V, 184.
BOYER (l'abbé Claude), IV, 184, 5; 185, 9; 189, 1; 247, 43; 248, au titre; 249, 2; VI, 341; VII, 263 et 264; 276; *Judith*, IV, 189, 1; VII, 138.
BRABANT (le), V, 296; 314; 322; 323; 324; 331.
BRACCIANE (Mme de), Anne-Marie de la Trémoille, connue plus tard sous le nom de princesse des Ursins, VII, 3.
BRAGANCE (le duc de), V, 161.
BRANCHON (le village de), V, 337.
BRANDEBOURG (le), V, 185; 189; 252; 326; 330; 340.
BRANDEBOURG (l'électeur de), V, 185; 252; 254; 263; 266.
BRANDEBOURGS (les). Voyez BRANDEBOURGEOIS.
BRANDEBOURGEOIS (les), V, 113; VII, 53.
BRASILIENS (les). Voyez BRÉSILIENS (les).
BRASSET, résident de France à la Haye, V, 150; 151.
BRÉBEUF. *La Pharsale*, VI, 425.
BREFF, nom de lieu, V, 331.
BRÉGY (Anne-Marie de Sainte-Eustoquie de), IV, 556; 608.
BRÊME (le duché de), V, 142.
BRENNE, nom de lieu, VI, 518.
BRÉSIL (le), V, 150; 154; 155; 156; 158, 159; 160.
BRÉSILIENS (les), V, 157.
BRESLAU (la ville de), V, 189.
BRESSÉ (le baron de), maréchal de camp, V, 320.
BREST (le port et la ville de), V, 112; 118; 120; 197; 198; 317; VII, 29.
BRETAGNE (la), V, 77; 132; 196; 197; 198.
BRETAGNE (le duc de). Voyez JEAN II.
BRETAGNE (Catherine-Françoise de). Voyez VERTUS.

BRÉZÉ (Armand de Maillé), amiral de France, VI, 345.
BRIE (la), V, 106.
BRIE (la), nom de valet, II, 157, 164.
BRIQUET (Madeleine de Sainte-Christine), IV, 556; 606; 607; 608.
BRISACIER (le P.), jésuite, IV, 434; 436; 437; 485; 488.
BRISÉIS, VI, 207.
BRISGAU (le), V, 289.
BRISSAC (Henry-Albert de Cossé, duc de), V, 384; 385; 386; 392.
BRITANNICUS, fils de l'empereur Claude, II, 243; 245; 246; 252; 253. —, personnage de la tragédie de *Britannicus*, II, 254-340.
Britannicus, tragédie de Racine, II, 250; 254-340.
BROSSETTE, VII, 330; 345.
BROUSSEL (Pierre), conseiller au parlement de Paris, V, 89.
BRUGES (la ville de), V, 195; 292; 293.
BRUGES (le canal de), V, 109.
BRULART, ambassadeur de France à Venise, V, 165; 166.
BRUN, ambassadeur d'Espagne, VI, 346.
BRUNEHAUT (la plaine de), V, 346.
BRUNET (l'abbé), conseiller clerc, VII, 80.
BRUNETIÈRE (du Plessis de la), grand vicaire de Paris, IV, 594.
BRUNO (le jour de saint), VII, 287.
BRUNSWICK (la maison de), V, 185.
BRUTE, BRUTUS, VI, 202; 296; 301.
BRUXELLES (la ville de), IV, 479; V, 101; 283; 296; 298; 318; 323; 348; VII, 36; 90; 92; 97; 106; 107; 194; 195; 196; 199; 209.

BRUXELLES (la cour de), VII, 195.
BRUXELLES (le canal de), V, 330.
BRUYÈRE (la), VI, 548; 578; *Théophraste*, VI, 548.
BUDE (la ville de), V, 143.
BURICK (la ville de), V, 246.
BURNET (Gilbert), évêque de Salisbury, V, 173.
BURRHUS, gouverneur de Néron, II, 252. —, personnage de la tragédie de *Britannicus*, II, 254-340.
BUSANVAL. Voyez BUZANVAL.
BUSCA (le baron de), maréchal de camp, V, 320; VII, 178; 446 (*Additions et corrections*).
BUSSIÈRE (la), nom de lieu, V, 320.
BUSSY (Roger de Rabutin, comte de), V, 181.
BUTHROTE (la ville de), II, 33; 37, 2; 40.
BUZANVAL (Nicolas Choart de), évêque de Beauvais), IV, 445; 456; 458; 521; 569; 587; V, 185.
BYSANCE (la ville de), II, 480; 481, 10; 482, 26; 483, 61; 490, 226; 491, 245; 499, 433; 540, 1333.

C***. Voyez CHARPENTIER.
C. (M.), VII, 336.
CABRAL (Peralverez), V, 154.
CADIX (la ville de), VII, 104.
CADMUS, VI, 17; 105; 257; 258; 259.
CADMUS (les filles de), VI, 17.
CAEN (la ville de), II, 178, 412; IV, 449.
CAEN (le vœu de), VI, 300; 318.
CAGLIARI (la ville de), VI, 345.
CAJÈTE (le port de), VI, 155.
CAILLET, notaire, VII, 213.

CAÏUS (l'empereur). Voyez CALIGULA.
CALABRE (la), V, 91; 194; VI, 109.
CALAIS (la ville de), VII, 124.
CALASIRIS, personnage des *Éthiopiques* d'Héliodore, VI, 61.
CALCHAS, II, 153, 56; 158, 135; 161, 202; 165, 287, 290; 166, 328; 168, 348; 170, 374; 171, 392; VI, 224; 240; 241.
CALIGULA (Caïus), empereur, II, 257, 40; 392, 397.
CALLIÈRES (de), plénipotentiaire, VII, 210 et 211.
CALLIMACHUS, poëte grec, VI, 18; 19.
CALLIMACHUS, aïeul de l'athlète Alcimédon, VI, 38.
CALLINIQUE. Voyez HERCULE.
Callipédie (la). Voyez QUILLET.
CALLIPIDES, acteur grec, V, 489.
CALLISTHÈNE, V, 519.
Calvaire (les religieuses du), IV, 411.
CALVINA (Junia), II, 244.
CALYPSO, VI, 56; 58; 92; 95; 96; 97; 98; 99; 100; 101; 102; 103; 126; 142.
CAMARAS, nom de lieu, VI, 344.
CAMARINE ou CAMÉRINE, nom de lieu, VI, 23; 25; 214.
CAMBRAI (la ville et la citadelle de), V, 82; 117; 277; 278; 279; 281; 298; 300; VII, 88; 194.
CAMBRAI (le gouverneur de), V, 279; 281.
CAMBRAI (l'archevêque de). Voyez FÉNELON.
CAMÉRINE. Voyez CAMARINE.
CAMILLE, L. Furius Camillus, VI, 293.
CAMIN (le P.), jésuite, IV, 536; 537.
CAMPANELLA (les prédictions de), V, 178 et 179.
CAMPANIE (la), VI, 155; 156; 161.

CAMPEN. Voyez KEMPEN.
CAMUS (Étienne le), évêque de Grenoble, cardinal, VII, 22.
CANDIE, V, 136; 137; 138; VI, 49.
CANOPE (la ville de), V, 585, note 2.
Cantiques spirituels de Racine, IV, 145-160; VII, 122; 126 et 127; 128; 129; 135; 315 et 316.
CAPANÉE, VI, 200; 263.
CAPELLE D'HERLAIMONT, nom de lieu, V, 320.
CAPÉTIENS (les), V, 84.
CAPITOLE (le), II, 405; 691; III, 57, 796; 60, 838; 64, 924.
CAPSIR (le), V, 177.
Capucins. Voyez BASILE, JOSEPH, MAILLARD.
CAP-VERT (les îles du), V, 154.
CARAMUEL (Jean), évêque de Vigevano, IV, 490.
CARASCO (Sanson), personnage du roman de *Don Quichotte*, VI, 580.
CARCINUS. La tragédie de *Thyeste*, V, 487.
CARDENIO, dans le roman de *Don Quichotte*, VI, 580.
Cardinaux. Voyez ALBIZZI, BARBERIN (François), BARONIUS, BELLARMIN, BONZI (de), BOUILLON (de), CAMUS (le), CHIGI, COISLIN (de), DUBOIS, ESTRÉES (d'), FORBIN-JANSON (de), FURSTEMBERG (de), GUISE (de), MAZARIN, NOAILLES (de), PALAVICIN, PERRON (du), RETZ, RICHELIEU, ROHAN (de).
CARIGNAN (Thomas-François de Savoie, prince de), V, 90.
CARLOVINGIENS (les), V, 85; 191.
CARMELINE, nom d'homme, VII, 62.
Carmélites (les), IV, 467; 571.
Carmélites (le couvent des), VII, 164; 166; 171; 173; 175; 210.

CARNIÈRES, nom de lieu, V, 320.
CARTHAGE, VI, 120; 123; 130.
Carthaginois (les), nom donné aux Anglais qui ont détrôné Jacques II, VII, 221.
CARTIER (de), échevin de Liége, VII, 40.
CASAL (la ville de), V, 188; VII, 138.
CASIMIR (Jean-), comte palatin, frère de l'électeur palatin Frédéric III, V, 94.
CASSANDRE, II, 49, 190; VI, 211.
CASSEL (la ville de), V, 192.
CASSIODORE, V, 390, note 1.
CASSIUS (Caius), VI, 296.
CASSIUS (Dion), historien, III, 17; 18.
CASSIUS PARMENSIS, VII, 264.
CASTAÑAGA (de), gouverneur de Bruxelles, VII, 18.
CASTIGNY (de), premier commis des affaires étrangères, VII, 174; 175; 176; 257.
CASTILLANS (les), V, 154; 155; 156.
CASTILLE (la), V, 154; 155.
CASTILLE (de), commandant de la place de Charleroy, VII, 115.
CATALOGNE (la), IV, 493; V, 91; 133; 175; 266; 296.
CATEAU-CAMBRÉSIS (la ville du), V, 108; VII, 28; 32.
CATEAU-CAMBRÉSIS (la paix du), VII, 182.
CATHAU. Voyez MALORTIQUE (Mme de).
CATHERINE DE MÉDICIS. Voyez MÉDICIS (Catherine de).
CATINAT (Nicolas de), maréchal de France, VII, 115.
CATON l'ancien, VI, 293; 300.
CATON le jeune, II, 208, 740; 742; VI, 296; 301; 338; VII, 62.
CATULLE, VI, 73; VII, 343.
CAUCASE (le mont), III, 43, 452.
CAUCONS (les), VI, 81.
CAULET (Étienne-François de), évêque de Pamiers, IV, 569; 587; V, 187.

CAUMONT (Jacques de Nompar de). Voyez FORCE (le duc de la).
CAUSSIN (le P.), IV, 413.
CAVOIE (Louis Oger, marquis de), grand maréchal des logis de la maison du Roi, VII, 13; 14; 19; 29; 36; 39; 43; 45; 59; 66; 79; 99; 105; 116; 141; 145; 161; 162; 170; 176; 209; 211; 233 et 234; 241; 279; 290; 294 et 295; 304; 324.
CAVOIE (Louise-Philippe de Coëtlogon, marquise de), femme du précédent, VII, 116.
CAVOIE (l'hôtel de), VII, 59.
CAYLUS (Mme de), VII, 70; 105, note 15; 244; 279.
CÉDAR, V, 209.
CÉDRON (le torrent de), III, 664, 1061; V, 202; 203.
CÉLADON, II, 35.
Célestes (les). Voyez *Filles-Bleues* (les).
CÉLIMÈNE, IV, 207.
CELY (Nicolas-Auguste de Harlay, seigneur de). Voyez HARLAY.
CELY (Louis-Achille-Auguste de Harlay, comte de), fils du précédent, VII, 193.
CÉPHALONIE (l'île de), VI, 523.
CÉPHISE, personnage de la tragédie d'*Andromaque*, II, 40-124.
CÉPHISUS (le fleuve), VI, 53.
CÉRAMIQUE (la rue), V, 513.
CERBÈRE, VI, 391.
Cercles (l'armée des), V, 285.
CERCYON, III, 309, 80.
CERDAGNE (la), V, 177; 296.
CÉRÈS, VI, 11; 100; VII, 307.
CÉRIGUE ou CERIGO (l'île de), VI, 523.
CÉRINTHE, nom d'homme, V, 573.
CÉSAR (Jules), II, 392, 387; 406, 731; III, 21; V, 118; 355; 420; VI, 80; 298; 604.
CÉSAR, désignant divers empereurs, II, 255, 4; 256, 18; 259, 78; 261, 117, 118; 262, 132, 134; 263, 170, 175; 264, 192, 198; 265, 206, 211, 214; 266, 236, 241, 242; 275, 422, 426; 281, 579; 283, 625; 297, 878, 887; 300, 951, *var.*; 309, 1100; 333, 1622, 1636; 334, 1646; 336, 1669; 338, 1718, 1721; 339, 1747, 1753; 379, 120; 385, 260; 412, 852; 433, 1269; V, 562; 564; 565.
CÉSARS (les), II, 203, 679; 281, 568; 297, 889; 380, 129; 391, 369; 392, 384; 393, 410; 443, 1477; VII, 13.
CÉSARÉE (la ville de), II, 385, 235.
CÉSY (le comte de), II, 473; 476.
CHÆREA, personnage de l'*Eunuque* de Térence, VII, 84.
CHAILLOT (le couvent de), IV, 572.
CHAISE (le P. de la), jésuite, VI, 598; VII, 20; 57; 74; 75; 79; 87; 95; 96; 97; 158 et 159; 187 et 188; 189; 190 et 191; 218; 238.
CHAISE (François comte de la), capitaine des gardes de la porte du Roi, et frère du P. de la Chaise, VII, 20; 190.
CHALCÉDOINE (l'évêque de). Voyez SMITH (Richard).
CHALCIDE, Chalcis, III, 141.
CHALDÉE (la), III, 491, 406.
CHALDÉENS (les), III, 509, 703; V, 215.
CHALLEUX (Mme le), VII, 237.
CHALONS, VI, 550.
CHALONS (l'évêque de). Voyez VIALART, FÉLIX.
CHAMBLAIN (de), nom d'homme, VI, 581 et 582.
CHAMELLAY, CHAMESLÉ, CHAMMESLÉ. Voyez CHAMPMESLÉ.
CHAMESSON (Anne de Jésus de), IV, 410.
CHAMILLARD, docteur en Sor-

bonne, vicaire de Saint-Nicolas du Chardonnet, IV, 278; 288; 548; 560; 561; 581; 583; 584; 585; 590; 591.

Chamillardes (les), lettres adressées à Chamillard, IV, 280; 328; 330; 331.

CHAMILLI (le comte de), V, 183.

CHAMLAY (Racine écrit *Chanlay*), maréchal des logis des armées du Roi, V, 116; VI, 589; VII, 75; 79; 83; 95; 96; 203; 448.

CHAMPAGNE (la), IV, 453; V, 259; 261; 282; 339; VII, 181.

CHAMPAGNE (les comtes de), IV, 387 et 388.

CHAMPAGNE (le vin de), VI, 603.

CHAMPENOIS (Germain le), VII, 314, note 4.

CHAMPION, nom d'homme, VII, 3; 147.

CHAMPION (Mlle), VII, 3.

CHAMPMESLÉ (de), VI, 603.

CHAMPMESLÉ (la), femme du précédent, VII, 243; 244; 264. (Racine écrit *Chamellay* et *Chameslé*.)

CHAMPVALLON (Harlay de). Voyez HARLAY.

Champs Élysiens (les), VI, 92; 213.

Chanceliers de France. Voyez DAGUESSEAU, et TELLIER (le).

CHANGARNIER, nom d'homme, IV, 596.

CHANTAIL ou CHANTAL (la Mère de), Jeanne-Françoise Frémyot, dame de Rabutin Chantal, IV, 395; 396; 513; 554; 581.

CHANUT, VI, 345.

CHAONIE (la), II, 33; 37.

Chaos (le), V, 462.

CHAPELAIN, VI, 377; 382; 383; *la Pucelle*, VII, 35; épigramme contre lui, IV, 235 et 236.

CHAPELIER, grand vicaire de l'archevêque de Sens, VII, 39; 46; 62; 117; 293.

CHAPELLE (la), près de Saint-Denis, V, 171.

CHAPELLE (Henri de Bessé ou Besset de la), contrôleur des bâtiments du Roi, VI, 571; 577; 592; 593; VII, 14; 19; 22; 37; 38; 45; 52; 53; 67; 92; 97.

CHAPELLE (Mme de la), Charlotte Dongois, nièce de Boileau, femme du précédent, VI, 609.

CHAPELLE (Henri de Bessé de la), fils des précédents, VII, 184.

CHAPELLE (Anne de Bessé de la), sœur du précédent, VII, 131.

CHAPELLE (Élisabeth-Henriette de Bessé de la), fille de Henri de Bessé la Chapelle (II) et d'Élisabeth Chardon, VII, 342.

CHARENTON, IV, 593.

CHARICLÉE, VI, 61; 66.

Chariot (la constellation du), VI, 103.

Charité (la), personnifiée, IV, 148, 6; 149, 32; 150, 58; 151, 71, 73; 250, au titre.

CHARLEMAGNE, V, 420; VII, 250.

CHARLEMONT (la ville de), V, 186; 291.

CHARLEROI (la ville de), V, 78; 114; 251; 283; 284; 322; 323; 339; 346; VI, 597; VII, 54; 112; 115.

CHARLES (de la), VI, 391; 392.

CHARLES BOROMÉE (saint), IV, 487; 520.

CHARLES MARTEL, V, 84.

CHARLES II LE CHAUVE, roi de France, V, 190.

CHARLES IV LE BEL, roi de France, V, 84; 196.

CHARLES V, roi de France, V, 389.

CHARLES IX, roi de France, V, 135; 389.

CHARLES Ier, roi d'Angleterre, V, 71 ; 98.
CHARLES II, roi d'Angleterre, V, 97; 98; 101 (?); 103; 163.
CHARLES II, roi d'Espagne, V, 185.
CHARLES-QUINT, roi d'Espagne et empereur d'Allemagne, V, 130; 131.
CHARLES-GUSTAVE, roi de Suède, V, 142.
CHARLES XI, roi de Suède, V, 187.
CHARLES DE BLOIS. Voyez BLOIS (Charles de).
CHARLES, duc de basse Lorraine, fils de Louis d'Outremer, V, 84.
CHARLES IV, duc de Lorraine, V, 47, note 1 ; 48.
CHARLES V de Lorraine, neveu du précédent, V, 112; 282; 283; 284; 285; 286; VI, 576; 599; 604.
CHARLES DE LORRAINE, duc d'Elbeuf. Voyez ELBEUF.
CHARLES LE BON, comte de Flandre, V, 195.
CHARLES-LOUIS, comte palatin du Rhin, électeur de l'Empire, V, 187.
CHARNACÉ (Hercule Girard, baron de), V, 152 ; VI, 345.
CHARON, nocher des enfers, III, 144 ; 145.
CHAROST (Armand de Béthune, duc de), VI, 589.
CHARPENTIER (François), de l'Académie française et de l'Académie des médailles, VI, 559; 580; 601; VII, 82; 98.
CHARS (Mlle de), troisième fille du duc de Luynes, IV, 508; 509.
CHARTRES (Yves de), V, 193.
CHARTRES (le duc de), plus tard le Régent, V, 320; VI, 574; 575; 583; VII, 44; 108.
CHARTRES (Madame de), femme du précédent, VII, 29; 79.

CHARTRES (l'évêque de). Voyez MARAIS (des).
Chartreux (les), V, 194; 405.
CHARUEL (de), intendant, VI, 552.
CHARYBDE, V, 522.
CHASSELET, nom de lieu, V, 322.
CHASTEL (Jean), V, 216.
CHASTRE (la). Voyez CHATRE (la).
CHATEAU-DU-LOIR (la ville de), V, 126.
CHATEAU-THIERRY (l'Académie de), VI, 494; 520; 535.
CHATEAUNEUF (l'abbé de), VII, 208; 239.
CHATEAUREGNAUT (le comte de), V, 330.
CHATEAUVILLAIN (le marquis de), VII, 17.
CHATELET (le), IV, 288; 504; VI, 412.
CHATILLON (le maréchal de), VI, 345.
CHATILLON (Charles de). Voyez BLOIS (Charles de).
CHATILLON (Gaspard IV de Coligny, marquis d'Andelot, puis duc de), V, 91.
CHATRE (le comte de la), V, 77.
CHAULNES (Charles d'Albert Dailly, duc de), V, 384; 385; 386; 392.
CHAULNES (l'hôtel de), VII, 352.
Chaussée (la paroisse de la), à la Ferté-Milon, VII, 147.
CHAVIGNY (Léon le Bouthilier, comte de), ministre et secrétaire d'État aux affaires étrangères, V, 88; VI, 343.
CHEMINAIS (le P.), jésuite, VII, 191 (?).
CHÉRÉMON, évêque de Nil, V, 595.
CHÉRILUS (le poëte), V, 420.
CHÉRONÉE (la bataille de), V, 518.
CHERSONÈSE (la Taurique), III, 22.
CHESNAYE (la), aide de camp du Dauphin, VII, 17.

CHESNE (Antoine du), oncle de Racine, VI, 434; 435; 463; 473.
CHESNE (du), fils du précédent, VI, 396; 409; 411; 434; 463; 500.
CHESNE (Jeanne du), fille d'Antoine du Chesne et d'Anne Sconin. Voyez PARMENTIER (Mme).
CHESNE (N. du), cousine de Racine, fille sans doute d'Antoine du Chesne, VI, 514.
CHEVREUSE, nom de lieu, IV, 387; VI, 442; 450; 461.
CHEVREUSE (Marie de Rohan Montbazon, duchesse de), IV, 509; V, 81.
CHEVREUSE (Charles-Honoré d'Albert, marquis de Luynes, duc de), petit-fils de la précédente, fils du duc et de la duchesse de Luynes, II, 239; IV, 422; VI, 385; 393; 432; 553; 589; VII, 27; 28; 63; 121; 130, note 14.
CHEVREUSE (le château de), VI, 384; 450.
CHICANNEAU, personnage de la comédie des *Plaideurs*, II, 144-219.
CHIFLET, nom d'homme, V, 388.
CHIGI (Fabio). Voyez ALEXANDRE VII (le pape).
CHIGI (le cardinal), neveu du précédent, IV, 524.
CHIMÈNE, personnage du *Cid*, IV, 236, 1; VI, 496.
CHIMÈRE (la), VI, 52.
CHIO (le port de), V, 188.
CHIRON (le centaure), VI, 214; 216; V, 522.
Chirurgiens et médecins. Voyez AMYOT, AQUIN (d'), BACHOT, BOUDIN, BOURDELOT, BOURDIER, BOUVARD, CHMITH, CRESSÉ, DALANCÉ, DESTRAPIÈRES, DODART, ERYXIMAQUE, FAGON, FINOT, GUILLARD, HAMON,

HELVÉTIUS, HIPPOCRATE, MARÉCHAL, MENJOT, MOREAU, MORIN, MORLIÈRES (de la), PREVOST, SYMIL, TANCRET, TARTRE (du), TASSY (de).
CHMITH, médecin, VI, 589 et 590.
Choéphores (les), tragédie d'Eschyle. Voyez ESCHYLE.
CHOISEUL (Auguste duc de), V, 320.
CHOISEUL PRASLIN (Gilbert de), frère du précédent, évêque de Cominges, puis de Tournay, IV, 445; 456; 458; 464; 521; 538; 539; 540; 541; 542; *Mémoires touchant la religion*, IV, 464.
CHOISEUL (Élisabeth de), nièce des deux précédents. Voyez GUÉNÉGAUD (du Plessis).
CHOISEUL (Claude marquis de Francières, comte de), maréchal de France, V, 118.
CHOISY, nom de lieu, VII, 116.
CHOISY (l'abbé de), de l'Académie française, VI, 567; 571
CHOLETS (le collége des), VI, 407.
CHOPIN, lieutenant criminel, V, 124.
CHRIST (Jésus-), Voyez JÉSUS-CHRIST.
CHRISTIAN V, roi de Danemark, V, 114; 115.
CHRISTIANSTAND (la ville de), V, 189.
CHRISTINE, reine de Suède, V, 92; VI, 318.
CHRYSÈS, VI, 196.
CHRYSOSTOME (saint Jean), III, 645, note 2; IV, 462; 464; 602; V, 210; 218; VI, 372.
CHRYSOTHÉMIS, personnage de la tragédie d'*Électre* de Sophocle, VI, 226; 229; 230.
CHYPRE, VI, 84.
CIARA ou SIARA (la capitainerie de), V, 154; 155.
CICÉRON, II, 248; VI, 34; 72;

75; 205; 254; 294; 329-333; 338; 447; 453; 465 et 466; 486; VII, 62; 114; 208; 256; 341 et 342; 486; *pro Archia*, VI, 205; *Brutus*, VI, 333; *de Inventione*, VI, 330-332; *Lettres à divers*, VII, 256; *Lettres à Atticus*, VI, 75; 447; 465 et 466; 486; VII, 61 et 62; 71; *de Natura Deorum*, VI, 72 et 73; *les Offices*, VII, 267; 341; *Orator*, VI, 333; *de Oratore*, VI, 332; 333; VII, 342; *la République*, II, 248; *les Tusculanes*, VI, 34; 72 et 73; 122; 129.
Cicons (les), VI, 142.
Cid (le), tragédie de Corneille. Voyez CORNEILLE.
CILICIE (la), II, 408, 767; V, 193.
CILLIUS, V, 523.
CIMMÉRIEN (le Bosphore), III, 22.
CIMON, VI, 293.
Cinna, tragédie de Corneille. Voyez CORNEILLE.
CINQ-ÉTOILES (le bois des), V, 339.
CIRCASSES (les), V, 134.
CIRCÉ, fille du Soleil, VI, 88; 98; 139; 142; 156; 158; 159; 160; 161; 162; 163.
CIRCÉ (l'île de), VI, 156.
CIRON (Gabriel de), chancelier de l'Église et de l'Université de Toulouse, IV, 487; 489.
CITEAUX (l'ordre de), IV, 387; 391; 392; 399; 403; V, 194.
CITEAUX (l'abbé de), IV, 394.
CITHÉRON (la montagne de), VI, 258.
Citron, nom de chien, II, 197, 621; 211, 779; 212, 786.
CLAUDE, CLAUDIUS, empereur romain, II, 244; 253; 254; 256, 17; 264, 187; 281, 563, 584; 294, 814; 295, 837; 296, 861; 310, 1124; 311, 1134, 1137, 1144, 1146, 1155; 312,

1167, 1173; 313, 1193; 315, 1243; 324, 1446; 335, 1654; 392, 405.
CLAUSURE (de la), résident de France à Genève, VII, 213.
CLEF (M. de la), VII, 168.
Clélie (la). Voyez SCUDÉRY (Mlle de).
CLÉMENT VII (le pape), V, 74.
CLÉMENT X (Émile Altieri, pape sous le nom de), IV, 503.
CLÉMENT (Joseph), archevêque de Cologne, VII, 30.
CLÉODAMUS, père d'Asopichus, VI, 54.
CLÉOFILE, CLÉOFIDE, personnage de la tragédie d'*Alexandre*, I, 519; 522; 524-596.
CLÉOMÈNE, VI, 295; 301.
CLÉONE, personnage de la tragédie d'*Andromaque*, II, 40-124.
CLÉOPATRE, II, 392, 389; VI, 352.
CLERC (Michel le), IV, 180, au titre; 181, 1, 6 et *var.*; 247, 43.
CLERC (le), supérieur de Port-Royal, IV, 403 et note 3.
CLERMONT en Auvergne, IV, 465.
CLERMONT en Beauvaisis, VII, 332.
CLERMONT (le concile de) en Auvergne, V, 193.
CLERMONT (le collége de) en Auvergne, V, 193.
CLERMONT (le collége de), à Paris, IV, 488; 529; 535; 537.
CLERMONT-TONNERRE (François de), évêque de Noyon, IV, 570; 587.
CLERVILLE (Louis-Nicolas chevalier de), commissaire général des fortifications, V, 102.
CLIMÈNE, IV, 205, 7; 206, 1; 207, 1.
CLISSON (Olivier de), V, 198.
CLOTAIRE Ier, roi de France, V, 84.

CLOTAIRE III, roi de France, V, 84.
CLOVIS, roi de France, V, 84.
CLYMENUS, VI, 82.
CLYTEMNESTRE, III, 138 ; V, 483; VI, 57; 79; 80; 220; 221; 245. —, personnage de la tragédie d'*Iphigénie*, III, 148-241; de l'*Électre* de Sophocle, VI, 225; 226; 227; 228; 231; 232; 233.
CLYTONEUS, fils d'Alcinoüs, VI, 131.
CNÉMON, VI, 61.
Coadjuteur (le). Voyez RETZ (le cardinal de).
COADLEC (de). Voyez KOATLEZ (de).
COCYTE (le), III, 330; 385.
CODDE (Pierre), archevêque de Sébaste, VII, 235.
COELIUS. Ses *Lettres*, VII, 256.
COFFIN (Charles), recteur de l'Université de Paris, VII, 339; 340; 342.
COHORN (Menno de), ingénieur hollandais, V, 341 ; VII, 55. (Racine écrit *Cohorne*.)
COIGNEUX (le), VII, 320.
COIGNY (le marquis de), V, 320; 321; 322.
COISLIN (Pierre du Camboust de), évêque d'Orléans et cardinal, V, 167.
COISLIN (Henri-Charles du Camboust, duc de), aumônier du Roi, et neveu du précédent, VII, 170; 171.
COLBERT (Jean-Baptiste), ministre et secrétaire d'État, II, 363; IV, 355; V, 77; 110; 122; 125; VI, 452.
COLBERT (Mme), Marie Charon, femme du précédent, V, 110.
COLBERT (Jean-Baptiste), marquis de Seignelay, fils aîné des précédents, IV, 355.
COLBERT (l'abbé Jacques-Nicolas), frère puîné du précédent, archevêque de Rouen, IV, 351-356; V, 124; VI, 517.
COLBERT (Édouard-François), comte de Maulevrier, lieutenant général des armées, frère du ministre Colbert, IV, 355.
COLBERT de Croissy, autre frère du ministre Colbert. Voyez CROISSY (Charles Colbert, marquis de).
COLCHIDE (la), III, 27, 115.
COLCHOS, III, 27, 114; 36, 325, 326 ; 42, 426; VI, 156.
COLIGNY(Gaspard IV de). Voyez CHATILLON (le duc de).
COLIGNY (Jean de), V, 81.
COLOGNE (le pays de), V, 347.
COLOGNE(Maximilien de Bavière, électeur de), V, 58.
COLOGNE (l'archevêque de), cousin du précédent. Voyez CLÉMENT (Joseph).
COLOMB (Christophe), V, 154.
COLONNE (le connétable), Laurent-Onuphre Colonna, grand connétable du royaume de Naples, V, 90.
COMAGÈNE (le royaume de), II, 372; 377, 75 ; 389, 327; 402, 651 ; 408, 767.
COMINGES (l'évêque de). Voyez CHOISEUL PRASLIN (Gilbert de).
COMMERCY (la ville de), V, 107; 177.
Commissaire (Monsieur le). Voyez SCONIN (Pierre).
COMNÈNE (Alexis), empereur d'Orient, V, 193 et 194.
Compagnie de Jésus (la), IV, 437 ; 463; 488 et 489; 491; 502; 537; 540.
COMPIÈGNE (la ville de), IV, 470; VII, 137; 138; 265; 271; 274.
COMPIÈGNE (le camp de), VII, 248.
COMTE (Monsieur le) (?), VI, 502.
COMTÉ (le), VII, 156.

Comtesse (la), personnage de la comédie des *Plaideurs*, II, 144-219.
Conciergerie (la), VI, 428; 429.
Conciles (les), IV, 536; V, 222; VI, 372. Voyez Clermont, Latran, Nicée, Trente.
Condé (la ville de), V, 100; 101; 268; 300.
Condé (Henri II de Bourbon, prince de), VI, 609.
Condé (Louis II de Bourbon, prince de), dit le *grand Condé*, fils du précédent, V, 77; 80; 85; 90; 91; 99; 100; 101; 114; 147; 182; 249; 259; 260; 267; 268; 320; 321; 324; VI, 300; 343; 346; 349; 350; 473; 557, 609; VII, 51.
Condé (le prince de), fils du précédent. Voyez Bourbon (Henri-Jules de).
Condé (le régiment de), V, 91.
Condren (le P. Charles de) ou de Gondren, général de l'Oratoire, IV, 407; 413.
Condroz (le), nom de pays, V, 319; 323; 324.
Conflans (le comté de), V, 177.
Conflans, près de Paris, VII, 170.
Congis (de), maréchal de camp, V, 320.
Congo (le), V, 156.
Conseil d'État (le), IV, 522; 557; 577; 579; 592; 597.
Conserans ou Couserans (l'évêché de Saint-Lizier de), IV, 493; V, 174; 175.
Conserans (l'évêque de). Voyez Marca (Pierre de).
Constance, femme du roi Robert, V, 192.
Constantin (l'empereur), IV, 502; VI, 583.
Constantin, comte de Vienne, V, 192.

Constantinople (la ville et le port de), II, 473; 476; 480; VI, 523.
Constantinople (empereurs de). Voyez Comnène (Alexis), et Constantin.
Contarin, ambassadeur de Venise, VI, 344; 346.
Contes (de), doyen de Notre-Dame de Paris, IV, 506 et 507; 515; 518; 527.
Conti (Armand de Bourbon, prince de), frère du grand Condé, IV, 476 et 477; V, 85; VI, 472; 497.
Conti (Louis-Armand de Bourbon, prince de), fils ainé du précédent, V, 186.
Conti (Anne-Marie de Bourbon, dite Mademoiselle de Blois, princesse de), femme du précédent, V, 186; VI, 595; 596; 600 et 601; 602; VII, 29; 79.
Conti (François-Louis de Bourbon, prince de la Roche-sur-Yon, puis prince de), roi de Pologne, second fils d'Armand prince de Conti, V, 320; VI, 537; VII, 76; 79; 82; 108; 185; 269; 270.
Conti (Adélaïde de Bourbon, princesse de), femme du précédent, VII, 29; 79.
Conti (le régiment de), V, 91.
Copernic, V, 218.
Coquille. *Sur l'ordonnance de Blois*, V, 390, note 2.
Coquillière (la rue), à Paris, IV, 406.
Coras, IV, 181, 1, 5 et *var.*
Corbie (la ville de), V, 99.
Corbulon, général romain, II, 265, 207.
Corcyra (l'ile de). Voyez Corfou.
Cordelier. Voyez Mulard (le P.).
Cordemoy (de), IV, 362.

Cordon (père), II, 189, 539.
Cordoue, IV, 216, 26.
Corfou (l'île de), VI, 109.
Cobinne, VI, 457.
Corinthe (la ville de), III, 305, 10; V, 496; VI, 50; 52; 321.
Corinthiaques (les) de Pausanias, II, 209, 751.
Corinthien, Corinthiens, VI, 50; 51; 53; VII, 119.
Corinthiennes (les), VI, 256.
Coriolan, VI, 294; 300.
Cormaillon (de Damas de), VII, 54.
Cormaillon (Mme de Damas de), veuve du président Barentin, et mariée en secondes noces au précédent, VII, 54.
Corneille (Pierre), II, 243 et 244; 247; IV, 282; 357-362; VII, 430 (*Additions et corrections*); *Cinna*, II, 244; *le Cid*, IV, 359; VI, 496; *Horace*, II, 244; IV, 359; *Pompée*, IV, 359; *Rodogune*, VI, 352.
Corneille (Pierre), fils du précédent, VII, 200 et 201; 211.
Corneille (Thomas), abbé d'Aiguevive, frère puîné du précédent, VII, 430 (*Additions et corrections*).
Corneille (Thomas), frère du grand Corneille, IV, 246, 15; 357-362; VI, 609; VII, 201.
Corneille (la fille de Thomas). Voyez Marsilly (Mme de).
Cornélie, veuve de Pompée, VI, 299.
Cornet (Nicolas), syndic de la faculté de théologie, IV, 443; V, 405.
Cosaques (les), V, 138; 139; 140; 141.
Cosaques Zaporouschi, V, 140.
Cosme (dom). Voyez Sconin.
Cossé (Henri-Albert de). Voyez Brissac.
Cour de France (la), IV, 453 et 454; 462; 464; 470; 472; 473; 499; 503; 528; 538; 544; V, 80; 86; 91; 107; 289; 317; 334; 394; VII, 195; 198; 292; 302; 325; 328.
Cour de Rome (la), IV, 446; 450; 455; 458; 480; 492; 493; 523; 530; 534; 567; 586; V, 174; VI, 476.
Couronne d'épines (la) de Notre Seigneur, IV, 466 et 467.
Courtenay (Louis-Charles prince de), VII, 16.
Courtenay (Louis-Gaston de), fils aîné du précédent, VII, 16.
Courtenay (la maison de), V, 195.
Courtin, maître des requêtes, V, 181.
Courtrai (la ville de), V, 58; VI, 345; VII, 88.
Couserans. Voyez Conserans.
Cousin (Louis), président en la cour des monnaies, VII, 131.
Coutances (l'évêque de). Voyez Auvry (Claude).
Couturier, nom d'homme, VI, 476.
Coverden (la ville de), V, 184.
Cracovie (la ville de), V, 142.
Crassus, VI, 294; 332.
Cratere, un des généraux d'Alexandre, V, 526.
Crécy (de), plénipotentiaire, VII, 210; 211.
Crécy (le fils de M. de), VII, 211.
Créon, roi de Thèbes, II, 246.
—, personnage de *la Thébaïde*, I, 396-483; de l'*Antigone* de Sophocle, V, 484; de l'*OEdipe roi* de Sophocle, VI, 234; 235; 236; des *Phéniciennes* d'Euripide, VI, 264.
Créon, roi de Corinthe, VI, 256.
Créophile, VI, 281.
Creperius, V, 494.
Créqui (Charles duc de), frère

aîné du maréchal qui suit, IV, 177, 2; 178, 3; 179, 1, 3; 534.
CRÉQUI (François marquis de), maréchal de France, V, 80; 107; 185; 284; 285; 289; 296.
CRESCENS, nom d'homme, V, 583.
CRESCENS (la sœur de), V, 583.
Cresphonte, tragédie grecque, V, 484.
CRESPHONTE, personnage de la tragédie de *Cresphonte*, V, 484.
CRESPY, nom de lieu, VI, 520.
CRESSÉ, chirurgien, IV, 466; 469; 470.
CRÈTE (la), III, 309, 82; 341, 643, 649; VI, 245.
CRÉTOIS (les), VI, 258.
CRÉUSE, VI, 256.
CRÈVECOEUR (le fort de), en Hollande, V, 184; 249.
CREVIER (Jean-Baptiste-Louis), VII, 339; 340.
CRIM (le pays de), V, 139.
CRITON, VII, 345.
Croisade (la première), V, 193; — (la seconde), V, 193.
CROISSY (Charles Colbert, marquis de), frère du ministre Colbert, IV, 355 et 356; V, 186; VII, 111; 124.
CROIX (Jeanne de la). Voyez MORIN (Jeanne de la Croix).
CROIX (Mlle de la), VI, 390; 460; 504.
CROMWELL, V, 103.
CRONIEN, surnommé Eunus. Voyez EUNUS (saint).
CRONOS ou CRONIOS, V, 495.
CROSNE, nom de lieu, VI, 509.
Cudusne, nom donné à la Comtesse, personnage des *Plaideurs*, II, 177, 400.
CUPIDON, VI, 40.
CYBÈLE, VI, 258.
CYCLOPE (le), Polyphème, VI, 147; 148; 149; 150; 151; 152; 158.

CYCLOPES (les), VI, 109; 125; 143; 144; 149; 151.
CYCLOPES (l'île des), VI, 144 et 145.
CYCNUS, VI, 44.
CYDARIS, rivière de Thrace, VI, 523.
CYDATHÈNE (le bourg de), V, 454.
Cygne (la constellation du), V, 179.
CYLLÈNE (la montagne de) en Arcadie, VI, 160.
CYNÉGIRE, II, 478.
CYPASSIS, VI, 448; 456; 457.
CYRENÉ, VI, 90.
Cyropédie (la). Voyez XÉNOPHON.
CYRUS, I, 550, 588; III, 60, 826; 491, 403; 528, 1063; 529, 1070.
CYTHÈRE, VI, 416.
Cythérée (la), VI, 383.

D

DACES (les), III, 58, 803.
DACIER (André), VII, 208; 345.
DAGUESSEAU (Mme), Claire-Eugénie le Picart de Périgny, femme de Henri Daguesseau, VII, 320.
DAGUESSEAU (Henri-François), fils de la précédente, chancelier de France, VII, 335.
DAILLY (Charles d'Albert). Voyez CHAULNES (le duc de).
DALANCÉ ou DALENCÉ, chirurgien, IV, 466; 469.
DAMAS (la ville de), V, 193.
DAMPIERRE (la terre de), V, 81.
DANBY (Thomas Osborn, comte de), V, 184.
DANDIN, II, 152, 90. —, personnage de la comédie des *Plaideurs*, II, 144 219.
DANDINS (les), II, 152, 92.
DANEMARCK (le), V, 114; 185; 189; VII, 104; 208.

Danemarck (le roi de). Voyez Christian V.
Danet, contrôleur de l'argenterie et menus plaisirs du Roi, VII, 161 et 162.
Dangeau (Louis de Courcillon, abbé de), VII, 50.
Daniel (le prophète), VII, 119.
Daniel (le P.), jésuite, VII, 234.
Danois (les), V, 142; 153.
Danse (Louis-Roger), chanoine de la Sainte-Chapelle, VII, 87.
Dantzick (la ville de), V, 189.
Danube (le), II, 501, 477; III, 58, 798; V, 169; 170; VI, 345; VII, 97.
Daphnis, désignant Nicolas Vitart, IV, 204, 13; VI, 388.
Dardanelles (le passage des), V, 136.
Dardanus, VI, 208.
Darius, fils d'Hystape, II, 478; III, 456.
Darius II Nothus, V, 495.
Darius Codoman, I, 531, 164, 165; 532, 171; 560, 785.
Dassy. Voyez Acy (d').
Dathan, III, 662, 1037.
Dauphin (le). Voyez Louis XIII et Louis XIV.
Dauphin (le), Louis, fils de Louis XIV, V, 116; 118; 186; 320; 323 et 324; VI, 420; 421; 595 et 596; 602; VII, 48; 94; 102; 124; 270.
Dauphin (Louis-François d'Anjou, improprement appelé le). Voyez Anjou.
Dauphin (le), Louis, fils de Louis XV, VII, 347.
Dauphin (le régiment), V, 344.
Dauphin (le), constellation, V, 179.
Dauphine (Marie-Anne-Victoire de Bavière), femme de Louis dauphin, fils de Louis XIV, V, 186.
David, III, 522, 958; 591; 593; 594; 598; 599; 608, 50; 609, 73; 613, 129; 614, 138; 618, 213; 619, 240; 620, 256; 621, 271, 282; 622, 284; 630, 424; 647, 721, 729, 735; 651, 795, 805; 662, 1020; 664, 1064, 1072; 669, 1157; 670, 1178; 671, 1183; 674, 1246; 676, 1285; 677, 1293; 680, 1358; 682, 1413; 684, 1433, 1437; 692, 1585, 1589, 1590; 694, 1649; 699, 1727; 702, 1765, 1773; 703, 1788; IV, 330; V, 203; 206; 207; 208; 209; VII, 352.
Dax (la ville de), V, 134.
Dax (l'évêque de). Voyez Noailles (François de).
Débora, III, 458.
Dèce, empereur romain, V, 585; 587.
Dédale, VI, 32.
Déjanire, personnage des *Trachiniennes* de Sophocle, VI, 211; 247; 248; 249; 250; 251 et 252.
Délos (la ville de), V, 505; VI, 115; 523.
Delphes (la ville de), V, 505; 506; 528; VI, 28; 54.
Démodocus, VI, 128; 129; 130; 133; 139; 140; 141.
Démosthène, V, 513; VI, 294.
Dendermonde (la ville de). Voyez Termonde.
Denise (sainte), V, 593.
Denys le stoïque, V, 518.
Denys le tyran, V, 508; 522; 526.
Denys d'Halicarnasse. *Sur la manière d'écrire l'histoire*, V, 500 et 501; *de l'Arrangement des mots*, VII, 117; 118.
Denys (saint), archevêque d'Alexandrie, V, 584-586; 587; 597.
Dertone (la ville de), *Dertona*. Tortone en Piémont, VI, 348.
Desaint (Jean), libraire, VII, 338; 339.
Descartes, V, 217; 218.

DES ŒUVRES DE RACINE. 481

Désert (le), couvent de carmes dans les Pays-Bas, V, 331.
Desgranges. Voyez Granges (des).
Deshoulières (Mme). *Genséric*, IV, 241.
Desplantes (Laurent), religieux de l'ordre de Citeaux, V, 224; 225.
Despréaux (Boileau). Voyez Boileau Despréaux.
Destouches (André Cardinal), VII, 253; 254.
Destrapières, médecin, VI, 569; 594.
Deucalion, VI, 40; 41; 208.
Deutéronome (le), III, 645, note 2; 676, note 1; V, 210.
Deventer (la ville de), V, 183.
Diagoras, de Mélos, V, 527.
Diagoras, de Rhodes (ode de Pindare à), VI, 30-34.
Diane, déesse, III, 138, note 6; 139; 154, 60; 383, 1404; IV, 9; 13; VI, 85; 100; 112; 113; 209; 216; 255; 256; 261; 311.
Dictionnaire de l'Académie (le). Voyez Académie française.
Didon, II, 365; 366; VI, 123; 126; 141; 429.
Didyme, V, 522.
Digeste (le), II, 211, 776.
Dighom, nom de lieu, V, 330.
Dikfeld ou Dickvelt, ambassadeur des Provinces-Unies en France, V, 153.
Dinant (la ville de), V, 266; 321; 322; VII, 22.
Dinet (le P.), jésuite, IV, 444.
Dioclès, V, 505; 514.
Dioclès, fils d'Alphée, VI, 83.
Diogène, V, 505-531; VI, 320.
Diogène de Laërte. Sa *Vie de Diogène*, V, 505-531.
Diomède, VI, 53; 200; 201; 204; 205; 210.
Dion, VI, 296.
Dion Cassius, historien grec, III, 17; 18; V, 587, note 3.

Dioné, V, 466.
Dioscore, V, 593.
Diotime, VI, 270.
Dioxippe, V, 518.
Discorde (la), personnifiée, IV, 86, 25.
Discords (les), personnifiés, IV, 62, *var.*; VI, 378, 4.
Dixmude (la ville de), V, 58.
Dodart (Denis), médecin de la princesse de Conti, VI, 549; 550; 555; 556; 573; 578; VII, 31; 298; 333; 334.
Dodart (Claude-Jean-Baptiste), premier médecin de Louis XV, fils du précédent, VII, 334.
Dodone, nom de lieu, VI, 249.
Doeg, III, 662, 1037.
Doesbourg (la ville de), en Hollande, V, 182; 183; 248.
Doge (le) de Gênes. Voyez Lercaro (Imperiale).
Dôle (la ville de), V, 95; 96; 258; VII, 57; 88.
Dolon, VI, 205.
Dominicy (Marc-Antoine), V, 388 et 389.
Domitius. Voyez Énobarbus.
Domitius, nom de Néron, avant son adoption par Claude, II, 256, 18; 304, 1040.
Domitius (les), II, 257, 36.
Donavert (la ville de), VI, 346.
Dongois (Nicolas), greffier à la grand'chambre, VII, 75; 80; 81; 86; 97; 99; 107; 136; 138; 139.
Dongois (Gille), chanoine de la Sainte-Chapelle, VII, 75; 78; 84; 86; 96; 134; 135; 136.
Dongois (Charlotte). Voyez Chapelle (Mme de la).
Doralice, personnage de l'*Orlando furioso*, VI, 386; 395.
Dordrecht. Voyez Dort.
Doris, personnage de la tragédie d'*Iphigénie*, III, 148-241.
Dorothée (la sœur). Voyez Perdreau (la sœur Dorothée).

J. Racine. vii   31

Dort ou Dordrecht (la ville de), V, 71.
Douai (la ville de), VI, 597.
Doubs (la rivière du), V, 257.
Douceur (la), personnifiée, IV, 149, 33.
Dourlach (la ville de), VII, 60.
Doux (la rivière du). Voyez Doubs.
Drave (la), rivière, VI, 576; 599; 604; VII, 90.
Dreux (le comte de). Voyez Robert.
Dreux (l'abbé de), VII, 27.
Dreux (la maison de), V, 195.
Drolichon, personnage mentionné dans *les Plaideurs*, II, 160, 211.
Dubois (l'abbé), sous-précepteur du duc de Chartres, VI, 575.
Duc (Monsieur le). Voyez Bourbon (Henri-Jules de), fils du grand Condé; et Bourbon (Louis III de).
Duchesse (Madame la). Voyez Bourbon (la duchesse de).
Dudley (Anne). Voyez Schomberg (Anne Dudley, comtesse de).
Dufos. Voy. Romanet (Louis de).
Dumont (Jean), VII, 303.
Dunes (la bataille des), V, 101.
Dunkerque (la ville et le port de), V, 52; 53; 54; 103; 243; VII, 122.
Dupuy (Pierre), V, 174; *Libertés de l'Eglise gallicane*, V, 174.
Dupuys (MM.). *Traité des droits du domaine*, V, 387, note 2.
Duquesne, lieutenant général, V, 269.
Durand (Catherine). Voyez Moramber (Mme de).
Duras (Jacques-Henri de Durfort, comte et plus tard duc de), maréchal de France, V, 79; 80.
Durazzo, sénateur de Gênes, V, 123.

Dusson (Racine écrit *d'Usson*). Voyez Bonrepaus (François Dusson de).
Dusson (Jean), frère de Bonrepaus, ambassadeur en Hollande, et de Salomon Dusson, père du marquis de Bonac, VII, 259; 280.
Dusson (Tristan), ancien lieutenant de galère, frère des précédents, VII, 240 et 241.
Duval, supérieur des carmélites, IV, 408.

E

Ebre (l'), fleuve, V, 133.
Echassier (l'), avocat au Parlement, V, 166.
Echelle (de l'), gentilhomme de la manche du duc de Bourgogne, VII, 246.
Echeneüs, VI, 124.
Echo, VI, 54.
Eclaron, en Champagne, VII, 319.
Ecosse (l'), V, 98; 318.
Ecriture sainte (l'), *les saintes Ecritures*, I, 513; III, 455; 456; 457; 458; 591; 597 et 598; 599; 601; IV, 409; 439; 460; 516; V, 218; 362; 390; 545; 551; 556; 576; VI, 454; VII, 71; 119; 120; 128; 316; 344; 351. Voyez *Bible*.
Edouard (saint), roi d'Angleterre, V, 192.
Edouard III, roi d'Angleterre, V, 196; 197; 198.
Egée, roi d'Athènes, III, 304; 323, 269; 334, 497.
Egée (la mer), III, 162, 234.
Egide (l') de Minerve, VI, 264.
Egine, VI, 35; 36.
Egisthe, VI, 57; 79; 80; 91; 226; 227; 228; 229; 232; 233.
Eglogues (les) de Virgile. Voyez Virgile.

EGON (François et Guillaume), de Furstemberg, princes évêques de Strasbourg. Voyez FURSTEMBERG.
EGYPTE (l'), II, 39; 501, 474; III, 467, 40; 665, 1088; IV, 191, 2; V, 134; 420; 497; 543; 585, note 1; 593; 594; VI, 79; 80; 84; 88; 89; 90; 143.
EGYPTIENS, EGYPTIENNES, II, 39; V, 212; VI, 88; 249; VII, 307; 308.
EGYPTIUS, VI, 66.
EHRENBREITSTEIN (la forteresse d'), V, 96. (Racine écrit *Hermenstein*.)
ELBÈNE (Alphonse d'), évêque d'Orléans, IV, 445.
ELBEUF (Charles de Lorraine, duc d'), V, 384.
ELBEUF (Henri de Lorraine, duc d'), fils du précédent, V, 384; 385; 386; 392.
ELBOURG (la ville d'), V, 183.
Electeur. Voyez BAVIÈRE, BRANDEBOURG, COLOGNE, MAYENCE, FRÉDÉRIC V, CHARLES-LOUIS, comte palatin du Rhin.
Electra, Electre, tragédies d'Euripide et de Sophocle. Voyez EURIPIDE et SOPHOCLE.
ELECTRA, ELECTRE, sœur d'Oreste, VI, 80; 220; 221. —, personnage de l'*Electre* de Sophocle, VI, 225; 226; 227; 228; 229; 230; 231; 232; 233.
ELÉONORE de Guyenne. Voyez ALIÉNOR.
ELIACHIM, grand prêtre des Juifs, V, 210.
ELIACIN, III, 617, 182; 628, 389; 629, 414, 415; 630, 426; 640, 633; 644, 691; 660, 979; 663, 1045; 665, 1094; 674, 1238, 1243; 678, 1309; 692, 1583; 693, 1613.
ELIDE (l'), III, 306, 13; V, 468; VI, 23; 45.

ELIE (le prophète), III, 593; 612, 121; 649, 760.
ELIPHAZ, ami de Job, VI, 181.
ELISABETH, fille de Jacques Ier, roi d'Angleterre, femme de Frédéric V, roi de Bohême, V, 95; 97.
ELISE, personnage de la tragédie d'*Esther*, III, 460-542.
ELISÉE (le prophète), III, 603; 613, 124.
ELSENEUR (la ville d'), V, 189.
EMBRUN (archevêque d'). Voyez FEUILLADE (Georges d'Aubusson de la), GENLIS (Charles Brûlart de).
EMERI (Michel Particelli, sieur d'), surintendant des finances, V, 88.
EMILIE, personnage de la tragédie de *Cinna*, II, 244.
EMMANUEL, roi de Portugal, V, 154.
EMMERICK (la ville d'), V, 182.
EMPÉDOCLE, VI, 212.
Empereur (l') d'Allemagne, V, 92; 93; 96; 112; 113; 128; 130; 131; 136; 184; 185; 252; 254; 255; 256; 259; 262; 282; 286; 295; 298; 299. Voyez CHARLES-QUINT, FERDINAND Ier, FERDINAND II, FERDINAND III, LÉOPOLD Ier.
Empereurs romains. Voyez AUGUSTE, CALIGULA, CLAUDE, CONSTANTIN, DÈCE, GALBA, MARC-AURÈLE, NÉRON, OTHON, PHILIPPE, TIBÈRE, VESPASIEN.
Empire (l') d'Allemagne. Voyez ALLEMAGNE (l').
ENÉE, II, 33; 37; 365; 366; IV, 216, 12; VI, 105; 114; 117; 120; 126; 141; 145; 208; 391; VII, 222.
Enéide (l'). Voyez VIRGILE.
Enfer (la rue d'), à Paris, VI, 422.
ENGHIEN (le duc d'). Voyez CONDÉ (Louis II de Bourbon prince de).

ENGUERRAND DE MARIGNY. Voyez MARIGNY (Enguerrand de).
ENOBARBUS (Cneius Domitius), père de Néron, II, 254; 295; 845.
ENSE (d'). Voyez DANSE.
ENSHEIM (la ville d'), V, 263.
Envie (l'), personnifiée, IV, 149, 40.
EOLE, VI, 153; 154; 155.
EOLIE (les îles d'), VI, 153; 154.
EPAGNY (d'), VII, 206 et 207.
EPAMINONDAS, V, 516.
EPERNON (Jean-Louis de Nogaret de la Valette, duc d'), V, 393.
EPHARMOSTUS (ode de Pindare à), VI, 38-43.
EPHÈSE (la ville d'), III, 33, 248, 251; 80, 1295; V, 573.
EPHESTION, personnage de la tragédie d'*Alexandre*, I, 518; 524-596.
EPICNÉMIDES (les Locriens), VI, 43.
EPICURE, VI, 313; 318.
EPICURIENS, VI, 313.
EPIDAURE, III, 309, 81.
EPIMAQUE, nom d'homme, V, 592.
EPIRE (l'), II, 33; 37; 40; 42, 12, 22, 34; 51, 220, 228, 230; 57, 346; 66, 522, 526; 68, 564; 69, 598, 601; 74, 689; 79, 770; 99, 1169; 101, 1205; 105, 1290; 117, 1508 et *var*. 2; 120, 1561; III, 302; 346, 730; 359, 958, 978; VI, 109.
Epîtres de saint Paul. Voyez PAUL (saint).
EPIZÉPHYRIENS (les Locriens), VI, 43.
ER l'Arménien, VI, 281.
ERECHTÉE, roi d'Athènes, III, 331, 426; VI, 122.
ERECHTÉE (les filles d'), VI, 122.
ERFORD, ERFURT (la ville d'), V, 50.
ERGINUS, VI, 24.
ERGOTÉLÈS (ode de Pindare à), VI, 48-50.

ERIGÈNE (Jean Scot), V, 194.
ERIPHILE, mère d'Alcméon, et femme d'Amphiaraüs, V, 483; VI, 229.
ERIPHILE, personnage de la tragédie d'*Iphigénie*, III, 140, 141; 148-241.
ERNOTON (d'). Voyez HERNOTON (d').
Erreur (l'), personnifiée, IV, 72, 3.
ERYMANTHE (l'), VI, 112.
ERYXIMAQUE, V, 457; 459; 460; 461; 474.
ESCAUT (l'), V, 275; 318; VII, 97.
ESCAUT (le grand), V, 109.
ESCAUT (le petit), V, 109.
ESCHYLE, II, 477; 478; III, 138; IV, 360; V, 465; VI, 352; *les Choéphores*, VI, 219-221.
ESCOBAR (le P.), jésuite. *Théologie morale*, IV, 484.
ESCULAPE, III, 301; V, 515; VI, 216; 559; VII, 345.
ESOPE, VI, 276.
ESPAGNE (l'), III, 58, 805; IV, 52, 14; 57, 86; 61, *var.*; 364; 479; 514; V, 58; 101; 118; 133; 134; 150; 151; 159; 176; 182; 185; 194; 261; 264; 269; 270; 278; 288; 296; 298; 388; 420; VI, 345; 438; VII, 30; 49; 66; 89; 93.
ESPAGNE (rois d'). Voyez CHARLES II, CHARLES-QUINT, PHILIPPE II, PHILIPPE IV.
ESPAGNE (reines d'). Voyez ORLÉANS (Marie-Louise d'), NEUBOURG (Marie-Anne de).
ESPAGNE (d'), gouverneur de Thionville, VI, 551; 552; 556.
ESPAGNOLS (les), IV, 480; 482; V, 58; 78; 92; 99; 102; 120; 131; 133; 135; 151; 159; 161; 162; 197; 251; 252; 253; 254; 257; 259; 265; 266; 268; 269; 274; 278; 279; 288; 292; 293; 299;

315; 334; 344; 346; VI, 348;
597; VII, 17; 49; 51; 57; 116.
ESPENAN (le comte d'), V, 117.
Espérance (l'), personnifiée, IV,
151, 70.
ESPRIT (le P.), de l'Oratoire, IV,
548.
Essais de morale (les). Voyez
NICOLE.
ESSÉNIENS (les), V, 532-558; VI,
338.
ESSONE, VII, 293.
ESTANG (de l'), VII, 246.
ESTHER, reine de Perse, III, 455;
459; 464. —, personnage de la
tragédie d'*Esther*, III, 460-
542; VII, 352.
Esther, tragédie de Racine, III,
457; 460-542; VII, 6; 216;
314; 328; 432 (*Additions et
corrections*).
Esther (le livre d'), III, 460.
ESTIENNE (Henri). *Apologie pour
Hérodote*, VI, 59.
ESTINES (le ruisseau des), V, 320;
VII, 35; 38.
ESTOUY (d'), VII, 200.
ESTRADES (Godefroi comte d'),
maréchal de France, V, 99; 152.
ESTRADES (Gabriel-Joseph che-
valier d'), fils du précédent,
VII, 18.
ESTRÉES (Gabrielle d'), IV, 393;
V, 170.
ESTRÉES (Mme d'), sœur de la
précédente, abbesse de Mau-
buisson, IV, 392 et 393; 394.
ESTRÉES (Jean comte d'), maré-
chal de France, V, 330; VII,
30; 66; 104.
ESTRÉES (César cardinal d'),
évêque de Laon, frère du pré-
cédent, IV, 498.
ÉTÉOCLE, roi de Thèbes, VI,
262; 263. —, personnage de
la *Thébaïde*, I, 396-483.
ÉTHIOPIE (l'), VI, 84; 103.
Éthiopiques (les). Voyez HÉLIO-
DORE.

Éthiques à Nicomaque (les). Voyez
ARISTOTE.
ETNA (le mont), VI, 145.
ÉTOLIE (l'), VI, 43.
EUBÉE (l'), VI, 43; 128; 247. (Ra-
cine écrit *Eubœe* ou *Eubœæ*.)
EUBULE, V, 511; 512.
EUBULIDE, V, 505.
EUDES, fils de Hébert comte
de Vermandois, V, 191.
EUDES DE SULLY. Voyez SULLY
(Eudes de).
EUDOXE, IV, 241, 1, 2.
EUGÉNIE (la Mère). Voyez FON-
TAINE (Louise-Eugénie de).
EUMÉE, VII, 117.
EUMÈNE, VI, 297.
EUMEUS, VI, 59.
Eunuque (l'), comédie de Téren-
ce. Voyez TÉRENCE.
EUNUS (Cronien, surnommé Eu-
nus, devenu saint), V, 591.
EUPHORION, poëte, III, 141.
EUPHRATE (l'), I, 527, 60; 544,
450; II, 379, 119; 397, 524;
407, 764; III, 26, 80; 61,
859; 500, 568.
EURIPIDE, I, 393; 394; II, 34;
38; 39; III, 139; 140; 142;
143; 144; 145; 146; 147; 299;
300; 303; IV, 279; 360; V,
453; 460; 483; VI, 206; 209;
240; 254; 260; 263; 268;
320; *Alceste*, III, 143; 144;
Andromaque, II, 34; 38; *Andromède*, VI, 320; *les Bacchantes*, VI, 257; *Electre*, VI,
265; *Hélène*, II, 38; *Hippolyte*,
VI, 256; 264; *Ion*, VI, 264;
Iphigénie en Aulide, V, 485;
VI, 240; 264; *Iphigénie en
Tauride*, V, 484; 488; *Médée*,
V, 486; VI, 254-256; *Ménalippe*, V, 460; 485; *Oreste*, II,
39; V, 485; *les Phéniciennes*,
I, 393; 394; VI, 260-264.
EUROPE (l'), I, 514; II, 485,
98; III, 58, 800; IV, 55, *var.*;
56, *var.*; 354; 361; 364; 365;

479; V, 134; 148; 151 ; 154; 158; 160; 243; 244; 245; 250; 257; 261; 267; 288; 293; 299; 301; 302; 312; 347; 420; VI, 216; 591; VII, 181; 351.

Eurotas, VI, 27.

Euryalus, VI, 131 ; 132 ; 138.

Eurybate, héraut d'Ulysse, VI, 197.

Eurybate, personnage de la tragédie d'*Iphigénie*, III, 148-241.

Euryclée, VI, 65 et 66; 72; 94.

Eurydice, femme d'Orphée, IV, 76, 81; V, 465.

Eurydice, femme de Nestor, VI, 81 ; 82.

Eurylochus, l'un des compagnons d'Ulysse, VI, 158; 160; 163; 164.

Eurymachus, VI, 65 ; 70.

Eurymédon, VI, 121.

Eurysace, fils d'Ajax et de Tecmesse, VI, 224; 238; 239; 242; 244; 245; 246.

Euryte, roi d'OEchalie, VI, 250.

Eusèbe, évêque de Césarée, V, 559-571; 572-575; 576 et 577; 584-597.

Eustace (l'abbé), confesseur des religieuses de Port-Royal des Champs, VII, 150; 331.

Eustathe, évêque de Sébaste, V, 402.

Eustathe, Eustathius, commentateur d'Homère, VI, 198; 199; 201; 202; 204; 205; 206; 208.

Euxin (l'), II, 484, 80 ; III, 26, 75 ; 43, 453 ; 58, 797.

Evadné, fille de Pitané, VI, 27; 28.

Evandre, VI, 114; 126.

Evangile (l'), III, 601; IV, 193, 7; 234, 252, 256; 353; 486; 491; 512; 525; 568; 585; 586; V, 559; 562; 570; 581; VI, 383; VII, 217; 315 ; 316, 340; 343. Voyez Jean, Luc, Marc et Matthieu.

Evariste, nom d'homme, V, 570.

Evêchés (les), Metz, Toul et Verdun, VII, 181.

Evêques. Voyez Ambroise (saint), Aranthon (d'), Arnauld, Augustin (saint), Auvry, Basile (saint), Bassompierre, Bernage (de), Bois-Dauphin (de), Bonzi (de), Bosquet, Bossuet, Burnet, Buzanval (de), Camus (le), Caramuel, Caulet (de), Cheremon, Choiseul-Praslin (de), Chrysostome (saint Jean), Clermont - Tonnerre (de), Coislin (de), Elbène (d'), Estrées (d'), Eusèbe, Eustathe, Exupère (saint), Fabius, Feuillade (de la), Forbin-Janson (de), Furstemberg (de), Galen, Godeau, Grégoire de Nazianze (saint), Grignan (de), Habert, Harlai, Irénée (saint), Jansénius, Koatlez (de), Lebreton, Léopold, Ligny (de), Marais (des), Paulin (saint), Pavillon, Polycarpe (saint), Richelieu, Rohan (de), Roquette (de), Sales (de), Smith, Sully (Eudes de), Tassy (de), Théodoret, Vialard, Zamet.

Evreux (Jeanne d'), veuve de Charles le Bel, V, 196.

Exode (l'), V, 212; VI, 206; VII, 325.

Exupère (saint), évêque de Toulouse, V, 176.

Exupère, président en Espagne, V, 176.

Ezéchiel, III, 607, note 1; V, 209; VII, 119.

F

Fabian, pape, V, 584, note 3.

Fabius Maximus, VI, 294.

Fabius (le sénateur), VI, 339.

Fabius, évêque d'Antioche, V, 587.

FAGON (Gui-Crescent), premier médecin du Roi, VI, 559; 562; 563; 569; 570; 573; 578; 582; 583; 585; 586; 587; 588; 591; 592; 594 et 595; 597; 598; 604; VII, 234; 287.
FALAISE (la ville de), V, 191.
FALCONIÈRE (de), VII, 207.
FALIZE (le château de la), V, 338.
FANCHON. Voyez RACINE (Jeanne-Nicole-Françoise).
FARGIS (Marie de Sainte-Magdelaine, Henriette d'Angennes du), abbesse de Port-Royal, IV, 562; 606; 607.
FARJAU, commandant de Maëstricht, V, 253.
FARSIENNES (la ville de), V, 339.
FAUSTE, nom d'homme, V, 586.
FAYETTE (Louise Motier de la), supérieure de Chaillot, IV, 572.
FAYETTE (Marie-Madeleine de la Vergne, comtesse de la), VII, 105, note 15.
FÉDOR II ALEXIEWITCH, surnommé *Théodore*, grand-duc de Moscou, V, 187.
FÉLIX, affranchi de Claude, II, 392, 405.
FÉLIX, premier chirurgien du Roi. Voyez TASSY (Charles-François Félix de).
FÉLIX (Mme), Marguerite Brochaut, seconde femme de Charles-François Félix, VII, 212; 263.
FÉLIX (Charles-Louis), fils des précédents, VII, 142; 145; 221; 262; 271; 352.
FÉLIX, évêque de Châlons, frère du précédent. Voyez TASSY (Félix de).
FÉLUY, nom de lieu, V, 320.
FÉNELON, archevêque de Cambrai, IV, 249, au titre; VII, 144; 170; 193; 196; 246; 273 et 274; 324; *les Quatre lettres à l'archevêque de Paris*, V, 400-407; *Explication des maximes des saints*, V, 401; VII, 170.
FERDINAND Ier, empereur d'Allemagne, V, 129 et 130.
FERDINAND II, empereur d'Allemagne, V, 126; 127; 128.
FERDINAND III, empereur d'Allemagne, V, 92; 93; 96; 130; 131.
FÈRE-CHAMPENOISE (la), V, 106.
FERNAMBOUC (la ville de), V, 154; 156; 157; 160.
FÉRON (Isabelle ou Élisabeth de Sainte-Agnès le), cellérière à Port-Royal des Champs, VII, 298.
FERRIER (le P. Jean), jésuite, IV, 538; 539; 540; 541.
FERTÉ-MILON (la), V, 75; VI, 409; 410; 411; 418; 433; 435; 461; 464; 470; 480; 501; 518; 519; 520; 521; 524; 528; 534; 539; 541; 543; 544; VII, 5; 7; 8; 9; 148; 157; 167; 173; 179; 355; 356.
FEUILLADE (Georges d'Aubusson de la), archevêque d'Embrun, puis évêque de Metz, IV, 456; V, 123.
FEUILLADE (François d'Aubusson, vicomte de la), duc de Roannez, neveu du précédent. Voyez ROANNEZ (François d'Aubusson, duc de).
FEUILLET (Nicolas), chanoine de Saint-Cloud, V, 171.
FEUQUIÈRES (Antoine de Pas, marquis de), V, 116.
FÈVRE (M. le), VII, 161.
FÈVRE (l'abbé le), VII, 247.
FIESQUE (le chevalier de), VI, 345.
FIESQUE (Jean-Louis-Marie comte de), neveu du précédent, VII, 48; 65.
Filles-Bleues (les), IV, 571; 572.
Filles de l'Enfance (les), IV, 487; V, 212-215.

Filles pénitentes (les) à Paris, IV, 393.
FINOT, médecin, VII, 286 et 287.
FIONIE (l'île de) ou FUNEN, V, 189.
FLAMANDS (les), V, 196; 197.
FLAMARENS (François Agésilan de Grossoles, comte de), VI, 556.
FLAMININUS, VI, 297; 301.
FLANDRE (la), les FLANDRES, IV, 594; 600; V, 58; 81; 90; 115; 187; 192; 243; 251; 259; 267; 274; 277; 278; 288; 290; 317; 318; 347; VI, 543; VII, 36; 115; 132.
FLANDRE (comtes de). Voyez ARNOUL; CHARLES LE BON; LOUIS; ROBERT.
FLAVIE (la sœur). Voyez PASSARD (Catherine de Sainte-Flavie).
FLAWINE (le village de), V, 322; 324.
FLEMMING (le général), V, 330.
FLEURUS (le village de), V, 321; 346. (Racine écrit *Fleuru*.)
FLEURUS (la journée de), V, 312; VII, 10.
FLEURY (l'abbé), sous-précepteur du duc de Bourgogne, VII, 144.
FLEX, VI, 345.
FLORE, IV, 33, 9; 35, 48.
FLOREFF (l'abbaye de), V, 339, 346.
FLORIN, V, 576 et 577.
FLORUS, historien, III, 17; V, 354.
FONTAINE (Nicolas), secrétaire de M. de Saci, IV, 600; VII, 296.
FONTAINE (Louise-Eugénie de), supérieure de la Visitation, IV, 554; 561; 581; 582.
FONTAINE (Jean de la), VI, 412-416; 484; 485; 487-494; 518; 535-538; VII, 64.
FONTAINE (Mlle de la), femme du précédent, VI, 494.
FONTAINEBLEAU (la ville de), IV, 522; 592; V, 185; VI, 491; 519; 520; 538; VII, 20; 58; 61; 63; 65; 68; 70; 111; 113; 121; 122; 125; 126; 129; 130; 132; 183; 253; 265; 274; 277; 288; 289; 290; 298.
FONTENELLE, IV, 183, au titre; 185, 14; 242, au titre; 245, au titre; 246, 17; VII, 19; 76; 77; l'*Aspar*, IV, 183, au titre; 185, 14; 243, 3.
FONTEVRAULT, nom de lieu, V, 194; VI, 574; VII, 332.
FONTPERTUIS (Mme d'Angran de), IV, 607.
FORBIN ou FOURBIN-JANSON (Toussaint de), évêque de Digne en 1658, de Marseille en 1668, de Beauvais en 1679, cardinal en 1690, V, 145.
FORCE (Jacques de Nompar de Caumont, duc de la), V, 384; 385; 386; 392.
FORGES (le bourg de), VI, 400; VII, 233.
FORMIA, nom de ville, VI, 155.
Formulaires du clergé de France, IV, 175; 223; 227, 15, 27; 228, 63; 231, 141; 232, 177, 190; 234, 270; 492; 494; 495; 497; 498; 499; 520; 521; 522; 524; 525; 526; 531; 533; 538; 542; 543; 544; 545; 546; 547; 549; 566; 567; 570; 573; 575; 584; 585; 586; 589; 591; 605; V, 180.
FORT GUILLAUME (le), à Namur, V, 334; 341; VII, 54 et 55.
FORT NEUF (le), à Namur, V, 334; 335; 340; 342; 344; 345.
Fortune (la), personnifiée, I, 451, 971; 472, 1307; IV, 68, 65; 76, 85; 77, 95; 221, 3; VI, 31; 48; 215; 229; 317.
FOSSE (la plaine de), V, 339; 340.
FOSSÉ (Pierre-Thomas du), VII, 298 et 299; 359.
FOSSÉS (la cousine des), VI,

532 et 533 (?); VII, 166; 169.
FOUCQUET (Nicolas), surintendant des finances, V, 77; 78; 81; 187; VI, 449; 452.
FOUILLOUX (Bénigne de Meaux du), mariée au marquis d'Alluye, VI, 415.
FOULQUES LE RECHIN, comte d'Anjou, V, 193.
FOURNIER (Jacques), cousin de Racine, fils de Jacques Fournier et d'Élisabeth Sconin, VI, 500.
FOURRURE (la cousine), VII, 8.
FRA PAOLO. Voyez SARPI (Pierre).
FRAISCHEVILLE (M. de), VII, 294.
FRAISCHEVILLE (Mlle de), femme du précédent, VII, 164; 280; 294.
FRANÇAIS (les), IV, 248, 46; 480; V, 55; 85; 130; 131; 135; 158; 161; 194; 244; 246; 247; 249; 251; 253; 254; 255; 256; 258; 260; 264; 265; 267; 268; 269; 270; 273; 274; 275; 276; 278; 280; 281; 282; 285; 286; 288; 294; 297; 302; 317; 318; 332; 333; 336; 337; 345; VI, 344; VII, 109; 110.
FRANCE (la), II, 154, 132; 363; 473; 476; III, 597; IV, 54, 44; 56, 74; 61, *var.*; 68, 63; 69, 85; 250, 1; 288; 360; 364; 414; 415; 417; 422; 428; 432; 444; 445; 446; 454; 455; 456; 457; 458; 476; 479; 480; 481; 497; 498; 504; 511; 530; 534; 536; 537; 542; 544; 566; 567; 569; 571; 586; V, 12; 13; 47; 50; 53; 73; 86; 87; 90; 93; 96; 97; 111; 116; 122; 130; 131; 132; 133; 134; 135; 137; 139; 145; 148; 149; 150; 152; 153; 158; 161; 162; 165; 174; 177; 179; 184; 185; 189; 190; 193; 194; 195; 197; 198; 244; 250; 252; 254; 256; 259; 264; 265; 266; 272; 278; 282; 288; 293; 294; 295; 297; 298; 302; 303; 312; 313; 315; 316; 320; 323; 335; 337; 355; 359; 361; 364; 384; 387; 388; 389; 390; 391; 392; VI, 311; 344; 345; 346; 415; 422; 448; 479; 522; 526; 534; 556; VII, 7; 10; 90; 141; 181 et 182; 183; 246; 260; 288; 289; 291; 295; 301.
FRANCE (le palais de) à Péra, VI, 522.
FRANCE (rois de). Voyez CHARLEMAGNE, CHARLES LE CHAUVE, CHARLES IV, CHARLES V, CHARLES IX, CLOTAIRE Ier, CLOTAIRE III, CLOVIS, FRANÇOIS Ier, HENRI Ier, HENRI II, HENRI III, HENRI IV, HUGUES CAPET, JEAN LE BON, LOUIS VI, LOUIS VII, LOUIS IX, LOUIS XII, LOUIS XIII, LOUIS XIV, PHILIPPE Ier, PHILIPPE II, PHILIPPE IV, PHILIPPE V, PHILIPPE VI, ROBERT.
FRANCE (reines de). Voyez ANNE d'Autriche, CONSTANCE, ALIÉNOR de Guyenne, ÉVREUX (Jeanne d'), MARIE-THÉRÈSE d'Autriche, MÉDICIS (Catherine de), MÉDICIS (Marie de).
FRANCFORT (la diète de), V, 143.
FRANCHE-COMTÉ (la), V, 243; 257; 259; 263; 300; 301.
Franciade (la). Voyez RONSARD.
Francogallia. Voyez HOTMAN.
FRANÇOIS (saint) d'Assise, VI, 480.
FRANÇOIS DE SALES (saint). Voyez SALES.
FRANÇOIS Ier, roi de France, V, 131.
FRANÇOIS SIGISMOND (le prince). Voyez INSPRUK (l'archiduc d').
FRANÇOIS (le frère), VII, 313.
FRANCONIE (la), V, 135.
FRANCS (les), désignation des chrétiens d'Orient, V, 135.
FRASNE (la ville de), V, 346.

Frédéric V, électeur palatin, puis roi de Bohême, V, 86; 87; 94; 95.
Fredericode (la ville de) ou *Fredericia*, en Danemarck, V, 189.
Fredro, auteur du livre intitulé : *Gesta populi Poloni sub Henrico Valesio*, V, 141.
Fréquente communion (le livre de la). Voyez Arnauld (Antoine).
Frères cordonniers (la confrérie des), VII, 196.
Frères ennemis (les), tragédie de Racine. Voyez *Thébaïde* (la).
Frescheville. Voyez Fraischeville.
Fresne (la ville de), V, 107.
Fresne (du), nom d'homme, VII, 143; 145.
Fresnoy (Élie du), premier commis de Louvois, puis de Barbesieux, VII, 177; 209; 214; 222.
Fribourg (la ville de), V, 286.
Fronde (la), IV, 476.
Frontin, V, 495.
Fronton, V, 495.
Frumentaire, nom d'homme, V, 585.
Funen. Voyez Fionie (l'île de).
Furetière, VI, 448; 493; 547; son *Dictionnaire*, VII, 124.
Furie, les Furies, II, 34; 37; 559, 1694, *var.*; VI, 225; 232; 241; 243.
Furstemberg (François Égon de), prince évêque de Strasbourg, V, 183.
Furstemberg (Guillaume Egon, prince évêque de Strasbourg, cardinal de), frère du précédent, VI, 554.

G

Gabelles (Messieurs des), VII, 146.
Gadès, nom de lieu, VI, 216.

Gaillard (Honoré), recteur des jésuites de Paris, VII, 191.
Gaje (Gaïus), nom d'homme, V, 586.
Galande (la rue), à Paris, VI, 413; 460.
Galas, général des armées impériales, V, 96.
Galba, empereur, VI, 299.
Galen (Christophe-Bernard van), prince évêque de Munster, V, 182; 183; 185; 250.
Galimatias (le général), VI, 448; 493.
Galles (le prince de). Voyez Charles II.
Galloys (M.), VII, 203.
Gand (la ville de), V, 79; 108; 109; 197; 290; 291; 292; 293; 294; 300; 341; VII, 14; 61; 88; 337.
Gange (le), I, 583, 1307; V, 420.
Ganymède, VI, 12; 47.
Garasse (le P.), jésuite, IV, 463.
Garibaldi, sénateur de Gênes, V, 123.
Gascons, IV, 248, 46.
Gassé (le comte de), maréchal de camp, V, 320.
Gassendi, V, 217 et 218; *sa Philosophie*, V, 218; *son Traité contre Descartes*, V, 218.
Gaulois (les), III, 58, 805; VI, 311.
Gazette (la), IV, 417; V, 136, note 3; VI, 344; 348; 349; 430; 567; 571; 599; VII, 328.
Gazette de Hollande (la), VII, 20; 201 et 202; 275; 276.
Géants (les), VI, 125.
Gédéon, III, 701, 1756.
Gellius. Voyez Aulu-Gelle.
Gemblours, nom de lieu, V, 321; VII, 94.
Gémonies (les), VI, 283, note 2.
Général des jésuites (le), IV, 491.
Général de l'ordre de Citeaux (le). Voyez Boucherat (dom)

Général de l'Oratoire (le). Voyez CONDREN (Charles de).
GÊNES (la ville de), IV, 366.
GÊNES (la république de), V, 59; 123.
GÊNES (le doge de). Voyez LERCARO (Imperiale).
GENEST (l'abbé), VII, 264; 276; 277.
GENÈVE (la ville de), IV, 437.
GENÈVE (l'évêque de). Voyez ARANTHON (d'), SALES (saint François de).
GENLIS (Charles Brûlart de), archevêque d'Embrun, V, 123; 124; VI, 553.
GENNEP (la ville de), V, 183.
GENNES (de), nom d'homme, V, 120.
GENNEVOUX, nom de lieu, V, 321.
GÉNOIS (les), V, 197.
GENSÉRIC, roi des Vandales, IV, 241, 3.
Genséric, tragédie. Voyez DESHOULIÈRES (Mme).
Géométrie (la) de Port-Royal, IV, 441.
Géorgiques (les). Voyez VIRGILE.
GERBIZÉ, nom de lieu, V, 322.
GERMAIN, nom d'homme, V, 584.
GERMAIN le Champenois, VII, 314, note 4.
GERMANICUS, II, 263, 164; 292, 770; 295, 844; 312, 1172; IV, 188, 1 et *var.*; VII, 309.
Germanicus, tragédie de Pradon. Voyez PRADON.
GERMANIE (la), III, 58, 803.
GERMANIQUE (saint), V, 561.
GERTRUDE (la sœur). Voyez SAINTE-GERTRUDE (la sœur Madeleine de).
GÈVRES (Bernard-François Potier, marquis de), VII, 270.
GÉVRIES, nom de lieu, V, 318; VII, 33; 38.
GHETE (la rivière de), V, 331.
GIF (l'abbaye de), VII, 224.

GIGAULT. Voyez ALVRÈDE.
GIGERI (la ville de), VI, 552.
GILDHAS, commandant de troupes allemandes, V, 136.
GIRARD (Claude), licencié de la faculté de théologie, IV, 538.
GLAUCON, V, 454; 455.
GLAUCUS, petit-fils de Bellérophon, VI, 52 et 53; 200; 201.
GLINNE, nom de lieu, V, 337.
GOBILLON, curé de Saint-Laurent, VI, 584; VII, 136.
GODEAU (Antoine), évêque de Grasse et de Vence, IV, 415; 416; 521; 530.
GOLZENNE, nom de lieu, V, 321.
GOMBERVILLE (Marin le Roy de), de l'Académie française, IV, 282; VI, 407.
GOMER-FONTAINE (le monastère de), près de Gisors, IV, 392.
GONDI (Catherine de). Voyez RETZ (la duchesse de).
GONDI (Jean-François de), archevêque de Paris, IV, 397; 401; 403; 406; 414; 419; 420; 421; 436; 474; 475; 513; 514; 595; V, 85.
GONDI (Pierre de), neveu du précédent. Voyez RETZ (le duc de).
GONDI (Paul de), frère du précédent. Voyez RETZ (le cardinal de).
GONDREN. Voyez CONDREN.
GONDRIN (Louis-Henri de), archevêque de Sens, IV, 445; 455; 456 et 457; 458; 503.
GONDY (de). Voyez GONDI (de).
GONZAGUE (Marie de), femme du roi de Pologne Ladislas IV, V, 140.
GORGIAS, VI, 274.
Gorgias (le). Voyez PLATON.
GOUIN, nom d'homme, IV, 596.
GOULETTE (la forteresse de la), près de Tunis, V, 104; 180
GOURVILLE (de), VI, 552.
GRACCHUS (Caïus), VI, 295.

492 TABLE ALPHABÉTIQUE

Gracchus (Tibérius), VI, 295.
Grâce (la), terme de théologie, IV, 449; 463; 500; 501; 533; 561; V, 219; VI, 299; 300; 301; 317; 318; 319.
Grâce (la) de Dieu, personnifiée, III, 461, 2; IV, 22, 4; 149, 32; 210, 31; 36; 212, 20.
Grâces (les), IV, 53, 26; 59, 124; 66, 2; 70, 102; VI, 39; 53; 55; 110; 216; 440; 455.
Graevius, VII, 256.
Grammaire générale (la) de Port-Royal, IV, 441.
Gramont (Antoine duc de), maréchal de France, V, 79; 105.
Gramont (Antoine duc de), fils du précédent, VII, 104.
Gramont (Philibert comte de), frère du maréchal Antoine de Gramont, V, 80.
Gramont (Élisabeth Hamilton, comtesse de), femme du précédent, VII, 105, note 15; 130, note 14; 175 et 176; 216; 232; 233; 279; 285; 300; 305; 329.
Grana (Othon-Henri de Caretto, marquis de), gouverneur des Pays-Bas espagnols, IV, 479; V, 189.
Grand-duc (le) de Moscou. Voyez Fédor II Alexiewitch.
Grand Seigneur (le), V, 129; 135; 139.
Grande-Friperie (la rue de la), à Paris, VII, 358.
Grandin (Martin), syndic de la faculté de théologie, proviseur des Bernardins, IV, 535; V, 224; 225.
Grandval, nom d'homme, V, 153.
Grane. Voyez Grana.
Granges (des), premier commis de Louis Phélippeaux de Pontchartrain, contrôleur général des finances, VII, 137 et 138; 139.

Granique (le), fleuve, VII, 89.
Grasse (l'évêque de). Voyez Bernage (de), et Godeau.
Grave (le fort et la ville de), en Hollande, V, 183; 249; 261; 262.
Grave (le gouverneur de), V, 262.
Gravelines (la ville de), V, 102.
Grec, Grecque, Grecs, I, 401, var. 3; 435, 637; 438, 703, var., 710, var.; 442, 795; 474, 1354; 529, 110; II, 45, 89; 47, 136, 143; 48, 169; 49, 183; 50, 217; 51, 225; 52, 248; 53, 265; 54, 273, 282; 55, 291; 56, 328; 57, 331, 339; 61, 408; 62, 444; 63, 465; 66, var. 2; 69, 586; 70, 621; 71, 628, 641 et var.; 79, 785, 789; 86, 900; 87, 922; 90, 985; 94, 1059; 96, 1087; 100, 1182; 101, 1222; 106, 1318, 1322; 107, 1339; 108, 1360; 110, 1390; 114, 1459; 116, 1495, 1499; 117, 1503, 1514; 118, 1535; 121, 1585, 1594; 213, 810; III, 19; 33, 250; 48, 572; 138; 140; 142; 151, 18; 158, 138; 161, 191, 194, 206; 165, 287, 293, 301; 331, 428; IV, 9; 11; 12; 13; 216, 27; V, 354; 355; 415; 420; 459; 465; 486; 500; 501; 528; 539; 540; 543; 549; 554; VI, 16; 35; 61; 62; 64; 66; 77; 82; 110; 129; 143; 148; 161; 195; 196; 197; 198; 200; 202; 203; 204; 207; 208; 210; 224; 237; 240; 244; 245; 276; 278; 293; 296; 352; 537; VII, 344.
Grèce (la), I, 456, 1059; 573, 1081; II, 38; 41, 10; 44, 58, 68, 70; 48, 151, 158; 49, 173, 182; 51, 234; 52, 237; 55, 297; 58, 371; 65, 506; 68, 562; 70, 609; 79, 769; 84, 889; 89, 977; 99, 1158;

100, 1185; 106, 1322; 114, 1467; 115, 1478 et *var.* 2; III, 20; 41, 396; 59, 807; 91, 1527; 143; 155, 76, 81; 160, 186; 165, 285; 166, 313; 318, 212; 329, 374; 334, 489; 341, 646; 359, 981; 368, 1109; IV, 10; 11; 216, 26; V, 464; 501; 509; VI, 198; 255; 257; 273; 524; 525; VII, 342.

GRÉGOIRE (saint) de Nazianze, IV, 281; 328; V, 401; 402.
GRÉGOIRE VII, pape, V, 193.
GREMONVILLE (le chevalier, plus tard commandeur de), V, 136.
GRENOBLE (l'évêque de). Voyez CAMUS (le).
GRESSIER, contrôleur, VI, 528; 529.
GREY (le comte de), V, 98.
GRIGNAN (François Adhémar de Monteil de), archevêque d'Arles, VI, 459; 464 et 465; 497 et 498.
GRIGNAN (Jacques Adhémar de Monteil de), évêque d'Uzès, frère du précédent, VI, 418; 420; 421; 459; 464; 465; 470; 474; 475; 476; 478; 480; 481; 495; 497; 498.
GRIMALDI (Jérôme de), archevêque d'Aix, V, 90.
GRIMALDI (de). Voyez VALENTINOIS (le duc de).
GRIMANI, général des Vénitiens, V, 136.
GRIMAREST (Jean-Léonor le Gallois, sieur de), VII, 122; 130.
GRIPSVALDE (la ville de), en Poméranie, V, 190.
GRIVILLER, nom de lieu, VII, 144; 356.
Gros-René, surnom du comédien du Parc, VI, 504.
GROTIUS, V, 179; 202; VII, 344; *de Jure belli et pacis*, V, 216; *Annales et historiæ de rebus Belgicis*, V, 216.

GRUYN, trésorier des deniers royaux, VII, 193.
GRYLLUS, VI, 313.
GUAIS (Florent) ou GUAYS, VI, 408.
GUELDRES (le duché de), V, 190; 316.
GUELDRES (la ville de), V, 99; 100.
GUELPHE (François), secrétaire d'Arnauld, appelé *le petit frère*, IV, 608; VI, 531; VII, 41 et note 5; 101.
GUÉMENÉ (Anne de Rohan, princesse de), femme du prince de Guémené, duc de Montbazon, IV, 423.
GUÉNÉGAUD (Mme du Plessis). Voyez PLESSIS GUÉNÉGAUD (Mme du).
Guénégaud (la rue de), à Paris, VI, 576.
Guêpes (les). Voyez ARISTOPHANE.
Guérinets (les), secte d'illuminés, IV, 399.
GUET (l'abbé du), VII, 105, note 15.
GUICHOT (don). Voyez QUICHOTE (don).
GUILLARD, chirurgien, IV, 466; 469; 470.
GUILLAUME LE CONQUÉRANT, V, 191; 192; 194.
GUILLAUME LE ROUX, fils du précédent, V, 192.
GUILLAUME duc de Guyenne, V, 195.
GUILLAUME II de Nassau, fils de Frédéric-Henri de Nassau, V, 71; 72; 97; 98.
GUILLAUME III (Guillaume prince d'Orange, stathouder de Hollande, et plus tard roi d'Angleterre sous le nom de), fils du précédent, IV, 479; 480; V, 55; 58; 71; 72; 97; 98; 146; 153; 182; 183; 245; 247; 248; 249; 251; 255; 259; 261; 268; 269; 271; 272; 279;

282; 283; 288; 294 et 295; 296; 297 et 298; 313; 314; 315; 316; 317; 323; 330; 334; 335; 337; 338 et 339; 345; 346; 347 et 348; VII, 19; 30; 36; 44; 51; 53; 54; 55; 61; 94; 102; 104; 106; 109 et 110; 115; 267; 272; 274.
Guillaume (le fort). Voyez Fort Guillaume (le).
Guilleragues (de), VI, 522-526; VII, 38.
Guinée (la), V, 154; 156,
Guiscar (le comte de), maréchal de camp, V, 320.
Guise (la ville de), V, 107.
Guise (Louis II de Lorraine, cardinal de), V, 167.
Guise (Charles de Lorraine, duc de), neveu du précédent, V, 76 et 77.
Guise (Henri II duc de), fils du précédent, V, 89; 90; VI, 347.
Guise (la comtesse de Bossut, duchesse de), femme du précédent, VI, 347.
Guise (l'hôtel de), à Paris, V, 77.
Guy vicomte de Limoges. Voyez Limoges.
Guy comte de Penthièvre. Voyez Penthièvre.
Guyenne (le duc de). Voyez Guillaume.
Guyenne (le duché de), V, 195; 196.
Guyon (Mme), V, 402; 404; 405.

H

Habert, évêque de Vabres, IV, 444.
Haguenau (la ville de), V, 128; 268.
Hailbron (la ville d'). Voyez Heilbronn.
Hainaut (le), V, 289; 290; 296.
Haisne (la rivière de), V, 318; 320; VII, 35.

Halicarnasse (la ville d'), VII, 117.
Halitherses Mastorides, VI, 70.
Halius, fils d'Alcinoüs, VI, 131.
Halluyn (Charles de Schomberg, duc d'). Voyez Schomberg (Charles de).
Hambourg (la ville de), V, 96.
Hamon (Jean), médecin à Port-Royal, IV, 591; 600; VII, 327; 356; *Traités de piété*, IV, 600; 607.
Hanover. Voyez Hanovre.
Hanovre (Jean-Frédéric de Brunswick, duc d'), V, 256.
Hanovre (la maison d'), V, 115.
Hanrech, nom de lieu, V, 337.
Haralde, roi d'Angleterre, petit-fils de Kanut II, V, 192.
Harcour (le collége d'), IV, 202, 12.
Hardy (M.), VII, 147.
Hardy (Mlle), veuve du précédent, VII, 172 et 173.
Harlai (Achille de), premier président sous Henri III et sous Henri IV, IV, 530; V, 170.
Harlai (Nicolas-Auguste de), seigneur de Bonneuil, de Cely, etc., conseiller d'État et premier ambassadeur plénipotentiaire à la paix de Riswick, IV, 441; VI, 544; VII, 131; 210 et 211.
Harlai (Louis-Achille-Auguste de), comte de Cely, fils du précédent. Voyez Cely (de).
Harlai (François de) de Champvallon, archevêque de Rouen et plus tard de Paris, IV, 485; 498; 522; V, 405; VII, 133; 134; 135; 136; 137; 148 et 149.
Harlai (Marie-Anne de) de Champvallon, nièce du précédent, supérieure de Port-Royal de Paris, VII, 218.
Harménopul. Voyez Arméno Pul.

HARMODIUS, V, 469; 521.
HASSELT (la ville de), V. 183; 190.
HATTEM (la ville de), V, 183.
HAURANNE (Jean du Vergier de). Voyez SAINT-CYRAN (Jean du Vergier de Hauranne, abbé de).
HAUTEFEUILLE (M. de), V, 124.
HAUTEFONTAINE (le Roi, abbé de), VII, 323.
HAYE (la ville de la), IV, 366; V, 72; 151; 158; 292; 294; 316; VI, 346; VII, 195; 197; 199; 202; 204; 208; 210; 213; 223; 225; 236; 239; 240; 242; 246; 248; 250; 252; 255; 258; 259; 260; 271; 275; 283; 288; 289; 291; 295; 301.
HAYE (Jean de la), seigneur de Venteley, ambassadeur à Constantinople, II, 474; V, 137.
HAYE (Antoine de la), prieur d'Aulchy, oncle de Racine (?), VI, 498.
HAYE (Henri (?) de la), cousin de Racine, VII, 147; 165 et 166; 176.
HAYNAUT. Voyez HAINAUT.
HÉBERT comte de Vermandois, V, 191.
HÈBRE (l'), fleuve, VI, 523.
HÉBREUX (les), III, 478, 188; 611, 98; 621, 269; 624, 343; 634, 509; 650, 766; 659, 950; 679, 1340; VI, 187.
HÉCATE, VI, 255.
HÉCATON. Les Sentences, V, 512.
HECTOR, II, 33; 37; 38; 40; 44; 71; 46, 108; 47, 136; 48, 148, 155, 160; 49, 193; 50, 205; 51, 223, 224; 52, 235; 53, 262; 54, 269, 272; 57, 336; 58, 357, 361; 65, 514; 69, 599; 72, 650, 652; 73, 662; 83, 860, 865; 84, 875; 86, 900; 88, 940; 90, 993; 91, 1016; 94, 1050; 96, 1088, 1099, 1104; 97, 1122; 101, 1219; 106, 1320, 1322; 107, 1333; 113, 1453; 116, var.; 121, 1592, var.; IV, 76, 74; 178, 4; V, 465; 494; 529; VI, 21; 35; 197; 199; 201; 202; 203; 204; 206; 209; 210; 211; 240; 243; 245; 252.
HÉCUBE, II, 49, 189; IV, 240; VI, 210; 211.
HÉDIN. Voyez HESDIN.
HEEMSKERKE, ambassadeur de Hollande, VII, 275.
HÉGÉSIAS, V, 521.
HEIDELBERG (la ville de), V, 116; 118; VII, 97; 98.
HEILBRONN (la ville de), V, 118; VI, 346.
HEINSIUS, I, 394.
HÉLÈNE, femme de Ménélas, I, 434, note 4; II, 38; 40; 52, 245; 54, 285; 57, 342; 82, 844; 99, 1160; 106, 1320; 107, 1342; III, 139; 148; 153, 59; 162, 237; 165, 300; 170, 384; 309, 85; VI, 22; 83; 85; 86; 88; 89; 92; 198; 199; 201; 202; 204; 227; 331.
Hélène, tragédie d'Euripide. Voyez EURIPIDE.
HÉLICON (l'), VI, 488; 489.
HÉLIODORE, VI, 60 et 61; 66; 82; 89.
Hellé, tragédie grecque, V, 484.
HELLESPONT (l'), III, 170, 381; 467, 39; 519, 894; VI, 203.
HELVÉTIUS (Adrien), médecin hollandais, VII, 23; 227.
HÉMON, personnage de *la Thébaïde* de Racine, I, 396-483; de l'*Antigone* de Sophocle, II, 246; V, 484.
HENNEBOND (la ville de), V, 197.
HENNEQUIN (Françoise Sconin, Mme), VI, 512.
HENRI Ier, roi de France, V, 191; 192.
HENRI II, roi de France, V, 75; VII, 182.
HENRI III, d'abord duc d'Anjou, roi de Pologne, puis roi de

France, IV, 248, 49; V, 75; 141; 135; 167.
HENRI IV, roi de France, IV, 68, 58; 248, 49; V, 83; 94; 170.
HENRI IV, empereur d'Allemagne, V, 193.
HENRIETTE DE FRANCE, reine d'Angleterre, V, 98.
HENRY, valet de Jean-Baptiste Racine, VII, 139; 162; 163; 178; 196; 205; 228; 231.
HENRY (le cousin). Voyez HAYE (Henri de la).
Heptaméron (l'). Voyez MARGUERITE de Navarre.
HÉRACLE, archevêque d'Alexandrie, V, 584.
HERCULE, II, 366; III, 311, 122; 332, 454; 358, 943; V, 461; VI, 39; 44; 45. —, personnage des *Trachiniennes* de Sophocle, VI, 245; 247; 248; 249; 250; 251; 252; *Hercule Callinique*, V, 522.
HERCULE (les colonnes d'), VI, 23; 213; 216.
Hérésies (les). Voyez IRÉNÉE (saint).
HÉRICOURT (du Trousset d'), commis de Pontchartrain, VII, 177.
HÉRICOURT (Mme d'), femme du précédent, VII, 145.
HERMENSTEIN. Voyez EHRENBREITSTEIN.
HERMIONE, fille de Ménélas et d'Hélène, II, 34; 37; 38; III, 214, 1270; VI, 83. —, personnage de la tragédie d'*Andromaque*, II, 40-124.
HERNOTON (François-Joseph d'), VII, 262. (Racine écrit *d'Ernoton*.)
HERNOTON (le chevalier d'), petit-fils du précédent, VII, 262.
HÉRODE, intendant de la police à Smyrne, V, 563; 564; 569; 571.

HÉRODOTE, II, 39; III, 456; 457; V, 500; VI, 249; 333; VII, 71.
HÉRON, nom d'homme, V, 593.
HERSENT (Charles). *Optatus Gallus*, V, 174.
HESBAYE (la), V, 321; 322.
HESDIN (la ville de), VI, 406. (Racine écrit *Hédin*.)
HÉSIODE, V, 462; VI, 27.
HÉSIONE, mère de Teucer, VI, 244; 245.
HESSEIN (Pierre), secrétaire du Roi, VI, 562; 572; 580; 585; 588; 589; 590; 594; 595; 605; VII, 38; 294.
HESSEIN (Mme), femme du précédent, VII, 294; 302.
HESSIN. Voyez HESSEIN.
HEUDICOURT (Mme d'), Bonne de Pons, mariée à Michel Sublet d'Heudicourt, VII, 139 et 140; 143; 145.
Heures de Port-Royal (les), IV, 450; 451.
HEVERLE (le château d'), V, 330.
HIÉROME, prénom de Chicanneau dans *les Plaideurs*, II, 178, 405; 179, 418.
HIÉRON Ier, roi de Syracuse; VI, 17; 29; — (ode à), VI, 9-16.
HIÉROSME (saint). Voyez JÉRÔME (saint).
HILAIRE, nom d'homme, IV, 592; 593.
HIMÈRE (la ville d'), VI, 48; 49; 50.
HIPPOCRATE, VI, 603.
HIPPODAMIE, fille d'Œnomaüs, VI, 13.
HIPPOLYTE, fils de Thésée, III, 299; 300; 301. —, personnage de la tragédie de *Phèdre*, III, 304-397; de l'*Hippolyte* d'Euripide, VI, 256.
Hippolyte, tragédie d'Euripide. Voyez EURIPIDE.
HIPPOLYTE, femme d'Acaste, VI, 216; 217.

HIPPOMÉDON, l'un des sept chefs venus avec Polynice contre Thèbes, I, 430, 567.
HODENCK (de), grand vicaire de Paris et official, IV, 471.
HOGUE (la), V, 317; VII, 29.
HOGUETTE (Hardouin Fortin de la), archevêque de Sens, VII, 117; 121; 186; 266; 293; 296.
HOGUETTE (de la), lieutenant général, frère du précédent, VII, 117.
HOLLANDAIS (les), IV, 247, 44; V, 56; 58; 79; 99; 104; 149; 150; 151; 152; 154; 156; 157; 158; 159; 160; 182; 245; 246; 247; 249; 251; 252; 253; 254; 255; 256; 261; 262; 264; 269; 271; 272; 291; 292; 293; 294; 295; 296 et 297; 299; 314; 318; 335; VI, 346; VII, 53; 55; 243.
HOLLANDE (la), IV, 273; V, 56; 72; 96; 97; 116; 146; 148; 153; 157; 159; 160; 181; 190; 243; 244; 245; 247; 248; 249; 250; 251; 259; 269; 274; 288; 292; 293; 294; 301; 330; VI, 346; VII, 30; 61; 103; 106; 208; 212; 231; 235; 254; 256; 275; 345.
HOLLANDE (les états de), V, 72; 150; 151; 152; 155; 158; 159; 294; 295.
HOLOPHERNE, IV, 190, 9.
HOLSACE (l'), ancien nom du Holstein, V, 189.
HOMÈRE, I, 434, note 4; II, 39; 248; III, 140; 142; IV, 216, 25; 279; 366; V, 456; 464; 465; 486; 488; 498; 499; VI, 21; 31; 40; 41; 50; 52; 53; 56-164; 196-211; 238; 252; 261; 274; 275; 277; 281; 289; 303; 308; 322; 556; VII, 84; 118; 208; 341; l'*Iliade*, VI, 57; 196-211; (livre I) VI, 68; 556; (livre II) VI, 31; 67; (livre III) VI, 35; 67; (livre V) VI, 101; (livre VI) VI, 52 et 53; 238; (livre VIII) VI, 73; 239; (livre IX) III, 140; VI, 60; 77; 129; (livre XIV) VI, 86; 143; (livre XVI) VI, 41; (livre XVIII) VI, 242; (livre XXI) II, 39; (livre XXIV) VI, 60; 252; l'*Odyssée*, VI, 21; 56-164; (livre I) VI, 40; (livre IV) VI, 21; (livre V) VI, 74; 124; (livre VII) VI, 58; (livre X) VI, 98; (livre XI) VI, 79; (livre XIII) VI, 57; (livre XIV) VI, 58; 59; (livre XVI) VII, 117; 118; (livres XX et XXII) VII, 120; *Margitès*, VI, 289.
HONGRIE (la), V, 81; 129; 130; 145; 169; 188; 286; VI, 598; 606.
HONGRIE (rois de). Voyez ZAPOLIA.
Hongrie (l'eau de la reine d'), VII, 280.
HONGROIS (les), V, 139.
HONORÉ III (le pape), IV, 388.
HONORIUS Ier (le pape), IV, 287.
HORACE, poëte latin, II, 35; 366; III, 138; IV, 360; VI, 49; 324-328; 352; 400; 456; VII, 90; 114; 343; les *Odes*, VII, 127; (livre I, ode XIV) VI, 105; (livre I, ode XXXIV) VI, 49; (livre I, ode XXXVII) VI, 293; (livre III, ode XVII) VI, 155; (livre III, ode XXIX) VI, 49; (livre IV, ode XI) VI, 52; les *Satires*, (livre I, sat. X) VII, 264; (livre II, sat. III) III, 138; les *Épîtres*, (livre I, ép. I) VII, 83; (livre I, ép. II) VI, 159; (livre I, ép. VII) VI, 92; (livre I, ép. X) VI, 580; (livre I, ép. XIX) VII, 13; l'*Art poétique* ou l'*épître aux Pisons*, II, 35; 366; VI, 56; 352; 456; 566; VII, 189.

Horace, tragédie de Corneille. Voyez CORNEILLE.
Hôtel de ville (l'), à Paris, VII, 211.
HOTMAN. *Francogallia*, V, 387, note 2.
HOUGAERDE, nom de lieu, V, 331.
HOUSSAYE (Mme de la), Catherine le Picart de Périgny, femme de Nicolas le Pelletier, seigneur de la Houssaye, VII, 320.
HOUY, HOUY (d'), nom d'homme, VI, 378; 396; 420; 441; 442; 478.
Huchette (la rue de la), à Paris, VI, 524.
HUEPION (le village de), V, 324; 331.
HUERNE, notaire, VII, 359.
HUET, évêque d'Avranches, VII, 344; les *Questions d'Aulnay*, VII, 344.
Huguenots (les), V, 165.
HUGUES LE GRAND, duc de France, comte de Paris, V, 190.
HUGUES CAPET, fils du précédent, V, 190.
HUGUES, fils aîné du roi Robert, V, 192.
HUGUES, fils de Henry Ier, chef de la seconde maison de Vermandois, V, 191.
HUGUES, roi d'Italie, V, 192.
HUMBERT, comte de Maurienne et de Savoie, V, 192.
HUMIÈRES (Louis de Crevant, duc d'), maréchal de France, V, 76; 79; 80; 81, note 5; 102; 109; 271; 283; 287; 290; 320; 324.
HUNIADE (Jean Corvin), vaïvode de Transylvanie, V, 138.
HUNIADE (Tekeli, seigneur d'). Voyez TEKELI.
HUNNERIC, personnage de la tragédie de *Genséric* de Mme Deshoulières, IV, 242, 7.

HUY (la ville de), V, 266; 322; 336; VII, 52; 102.
HYDASPE (l'), fleuve, I, 524; 526, 30; 544, 451; 546, 505; 573, 1078; 576, 1152; V, 494.
HYDASPE, personnage de la tragédie d'*Esther*, III, 460-542.
HYLLUS, personnage des *Trachiniennes* de Sophocle, VI, 247; 248.
Hymen (l'), personnifié, IV, 60, var.
Hymnes du Bréviaire romain (traduction des), IV, 90-137.
HYPSIPYLE, fille de Thoas, VI, 24.
HYSTASPE, III, 456.

I

IAMOS, fils d'Apollon, VI, 27; 28.
IBRAHIM (le sultan), II, 476; 485, 109; V, 137.
ICARE, III, 306, 14.
ICARIUS, père de Pénélope, VI, 69; 70.
ICÉSIUS, père de Diogène, V, 505; 506.
IDA (le mont), VI, 208.
IDOMÉNÉE, VI, 200.
IDUMÉE (l'), II, 393, 427; III, 519, 897.
Idylle sur la paix (l'), IV, 79-89.
IGNACE (saint), archevêque d'Antioche, V, 578, note 3; 581; 582; 583.
Ignorance (l'), personnifiée, IV, 72, 3.
ILE (le prévôt de l'), IV, 394; 550.
ILE DE FRANCE (l'), V, 278.
Iles des Bienheureux (les), VI, 20; 21.
Iliade (l'). Voyez HOMÈRE.
ILION (la ville d'), II, 57, 330; III, 151, 31; 162, 222; IV, 240, 3, 10.
Imaginaires (les) de Nicole, IV, 271; 272; 274; 277; 329; 330; 575; 607.

Impromptu de Versailles (l'), comédie de Molière. Voyez Molière.
Incurables (l'hospice des) à Paris, IV, 597.
Inde (l'), fleuve, I, 570, 1013; 576, 1152; IV, 62, 172; VI, 378.
Inde (l'), contrée, I, 529, 88; 543, 439; 547, 518; 566, 931; 571, 1032; 576, 1160; III, 467, 39.
Indes (les), I, 514; 521; 522; 523; V, 150; 155; 244; 554.
Indes occidentales (la compagnie des), V, 155; 156; 157.
Index (livres mis à l'), V, 216; 217.
Indien, I, 521; III, 531, 1115.
Indiens (les), I, 564, 869.
Ingène, soldat chrétien, V, 594.
Injustice (l'), personnifiée, IV, 68, 35.
Innocence (l'), personnifiée, III, 461, 3; IV, 22, 4.
Innocent I (le pape), V, 176.
Innocent X (le pape), IV, 419; 444; 445; 446; 454; 455; 456; 457; 458; 496; 497; 525; 528; 533; 585; 586; V, 174; 175; 176; VI, 344; 347; la bulle *Cum occasione*, V, 176.
Innocent XI (Benoit Odescalchi, pape sous le nom d'), IV, 491; V, 147; 148; 169; 186.
Innocent XII (Antonio Pignatelli, pape sous le nom d'), V, 169; 170; VII, 22.
Ino Leucothée. Voyez Leucothée (Ino).
Inothée, fille de Protée, VI, 90.
Inquisition (l'), IV, 432; 450; 490; 537; V, 217; 218.
Insolence (l'), personnifiée, VI, 50; 51.
Inspruk (François-Sigismond archiduc d'), V, 181.

Institution des novices (l'). Voyez Pré (Marguerite de Sainte-Gertrude du).
Institutions oratoires (les). Voyez Quintilien.
Intéressés (la compagnie des) dans les sous-fermes, VII, 155; 156.
Intimé (l'), personnage de la comédie des *Plaideurs*, II, 144-219.
Io, VII, 307.
Iocaste. Voyez Jocaste.
Iolas, VI, 44.
Iolé, captive d'Hercule, VI, 249; 250.
Ion (l') de Platon. Voyez Platon.
Ion, personnage de l'*Ion* de Platon, VI, 275.
Ion, tragédie d'Euripide. Voyez Euripide.
Ion, personnage de l'*Ion* d'Euripide, VI, 264.
Ionie (l'), III, 33, 251; V, 468.
Ionie (la mer), VI, 109.
Iphigénie, fille d'Agamemnon, III, 138; 139; 140; V, 485; 488. —, personnage de la tragédie d'*Iphigénie*, III, 148-241; — dans le *Plan du premier acte d'*Iphigénie en Tauride, IV, 9-14.
Iphigénie, tragédie de Racine, III, 138-241; IV, 236, au titre; 237, 6.
Iphigénie, tragédie de le Clerc. Voyez Le Clerc.
Iphigénie à Aulis, tragédie d'Euripide. Voyez Euripide.
Iphigénie en Tauride, tragédie projetée de Racine. Plan du premier acte, IV, 9-14.
Iphion, VI, 38.
Iphitus, VI, 247.
Iphthime (l'idole d'), VI, 94 et 95.
Ipres. Voyez Ypres.
Irénée (saint), V, 572; 574,

note 1; 576 et 577; les *Hérésies*, V, 572.
Iris, IV, 206, 8.
Irlandais (les), IV, 503.
Irlande (l'), V, 313; 318; VII, 21.
Isaac, III, 592; IV, 231, 167.
Isabelle, reine d'Angleterre, femme d'Édouard II, V, 196.
Isabelle, personnage de la comédie des *Plaideurs*, II, 144-219.
Isaïe (le prophète), IV, 157; (chap. v, verset 24) VI, 221; (chap. xii, verset 3) IV, 160; (chap. xxviii, verset 13) V, 203; (chap. xl, verset 12) IV, 159; (chap. xlii, verset 3) IV, 625; (chap. xliv, verset 24) IV, 159; (chap. xlv, verset 1) IV, 160; (chap. xlv, verset 2) IV, 158; (chap. xlviii, verset 13) IV, 159; (chap. lv, versets 1 et 2) V, 202; (chap. lvi, verset 7) VI, 416.
Ischyrion (saint), V, 595.
Isidore, nom d'homme, V, 593.
Isis (la déesse), VI, 314; VII, 307.
Isle (l'). Voyez Lille.
Isles (Notre-Dame des), à Auxerre, IV, 392.
Ismaël, fils d'Abraham et d'Agar, III, 657, 917.
Ismaël, personnage de la tragédie d'*Athalie*, III, 604-705.
Ismaélites (les), V, 208.
Ismare, ville des Cicons, VI, 145; 146.
Ismène, fille d'OEdipe et de Jocaste, VI, 261.
Ismène, personnage de la tragédie de *Phèdre*, III, 304-397.
Isocrate, VI, 331.
Israël, III, 470, 88; 476, 164; 479, 218; 485, 298; 487, 341; 591; 593; 603; 612, 111; 650, 767; 657, 918; 665, 1087;
666, 1113; 679, 1342; 680, 1363; IV, 143, 113; 210, 41.
Israélite, Israélites, III, 458; 460; 680, 1361; V, 205.
Issel (l'), rivière, V, 182; 245; 247.
Isthmiques (les jeux), VI, 217.
Italie (l'), II, 385, 240; III, 59, 812, 815; 302; V, 118; 135; 190; 191; 192; 420; VI, 43; 96; 153; 400; VII, 36; 66; 113; 115.
Italie (le roi d'). Voyez Hugues.
Italiens (les), II, 140; V, 253; VI, 412; 444.
Ithaque (l'île d'), VI, 57; 58; 62; 65; 87; 92; 95; 128; 142; 154; 163; 523.
Ixion, VI, 296.

J

Jacob, III, 472, 114; 478, 182; 668, 1140; 686, 1472, 1476; 687, 1501; 704, 1804.
Jacques (saint), le mineur, V, 211.
Jacques Ier, roi d'Angleterre, V, 95.
Jacques II, roi d'Angleterre, IV, 479; V, 101 (?); 118 et 119; 288; 301; 315; 317; 416; VII, 29; 124.
Jacques (le grand), II, 209, 752.
Jacques, entrepreneur des vivres, VI, 607.
Jahel, III, 666, 1114.
Jambe (le faubourg de), à Namur, V, 324; 327.
Janeiro (la rivière de), V, 159 et 160.
Jannart (M.), VII, 37.
Janos ou Jenö (la ville de), V, 144.
Jansèniens (les), IV, 203, 24. Voyez *Jansénistes* (les).
Jansénisme (le), IV, 278; 464; 494; 498; 500; 503; 522;

538; 452; 605; V, 404; VI, 579; VII, 217; 219; 282.
Jansénistes (les), IV, 327; 332; 449; 450; 453; 475; 478; 481; 482; 484; 493; 494; 495; 498; 501; 502; 503; 506; 520; 530; 536; 542; V, 404; 405; VII, 216; 333 et 334; 336.
Jansénius (Cornelius), évêque d'Ypres, IV, 176, 1; 226, 1, 5; 228, 41, 45; 230, 106, 117, 133; 274; 279; 285; 286; 288; 329; 442; 443; 444; 447; 448; 456; 457; 461; 486; 492; 493; 494; 496; 499; 501; 520; 525; 526; 528; 529; 538; 539; 540; 541; 542; 543; 544; 545; 546; 561; 582; 585; 603; V, 176; 219; 405; l'*Augustinus*, IV, 442; 444; 447; 449; 461; 556; 585.
Janus, VI, 312.
Japon (le), II, 203, 685; 204, 689; V, 149.
Jariel (Jean-Baptiste le), sieur des Forges, VII, 206 et 207.
Jason, VI, 100; 216.
Jean-Baptiste (saint), VII, 255.
Jean (saint) l'évangéliste, V, 573; 574; 576; *Évangile*, (chap. II, verset 19) V, 208; 211; (chap. VI, verset 52) IV, 159; (chap. XI, verset 9) V, 202; (chap. XI, verset 51) III, 601; (chap. XVIII, versets 1 et 6) V, 202 et 203; (chap. XIX, versets 9, 10, 15, 22, 24 et 25) V, 203 et 204; (chap. XX, versets 7 et 17) V, 204; *Épître I* (chap. IV, verset 3), V, 580.
Jean-Chrysostome (saint). Voyez Chrysostome (saint Jean).
Jean XXII (le pape), V, 196.
Jean le Bon, duc de Normandie, puis roi de France, V, 198.
Jean II, duc de Bretagne, V, 197.

Jean comte de Montfort. Voyez Montfort.
Jean IV, roi de Portugal, V, 156; 158; 159; 161.
Jeanne, fille de Guy comte de Penthièvre, mariée à Charles de Châtillon, V, 197.
Jeanne d'Évreux. Voyez Évreux (Jeanne d').
Jeanne (la sœur). Voyez Morin (Jeanne de la Croix).
Jeanne, personne inconnue, VII, 297.
Jéchonias, roi de Juda, dit aussi *Joachin*, III, 613, note 3; V, 207; 209, note 5; 210.
Jéhu, roi d'Israël, III, 593; 610, 82; 614, 151; 632, 480; 664, 1066, 1068, 1071; 665, 1078, 1082, 1083, 1084, 1086, 1089.
Jemeppe, nom de lieu, V, 339.
Jenö. Voyez Janos.
Jephté (la fille de), III, 675, 1260.
Jérémie (le prophète), IV, 157; V, 207; VI, 585; (chap. II, versets 10 et 11) V, 209; (chap. II, verset 13) IV, 160; (chap. II, verset 30) V, 206; (chap. VIII, versets 1 et 2) III, 607, note 1; V, 210; (chap. XVII, verset 5) IV, 157; (chap. XXII, verset 30) III, 613, note 3; V, 207; (chap. XXIII, versets 14 et 27) III, 607, note 1; V, 210; (chap. XXXII, versets 32 et 35) III, 607, note 1; V, 209.
Jérôme (saint), IV, 286; V, 400; 401.
Jérusalem, III, 470, 85; 591; 593; 594; 602; 604; 632, 473; 658, 947; 668, 1144; 669, 1149, 1159; 670, 1163, 1166; 672, 1196; 704, 1810; IV, 428; V, 193; 194; 209; 210; VII, 119.

Jérusalem délivrée (la). Voyez Tasse (le).

Jésuites (les), IV, 273; 278; 281; 284; 332; 337; 394; 414; 415; 416; 417; 428; 429; 430; 431; 432; 433; 434; 436; 437; 438; 439; 440; 441; 442; 443; 444; 447; 448; 449; 450; 451; 452; 453; 454; 462; 463; 464; 473; 475; 477; 479; 480; 481; 482; 483; 484; 485; 486; 487; 488; 489; 490; 491; 492; 495; 496; 497; 500; 502; 504; 506; 513; 519; 522; 526; 528; 529; 532; 534; 535; 536; 537; 538; 539; 540; 544; 546; 554; 581; VI, 267; 319; 423; VII, 57; 158; 184 et 185; 188; 189. Voyez Adam, Anjou (d'), Annat, Baune (de la), Baunis, Bouhours, Bourdaloue, Brisacier, Camin, Chaise (de la), Cheminais, Daniel, Dinet, Escobar, Ferrier, Gaillard, Garasse, Labbe, Lami, Langlois, Mariana, Meynier, Molina, Moya (de), Nouet, Paulin, Petau, Pirot, Santarel, Scontin, Sesmaisons (de), Suffren, Tambourin, Vavasseur, Villiers (de).

Jésus (la Mère Marie de), carmélite, IV, 407.

Jésus-Christ, III, 670, 1174, 1176; 686, 1485; IV, 25, 33, 35; 110, 21; 111, 30, 31; 112, 4; 113, 9; 114, 3, 10; 115, 5; 117, 9; 122, 17; 123, 4; 212, 21; 281; 405; 416; 420; 437; 449; 450; 452; 466; 472; 483; 486; 505; 512; 516; 518; 519; 529; 565; 592; 593; 594; V, 10; 202; 203; 204; 211; 220; 402; 559; 560; 561; 563; 565; 567; 569; 570; 571; 572; 574; 576; 578; 579; 580; 582; 583; 592; 593; 594; 596; VI, 276; 313; 509; VII, 301; 316; 322; 323; 342; 343; 344; 346. Voyez *Verbe* (le).

Jeux (les), personnifiés, IV, 66, 2; 70, 102; VI, 402; VII, 351.

Jeux isthmiques (les). Voyez Isthmiques (les jeux).

Jézabel, reine d'Israël, III, 593; 608, 59; 612, 115; 619, 230; 621, 272; 633, 491; 649, 761; 663, 1038; 664, 1074; 679, 1329; 703, 1790.

Jezraël, III, 619, 229.

Joachim, grand prêtre des Juifs, V, 210.

Joachin, roi de Juda, fils de Joakim. Voyez Jéchonias.

Joad, ou Joïada, grand prêtre des Juifs, III, 598; 601; 602; 603; V, 206; 208; 211. —, personnage de la tragédie d'*Athalie*, III, 604-705.

Joakim, roi de Juda, fils de Josias, V, 209.

Joas, roi de Juda, III, 593; 594; 597; 599; 601; V, 206; 207; 208. —, personnage de la tragédie d'*Athalie*, III, 604-705.

Job, VI, 181-192.

Jocaste, mère et femme d'OEdipe, VI, 261; 262. —, personnage de *la Thébaïde*, I, 396-483; de l'*OEdipe roi* de Sophocle, II, 39.

Joram, roi de Juda, III, 593; 594; 599; 604; 610, 79; 619, 231; 676, 1288; V, 208.

Josabet, fille du précédent, III, 594. —, personnage de la tragédie d'*Athalie*, III, 604, 705.

Josaphat, roi de Juda, III, 593; 609, 78.

Joseph (le P.), capucin, IV, 411; VI, 345.

Josèphe, historien, III, 598; 599; V, 207 et note 8. (Racine écrit *Joseph*.)

Josias, roi de Juda, V, 209.
Josué, VI, 454.
Jourdain (le), III, 474, 141; 475, 150; 500, 568; 632, 474; 690, 1546; IV, 63, 190.
Journees (les), filles du Soleil, VI, 18.
Joyeuse (Jean-Armand marquis de), maréchal de France, V, 347; VII, 109.
Juda (la tribu et le royaume de), III, 591; 594; 598; 603; 604; 611, 94; 678, 1310, 1314; V, 203; 210; 362.
Judas Iscariote, V, 563.
Judée (la), II, 378, 104; 383, 197; 396, 493; V, 533; VI, 190.
Judith, III, 458. —, personnage de la *Judith* de Boyer, IV, 190, 10.
Judith, tragédie de Boyer. Voyez Boyer.
Juge (l'abbé le), IV, 506.
Juges (le livre des), III, 458.
Juif, Juive, Juifs, II, 405, 692; III, 458; 466, 28; 468, 49; 476, 166; 481, 239; 495, 477; 500, 569; 571, 572; 503, 618; 504, 626; 517, 846; 865; 518, 878. 882, 883; 519, 896; 520, 912, 925; 527, 1033, 1036; 528, 1045, 1058; 529, 1082; 530, 1104; 531, 1118, 1120; 532, 1128; 533, 1143, 1150, 1155; 534, 1164; 535, 1182; 536, 1195; 595; 596; 599; 601; 633, 498; 634, 527; 645, note 2; 656, 891; 679, 1334; 684, 1439; 694, 1651; 699, 1723; 701, 1746, 1759; 702, 1768; 705, 1814; IV, 428; V, 202; 203; 204; 206; 210; 532; 538; 554; 566; 569; VII, 345.
Juifs (rois des). Voyez Achab, David, Jéchonias, Jéhu, Joakim, Joas, Joram, Josaphat,

Josias, Orosias, Roboam, Salomon, Saül.
Juifs (reines des). Voyez Athalie, et Jézabel.
Jules. Voyez César (Jules), et Mazarin.
Julie, fille d'Auguste, VI, 406.
Julien (saint), V, 591.
Julien, disciple de Pélage, V, 403.
Junia Silana, II, 244; 253.
Junie, Junia Calvina, II, 244; 246; 248; 253; 254. —, personnage de la tragédie de *Britannicus*, II, 254-340.
Junon, III, 383, 1404; IV, 62, 178; VI, 73; 86; 99; 103; 143; 153; 199; 209; 326; 379.
Jupiter, I, 549, 574; III, 151, 19; 353, 862; IV, 366; V, 466; 493; 498; 507; 522; VI, 12; 20; 21; 23; 26; 32; 33; 34; 36; 38; 40; 41; 44; 45; 46; 48; 51; 53; 57; 60; 67; 70; 73; 77; 81; 84; 86; 91; 92; 95; 99; 100; 112; 116; 124; 135; 136; 137; 143; 148; 149; 152; 199; 201; 206; 209; 214; 215; 220; 238; 241; 248; 249; 259; 261; 269; 277; 382; 492; 556; VII, 307; 347.
Jurieu, nom d'homme, IV, 603.
Jussac (de), nom d'homme, VI, 574.
Jussac (Mme de), femme du précédent, VI, 574.
Justice (la), personnifiée, III, 463, 55; VI, 36; 51; 68; 384.
Justin, I, 522 et 523; V, 354.

K

Kanut II, roi d'Angleterre, V, 192.
Kempen (la ville de), V, 183; 190.
Kimper. Voyez Quimper.

KMIELNISCHI, capitaine des Cosaques, V, 139; 140.
KNOQUE (la), forteresse de Flandre, V, 102.
KNOTZEMBOURG (la ville de), V, 182.
KNUITZ, KNUT, député des Provinces-Unies, V, 148; 149; VI, 345; 346.
KOATLEZ (l'abbé de), VII, 238.
KOPROLI. Voyez KUPERLI.
KRONEMBOURG (le château de), V, 184.
KUPERLI ou KOPROLI (Mehemet), grand visir, V, 142; 143; 144; 145.

L

LABBE (le P.), jésuite, IV, 324; VI, 483 et note 3.
LABOUREUR (Jean). *Histoire et relation du voyage de la royne de Pologne*, V, 140.
Labyrinthe (le) de Crète, III, 342, 656, 661.
LACÉDÉMONE, V, 468; 509; 527; VI, 83.
LACÉDÉMONIEN, LACÉDÉMONIENS, II, 34; 37; 247; V, 512; VI, 199.
LACHÉSIS (la Parque), VI, 33.
LADENBOURG (la ville de), V, 263.
LADISLAS VI, roi de Pologne, V, 130.
LADISLAS VII, roi de Pologne, V, 139.
LAËRTE, père d'Ulysse, VI, 65; 68; 94.
LAGOS (la côte de), en Portugal, VII, 104.
LAIGUE (le marquis de) ou LAIGUES, V, 81; VI, 350, note 1.
LAÏUS, père d'OEdipe, I, 400, 28 et *var.*; 422, 430; 483, 1499; VI, 234; 235; 236.
LAMI (le P.), jésuite, V, 163.
LAMIA (Ælius), VI, 155.
LAMOIGNON (Chrétien de), marquis de Basville, grand président du Parlement, V, 13.
LAMOIGNON (Madeleine de), fille du précédent, V, 13; VI, 567; 571.
LAMOIGNON (Guillaume de), frère de la précédente, premier président du Parlement, IV, 537; V, 222.
LAMOIGNON (Chrétien-François de), président à mortier, fils du précédent, IV, 537; VI, 560; VII, 191.
LAMUS, fils de Neptune, VI, 155.
LANCELOT, VI, 483; *les Nouvelles méthodes*, IV, 440; VI, 471.
LANDEFERMÉ, nom de lieu, VII, 107.
LANDRECIES (la ville de), V, 100; 107.
LANDSCHRON (la ville de), V, 189.
LANE (l'abbé de la), docteur en théologie, IV, 538.
LANGERON (l'abbé de), VII, 246.
LANGLOIS (Jean-Baptiste), jésuite, auteur d'un libelle anonyme contre les bénédictins, V, 219 et 220.
LANGRES (l'évêché de), IV, 410.
LANGRES (l'évêque de). Voyez ZAMET (Sébastien).
LANGUEDOC (la province de), IV, 487 et 488; V, 393; VI, 421; 427; 473; 497.
LAODAMAS, fils d'Alcinoüs, VI, 124; 131; 133.
LAOMÉDON, VI, 245.
LAON (le collége de), à Paris, VII, 262.
LAON (l'évêque de). Voyez ESTRÉES (le cardinal d').
LARISSE (la ville de), V, 138; VI, 523.
LATINS (les), IV, 216, 27; VI, 61; 81; 156; 352; 537.
LATRAN (le IVe concile de), IV, 388.
LAUGE (M.), VII, 206.
LAUGEOIS. Voyez LOGEOIS.

LAUNOY (Jean de), docteur de Sorbonne, IV, 463; *Observations sur le Formulaire*, IV, 498.
LAURAGUAIS (le comté de), V, 75.
LAURENT (saint), V, 211; 212; VI, 583.
LAUZUN (Antoine-Nompar de Caumont, marquis de Puy-Guilhem, comte, puis duc de), V, 79; 105.
LAVAL (la ville de), V, 165.
LAVAL (Henri-Marie de). Voyez BOIS-DAUPHIN (Henri-Marie de Laval de).
LAVAU (l'abbé), IV, 247, 37.
LÉANDRE, personnage de la comédie des *Plaideurs*, II, 144-219.
LEBRON (Jacques), évêque de Valence, IV, 457.
LECK (le), l'un des bras du Rhin, VI, 345.
LE CLERC, IV, 180; 181, I, 6; *Iphigénie*, IV, 181, 4 et *var*.
LÉDA, II, 34; 37; VII, 344.
LEERS, libraire, VII, 124.
LEFAUCHEUR ou LEFAUCHEUX, cabaretier, V, 171.
LEFDAËL (la ville de), V, 330.
LEMBROCHONS (le P.), provincial des grands augustins, VI, 577.
LEMNIENS (les), VI, 196.
LEMNOS (l'île de), VI, 24; 134; 246.
LEMOS (don François-Charles de Castro, comte de), vice-roi du Pérou, VII, 49.
LENOIR (Jacques), chanoine de Notre-Dame de Paris, VII, 297.
LENOIR DE SAINT-CLAUDE, frère du précédent. Voyez SAINT-CLAUDE (Lenoir de).
LENS (la bataille de), VI, 349.
LÉOPOLD Ier, empereur d'Allemagne, V, 50; 58; 112; 113; 129; 139; 142; 143; 144; 147; 148; 184; 185; 252; 254; 255; 256; 259; 262; 282; 286; 295; 298; 299; VII, 182.
LÉOPOLD (l'archiduc), évêque de Strasbourg et de Passau, fils de l'empereur Ferdinand II, V, 127; 128.
LÉOPOLD-GUILLAUME (l'archiduc), frère de l'empereur Ferdinand III, V, 99.
LÉOPOLD Ier, duc de Lorraine, VII, 181.
LERCARO (Imperiale), doge de Gênes, V, 123.
LERIDA (la ville de), VI, 344; 346.
LESBOS (l'île de), III, 141; 158, 155; 159, 166; 162, 233; 168, 346; 187, note 1.
LESCHALETTE. Voyez SCALETTE (la).
LESCOT, joaillier, V, 77.
LESTRIGONS (les), VI, 155.
LEUCOTHÉE (Ino), fille de Cadmus, VI, 17; 74; 105; 106; 108; 257.
LEUZE (la journée de), V, 312 et 313; VII, 21.
LEVANT (le), V, 77; 135.
LÉVI (la tribu de), III, 600; 604; 622, 299; 659, 948; 680, 1356; 689, 1531.
LÉVI (Charles de), duc de Ventadour. Voyez VENTADOUR (le duc de).
Lévites, personnages de la tragédie d'*Athalie*, III, 604-705.
LEWE ou LEEUW, en Brabant, V, 296.
LHUILLIER, nom d'homme, VI, 543 et 544; VII, 73; 146 et 147; 155; 156; 172; 212.
LIANCOURT (Roger du Plessis, duc de), IV, 423; 460.
LIANCOURT (Jeanne de Schomberg, duchesse de), femme du précédent, IV, 423.
LIANCOURT (l'hôtel de), à Paris, VI, 502; 505; 508.
LIBAN (le mont), III, 540, 1259.

LIBERCHIES (la ville de),V, 346.
LIBYE (la), VI, 84 et 85.
LICHAS, héraut d'Hercule, VI, 249; 250; 251; 252.
LIÉGE (le pays de), V, 314.
LIÉGE (la ville de), V, 322; 323; 330; VII, 40; 90.
LIGHTFOOT, III, 613, note 3; V, 206; 207.
LIGNE (le prince de), V, 102.
LIGNY (la ville de), V, 321.
LIGNY (Dominique de), évêque de Meaux, IV, 571.
LIGNY (la Mère Madeleine de Sainte-Agnès de), abbesse de Port-Royal, sœur du précédent, IV, 551; 571; 581; 584; 590; 591.
Ligue (la), IV, 429; V, 83.
LILLE (la ville de), VII, 88; 180.
LILLE (le gouvernement de), V, 80.
LILLE (la guerre de),V, 78; VI, 597.
LILLEBONNE (François-Marie de Lorraine, comte de), V, 102.
LIMBOURG (le), VII, 40.
LIMBOURG (la ville de),V, 266.
LIMOGES (les comtes de), V, 190.
LIMOGES (Guy vicomte de), V, 196.
LINIÈRES (le poëte), VI, 524.
LIOCRITUS, nom d'homme, VI, 71.
LIONNE (Hugues de), secrétaire d'État des affaires étrangères, V, 82.
LIONVAL. Voyez RACINE (Louis).
LISBONNE (la compagnie de),V, 160.
LIVIE, femme d'Auguste, II, 259, 84; 277, 476.
LIZOT (Jean), curé de Saint-Séverin, VII, 136; 149; 320; 321; 322.
LOANDA (la ville de), V, 156.
LOCRES (les), LOCRIEN, VI, 39; 643; 6.

LOCRES (la ville de), VI, 46.
LOCRUS, VI, 40; 41.
LOCUSTE, II, 322, 1392.
LODÈVE (l'évêque de). Voyez BOSQUET (François).
LOGEOIS (Martin) ou LAUGEOIS, marié à Antoinette Racine, VI, 514.
Logique (la) de Port-Royal, IV, 441; 608.
LOIRE (la), IV, 89, 85; VI, 448; 493.
Lois (les) de Platon. Voyez PLATON.
LOISEL. *De la Loi salique*, V, 387, note 2.
LOKEM (la ville de), V, 182.
LOMBARD (le P.), carme, V, 227.
LOMELLINO, sénateur de Gênes, V, 123.
LONDRES (la ville de), V, 173; 181; 293; 317; 318.
LONGCHAMP, nom de lieu,V, 321.
LONGEPIERRE. *Sésostris*, IV, 191, au titre.
LONGUEIL. Voyez MAISONS (le président de).
LONGUEIL (l'abbé Pierre de) ou LONGUEI, frère du précédent, V, 89.
LONGUEVILLE (Henri II duc de), IV, 404;V, 85; VI, 346; 350.
LONGUEVILLE (Louise de Bourbon, duchesse de), première femme du précédent, IV,404; 418.
LONGUEVILLE (Anne-Geneviève de Bourbon, duchesse de), seconde femme de Henri II duc de Longueville, IV, 477; 604; 606; V, 10; 85; 86; 185.
LONGUEVILLE (l'hôtel de), à Paris, IV, 604.
Loó, nom de lieu, V, 316; VII, 106; 274.
Loo (le P. de), prieur de l'abbaye de Saint-Germain des Prés, VII, 218 et 219.

LORGES (Guy-Aldonce de Durfort, comte, puis duc de), maréchal de France, neveu de Turenne, V, 109 ; 118 ; 267 ; 292 ; VII, 60 ; 61 ; 67.
LORRAINE (la), V, 47 ; 84 ; 93 ; 282 ; 291 ; VII, 181.
LORRAINE (ducs de). Voyez CHARLES IV, CHARLES V, LÉOPOLD Ier.
LORRAINE (Henri de), duc d'Elbeuf. Voyez ELBEUF (Henri de Lorraine, duc d').
LORRAINE (Philippe chevalier de), cousin germain du précédent et fils du comte d'Harcourt, V, 124.
LORRAINE (Marguerite de).Voyez ORLÉANS (Marguerite de Lorraine, duchesse d').
LOTICHIUS. *Rerum Germanicarum sub Matthia, Ferdinandis II. et III. Impp. gestarum libri LV*, V, 126 ; 128.
LOTOPHAGES (les), VI, 143.
LOUBÈRE (de la), VII, 77.
LOUIS VI LE GROS, roi de France, V, 194 ; 195.
LOUIS VII LE JEUNE, roi de France, V, 195.
LOUIS IX, saint Louis, roi de France, IV, 388 ; V, 134 ; VI, 299 ; 318 ; 571 ; VII, 77.
LOUIS XII, roi de France, V, 171.
LOUIS XIII, roi de France, IV, 396 ; 398 ; 401 ; 402 ; 411 ; 413 ; 595 ; V, 12 ; 76 ; 152 ; 161 ; 174 ; 393 ; VI, 343 ; 345 ; 566.
LOUIS XIV, roi de France, IV, 57, 83 ; 58 ; 111 ; 59, 123 ; 60, var. ; 61, var. ; 65, au titre ; 66, 5 ; 67, 20 ; 68, 39 ; 73, 15, 20 ; 74, 27, 41 ; 75, 53 ; 76, 68, 77 ; 77, 97 ; 186, au titre ; 243, au titre ; 244 ; 247, 35 ; 248, 59 ; 361 ; 364 ; 365 ; 366 ; 367 ; 368 ; 400 ; 419 ; 431 ; 436 ; 455 ; 464 ; 470 ; 476 ; 477 ; 478 ; 479 ; 480 ; 481 ; 489 ; 494 ; 497 ; 498 ; 499 ; 500 ; 501 ; 502 ; 503 ; 504 ; 505 ; 506 ; 513 ; 519 ; 520 ; 521 ; 522 ; 523 ; 524 ; 528 ; 529 ; 531 ; 534 ; 536 ; 538 ; 539 ; 541 ; 542 ; 543 ; 544 ; 558 ; 562 ; 568 ; 578 ; 579 ; 586 ; 587 ; 590 ; 591 ; 593 ; 594 ; 595 ; 596 ; 597 ; V, 12 ; 13 ; 47 ; 48 ; 50 ; 52 ; 58 ; 59 ; 73 ; 76 ; 77 ; 78 ; 79 ; 80 ; 81 ; 82 ; 91 ; 93 ; 94, note 1 ; 99 ; 100 ; 104 ; 106 ; 107 ; 108 ; 109 ; 110 ; 114 ; 115 ; 116 ; 117 ; 119 ; 122 ; 123 ; 124 ; 125 ; 148 ; 153 ; 161 ; 162 ; 165 ; 170 ; 172 ; 177 ; 179 ; 182 ; 183 ; 184 ; 187 ; 188 ; 227 ; 243 ; 244 ; 245 ; 246 ; 247 ; 248 ; 249 ; 250 ; 252 ; 253 ; 254 ; 255 ; 256 ; 257 ; 258 ; 259 ; 261 ; 262 ; 263 ; 265 ; 267 ; 268 ; 269 ; 270 ; 271 ; 272 ; 273 ; 274 ; 275 ; 276 ; 277 ; 278 ; 279 ; 280 ; 281 ; 282 ; 286 ; 287 ; 288 ; 289 ; 290 ; 291 ; 292 ; 293 ; 294 ; 295 ; 299-302 ; 303 ; 304 ; 313 ; 314 ; 315 ; 317 ; 318 ; 319 ; 320 ; 321 ; 322 ; 323 ; 324 ; 325 ; 326 ; 329 ; 330 ; 331 ; 332 ; 333 ; 334 ; 336 ; 337 ; 338 ; 339 ; 340 ; 341 ; 342 ; 343 ; 345 ; 346 ; 347 ; 348 ; 359 ; 364 ; 385 ; 387 ; 413 ; 414 ; 415 ; 416 ; 417 ; 418 ; 419 ; 420 ; VI, 344 ; 346 ; 348 ; 350 ; 425 ; 428 ; 449 ; 452 ; 495 ; 499 ; 503 ; 504 ; 506 ; 523 ; 530 ; 531 ; 534 ; 546 et 547 ; 550 ; 551 ; 553 ; 561 ; 570 ; 573 ; 577 ; 585 ; 589 ; 590 et 591 ; 596 ; 598 ; 603 ; 610 ; VII, 6 ; 11 ; 12 ; 13 ; 18 ; 24 ; 25 ; 26 ; 29 ; 30 ; 32, note 16 ; 34 ; 36 ; 40 ; 41 ; 42 ; 43 ; 47 ; 48 ; 50 ; 51 ; 52 ; 53 ;

57; 58; 61; 66; 74; 75; 77; 78; 79; 83; 87; 89; 92; 93; 94; 96; 97; 100; 101; 104; 105, note 15; 106; 107; 109; 115; 116; 123; 124; 125; 129; 132; 134; 135; 137; 138; 141; 162; 164; 171; 176; 181; 182; 183; 184; 187; 189; 190; 194; 195; 197; 199; 206; 210; 211; 216; 217; 220; 223; 225; 234; 236; 237; 238; 239; 242; 245; 246; 247; 248; 250; 252; 255; 258; 260; 263; 270; 271; 272; 275; 283; 287; 288; 289; 291; 295; 301; 303; 305; 316; 317; 324; 327; 328; 329; 330; 331; 332; 337; 359.

Louis XV, roi de France, VII, 335; 338; 342; 347; 352.

Louis Dauphin. Voyez les articles DAUPHIN.

Louis comte de Blois, V, 197.

Louis comte de Flandre, V, 196.

Louis (le fort), à Dunkerque, V, 52.

LOUVAIN (la ville de), IV, 539; V, 330.

LOUVESTEIN (le château de), V, 72; 73.

LOUVOIS (François-Michel le Tellier, marquis de), V, 114; 153; VI, 561; 568; 577; 597; 604; 609; 610; VII, 180; 184.

LOUVOIS (Camille le Tellier de), abbé de Vauluisant et de Bourgueuil en Vallée, fils du précédent, V, 184; 446 (*Additions et corrections*).

LOUVRE (le), IV, 364; 455; 481; 488; 492; V, 104; 198.

Luc (saint). *Évangile* (chap. XIX, verset 46), VI, 416.

LUCAIN, IV, 216, 26; VI, 303; *la Pharsale*, II, 208, 742.

LUCIEN. *Comment il faut écrire l'histoire*, V, 493-499; VI, 320-322; *Jupiter tragique*, VI, 137; *Nigrinus*, VI, 306.

LUCIENNE, nom de lieu, VII, 234.

LUCINE, VI, 28.

LUÇON (l'évêque de). Voyez RICHELIEU (le cardinal de).

LUÇON (le Catéchisme de), IV, 412.

LUCRÈCE. Son poëme, *de Natura rerum*, III, 138; VI, 133 et 134; 397.

LUCRÈCE (Mlle), VI, 374; 387; 390; 393; 396; 398; 399; 425; 441; 442; 444 et 445; 455; 460; 470; 483; 484; 496. Voyez PARTHÉNICE.

LUCULLE, LUCULLUS, III, 16; VI, 293.

LUNDEN (la ville de), en Scanie, V, 185.

LUNEBOURG, V, 326.

LUNEBOURG-ZELL (Georges-Guillaume duc de Brunswick-), V, 181; 273.

LUNEBOURG (Jean-Frédéric de), frère du précédent, V, 181.

LUQUES (la ville de), V, 88.

LUTHER, V, 127.

LUXE (Paul-Sigismond comte de), VII, 109.

LUXEMBOURG (le duché de), V, 290; 291; 347.

LUXEMBOURG (la ville de), IV, 366; V, 58; 188; 189; 290; 291; VI, 549; 550; 556; 570; 591; VII, 88; 180 et 181.

LUXEMBOURG (François de), fait duc V de Piney, en 1577, V, 384; 385.

LUXEMBOURG (Henri de), duc de Piney, fils du précédent, V, 385.

LUXEMBOURG (Marguerite-Charlotte de), fille du précédent, V, 385.

LUXEMBOURG (Madeleine-Char-

lotte-Bonne-Thérèse de Clermont-Tonnerre, duchesse de Piney, duchesse de), fille de la précédente, V, 384; 385.
LUXEMBOURG (François-Henri de Montmorency, duc de), duc et pair de Piney, maréchal de France, marié à la précédente, V, 55; 109; 116; 249; 283; 296; 319; 320; 321; 331; 335; 336; 337; 338; 339; 340; 346; 384; 385-394; VII, 10 et 11; 18; 21; 34; 36; 37; 38; 40; 51; 52; 53; 61; 66; 79; 89; 93; 95; 99; 102; 106; 107; 108; 109; 110.
LUYNES (Louis-Charles d'Albert, duc de), fils du connétable de Luynes, IV, 422; 459; 602; VI, 432; 437; 452.
LUYNES (Marie-Louise Seguier, duchesse de), première femme du précédent, IV, 422.
LUYNES (le marquis de), fils des précédents. Voyez CHEVREUSE (le marquis de Luynes, duc de).
LUYNES (Mlles de), sœurs du précédent, et nées comme lui du premier mariage (à savoir : Mme de Luynes, Mme d'Albert, Mlle de Chars), IV, 508; 509.
LUYNES (Anne de Rohan-Montbazon, duchesse de), seconde femme de Louis-Charles d'Albert, duc de Luynes, VI, 451.
LUYNES (l'hôtel de), VI, 432; VII, 429 et 430 (*Additions et corrections*).
LYCAON, VI, 209.
LYCURGUE, VI, 271; 281; 295; 301.
LYDIE (la), VI, 257.
LYDIENNE, VI, 247.
LYON (la ville de), V, 194; 594, note 5; VI, 412; 413; 424; VII, 342.
LYON (l'archevêque de), V, 194.

LYONNAISES (les quatre), V, 194.
LYONNE, courtisane à Athènes, VI, 339.
LYS (la), rivière, V, 109.
LYS (le monastère du), près de Melun, IV, 391.
LYSANDRE, général lacédémonien, VI, 296.
LYSANIAS, écrivain grec, V, 507.
LYSIAS, Athénien, fils de Céphale, VI, 272; 273.
LYSIAS, apothicaire, V, 517.

M

M. (Mme de). Voyez MAINTENON (Mme de).
MACAR (saint), V, 592.
MACÉDOINE (la), II, 368; VI, 523.
MACÉDOINE (rois de). Voyez ALEXANDRE, et PHILIPPE.
MACÉDONIENS (les), V, 518.
Machabées (les), (livre I, chap. 1, verset 3) I, 513; 565, 920 et note 2; (chap. VI) VII, 128.
MACHIAVEL, VI, 276.
MACON (le collège de), IV, 448.
Maçons (la rue des), près de la Sorbonne, à Paris, VI, 538; VII, 31 et 32; 35; 321.
Madame (feu). Voyez ORLÉANS (Henriette d'Angleterre, duchesse d').
Madame. Voyez ORLÉANS (Élisabeth-Charlotte de Bavière, duchesse d').
MADELON (Mlle), VI, 390.
MADELON. Voyez RACINE (Madeleine).
MADIANITE, III, 701, 1756
MADRE (l'abbé le), IV, 591.
MADRID (la ville de), V, 298.
MAESTRICHT (la ville de), V, 252; 253; 254; 271; 272; 296; VII, 88.
MAHAUD (la comtesse), V, 196.
MAHOMET IV, II, 476; V, 137; 139.

MAIDALCHINI - PAMPHILI (dona Olympia), belle-sœur du pape Innocent X, V, 168; 169.
MAILLARD (le P.), capucin, IV, 284 et 285.
MAINE (le), II, 157, 167; 206, 712, 723.
MAINE (Louis-Auguste de Bourbon, duc du), IV, 237 au titre; V, 320; 353-355.
MAINE (Anne-Louise-Bénédicte de Bourbon, duchesse du), femme du précédent, VII, 79.
MAINTENON (la ville de) VI, 561; 566; 570.
MAINTENON (Mme de), d'abord appelée Mme Scarron, V, 355, note 4; VI, 570; 581; VII, 5 et 6; 24; 25; 26; 27; 29; 65; 75; 78; 79; 92; 99; 129; 191; 215-220; 225; 324; 330.
MAISONS (Longueil, président de), désigné sous le nom de *Domine Petre*, VI, 349; VII, 222.
MAISTRE (le). Voyez MAÎTRE (le).
MAÎTRE (Mme le), Catherine Arnauld, femme d'Isaac le Maître, maître des comptes, IV, 433.
MAÎTRE (Antoine le), fils de la précédente, IV, 286 et 287; 334; 335; 420; 421; 434; 458; 473; 474; 582; 584; 602; VI, 371-372; *l'Office du Saint-Sacrement*, IV, 459; les *Plaidoyers*, VI, 471.
MAÎTRE (Simon le) de Séricourt, frère des précédents. Voyez SÉRICOURT (Simon le Maître de).
MAÎTRE (Isaac-Louis le) de Saci, frère des précédents. Voyez SACI (Isaac-Louis le Maître de).
MALACHIE (le prophète); III, 645, note 2; V, 210.
MALAGA, VII, 104. (Racine écrit *Malgue*.)
MALGUE. Voyez MALAGA.

MALHERBE, VI, 381; 383; 537; *Ode à Marie de Médicis*, VI, 383.
MALINES (la ville de), VII, 108.
MALLIEN (le), I, 584, 1321.
MALMOË ou MALMUYEN (la ville de), V, 189.
MALOGNE (l'abbaye de), V, 324; 325; 331.
MALORTIQUE (Mme de), Catherine ou Cathau Sconin, veuve d'Antoine Vitart, fille de Pierre Sconin, VI, 435; 512; 518; 519; 542; VII, 9.
MALTE, VII, 58.
MALTE (le grand maître de), V, 151.
MALTE (Messieurs de), V, 104.
MAMELUS (les), V, 134.
MANCHE (la mer de la), V, 120; 288; 317; 330.
MANCHE (la), province d'Espagne, VI, 580.
MANCHON (Dominique), commissaire examinateur au Châtelet, VI, 567 et 568.
MANCHON (Mme), Geneviève Boileau, femme du précédent, VI, 567; 573; 578; 585; 587; 600.
MANCHON (Jérôme), fils des précédents, VI, 567 et 568; VII, 183.
Mandements de l'archevêque de Paris, IV, 545; 547; 565; 570; 573; 589; 591. — *Mandements* des grands vicaires de Paris, IV, 521; 522; 523; 524; 526; 527; 528; 531; 575. — *Mandements* des évêques d'Aleth, d'Angers, de Beauvais et de Pamiers, IV, 569; 570; 587.
MANDRICARD, personnage de l'*Orlando furioso*, VI, 386; 395.
Mânes (les), II, 33; 37.
MANÈS, valet de Diogène, V, 525.
MANON. Voyez ROMANET (Marie-

Charlotte Vitart, Mme de), et Rivière (Marie-Catherine).
Mans (le), II, 206, 724.
Mansard, architecte du Roi, V, 110.
Mantoue (Marie de Gonzague, duchesse de), V, 149.
Marais (des), évêque de Chartres, V, 404 : 405.
Marais (la rue du) à Paris, VII, 122.
Maran (M. de), V, 109.
Marathon, II, 478.
Marbais, nom de lieu, V, 321; 339.
Marc (saint), (chap. XIII, verset 22) V, 590.
Marc (le jour de saint), IV, 504.
Marc, nom d'homme, V, 570.
Marc Aurèle, empereur romain, V, 574, note 1.
Marca (Pierre de), évêque de Saint-Lizier de Couserans ou Conserans, plus tard archevêque de Toulouse, puis archevêque de Paris, IV, 456; 492; 493; 494; 497; 498; 499; 522; 528; 529; 531; 532; 534; 544; 566; V, 173-178; *de Concordia sacerdotii et imperii*, V, 174; 175; *de Singulari primatu Petri*, V, 175; *Infaillibilité du Pape*, V, 177.
Marca (de), fils du précédent, V, 173; 178.
Marcellus, VI, 297; 301.
Marchand (Antoine-Petit-Jean), pourvoyeur de Monsieur, VI, 568; 572; 600; 604; 606; 610.
Marchand (la fille de M.), VI, 572.
Marcion, hérésiarque, V, 573.
Mardik (la ville de), V, 101; VI, 345.
Mardochée, personnage de la tragédie d'*Esther*, III, 460-542.
Mare (de la), parent de Racine (?), VI, 410.
Maréchal (Georges), chirurgien de la Charité, VII, 230.

Maréchaux de France. Voyez Bellefonds (de), Boufflers (de), Bouillon (de), Catinat, Choiseul (de), Créqui (de), Duras (de), Estrades (d'), Estrées (d'), Gramont (de), Humières (d'), Joyeuse (de), Lorges (de), Luxembourg (de), Meilleraye (de la), Montrevel (de), Mothe-Houdancourt (de la), Noailles (de), Rantzau (de), Schomberg (de), Tallard (de), Tourville (de), Turenne (de), Vauban (de), Villeroi (de), Vivonne (de).
Marets (des), auteur de la comédie des *Visionnaires*, IV, 273; 277 278; 282; 283; 284; 286; 287; 288; 330; 334; 335.
Margitès, poëme d'Homère. Voyez Homère.
Marguerite de France, fille de Henri II, V, 76.
Marguerite de Valois. L'*Heptaméron*, VI, 399.
Marguerite duchesse de Bretagne, fille de Robert comte de Flandre, mariée à Jean de Montfort, V, 198.
Marguerite, nourrice de Racine, VII, 166; 355.
Marguery, perruquier, VII, 285; 300.
Mariana (le P.), jésuite, IV, 489; 530.
Marie (la prophétesse), sœur de Moïse, III, 458; V, 553.
Marie de Jésus. Voyez Jésus (la Mère Marie de).
Marie de Médicis. Voyez Médicis (Marie de).
Marie-Claude (Mlle), VI, 391.
Marie-Thérèse, femme de Louis XIV, IV, 49; 51, 1; 52, 8; 57, 91; 58, 111; 59, 124, 135; 69, 95; 75, 47; V, 77; 78; 79; 81; 107; 291.

Marie II, reine d'Angleterre, femme de Guillaume III, V, 288; 318.
Marie (l'étang), V, 544.
Mariendal, VI, 344.
Marigny (Enguerrand de), surintendant des finances, V, 196.
Marimont, nom de lieu, V, 320.
Marion (Simon), avocat général, IV, 401; 530.
Marion (Catherine), fille du précédent. Voyez Arnauld (Catherine Marion, veuve).
Marius (Caïus), VI, 294.
Marius (Marcus), correspondant de Cicéron, VII, 256.
Marlagne (la forêt de), V, 324; 331.
Marlanwelz, nom de lieu, V, 320.
Marly, VI, 573; 588; 589; 595; 596; 603; VII, 100; 105, note 15; 106; 136; 141; 154; 159; 160; 161; 176; 177; 178; 198; 199; 214; 219; 220; 224; 232; 234; 250.
Marnas, nom de lieu, VI, 437.
Marne (la), VI, 467; 491.
Maroc (le), V, 188.
Maron, prêtre d'Apollon, VI, 146.
Mars, IV, 58, var.; 59, 127 et var.; 63, 188; 74, 32; V, 493; VI, 133; 134; 135; 136; 137; 140; 270; 382; VII, 88; 89; 93.
Mars (le champ de), II, 265, 205.
Marsal (la ville de), V, 47; 48; 49.
Marseille (la ville de), V, 145.
Marseille (l'évêque de). Voyez Forbin.
Marsillac (le prince de), VI, 345.
Marsilly (le marquis Martinville de), enseigne des gardes du corps, VII, 201.
Marsilly (Mme de), femme du précédent et fille de Thomas Corneille, VII, 201.
Marsilly (de), fils des précédents, VII, 201.
Marsin (le comte de), V, 80; 101.
Martial, poëte latin, VII, 340.
Martin (saint), V, 195.
Martin, nom d'homme, IV, 608.
Martinique (la), V, 264.
Martyrs d'Alexandrie (les), V, 587-598.
Maseich (la ville de), V, 190.
Maslipatan. Voyez Masulipatam.
Mastrich. Voyez Maestricht.
Masulipatam, V, 186. (Racine écrit *Maslipatan*.)
Mathan, prêtre apostat, V, 209.
—, personnage de la tragédie d'*Athalie*, III, 604-705.
Matthieu (saint), (chap. v, verset 4) VI, 260; (chap. v, verset 10) V, 592; (chap. xx, verset 28) V, 202; (chap. xxiv, verset 24) V, 590; (chap. xxvi, verset 26) IV, 159; (chap. xxvi, verset 31) VI, 408; (chap. xxvi, verset 41) V, 581.
Maubeuge (la ville de), V, 322; VII, 79.
Maubuisson (l'abbaye de), IV, 391; 392; 393; 394; 396; 397; 398; 399; 466; VII, 4.
Mauclerc (Pierre), V, 198.
Maugier (Étienne), abbé de la Charmoie, IV, 403 et note 3.
Maulevrier (le comte de), gouverneur de Tournai, V, 124.
Maupeou (Marie de). Voyez Pontchartrain (Mme de).
Maupertuis (Louis de Melun, marquis de), VII, 16; 48; 245.
Maurice (maître), VI, 408.
Maurienne (Humbert comte de), V, 192.
Maxime, l'adversaire de saint Grégoire de Nazianze, V, 402.
Maximes des saints (les). Voyez Fénelon.

Maximilien, VI, 548. Voyez Bruyère (la).
May (du), VI, 448.
Mayence (la ville de), V, 50; 51; 95; 118.
Mazarin (le cardinal Jules), IV, 56, *var.*; 454 et 455; 456; 457; 478; 489; 497; 498; 499; 503; V, 77; 82; 85 et 86; 87; 88; 89; 90; 91; 92; 98; 99; 101; 103; 122; 177; VI, 344; 350.
Mazarin (Michel), archevêque d'Aix et cardinal de Sainte-Cécile, frère du précédent, V, 90; 91 et 92; VI, 347.
Mazier (Claude le), frère de Mlle Vitart, VI, 451; 461 et 462; 466; 498.
Mazier (Mlle le), Marguerite Charpentier, femme du précédent, VI, 461 et 462.
Mazier (Marguerite le), sœur de Claude le Mazier. Voyez Vitart (Mme).
Mazis (les), nom de lieu, V, 321.
Meaux (la ville de), IV, 571; 591; VII, 189.
Meaux (évêques de). Voyez Bossuet, et Ligny (Dominique de).
Mécénas, Mécène, IV, 77; 99; VI, 326.
Mécénas, nom que Baluze donne à Pierre de Marca, V, 176.
Médecins. Voyez *Chirurgiens et Médecins*.
Médée, fille d'Æetas, III, 396, 1638; V, 483; VI, 52; 156.
—, personnage de la *Médée* d'Euripide, VI, 254-256.
Médée, tragédie d'Euripide. Voyez Euripide.
Médée, tragédie d'Ovide. Voyez Ovide.
Médée, tragédie de Sénèque. Voyez Sénèque.
Médicis (Laurent de), duc d'Urbin, V, 74.
Médicis (Catherine de), reine de France, fille du précédent, V, 74; 75; 76.
Médicis (Marie de), reine de France, IV, 402; 595; V, 88; VI, 383.
Méditerranée (la mer), V, 77; 151; 264; VI, 80.
Médon, héraut, VI, 93; 94.
Mégapenthès, fils de Ménélas, VI, 83.
Mégare (la ville de), V, 516; 517; VI, 34.
Mégarien, V, 517.
Mégarique (le), ouvrage de Théophraste, V, 506.
Mehagne (la) ou Mehaigne, rivière, V, 321; 335; 336; 337; 338; VII, 51; 89.
Meilleraye (le maréchal de la), VI, 350.
Meissois (Mme), VII, 302.
Meldert, nom de lieu, V, 330.
Mélite (nom de lieu), V, 525.
Mello (Francisco de), gouverneur des Pays-Bas, V, 163 et 164.
Mello (Francisco de), comte de Ponte, ambassadeur en Angleterre, V, 163 et 164.
Mello (Francisco de), ambassadeur en Angleterre, différent des deux précédents, V, 164.
Melun (la ville de), IV, 530; VI, 520; VII, 111; 121; 171; 186; 242; 250; 262; 272; 285; 292; 293; 295; 299; 332.
Meminghen (la ville de), VI, 346.
Mémoire (les filles de), IV, 205, 1.
Mémoire (le temple de), IV, 238, 3 et *var.*
Memphis (la ville de), VII, 308.
Ménalippe, tragédie d'Euripide. Voyez Euripide.
Ménandre, II, 141; 367.
Ménécée, fils de Créon, I, 408, 178; 431, 582; 433, note 1; 437, 672; 438, 696 et *var.* 1; 440, 743; 441, 767, 772; 444, 830; VI, 263.

J. Racine. VII   33

MÉNÉLAS, MENELAÜS, II, 39; 43, 41; 44, 79; 70, 622; III, 139; 153, 53; V, 456; VI, 67; 79; 80; 83; 84; 85; 86; 87; 88; 89; 90; 91; 92; 93; 130; 197; 198; 199; 240; 241; 246. —, personnage de la tragédie d'*Ajax* de Sophocle, VI, 243; 245; personnage de la tragédie d'*Oreste* d'Euripide, V, 485.

Ménexène (le) de Platon. Voyez PLATON.

MÉNIPPE, V, 510.

MENJOT (Antoine), médecin du Roi, VI, 549.

MENNEVILLE (Mlle de), fille d'honneur de la Reine, VI, 415.

MENOETIUS, père de Patrocle, VI, 41.

MENTÈS, VI, 61; 65.

MENTOR, VI, 70; 93.

MERCIER, valet de chambre de Mme de Maintenon, VII, 80.

MERCURE, VI, 38; 44; 57; 67; 95; 96; 97; 98; 99; 100; 101; 124; 136; 160; 161; 162; 209; 211; 241; 327.

Mercure galant (le), IV, 243, 11; 246, 16.

MERCURIE (sainte), V, 593.

Mercurio (il). Voyez SIRI (Vittorio).

MÉROPE, personnage de la tragédie de *Cresphonte*, V, 484.

MÉROVINGIENS (les), V, 84.

MESMES (Jean-Jacques de), comte d'Avaux, président à mortier, VI, 554.

Messager (le), personnage de l'*Ajax* et des *Trachiniennes* de Sophocle, VI, 240; 241; 249; 250.

Messie (le), III, 598; 602; 613, note 3; V, 203; 206.

MESSINE (la ville de), V, 264; 265; 269; 270; 273.

MESSINOIS (les), V, 264; 265.

Métamorphoses (les) d'Ovide. Voyez OVIDE.

Métaphysique (la) de Descartes. Voyez DESCARTES.

Méthodes (*Nouvelles*) *grecque et latine* de Port-Royal. Voyez LANCELOT.

MÈTRE (saint), V, 588.

MÉTROCLÈS, V, 512.

Métroos, ou le *Metroon*, V, 507.

METZ (la ville de), V, 47; 48; 93; 107; 289.

METZ (l'évêque de). Voyez FEUILLADE (de la). (Racine écrit *Mets*.)

METZ (Claude Berbier du), lieutenant des armées du Roi, V, 117. (Racine écrit du *Mets*.)

MEUDON, VII, 269 et 270.

MEUSE (la), V, 107; 190; 283; 314; 315; 318; 321; 322; 323; 324; 326; 327; 328; 329; 331; 336; 337; 338; 339; 342; VII, 41; 42; 52; 97.

MEXIQUE (le), V, 120.

MEYNIER (le P.), jésuite, IV, 437; VI, 472; *le Port-Royal et Genève d'intelligence*, etc., IV, 437.

MÉZERAI, V, 170; VII, 314, note 4; *Abrégé chronologique de l'histoire de France*, V, 190-198.

MICHÉE (le prophète), (chap. II, verset 9) V, 212 et 213 et note 1; (chap. III, versets 3, 5 et 11) V, 213; (chap. VI, versets 7 et 8; chap. VII, versets 1-4 et 19) V, 214.

MIDIAS, nom d'homme, V, 517.

MIGNON, l'un des premiers maîtres de J. B. Racine, VII, 249.

MILÉSIAS (ode de Pindare à), VI, 35-38.

MILMONT (le château de), V, 321; 338.

MILON (M. de), frère aîné de M. de la Chapelle, VII, 57.

MINERVE, III, 328, 360; VI, 23; 32; 33; 65; 72; 73; 82; 109; 110; 113; 117; 122; 200; 201.

MINOS, III, 304; 307, 36; 341, 644; 347, 755; 377, 1280.
MINOTAURE (le), III, 309, 82.
MINYUS, premier roi d'Orchomène, VI, 54.
MIRABEL (le château de), V, 136.
MITHRIDATE, roi de Pont, III, 16; 17; 18; 20; 21. —, personnage de la tragédie de *Mithridate*, III, 22-100.
Mithridate, tragédie de Racine, III, 22-100.
MODÈNE (Marie-Béatrix-Éléonore de), femme de Jacques II et reine d'Angleterre, VII, 124.
MOIGNON (de la). Voyez LAMOIGNON.
MOINE (Jean le), marié à Agnès-Thérèse Racine, VI, 544.
MOÏSE ou MOYSE, III, 458; 629, 403; 645, note 2; 656, 891; 693, 1609; V, 210; 212; 538; 553; VI, 125; 283, note 1.
MOISSAT, nom d'homme, V, 104, note 2.
MOLDAVIE (la), V, 143; 145.
MOLÉ (Mathieu), premier président, VI, 349.
MOLIÈRE, IV, 332; VI, 503; 504; 506; l'*Impromptu de Versailles*, VI, 505; 506; le *Tartuffe*, V, 332.
MOLIN (du). *Sur la coutume de Paris*, V, 388 et note 1.
MOLINA (Louis), jésuite espagnol, IV, 201, 19; 442; 448; 539; VII, 184.
MOLINOS (Michel), théologien espagnol, IV, 399.
MOLOSSE ou MOLOSSIE, contrée de l'Épire, V, 525.
MOLOSSUS, fils de Pyrrhus et d'Andromaque, II, 38.
MOLOY, nom de lieu, VI, 496; 498.
MOMUS, VI, 137.
MONDIDIER. Voyez MONTDIDIER.
MONFLEURY, comédien de l'Hôtel de Bourgogne, VI, 506.

MONIME, une des femmes de Mithridate, III, 18; VI, 293.
—, personnage de la tragédie de *Mithridate*, III, 22-100.
MONK (le général), V, 103.
MONS (la ville de), IV, 366; 458; V, 113; 116; 283; 287; 289; 290; 296; 298; 313; 316; 317; 319; 335; VII, 13; 14; 15; 18; 29; 32; 35; 36; 38; 79; 194; 195; 196.
MONS (la comtesse de). Voyez RICHILDE.
Monseigneur. Voyez *Dauphin* (le), fils de Louis XIV.
Monsieur. Voyez ORLÉANS (Philippe duc d').
MONT (l'abbé Akakia du). Voyez AKAKIA DU MONT.
MONT. (M. de), vraisemblablement Montaigu, ambassadeur d'Angleterre en France, qui suit.
MONTAIGU (Ralph de), ambassadeur d'Angleterre en France, V, 132; VII, 274.
MONTAIGU (le fils de), VII, 274.
MONTAL (le comte de), gouverneur de Charleroy, V, 251; 320; 321; 322.
MONTARSY (Pierre le Tessier de), conseiller secrétaire du Roi, VII, 212; 262; 268; 271. (Racine écrit *Montarsis*.)
MONTARSY (la fille de M. de), VII, 262 et 263.
MONTBAZON (Marie de Bretagne, duchesse de), seconde femme d'Hercule de Montbazon, V, 77; VI, 403.
MONTBAZON (Anne de Rohan de), fille de la précédente. Voyez LUYNES (Anne de Rohan de Montbazon, duchesse de).
MONTBAZON (Charles de Rohan, duc de), prince de Guémené, petit-fils d'Hercule de Montbazon et de sa première femme Madeleine de Lénon-

court, V, 384; 385; 386; 392.
Mont-Cassel (le), V, 196; 279.
Montchevreuil (le comte de), maréchal de camp, V, 320.
Montclar (le baron de), V, 285.
Montdidier (la ville de), IV, 399; V, 99; VII, 29; 142; 143; 144; 222.
Montecuculli (le comte de), V, 187; 268; VI, 552.
Montenackem, nom de lieu, V, 331.
Montes-Claros (la bataille de), V, 181.
Montespan (Françoise-Athénaïs de Rochechouart de Mortemart, marquise de), V, 78; 105; 353-355.
Montfaucon, V, 196.
Montfort (Amauri VII comte de), connétable de France, V, 197.
Montfort (Jean comte de), fils d'Arthur II de Bretagne, et de Yoland, arrière-petite-fille et héritière du précédent, V, 197; 198.
Montfort (les comtes de), IV, 388.
Montgeron, nom de lieu, VI, 571.
Montholon, VII, 320.
Montigny, nom de lieu, IV, 597; VII, 297 et note 8.
Montlouis, aujourd'hui le cimetière du Père-la-Chaise, VII, 190; 191.
Mont-Luçon (la ville de), VI, 593.
Montmartre, nom de lieu, IV, 506.
Montmartre (le curé de). Voyez Bail.
Montmédy (la ville de), V, 101.
Montmélian (la ville de), V, 313.
Montmorenci (Henri II de), IV, 222; V, 392; 393.
Montmorenci (François-Henri de). Voyez Luxembourg (le maréchal duc de).
Montmorenci (Charles-François-Frédéric duc de), duc de Luxembourg à la mort du maréchal son père, VII, 63; 109.
Montmorenci (les seigneurs de), IV, 388.
Montmorenci (le nom de), V, 385.
Montpellier (l'évêque de). Voyez Bosquet (François).
Montreuil (le comté de), V, 196.
Montrevel (le marquis de), maréchal de camp, V, 320.
Monts (la comtesse de). Voyez Mons (la comtesse de).
Monvallet (de), nom d'homme, VI, 391.
Moramber (Claude Collin de), I, 183 et 184; VII, 318; 319; 320; 321.
Moramber (Mme de), Catherine Durand, femme du précédent, I, 183; VII, 319; 320.
Moramber (Claude-Pierre Collin de), seigneur de Riberpré, fils des précédents, gendre de Racine, I, 123; 183 et 184; VII, 318; 319; 320; 321; 322; 325; 326; 430 (*Additions et corrections*).
Moramber (Mme de), Marie-Catherine Racine, fille de Racine et femme du précédent, I, 122; 123; 183 et 184; VI, 520; 521; 540; 543; VII, 8; 9; 21; 23; 31; 46; 71; 86, 111 et 112; 117; 122; 143; 157; 163; 166; 169; 171; 175; 192; 197; 200; 204 et 205; 209; 221 et 222; 223; 224; 226; 230; 231; 232 et 233; 234; 237; 241; 242; 249; 250; 251; 252; 253; 257; 261; 265; 270 et 271; 275; 278; 279; 282; 285; 292 et 293; 294; 298; 300;

301; 306; 317 et 318; 319; 320; 321; 322; 326; 331; 332; 358; 359.
Moramber (Dorothée-Marguerite Collin de), sœur du gendre de Racine, I, 184; VII, 319; 325.
Morat. Voyez Amurat (le sultan).
Moreau, chirurgien du Roi, VI, 553; 557; 586; VII, 116.
Moreau (Jean-Baptiste), musicien, VII, 123; 129.
Moreau, valet de chambre du duc de Bourgogne, VII, 174; 175.
Morel (l'abbé), VII, 211.
Mores (les), V, 194.
Morin (Louis), médecin, VI, 562; 563; 573; 574; VII, 298.
Morin (Jeanne de la Croix), religieuse de Port-Royal, IV, 559; 584.
Morlière (le docteur Jean de la), V, 224; 225.
Morstein (le comte de), grand trésorier de Pologne, VII, 17.
Mort (la), personnifiée, III, 521, 941; VI, 47.
Moscovie (la), V, 191; VI, 405.
Moscovite, V, 135; VI, 414.
Moselle (la), V, 284.
Mothe-Houdancourt (Philippe de la), maréchal de France, VI, 343.
Mothe-Houdancourt (Henri de la), frère puîné du précédent, évêque de Rennes, puis archevêque d'Auch, V, 177.
Mothe-Houdancourt (Charles comte de la), fils d'Antoine de la Mothe, marquis d'Houdancourt, frère aîné du maréchal, V, 113.
Motte (de la). Voyez Mothe (de la).
Motte (la), lieutenant de Laval, V, 165.
Mouchy (la plaine de), V, 78.

Moufflard (Mme), Anne-Marie Racine, mariée à François Moufflard). Voyez Nanon (Mme).
Moufflard (la petite), cousine de Racine, probablement petite-fille de la précédente, VII, 165; 169.
Moulineau (la maison de), VII, 159; 174.
Moulins (la ville de), VI, 560; 567; 581; 582; 587; 594.
Moulins (Marie des), femme de Jean Racine, grand-père de Racine. Voyez Racine (Marie des Moulins, veuve de Jean).
Moulins (Claude des), sœur de la grand'mère de Racine, et femme de Vitart (Nicolas). Voyez Vitart (Mme).
Mouraige, nom de lieu, V, 320.
Moussaye-Goyon (le marquis de la), aide de camp du duc d'Enghien, V, 91.
Moya (le P. Mathieu de), jésuite. *Amadæus Guimeneus*, IV, 490.
Moyse. Voyez Moïse.
Muce (dom), VII, 50.
Mucianus. Voyez Mutianus.
Mulard (le P.), cordelier, IV, 336.
Munster (la ville de), V, 131; 148; 151; 162; VI, 344.
Munster (l'évêque de). Voyez Galen (Christophe-Bernard van).
Munster (la paix ou le traité de), V, 50; 92; 93; 130.
Muse (la), IV, 25, 35; 39, 75; 214, 16, 18, 23; 215, 2; 216, 11; VI, 215; VII, 90.
Muses (les), IV, 71 au titre; 73, 15; 213, 29, 31, 34; 215, 29; 218, 29; V, 179; VI, 29; 30; 38; 42; 43; 46; 48; 129; 273; 327; 394; 412; 421; 428; 429; 487; 488; 489; 490; 491; 492; 493; 494; 536.

MUTIANUS, général romain, VI, 146.
MYCÈNES (la ville de), I, 404, 99; 442, 798; III, 140; 157, 130; 162, 238; 389, 1561; IV, 10.
MYNDE (la ville de), V, 526.
MYNDIENS (les), V, 526.
MYNISQUE, ancien acteur grec, V, 489.
MYSIENS (les), V, 498; VI, 41.

N

NABAL, personnage de la tragédie d'*Athalie*, III, 604-705.
NABOTH, III, 593.
NADASTI (François de), comte de Forgatsch, V, 138.
NAHUM (le prophète), V, 215.
NAIN (Jean le), maître des requêtes, IV, 425; VII, 135.
NAIN (Sébastien-Louis le), fils du précédent. Voyez TILLEMONT (Sébastien-Louis le Nain de).
NAMUR (la ville de), V, 283; 290; 312; 314; 315; 319; 321; 322; 323; 324; 325; 326; 327; 329; 330; 335; 336; 337; 340; 341 et 342; 344; 345; 346; 347; VII, 39; 40; 41; 42; 44, 45; 46; 47; 54; 57; 83; 87; 88; 90; 95.
NANCY (la ville de), V, 289.
NANETTE. Voyez RACINE (Anne).
NANGIS (la ville de), V, 106.
NANI (Battista). *Historia della Republica Veneta*, V, 142-145.
NANON (Mme), peut-être Anne-Marie Racine, tante de Jean Racine, mariée à François Moufflard, VI, 515. Voyez MOUFFLARD (Mme).
NANON. Voyez VITART (Anne Charlotte).
NANTES (la ville de), V, 197; 198.

NANTES (l'édit de), V, 12 et 13; VI, 472.
NANTEUIL, nom de lieu, VI, 521.
NANTOUILLET (François du Prat, dit le chevalier de), premier maître d'hôtel de Monsieur, II, 473; V, 124.
NAPLES (la ville et le royaume de), V, 89; 90; 129; VI, 347.
NARCISSE, affranchi de l'empereur Claude, II, 243; 246; 251; 252; 253.—, personnage de la tragédie de *Britannicus*, II, 254-340.
NARDEN (la ville de), V, 248; 255.
NASSAU (Jean-Louis comte de), V, 157.
NASSAU. Voyez ORANGE (Henri-Frédéric de Nassau, prince d').
NASSAU (Guillaume II de), fils du précédent. Voyez GUILLAUME II de Nassau.
NASSAU (Émilie comtesse de Solms, princesse de). Voyez ORANGE (Émilie de Solms, princesse d').
NASSAU (la maison de), V, 72; 244.
NATHAN, troisième fils de David et de Bersabée, V, 208.
NAUSICAA, VI, 110; 111; 112; 113; 114; 115; 116; 117; 118; 119; 120; 126; 127; 128; 139.
NAUSICAA (la nourrice de), VI, 120.
NAUSITHOÜS, fils de Neptune, VI, 109; 121.
NAVAILLES (le duc de), V, 296.
NAVARRE (le régiment de), V, 109.
NAVARRE, secrétaire pour les affaires de la guerre à Bruxelles, V, 101.
NAXIE, nom de lieu, VI, 524.
NAZIANZE (la ville de), IV, 281; V, 172.
NELEÜS, père de Nestor, VI, 81.
NÉMÉE, nom de lieu, VI, 34.

NÉMÉSIEN (saint), V, 594.
NÉMÉSIS, VI, 38.
NEMOURS (le duc de), VI, 345.
NEMOURS (Marie-Jeanne-Baptiste de). Voyez SAVOIE (la duchesse de).
NEPTUNE, III, 150, 9; 311, 131; 336, 550; 340, 621; 365, 1065; 371, 1158; 372, 1178, 1179; 373, 1190; 388, 1484; IV, 67, 21; V, 493; VI, 12; 13; 39; 54; 57; 76; 80; 91; 99; 103; 104; 106; 107; 109; 120; 121; 136 et 137; 141; 151; 152; 155; 214; 256.
NÉRON, empereur romain, II, 242; 243; 246; 250; 251; 252; 390, 353; 392, 397; 396, 506; 429, 1213; VI, 423. —, personnage de la tragédie de *Britannicus*, II, 254-340.
NÉRONS (les), II, 257, 38.
NERWINDE (la bataille de), VII, 106; 108; 115.
NESMOND (le marquis de), V, 120.
NESTOR, III, 153, 53; VI, 74; 75; 76; 77; 78; 79; 80; 81; 82; 84; 87; 88; 89; 200; 203; 204.
NESTOR (les enfants de), VI, 81; 82.
NEUBOURG (Philippe-Guillaume prince de), V, 184.
NEUBOURG (Marie-Anne de), fille du précédent, et femme de Charles II, roi d'Espagne, VII, 23.
NEUILLY-SAINT-FRONT, VI, 533.
NEVERS (la ville de), VI, 422.
NEWTON, VII, 351.
NICE (la ville de), V, 313; VII, 66.
NICÉE (le concile de), IV, 486.
NICÉTÈS, père d'Hérode, V, 564; 569.
NICIAS, VI, 294.
NICOLE (Pierre), IV, 271-289; 327-337; 440; 473; 575;
600; 601; 602; 603; 604; 605; 606; 607; 608; VI, 562; 563; 567; 584; 598; 604; 608; *Apologie pour les religieuses de Port-Royal*, IV, 575; 601; 607; VII, 11-12; 112; 121; 130, note 14; 267; 335; *Essais de morale*, IV, 603; *les Imaginaires*, IV, 271; 272; 274; 277; 327; 329; 330; 575; 607; la *Perpétuité de la foi de l'Église catholique*, IV, 458; 601; 607; *Réflexions sur les épîtres et sur les évangiles*, VI, 598; 604. Voyez aussi WENDROCK.
NICOMAQUE, VI, 286.
NICOMÉDIE (la), VI, 523.
Nigrinus (le) de Lucien. Voyez LUCIEN.
NIL (le), III, 680, 1363; 693, 1609; VI, 91; VII, 308.
NIL (l'évêque de). Voyez CHÉRÉMON.
NIMÈGUE (la ville de), V, 183; 184; 249; 271; 293 et 294; 295; 297; 298; 301.
NÎMES (la ville de), VI, 422; 424; 475.
NINIVE (la ville de), V, 215 et note 1.
NIOBÉ, VI, 385.
NISUS, VII, 222.
NIVELLE, nom de lieu, V, 320.
NOAILLES (François de), évêque d'Acqs ou de Dax, V, 134; 135.
NOAILLES (Louise Boyer, duchesse de), VII, 169.
NOAILLES (Anne-Jules duc de), maréchal de France, fils de la précédente, VI, 553; VII, 202; 216; 225; 247; 256.
NOAILLES (la duchesse de), Marie-Françoise de Bournonville, femme du précédent, VII, 153 et 154; 175 et 176; 209.
NOAILLES (Adrien-Maurice comte

d'Ayen, duc de), fils des précédents, VII, 202 ; 209 ; 224 ; 225 ; 232 ; 245 ; 271 ; 304 ; 334.

Noailles (Emmanuel - Jules comte de), frère du précédent, VII, 262.

Noailles (Jules-Adrian comte de), troisième fils du maréchal, VII, 262.

Noailles (Louis-Antoine cardinal de), frère du maréchal Anne-Jules, archevêque de Paris, V, 400-407 ; VII, 28 ; 148 et 149 ; 150 ; 151 ; 152 ; 153 ; 154 ; 155 ; 169 et 170 ; 189 ; 216 ; 218 ; 219 ; 262 ; 265 ; 273 ; 334.

Noël (la fête de), IV, 564 ; 594.

Noémon, fils de Phronius, VI, 93.

Noguera Paliaresa (la), rivière, VI, 344.

Noguera Ribagorçana (la), rivière, VI, 344.

Noguère (la). Voyez Noguera.

Nointel (Charles-François Olier, marquis de), ambassadeur de France à Constantinople, V, 138.

Noir (le). Voyez Lenoir.

Noire (la mer), II, 476 ; V, 140.

Noirmoutier (François de la Trémoille, marquis de), V, 75.

Noirmoutier (Charlotte de Baune Semblançay, veuve de Simon de Fizes, baron de Sauve, puis marquise de), femme du précédent, V, 75.

Noirmoutier (Louis de la Trémoille, duc de), petit-fils des précédents, VI, 350.

Noirmoutier (Antoine-François de la Trémoille, duc de), fils du précédent, VII, 3 ; 4.

Noisy, nom de lieu, V, 85.

Nole (la ville de), VI, 155.

Nole (l'évêque de). Voyez Paulin (saint).

Nompar de Caumont (Jacques de). Voyez Force (le duc de la).

Nonce (le) du pape en France, IV, 455 ; 524 ; V, 148 ; 165.

Nonces du pape en France. Voyez Ranuzzi, et Roberti.

Norlingue, Nordlingue, V, 95 ; VI, 344.

Normandie (la), II, 144 ; 208, 740 ; V, 191 ; 193 ; 317 ; VI, 350 ; 402 ; VII, 29.

Normandie (ducs de). Voyez Jean, Robert, et Guillaume le Conquérant.

Normands (les), II, 145, 5 ; V, 191 ; 194.

Northausen (la ville de), V, 96.

Nortlingue. Voyez Norlingue.

Notre-Dame (l'église de), à Paris, IV, 388 ; 506 ; V, 178 ; VI, 504 ; 505 ; 563 ; VII, 115.

Notre-Dame (le cloître), à Paris, VI, 607 ; VII, 95.

Notre-Dame-des-Isles (l'abbaye de) à Auxerre, IV, 392.

Notus (le), IV, 210, 32.

Nouet (le P.), jésuite, IV, 431.

Nourrice (la) de Joas, personnage de la tragédie d'*Athalie*, III, 604-705.

Nourrice (la) de Racine. Voyez Marguerite.

Novatien, V, 597.

Noyers (Sublet des), secrétaire d'État de la guerre, V, 82 ; 162 ; VI, 343 ; 344.

Noyon (l'évêque de). Voyez Clermont-Tonnerre (François de).

Nuit (la), personnifiée, IV, 149, 38.

Numenius d'Apamée, VI, 283, note 1.

Nyert (Louis de), premier valet de chambre de Louis XIV, VI, 557 ; VII, 130.

Nymphe (*la*) *de la Seine à la Reine*,

ode, IV, 49-64; VI, 377; 378; 380; 381; 383; 418.
Nymphes, IV, 54, 49; 60, 140, 148; VI, 50; 112; 113; 145.
NYMPHÉE (la ville de), III, 22; 25, 60; 26, 89; 27, 112.

O

OBED, III, 618, 204.
Océan (l'), I, 565, 917; 584, 1322; IV, 32, 64; V, 111 et 112; 249; 288; V, 539; VI, 80; 103; 209.
OCTAVIE, femme de Néron, II, 244; 245; 251; 252; 253; 258, 63; 259, 83; 276, 461, 463; 277, 475, 485; 279, 530, 532; 280, 534; 282, 595, 597, 608; 292, 785; 294, 828; 297, 883; 314, 1215; 330, 1568; 332, 1607; 334, *var*. 1; 338, 1724.
ODICK (d'), ambassadeur de Hollande, VII, 275.
Odyssée (l'). Voyez HOMÈRE.
OECHALIE (la ville d'), VI, 247; 249; 250.
OEDIPE, fils et mari de Jocaste, I, 395; 403, 83; 421, 406; 422, 430; 423, *var*.; II, 39; V, 482; VI, 261. —, personnage de l'*OEdipe roi* de Sophocle, VI, 234; 235; 236; de l'*OEdipe à Colone* de Sophocle, VI, 246; 247.
OEdipe roi, tragédie de Sophocle. Voyez SOPHOCLE.
OEdipe à Colone ou *OEdipe colonéen*, tragédie de Sophocle. Voyez SOPHOCLE.
OENOMAÜS, VI, 13.
OENONE, personnage de la tragédie de *Phèdre*, III, 304-397.
Office de Notre-Dame (l'), *l'Office de la Vierge*, IV, 451; V, 194.
Office du Saint-Sacrement (l'), IV, 459; V, 597.

Offices (les) de Cicéron. Voyez CICÉRON.
OGYGIE (l'ile d'), VI, 56; 58; 96; 97; 99; 103; 126; 127.
Oisiveté (l'), personnifiée, VI, 51, note 1.
OKOSIAS, roi de Juda, III, 593; 594; 604; 610, 81; 614,150; 619, 218; 676, 1288; 678, 1311; 699, 1721; 701, 1750; 702, 1771; V, 207.
OLIVET (l'abbé d'), VII, 336; 337.
OLONNE (le comte d'), IV, 177, 2; 178, 4.
OLYMPE (l'), III, 378, 1304; IV, 117, 2; 123, 1.
OLYMPE, personnage de *la Thébaïde*, I, 396-483.
OLYMPIA (dona). Voyez MAIDALCHINI-PAMPHILI.
Olympien, nom donné à Périclès, VI, 111, note.
OLYMPIODORE, V, 507.
Olympiques (les) de Pindare. Voyez PINDARE.
OMMEN (la ville d'), V, 183.
OMPHIS (la ville d'), I, 542, 398.
OPONTE (la ville d'), VI, 39; 40; 41.
Optatus Gallus. Voyez HERSENT (Charles).
OPUNS, fils de Deucalion, VI, 41.
ORANGE (Henri-Frédéric de Nassau, prince d'), V, 97; 149; 155; 157; 158.
ORANGE (Émilie de Solms, princesse d'), femme du précédent, V, 97; 149.
ORANGE (Guillaume II prince d'), fils des précédents. Voyez GUILLAUME II de Nassau.
ORANGE (la princesse d'), femme du précédent. Voyez STUART (Henriette-Marie).
ORANGE (Guillaume III prince

d'), fils des précédents. Voyez GUILLAUME III.
ORANGE (la princesse d'), femme du précédent. Voyez MARIE II, reine d'Angleterre.
ORANGE (la maison d'), V, 71; 72 et 73.
Oratoire (l'), IV, 413; 548.
ORATORIENS. Voyez CONDREN, ESPRIT, SEGUENOT.
ORBESCHE (la comtesse d'), II, 177, 401. Voyez *Comtesse* (la), personnage des *Plaideurs*.
ORBITELLE, VI, 345.
ORCAN, frère du sultan Amurat, II, 475.
ORCAN, esclave du sultan Amurat, II, 528, 1101, 1102, 1103; 530, 1124; 546, 1454; 557, 1668; 558, 1677.
ORCHOMÈNE, ville d'Arcadie, V, 55.
ORCHOMÈNE, ville de Béotie, VI, 53; 54; 55.
ORESTE, fils d'Agamemnon, II, 34; 37; IV, 179, 1; V, 483; VI, 57; 63; 78; 80; 83; 92; 219; 220. —, personnage de la tragédie d'*Andromaque*, II, 40-124; III, 152, 37; de l'*Électre* de Sophocle, VI, 224; 225; 226; 228; 229; 230; 231; 232; 233; 246; de la tragédie projetée de Racine, *Iphigénie en Tauride*, IV, 10.
Oreste, tragédie d'Euripide. Voyez EURIPIDE.
Orgueil (l'), personnifié, IV, 149, 42.
Orient (l'), II, 374, 14; 380, 142; 385, 234; 390, 337; 392, 390; 393, 411, 428; 395, 487; 407, 759; 409, 795; III, 23, 11; 35, 301; 56, 773; IV, 55, 70; V, 193; 553; VI, 436.
Oriflamme (l'), V, 195.
ORIGÈNE, IV, 286.
ORION, VI, 100.

Orion (la constellation d'), VI, 103.
ORITHYE, VI, 272.
Orlando furioso, poëme de l'Arioste. Voyez ARIOSTE.
ORLÉANS (la ville d'), V, 223.
ORLÉANS (Gaston duc d'), frère de Louis XIII, IV, 413; 503; VI, 348.
ORLÉANS (Marguerite de Lorraine, duchesse d'), seconde femme du précédent, IV, 413.
ORLÉANS (Philippe duc d'), frère de Louis XIV, V, 171; 183; 249; 268; 278; 279; 280; 320; 323 et 324; VI, 344; 348; 561; 575; VII, 48; 140.
ORLÉANS (Henriette d'Angleterre, duchesse d'), première femme du précédent, V, 78.
ORLÉANS (Marie-Louise d'), fille des précédents, mariée à Charles II, roi d'Espagne, V, 185.
ORLÉANS (Élisabeth-Charlotte de Bavière, comtesse palatine du Rhin, duchesse d'), seconde femme de Philippe duc d'Orléans, VI, 561; 571; VII, 123.
ORLÉANS (évêques d'). Voyez COISLIN (de), et ELBÈNE (d').
ORMES (des), contrôleur général de la maison du Roi, VII, 175.
ORP, nom de lieu, V, 331.
ORPHÉE, IV, 76, 81 et 82; V, 465.
ORSOI (la ville d'), en Hollande, V, 246.
OSÉE (le prophète), (chap. IV, verset 2) III, 602, note 1; V, 206.
OSIRIS, VI, 314; VII, 307.
OSMAN, frère du sultan Amurat, II, 475; 502, 488.
OSMIN, personnage de la tragédie de *Bajazet*, II, 480-561.
OSTENDE (la ville d'), V, 293.
OSTIE (la ville d'), II, 377, 72; 412, 855.

OthoN, empereur romain, II, 313, 1205; VI, 299.
Ottobon ou Ottoboni. Voyez Alexandre VIII.
Ottomans (les) ou Othomans, II, 501, 475; 507, 594; 509, 643; 553, 1590; V, 84; 420.
Ouchie. Voyez Aulchy-le-Château.
Oudenarde (la ville d'), V, 102; 109; 260; 263.
Oulchy. Voyez Aulchy-le-Château.
Ourse (la constellation de l'), VI, 103; 248.
Overissel (l'), V, 190.
Ovide, III, 139; VI, 147; 148; 150; 159; 405; VII, 340; 341; 343; 344; *les Amours*, VI, 448 et 449; *Médée*, VII, 98; *les Métamorphoses*, II, 213, 809 et 810; III, 139; VI, 148; 150; 159; *les Tristes*, VI, 427; 428.
Ozoles (les Locriens), VI, 43.

P

Paderborn (l'évêque de), V, 185.
Péon, médecin des Dieux, VI, 89.
Pætus. Voyez Papyrius.
Pagnotte (le mont), VII, 20.
Pairs (la cour des), V, 384; 394.
Paix (la), personnifiée, IV, 55, 66; 58, 110; 61, *var.*; 74, 35, 40; 75, 58; 85, 2, 4, 5, 11; 86, 21, 23, 32; 149, 36; VI, 51; 215; 378.
Palafox, IV, 334.
Palais (la cour du), à Paris, VI, 524.
Palais-Royal (le), VI, 571.
Palatinat (le), V, 186.
Palavicin (le cardinal), IV, 462; 493.
Palerme (la ville de), V, 270.

Palestine (la), II, 372; 375, 28; 382, 171; V, 554.
Pallante, III, 326, 330; 368, 1124.
Pallantides (les), III, 307, 53; VI, 256.
Pallas, Minerve, IV, 213, 32; 240, 4; V, 59; VI, 31; 32; 52; 57; 58; 61; 62; 63; 66; 71; 72; 74; 75; 76; 77; 78; 80; 81; 91; 94; 95; 106; 107; 109; 119; 120; 121; 128; 132; 140; 216; 223; 241; 490.
Pallas, fils d'Evandre, VI, 114.
Pallas, affranchi de l'empereur Claude, II, 252; 269, 304; 271, 356; 272, 363, 366; 273, 376; 278, 494, 495; 291, 761; 294, 811, 823; 295, 835; 310, 1129; 311, 1145; 314, 1217; 315, 1253; 317, 1291, 1299; 392, 404.
Palluau, conseiller au Parlement, IV, 425 et 426.
Palus-Méotides (les), V, 135.
Pamiers (l'évêque de). Voyez Caulet (Etienne-François de).
Pamphile, personnage de *l'Andrienne* de Térence, VII, 84.
Pan, VI, 240.
Pan (le grand), VI, 313.
Pannoniens (les), III, 58, 803.
Panope, personnage de la tragédie de *Phèdre*, III, 304-397.
Paolo (Fra). Voyez Sarpi (Pierre).
Pape (le), *Papes* (les), IV, 446; 448; 452; 481; 491; 492; 493; 494; 497; 501; 502; 514; 519; 520; 524; 526; 529; 535; 536; 537; 539; 540; 541; 545; 546; 548; 564; 567; 581; 586; 593; V, 172; 194; 224; 225; 407.
Papes. Voyez Alexandre VI, Alexandre VII, Alexandre VIII, Anicet, Benoît XII, Clément VII, Clément X, Fabian, Grégoire VII, Ho-

noré III, Honorius Ier, In-
nocent Ier, Innocent X, In-
nocent XI, Innocent XII,
Jean XXII, Paul V; Ur-
bain II, Urbain VIII.
Paphos, VI, 523; 524.
Papyrius Pætus, correspondant de Cicéron, VII, 256.
Pâque (la), *Pâques*, IV, 507; 593; V, 574; VI, 470; 473; VII, 8; 211; 221; 222; 224; 229.
Paralipomènes (les), III, 594; (livre I, chap. III, verset 17) V, 207; (livre I, chap. XVII, versets 12 et suiv.) III, 613, note 3; V, 207; (livre I, chap. XXVIII) III, 613, note 3; V, 207; (livre II, chap. XXI, versets 4 et 7) V, 208; (livre II, chap. XXIII, verset 1) V, 206; (livre II, chap. XXIV, verset 1) III, 594; (livre II, chap. XXIV, verset 20) V, 208; (livre II, chap. XXXIV, versets 1 et 2) V, 209; (livre II, chap. XXXVI, versets 4 et 8) V, 209; (livre II, chap. XXXVI, verset 9) V, 209; (livre II, chap. XXXIII, verset 7) V, 209.
Parat (l'abbé), confesseur des religieuses de Port-Royal, IV, 506.
Parc (l'abbaye du), V, 330.
Paris, fils de Priam, III, 162, 229; VI, 35; 197; 198; 199; 201; 202; 203; 444.
Paris (la ville de), II, 141; III, 142; IV, 191, 4; 211, 1; 273; 337; 387; 393; 396; 397; 401; 403; 406; 417; 419; 420; 424; 426; 428; 436; 437; 444; 448; 452; 455; 465; 466; 469; 470; 473; 474; 476; 488; 489; 494; 503; 505; 507; 509; 521; 524; 528; 538; 543; 544; 562; 564; 565; 571; 572; 575; 589; 590; 591; 594; 596; 597; 608; V, 76; 78; 90; 91; 98; 107; 190; 192; 198; 278; 292; 393; VI, 347; 374; 375; 376; 380; 384; 390; 412; 414; 415; 421; 424; 426; 428; 430; 433; 434; 443; 451; 454; 462; 464; 465; 470; 473; 474; 476; 478; 480; 487; 491; 493; 495; 498; 499; 502; 504; 506; 507; 511; 516; 517; 518; 526; 527; 532; 533; 535; 536; 538; 539; 540; 541; 543; 557; 569; 573; 579; 582; 584; 585; 587; 595; 604; 606; 607; 608; 609; VII, 3; 5; 6; 8; 11; 12; 13; 25; 27; 28; 32; 35; 37; 40; 41; 55; 63; 68; 71; 72; 73; 80; 86; 90; 91; 94; 95; 96; 98; 100; 102; 116; 122; 123; 130; 133; 139; 140; 142; 143; 146; 151; 152; 153; 155; 157; 159; 160; 161; 163; 164; 165; 166; 167; 169; 170; 173; 174; 176; 178; 179; 180; 189; 192; 193; 198; 199; 203; 206; 207; 210; 214; 218 et 219; 220; 222; 223; 229; 232; 233; 236; 239; 240; 241; 243; 250; 252; 258; 259; 260; 261; 269; 271; 275; 277; 280; 283; 289; 290; 292; 294; 295; 299; 301; 302; 304; 325; 357; 359.
Paris (l'archevêché de), IV, 528; 531; V, 177; 178.
Paris (archevêques de). Voyez Gondi (de), Harlai de Champvallon (de), Marca (de), Noailles (de), Péréfixe (Hardouin de Beaumont de), Retz (le cardinal de).
Paris (les curés de), IV, 485; 486; 488; 489; 490; 523; 530.
Paris (le diocèse de), IV, 544; 565; 566.
Paris (la faculté de théologie de), V, 223; 224; 225.
Paris (le parlement de), IV, 394; 402; 419; 426; 428; 429;

431; 443; 483; 488; 489; 497; 530; 534; 535; 536; 544; 556; 568; 577; 579; 586 et 587; V, 13; 76; 83; 85; 166; 170; 216; 227; 385; 386; 392; 394; VI, 345; 347; 348; 349; 350.

Paris (l'abbé de), VII, 91.

Parme (Alexandre Farnèse, prince de), V, 187.

Parménide (le philosophe), V, 462.

Parmentier (Louis), VII, 6.

Parmentier (Mme), Jeanne du Chesne, femme du précédent, cousine de Racine, VI, 375; 434.

Parnasse (le), VI, 394; 421; 429; 487; 489; 490; VII, 90.

Paros, VI, 217.

Parques (les), III, 163, 247; IV, 69, 78; VI, 33; 45; 125. Voyez Lachésis.

Parthe, III, 35, 309; 61, 849; 62, 891, 892, 896, 901; 99, *var*. 1; 468. 41; 531, 1115.

Parthénice, IV, 44; 47, 1; 48, 28, 33; VI, 399. Voyez Lucrèce (Mlle).

Parthénius de Nicée, III, 141.

Parysatis, V, 495.

Pascal (Blaise), IV, 273; 277; 283; 288; 329; 330; 331; 459; 460; 465; 474; 482; 483; 484; 485; 488; 526; 532; 533; 534; 561; 582; 604; 605; les *Lettres provinciales*, IV, 273; 277; 283; 288; 330; 333; 482; 483; 484; 485; 532; V, 216; VI, 471; 472; *les Pensées*, IV, 532; VII, 359.

Pascal (Jacqueline de Sainte-Euphémie), sœur du précédent, sous-prieure à Port-Royal des Champs, IV, 459 et 460; 526 et 527; 600 et 601.

Pasiphaé, III, 304; 307, 36.

Passard (Catherine de Sainte-Flavie), maîtresse des novices de Port-Royal, IV, 467; 560; 561; 575; 582; 583; 584; 585; 590.

Passau, V, 127; 128.

Passau (l'évêque de) Voyez Léopold (l'archiduc).

Passion (la) de Jésus-Christ, IV, 281; 328; 467; 512; 593.

Passion (la sœur Marguerite de la), IV, 591.

Passy (Nicolas Vitart, seigneur de). Voyez Vitart (Nicolas).

Passy (Mme de). Voyez Vitart (Mme), Marguerite le Mazier.

Pastor fido (le), poëme de Guarini, VI, 351.

Patience (la), personnifiée, IV, 149, 35.

Patrocle, III, 164, 268; V, 465; VI, 41; 44; 209.

Pau (le parlement de), IV, 492 et 493; V, 174.

Paul (saint), III, 595; IV, 116, 11; 156; 432; 477; 525; V, 573, note 2; 579; 581; 582; 588; VII. 119 et 120; 317; les *Épîtres*, IV, 449; *Épître I aux Corinthiens*, IV, 148; 149; 150; 151; 250; 251; V, 581; VII, 119 et 120; *Épître aux Éphésiens*, V, 579; *Épître aux Galates*, V, 579; *Épître aux Hébreux*, V, 588; *Épître aux Philippiens*, IV, 449; *Épître aux Romains*, IV, 156; 157; 477; V, 391; VII, 317; *Épître II aux Thessaloniciens*, V, 582; *Épître I à Timothée*, V, 579; 581; *Épître II à Timothée*, III, 595; *Épître à Tite*, V, 573, note 2.

Paul V, pape, V, 165.

Paul, nom d'un chrétien d'Alexandrie, V, 586.

Paul ou Pol (Paul de Saumur, connu sous le nom de Chevalier), V, 103.

Paul-Émile, VI, 296.

Paule, jeune fille, VI, 536.

Paulette (la), V, 88.

PAULIN (saint), évêque de Nole, V, 175.
PAULIN (le P.), jésuite, IV, 436; V, 405.
PAULIN, personnage de la tragédie de *Bérénice*, II, 372-444.
PAULON (l'abbé), IV, 506.
PAUSANIAS, écrivain grec, II, 209, 751; III, 139; 140; *les Corinthiaques*, II, 209, 751; III, 139.
PAUSANIAS, personnage du *Banquet* de Platon, V, 459; 461; 466; 473.
Pauvreté (la), personnifiée, VI, 270.
PAVILLON (Nicolas), évêque d'Aleth, IV, 520; 565; 569; 587; 601; 605; 606; VI, 472; 473.
PAW, député des Provinces-Unies, VI, 345; 346.
PAYS-BAS (les), IV, 479; V, 52; 58; 80; 81; 187; 189; 254; 262; 271; 279; 288; 291; 313; 314; 315; 317; 335; 346; 348; VII, 30.
PAYS-BAS (le gouverneur des). Voyez MELLO (Francisco de), VILLA-HERMOSA (le duc de).
Paysage (le) de Port-Royal, IV, 19-43.
Pédagogue (le), personnage des *Phéniciennes* d'Euripide, VI, 260; de l'*Électre* de Sophocle, VI, 224; 228; 232.
PÉGASE (le cheval), VI, 52; 53.
Pégase (la constellation de), V, 179.
PEGNERANDA, ambassadeur espagnol, VI, 346.
PÉLAGE, hérésiarque, V, 402; 403.
PÉLAGIENS (les), V, 403.
PÉLÉE, père d'Achille, III, 156, 102; 188, note; VI, 203; 215; 216; 217.
PÉLIE, père d'Alceste, V, 464.
PELLANE, nom de lieu, VI, 34.

PELLETIER (Claude le), contrôleur général, VI, 529.
PELLISSON, VI, 428; 429.
PÉLOPIDAS, VI, 297.
PÉLOPONÈSE (le), III, 304; V, 501.
PÉLOPS, VI, 11; 12; 13; 212; 245.
PÉNÉLOPE, PENELOPÉ, VI, 58; 62; 63; 64; 65; 67; 68; 69; 70; 85; 93; 94; 95; 102; VII, 120.
PÉNÉLOPE (le père de). Voyez ICARIUS.
Pensées (les) de Pascal. Voyez PASCAL.
Pensionnaire (le) de Hollande. Voyez WITT (Jean de).
Pentecôte (la fête de la), III, 599; VI, 461; 470.
PENTHÉE, personnage des *Bacchantes* d'Euripide, VI, 257-259.
PENTHIÈVRE (Guy comte de), fils d'Arthur II de Bretagne et de la fille du vicomte de Limoges, V, 197.
PEPIN, père de Charles Martel, V, 84.
PEPINS (les), V, 85.
PÉRA, faubourg de Constantinople, VI, 522.
PÉRALVEREZ CABRAL, capitaine portugais, V, 154.
PERCHE (le), V, 192.
PERDREAU ou PERDREAUX (la sœur Marie-Dorothée), IV, 575; 592; 595; 596.
PÉRÉFIXE (Hardouin de Beaumont de), évêque de Rhodez, puis archevêque de Paris, IV, 520; 544; 545; 546; 547; 548; 549; 550; 551; 552; 553; 554; 555; 556; 557; 558; 559; 560; 562; 563; 564; 565; 566; 570; 571; 572; 573; 575; 576; 577; 578; 579; 580; 581; 582; 584; 587; 589; 590; 591; 592; 594; 595; 596; 605; V, 177.
Pères (les) de l'Église, IV, 281; 286; 289; 329; 333; 334;

416; 429; 459; 462; 464; VI, 484.
Péribée, mère d'Ajax, III, 309, 86; VI, 121; 239; 241.
Périclès, IV, 360; V, 494; VI, 111, note 2 de la page 110; 273; 275; 293; 294.
Périgny (le président de), VII, 320.
Périgny (Claire-Eugénie le Picart de), fille du précédent. Voyez Daguesseau (Mme).
Périgny (Catherine le Picart de), sœur de la précédente. Voyez Houssaye (Mme de la).
Périgord (le), V, 84.
Péripatétique (le). Voyez Aristote.
Perrault (Charles), IV, 246, 23; VI, 382; 383; VII, 91; 118; 119; 120; Ode sur la naissance de Monseigneur le Dauphin, VI, 449; 453; 454; *Épître au Roi*, V, 410 422; *Saint Paulin*, poëme, VII, 91.
Perrier, conseiller à la cour des aides de Clermont, beau-frère de Pascal, IV, 465; 466.
Perrier (Marguerite), fille du précédent, IV, 465; 467; 468; 469; 471; 506.
Perrin Dandin, II, 147, 25. Voyez Dandin.
Perron (le cardinal du), VI, 389. (Racine écrit *du Perrone*.)
Persan, Persane, Persans, I, 529, 110; 535, 244; 543, 434; 549, 559, 580; 560, 789; II, 477; 482, 19, 24; 490, 218; 532, 1175; III, 458; 466, 28; 472, 111; 493, 427; 494, 451; 500, 572; 518, 870; 535, 1184; 539, 1228, 1234; V, 193.
Perse (la), I, 564, 889; II, 477; 478; III, 457; 460; 496; 499; 498, 538; V, 193; 496; 519.
Perse (le), Perses (les), I, 574, 1111; V, 420; 554.
Persée, mère de Circé, VI, 156.

Personne, nom fictif d'Ulysse, VI, 151.
Petau (le P.), jésuite, IV, 439; 493; V, 574, note 1; *de la Pénitence publique*, IV, 439.
Petau, officier des gardes, VII, 263.
Petit (l'abbé), conseiller clerc, VII, 80.
Petit-Didier (dom Mathieu), bénédictin. *Apologie des Lettres provinciales*, VII, 234.
Petit Jean, personnage de la comédie des *Plaideurs*, II, 144-219.
Petit frère (le). Voyez Guelphe (François).
Petite-Friperie (la rue de la), à Paris, VII, 358.
Petites lettres (les). Voyez Pascal, les *Lettres provinciales*.
Pétrarque, VI, 437; 444; 446; 447.
Pétrone. *Le Satyricon*, VI, 137, note 3; 422; 423.
Petrus Aurelius, auteur pseudonyme du livre intitulé *Vindiciæ censuræ facultatis theologiæ Parisiensis*, IV, 415.
Pforzheim (la ville de), VII, 60; 61. (Racine écrit *Pforzem* et *Pforzeim*.)
Phædime, personnage de la tragédie de *Mithridate*, III, 22-100.
Phalère, bourg de l'Attique, V, 453.
Pharaon, III, 629, 403; 666, 1105; V, 212.
Phare (l'ile du), VI, 90.
Pharisiens (les), V, 532.
Pharnace, fils de Mithridate, III, 17; 21. —, personnage de la tragédie de *Mithridate*, III, 22-100.
Pharsale (la). Voyez Brébeuf, et Lucain.
Phase (le), fleuve, III, 43, 451.
Phavorin, écrivain grec, V, 508.

PHÉACIE, fille d'Asope, VI, 109.
PHÉACIENS (les), PHÉAQUES (les), VI, 104; 106; 109; 111; 116; 118; 120; 121; 123; 124; 130; 131.
PHÉAQUE (la terre de), VI, 103.
PHÉAQUES (l'île des), VI, 58; 116; 119; 127; 128.
PHÉAX, fils de la nymphe Phéacie. Voyez NAUSITHOÜS.
PHÉBUS. Voyez PHOEBUS.
Phédon (le). Voyez PLATON.
PHÈDRE, femme de Thésée, III, 299; 300; 301; 302. —, personnage de la tragédie de *Phèdre*, III, 304-397; VII, 127; de l'*Hippolyte* d'Euripide, VI, 256.
Phèdre, tragédie de Racine, III, 304-397; IV, 153, note 3; VI, 515 et 516; VII, 127.
Phèdre, dialogue de Platon. Voyez PLATON.
PHÈDRE, un des personnages du *Banquet* de Platon, V, 459; 460 et 461; 462-466; 473.
PHÈDRE. *Les Fables*, VII, 63.
PHÉNICE, personnage de la tragédie de *Bérénice*, II, 372-444.
PHÉNICIE (la), VI, 84.
Phéniciennes (les), tragédie d'Euripide. Voyez EURIPIDE.
PHÉNIX, gouverneur d'Achille, VI, 77.
PHÉNIX, personnage grec, contemporain de Socrate, V, 453; 454.
PHÈRES, ville de Laconie, VI, 83.
PHÉSANE, ville d'Arcadie, VI, 28.
PHILADELPHIE (la ville de), V, 569.
PHILIPPE, roi de Macédoine, père d'Alexandre, II, 368; V, 493; 518.
PHILIPPE, empereur romain, V, 584.
PHILIPPE Ier, roi de France, V, 192; 193; 194; 195. (Racine écrit *Philippes*.)
PHILIPPE II AUGUSTE, roi de France, IV, 388; V, 85; 195.
PHILIPPE IV LE BEL, roi de France, V, 84; 198.
PHILIPPE V LE LONG, roi de France, V, 84.
PHILIPPE VI de Valois, roi de France, V, 196; 197; 198.
PHILIPPE, fils ainé du roi de France Louis VI, V, 195.
PHILIPPE II, roi d'Espagne, IV, 514; V, 154.
PHILIPPE IV, roi d'Espagne, V, 154; 181.
PHILIPPE de Trallie ou Tralles, pontife, surintendant des jeux à Smyrne, V, 566; 571.
PHILIPPES (la ville de), V, 578; 579.
PHILIPPES (l'Église de), V, 578; 582.
PHILIPPEVILLE (la ville de), V, 320; 321; 322; 325.
PHILIPPIENS (les), V, 573; 578.
PHILISBOURG (la ville de), V, 117; 273; 313; VI, 599; 605; VII, 60; 180.
PHILISTIN (le), PHILISTINS (les), III, 593; 632, 475.
Philoctète, tragédie de Sophocle. Voyez SOPHOCLE.
PHILOMÉLIE (la ville de), V, 559.
PHILON, écrivain grec. *Contra Flaccum*, V, 587, note 3; 591, note 5; *de Legatione ad Caium*, V, 203; 587, note 3; *de Vita contemplativa*, V, 541-554; *Quod omnis probus liber*, V, 554-558.
PHILOPOEMEN, chef des Achéens, VI, 297.
PHILOPOEMEN, père de Monime, III, 33, 264.
PHOCIDE (la), VI, 80; 488.
PHOCION, VI, 296.
PHOEBUS, IV, 215, 31; 216, 10; 217, 4; 218, 28; VII, 90

PHOENIX, personnage de la tragédie d'*Andromaque*, II, 40-124.
PHRONIUS, père de Noémon, VI, 93.
PHRONTIS, pilote de Ménélas, VI, 79.
PHRYGIE (la), II, 56, 313 ; V, 562.
PHRYGIEN, PHRYGIENNE, II, 68, 572 ; V, 562 ; VI, 245.
PHRYNÉ, V, 528.
PHYLO, une des suivantes d'Hélène, VI, 85 ; 86.
PICARD, II, 145, 7.
PICARDIE (la), IV, 453 ; V, 259 ; 261 ; 278 ; VI, 538 ; VII, 140.
PICART (le) de Périgny. Voyez PÉRIGNY.
PICOTÉ, prêtre de la communauté de Saint-Sulpice, IV, 460 ; 461.
PIÉMONT (le), V, 82 ; 119 ; VII, 66.
PIÉRIDES (les), IV, 216, 14 ; VI, 491 ; 492 ; 493 ; 494.
PIERRE (saint), IV, 432 ; 462 ; 529.
PIERRE MAUCLERC, V, 198.
PIERRE (le baron de). Voyez BISSY (Claude de Thyard de).
PIERRE, nom d'un chrétien d'Alexandrie, V, 586.
PIERRET, nom d'homme, VII, 197 ; 198 ; 205 ; 210 ; 211 ; 213 ; 220.
PIERRET (Mme), VII, 228.
Pierrots, sobriquet des gardes françaises, VII, 15.
PIÉRUS, VI, 491.
Piété (la), personnifiée, III, 460 ; 461, 20.
PIÉTON (le ruisseau de), V, 320.
PIGNATELLI (Antonio). Voyez INNOCENT XII.
PILATE, V, 203.
PIMBESCHE (la comtesse de), II, 158, 187 et 188 ; 177, 401. Voyez *Comtesse* (la).

PIN (le docteur Louis Ellies du), cousin issu de germain de Racine, VII, 206 (?) ; 207 (?) ; 276 et 277.
PIN (Joseph du), frère du précédent, VI, 450 ; VII, 206 (?) ; 207 (?).
PINDARE, poëte grec, VI, 92 ; les *Olympiques*, VI, 9-55 ; 212-214 ; les *Pythiques*, VI, 214 et 215 ; les *Néméennes*, VI, 215-217.
PINDARE, comédien, V, 489.
PINEY (le duché et la pairie de), V, 384 ; 386.
PINEY (le duc de). Voyez LUXEMBOURG.
PIOLIN, nom d'homme, VI, 464.
PIRÉNÉE, PYRÉNÉE, roi de Thrace, VI, 488 ; 489 ; 490.
PIRITHOÜS, III, 302 ; 330, 384 ; 359, 962.
PIROT (le P. Edme), jésuite, IV, 488 ; *Apologie des casuistes*, IV, 488 ; 489 ; 490.
PISE (la ville de), en Élide, VI, 45.
PISISTRATE, l'aîné des enfants de Nestor, VI, 75 ; 76 ; 81 ; 82 ; 83 ; 84 ; 87 ; 88.
PISON (Cneius), IV, 188, 4 et *var*.
PISON (Caïus), II, 298, 906, 907.
PITANÉ, fille d'Eurotas et mère d'Evadné, VI, 27.
PITTHÉE, roi de Trézène, III, 333, 478 ; 367, 1103 ; VI, 256.
Plaideurs (les), comédie de Racine, II, 140 ; 144-219.
Plaisirs (les), personnifiés, IV, 52, 16 ; 59, 121 ; 66, 2 ; 70, 102.
PLATON, V, 508 ; 509 ; 516 ; 517 ; 524 ; 526 ; VI, 32 ; 110 ; 267-285 ; 294 ; 333 ; VII, 345 ; 347 ; *Alcibiade*, VI, 273 et 274 ; *Alcinoi apologus*, VI, 110 ; *Apologie de Socrate*, VI, 267 ;

le Banquet, V, 451-474; VI, 32; 268-272; *Criton*, VI, 267; *Gorgias*, VI, 274; *Ion*, VI, 274 et 275; *les Lois*, VI, 282; *Ménexène*, VI, 275 et 276; *Phédon*, VI, 268; VII, 345; *Phèdre*, VI, 272 et 273; *la République*, VI, 110; 276-281; 283-285. — Commentaires de Proclus, VI, 282 et 283.

PLAUTE, II, 141; 367.

PLAUTUS, sénateur, II, 298, 906, 907.

Pléiades (les), constellation, VI, 103.

PLESSIS DE VIGNEROD (Armand-Jean du). Voyez RICHELIEU (le duc de).

PLESSIS-GUÉNÉGAUD (Mme du), Élisabeth ou Isabelle de Choiseul, fille du maréchal Charles de Choiseul Praslin, femme de Henri du Plessis-Guénégaud, IV, 607.

PLESSIS-PRASLIN (César de Choiseul, comte, puis duc du), maréchal de France, VI, 344; 348.

PLESSIS-PRASLIN (Auguste duc de Choiseul, chevalier du), quatrième fils du précédent, V, 183.

PLETTEMBERG, gouverneur de Gueldre, V, 99.

PLINE L'ANCIEN, VI, 338 et 339.

PLINE LE JEUNE, VI, 88; 96; 104; 113; 134; 143; 146; 155; 156; 159; 160; 161; 340 et 341; 394.

PLUTARQUE, III, 17; 18; 302; VI, 85; 110 et 111, note; VII, 62; *Vies parallèles*, VI, 291-301; VII, 256; *Vie d'Agésilas*, VI, 298; 301; *Vies d'Agis et de Cléomène*, VI, 295; 301; *Vie d'Alcibiade*, VI, 294; 300; *Vie d'Alexandre*, I, 515; VI, 298; *Vie d'Aratus*, VI, 295; 300; *Vie d'Aristide*, VI, 293; *Vie d'Artaxerxe*, VI, 295; *Vie de Brutus*, VI, 202; 296; 301; *Vie de Camille*, VI, 293; *Vie de Caton l'ancien*, VI, 293; 300; *Vie de Caton le jeune*, VI, 296; 301; *Vie de César*, VI, 298; *Vie de Cicéron*, VI, 294; VII, 62; *Vie de Cimon*, VI, 293; *Vie de Coriolan*, VI, 294; 300; *Vie de Crassus*, VI, 294; *Vie de Démosthène*, VI, 294; *Vie de Dion*, VI, 296; *Vie d'Eumène*, VI, 297; *Vie de Fabius Maximus*, III, 19; VI, 294; *Vie de Flamininus*, VI, 297; 301; *Vie de Galba*, VI, 299; *Vies de Caius et de Tibérius Gracchus*, VI, 295; *Vie de Lucullus*, III, 19; VI, 293; *Vie de Lycurgue*, VI, 295 et 296; 301; *Vie de Lysandre*, VI, 296; *Vie de Marcellus*, VI, 297 et 298; 301; *Vie de Marius*, VI, 294; *Vie de Nicias*, VI, 294; *Vie d'Othon*, VI, 299; *Vie de Paul-Émile*, VI, 296 et 297; *Vie de Pélopidas*, VI, 297; *Vie de Périclès*, VI, 110, note 2; 293 et 294; *Vie de Philopœmen*, VI, 297; 301; *Vie de Phocion*, VI, 296; *Vie de Pompée*, III, 17; 18, 19; VI, 298 et 399; 301; *Vie de Publicola*, VI, 292; *Vie de Pyrrhus*, VI, 29; 294; *Vie de Romulus*, VI, 85; 292; 299; *Vie de Sertorius*, VI, 297; *Vie de Solon*, VI, 292; *Vie de Sylla*, VI, 296; *Vie de Thémistocle*, VI, 293; *Vie de Thésée*, III, 302; *Vie de Timoléon*, VI, 297; 301; *OEuvres morales*, VI, 302-319; *Comment le jeune homme doit écouter les poëmes*, VI, 88; *Comment on pourra discerner le flatteur d'avec l'ami*, II, 368; *Questions romaines*, VI, 85.

PLUTON, VI, 39.

POCHE (M.), VII, 29.

Poétique (la) d'Aristote. Voyez Aristote.
POIGNAN (Antoine) ou POIGNANT, fils de Jeanne Chéron, VI, 460; 467; 468; 484; 487; 535; 551; 582.
POISSY (la ville de), V, 111.
POITIERS (la ville de), IV, 412; VII, 238.
POITIERS (l'évêque de). Voyez KOATLEZ (de).
POITOU (le), V, 98; 188.
POITOU (les comtes de), V, 190.
POLASTRON (de), maréchal de camp, V, 320.
POLIGNAC (l'abbé de), VII, 239.
POLITES, un des compagnons d'Ulysse, VI, 158.
Politique (la) d'Aristote. Voyez ARISTOTE.
POLLION, VI, 583.
POLO (Frà) ou PAOLO. Voyez SARPI (Pierre).
POLOGNE (la), V, 135; 136; 139; 141; 142; 145; 169; 182, note 4; VI, 347; VII, 185.
POLOGNE (le roi de), V, 141.
POLOGNE (rois de). Voyez BATTORI, CONTI (François-Louis de Bourbon, prince de), HENRI III, LADISLAS VI, LADISLAS VII, SOBIESKI (Jean).
POLOGNE (reines de). Voyez ARQUIEN (Marie-Casimire de la Grange d'), et GONZAGUE (Marie de).
POLONAIS (les), V, 138; 140; 142; 145; 146.
POLYARQUE, personnage de l'*Argenis* de Barclay, VI, 114.
POLYCARPE (saint), V, 559; 562; 563; 564; 565; 566 et 567; 568; 569; 570; 571; 572-575; 576; 577; *Épître aux Philippiens*, 578-583.
POLYCASTE, fille de Nestor, VI, 82.
POLYDAMNA, princesse égyptienne, VI, 88.

POLYDORE, fils de Priam, VI, 209.
POLYEUCTE, écrivain grec, V, 507.
POLYHYMNIE, Muse, VI, 269.
POLYNICE, fils d'OEdipe et de Jocaste, personnage de *la Thébaïde*, I, 396-483; des *Phéniciennes* d'Euripide, VI, 261; 262; 264.
POLYPHÈME (le cyclope), VI, 67; 104; 147; 148.
POLYXÈNE, fille d'Hécube, II, 107, 1338.
POMÉRANIE (la), POMÉRANIE (le duché de), V, 130, 190.
POMONE, IV, 42, 57.
POMPÉE, III, 16; 20; 23, 7; 26, 64; 43, 439; 57, 784; 61, 848; V, 118; VI, 296; 298; 299; 301; 604 et 605.
Pompée, tragédie de Corneille. Voyez CORNEILLE.
POMPONE (Simon Arnauld, marquis de), fils d'Arnauld d'Andilly, IV, 607; V, 116; 186; VII, 41; 124.
PONS (Mlle de), VI, 347.
PONT (le royaume de), III, 22; 26, 76; 27, 114; 32, 231, 234; 42, 426; VI, 523.
PONT-À-MOUSSON (la ville de), V, 107.
PONT-DE-L'ARCHE (le), V, 85; VI, 350.
PONT-EUXIN (le), VI, 447.
PONT-SAINT-ESPRIT (le), VI, 413; 416; 417.
PONTCHARTRAIN (Louis Phélipeaux de), contrôleur général des finances, VII, 27; 28; 37; 45; 67; 75; 81; 92; 97; 156; 270.
PONTCHARTRAIN (Mme de), Marie de Maupeou, femme du précédent, VII, 28; 172; 173.
PONTCHARTRAIN (Jérôme Phélipeaux, comte de) et de Maurepas, fils des précédents, con-

532 TABLE ALPHABÉTIQUE

seiller au Parlement, VII, 28; 53; 65; 75; 76 et 77; 81.
PONTCHÂTEAU (Sébastien-Joseph du Cambout de), IV, 600.
PONTEAU-DE-MER (le), VI, 350.
PONTHIEU (le comté de), V, 196.
PONTOISE (la ville de), II, 205, 708; IV, 243, 4; 393.
PONTONOÜS, héraut d'Alcinoüs, VI, 124.
PORCIE, femme de Brutus, VI, 202.
PORTAIL (du). *L'Histoire du temps*, VI, 347; 348; 349.
PORTLAND (William Bentink, comte de), VII, 30; 222.
PORT-LOUIS, dans le Morbihan, V, 112.
PORT-ROYAL, IV, 19; 22-43; 203, 28; 271; 272; 275; 277; 283; 284; 327; 329; 331; 387-626; V, 208; 212-215; VI, 372; 475; 499; VII, 105, note 15; 133 et 134; 148; 149; 150; 152; 254; 155; 160; 174; 175; 178; 192; 200; 204 et 205; 209; 210; 213; 218; 219; 222; 223 et 224; 230; 231; 267; 284; 318; 321; 327; 328; 331; 332; 334; 356; 357.
PORT-ROYAL (Abrégé de l'histoire de), IV, 387-626; VII, 333; 334; 336.
Porte (la), la cour ottomane, V, 134; 135; 143; 144.
PORTE (le marquis de la), V, 330.
PORTLAND (lord), V, 318.
PORTUGAIS (les), V, 150; 151; 154; 155; 156; 157; 158; 159; 160; 161; 162; 164; 244.
PORTUGAL (le), V, 150; 154; 156; 158; 159; 160; 161 et 162; 163.
PORTUGAL (rois de). Voyez ALPHONSE VI, EMMANUEL, JEAN IV.

PORTUGAL (la reine de). Voyez SAVOIE NEMOURS (Marie-Élisabeth-Françoise princesse de).
PORUS, roi dans les Indes, I, 516; 517; 518; 521; 522; V, 494.—, personnage de la tragédie d'*Alexandre*, I, 524-596.
Porus, l'Abondance personnifiée, VI, 270.
POTTERIE (Pierre Leroi de la), IV, 466; 469.
POUILLE (la), V, 194.
POUPICHE (l'abbé), IV, 592; 593; 594.
POURCHOT (Edme), professeur de philosophie, VII, 111.
PRADEL (François marquis de), ou PRADELLE, lieutenant général, V, 50; 80; 182.
PRADON, IV, 184, 6; 185, 10; 188, 6 et *var.*; 239, au titre; 240, 1; VI, 599; 603; *Germanicus*, IV, 188; *la Troade*, IV, 239, au titre; 240, au titre; *Satires*, VII, 20.
Prairie (la), nom imaginaire de soldat, VI, 406.
Prairies (les) de Port-Royal, IV, 33-36.
Pramnien (le vin), VI, 159.
PRAT (François du). Voyez NANTOUILLET (le chevalier de).
PRÉ (Madeleine ou Marguerite de Sainte-Gertrude du), IV, 592 et 593; 600; 607; *l'Institution des novices*, IV, 600.
PRÉFONTAINE (de), VII, 318-323; 324-326; 327-330; 331 et 332.
PRÉVOST, chirurgien, VI, 587; 590.
Prévoyance (la), personnifiée, VI, 32.
PRIAM, I, 434, note 4; II, 33; 37; 50, 207; 88, 938; III, 170, 383; VI, 60; 198; 199; 202; 209; 210; 211; 261.
Prieur (le grand). Voyez VENDÔME (Philippe de).

Prince (Monsieur le). Voyez Condé (Louis II de Bourbon, prince de), et Bourbon (Henri-Jules de).
Proclus, VI, 282 et 283.
Procruste, III, 309, 80.
Procureur (Monsieur le). Voyez Sconin (Jean).
Promenade (la) ou les *Promenades* de Port-Royal, IV, 19-43; VII, 434 (*Additions et corrections*).
Prométhée, VI, 32.
Propositions (les cinq) de Jansénius, IV, 279; 288; 443; 444; 445; 446; 447; 449; 450; 456; 461; 472; 486; 490; 492; 493; 494; 496; 500; 501; 525 et 526; 529; 533; 539; 542; 543; 546; 556; 585; 592; 605.
Proserpine, III, 302.
Protée (le dieu), V, 48; VI, 90; 91; 92; 275.
Protogénée, femme de Locrus, VI, 40; 41.
Provence (la), V, 77; VI, 497.
Proverbes (le livre des), (chap. viii) IV, 158; 159; (chap. xix, verset 14) VII, 321.
Providence (la), IV, 400; 401; VI, 182; 187; 188; 190; 301; 309; 317; VII, 161.
Provincial (le), l'auteur des *Provinciales*, IV, 278; 333.
Provinciales (les) de Pascal. Voyez Pascal.
Provinces-Unies (les), IV, 366; V, 71; 152; 243; 314; VI, 345.
Provins (la ville de), V, 106.
Prudence, poëte latin, V, 211 et note 5.
Prusse royale (la), V, 189.
Psara (l'île de), V, 136.
Psaumes (les), IV, 516; 592; (*psaume* ix) VII, 325; (*psaume* x) IV, 142; (*psaume* xvii) IV, 138-144; (*psaume* xxi) V, 204; (*psaume* xxxiv) V, 203; (*psaume* xli) IV, 583, note 5; 585; (*psaume* xlix) VII, 352; (*psaume* lxxi) III, 613, note 3; V, 207; (*psaume* lxxiii) IV, 160; (*psaume* lxxvii) V, 201 et 202; (*psaume* lxxxv) IV, 467; 471; (*psaume* lxxxviii) III, 613, note 3; V, 207; (*psaume* cv) V, 202; (*psaume* cix) III, 613, note 3; V, 207; (*psaume* cxvii) V, 591, note 1; (*psaume* cxviii) IV, 593; (*psaume* cxxiii) V, 170; (*psaume* cxxxi) III, 613, note 3; V, 207; (*psaume* cxxxvi) IV, 448.
Psaumis de Camérine, VI, 23-26; 214.
Ptolémée, soldat chrétien, V, 594.
Publicola, VI, 292.
Pucelle (la), poëme de Chapelain. Voyez Chapelain.
Puis (du), gentilhomme de la manche du duc de Bourgogne, VII, 246.
Puiségu. Voyez Puységur.
Pussort, nom d'homme, IV, 596.
Puycerda (la ville de), V, 296.
Puymorin (Pierre Boileau, sieur de), frère de Boileau Despréaux, VI, 525; 556; VII, 107.
Puységur (Jacques-François de Chastenet, marquis de), VII, 247; 248.
Pylade, ami d'Oreste, VI, 220.
—, personnage de l'*Électre* de Sophocle, VI, 224; 228; 230; de la tragédie d'*Andromaque*, II, 40-124.
Pyle (la ville de), VI, 74; 93; 94.
Pyrénée. Voyez Pirénée.
Pyrénées (les), V, 103; 177; 266.
Pyrénées (la paix des), V, 47.
Pyrrha, VI, 40.
Pyrrhus, fils d'Achille, roi d'É-

pire, II, 34; 35; 38; IV, 240, 7; VI, 83; 294; 338. —, personnage du *Philoctète* de Sophocle, VI, 246; de la tragédie d'*Andromaque*, II, 40-124; IV, 178, 3.
PYTHAGORE, VI, 281.

Q

QUADT, commandant d'une brigade de cavalerie au siége de Namur, V, 321.
Quasimodo (le jour de la), IV, 504; VII, 327.
Quatre nations (le collége des), VI, 576.
QUELUS. Voyez CAYLUS.
QUENTIN (Jean), premier valet de garde-robe, VII, 200; 212; 234.
QUENTIN (Mme), Marie-Angélique Poisson, femme du précédent, VII, 245.
QUENTIN (la fille de M.), VII, 212.
QUESNE (du), amiral, V, 188; 189.
QUESNE DE BOUGE (la hauteur du), V, 324; 326; 327.
QUESNEL (le P.), VII, 195; 209; 240; 315; 318; 321.
QUESNOY (le), V, 100; 116; VII, 29; 32, à la note; 74; 78.
QUICHOTE (don), VI, 579 et 580; 601.
Quiétisme (le), IV, 249, au titre ; V, 407.
QUILLET (Claude), auteur de *la Callipédie*, VI, 389.
QUIMPER (la ville de), VI, 407.

QUINAULT, VI, 593; 600; *Alceste*, opéra, III, 143.
QUINAULT (Mme), femme du précédent, VII, 203 et 204.
QUINTE (sainte), V, 588.
QUINTE-CURCE, I, 516; 521; 522; III, 457. (Racine écrit *Quinte-Curse*.)
QUINTILIEN, III, 141; 147; VII, 62; 84; 346; *Institutions oratoires*, III, 141; 147; VII, 62.
QUINTUS, Phrygien, V, 562.

R

RAAB (le), fleuve, V, 255 ; VI, 576.
RACAN, VI, 537.
RACINE[1] (Jean), grand-père du poëte, VII, 168.
RACINE (Mme), Marie des Moulins, veuve du précédent, religieuse à Port-Royal, VI, 372; 376; 410; 433; 466; 477; 482; 499; 500.
RACINE (Agnès de Sainte-Thècle), religieuse à Port-Royal, fille de la précédente, VI, 372; 376; 464; 509-511; VII, 133-137; 148-155; 178; 192; 218; 223; 224; 267; 278; 284; 295-299; 318; 321; 326; 327; 332; 357.
RACINE (Anne-Marie), sœur de la précédente. Voyez MOUFFLARD (Mme).
RACINE (Claude), frère des précédentes, VI, 435; 501; 511 et 512; 517; 518; 529; 539; 544; VII, 168; 196.
RACINE (Nicolas), fils du précédent, VI, 517; 518.

1. Il nous a paru que, dans cette table générale, il n'y avait pas lieu de consacrer un article spécial au poëte. Tout ce qui, dans ses écrits, concerne sa vie, sa personne, a été réuni dans la *Notice biographique*, en tête du tome I; et pour l'énumération de ses œuvres nous n'aurions eu qu'à répéter ce qui se trouve dans les tables particulières des volumes.

RACINE (Jean), fils de Jean Racine et de Marie des Moulins, père du poëte, VI, 449; 543.
RACINE (Mme), Jeanne Sconin, femme du précédent, mère du poëte, VI, 543.
RACINE (Marie), sœur du poëte. Voyez RIVIÈRE (Mlle).
RACINE (Mme), Catherine de Romanet, femme du poëte, VI, 518; 519; 520; 521; 534; 539; 540; 543; VII, 4; 5; 7; 8; 9; 19; 22; 23; 26; 28-32; 39; 46; 52; 62; 64; 67; 72; 74; 81; 84; 92; 97; 99; 100; 114; 115; 116; 122; 125; 130; 132; 145; 146; 148; 152; 157; 159; 162; 163; 165; 169; 171; 175; 177; 193; 196; 198; 200; 201; 204; 205; 209; 210; 213; 214; 220; 221; 223; 225; 226-228; 229 et 230; 231; 232; 234; 236; 237; 239; 240; 241; 243; 249; 251; 252; 254; 255; 257; 258; 259; 265; 269; 270; 271; 272; 275; 276; 277; 279; 281; 282; 283-289; 291; 292; 293 et 294; 296; 298; 300 et 301; 304; 321; 325; 326; 331; 332; 355 et 356; 357-359.
RACINE (Jean-Baptiste), fils ainé du poëte, VI, 520; 521; 525; 539; 540; 543; 606; 610; VII, 4; 8; 9; 20-23; 31; 32; 39 et 40; 41; 45 et 46; 52; 61-64; 66; 70 et 71; 81; 84-86; 100; 111-117; 121 et 122; 125; 130-132; 139-145; 159 et 160; 161-164; 169-172; 174-178; 179; 193-206; 207-214; 220-295; 298; 299-305; 306; 325; 326; 327; 328; 329; 331; 332; 333-352; 358; 359.
RACINE (Marie-Catherine), fille du poëte. Voyez MORAMBER (Mme de).
RACINE (Anne ou Nanette), fille du poëte, VI, 519; 534; 539; 543; VII, 4; 8; 9; 21; 23; 31; 32; 46; 64; 71; 73; 86; 111 et 112; 117; 122; 171; 174; 175; 186; 197; 205; 214; 222; 227; 241; 242; 250 et 251; 252; 261; 262; 266; 272; 276; 277; 278; 285; 289; 290; 293; 295; 296; 297 et 298; 299 et 300; 301; 304; 306; 326; 328; 331; 332; 335; 358; 359. Voyez SAINTE-SCHOLASTIQUE.
RACINE (Elisabeth ou Babet), fille du poëte, VII, 4; 8; 9; 21; 23; 31; 32; 46; 64; 71; 81; 86; 117; 122; 143; 157; 169; 171; 175; 197; 200; 202; 225; 227; 232; 241; 242; 251; 252; 261; 262; 285; 289; 298; 300 et 301; 306; 326; 328; 331; 332; 335; 338; 358; 359.
RACINE (Jeanne-Nicole-Françoise ou Fanchon), fille du poëte, VII, 4; 5; 7; 9; 21; 23; 31; 32; 46; 64; 71; 81; 86; 117; 122; 157; 169; 171; 175; 197; 200; 202; 225; 229 et 230; 232; 234; 236 et 237; 241; 242; 252; 254; 261; 262; 282; 285; 289; 293; 297; 298; 300 et 301; 306; 326; 328; 331; 332; 335; 358; 359.
RACINE (Madeleine ou Madelon), fille du poëte, VII, 4; 8; 9; 21; 23; 31; 32; 46; 64; 71; 81; 86; 157; 169; 171; 175; 197; 200; 202; 221; 225; 230; 232; 234; 236; 237; 241; 242; 252; 253; 254; 262; 282; 285; 289; 293; 298; 300; 306; 326; 328; 331; 332; 335; 358; 359.
RACINE (Louis), *Lionval*, second fils du poëte, VII, 72; 73; 74; 147; 157; 163; 169; 171; 221; 225; 227; 231; 232; 234; 237; 252; 253; 257; 262; 282; 285; 293; 298; 300; 306;

326; 328; 331; 332; 333-352; 358; 359; *la Religion*, VII, 338-352.
RACINE (Anne), fille aînée du précédent, VII, 338; 348.
RACINE (Jean), frère de la précédente, VII, 342.
RACINE (Antoinette). Voyez LOGEOIS (Mme).
RACOCZI (Georges II) ou RAGOTSKI, prince de Transylvanie, V, 142; 143; 144; 145.
RAGUSAINS (les), V, 135.
RAÏN (la ville de) ou RHAÏN, VI, 345 ; 346.
RANCÉ (le Bouthillier de), abbé de la Trappe, VII, 50.
RANTZAU (Josias comte de), maréchal de France, V, 95; 96.
RANTZAU (la comtesse de), cousine et femme du précédent, V, 96.
RANUZZI(Angelo), nonce du Pape, V, 123.
RAPHAËL (l'ange), VII, 319; 320.
RAPIN (le P.), jésuite, VI, 516; 527; 557 et 558; 608; 609; *le Magnanime*, VI, 557 ; 558.
RATABON, nom d'homme, V, 77.
RATISBONNE (la ville de), V, 58.
RATZEBOURG (la ville de), V, 114.
REBOURS (l'abbé de), confesseur de Port-Royal, IV, 506.
RECHIN (Foulques le). Voyez FOULQUES.
Récif (le), quartier de Fernambouc, V, 154; 155; 156; 158; 159; 160.
REDEI FERENS. Voyez l'article suivant.
REDEY (Francesco), V, 144 et note 6; VII, 437 (*Additions et corrections*).
REGIANUS, poëte latin, VI, 401.
REGNAULT (François), procureur du Roi au grenier à sel de la Ferté-Milon, marié à Jeanne Sconin, cousine germaine de Racine, VI, 519 ; 528; 529; 538; 542; VII; 5, 147; 168.
REGNAULT, fils du précédent, VII, 168 et 169.
RÉGULUS, VI, 327.
REIMS (la ville de), V, 172; 223; VI, 482.
REIMS (l'archevêque de). Voyez TELLIER (Charles-Maurice le).
Religion (la), personnifiée, V, 51; VII, 347.
Religion (la), poëme de Louis Racine. Voyez RACINE (Louis).
REMY (Pierre), surintendant des finances, V, 196.
RENAUDOT (l'abbé Eusèbe), VII, 67; 81 ; 92; 107; 110; 185; 291 ; 324; 328.
RENNES (la ville de), V, 197; 198.
Renommée (la), personnifiée, I, 529, 105; 571; 1030; II, 396, 504; IV, 61, 161; 71, au titre; 73, 9 et 10; 78, 115, 119; 216, 28; VI, 38; 54; 503.
RETHEL. Voyez RHETEL.
RETZ (Pierre de Gondi, duc de), frère aîné du cardinal François-Paul, V, 85.
RETZ (Catherine de Gondi, duchesse de), femme du précédent, V, 177.
RETZ (François-Paul de Gondi, cardinal de), coadjuteur, puis archevêque de Paris, IV, 455; 473; 475; 476; 477; 478; 481 ; 495; 501 ; 505; 528; 549; 562; 575; V, 85; 177; 185; VI, 350; 379.
RHAIN. Voyez RAÏN.
RHEIMS. Voyez REIMS.
RHEINBERG (la ville de), en Hollande, V, 246.
RHEINFELD (la ville de), V, 296.
RHÉSUS, VI, 205.
RHETEL (la ville de), V, 98.
RHEXÉNOR, fils de Nausithoüs, VI, 121; 124.
RHIN (le), III, 463, 44; V, 50; 115; 118; 135; 143; 182;

245; 246; 247; 249; 262; 264; 267; 268; 278; 282; 285; 286; 289; 290; VI, 345; VII, 94; 97; 102; 122; 123; 181.
RHODE, RHODES, II, 501, 475; VI, 31; 33.
RHODEZ (l'évêque de). Voyez PÉRÉFIXE (Hardouin de Beaumont de).
RHODIENS (les), VI, 32; 33.
RHODOGUNE, princesse des Parthes, VI, 351 et 352.
Rhodogune ou *Rodogune*, tragédie de Corneille. Voyez CORNEILLE.
RHÔNE (le), fleuve, VI, 413; 424; 497.
RIBERPRÉ. Voyez MORAMBER (Riberpré de).
RICAUT, écrivain anglais, II, 474, note 1.
RICHELET, VII, 70.
RICHELIEU (le cardinal de), IV, 236, 2; 248, 63; 399 et 400; 411; 412; 413; 416; 417; 432; V, 76; 77; 82; 88; 96; 162; 167; 174; 393; VI, 300; 343; 345.
RICHELIEU (Armand-Jean du Plessis de Vignerod, duc de), V, 384; 385; 386; 391; 392; 393.
RICHELIEU (le marquis de), frère du précédent, IV, 236, 4 (?).
RICHESOURCE (Jean de Sourdier de), VII, 44; 130.
RICHILDE, comtesse de Mons, V, 192.
Ris (les), personnifiés, IV, 66, 2; 70, 102; VI, 402.
RISNES (le ruisseau de), V, 321; 327.
RISWICK. Voyez RYSWICK.
RIVIÈRE (M.), VI, 529.
RIVIÈRE (Antoine), fils du précédent et beau-frère de Racine, VI, 518-520; 521; 527; 528; 529; 532; 533; 534; 539; 541; 543; 544; VII, 3-5; 7; 8; 9; 72-74; 146; 147; 148; 155-157; 168; 169; 172; 173; 179; 206 et 207.
RIVIÈRE (Mlle), Marie Racine, sœur de Racine, femme du précédent, VI, 374-376, 409-411; 433-435; 498-501; 511-515; 517 et 518; 519; 520; 521 et 522; 527-529; 532-534; 538-544; VII, 4; 5; 6-9; 11; 74; 146-148; 157; 163; 164-169; 172-174; 179; 356.
RIVIÈRE (Marie-Antoinette), fille des précédents, VI, 540; VII, 7; 8; 74; 148; 169; 173.
RIVIÈRE (Marie-Catherine ou Manon), sœur de la précédente, VI, 518; 543; VII, 9; 157.
ROANNEZ (François d'Aubusson, vicomte de la Feuillade, duc de), maréchal de France, V, 81; VI, 552; 576.
ROBERT LE FORT, comte d'Anjou, V, 190.
ROBERT, fils du précédent et père de Hugues le Grand, V, 190.
ROBERT, roi de France, arrière-petit-fils du précédent, V, 191; 192.
ROBERT, fils du précédent, duc de Bourgogne, V, 191; 192.
ROBERT duc de Normandie, père de Guillaume le Conquérant, V, 191.
ROBERT duc de Normandie, fils aîné de Guillaume le Conquérant, V, 193.
ROBERT comte de Dreux, V, 197.
ROBERT D'ARTOIS, V, 196; 198.
ROBERT comte de Flandre, V, 198.
ROBERT, chanoine à Mons, VII, 195.
ROBERTI, archevêque de Tarse, nonce en France, V, 171; 172.
ROBOAM, roi de Juda, III, 591.
ROCHECHOUART (Marie-Madeleine-Gabrielle de Mortemart de),

abbesse de Fontevrault, V, 451; 452.
ROCHEFORT (le port de), V, 112; 120.
ROCHEFORT (le marquis de), lieutenant général, V, 182; 183.
ROCHEFOUCAULD (François duc de la), pair de France, auteur des *Maximes*, V, 187.
ROCHEFOUCAULD (François duc de la), pair de France, fils du précédent, V, 384; 385; 386; 392.
ROCHEGUYON (de la), tué à Mardick en 1646, VI, 345.
ROCHEGUYON (Jeanne-Charlotte de la), petite-fille du duc de Liancourt, IV, 461.
ROCHEGUYON (François de la Rochefoucauld, duc de la), fils de la précédente, VII, 109.
ROCHELLE (l'évêque de la). Voyez BOIS-DAUPHIN (Henri-Marie de Laval de).
ROCROY (la bataille de), V, 163.
RODOGUNE. Voyez RHODOGUNE.
ROHAN (Henri de), V, 392; 393.
ROHAN (Charles de), duc de Montbazon. Voyez MONTBAZON (le duc de).
ROHAN (Armand-Gaston cardinal de), évêque de Strasbourg, V, 121; 122.
ROHANS (les), V, 122.
Rois (les livres des), dans la *Bible*, (livre I) VII, 325; (livre II) III, 613, note 3; V, 207; (livre III) V, 218; (livre IV) III, 594; 599; 603; V, 209.
ROLLIN, recteur de l'Université de Paris, VII, 63; 262; 340; 342.
ROMAIN, ROMAINE, ROMAINS, II, 203, note 6; 273, 374; 274, 419; 324, 1437; 325, 1474; 379, 122; 387, 295; 391, 375; 393, 413; 420, 1008; 425, 1138; 427, 1168; 439, 1381;
440, 1410; 443, 1477; III, 16; 20; 23, 3; 24, 22, 23, 25, 28; 26, 62, 65, 71; 27, 110; 28, 130; 29, 154; 33, 263; 34, 274, 281; 135, 293; 36, 317; 37, 338; 46, 517; 56, 771; 57, 776; 60, 836, 845; 61, 849; 63, 909, 918; 64, 933; 66, 979; 70, 1069; 71, 1088; 74, 1164; 80, 1290; 85, 1410; 86, 1434; 87, 1448, 1449; 89, 1478, 1487, 1494; 93, 1561; 94, 1578, 1598; 95, 1615; 97, 1655, 1666; 98, 1681, 1685, 1689, 1692; 99, *var.* 1; IV, 156; 328; V, 354; 415; 538; VI, 80; 85; 293; 297; 312; 326; 490; 492; 523; VII, 34; 264.
ROMANET (Catherine de). Voyez RACINE (Mme).
ROMANET (N. de), sœur de Mme Racine, prieure de Variville, VII, 332.
ROMANET (Jean-Baptiste de), frère des précédentes, VII, 142 (?); 214; 227.
ROMANET (Louis de), sieur Dufos, fils du précédent, VII, 261.
ROMANET (N. de), frère du précédent (?), VII, 177; 209; 214; 222; 227; 295.
ROMANET (Claude) de), frère de Mme Racine, VII, 29; 32; 142; 227.
ROMANET (Mme de), Marie-Charlotte Vitart, femme du précédent, *Manon*, VI, 420; 432; 466; 473; 478; 482; 498; VII, 9; 227.
ROMANET (Mme de), belle-fille de Claude de Romanet (?), VII, 338.
ROMANET (Mlle de), VII, 143 et 144.
ROME (la ville de), II, 178, 412; 242; 254; 256, 26, 27; 257, 40, 42; 259, 79, 82; 260,

97; 264, 199, 200; 265, 214; 267, 251; 272, 370; 276, 462; 281, 576, 582; 282, 596; 288, 723, 726; 291, 769; 293, 806; 296, 863; 304, 1046; 305, 1049; 310, 1121; 312, 1162, 1166; 313, 1188; 315, 1239; 323, 1429; 324, 1451; 331, 1604; 336, 1681; 339, 1733; 365; 372; 377, 78; 378, 82, 96; 380, 142; 383, 196; 385, 233, 246; 387, 293, 296; 388, 318; 390, 339; 391, 368, 372, 377; 392, 382, 394, 400; 393, 417, 430; 395, 467, 488; 397, 534; 400, 604; 401, 623; 402, 639; 404, 671; 405, 689, 697; 406, 723, 729; 409, 794; 420, 1008, 1009, 1011, 1013, 1017, 1022; 423, 1084; 424, 1128; 425, 1151; 426, 1157, 1159; 429, 1216, 1221, 1225; 431, 1251; 433, 1266, 1267; 438, 1375, 1379; 443, 1497; III, 23, 2, 10; 24, 26; 34, 268, 275; 43, 437; 48, 570; 57, 786, 792; 59, 818, 820; 60, 836, 842; 61, 848, 862; 62, 881; 63, 905, 906, 913; 64, 924, 945; 71, 1107; 83, 1387; 84, 1395; 86, 1424, 1426; 89, 1480, 1492; 97, 1662; IV, 179, 4; 229, 73; 280; 285; 359; 408; 419; 431; 432; 434; 444; 445; 446; 455; 457; 477; 478; 480; 490; 496; 501; 523; 541; 568; 586; 587; 591; V, 90; 91; 92; 167; 168-170; 194; 400; 573; 574; 575; 597; VI, 283, note 2; 292; 296; 317; 327; 328; 389; 428; 490; 522; 524; 537; VII, 22; 62; 274. Voyez *Cour de Rome* (la).
ROMULUS, VI, 292; 299.
RONDELLE (Mme), VII, 23.
RONSARD, VI, 337; 537; *la Franciade*, II, 38.

RONVAL (Mme de), VII, 227.
ROOK (le vice-amiral), VII, 103.
ROQUE (la), comédien, VI, 376; 377.
ROQUELAURE (le duc de), maréchal de camp, V, 320.
ROQUETTE (Gabriel de), évêque d'Autun, V, 172.
ROQUEVERT, lieutenant de grenadiers, VII, 49; 50.
ROSCIUS, VI, 332; 333.
ROSE (Toussaint). Voyez ROZE
ROSEL (le chevalier du), VII, 110.
ROSES (la ville de), VI, 444; VII, 104.
ROSES (le comte de), lieutenant général, V, 320.
ROSLEDUC (l'abbaye de), VII, 40.
ROST (M. de), VII, 243 et 244.
ROSTE (Mlle), comédienne, VI, 377.
ROTROU. *Antigone*, I, 393.
ROUEN (la ville de), IV, 243, 10; 436; 484; 485; 486; 488; V, 194.
ROUEN (l'archevêque de). Voyez HARLAI de Champvallon.
ROUGE (la mer), V, 553.
ROUGE-CENSE (la), métairie, V, 322.
ROUK. Voyez ROOK.
ROUSSEAU, huissier, VII, 237 et 238.
ROUSSEAU (Jean-Baptiste), VII, 340; 343.
ROUSSEL. Voyez RUSSEL.
ROUSSILLON (le comté de), V, 177; VII, 225.
ROXANE, personnage de la tragédie de *Bajazet*, II, 480-561.
Royale (la place), à Paris, V, 195.
ROYE (la ville de), IV, 399; VII, 227.
ROYNETTE (l'abbé), grand vicaire de l'archevêque de Paris, VII, 152; 153; 154 et 155; 218.
ROZE (Toussaint), président de la chambre des comptes et

secrétaire du Roi, VI, 347; 553; 598; 604; VII, 19; 45.
Rubentel (de), lieutenant général; V, 319; 344.
Rue (la), huissier audiencier du conseil, IV, 597.
Rue (le P. Charles de la), jésuite, VII, 170.
Ruel (la ville de), V, 162.
Rupe (saint), V, 578, note 3; 581.
Rufin, nom d'homme, IV, 286.
Ruremonde (la ville de), V, 190.
Russel (lord William), V, 173.
Russie (la), V, 140.
Rutile, personnage de la tragédie de *Bérénice*, II, 372-444.
Ruvigni (Henri de Massue, marquis de), VII, 109.
Ruyter, V, 269; 270.
Ryswick (la paix de), VII, 186; 303.

S

Saar-Bockenheim (la ville de), VI, 554. (Racine écrit *Bouquenon*.)
Sabin, nom d'homme, V, 585.
Sabine, personnage de l'*Horace* de Corneille, II, 244.
Sablé (Madeleine de Souvré, marquise de), veuve de Philippe de Laval, marquis de Sablé, IV, 423.
Sablé (Abel Servien, marquis de). Voyez Servien.
Sablière (Mme de la), VI, 538.
Saci (Isaac-Louis le Maître de), solitaire de Port-Royal, IV, 420 et 421; 431; 434; 458; 473; 510; 511; 602; 603; 605; 606.
Saci (Antoine de), avocat au Parlement, VI, 410.
Saci (Mme de), Nicole-Madeleine Vitart, fille de Nicolas Vitart et de Claude des Moulins, femme du précédent, VI, 513 (?).

Saci (Adrien de), frère d'Antoine de Saci (?), VI, 515; 533.
Sacramentaires (les), hérétiques, V, 194.
Saducéens (les), V, 532.
Sagesse (le livre de la), IV, 152; 155; 158; VII, 123; 127 et 128.
Sagittaire (la constellation du), V, 179.
Saillans (l'abbé de), VII, 121.
Saillant (de), capitaine aux gardes françaises, V, 343.
Sainctot (Nicolas de), maître des cérémonies, VI, 579.
Saint (de). Voyez Desaint.
Saint des saints (le), III, 592.
Saint-Aignan (François de Beauvilliers, comte, puis duc de), I, 389, au titre; VI, 503.
Saint-Amant (la ville de), V, 109; VII, 286; 287; 290; 294.
Saint-Amant (la plaine de), V, 321).
Saint-Amant (l'abbaye de), VII, 35.
Saint-Amant, poëte, auteur de la *Rome ridicule*, VI, 522.
Saint-Amour (Louis Gorin de), docteur de Sorbonne, IV, 331, à la note; 334.
Saint-André (l'église et la paroisse), à Paris, VI, 577; VII, 229.
Saint-André (le fort de), V, 183.
Saint-Antoine (la rue), à Paris, IV, 554; 581; VII, 275 et 276.
Saint-Antoine (le faubourg), à Paris, VI, 609.
Saint-Antoine (les religieux de), V, 194.
Saint-Antoine (le feu), V, 193.
Saint-Aubin (la ville de), dans le diocèse de Rouen, IV, 391.
Saint-Aubin d'Angers (l'abbaye de), V, 178.

Saint-Augustin (le cap), au Brésil, V, 154.
Saint-Augustin (le fort de), au Brésil, V, 157.
Saint-Augustin (Marie-Geneviève-Catherine de). Voyez Tardif (Marie-Geneviève-Catherine de Saint-Augustin le).
Saint-Aunay, général français, VI, 344.
Saint-Benoît (la paroisse), à Paris, IV, 453.
Saint-Claude (Lenoir de), VII, 297; 298.
Saint-Cloud, près de Paris, VII, 3.
Saint-Cosme (le prieuré de), V, 194.
Saint-Cyr (la maison de), III, 454; IV, 392; VII, 65; 70.
Saint-Cyran (Jean du Vergier de Hauranne, abbé de), IV, 408; 409; 410; 411; 412; 413; 414; 415; 416; 417; 418; 437; 512; 582; 584; *Lettres chrétiennes et spirituelles*, IV, 417.
Saint-Cyran (Martin de Barcos, abbé de), neveu du précédent, IV, 601 et 602; 603; 604; *Exposition de la foi de l'Église romaine touchant la grâce et la prédestination*, V, 405.
Saint-Denis (la ville de), près de Paris, IV, 571; VI, 482.
Saint-Denis (l'abbaye de), V, 195.
Saint-Denis (le village de), en Hollande, V, 337; 338.
Saint-Domingue, V, 120.
Saint-Esprit (la Mère du), Mlle le Boux, prieure des Carmélites, VII, 175.
Saint-Esprit (l'ordre du), VI, 319.
Saint-Étienne du Mont (l'église), à Paris, IV, 532; 533; VII, 359. Voyez Beurier (l'abbé).

Saint-Eustache (la paroisse), à Paris, IV, 406; V, 110.
Saint-Georges-sur-Loire, VI, 478.
Saint-Gérard (la plaine de), V, 339; 340; 346.
Saint-Germain (le faubourg), VI, 442; VII, 122.
Saint-Germain de l'Auxerrois (le curé de), VI, 577.
Saint-Germain-en-Laye, IV, 187, 1; 590; 597; V, 162; 185; 271; 291; 295; VII, 216.
Saint-Ghislain. Voyez Saint-Guislain.
Saint-Gilles (M. de), VII, 200; 263.
Saint-Gothard (la ville de), en Hongrie, VI, 551; 552. (Racine écrit *Saint-Godard*.)
Saint-Guislain (la ville de), V, 100 et 101; 287; 289; 300.
Saint-Jacques (le faubourg), à Paris, IV, 401 et 402; 467; 571; 597.
Saint-Jacques du Haut-Pas (le curé de), IV, 417.
Saint-Jean (Angélique de). Voyez Arnauld (Angélique de Saint-Jean).
Saint-Jean-de-Losne (la ville de), V, 95 et 96. (Racine écrit *Saint-Jean-de-Laune*.)
Saint-Laurent (Nicolas-François Parisot de), précepteur du duc de Chartres, VI, 571; 574; 575; 579; 582; 583; 584.
Saint-Laurent, exempt des gardes, IV, 590; 591; 593; 594.
Saint-Laurent (le curé de). Voyez Gobillon.
Saint-Lizier (l'évêque de). Voyez Marca (Pierre de).
Saint-Louis (l'ordre de), VII, 77.
Saint-Louis (l'image), à Paris, VI, 411.

Saint-Malo (la ville de), VII, 138.
Saint-Martin (la chape de), V, 195.
Saint-Martin (la), VII, 67.
Saint-Martin (la porte), à Paris, VI, 584.
Saint-Médard (l'église), à Paris, IV, 594.
Saint-Merry (le curé de). Voyez Blampignon (Nicolas).
Saint-Michel (l'ordre de), V, 180.
Saint-Nectaire. Voyez Senneterre.
Saint-Nicolas (la porte de), à Namur, V, 324; 327; 328; 329.
Saint-Nicolas du Chardonnet (l'église), à Paris, IV, 506; 548. Voyez Chamillard.
Saint-Nicolas (l'abbé de). Voyez Arnauld (Henri).
Saint-Omer (la ville de), V, 277; 278; 279; 280; 281; 300.
Saint-Paul (Jeanne-Catherine-Agnès de). Voyez Arnauld (Catherine-Agnès de Saint-Paul).
Saint-Père (le), le Pape, IV, 543.
Saint-Pierre (Louis-Hyacinthe Castel, comte de), VII, 103.
Saint-Pierre (François-Antoine Castel de), chevalier de Malte, frère du précédent, VII, 103; 104.
Saint-Quentin (la ville de), VII, 28 et 29.
Saint-Quentin (M. de), VII, 146; 147; 156.
Saint-Réal (César Vichard, abbé de), VII, 67.
Saint sacrement (le), IV, 404; 405; 406; 407; 409; 420; 433; 434; 435; 459; VI, 509.
Saint-Sacrement (les filles du), IV, 405; 409; 410; 411; 418; 419.
Saint-Servais (les moulins à papier de), V, 325.

Saint-Séverin (la paroisse), à Paris, VII, 321. Voyez Lizot (Jean).
Saint-Siège (le), IV, 432; 442; 491; 526; 527; 541; 542; 543; 567; 585; 586; V, 175; 177; 402; 405.
Saint-Simon (Claude duc de), V, 384.
Saint-Simon (Louis duc de), fils du précédent, V, 384; 385; 386.
Saint-Simon (la maison de), V, 191.
Saint-Sulpice (l'église et la paroisse), à Paris, VII, 244; 269; 321; 327; 331; 355.
Saint-Sulpice (la communauté de), IV, 460.
Saint-Vaast (la paroisse), à la Ferté-Milon, VII, 147.
Saint-Venant (la ville de), V, 101.
Saint-Vincent (le cap), V, 119; VII, 103.
Sainte-Agathe (Madeleine de), abbesse de Port-Royal, IV, 597.
Sainte-Cécile (le cardinal de). Voyez Mazarin (Michel).
Sainte-Chapelle (la), à Paris, VII, 78; 87.
Sainte-Chapelle (la), à Bourbon, VI, 560; 579. Voyez Sales (l'abbé de).
Sainte-Christine (Madeleine de). Voyez Briquet (Madeleine de Sainte-Christine).
Sainte-Christine (Madeleine-). Voyez Arnauld (Madeleine-Sainte-Christine).
Sainte-Claire (Marie de). Voyez Arnauld (Marie-Charlotte de Sainte-Claire).
Sainte-Épine (le miracle de la), IV, 464-473; 482; 506.
Sainte-Euphémie (la sœur). Voyez Pascal (Jacqueline).
Sainte-Eustoquie (Anne-Marie

de). Voyez Brégy (Anne-Marie de Sainte-Eustoquie de).
Sainte-Flavie (Catherine de). Voyez Passard (Catherine de Sainte-Flavie).
Sainte-Geneviève (l'église et le quartier de), à Paris, VI, 411; 413; VII, 262.
Sainte-Geneviève (les Pères de), VI, 459; VII, 4.
Sainte-Gertrude (la sœur Madeleine ou Marguerite de). Voyez Pré (Madeleine ou Marguerite de Sainte-Gertrude du).
Sainte-Lutgarde (la sœur Françoise de), IV, 593; 594.
Sainte-Marie (les religieuses de). Voyez *Visitation* (les filles de la).
Sainte-Marthe (Claude de), IV, 510; 511; 533; 575; 601; 606; *Apologie de Port-Royal,* IV, 575; 601.
Sainte-Reine, en Bourgogne, VI, 562.
Sainte-Scholastique (la Mère de), nom de religieuse de la seconde fille de Racine, VII, 301. Voyez Racine (Anne).
Sainte-Thérèse (Marie-Angélique de). Voyez Arnauld (Marie-Angélique de Sainte-Thérèse).
Saintes. Voyez Xaintes.
Salamine, II, 477; III, 309, 86; VI, 238.
Salathiel, fils d'Assir, III, 613, note 3; V, 207.
Sales (saint François de), IV, 394 et 395; 396; 409; 513; 554; 581; V, 180.
Sales (l'abbé de), trésorier de la Sainte-Chapelle de Bourbon, VI, 560; 579; 582; 593.
Salins (la ville de), V, 258.
Salique (la loi), V, 387; 388.
Salisbury (l'évêque de). Voyez Burnet.

Salle (Louis Caillebot, marquis de la), VII, 253.
Salomith, personnage de la tragédie d'*Athalie*, III, 604-705.
Salomon, roi des Juifs, III, 591; 613, 130; IV, 330; V, 206; 207; 208; 218.
Salvago, sénateur de Gênes, V, 123.
Salzenne (l'abbaye de), V, 322; 335.
Samarie, III, 632, 480.
Sambre (la), rivière, V, 314; 315; 320; 321; 322; 323; 324; 325; 330; 331; 334; 338; 339; 340; 342; 346.
Samos, VI, 95.
Samothrace, V, 527.
Samuel, III, 649, 764.
Sanselle (la ville de), V, 180.
Sans-Raison (le grenadier), VII, 49; 50.
Santarel (le P.), jésuite, IV, 463; 489; 530.
Santolius pœnitens (la traduction du), VII, 158.
Sapho, VI, 18.
Sara, épouse du jeune Tobie, VII, 320; 322.
Sarbruck (la ville de), V, 285.
Sardaigne (la), VI, 345.
Sarmate, III, 35, 309.
Sarpi (Pierre), connu dans l'ordre des servites sous le nom de Frà Paolo, V, 164-166.
Sarrasins (les), V, 595.
Sarre (la), rivière, V, 282; 284.
Sas-de-Gand (le canal du), V, 109.
Satan, V, 580.
Satires (les) de Boileau. Voyez Boileau Despréaux.
Saturité (la), personnifiée, VI, 50; 51.
Saturnales (les), V, 451; 452.
Saturne, VI, 213.
Saturne (la planète), VI, 204.
Saturnin, V, 495.

Satyricon (le) de Pétrone. Voyez Pétrone.
Saugey (du), IV, 589 et 590; 592; 593; 594. (Racine écrit *Saugeay* et *Sauget*.)
Saül, roi des Juifs, III, 603.
Saumur (Paul de). Voyez Paul (le chevalier).
Saussay (André du), official de Paris, puis évêque de Toul, IV, 420; 473.
Sauve (Charlotte de Baune Semblançay, baronne de). Voyez Noirmoutier (la marquise de).
Sava (la), Save (la), rivière, V, 169; 170; VI, 576.
Saverne (la ville de), V, 268.
Savoie (la), V, 163; 192; 313.
Savoie (Victor-Amédée II, duc de), V, 119; VII, 66.
Savoie (Charles-Emmanuel II, duc de), V, 181.
Savoie (Marie-Jeanne-Baptiste de Nemours, duchesse de), femme du précédent, V, 181.
Savoie Nemours (Marie-Élisabeth-Françoise d'Aumale, princesse de), sœur de la précédente, mariée à Alphonse VI, roi de Portugal, puis à don Pèdre, son beau-frère, V, 162; 163; 181.
Savoie (la rue de), à Paris, VI, 577.
Saxe (la), V, 129; 131.
Saxe (l'électeur de), V, 131.
Saxe Eisenach (le prince ou le duc de), V, 285.
Saxe Weimar (Bernard duc de), V, 95.
Saxons (les), V, 129.
Scalette (la), nom de lieu, V, 272.
Scamandre (le fleuve), VI, 202; 210; 523.
Scanie (la) ou Schonen, V, 185; 189.
Scaramouche, II, 140; VI, 552.

Scarron (Mme). Voyez Maintenon (Mme de).
Sceaux (la ville de), près de Paris, V, 111.
Schelestat (la ville de), V, 285.
Schell, Danois, V, 153.
Schenck. Voyez Skinc.
Schérie, ancien nom de Corfou, VI, 109.
Schomberg (Ménard de), V, 94.
Schomberg (Jean Ménard, comte de), fils du précédent, V, 94; 95; 97.
Schomberg (Anne Dudley, comtesse de), femme du précédent, V, 98.
Schomberg (Frédéric-Armand de), fils des précédents, maréchal de France, V, 94; 103; 163; 272.
Schomberg (Jeanne-Élisabeth de), fille de Henri-Dieterich comte de Schomberg, et première femme du précédent, V, 96.
Schomberg (Henri de), maréchal de France, V, 82.
Schomberg (Charles de), duc d'Halluyn, maréchal de France, fils du précédent, V, 92.
Schonen. Voyez Scanie.
Scio (l'île de), V, 136, note 3.
Scirron, III, 309, 80.
Sconin (Pierre), commissaire-enquêteur, aïeul maternel de Racine, VI, 376; 410; 435; 498; 499; 500; 501; 513.
Sconin (Jeanne), fille du précédent, mère de Racine. Voyez Racine (Mme).
Sconin (Jean), procureur du Roi, frère de la précédente, VI, 513; 515.
Sconin (Jeanne), fille du précédent. Voyez l'article Regnault (François).
Sconin (Pierre), avocat, frère de Jeanne Sconin, mère de Racine, VI, 376; 416.

Sconin (Catherine ou Cathau), fille du précédent, mariée à Antoine Vitart, et en secondes noces à Joseph de Malortique. Voyez Malortique (Mme de).

Sconin (le P. Antoine), vicaire général à Uzès, fils de Pierre Sconin, grand-père de Racine, VI, 416; 417; 418; 420; 421; 433; 434; 435; 438; 463; 470; 472; 473; 474; 475; 476; 477; 478; 479; 481; 482; 494; 495; 496.

Sconin (le P. Adrien), jésuite, frère du précédent, VI, 512 et 513.

Sconin (N.), bénédictin, appelé souvent dom Cosme, frère des précédents, VI, 417; 463; 473; 476; 477; 478; 479; 494; 495.

Sconin (Suzanne), sœur des précédents, religieuse à la Ferté-Milon, VI, 499.

Sconin d'Arginvilliers, cousin de Racine, VII, 121; 142.

Scop (le général), dit Sigismond, V, 159.

Scudéry (Mlle de), IV, 283; la *Clélie*, IV, 283.

Scylla, V, 489.

Scylla, tragédie grecque, V, 485.

Scythe, Scythes, I, 543, 434; 546, 495; 574, 1111; II, 65, 503, 507; III, 35, 309; 58, 799; 318, 210; 349, 788; 468, 41; 530, 1096; 531, 1116.

Scythie (la), III, 140.

Sdile (l'île de), Délos, VI, 523.

Sébaste (archevêque et évêque de). Voyez Codde, et Eustathe.

Seclers (les), nom des sept siéges de la Transylvanie, V, 129.

Sedan (la ville de), V, 86; 87.

Sègre (la), rivière, VI, 344.

Seguenot (le P.), oratorien, IV, 402 et 413.

Seguier (Pierre), chancelier de France, IV, 462.

Seguier (Marie-Louise). Voyez Luynes (Marie-Louise Seguier, duchesse de).

Seguier (les), VII, 320.

Segur (Henri-Joseph marquis de), VII, 114.

Segur (la marquise de), femme du précédent, VII, 114.

Seignelay (Jean-Baptiste Colbert, marquis de), fils de Colbert, VI, 526.

Seine (la), IV, 49, au titre; 52, 11; 54, 59; 59, 129; 73, 13; 76, 83; 89, 85; VI, 412; 491.

Seine (la Nymphe de la). Voyez *Nymphe (la) de la Seine*.

Seintzeim. Voyez Sintzheim.

Selande (la). Voyez Zélande (la).

Sellier, notaire, VII, 359.

Sellier (François), VII, 342.

Sellyer (Pierre), bailli de Chevreuse, VI, 407; 408; 446; 447; 450; 506.

Sellyer (Mlle), Agnès Vitart, femme du précédent, VI, 442; 506.

Semblançay, surintendant, V, 75.

Semblançay (Charlotte de Baune), fille du précédent. Voyez Noirmoutier (la marquise de)

Sémélé, VI, 17; 257.

Sénécion, II, 313, 1205.

Senef (le village de), V, 259.

Sénèque, I, 394; 522; II, 34; 244; 252; 253; 261, 114; 262, 147; 264, 184; 276, 462; 293, 805; 295, 846; 312, 1165; 313, 1201; 325, 1470; III, 300; VI, 94; 107; 395; VII, 439-441 (*Additions et corrections*); *Apocolokyntose*, II, 244; 253; *Consolatio ad Helviam*, I, 522; *Épigramme* iv, VI, 107; *Hippolyte*, III, 300; *Médée*, VI, 94; *la Thé-*

baïde, I, 394; *la Troade*, II, 34.
Sénèque (la femme de), VI, 395.
Seneterre. Voyez Senneterre.
Senlis (la ville de), VI, 524.
Sennacherib, V, 215, note 1.
Senneterre (Henri de) ou de Saint-Nectaire, marquis de la Ferté-Nabert, V, 88.
Sens (la ville de), V, 194; VII, 81; 87; 117; 121.
Sens (archevêques de). Voyez Bellegarde (de), Gondrin (de), Hoguette (de la).
Sens (le doyen de). Voyez Boileau (Jacques).
Sentences (les). Voyez Théognis, et Hécaton.
Septante (les), V, 206.
Sérail (le), II, 473; 477.
Sérapion (saint), V, 589; 597.
Sérapis, V, 530.
Serclaes ou Serclas de Tilly. Voyez Tilly (de).
Séricourt (Simon le Maître de), solitaire de Port-Royal, frère d'Antoine le Maître, IV, 420; 421.
Serignan (de), gouverneur de Ham, VII, 79; 142; 227.
Serin (Pierre comte de), V, 138; 139.
Sermaise, nom de lieu, V, 107.
Sertorius, VI, 297.
Servien (Abel), marquis de Sablé, V, 92; 97; VI, 346.
Servin (Louis), avocat général, IV, 530.
Sesmaisons (le P. de), jésuite, IV, 430.
Sésostris, IV, 191, 1.
Sésostris, tragédie de Longepierre. Voyez Longepierre.
Sévère (Sulpice), III, 594.
Sezane (la ville de), V, 106.
Siara. Voyez Ciara.
Sibylle (la), VI, 208.
Sicile (la), V, 90; 194; 264; 269; 273; V, 508; VI, 48; 143; 153.
Siciliens (les), V, 129.
Sidon (la ville de), III, 593.
Siége apostolique (le), IV, 585. Voyez *Saint-Siége* (le).
Sigismond. Voyez Scop.
Sigur. Voyez Segur.
Silana. Voyez Junia Silana.
Silanus (Lucius), frère de Junia Calvina, II, 244; 253; 258, 65; 266, 226; 311, 1141.
Silésie (la), V, 189.
Silly, nom de lieu, VII, 157.
Simoïs (le), rivière, VI, 523.
Sina (le mont) ou Sinaï, III, 599; 605, 4; 624, 332.
Singlin (Antoine), supérieur de Port-Royal, IV, 473; 474; 475; 506; 510; 603; 604; VI, 407; 408; *Instructions chrétiennes*, IV, 474.
Singlin (Pierre), marchand, IV, 596.
Sinnis, III, 309, 80.
Sinope (la ville de), V, 505; 521.
Sintzheim (la ville de), V, 259.
Sion, III, 465, 6; 466, 20; 470, 86; 471, 102; 474, 131, 132, 136; 475, 146; 485, 303; 539, 1237, 1240; 651, 798, 801, 807; 669, 1157; 670, 1171; 672, 1216, 1218; 673, 1222, 1223.
Siri (Vittorio), VI, 343; 344; 350; *il Mercurio*, V, 83-93; 130 et 131; 133 et 134; 136 et 137; 140; 148-152; 161; *Memorie recondite*, V, 164-167.
Sisyphe, VI, 52.
Sitia, nom de lieu, V, 136.
Sking (le fort de), Skink ou Schenck, en Hollande, V, 182; 248.
Smith (Richard), évêque de Chalcédoine, IV, 414.
Smyrne (la ville de), V, 559; 566; 568; 569; 572; 578; 582; VI, 159; VII, 103.

Sobieschi, Sobieski (Jean), roi de Pologne, V, 145; 146; 147; 148.
Socrate, III, 303; V, 452; 453; 454; 455; 456; 457; 458; 459; 461; 462; 524; VI, 161; 269; 270; 271; 272; 273; 274; 275; 277; 278 et 279; 281; 284; 315; 331; VII, 341; 342; 344; 345; 346.
Soissons (la ville de), VI, 418; VII, 206; 335; 338; 342; 352.
Soissons (Louis de Bourbon, comte de), petit-fils de Louis Ier, prince de Condé, V, 167.
Soissons (Charlotte de Bourbon de), abbesse de Maubuisson, IV, 396; 398.
Soleil (le), personnifié, I, 399, 23; III, 315, 172; V, 179; VI, 18; 32; 33; 134; 135; 156; 248; 261.
Soliman Ier, le Magnifique, sultan de Turquie, V, 129; 130.
Soliman II, sultan de Turquie, II, 478; 501, 463, 466, 472, 473; 502, 487; 507, 598, 599, 603.
Solms (le prince de), V, 97.
Solms (Émilie comtesse de), fille du précédent. Voyez Orange (Émilie de Solms, princesse d').
Solms (Henri Maestrick, comte de), VII, 110.
Solon, VI, 281; 292.
Solyman. Voyez Soliman.
Solyme (la montagne de), VI, 103.
Solymes (les), VI, 52.
Sombreff, nom de lieu, V, 339; 346.
Somme (la), rivière, V, 99.
Sommeil (le), personnifié, VI, 86.
Sophar, ami de Job, VI, 184; 185.
Sophocle, I, 304; II, 39; 246; 248; 366; 370; III, 138; IV, 279; 360; V, 483; 486; 488; VI, 211; 223; 252; 254; 276; 289; 351; 352; *Ajax*, II, 366; VI, 223 et 224; 237-246; *Antigone*, I, 394; II, 246; V, 484; *Électre*, II, 39; III, 138; VI, 224-233; 246; 249; *OEdipe roi*, II, 39; 366; V, 483; 486; 488; VI, 234; 236; *OEdipe à Colone*, VI, 246 et 247; 351; *Philoctète*, II, 366; VI, 246; *les Trachiniennes*, VI, 211; 247-252.
Sophronie, IV, 242, 6.
Sorbonne (la), IV, 276; 279; 333; 414; 428; 429; 431; 462; 463; 464; 471; 482; 489; 498; 530; 535; 548; 567; 586; V, 196; 221; 222; 226; VI, 576; VII, 219.
Sorie (la), V, 134. Voyez Syrie (la).
Sotion, V, 508 et 509.
Souabe (la), V, 286.
Soubise (le prince de), lieutenant général, V, 319; 332.
Soubise (Anne de Rohan-Chabot, princesse de), femme du précédent, V, 121.
Souches (le comte de), V, 259; 260.
Souffleur (le), personnage de la comédie des *Plaideurs*, II, 144; 200-205.
Souffren. Voyez Suffren.
Sourdis (l'hôtel de), à Paris, VI, 577.
Souvray (Jacques de) ou Souvré, grand prieur de France, V, 151.
Sovennin (le P.), génovéfain, parent de Racine, VI, 547.
Soyer (le baron de), général-major de Bavière, VII, 61.
Span ou Spaten (le général), V, 185.
Spartacus, III, 59, 822.
Sparte (la ville de), II, 42, 33;

53, 254; 115, *var.* 2; 120, 1562; III, 157, 127; 309, 85; VI, 83; 243; 295; 296.
Sphinx (le), VI, 235.
SPINA-LONGA, nom de lieu, V, 136.
STAFFARDE (la journée de), V, 312.
STAFFORD (le vicomte de), V, 188.
Stances à Parthénice, IV, 44-48.
STATIUS QUADRATUS, proconsul, V, 571.
STENAY (la ville de), V, 107; 291.
STESICHORUS, III, 139.
STHENELUS, fils de Capanée, VI, 200.
STIENHUYSE (Claude Richardot, prince de), VII, 202.
STIENHUYSE (la princesse de), Marie-Françoise de Bournonville, femme du précédent, VII, 202; 209.
Stoïques (les), VI, 303.
STOPPA (Pierre), lieutenant général, V, 327.
STRALSUND (la ville de), V, 190.
STRASBOURG (la ville de), V, 93; 126; 127; 128; 172; 183; 188; 263; 268; 285; 290; 296; VII, 180; 181.
STRASBOURG (évêques de). Voyez FURSTEMBERG (François-Égon de), FURSTEMBERG (Guillaume-Égon de), LÉOPOLD (l'archiduc), ROHAN (Armand-Gaston de).
STRATONICE, une des femmes de Mithridate, III, 20.
STRONGYLE (l'île de), VI, 153.
STRYMON (le), fleuve, IV, 76, 83.
STUART (Henriette-Marie), princesse d'Orange, femme de Guillaume II de Nassau, prince d'Orange, V, 71 ; 72.
STYX (le), VI, 101.

SUÈDE (la), V, 92; 97; 131; 142; VI, 318; 344.
SUÈDE (rois de). Voyez CHARLES-GUSTAVE, et CHARLES XI.
SUÈDE (la reine de). Voyez CHRISTINE.
SUÉDOIS (les), V, 130; 189; 266; 301; VI, 344; 345; 346.
SUÉTONE, II, 365.
SUFFOLK (la bataille de), V, 181.
SUFFREN (le P.), jésuite, VI, 425.
SUIREAU (Marie des Anges), abbesse de Maubuisson, et plus tard de Port-Royal, IV, 398-400; 466; 468; 515; 582.
SUISSE, SUISSES (les), II, 145; 4; 146, 15; V, 169, note 5; 170; 172; 340; VI, 504; 505; VII, 53.
SULLY (Eudes de), évêque de Paris, IV, 387 et 388.
SULLY (Maximilien-Pierre-François de Béthune, duc de), V, 384; 385; 386; 392.
SULPICE SÉVÈRE. Voyez SÉVÈRE (SULPICE).
SUND (le), SUNDS (les), V, 189.
SUNDGAU (le), le SUNTGAU, nom de pays, V, 93; 130.
SUSANNE, VII, 119.
SUSE (la ville de), III, 460; 466, 16; 467, 40; 481, 239; 502, 604; 503, 621.
SYLLA (le dictateur), III, 16; VI, 296.
SYLLA, sénateur du temps de Néron, II, 298, 906, 907.
SYMIL, chirurgien, VI, 420; 421.
SYRACUSE, VI, 11 ; 29.
SYRIE (la), II, 382, 172; V, 134; 582.
SYRIEN, III, 632, 477.

T

T. (le P.). Voyez TOURNEMINE.
TACITE, II, 242; 243; 245; 250;

DES ŒUVRES DE RACINE. 549

251; 252; 253; VI, 280; 306; 316; 372; les *Annales*, II, 243; 245; 251; 252; 253; VI, 280; 298; 306; 316; 380; 395; la *Vie d'Agricola*, VI, 316.

TAGE (le), fleuve, IV, 52, 24; 60, 145; 62, 171; VI, 378.

TALLARD (Camille d'Hostun, comte de), maréchal de France, VII, 274.

TALLEMANT (l'abbé Paul), VI, 566; 571.

Talmud (le), III, 613, note 3; V, 206.

TAMBOURIN (le P.), jésuite, IV, 325.

TAMISE (la), V, 244; VII, 90; 344.

TANCRET, médecin, VI, 574.

TANTALE, VI, 12; 13; 212.

TAORMINE (la ville de) ou TAHORMINE, V, 272.

TAPARICA (l'île de), V, 159.

TAPHE, nom de lieu, VI, 61.

TAPHIENS (les), VI, 65.

TAPOIOS (les), V, 157.

TAPOSIRIS (la ville de), en Égypte, V, 585.

TARANTE. Voyez TARENTE.

TARD-SUR-OUCHE (l'abbaye de) près de Dijon, IV, 392.

TARDIF (Marie-Geneviève-Catherine de Saint-Augustin le), abbesse de Port-Royal, IV, 403; 595.

TARENTE (la ville de), V, 91.

TARENTE (Henri-Charles de la Tremoille, prince de), V, 98.

TARTARES (les), V, 139; 141; 142; 144.

TARTRE (du), chirurgien, VI, 586; VII, 23; 31; 116; 230.

Tartuffe (le), comédie de Molière. Voyez MOLIÈRE.

TASSE (le). *La Jérusalem délivrée*, VI, 123; 386.

TASSY (Charles-François Félix de), premier chirurgien du Roi, VI, 547; 550; 556; 557;

560; 561; 572 584; 586; 587; 588; VII, 59; 65; 100; 116; 121; 141; 145; 174; 175; 212; 253; 254; 262 et 263; 286; 298; 304.

TASSY (Henri Félix de), frère du précédent, évêque de Chalon-sur-Saône, IV, 445.

TAURIDE (la), III, 139; IV, 9.

TAURIQUE (la Chersonèse), III, 22.

TAXILE, roi dans les Indes, I, 518; 519; 521. —, personnage de la tragédie d'*Alexandre le Grand*, I, 524-596.

TAYGÈTE (le), VI, 112.

TECMESSE, personnage de la tragédie d'*Ajax* de Sophocle, VI, 223; 238; 239; 240; 241; 242; 244; 245.

TECMESSE (le fils de). Voyez EURYSACE.

TÉGÉE, nom de lieu, V, 528.

TEKELI (Émeric), seigneur d'Huniade, V, 137 et 138.

TÉLAMON, père de Teucer et d'Ajax, VI, 241; 242; 245.

TELEGONUS, V, 433.

TELEKI (Michel), premier ministre de Transylvanie, V, 137.

TÉLÉMAQUE, TELEMACHUS, III, 166, 324; VI, 58; 59; 61; 62; 66; 67; 68; 69; 70; 71; 72; 74; 75; 76; 78; 80; 81; 82; 83; 84; 85; 86; 87; 89; 92; 93; 94; 95; 130; VII, 117.

TELEMUS (le devin), VI, 152.

TELEUTANTE, Troyen, VI, 238.

TELLIER (Michel le), chancelier de France, V, 12 et 13; 78; 79; 82; 122; 145; VI, 566; 567.

TELLIER (Charles-Maurice le), archevêque de Reims, fils du précédent, V, 121; 146; 172; 173; VI, 553; VII, 184.

TEMINE (le marquis de), VI. 345.

TEMISVAR (la ville de), V, 144.

Temploux, nom de lieu, V, 337; 338.
Temps (le), personnifié, VI, 45.
Ténare (le), III, 306, 13.
Térence, II, 141; 248; 367; IV, 279; 282; 335; VI, 330; les Adelphes, II, 249; VI, 438; 439; l'Andrienne, II, 248; 367; IV, 335; VI, 330; 567; 600; 604; VII, 84; 87; l'Eunuque, II, 248; VI, 416; VII, 84.
Termes (Roger de Pardaillan de Gondrin, marquis de), VI, 547 et 548; 553; 557; 562; 572; 584; 599; VII, 253; 254.
Termonde (la ville de) ou Dendermonde, V, 80.
Terra-Nova, première enveloppe du château de Namur, V, 334.
Terre (la), personnifiée, V, 462.
Terreneuve, V, 120; 158.
Terreur (la), personnifiée, IV, 366.
Tertullien. De Præscriptione, V, 572, note 1.
Testament (l'Ancien), III, 593. Voyez Bible (la).
Testament (le Nouveau),VII, 343. Voyez Bible (la). Le Nouveau Testament de Mons, IV, 458; 602.
Tetera, général des Cosaques, V, 138.
Teucer (le père de). Voyez Télamon.
Teucer (la mère de). Voyez Hésione.
Teucer, personnage de la tragédie d'Ajax de Sophocle, VI, 224; 239; 240; 241; 242; 243; 244; 245; 246.
Thabor (le mont), VII, 343.
Thamar, personnage de la tragédie d'Esther, III, 460-542.
Tharès, III, 494, 446.
Théagène, VI, 61.
Thébaïde (la) ou les Frères ennemis, tragédie de Racine, I, 390; 393; 396-483; VI, 502 et 503; 505; 507; 508.
Thébaïde (la), tragédie de Sénèque. Voyez Sénèque.
Thébain, Thébaine, Thébains, I, 402, var. 2; 404, 100; 407, 166; 409, 193; 420, 393; 422, 413; 425, 472; 430, 565; 435, 637; 436, 664; 441, 766; 443, 813, 815; VI, 27; 257.
Thèbes (la ville de), en Béotie, I, 396; 402, 64, 70; 403, var. 1; 404, 92, 95; 405, 104, 107; 408, 168; 409, 190; 439, 741; 440, 752; 441, 773; 455, 1043; 456, 1059; V, 487; VI, 34; 46; 234; 235; 246; 257; 261.
Thémis, IV, 74, 23; VI, 51; 255; 259; 384; 385.
Thémistocle, IV, 360; VI, 129; 293; 312.
Théocrite, VI, 16; 147; 148; 163.
Théodore, V, 517.
Théodoret, évêque de Cyr, V, 601.
Théodoric, fils bâtard de Clovis, V, 84.
Théodoric, V, 84 (par erreur pour Chilpéric; voyez les Additions et corrections, p. 437).
Théodose, IV, 502.
Théognis. Les Sentences, VI, 50.
Théophile, nom d'homme, V, 594.
Théophraste, V, 506.
Théophraste. Voyez Bruyère (la).
Théopompe, V, 499; VI, 322.
Théramène, personnage de la Phèdre de Racine, III, 304-397.
Thérèse (sainte), IV, 514.
Théron (odes de Pindare à), roi d'Agrigente, VI, 16-23.
Thersite, V, 494; VI, 197; 321.
Thésée, fils d'Égée, roi d'Athènes, III, 139; 148; 300; 302.
—, personnage de la Phèdre

de Racine, III, 304-397; de l'*OEdipe à Colone* de Sophocle, VI, 246; de l'*Hippolyte* d'Euripide, VI, 256.
THESSALIE (la), III, 159, 165; 187 et 188, note 1; 220, 1401.
THÉTIS, IV, 59, 130; V, 465; VI, 208; 211; 216.
THIENNON (Mlle), VI, 391.
THIERRY (Denis), libraire, VII, 64; 125; 316.
THIEUSIES, nom de lieu, VII, 35; 38; 84.
THINNES, nom de lieu, V, 331.
THIONVILLE (la ville de), V, 99; 107; 289.
THOAS, fils de Bacchus et père d'Hypsipyle, VI, 24.
THOAS, roi de la Chersonèse taurique, IV, 11.
THOLUS. Voyez TOL-HUIS.
THOMAS (saint), VI, 305; 418; 438.
THOMAS, sous-prieur d'Aulchy, VI, 459.
THOMASSIN (le P.), VII, 344.
Thomistes (les), IV, 539.
THORNE (la ville de), en Prusse, V, 189.
THOU (Jacques-Auguste de), V, 166; 216.
THOUARS. Voyez TRÉMOILLE et THOUARS (Charles, duc de la).
THRACE (la), III, 529, 1086; VI, 147.
THRACES (les), V, 498.
THRASÉAS, sénateur, II, 265, 207.
THRASYMÈDE, fils de Nestor, VI, 82.
THUCYDIDE, V, 494; 499; 500; 501; VI, 243; 321; 333.
THUILLERIE (Gaspar Coignet de la), V, 152.
THUMMIN (Hadgi-Mehemed), gouverneur de Tétouan, V, 188.
THYESTE, V, 482; VI, 245.

Thyeste, tragédie de Carcinus. Voyez CARCINUS.
TIBÈRE (l'empereur), II, 263, 163; 277, 479; 296, 864; 324, 1444; IV, 188, 3.
TIBRE (le), IV, 56, *var.*
TIBULLE, VI, 386; VII, 340; 343.
TIGRE (le), fleuve, V, 215.
TILLAC, nom d'homme, V, 161.
TILLADET (le marquis de), lieutenant général, V, 319; 322; 328.
TILLEMONT (Sébastien-Louis le Nain de), IV, 441; VII, 135.
TILLY (Albert de Tzerclaës, prince et comte de), général des armées du roi d'Espagne, V, 330; 336; 337; VII, 52; 102.
TIMOLÉON, VI, 297; 301.
TIMOSTHÈNE (ode de Pindare à), VI, 35-38.
TIMOTHÉE, V, 585.
TIRÉSIAS, TIRÉSIE, personnage de l'*OEdipe roi* de Sophocle, VI, 234-236; des *Bacchantes* d'Euripide, VI, 258; 259; des *Phéniciennes* d'Euripide, VI, 263.
TIRLEMONT, nom de lieu V, 331; VII, 110.
TISIAS, rhéteur, VI, 331.
TITE-LIVE, VI, 334 et 335; VII, 71; 81.
TITUS, empereur romain, II, 365; 366. —, personnage de la *Bérénice* de Racine, II, 372-444.
TITYUS, VI, 128.
TLÉPOLÉMUS, VI, 31; 33.
TOBIE (le jeune), VII, 320; 322.
Tobie (le livre de), VII, 322.
Toison (l'ordre de la), V, 138.
TOL-HUIS (le village de), en Hollande, V, 246.
TONGRES (la ville de), V, 251; 252.
TORCY (de), ministre des affaires

étrangères, VII, 160; 195; 198; 199; 201; 228; 249; 256; 259; 265; 272; 273; 281; 282.

Tortose (la ville de), V, 92; 133.

Tortose (l'évêque de), V, 133.

Toul (la ville de), V, 107.

Toul (l'évêché[1] de), V, 93.

Toul (l'évêque de). Voyez Saussay (André du).

Toulouse (la ville de), IV, 538; V, 76.

Toulouse (le parlement de), V, 76; 392.

Toulouse (le diocèse de), V, 177.

Toulouse (l'évêché et l'archevêché de), IV, 493; V, 175; 176.

Toulouse (évêque et archevêque de). Voyez Exupère (saint), et Marca (Pierre de).

Toulouse (Louis-Alexandre de Bourbon, comte de), fils de Louis XIV et de Mme de Montespan, V, 333 et 334; VI, 550; VII, 48; 53.

Tour (la baronnie de la), V, 75; 76.

Tour (la maison de la), V, 191.

Tour (Anne de la), V, 75.

Tour (Madeleine de la), sœur puînée de la précédente, et femme de Laurent de Médicis, duc d'Urbin, V, 74; 75.

Tour d'Auvergne (Henri de la). Voyez Bouillon (Henri de la Tour d'Auvergne, duc de).

Tournai (la ville de), V, 79; 80; 108.

Tournai (l'évêque de). Voyez Choiseul-Praslin (Gilbert de).

Tournemine (le P.), VII, 350.

Tourneur (le), conseiller au parlement d'Aix, V, 388, note 2.

Tourreil (Jacques de), VII, 81; 124.

Tours (la ville de), V, 194.

Tourville (le maréchal comte de), vice-amiral de France, V, 119; 330; VII, 103.

Tous-les-Saints (la baie de), V, 154 et 155; 156; 157; 159.

Toussain (Jacques), *Tussanus*, VII, 120.

Toussaints (la fête de la), VII, 290.

Trachine, nom de lieu, VI, 247.

Trachiniennes (les), tragédie de Sophocle. Voyez Sophocle.

Trainbands, milice d'Angleterre, V, 133.

Tralles (la ville de), Trallie, Trallis, en Lydie, V, 571.

Transfiguration (la fête de la), IV, 517.

Transylvains (les), V, 143.

Transylvanie (la), V, 129; 130; 137; 138; 143.

Trapières (des). Voyez Destrapières.

Trappe (le Bouthillier de Rancé, abbé de la). Voyez Rancé (de).

Trasimond, personnage de la tragédie de *Genséric* de Mme Deshoulières, IV, 242, 5.

Trasymène (la bataille de), VII, 71.

Trebatius, VII, 256.

Trémoille (François de la). Voyez Noirmoutier (François de la Trémoille, marquis de).

Trémoille (Louis de la). Voyez Noirmoutier (Louis de la Trémoille, duc de).

Trémoille (Antoine-François de la). Voyez Noirmoutier (Antoine-François de la Trémoille, duc de).

Trémoille (Anne-Marie de la), sœur du précédent. Voyez Bracciane (Mme de).

---

1. A la page 420 du tome IV, note 1, on a imprimé l'*archevêché* de Toul, au lieu de l'*évêché*. Cette erreur demandait une rectification, qui a été omise dans nos *Additions et corrections*

TRÉMOILLE (Henri-Charles duc de la). Voyez TARENTE (le prince de).
TRÉMOILLE et THOUARS (Charles duc de la), fils du précédent, V, 384; 386; 392.
TRENTE (le concile de), IV, 452; 462; 593.
TRÈVES (la ville de), V, 255; 290.
TRÈVES (l'évêché de), V, 273.
TRÉZÈNE (la ville de), III, 304; 305, 2; 325, 302; 328, 358; 330, 393; 333, 477; 335, 505; 358, 929; 362, 1031; 383, 1392; 388, 1498; VI, 256.
TRIE (M. de). Voyez ARNAULD (Henri).
TRIMOUILLE (de la). Voyez TRÉMOILLE (de la).
Trinité (la sainte), IV, 111, 33; 115, 17; 118, 17; 121, 17; 125, 21; 126, 18; 128, 13.
TRIPOLI (la ville de), en Syrie, V, 134.
TRIPOLI (la régence de), V, 188.
Tristes (les) d'Ovide. Voyez OVIDE.
Tritons (les), VI, 383; 384.
TRIVELIN, VI, 552.
Troade (la), tragédie de Pradon. Voyez PRADON.
Troade (la), tragédie de Sénèque. Voyez SÉNÈQUE.
TROËZÈNE. Voyez TRÉZÈNE.
TROIE (la ville de), I, 434, note 4; II, 33; 37; 39; 44, 72; 48, 146, 148; 49, 185, 193; 50, 200, 204, 208; 51, 218, 220, 230; 53, 262; 56, 318; 58, 357; 63, 466; 69, 599; 70, 611; 71, 632; 94, 1051; 99, 1161; 106, 1322; 107, 1337; 113, 1438; 116, *var.*; 121, 1592; III, 140; 151, 24; 153, 46, 57; 162, 217, 226, 235; 164, 265; 165, 278; 170, 382; V, 486; VI, 21; 33; 57; 62; 64; 67; 76; 83; 89; 130; 140; 141; 153; 199; 202; 203; 211; 238; 243, 261; 327.
TRONCHAI (du) ou TRONCHET (du), chanoine de la Sainte-Chapelle, VII, 133 et 134; 135; 136.
TROUILLE (la), rivière, V, 318; VII, 35.
TROYEN, TROYENNE, TROYENS, II, 51, 224; 54, 268; 56, 327; 61, 407; 69, 587, 594; 84, 874; 92, 1045; 96, 1105; 101, 1226; 104, 1281; 106, 1318; 109, 1377 et *var.*; 117, 1512 et *var.* 2; III, 162, 237; IV, 240, 11; V, 529; VI, 53; 98; 198; 199; 200; 201; 202; 203; 208; 210.
TUILERIES (les), VII, 304.
TURC, TURCS, II, 474; 475; 478; V, 50; 58; 81; 104; 134; 135; 136; 137; 139; 142; 143; 144; 147; 169; 193; 256; VI, 343; 576; 604; VII, 113; 182.
TURC (le Grand), V, 148.
TURENNE (le vicomte de), V, 78; 79; 80; 86; 87; 97; 98; 100; 102; 117; 121; 182; 183; 249; 252; 259; 262; 263; 264; 266 et 267; VI, 344; 345; 347.
TURENNE (Louis de la Tour de Bouillon, prince de), neveu du cardinal de Bouillon, V, 122.
TURMENIES (de), l'un des trésoriers des deniers royaux, VII, 203.
Tusculanes (les) de Cicéron. Voyez CICÉRON.
TUSSANUS. Voyez TOUSSAIN (Jacques).
TYDÉE, père de Diomède, VI, 200.
TYDÉE, femme de Polynice, VI, 262.
TYNDARE, III, 166, 302.
TYR (la ville de), III, 593.
TYRIENS (les), III, 638, 616; 680, 1361; 684, 1428; 687, 1504; 701, 1757.

Tyro, tragédie de Sophocle, V, 487.

U

UBERLINGUE (la ville d'), VI, 346.
UDICOUR. Voyez HEUDICOURT.
Ultramontains (les), IV, 534; 537.
ULYSSE, II, 44, 74; 49, 189; 366; IV, 240, 5; V, 487; 509; VI, 56; 57; 58; 59; 61; 62; 65; 66; 67; 68; 69; 70; 71; 72; 74; 76; 77; 78; 79; 80; 84; 85; 86; 87; 89; 90; 92; 93; 94; 95; 97; 98; 99; 100; 101; 102; 103; 104; 105; 106; 107; 108; 109; 110; 113; 114; 115; 116; 117; 118; 119; 120; 121; 122; 124; 125; 126; 127; 128; 130; 131; 132; 133; 138; 139; 140; 141; 142; 143; 144; 146; 147; 148; 149; 150; 151; 152; 153; 154; 155; 156; 157; 158; 159; 160; 161; 162; 163; 164; 197; 198; 199; 200; 205; 207; VII, 117. —, personnage de l'*Iphigénie* de Racine, III, 148-241; de l'*Ajax* de Sophocle, VI, 223; 237; 238; 242; 245; 246; du *Philoctète* de Sophocle, VI, 246; de la tragédie de *Scylla*, V, 485.
Ulysse blessé, tragédie grecque, V, 483.
Université de Bordeaux (l'), IV, 537.
Université de Paris (l'), IV, 428; 429; 431; 483; VII, 247.
URANIE, VI, 269.
URBAIN II (le pape), V, 193; 194.
URBAIN VIII (le pape), IV, 403; 408; 414; 450; 595; V, 174.
URBIN (Laurent de Médicis, duc d'). Voyez MÉDICIS (Laurent de).

URFÉ (Honoré d'), IV, 282.
URSINS (la princesse des). Voyez BRACCIANE.
Ursulines (les), IV, 571.
USEZ. Voyez UZÈS.
USHER (Jacques), évêque d'Armagh, V, 559; 571.
USSAIM BACHA, V, 136.
USSERIUS. Voyez USHER.
UTRECHT (la ville d'), V, 55; 105; 182; 183; 248; VII, 274.
UZÈS (la ville d'), VI, 412; 414; 416; 417; 418; 420; 421; 422; 426; 431; 433; 434; 435; 437; 439; 440; 443; 448; 450; 452; 455; 456; 460; 463; 467; 468; 469; 470; 471; 473; 474; 478; 479; 480; 481; 483; 484; 485; 486; 487; 494; 496; 497; 498.
UZÈS (l'évêque d'). Voyez GRIGNAN (Jacques Adhémar de Monteil de).

V

V. (M.), peut-être Willard. Voyez ce nom.
VABRES (l'évêque de). Voyez HABERT.
VACOIGNE, nom d'un gentilhomme du duc de Chartres, VII, 108.
VAL-DE-GRÂCE (les religieuses du), IV, 528.
VAL-DE-QUEROL (le), nom de lieu, V, 177.
VALACHIA TRANSALPINA, V, 145.
VALACHIE (la), VALAQUIE (la), V, 143; 145.
VALDEK. Voyez WALDECK.
VALENCE (la ville de), VI, 413.
VALENCE (l'évêque de). Voyez LEBRON (Jacques).
VALENCIENNES (la ville de), V, 100; 108; 253; 268; 274;

275; 276; 277; 279; 298; 300; VII, 16.
VALENCIENNES (le Sot de la ville de), V, 108.
VALENS (le prêtre), V, 581; 582.
VALENS (la femme de), V, 582.
VALENTIN, hérésiarque, V, 573.
VALENTINIENS (les), V, 576.
VALENTINOIS (de Grimaldi, duc de), V, 384; 385; 386; 392.
VALETTE (le duc de la). Voyez ÉPERNON (le duc d').
VALETTE (le marquis de la), maréchal de camp, V, 320.
VALIÈRE (de la). Voyez VALLIÈRE (de la).
VALINCOUR (Jean-Baptiste-Henri du Trousset de), VII, 54; 105, note 15; 142; 213; 243; 291; 330; 337.
VALLÉE (Nicolas), conseiller auditeur en la chambre des comptes, VII, 214.
VALLETTE (de la). Voyez VALETTE (de la).
VALLIÈRE (Louise-Françoise de la Baume le Blanc de la), V, 77; 78; VII, 175.
VALOIS (le duché de), V, 75.
VALOIS (Marguerite de). Voyez MARGUERITE DE VALOIS.
VANDOSME. Voyez VENDÔME.
VANNES (la ville de), V, 198.
VARIVILLE, VII, 242; 261; 332; 338.
VARIVILLE (les dames de), VII, 143.
VARLET (M.), VII, 3.
VASSEUR (l'abbé le), VI, 373 et 374; 376-408; 420-430; 441; 443-449; 452-460; 461; 464; 467-470; 473; 475; 477; 482; 483-487; 495; 496; 502-509.
VASTHI, femme d'Assuérus, III, 467, 36.
VATABLE. *Psaumes latins*, VII, 121.
VATTEVILLE (de), maréchal de camp, V, 320.
VAUBAN, maréchal de France,
V, 102; 117; 119; 320; 324; 332; VI, 551; 556; VII, 16; 38; 42; 44; 48; 49; 55; 56; 180; 183.
VAUBRUN (le marquis de), lieutenant général, V, 267.
VAUBRUN (l'abbé de), VII, 323 et 324.
VAUDEMONT (le prince de), V, 257.
VAUGE (les montagnes de). Voyez VOSGES.
VAUGELAS (de). *Remarques sur la langue françoise*, VI, 609.
VAUX-LE-VICOMTE, nom de lieu, V, 81; VI, 491.
VAVASSEUR (le P.), jésuite, IV, 416.
VENCE (l'évêque de). Voyez GODEAU (Antoine).
VENDÔME (la duchesse de), Françoise de Lorraine, duchesse de Mercœur, veuve de César de Vendôme, V, 163.
VENDÔME (Louis-Joseph duc de), petit-fils de la précédente, V, 320; 339; VII, 270.
VENDÔME (Philippe chevalier de), grand prieur de France, frère du précédent, V, 320; VII, 269; 270.
VENISE (la république de), V, 136 et 137; 152; 155; 165; 166; VI, 344.
VÉNITIENS (les), V, 135; 136; VI, 523; 524.
VENTADOUR (Louis-Charles de Levis, duc de), V, 384; 385; 386; 392.
VENTADOUR (Mme de), femme du précédent, VII, 178. (Racine écrit *Vantadour*.)
VÉNUS, III, 308, 61; 311, 123; 320, 249; 321, 257; 323, 277; 325, 306; 351, 814; IV, 58, var.; V, 461; 466; 528; VI, 47; 73; 74; 89; 101; 110; 120; 133; 135; 136; 137; 199; 208; 209; 251; 256;

258; 261; 268; 312; 326; 382; 383; 401; 402; 445; 446; 455; 524; VII, 348; 351.
VÉNUS URANIE, V, 466; 467; 473.
VÉNUS POPULAIRE (la), V, 466; 467; 473.
Verbe (le), Dieu le fils, IV, 109, 18; 112, 1; 113, 14; 116, 18; 119, 18; 123, 22 et 3; 126, 18; 137; 160, 41; V, 576. Voyez JÉSUS-CHRIST.
VERDUN (la ville de), V, 107; 290.
VERDUN (l'évêché de), V, 93.
VERDUN-SUR-SAÔNE ou SUR-LE-DOUBS, V, 95.
Verdure (la), nom imaginaire de soldat, VI, 406.
VERGIER (du) de Hauranne. Voyez SAINT-CYRAN (Jean du Vergier de Hauranne, abbé de).
Vérité (la), personnifiée, III, 533, 1141; IV, 148, 3; VI, 44.
VERMANDOIS (le), V, 191.
VERNEUIL (le duc de), V, 181.
VERRIER (le), ami de Boileau, VII, 175; 243; 280; 304.
VERSAILLES, II, 141; IV, 244; V, 347; VI, 504; 554; 570; 573; 587; 596; VII, 4; 24; 26; 27; 37; 100; 133; 136; 139; 141; 142; 145; 152; 157; 159; 162; 163; 164; 170; 171; 174; 177; 178; 186; 193; 204; 211; 214; 222; 224; 245; 246; 303; 305; 330; 331.
Vertu (la), personnifiée, IV, 197, 7.
Vertus (les), personnifiées, IV, 67, 34; 74, 25; 149, 31.
VERTUS (Catherine-Françoise de Bretagne, demoiselle de), IV, 605; V, 9-11.
VESEL. Voyez WESEL.
VESER (le). Voyez WESER (le).
VESPASIEN (l'empereur), II, 253;
376, 56; 385, 246, 248; VI, 146.
VESSELINI. Voyez WESSELINI.
Vestales (les), II, 248; 253; 306, 1076.
VEXIN (le) français, V, 195.
VIAIXMES (dom Thierry de), bénédictin; le *Problème ecclésiastique*, V, 405.
VIALART, évêque de Châlons, IV, 422.
Vice (le) personnifié, IV, 68, 36.
Vices (les), personnifiés, IV, 149, 42.
Victoire (la), personnifiée, I, 528, 86; 544, 462 et note 3; 563, 860; 591, 1474; IV, 59, 123; 69, 81; 74, 29; 87, 41; V, 55; VII, 89; 93.
VICTOR, nom d'homme, V, 574, note 1.
VICTOR-AMÉDÉE II. Voyez SAVOIE.
VIDAL (André), V, 159.
VIENNE (la ville de), en Autriche, V, 81; 138; 143; 147; 192; 255.
VIENNE (la ville de), en France, VI, 413.
VIERA (Jean-Fernandez), V, 156; 157; 159.
Vierge (la sainte), IV, 123, 4; 434; 435; 437; 449; 451; 593; 594; V, 204; VII, 345; 359.
VIEUVILLE (le duc de la), gouverneur du duc de Chartres, VI, 575.
VIGAN (M.), VII, 33; 139; 140; 141; 142; 145; 162.
VIGAN (Mme), femme du précédent, VII, 140; 141; 142; 162.
VIGEVANO (l'évêque de). Voyez CARAMUEL (Jean).
VIGNEROD (Armand-Jean du Plessis de). Voyez RICHELIEU (le duc de).
VILLACERF (de), VII, 244; 245.
VILLA-HERMOSA (le duc de), gou-

verneur des Pays-Bas espagnols, V, 109; 282 et 283; 287; 290 et 291.
VILLAVICIOSA (la bataille de), V, 181.
VILLE (le marquis de), VI, 348.
VILLENEUVE, nom de lieu, VII, 160.
VILLEROI (Nicolas de Neufville, marquis, puis duc de), maréchal de France, gouverneur de Louis XIV, V, 78; 81; 82; VII, 109; 124.
VILLEROI (François de Neufville, marquis, puis duc de), fils du précédent, lieutenant général, V, 319; 331.
VILLERS (l'abbaye de), V, 321.
VILLERS (de), nom d'homme, VI, 404; 502.
VILLERS-COTTERETS, VI, 518; VII, 342.
VILLETTE (la), nom de lieu, VI, 584.
VILLIERS (Pierre de), jésuite, puis bénédictin, IV, 251; VI, 609; *l'Art de prêcher*, IV, 251.
VILVORDE, nom de lieu, VII, 107; 108.
VIMBERGUE (de), officier hollandais, VII, 56.
VINCENNES, V, 196; VI, 491.
VINCENNES (le bois de), IV, 416; 417.
VINCENT (le P.), saint Vincent de Paul, IV, 413; 453.
VINS (Jean de la Garde d'Agoult, marquis de), VII, 245.
VIOLE (Mlle), IV, 453.
VIRGILE, II, 33 et 34; 37; 248; 365; III, 141; 301; IV, 216, 11, 20, 27; 279; 281; 360; VI, 58; 86; 90; 91; 96; 97; 98; 103; 112; 114; 117; 118; 120; 123; 124; 126; 147; 150; 152; 209; 323; 438; 447; 583; VII, 114; 222; 341; *Églogue* II, VI, 566; *Églogue* III, VII, 347; *Églogue* IV, VI, 583; *Églogue* VI, VI, 394; *Églogue* VIII, VI, 587; *Églogue* IX, VI, 421; 581; *Églogue* X, III, 141; VI, 444; *Géorgiques* (livre II), VI, 123; (livre III) VI, 445; (livre IV) VI, 90; 92; 97; 446; *l'Énéide* (livre I), VI, 58; 91; 103; 104; 112; 114 et 115; 117; 118; 120; 121; 123; 126; 130; 142; 153; 198; 201; 459; VII, 12; (livre II) II, 35; VI, 201; (livre III) II, 33 et 34; 37; VI, 86; 126; 145; 150; 152; 208; (livre IV) VI, 96; 124; 126; 426; 429; 438; (livre V) VI, 98; 126; 391; VII, 222 et 223; (livre VII) III, 301; VI, 98; 126; (livre VIII) VI, 114; 126; (livre XI) VI, 445 et 446; (livre XII) VI, 223; le *Supplément de Virgile*, IV, 273.
VIRTEMBERG. Voyez WIRTEMBERG.
VISART (M.) ou VITART, personne inconnue, VII, 207.
Visitation (les Filles de la), IV, 396; 553 et 554; 575; 577; 581.
Visitation (le couvent de la), au faubourg Saint-Jacques, IV, 571.
Visitation (le couvent de la), à Meaux, IV, 571.
VISTULE (la), V, 189.
VITART (Mme), Claude des Moulins, femme de Nicolas Vitart, greffier à la Ferté-Milon, VI, 375; 391; 407; 442; 450; 461; 464; 466; 499; 501.
VITART (Nicolas), fils de la précédente, intendant du duc de Luynes, seigneur de Passy, VI, 377; 381; 382; 383; 388; 390; 391; 392; 406; 407; 409; 416-420; 421;

432; 435-439; 445; 449; 450; 452; 453; 459; 460; 461; 463-466; 468; 470-482; 485; 494-498; 502; 505; 507; 512; il est désigné sous le nom de *Daphnis*, IV, 204, 13.

VITART (Mlle), Marguerite le Mazier, femme du précédent, appelée aussi Mme de Passy, IV, 204, 13; VI, 391; 392; 393; 410; 419; 429; 431 et 432; 439-443; 450 et 451; 460-462; 464; 470; 473; 477; 482; 496; 498; 507; 512; 532.

VITART (Marie-Charlotte), fille aînée des précédents. Voyez ROMANET (Mme de).

VITART (Anne-Charlotte), sœur de la précédente, désignée quelquefois sous le nom de *Nanon*, VI, 410; 420; 432; 473; 478; 482; 498.

VITART (Claude-Auguste), frère des précédentes, VI, 442; 466; 474.

VITART (Antoine), frère de l'intendant du duc de Luynes, Nicolas Vitart, IV, 199; 203; 213-216; 220, 32; VI, 375; 409; 451; 458; 459; 485; 518; 528; 529; 539; 541; 542.

VITART (Mme), Catherine Sconin, veuve du précédent. Voyez MALORTIQUE (Mme de).

VITART (Pierre), troisième fils de Nicolas Vitart et de Claude des Moulins, VI, 406.

VITART (Agnès), sœur du précédent. Voyez SELLYER (Mme).

VITART (Nicole-Madeleine), sœur de la précédente. Voyez SACI (Mme de).

VITART (Mlles), peut-être Claude des Moulins et Marguerite le Mazier, VI, 391.

VITIKIND. Voyez WITIKIND.

VITRY (la ville de), V, 106.
VITTEMENT (Jean), sous-précepteur de Louis XV, VII, 247.
VIVONNE (Louis-Victor de Rochechouart, duc de), général des galères, maréchal de France, V, 265; 269; 270; 272.
VLADISLAS. Voyez LADISLAS.
VOITURE, VII, 71; 256.
VORCESTER. Voyez WORCESTER.
VORN. Voyez WOORN.
VOSGES (les), V, 263.
VUILLARD. Voyez WILLARD.
VULCAIN, VI, 32; 67; 86; 134; 135; 136; 137; 207; 269; 283.
VULGIS (saint), VI, 538.

W

WALDECK (le prince de), VII, 53.
WEDRIN (le ruisseau de), V, 322; 324; 327; 338.
WENDROCK (Guillaume) ou WENDROK, pseudonyme adopté par Nicole comme auteur de la traduction latine des *Provinciales*, IV, 334; V, 216.
WERTH (Jean de), général dans l'armée bavaroise, IV, 417.
WESEL (la ville de), en Hollande, V, 246; VI, 345.
WESER (le), V, 185.
WESSELINI (Paul), V, 137.
WESTPHALIE (la), V, 99; 252.
WESTPHALIE (les traités de), V, 50.
WIGT (l'île de), V, 98.
WILLARD ou VUILLARD (Germain), VII, 21; 23; 31; 63; 154; 161 (?); 285; 313-323; 324-326; 327-330; 331 et 332.
WILLEMSTAT (la ville de), V, 318.
WIMBERG, commandant des troupes hollandaises, V, 341.

WIRTEMBERG (le), V, 286.
WIRTEMBERG (Frédéric-Charles de), VII, 60.
WIRTEMBERG (Éverard-Louis duc de), petit-neveu du précédent, VII, 60.
WITIKIND, V, 192.
WITT (de), bourgmestre de Dordrecht, V, 71; 72; 97.
WITT (Jean de), grand pensionnaire de Hollande, fils du précédent, V, 71; 72; 97; 182; 249.
WITTEN-WITTENS (l'amiral), V, 159.
WOËRDEN (la ville de), V, 55-57; 248; 251.
WOORN (le fort de), V, 183.
WORCESTER (la bataille de), V, 98.
WOSSEM (la ville de), V, 330.
WRANGEL (Charles-Gustave), général suédois, VI, 345. (Racine écrit *Wrangle*.)
WURTEMBERG. Voyez WIRTEMBERG.

X

XAINTES (l'évêque de). Voyez BASSOMPIERRE (de).
XANTE (le), rivière, III, 165, 298.
XÉNIADE, nom d'un ancien Grec, V, 511; 512; 514.
XÉNOPHON, historien grec, III, 457; V, 495; VI, 321; *la Cyropédie*, III, 457.
XÉNOPHON, corinthien, VI, 50-53.
XERXÈS, roi de Perse, II, 477; 478; VI, 293.
XIMENÈS (le sieur de), V, 321; 323.
XIPHARÈS, fils de Mithridate, III, 20. —, personnage du *Mithridate* de Racine, III, 22-100.
XUTHUS, père d'Ion, VI, 264

Y

YARMOUT (la ville de), V, 97.
YOLAND, fille de Robert comte de Dreux, femme d'Arthur II de Bretagne, V, 197.
YOLANDE CUDASNE, noms donnés à la *Comtesse*, personnage des *Plaideurs*, II, 177, 400.
YORCK (le duc d'). Voyez JACQUES II.
YORCK (la fille du duc), mariée au prince d'Orange. Voyez MARIE II, reine d'Angleterre.
YPRES (la ville d'), V, 79; 90; 102; 290; 291; 292; 293; 300; VII, 88.
YPRES (l'évêque d'). Voyez JANSÉNIUS.
YVES DE CHARTRES, V, 193.

Z

ZACHARIE (le prophète), VII, 322.
ZACHARIE, fils de Joad, III, 597; 600; 601; V, 206; 208. —, personnage de l'*Athalie* de Racine, III, 604-705.
ZAÏRE, personnage du *Bajazet* de Racine, II, 480-561.
ZAMET (Sébastien), évêque de Langres, IV, 404-406; 407; 408; 409; 410; 412; 418.
ZAPOLIA (Jean-Sigismond) ou ZAPOLI, comte de Scepus, roi de Hongrie, V, 129; 130.
ZAPOROUSCHI. Voyez COSAQUES.
ZARÈS, femme d'Aman, personnage de l'*Esther* de Racine, III, 460-542.
ZATIME, personnage du *Bajazet* de Racine, II, 480-561.
ZEIST, nom de lieu, V, 184.
ZÉLANDE (la), V, 72; 158; 189; VI, 346.
ZELL (le duc de), V, 263.

ZÉNON, soldat chrétien, V, 594.
ZÉPHYRE (le), VI, 104.
ZÉPHYRIENS (les), VI, 44.
ZÉPHYRS (les), IV, 61, 169; VI, 153; 203; 386.
ZEUXIS, VI, 331.
ZINTHEIM, ZINZIN. Voyez SINTZHEIM.
ZOÏLE, V, 515.

ZOROBABEL, fils de Salathiel, III, 613, note 3; V, 207.
ZOZIME (saint), V, 578, note 3; 581.
ZUTPHEN (la ville de), V, 183; 249.
ZUYLESTAIN (le comte de), oncle naturel du prince d'Orange, V, 55.
ZWOL (la ville de), V, 183.

FIN DE LA TABLE ALPHABÉTIQUE DES OEUVRES DE RACINE.

TABLE DES MATIÈRES

CONTENUES DANS LE SEPTIÈME VOLUME.

LETTRES. (*Suite.*)

81. De Racine à M. Rivière.....................	3
82. De Racine à Mme de Maintenon..............	5
83. De Racine à Mlle Rivière....................	6
84. Du même à la même.......................	8
85. De Racine et de Boileau au maréchal duc de Luxembourg............................	10
86. De Nicole à Racine........................	11
87. De Boileau à Racine.......................	12
88. De Racine à Boileau.......................	15
89. De Racine à Jean-Baptiste Racine............	20
90. De Racine à Boileau.......................	24
91. De Boileau à Racine.......................	25
92. De Racine à Boileau.......................	26
93. Du même au même........................	27
94. De Racine à Mme Racine...................	28
95. De Racine à Boileau.......................	33
96. Du même au même........................	38
97. De Racine à Jean-Baptiste Racine............	39
98. D'Antoine Arnauld à Racine.................	40
99. De Racine à Boileau.......................	41
100. De Racine à Jean-Baptiste Racine............	45

101. De Racine à Boileau...........................	47
102. Du même au même...........................	54
103. Du même au même...........................	58
104. De Racine à Jean-Baptiste Racine............	61
105. Du même au même...........................	63
106. De Racine à Boileau...........................	65
107. De Boileau à Racine...........................	67
108. De Racine à Jean-Baptiste Racine............	70
109. De Racine à M. Rivière......................	72
110. De Racine à Boileau...........................	74
111. Du même au même...........................	78
112. De Boileau à Racine...........................	80
113. De Racine à Jean-Baptiste Racine............	84
114. De Boileau à Racine...........................	86
115. Du même au même...........................	91
116. De Racine à Boileau...........................	94
117. De Boileau à Racine...........................	96
118. Du même au même...........................	98
119. De Racine à Boileau...........................	100
120. D'Antoine Arnauld à Racine...................	100
121. De Racine à M. de Bonrepaus.................	102
122. De Racine à Boileau...........................	106
123. De Racine à Jean-Baptiste Racine............	111
124. Du même au même...........................	113
125. De Racine à Boileau...........................	117
126. De Racine à Jean-Baptiste Racine............	121
127. De Racine à Boileau...........................	122
128. Du même au même...........................	126
129. De Racine à Jean-Baptiste Racine............	130
130. De Racine à la mère Agnès de Sainte-Thècle Racine.	133
131. Du même à la même...........................	134
132. De Racine à Boileau...........................	137
133. De Racine à Jean-Baptiste Racine............	139
134. Du même au même...........................	140
135. Du même au même...........................	143

TABLE DES MATIÈRES.

136. De Racine à Mlle Rivière	146
137. De Racine à la mère Agnès de Sainte-Thècle Racine.	148
138. Du même à la même	151
139. Du même à la même	153
140. De Racine à M. Rivière	155
141. De Racine à Boileau	157
142. De Racine à Jean-Baptiste Racine	159
143. De Racine à ***	160
144. De Racine à Jean-Baptiste Racine	161
145. Du même au même	163
146. De Racine à Mlle Rivière	164
147. Du même à la même	167
148. De Racine à Jean-Baptiste Racine	169
149. De Racine à Mlle Rivière	172
150. De Racine à Jean-Baptiste Racine	174
151. Du même au même	176
152. Du même au même	177
153. Du même au même	178
154. De Racine à Mlle Rivière	179
155. De Vauban à Racine	180
156. De Racine à Boileau	183
157. De Boileau à Racine	187
158. De Racine à Boileau	192
159. De Racine à Jean-Baptiste Racine	193
160. Du même au même	198
161. Du même au même	199
162. Du même au même	203
163. De Racine à M. Rivière	206
164. De Racine à Jean-Baptiste Racine	207
165. Du même au même	210
166. De Racine à Mme de Maintenon	215
167. De Racine à Jean-Baptiste Racine	220
168. Du même au même	223
169. De Mme Racine et de Racine à Jean-Baptiste Racine.	226
170. De Racine à Jean-Baptiste Racine	229

TABLE DES MATIÈRES.

171. De Racine à Jean-Baptiste Racine............	232
172. Du même au même.......................	236
173. Du même au même.......................	240
174. Du même au même.......................	243
175. Du même au même.......................	246
176. Du même au même.......................	250
177. Du même au même.......................	252
178. Du même au même.......................	255
179. Du même au même.......................	258
180. Du même au même.......................	261
181. Du même au même.......................	269
182. Du même au même.......................	271
183. Du même au même.......................	275
184. Du même au même.......................	277
185. Du même au même.......................	280
186. De Racine et de Mme Racine à Jean-Baptiste Racine.	283
187. Des mêmes au même......................	286
188. Des mêmes au même......................	288
189. De Racine à Jean-Baptiste Racine............	289
190. Du même au même.......................	292
191. De Racine à la mère Agnès de Sainte-Thècle Racine.	295
192. De Racine à Jean-Baptiste Racine............	299
193. Du même au même.......................	301
194. Du même au même.......................	304
195. De Racine à Monsieur le Prince.............	305
196. Du même au même.......................	307

LETTRES DE DIVERS A DIVERS.

1. D'Antoine Arnauld à M. Willard.............	313
2. Du P. Quesnel à M. Willard.................	315
3. Du même au même.......................	315
4. Du même au même.......................	317
5. De M. Willard à M. de Préfontaine...........	318
6. Du même au même.......................	321
7. Du même au même.......................	322

8. De l'abbé de Vaubrun au Cardinal de Bouillon.. 323
9. De M. Willard à M. de Préfontaine........... 324
10. Du même au même........................ 324
11. Du même au même........................ 326
12. De la mère Agnès de Sainte-Thècle Racine à Mme Racine.................................. 326
13. De M. Willard à M. de Préfontaine........... 327
14. Du même au même........................ 327
15. Du même au même........................ 329
16. De Boileau à Brossette..................... 330
17. De M. Willard à M. de Préfontaine........... 331
18. De la mère Agnès de Sainte-Thècle Racine à Mme Racine.................................. 332
19. De Jean-Baptiste Racine à Louis Racine....... 333
20. Du même au même........................ 335
21. Du même au même........................ 338
22. Du même au même........................ 342
23. Du même au même........................ 349

TESTAMENTS.

Note de Jean Racine contenant quelques dispositions testamentaires.. 355
Testament de Jean Racine........................... 356
Testament de Mme Racine (Catherine de Romanet)..... 357

NOTICE BIBLIOGRAPHIQUE.

1° Ouvrages de Racine............................ 363

I. Manuscrits................................. 363

A. Poésies................................. 363
B. Ouvrages en prose....................... 365
C. Lettres................................. 368
D. Livres annotés.......................... 371

II. Imprimés................................. 375

1. Œuvres détachées........................ 375

A. Poésies.
    Théâtre.. 376
    Poésies diverses................................ 389
B. Ouvrages en prose............................. 390
Ouvrages attribués à Racine....................... 392
2. *Recueils*... 393
    A. Sous le titre de *Théâtre, OEuvres, OEuvres complètes*. 393
    B. Sous le titre de *Théâtre choisi, Chefs-d'œuvre, etc.* 411
    C. Recueils et ouvrages divers où sont insérées des œuvres de Racine ou attribuées à Racine.... 413

2° OUVRAGES RELATIFS A RACINE...................... 419
    A. Ouvrages relatifs aux pièces détachées du théâtre de Racine.. 419
    B. Parallèles et dissertations sur Corneille et Racine.... 421
    C. Écrits biographiques et littéraires sur Racine....... 421

ADDITIONS ET CORRECTIONS........................ 427

TABLE ALPHABÉTIQUE DES OEUVRES DE RACINE.. 449

FIN DE LA TABLE DES MATIÈRES.

11070. — IMPRIMERIE GÉNÉRALE. — LAHURE
Rue de Fleurus, 9, à Paris

www.ingramcontent.com/pod-product-compliance
Lightning Source LLC
Chambersburg PA
CBHW060510230426
43665CB00013B/1466